Beiträge zum Organisationsverfassungsrecht

Herausgegeben von

Julian Krüper und Arne Pilniok

10

Mathias Honer

Die grundgesetzliche Theorie der Regierung

Zugleich ein Beitrag zur Rechtsgewinnung im Verfassungsrecht

Mohr Siebeck

Mathias Honer, geboren 1990; Studium der Rechtswissenschaft an der Universität Leipzig; Masterstudium Medizin-Ethik-Recht an der Universität Halle-Wittenberg; Wissenschaftlicher Mitarbeiter an der Fakultät für Rechtswissenschaft der Universität Hamburg; 2020 Promotion; derzeit Rechtsreferendar am Kammergericht Berlin.

ISBN 978-3-16-160258-0 / eISBN 978-3-16-160259-7
DOI 10.1628/978-3-16-160259-7

ISSN 2626-4412 / eISSN 2626-4420 (Beiträge zum Organisationsverfassungsrecht)

Die Deutsche Nationalbibliothek verzeichnet diese Publikation in der Deutschen Nationalbibliographie; detaillierte bibliographische Daten sind über *http://dnb.dnb.de* abrufbar.

Das Buch wurde von Gulde Druck in Tübingen gesetzt, auf alterungsbeständiges Werkdruckpapier gedruckt und gebunden.

Printed in Germany.

Für Helga Honer

Vorwort

Diese Arbeit wurde im Wintersemester 2020/21 von der Fakultät für Rechtswissenschaft der Universität Hamburg als Dissertation angenommen. Die Literatur ist auf dem Stand vom 31.10.2020. Im darauffolgenden Zeitraum konnten einige Beiträge noch bis zum 31.7.2021 für die Drucklegung berücksichtigt werden.

Der größte Dank gilt meinem hochverehrten Doktorvater Professor Dr. *Armin Hatje*. Ohne seine wissenschaftliche Aufgeschlossenheit und Motivationskraft sowie die ausgezeichneten Arbeitsbedingungen an seinem Lehrstuhl wäre diese Arbeit so nicht entstanden. Herrn Professor Dr. *Hans-Heinrich Trute* danke ich nicht nur für die zügige Erstellung des Zweitgutachtens, sondern ebenso für die wertvollen Anregungen insbesondere im Hinblick auf die methodischen Vorüberlegungen.

Des Weiteren danke ich der Konrad-Adenauer-Stiftung, die diese Arbeit durch ein Promotionsstipendium gefördert hat. Die Unterstützung durch die Mitarbeiter der Stiftung, der Austausch im Rahmen der Hochschulgruppe und die Begleitung durch das abwechslungsreiche Seminarprogramm haben das Promotionsverfahren ungemein bereichert.

Im Übrigen konnte dieses Projekt nur durch den Rückhalt zahlreicher Personen gelingen. An dieser Stelle können nur einige von ihnen genannt werden. Das sind zunächst meine Eltern, *Kathrin Honer* und *Olaf Rasch*, denen ich für ihre langjährige Unterstützung danke. Ebenso danke ich *Carlo Tunze* und *Peter Oriwol*. Ihre aufrichtige Freundschaft ist mir seit vielen Jahren eine wichtige Stütze. Bei meinen Kollegen am Lehrstuhl und Freunden an der Fakultät bedanke ich mich für die wertvollen Gespräche, die hilfreichen Ablenkungen und die vielseitige Unterstützung. Zu nennen sind hier unter anderen *Lili-Marie Iwen, Frederike Fründ, Edward Martin, Edwin Martin, Tobias Rudloff, Mohammed El-Taki* und *Olcay Aydik*. Ein besonderer Dank gebührt *Julian Holst*, der das Manuskript Korrektur gelesen hat.

Zudem danke ich den Teilnehmern der Veranstaltung „Kolloquium: Verfassung und Politik“, insbesondere *Jan Stumper, Johann van der Helm, Julian Kaltenbach* und *Julian Kurp*. Sie haben mir einen kontinuierlichen wissenschaftlichen Austausch ermöglicht, der auch auf das eigene Promotionsvorhaben zurückstrahlt.

Für die Aufnahme dieser Arbeit in die Schriftenreihe „Beiträge zum Organisationsverfassungsrecht“ danke ich schließlich Professor Dr. *Julian Krüper* und Professor Dr. *Arne Pilniok.*

Berlin, im November 2021

Inhaltsverzeichnis

Einleitung

In der Regierung kollidieren Recht und Politik. Sie ist rechtsunterworfen und rechtsschöpfend, führt aus und leitet an. Dieser Funktion entsprechend verlangt ihre verfassungsrechtliche Begrenzung nach hinreichender Klarheit bei gleichzeitiger Flexibilität. Ganz in diesem Sinne sieht auch das Grundgesetz von detaillierten Regelungen im Bereich der Regierung ab. Die die Regierungspraxis prägenden Strukturen und Verfahren sind dadurch verfassungsrechtlich jedoch weitestgehend unsichtbar.[1] Sie werden jedenfalls nicht ausdrücklich durch das Verfassungsrecht legalisiert. Einige Beispiele illustrieren das:

Die Amtseinsetzung und die Amtsausübung der Mitglieder der Bundesregierung sind wesentlich durch die politischen Parteien geprägt; das Regierungspersonal wird maßgeblich mithilfe der politischen Parteien generiert, die Regierungspolitik typischerweise durch das parteipolitische Programm bestimmt. Demgegenüber steht das Grundgesetz: Es bekennt sich zwar zur Mitwirkung der politischen Parteien bei der Willensbildung des Volkes (vgl. Art. 21 Abs. 1 S. 1 GG), sieht ihren dominierenden Einfluss auf den staatsorganisatorischen Bereich und damit auch auf den der Regierung jedoch nicht explizit vor.

In der politischen Wirklichkeit geht die Bundesregierung mit den sie tragenden Fraktionen eine Verbindung ein; ihr steht die Opposition gegenüber. Das Grundgesetz kennt allerdings – jedenfalls ausdrücklich – nur den Dualismus von Bundesregierung und Bundestag, nicht aber den von Regierung und Opposition. Auch eine Differenzierung der Bundestagsabgeordneten entsprechend ihrer Beziehung zur Bundesregierung ist dem Grundgesetz auf den ersten Blick fremd (vgl. Art. 38 Abs. 1 S. 2 GG).

Die Exekutive weist in der Realität erhebliche institutionelle und personelle Unterschiede auf. Auch ihre Befugnisse reichen vom Gesetzesinitiativrecht bis zum Erlass einer bauordnungsrechtlichen Verfügung. Aus diesem Grund ist es durchaus naheliegend, die Exekutive in einen eher politisch geprägten und eher bürokratisch geprägten Bereich, kurz in Regierungs- und Verwaltungsfunktion, zu teilen. Gleichwohl installiert das Grundgesetz ausdrücklich nur eine einheitliche vollziehende Gewalt (vgl. Art. 1 Abs. 3, Art. 20 Abs. 3 GG). Die Regierung

[1] Vgl. auch *Degenhart*, Staatsrecht I, 35. Aufl. (2019), Rn. 756 f.

und die Verwaltung begründet es nur in institutioneller, nicht aber in funktioneller Hinsicht.

Was bedeutet die fehlende explizite grundgesetzliche Anerkennung für die genannten, teilweise längst etablierten, anerkannten und bewährten Erscheinungen der Verfassungswirklichkeit? Ist also der parteipolitische Einfluss auf das amtliche Handeln der Bundesregierung grundgesetzlich verpönt[2] oder notwendig und gewollt[3]? Liegt auch dem Grundgesetz der Dualismus von Regierung und Opposition zugrunde[4] oder verharrt es im konstitutionell begründeten Organdualismus von Regierung und Gesamtparlament[5]? Kennt das Grundgesetz innerhalb der Exekutive eine eigenständige Regierungs- und Verwaltungsfunktion[6] oder handelt es sich hierbei allenfalls um empirisch-tatsächliche Unterschiede[7]?

Diese Überlegungen sind nicht nur von theoretischer Relevanz; sie sind richtungsweisend für die Beantwortung exemplarisch herausgegriffener konkreter Rechtsfragen im Spannungsfeld von Regierung, Opposition, Verwaltung und Parteien: Ist die Einführung exklusiver Oppositionsrechte verfassungsrechtlich untersagt[8], zulässig[9] oder sogar geboten[10]? Ist der politische Beamte ein „Systemfehler"[11], der parlamentarische Staatssekretär eine „Durchbrechung der horizontalen Gewaltenteilung zwischen Parlament und Regierung"[12] oder stellen beide Institute adäquate Strukturen dar, um das Zusammenwirken von Regierung, Parlament und Verwaltung und damit letztlich eine funktionsfähige Regierung sicherzustellen[13]? Unterliegt die Bundesregierung für ihre Äußerungen einem Ge-

---

[2] In diese Richtung *Kloepfer*, Verfassungsrecht I, 2011, § 18, Rn. 306 f.

[3] *Gärditz*, JöR 64 (2016), 1 (12 f., 20 f.); in diese Richtung auch *Payandeh*, Der Staat 55 (2016), 519 (531).

[4] Für eine implizite Anerkennung der Opposition durch das Grundgesetz *P. M. Huber*, in: Isensee/Kirchhof (Hrsg.), HStR, Bd. III, 3. Aufl. (2005), § 47, Rn. 38, siehe auch Rn. 70 f.

[5] *Mundil*, Die Opposition, 2014, 35 f.

[6] So beispielsweise *Detterbeck*, Allgemeines Verwaltungsrecht, 17. Aufl. (2019), Rn. 4; *M. Schröder*, in: Isensee/Kirchhof (Hrsg.), HStR, Bd. III, 3. Aufl. (2005), § 64, Rn. 8; *M. Schröder*, in: Isensee/Kirchhof (Hrsg.), HStR, Bd. V, 3. Aufl. (2007), § 106, Rn. 1 ff., 16 ff.

[7] So beispielsweise *Frotscher*, Regierung als Rechtsbegriff, 1975, 223, 231 f.; *Hermes*, in: Dreier, GG, Bd. 2, 3. Aufl. (2015), Art. 62, Rn. 33; *Oldiges/Brinktrine*, in: Sachs, GG, 8. Aufl. (2018), Art. 62, Rn. 26.

[8] So BVerfG, NVwZ 2016, 922 (925); *Klenner*, DÖV 2018, 563 (565 ff.).

[9] *Lassahn*, Anmerkung zu BVerfG, Urt. v. 3.5.2016. – 2 BvE 4/14, NVwZ 2016, 929 (930).

[10] Sogar spezifische Oppositionsrechte auf Basis der aktuellen verfassungsrechtlichen Situation bejahend *Cancik*, NVwZ 2014,18 (21).

[11] So *Lindner*, ZBR 2011, 150.

[12] So *Kloepfer*, Verfassungsrecht I, 2011, § 18, Rn. 219.

[13] So für den politischen Beamten *Hebeler*, in: Battis, BBG, 5. Aufl. (2017), § 54, Rn. 4.

bot der parteipolitischen Neutralität[14] oder aufgrund ihrer parteipolitischen Überformung gerade nicht[15]? Hält eine Regierungsfunktion für entsprechende Regierungsäußerungen eine Befugnis bereit?[16] Vermittelt eine Regierungsfunktion der Bundesregierung darüber hinaus sogar weitere – bisweilen unentziehbare – Kompetenzen?[17]

Die Beantwortung dieser Fragen setzt ein grundgesetzliches Verständnis vom Organ und der Funktion der Regierung, insbesondere ihrem Verhältnis zum Parlament und zur Verwaltung sowie den sie tragenden Parteien voraus. In Anlehnung an *Ernst-Wolfgang Böckenfördes* Verständnis von Grundrechtstheorie könnte auch von einer „systematisch orientierte[n] Auffassung über den allgemeinen Charakter“ und „die normative Zielrichtung“[18] vom Organ und der Funktion der Regierung oder kurz: einer grundgesetzlichen Theorie der Regierung[19] gesprochen werden.

Sollen mit ihrer Hilfe rechtliche Probleme mit Regierungsbezug gelöst werden, ist zuvor zu untersuchen, ob und wie eine solche „Theorie der Regierung“ – insbesondere im Vergleich zu übrigen rechtswissenschaftlichen Überlegungen – für die Rechtsgewinnung[20] rekonstruiert und im Vorgang der Rechtsgewinnung auf dogmatische Fragestellungen angewendet werden kann. Das erfordert zunächst, das dieser Ausarbeitung zugrunde liegende Modell einer Rechtsgewinnung im Verfassungsrecht offenzulegen und zu veranschaulichen (Teil 1). Auf Basis dieses methodischen Konzepts sollen sodann die grundgesetzlichen Annahmen bezüglich des „allgemeinen Charakters“ und der „normativen Zielrichtung“ des Organs und der Funktion der Regierung, also die „Theorie der Regierung“, gewonnen werden (Teil 2). Im Anschluss ist diese auf verschiedene dog-

---

14 Dafür beispielsweise *Eder*, Rote Karte, 2017, 138; *Zippelius/Würtenberger*, Deutsches Staatsrecht, 33. Aufl. (2018), § 42, Rn. 9.

15 Gegen ein eigenständiges Neutralitätsgebot beispielsweise *Payandeh*, Der Staat 55 (2016), 519 (529–537).

16 So beispielsweise *Detterbeck*, Allgemeines Verwaltungsrecht, 17. Aufl. (2019), Rn. 300.

17 Aus einer Regierungsfunktion spezifische Regierungskompetenzen ableitend *M. Schröder*, in: Isensee/Kirchhof (Hrsg.), HStR, Bd. III, 3. Aufl. (2005), § 64, Rn. 26 ff.

18 *Böckenförde*, NJW 1974, 1529.

19 Da die Überlegungen auf das konkrete rechtliche System des Grundgesetzes bezogen sind, handelt es sich freilich immer noch um eine *dogmatische* Theorie, die der von *Alexy*, Theorie der juristischen Argumentation, 8. Aufl. (2015), 308 f. herausgestellten „logisch-analytischen“ Dimension der Dogmatik entsprechen dürfte.

20 Dieser Vorgang umfasst nach vorliegend zugrunde gelegtem Verständnis alle Schritte, die von der Interpretation des abstrakten Rechts bis zu dessen Anwendung auf den konkreten Fall erforderlich sind. Er wird hier im Anschluss an *Jestaedt* als Rechtsgewinnung bezeichnet, siehe *Jestaedt*, in: Depenheuer/Grabenwarter (Hrsg.), Verfassungstheorie, 2010, § 1, Rn. 62 (siehe insbesondere Fn. 126); vgl. auch *Heckmann*, Geltungskraft und Geltungsverlust von Rechtsnormen, 1997, 125 f.

matische Probleme mit Regierungsbezug anzuwenden (Teil 3). Dabei werden solche Fragestellungen aufgegriffen, an denen sich der Inhalt und die normative Wirkung einer „Theorie der Regierung" veranschaulichen lassen. Das betrifft unter anderem die bereits aufgeworfenen Fragen im Spannungsfeld von Regierung und Parlament, Regierung und Opposition, Regierung und Verwaltung sowie die Regierungskommunikation, die aufgrund ihrer fehlenden ausdrücklichen Normierung in besonderer Weise auf theoretische Erkenntnisse zu Organ und Funktion der Regierung angewiesen ist.

Teil 1

Methodische Vorüberlegungen: Rechtsgewinnung im Verfassungsrecht – Anforderungen, Schichten und Begriffe

Ist für eine adäquate rechtswissenschaftliche Untersuchung der Regierung eine grundgesetzliche Theorie derselben erforderlich, ist zu bestimmen, wo eine solche im Vorgang der Rechtsgewinnung zu verorten, wie sie zu etablieren und auf welche Weise sie auf konkrete rechtliche Probleme anzuwenden ist. Zu diesem Zweck sind zuvor die methodischen Prämissen dieser Ausarbeitung transparent zu machen. Konkret betrifft dies das Modell einer Rechtsgewinnung im Verfassungsrecht, das den nachfolgenden Ausführungen über die Regierung zugrunde gelegt wird. Bevor jedoch das Modell einer Rechtsgewinnung im Verfassungsrecht aufgezeigt wird, sind zunächst die verfassungsrechtswissenschaftlichen Anforderungen zu benennen, denen eine Rechtsgewinnung im Verfassungsrecht genügen muss (Kap. 1),[1] um es sodann entsprechend diesen Anforderungen zu skizzieren[2] (Kap. 2) und schließlich eine Theorie der Regierung nach Maßgabe dieses Modells zu rekonstruieren (Teil 2).

---

[1] Der Perspektive nach vergleichbar dürfte ein „Rechtstheoretisches Anforderungsprofil einer gegenstandsadäquaten Rechtsgewinnungstheorie“ bei *Jestaedt*, Grundrechtsentfaltung im Gesetz, 1999, 279 ff. als Ausgangspunkt für eine Untersuchung der Rechtsgewinnung sein.

[2] Dabei können nur die Elemente einer Rechtsgewinnung aufgezeigt werden, die sich für diese Ausarbeitung als relevant erweisen.

Kapitel 1

Die Rechtsgewinnung im Verfassungsrecht: verfassungsrechtswissenschaftliche Anforderungen

Die verfassungsrechtswissenschaftlichen Anforderungen, die eine Rechtsgewinnung im Verfassungsrecht zu wahren hat, folgen unter anderem aus dem wissenschaftstheoretischen Gebot der intersubjektiven Überprüfbarkeit zum einen (I.) und dem Gebot eines höchstmöglichen Niveaus an einer geeigneten, erforderlichen und zulässigen Begründung zum anderen (II.). Diese wissenschaftstheoretischen Maßstäbe sind für den vorliegenden Untersuchungsgegenstand[1] – das Recht, spezieller das Verfassungsrecht[2] – um *rechts*wissenschaftliche und *verfassungs*rechtswissenschaftliche Eigengesetzlichkeiten zu ergänzen und zu modifizieren. Das bedeutet, dass die Verstehensbedingungen (III.), die Entstehungsbedingungen (IV.) und die Anwendungsfunktion des Rechts (V.) zu berücksichtigen sind.[3]

---

[1] Die Untersuchung fühlt sich darum dem wissenschaftstheoretischen Gebot der Gegenstandsadäquanz verpflichtet. In diesem Sinne legt auch *Jestaedt* das Postulat der Gegenstandsadäquanz als Maßstab für eine Rechtsgewinnungstheorie zugrunde, siehe dazu *Jestaedt*, Grundrechtsentfaltung im Gesetz, 1999, 269–278. Zu einem Gebot der Gegenstandsadäquanz *Jestaedt*, Grundrechtsentfaltung im Gesetz, 1999, 269–278, siehe insbes. 278: „Gegenstandsadäquanz bedeutet insofern ein Sich-Einlassen auf den Gegenstand, bedeutet ein Ernstnehmen der Eigengesetzlichkeit des Rechts, d. h. der Zwecksetzungen des Rechts und der von diesem vorgegebenen Mittel zur Zweckerreichung."

[2] Der vorliegenden Untersuchung liegt die Annahme zugrunde, dass dem Verfassungsrecht, dessen Rechtsgewinnung in Teil 1 beleuchtet wird, aus einer spezifisch normativen Sicht gegenüber dem übrigen Recht kein qualitativ eigenständiges Wesen zukommt. Diese Annahme beruht auf dem auf *Hans Kelsen* sowie *Adolf Merkl* zurückgehenden Konzept des Stufenbaus der Rechtsordnung; zum Stufenbau der Rechtsordnung vgl. *Kelsen*, Reine Rechtslehre, 2. Aufl. (1960), 228 ff. (Nachdruck 2017: 398 ff.); siehe auch *Kelsen*, VVDStRL 5 (1929), 30 (31 f.); *Kelsen*, Allgemeine Staatslehre, 1925, 244–246; *Merkl*, in: FS Kelsen, 1931, 252 ff. Das Verfassungsrecht wird in diesem Teil demnach nur dann speziell in den Blick genommen, soweit die Anforderung an die Rechtsgewinnung rechtsgebietsspezifischer Natur ist.

[3] Die folgenden Ausführungen nehmen freilich nicht für sich in Anspruch, die wissenschaftstheoretischen, rechtswissenschaftlichen und verfassungsrechtswissenschaftlichen Bedingungen für ein wissenschaftliches Urteil auf dem Gebiet des Verfassungsrechts erschöpfend aufzuzeigen. Im Lichte des Ziels dieser Ausarbeitung sollen vielmehr jene richtungsweisenden Parameter benannt werden, die für die anschließende Rekonstruktion der Rechtsgewinnung für das Verfassungsrecht maßgeblich sind.

I. Gebot der intersubjektiven Überprüfbarkeit

Wissenschaftliche Urteile zielen auf Wahrheit. Im normativen Bereich ist sie durch ihren intersubjektiven Geltungsanspruch gekennzeichnet[4].[5] Ein solcher korrespondiert mit dem Erfordernis einer intersubjektiven Überprüfbarkeit des wissenschaftlichen Urteils: Wissenschaftliche Urteile können grundsätzlich nur dann gegenüber jedermann Geltung beanspruchen, wenn sie theoretisch auch von jedermann teilbar und damit zwangsläufig überprüfbar sind. Das Gebot intersubjektiver Überprüfbarkeit steht gewissermaßen vor der Klammer. Es verlangt von den am Erkenntnisprozess beteiligten Akteuren nach Transparenz bezüglich der von ihnen im Erkenntnisprozess gewählten Methoden, um die Einhaltung der nachfolgenden Regeln durch Dritte überprüfen lassen zu können.[6]

II. Gebot einer geeigneten, erforderlichen und zulässigen Begründung

Wissenschaftliche Aussagen unterliegen dem Begründungspostulat.[7] Gleiches gilt für rechtswissenschaftliche Aussagen.[8] Konkret bedeutet dies, dass ein rechtswissenschaftliches Urteil in geeigneter (1.), erforderlicher (2.) sowie zulässiger (3.) Weise zu begründen und dabei ein höchstmögliches Begründungsniveau (4.) zu wahren ist.

---

[4] Im normativen Bereich könnte anstelle von „wahren" auch von „richtigen" Aussagen gesprochen werden. In jedem Fall stützt sich ihre Wahrheit bzw. Richtigkeit nicht auf eine substanzontologische Qualität, sondern auf ein durch Begründungserfordernisse gekennzeichnetes Verfahren, vgl. *Lindner*, Rechtswissenschaft als Metaphysik, 2017, 31 f.

[5] *Kaufmann*, ARSP 72 (1986), 425 (437): „Wahrheit ist also von Intersubjektivität nicht zu trennen." Ansonsten besteht eine begriffliche Nähe, wenn auch keine Identität, zur *Habermas'schen* Konsensustheorie der Wahrheit, vgl. *Habermas*, Vorstudien und Ergänzungen zur Theorie des kommunikativen Handelns, 1984, 137–149.

[6] Das Gebot der intersubjektiven Überprüfbarkeit steht freilich in einem engen Zusammenhang zum nachfolgenden Begründungspostulat. Es soll gleichwohl als eigenständiges Gebot formuliert werden und dadurch dazu anhalten, neben der Begründung auch die der Begründung zugrunde liegenden Methoden und Vorverständnisse so weit wie wissenschaftlich zumutbar offenzulegen. Es fungiert gewissermaßen als Optimierungsgebot für Transparenz.

[7] Zu einem „Paradigma vom zureichenden Grund" ausführlich m. w. N. *Lindner*, Theorie der Grundrechtsdogmatik, 2005, 80 f.

[8] Für ein Begründungserfordernis für normative Urteile siehe beispielsweise *Hesse*, Grundzüge des Verfassungsrechts, 20. Aufl. (1999), Rn. 51; *Kaufmann*, ARSP 72 (1986), 425 (439); *Lindner*, Theorie der Grundrechtsdogmatik, 2005, 86 f.; *Neumann,* in: Hassemer/ders./Saliger (Hrsg.), Einführung in die Rechtsphilosophie und Rechtstheorie, 9. Aufl. (2016), 351 (357).

1. Eignung

Die angeführten Gründe müssen zunächst einmal geeignet sein, das ermittelte Urteil zu belegen. Dementsprechend ist auch eine rechtliche Erkenntnis durch *geeignete* Argumente zu belegen. Die Eignung betrifft die logische Ableitbarkeit des zu Begründenden aus der Begründung. Die Kriterien, nach denen sich diese Eignung bemisst, werden darum unter anderem von der Logik bereitgestellt.[9] Zu nennen ist beispielsweise das Gebot der Widerspruchsfreiheit der Begründung.[10]

2. Erforderlichkeit – „Sparsamkeitspostulat"

Mit dem Kriterium der Eignung geht bereits das Erfordernis einher, ausreichende Begründungsschritte vorzutragen, mit denen das zu Begründende belegt werden kann. Eine rationale Begründung ist jedoch auf erforderliche Begründungsschritte zu beschränken. Mit anderen Worten: Gelingt die Begründung eines Urteils ohne einen angeführten Begründungsschritt, ist auf diesen grundsätzlich zu verzichten. Die Rede ist auch vom Sparsamkeitspostulat, das in Anlehnung an *Wilhelm von Ockham* zugespitzt als „Ockhams Rasiermesser" bezeichnet werden kann.[11] Eine jede entbehrliche Annahme ist hiernach „wegzuschneiden"[12], droht sie doch den eigentlichen argumentativen Kern zu verdunkeln und überdies zur Grundlage weiterer Annahmen zu mutieren[13], die ungerechtfertigte Postulate

---

[9] Das Moment der geeigneten Begründung dürfte mit der internen Rechtfertigung *Alexys* vergleichbar sein; zur internen Rechtfertigung siehe *Alexy*, Theorie der juristischen Argumentation, 8. Aufl. (2015), 273–283, insbes. zum Rückgriff auf die Regeln der Logik 273–275. Aufgrund *Alexys* Sonderfallthese (263–272) für den juristischen Diskurs sind seine Regeln der internen Rechtfertigung jedoch bereits auf die Bedingungen des juristischen Diskurses angepasst. Dadurch dürfte die interne Rechtfertigung bei *Alexy* neben logischen Kriterien auch spezifisch juristischen Anforderungen unterliegen, die entsprechend dem vorliegend gewählten Verständnis erst die Zulässigkeit des Urteils (siehe dazu Teil 1 Kap. 1 II. 3.) betreffen. Dies gilt beispielsweise für das Erfordernis, ein juristisches Urteil auf eine universelle Norm zurückzuführen, siehe hierzu *Alexy*, Theorie der juristischen Argumentation, 8. Aufl. (2015), 274 f.

[10] *Alexy*, Theorie der juristischen Argumentation, 8. Aufl. (2015), 234, der das Postulat der Widerspruchsfreiheit als Bestandteil der Regeln des allgemeinen praktischen Diskurses begreift (233 ff.).

[11] Dazu *Lindner*, Rechtswissenschaft als Metaphysik, 2017, 170–173; für das behutsame Ansetzen des Ockham'schen Rasiermessers auf die Figuren der Grundrechtsdogmatik plädiert *Hain*, JZ 2002, 1036 (1037 ff.).

[12] In diesem Sinne auch für die Grundrechtsdogmatik *Hain*, JZ 2002, 1036 (1038), der fordert, dass „das dogmatische System nicht mehr Abstraktions-/Konkretionsstufen und auf den jeweiligen Stufen nicht mehr Figuren beinhalten soll, als zur systematischen Rekonstruktion eines gegebenen Rechtsstoffes […] notwendig sind."

[13] Mit Blick auf die Grundrechtsdogmatik *Hain*, JZ 2002, 1036 (1037).

hervorrufen.[14] Der Maßstab der Entbehrlichkeit ist dabei freilich durch die Eigengesetzlichkeiten des jeweiligen Wissenschaftsgebiets, an dieser Stelle also die Anforderungen der Rechtswissenschaften, bedingt.

3. Zulässigkeit

Für die wissenschaftliche Anerkennungswürdigkeit eines Urteils ist die Wahrung einer geeigneten und erforderlichen Begründung notwendige, aber nicht hinreichende Bedingung. Die für die Begründung angeführten Gründe müssen vielmehr *zulässig* sein. Anders als das Kriterium der Eignung zielt das der Zulässigkeit nicht auf die formale Schlüssigkeit, sondern auf die inhaltlich-materielle Richtigkeit des Arguments[15]; es schlägt damit die gedankliche Brücke zu dem dem jeweiligen wissenschaftlichen Diskurs vor- oder besser aufgegebenen Untersuchungsgegenstand.[16] Dementsprechend bemisst sich diese nicht nach den Regeln der formalen Logik, sondern nach den besonderen Regeln des jeweiligen Wissenschaftszweiges. Sie geben den Kreis der inhaltlich „erlaubten" Argumente vor. Für die Rechtswissenschaften bedeutet dies: Das Recht determiniert den Kreis zulässiger Argumente. Die Argumente müssen sich auf das Recht zurück-

---

[14] *Lindner*, Rechtswissenschaft als Metaphysik, 2017, 171 f.; anders wohl *Alexy*, Theorie der juristischen Argumentation, 8. Aufl. (2015), 280, der fordert, „möglichst viele Entfaltungsschritte anzugeben."

[15] Vgl. auch *Alexy*, Theorie der juristischen Argumentation, 8. Aufl. (2015), 273, dessen externe Rechtfertigung mit dem Moment der zulässigen Begründung vergleichbar sein dürfte, siehe auch Kap. 1 Fn. 9, zur externen Rechtfertigung siehe insbes. 283–349.

[16] Dadurch wird die Wahrheitsfindung, wie *Arthur Kaufmann* treffend formuliert, zwar nach wie vor notwendig „im", aber nicht allein „durch" Diskurs gewährleistet; vgl. *Kaufmann*, ARSP 72 (1986), 425 (440). Vielmehr ist der dem Erkenntnisprozess auch vorgegebene Wissenschaftsgegenstand in den Mittelpunkt des Diskurses zu rücken; vgl. auch *Lege*, RphZ 2019, 416 (417): „Das commune, kurz: Kommunikation, kann nicht funktionieren ohne Bezug auf eine gemeinsame *Sache*." Insoweit beruht dieser Wahrheitsbegriff auf einem Modell, das die auf *Jürgen Habermas'* Diskurstheorie zurückgehende Argumentations- und Konsensustheorie um das Moment der Konvergenz zu einem – freilich nicht substanzontologisch zu verstehenden – auch vorgegebenen Wahrheitsgegenstand ergänzt, den es in den Mittelpunkt der Argumentation stellt, wie es von *Arthur Kaufmann* vertreten und als „Konvergenztheorie der Wahrheit" bezeichnet wurde, vgl. *Kaufmann*, ARSP 72 (1986), 425 (437–442); *Kaufmann*, ARSP 46 (1960), 553; *Kaufmann/von der Pfordten*, in: Hassemer/Neumann/Saliger (Hrsg.), Einführung in die Rechtsphilosophie und Rechtstheorie, 9. Aufl. (2016), 23 (132 f.). Ein solches Wissenschafts- und Wahrheitsverständnis nimmt Elemente einer „Korrespondenztheorie der Wahrheit" auf und hebt sich damit von einer reinen Konsensustheorie der Wahrheit ab; dagegen und für eine reine Konsensustheorie *Habermas*, Vorstudien und Ergänzungen zur Theorie des kommunikativen Handelns, 1984, 149–151; siehe hierzu wiederum *Kaufmann/von der Pfordten*, in: Hassemer/Neumann/Saliger (Hrsg.), Einführung in die Rechtsphilosophie und Rechtstheorie, 9. Aufl. (2016), 23 (128–132, insbes. 131).

führen lassen. Das gewährleisten insbesondere die klassischen Auslegungsmethoden.[17]

4. *Wahrung eines „höchstmöglichen Begründungsniveaus"*

a) Umgang mit dem unendlichen Begründungszwang und dem „Münchhausen-Trilemma"

Das Erfordernis einer geeigneten, erforderlichen und zulässigen Begründung ist letztlich dazu imstande, einen unendlichen Begründungszwang („infiniten Regress") auszulösen; immerhin verlangt jede Begründung, in geeigneter, erforderlicher und zulässiger Weise begründet zu werden. Gleiches gilt für jene und jede folgende Begründung.[18] Da eine unendliche Begründungslast wissenschaftlich nicht leistbar ist, wäre der Begründungsregress entweder abzubrechen[19] oder durch den Verweis auf bereits vorgetragene Begründungen zu erfüllen[20]. Der Begründungsabbruch ist jedoch wissenschaftlich unbefriedigend und der Rückgriff auf schon gebrauchte Argumente zirkulär und damit wissenschaftlich illegitim.[21]

Einen überzeugenden Ausweg aus diesem sogenannten „Münchhausen-Trilemma"[22] bzw. eine überzeugende Entkräftigung zeigt *Lindner* auf: Er verlangt ein *höchstmögliches Niveau* an Begründung, lässt ein solches aber auch genügen.[23] An die Stelle eines letzten Argumentationsgliedes tritt hiernach ein

---

[17] Als Argumentformen unter anderem die klassischen Auslegungsmethoden begreifend *Alexy*, Theorie der juristischen Argumentation, 8. Aufl. (2015), 299–307, zu weiteren Argumentformen siehe 285; für eine Rückführbarkeit juristischer Entscheidungsregeln auf das Gesetz *Neumann,* in: Hassemer/ders./Saliger (Hrsg.), Einführung in die Rechtsphilosophie und Rechtstheorie, 9. Aufl. (2016), 303 (306).

[18] *Albert*, Traktat über kritische Vernunft, 3. Aufl. (1975), 13; *Lindner*, Theorie der Grundrechtsdogmatik, 2005, 87 f.

[19] *Albert*, Traktat über kritische Vernunft, 3. Aufl. (1975), 13; *Lindner*, Theorie der Grundrechtsdogmatik, 2005, 90.

[20] *Albert*, Traktat über kritische Vernunft, 3. Aufl. (1975), 13; *Lindner*, Theorie der Grundrechtsdogmatik, 2005, 89.

[21] So auch bereits *Albert*, Traktat über kritische Vernunft, 3. Aufl. (1975), 13; *Lindner*, Theorie der Grundrechtsdogmatik, 2005, 90.

[22] Siehe ausführlich zum Münchhausen-Trilemma *Albert*, Traktat über kritische Vernunft, 3. Aufl. (1975), 11–15 (insbes. 13) sowie *Lindner*, Theorie der Grundrechtsdogmatik, 2005, 87–94, insbesondere zur Auseinandersetzung mit *Alberts* Umgang mit dem Münchhausen-Trilemma.

[23] *Lindner*, Theorie der Grundrechtsdogmatik, 2005, 93 f.; demgegenüber löst *Alexy*, Theorie der juristischen Argumentation, 8. Aufl. (2015), 223 das Münchhausen-Trilemma dadurch auf, dass er „die Forderung nach immer weiterer Begründung einer jeden Aussage durch eine andere Aussage durch eine Reihe von Anforderungen an die Begründungstätigkeit ersetzt", was

„höchstmögliches Maß an Begründungsstringenz“[24]. Ist ein solches erreicht, dürfte das Begründungsverfahren in wissenschaftlich legitimer Weise abgebrochen werden, ohne sich dem Vorwurf eines zirkulären oder willkürlichen Begründungsabbruchs auszusetzen.[25] Für die wissenschaftlich gebotene Begründung von rechtlichen Urteilen kann festgehalten werden: Ein solches ist *so weit wie möglich*[26] in geeigneter, erforderlicher und in zulässiger Weise zu begründen.

b) Unzureichender Einwand: fehlendes letztes Begründungsglied und fehlende absolute Gewissheit

Einem solchen Wissenschaftsverständnis ist ein gewisses Maß an Fallibilität immanent. Die gegen ein wissenschaftliches Urteil vorgetragenen Einwände einer „fehlenden letzten Begründung“ oder einer „fehlenden absoluten Gewissheit“ gehen damit von vornherein ins Leere.[27] Der auch an dieser Stelle zugrunde gelegte wissenschaftstheoretische Maßstab der Falsifizierbarkeit[28] trägt dem bereits durch eine Verteilung von Darlegungs- und Begründungslasten für die wissenschaftliche Akzeptanz von Urteilen Rechnung: Betrachtet man das Gebot des höchstmöglichen Begründungsniveaus im Lichte des Falsifikationsprinzips[29],

---

in seine Theorie der juristischen Argumentation (261 ff.) mündet, womit die Begründungslast jedoch nur verschoben wird.

[24] *Lindner*, Theorie der Grundrechtsdogmatik, 2005, 94.

[25] *Lindner*, Theorie der Grundrechtsdogmatik, 2005, 94.

[26] Als eine zulässige Konkretisierung des Möglichkeitserfordernisses dürfte sich unter anderem das Kriterium anbieten, wie weit die Begründung für die jeweilige wissenschaftliche Teildisziplin leistbar ist.

[27] Siehe auch *Alexy*, Theorie der juristischen Argumentation, 8. Aufl. (2015), 356 sowie *Neumann*, in: Hassemer/ders./Saliger (Hrsg.), Einführung in die Rechtsphilosophie und Rechtstheorie, 9. Aufl. (2016), 351 (357), der für rechtsdogmatische Aussagen zutreffend darauf hinweist, dass ein „unumstößlicher Beweis ihrer Richtigkeit“ ausgeschlossen sei.

[28] Grundlegend zum Falsifikationsmodell *Popper*, Logik der Forschung, 9. Aufl. (1989), 14 f., insbes. 47 ff.; speziell zum Falsifikationsmaßstab in der Rechtswissenschaft *Neumann*, in: Hassemer/ders./Saliger (Hrsg.), Einführung in die Rechtsphilosophie und Rechtstheorie, 9. Aufl. (2016), 351 (356–358) sowie *Schlink*, Der Staat 19 (1980), 73 (88 ff.).

[29] Der Rückgriff auf den Maßstab der Falsifizierbarkeit darf jedoch nicht mit einer Übertragung naturwissenschaftlicher Wissenschaftsmaßstäbe einhergehen. Das Falsifikationsprinzip kann für die Rechtswissenschaften nur, aber immerhin modifiziert angewendet werden; die begrenzte Übertragbarkeit des auf die Naturwissenschaften abgestimmten Falsifikationsprinzips auf die Rechtswissenschaft betont auch *Neumann*, in: Hassemer/ders./Saliger (Hrsg.), Einführung in die Rechtsphilosophie und Rechtstheorie, 9. Aufl. (2016), 351 (356 f.). So liegt einem rechtswissenschaftlichen Erkenntnisprozess nach hier vertretenem Verständnis zwar durchaus wenn auch kein empirischer, so doch aber ein normativer Erkenntnisgegenstand in Gestalt des Rechts zugrunde, wird aber erst durch aktiv-schöpferische Anwendungsakte vollständig entfaltet. Die Falsifikation einer rechtlichen Aussage wäre dann lediglich im Hinblick auf den der Rechtsgewinnung vorgegebenen Erkenntnisgegenstand möglich. Darüber hinaus

verdient hiernach ein Urteil wissenschaftliche Anerkennung, solange und soweit eine geeignete, erforderliche und höchstmögliche zulässige Begründung nicht falsifiziert wurde. Insoweit kann das jeweilige Urteil auch als relatives[30], also vorläufiges[31] einzig richtiges juristisches Urteil wissenschaftliche Anerkennung beanspruchen. Die vorläufig anerkennungswürdigen rechtswissenschaftlichen Annahmen können daraufhin für die jeweilige rechtliche Argumentation ohne aufwendige Begründungslasten herangezogen werden. Insbesondere in der Rechtspraxis wird daher typischerweise schon der Rekurs auf die bisherige Dogmatik genügen, um ein juristisches Ergebnis zu rechtfertigen. Wer die wissenschaftliche Anerkennung eines rechtswissenschaftlichen Urteils hingegen in Zweifel zieht, trägt die Darlegungs- und Begründungslast.[32] Kommt man dem nicht (ausreichend) nach, muss sich die angebotene Rechtsgewinnung an den bisherigen Wissensbeständen messen lassen.

---

kann jedoch für die Rechtswissenschaften das mit dem Falsifikationsprinzip verbundene Anliegen aufgegriffen werden, das Erfordernis einer kontinuierlichen Prüfung an die Stelle einer letzten Begründung zu setzen und absolute Gewissheitsansprüche zugunsten eines Fallibilismus aufzugeben; vgl. *Albert*, Traktat über kritische Vernunft, 3. Aufl. (1975), 36; siehe hierzu auch *Lindner*, Theorie der Grundrechtsdogmatik, 2005, 92. Das erlaubt es, die damit notwendig verbundene *Vorläufigkeit* hinreichend begründeter rechtswissenschaftlicher Aussagen nicht gegen, sondern für ihre – aber eben nur *vorläufige* – wissenschaftliche Anerkennungswürdigkeit ins Feld zu führen. Der Maßstab der Falsifizierbarkeit kann so zur weiteren Untersuchung anhalten, die nachfolgende bessere Begründung zulassen, bis dahin ermittelte Erkenntnisse jedoch wissenschaftlich legitimieren, vgl. *Alexy*, Theorie der juristischen Argumentation, 8. Aufl. (2015), 216. Auf die Weise können schließlich ein wenn auch modifizierter Falsifikationsmaßstab und ein Begründungspostulat zusammen gedacht werden; so auch für die Rechtswissenschaft *Kaufmann*, ARSP 72 (1986), 425 (439); *Neumann*, in: Hassemer/ders./Saliger (Hrsg.), Einführung in die Rechtsphilosophie und Rechtstheorie, 9. Aufl. (2016), 351 (356f.); anders *Albert*, Traktat über kritische Vernunft, 3. Aufl. (1975), 34f., der auf Basis des Falsifikationsmodells das Begründungsdenken durch „die Idee der kritischen Prüfung“ (35) ersetzen will; siehe zu *Alberts* Position auch *Lindner*, Theorie der Grundrechtsdogmatik, 2005, 92f. sowie *Neumann*, in: Hassemer/ders./Saliger (Hrsg.), Einführung in die Rechtsphilosophie und Rechtstheorie, 9. Aufl. (2016), 351 (356); für die Übertragung des Falsifikationsmodells auf die Rechtswissenschaft plädiert auch *Schlink*, Der Staat 19 (1980), 73 (88ff.).

[30] *Hesse*, Grundzüge des Verfassungsrechts, 20. Aufl. (1999), Rn. 76; *Hoffmann-Riem*, in: Schmidt-Aßmann/ders. (Hrsg.), Methoden der Verwaltungsrechtswissenschaft, 2004, 9 (28).

[31] *Neumann*, in: Hassemer/Neumann/Saliger (Hrsg.), Einführung in die Rechtsphilosophie und Rechtstheorie, 9. Aufl. (2016), 357f.

[32] *Alexy*, Theorie der juristischen Argumentation, 8. Aufl. (2015), 216f., 327; *Brohm*, VVDStRL 30 (1972), 245 (248); für die Figur des „Leitbildes“ auch *Volkmann*, AöR 134 (2009), 158 (190).

c) Empfehlung zur Anreicherung eines „wissenschaftseigenen" Vorverständnisses

Um das Erreichen eines höchstmöglichen Begründungsniveaus anzuzeigen, könnte es helfen, für den jeweiligen Untersuchungsgegenstand einen argumentativen Ausgangspunkt, gewissermaßen ein wissenschaftseigenes Vorverständnis, anzureichern. Für das Verfassungsrecht beträfe dies ein verfassungseigenes Vorverständnis. Es könnte als argumentativer Fluchtpunkt fungieren und im Falle eines gelungenen Rückbezugs den Abbruch einer Begründung erlauben. Die Etablierung eines solchen Vorverständnisses müsste aufgrund seiner die Rechtfertigungspflicht abschließenden Wirkung freilich gesteigerten Transparenzerfordernissen unterliegen und sich immer wieder einer kritischen Prüfung stellen.

5. Zwischenergebnis

Im Lichte wissenschaftstheoretischer Überlegungen lassen sich erste Anforderungen an die Rechtsgewinnung formulieren: Es ist zu gewährleisten, dass Aussagen, die im Rahmen der Rechtsgewinnung getroffen werden, das Erfordernis einer höchstmöglich geeigneten, erforderlichen und zulässigen Begründung wahren. Hierfür ist die Etablierung eines rechtsgebietseigentümlichen, vorliegend verfassungsrechtlichen Vorverständnisses empfehlenswert. Dabei verlangt das Gebot der intersubjektiven Überprüfbarkeit von den hieran beteiligten Akteuren nach größtmöglicher Transparenz. Nicht erforderlich ist die Bereitstellung eines letzten Begründungsgliedes; insofern erweist sich auch der gegen ein juristisches Urteil vorgetragene Einwand einer fehlenden absoluten Gewissheit als unschädlich.

III. Gebot zur Berücksichtigung der hermeneutischen Verstehensbedingungen des Rechts

Das Erfordernis einer zulässigen Begründung wird durch den Untersuchungsgegenstand der Rechtswissenschaften, das Recht, bestimmt.[33] Ist das Recht, insbesondere das Verfassungsrecht, aber überhaupt dazu imstande, die Zulässigkeit rechtlicher Argumente zu begrenzen? Die Beantwortung der Frage verweist auf die hermeneutischen Verstehensbedingungen des Rechts (1.). Diese zugrunde gelegt, können drei weitere Erfordernisse formuliert werden, denen eine Rechtsgewinnung zu genügen hat (2.–4.).

---

[33] Siehe Teil 1 Kap. 1 II. 3.

1. Vorüberlegung: Recht als taugliche Grenze für die Bewertung der Zulässigkeit von Argumenten?

Versteht man das Recht als einen der Rechtsgewinnung vorgegebenen Erkenntnisgegenstand, dessen Anwendung auf den konkreten Einzelfall gleichwohl rechtsschöpferische Setzungen erfordert,[34] erscheint es auf den ersten Blick ausgeschlossen, von ihm handfeste Grenzen für die Zulässigkeit von Argumenten zu empfangen[35], die den vollständigen Prozess der Rechtsgewinnung determinieren könnten. Mehr noch: Wird das Recht erst im Vorgang seiner Anwendung vollständig generiert, kommt den hieran beteiligten Akteuren sogar eine aktiv-schöpferische Rolle bei der Rechtsgewinnung zu.[36] Da diese wiederum nicht von einem objektiven Standpunkt aus verstehen, tragen sie dabei zugleich ihr individuelles – dem Verstehensprozess vorausliegendes – Verständnis, eben ihr „Vorverständnis" in den Erkenntnisprozess hinein.[37] Das Vorverständnis wird wiederum nicht nur von den individuellen Wertungen der an der Rechtsgewinnung beteiligten Akteuren bestimmt, sondern gleichermaßen von der Kontext- und

---

[34] *Dreier*, in: ders. (Hrsg.), Rechtswissenschaft als Beruf, 2018, 1 (16f., 50–52); die Norm als etwas der Rechtsgewinnung Vorgegebenes begreift beispielsweise *Hillgruber*, in: Depenheuer/Grabenwarter (Hrsg.), Verfassungstheorie, 2010, § 15, Rn. 27–31; *Jestaedt*, Grundrechtsentfaltung im Gesetz, 1999, 148–155, die beide auf der Anwendungsebene ein kreativ-schöpferisches, eben rechtserzeugendes Moment anerkennen. Demgegenüber *Müller/Christensen*, Juristische Methodik, Bd. I, 11. Aufl. (2013), Rn. 248–251, 258–261, 274–277, die das Schöpferische betonen, dabei jedoch der Vorstellung der Existenz einer „Rechtsnorm als *vor* dem Rechtsfall vorhanden" (Rn. 274) vehement widersprechen, obwohl auch eine Konkretisierung etwas zu Konkretisierendes voraussetzt; in diesem Sinne auch *Jestaedt*, Grundrechtsentfaltung im Gesetz, 1999, 149; kritisch zum methodischen Konzept der Konkretisierung auch *Lindner*, Theorie der Grundrechtsdogmatik, 2005, 133–137.

[35] So *Lege*, RphZ 2019, 416 (422): „Ehrlicherweise muss man zugestehen: Im Recht gibt es, anders als in den Naturwissenschaften, kein wirklich hartes Kriterium, mit dem sich eine Erkenntnis empirisch wenigstens als falsch demonstrieren lässt."

[36] *Kaufmann*, ARSP 72 (1986), 425 (431).

[37] Die aktiv-schöpferische Rolle der an der Rechtsgewinnung beteiligten Akteure sowie die Notwendigkeit ihres Vorverständnisses für das Verstehen im Recht hat insbesondere *Josef Esser* herausgearbeitet, siehe zum Beispiel *Esser*, in: Grundmann/Micklitz/Renner (Hrsg.), Privatrechtstheorie, Bd. 1, 2015, 66–97. Es wurde maßgeblich von *Hans-Georg Gadamers* Konzept des Verstehens beeinflusst; vgl. *Gadamer*, Wahrheit und Methode, 5. Aufl. (1986), 270ff., insbes. 299: „Die erste aller hermeneutischen Bedingungen bleibt somit das Vorverständnis, das im Zu-tun-haben mit der gleichen Sache entspringt." Zu *Essers* und *Gadamers* Positionen siehe jüngst *Meyer*, RphZ 6 (2020), 59–71; zu *Gadamers* Konzept siehe *Schroth*, in: Hassemer/Neumann/Saliger (Hrsg.), Einführung in die Rechtsphilosophie und Rechtstheorie, 9. Aufl. (2016), 243 (244–247); zur Bedeutung des Vorverständnisses für das Gesetzesverständnis siehe auch *Ehmke*, VVDStRL 20 (1963), 53 (70); *Müller/Christensen*, Juristische Methodik, Bd. I, 11. Aufl. (2013), Rn. 251, 271; speziell zur „Rechtskonkretisierung" im Verfassungsrecht *Hesse*, Grundzüge des Verfassungsrechts, 20. Aufl. (1999), Rn. 61–65.

Situationsgebundenheit rechtlicher Aussagen: Aufgrund des Anwendungsbezugs des Rechts werden diese in der Regel angesichts konkreter rechtlicher Ereignisse, dem Fall[38], getroffen.[39] Diese fallbezogene Perspektive bestimmt zwangsläufig die Aussagen über das Recht; Fall und Norm wirken gegenseitig aufeinander ein.[40] Eine rechtliche Aussage erteilt dann häufig keine Auskunft über abstraktes, sondern über fallbezogenes konkretisiertes Recht. Die Kontextabhängigkeit der Rechtsfindung für die juristische Falllösung hat *Karl Engisch* mit dem Bild des „Hin- und Herwandern[s] des Blickes zwischen Obersatz und Lebenssachverhalt"[41] treffend illustriert.[42]

Angesprochen ist an dieser Stelle nicht nur eine Eigenart des Verstehens von Recht, sondern die jedem hermeneutischen Verstehensprozess eigentümliche gegenseitige Aufeinander-Angewiesenheit des zu verstehenden Sinns einer sprachlichen Aussage von der verstehenden Person mitsamt ihrem vom jeweiligen Verständniskontext und ihren persönlichen Wertungen bedingten Vorverständnis.[43] Dieser „hermeneutische Zirkel"[44] ist allerdings nur dann ein Hindernis für eine wissenschaftliche Aussagekraft, wenn man formallogische oder naturwissenschaftliche Anforderungen ebenso zum Maßstab für normative Erkenntnisse erhebt. Das wäre jedoch kein „Zuviel" an wissenschaftlicher Präzision und damit

[38] In diesem Sinne auch *Lege*, RphZ 2019, 416 (420): „Der Fall ist der Dreh- und Angelpunkt, an dem jede Argumentation ansetzt".

[39] *Bung*, RphZ 2019, 357 (358, 360–362); *Jestaedt*, Grundrechtsentfaltung im Gesetz, 1999, 314 f.; *Lege*, RphZ 2019, 416 (425): „In Wahrheit sind Gesetze nicht die ‚Quelle' des Rechts, sie sind ganz im Gegenteil das, worein die Entscheidung einer Vielzahl von Rechtsfällen mündet: ein meist schon recht abgestandenes Gewässer, das erst durch einen neuen Zufluss in Gestalt eines neuen Falls wieder in Bewegung gerät"; *Lepsius*, Relationen, 2016, 16. Die Abhängigkeit des Verständnisses der Norm von einem an sie herangetragenen Fall heben auch hervor *Müller/Christensen*, Juristische Methodik, Bd. I, 11. Aufl. (2013), Rn. 258–261, 267, 274.

[40] Die Wechselbeziehung von Norm und Fall hat insbesondere *Engisch* betont, vgl. *Engisch*, Logische Studien zur Gesetzesanwendung, 1963, 26 f., dazu und im Anschluss hieran *Kaufmann*, ARSP 72 (1986), 425 (431 f.). Zur Wechselbeziehung von Norm und Fall siehe auch *Bung*, RphZ 2019, 357 (360–362); diese Beziehung mit dem Bild vom Sachverhalt als Relief und der Norm als Schablone aufzeigend *Abraham*, RphZ 2019, 369 (372–376, insbes. 373).

[41] *Engisch*, Logische Studien zur Gesetzesanwendung, 1963, 15.

[42] Siehe auch *Kaufmann*, ARSP 72 (1986), 425 (431).

[43] *Esser*, in: Grundmann/Micklitz/Renner (Hrsg.), Privatrechtstheorie, Bd. 1, 2015, 66 (92–94); *Gadamer*, Wahrheit und Methode, 5. Aufl. (1986), 270–276, insbes. 271; siehe auch *Jestaedt*, Grundrechtsentfaltung im Gesetz, 1999, 272 f.; *Kaufmann*, ARSP 46 (1960), 553 (556); *ders.*, in: FS Gallas, 1973, 7 (17); *Lindner*, Rechtswissenschaft als Metaphysik, 2017, 7, 130 f.; *Trute*, in: Schmidt-Aßmann/Hoffmann-Riem (Hrsg.), Methoden der Verwaltungsrechtswissenschaft, 2004, 293 (297 f.).

[44] Zum Zirkelschluss siehe *Kaufmann*, in: FS Gallas, 1973, 7, speziell zum hermeneutischen Zirkel 17 ff.; zum Zirkelschluss bei *Heidegger* siehe *Gadamer*, Wahrheit und Methode, 5. Aufl. (1986), 270 ff.; zum hermeneutischen Zirkel in der Rechtswissenschaft *Lindner*, Rechtswissenschaft als Metaphysik, 2017, 130–133.

ein unter Umständen anzustrebendes Ideal auch für rechtswissenschaftliche Erkenntnisprozesse, sondern schlicht dem Erkenntnisgegenstand der Rechtswissenschaften inadäquat. Das wissenschaftstheoretische Postulat der Gegenstandsadäquanz[45] verlangt vielmehr danach, den Verstehensbedingungen rechtlicher Aussagen als sprach- und in der Regel textbasierte und somit interpretationsbedürftige Sinngehalte Rechnung zu tragen.[46]

Im Ausgangspunkt bedeutet dies, dass der „hermeneutische Zirkel" als Unausweichlichkeit der Rechtsgewinnung anzuerkennen ist.[47] Die aktiv-schöpferische Funktion des Verstehenden mitsamt seinem auch situativ geprägten Vorverständnis ist daher als Notwendigkeit des juristischen Erkenntnisprozesses für die Rechtsgewinnung einzuprogrammieren, ohne die Existenz eines der Rechtsgewinnung vorgegebenen Erkenntnisgegenstandes in Gestalt des Rechts zu missachten. Für die an dieser Stelle zu ermittelnden Anforderungen an die Rechtsgewinnung hat das zur Folge, dass eine Rechtsgewinnung eine Argumentation mit Blick auf das Recht als einen der Rechtsgewinnung auch vorgegebenen Gegenstand abzusichern hat (2.), gleichzeitig aber dem aktiv-schöpferischen Moment in der Rechtsgewinnung Rechnung tragen muss, indem sie insbesondere den Situationsbezug (3.) sowie die Vorverständnisbedingtheit rechtlicher Erkenntnisse (4.) würdigt.

2. Gewährleistung einer Argumentation mit Blick auf das Recht als einen der Rechtsgewinnung auch vorgegebenen Erkenntnisgegenstand

Soll das aktiv-schöpferische Element der Rechtsgewinnung nicht in einen Subjektivismus münden[48], ist vom „Rechtsversteher"[49] zunächst zu verlangen, sich angesichts seines schöpferischen Anteils im Prozess des Verstehens auf den Prozess des Verstehens eines auch vorgegebenen Gegenstandes voluntativ einzulassen.[50] Dies kann als notwendige Bedingung eines jeden Verstehens angeführt

---

45 Siehe dazu Kap. 1 Fn. 1.

46 Vgl. auch *Dreier*, in: ders. (Hrsg.), Rechtswissenschaft als Beruf, 2018, 1 (15–18); *Esser*, in: Grundmann/Micklitz/Renner (Hrsg.), Privatrechtstheorie, Bd. 1, 2015, 66 (92).

47 *Jestaedt*, Grundrechtsentfaltung im Gesetz, 1999, 272 f.; *Kaufmann/von der Pfordten*, in: Hassemer/Neumann/Saliger (Hrsg.), Einführung in die Rechtsphilosophie und Rechtstheorie, 9. Aufl. (2016), 23 (133); *Lindner*, Rechtswissenschaft als Metaphysik, 2017, 151.

48 *Kaufmann*, ARSP 72 (1986), 425 (432).

49 Formulierung von *Kaufmann*, ARSP 72 (1986), 425 (432).

50 Für das Verfassungsrecht betont dies auch *Hillgruber*, in: Depenheuer/Grabenwarter (Hrsg.), Verfassungstheorie, 2010, § 15, Rn. 13: „Der Interpret muss darüber hinaus bereit sein, bei der ihm gestellten Aufgabe der Erkenntnis des geltenden Verfassungsrechts sich dem ihn bindenden, d. h. ihm vorgegebenen Willen des Verfassunggebers zu unterwerfen; denn Aufgabe der verfassungsrechtlichen Methode ist es, die auf einem fremden Willensakt beruhende Ver-

werden.[51] Der Verstehende hat demnach den Willen zum Verstehen des Rechts, oder mit *Hesse* für das Verfassungsrecht: den „Wille[n] zur Verfassung“[52], aufzubringen. Nur auf dieser Basis kann es gelingen, eine Begründung vorzutragen, die argumentativ auf das Recht – als einen dem „Rechtsversteher“ auch vorgegebenen Erkenntnisgegenstand – bezogen bleibt.[53]

Um diese Blick- und Willensrichtung abzusichern, braucht es Begrifflichkeiten, die das Recht – trotz seiner Vorverständnis- und Kontextgeprägtheit – als etwas dem Interpreten und Anwender auch Vorgegebenes immer wieder in den Mittelpunkt der Rechtsgewinnung rücken. Gleichzeitig kann es hilfreich sein, das den Akteuren aufgegebene Ziel zur Ermittlung des richtigen Rechts[54] durch die Fiktion des einzig richtigen rechtswissenschaftlichen Ergebnisses ständig in Erinnerung zu rufen.[55] Hierdurch wird der Rahmen für einen durch fortwährende Argumentation, kritische Prüfung und Korrektur geprägten wissenschaftlichen Austausch bereitgestellt, der es erlaubt, den Inhalt des Rechts zutreffend diskursiv zu entfalten[56].[57] Der schöpferische sowie gebundene Anteil in der Rechtsgewinnung führen auf diese Weise zusammen.[58]

---

fassung zum Sprechen und zur Geltung zu bringen“, im Anschluss an *Reimer*, Verfassungsprinzipien, 2001, 126.

51 In diesem Sinne auch *Gadamer*, Wahrheit und Methode, 5. Aufl. (1986), 273: „Lediglich Offenheit für die Meinung des anderen oder des Textes wird gefordert.“

52 *Hesse*, Grundzüge des Verfassungsrechts, 20. Aufl. (1999), Rn. 44.

53 In diesem Sinne auch *Gadamer*, Wahrheit und Methode, 5. Aufl. (1986), 271: „Alle rechte Auslegung muß sich gegen die Willkür von Einfällen und die Beschränktheit unmerklicher Denkgewohnheiten abschirmen und den Blick auf ‚die Sachen selber‘ richten […] Sich dergestalt von der Sache bestimmen lassen, ist für den Interpreten offenkundig nicht ein einmaliger ‚braver‘ Entschluß, sondern wirklich ‚die erste, ständige und letzte Aufgabe‘. Denn es gilt, den Blick auf die Sache durch die ganze Beirrung hindurch festzuhalten, die den Ausleger unterwegs ständig von ihm selbst her anfällt.“

54 Für die Rechtserkenntnis das „Gebot der Auslegung des einen Sinns“ postulierend *Hillgruber*, in: Depenheuer/Grabenwarter (Hrsg.), Verfassungstheorie, 2010, § 15, Rn. 35, der auf der Ebene der Rechtsanwendung aber verschiedene Möglichkeiten zulässt, vgl. Rn. 36.

55 Für eine Fiktion des einzig richtigen juristischen Ergebnisses *Schroth,* in: Hassemer/Neumann/Saliger (Hrsg.), Einführung in die Rechtsphilosophie und Rechtstheorie, 9. Aufl. (2016), 243 (252 f.); die einzig richtige Entscheidung als „regulative Idee“ begreifend *Neumann*, in: Hassemer/ders./Saliger (Hrsg.), Einführung in die Rechtsphilosophie und Rechtstheorie, 9. Aufl. (2016), 303 (309–311); gegen eine solche Fiktion *Kelsen*, Reine Rechtslehre, 2. Aufl., 1960, 353 (Nachdruck 2017: 608 f.).

56 *Kaufmann*, in: FS Gallas, 1973, 7 (20). Die analytischen und hermeneutischen Elemente bilden dabei auch keine Gegensätze, sondern bedingen einander. Darauf weist zutreffend hin *Kaufmann*, ARSP 72 (1986), 425 (430).

57 In diesem Sinne auch *Lindner*, Rechtswissenschaft als Metaphysik, 2017, 132, der richtigerweise betont, dass aus der Unausweichlichkeit des hermeneutischen Zirkels nicht gefolgert werden dürfe, dass er nicht „kommunizierbar, abschwächbar, entschärfbar, rationalisierbar“ sei.

58 Ebenso den Moment von schöpferischer Konkretisierung und Gebundenheit verbindend

3. Berücksichtigung des Situationsbezugs rechtlicher Erkenntnisse

Daneben muss die Rechtsgewinnung den aufgezeigten situativen Kontext ihrer Aussagen würdigen.[59] Das betrifft maßgeblich die bereits benannte Orientierung der Rechtsfindung an konkreten Fallgestaltungen. Darum braucht es Begrifflichkeiten, deren Etablierungs- und Anwendungsregeln dem Rechtsanwender die Situativität und Kontextualität rechtlicher Aussagen immer wieder vor Augen führen, ohne aber den argumentativen Bezug der Rechtsgewinnung auf das auch vorgegebene Recht aus dem Blick zu verlieren. Das reiht sich in die insbesondere von *Oliver Lepsius* vorgetragene Forderung nach einer verstärkten Kontextualisierung rechtlicher Erkenntnisse ein.[60]

4. Anreicherung eines rechtsgebietseigentümlichen Vorverständnisses

Schließlich hat die Rechtsgewinnung ihre über den Situationsbezug hinausgehende Vorverständnisgeprägtheit zu verarbeiten. Soweit Verstehensprozesse auf ein Vorverständnis angewiesen sind, kann dies allerdings weder bedeuten, Vorverständnisse zurückzudrängen[61] noch sie passiv hinzunehmen.[62] Vielmehr sind sie durch ein legitimes Vorverständnis[63] aktiv anzuleiten. Hierfür bietet es sich an, ein dem jeweiligen Rechtsgebiet eigenes Vorverständnis zu etablieren[64], für das Verfassungsrecht also ein der konkreten Verfassung eigenes Vorverständnis.[65]

Gadamer, Wahrheit und Methode, 5. Aufl. (1986), 271: „Wir können somit als das wahrhaft Gemeinsame aller Formen der Hermeneutik herausheben, dass sich in der Auslegung der zu verstehende Sinn erst konkretisiert und vollendet, dass aber gleichwohl dieses auslegende Tun sich vollständig an den Sinn des Textes gebunden hält. Weder der Jurist noch der Theologe sieht in der Aufgabe der Applikation eine Freiheit gegenüber dem Text.“

59 *Lepsius*, JZ 2019, 793 (796f.); siehe auch *Lindner*, Rechtswissenschaft als Metaphysik, 2017, 139–142.

60 Siehe jüngst *Lepsius*, JZ 2019, 793ff.; im Anschluss daran auch *Lege*, RphZ 2019, 416 (427).

61 So auch *Albert*, Traktat über kritische Vernunft, 3. Aufl. (1975), 42.

62 So auch *Lindner*, Rechtswissenschaft als Metaphysik, 2017, 131f.

63 Zur Unterscheidung von legitimen und illegitimen Vorverständnissen siehe Kap. 1 Fn. 69.

64 Dafür bereits *Müller/Christensen*, Juristische Methodik, Bd. I, 11. Aufl. (2013), Rn. 268: „[Verfassungs-]Rechtliche Dogmatik, Theorie und Methodik müssen Mittel zur Verfügung stellen, die spezifisch juristischen Momente dieser Vorurteilshaftigkeit selbstständig als norm- oder sachbezogenes Vorverständnis der Rechtswelt zu begründen, sie verdeutlichend abzugrenzen, zu differenzieren und sie damit als strukturierten, kontrollierbaren und diskutierbaren Faktor in den Vorgang der Konkretisierung einzubringen.“

65 Als ein „verfassungseigentümliche[s] Vorverständnis“ begreift *Jestaedt*, in: Depenheuer/Grabenwarter (Hrsg.), Verfassungstheorie, 2010, § 1, Rn. 64 die jeweilige Verfassungstheorie der Verfassung; zu einem verfassungstheoretischen Vorverständnis siehe auch *Müller/Christensen*, Juristische Methodik, Bd. I, 11. Aufl. (2013), Rn. 420f.

Ein solches wurde bereits als hilfreicher Indikator für die Wahrung eines höchstmöglichen Begründungsniveaus vorgeschlagen.[66] Es könnte obendrein einen gemeinsamen Verständnishorizont für den anleitungsbedürftigen Verstehensprozess im Recht zur Verfügung stellen, würde dabei tragende Prinzipien und Strukturen des Rechts identifizieren und dem Interpreten systematisch aufbereiten. Das Vorverständnis des Interpreten wird damit zwar nicht vollkommen entbehrlich, erhielte allerdings einen normativ gerechtfertigten Maßstab, an dem sich das eigene Vorverständnis orientieren und anpassen kann[67].[68] Illegitime(re) Vorverständnisse ließen sich so im Ergebnis durch legitime(re) Vorverständnisse ersetzen.[69] Auf Basis eines solchen gemeinsamen Vorverständnisses könnte zudem die Rechtsgewinnung vorhersehbarer gestaltet und der diskursive Austausch über das richtige Recht durch eine einheitliche Diskussionsgrundlage gestärkt werden. Schließlich würde ein solches Vorverständnis die – zwangsläufig einer Rechtsgewinnung immanenten[70] – außerrechtlichen Wertungen herausstellen und so weitere entscheidungserhebliche Prämissen der Rechtsgewinnung transparent und damit auch überprüfbar machen.[71] Die für die Rechtsgewinnung unausweichli-

---

[66] Siehe Teil 1 Kap. 1 II. 4. c).

[67] Eine solche Funktion weist auch *Jestaedt*, in: Depenheuer/Grabenwarter (Hrsg.), Verfassungstheorie, 2010, § 1, Rn. 63 f. einem verfassungseigentümlichen Vorverständnis zu.

[68] So dürfte auch *Gadamer,* Wahrheit und Methode, 5. Aufl. (1986), 273 f. zu verstehen sein: „Solche Empfänglichkeit [Anm. d. Verf.: für die „Andersheit des Textes"] setzt aber weder sachliche ‚Neutralität' noch gar Selbstauslöschung voraus, sondern schließt die abhebende Aneignung der eigenen Vormeinungen und Vorurteile ein. Es gilt, der eigenen Voreingenommenheit innezusein, damit sich der Text selbst in seiner Andersheit darstellt und damit in die Möglichkeit kommt, seine sachliche Wahrheit gegen die eigene Vormeinung auszuspielen."

[69] Für eine Abgrenzung von notwendigen bzw. legitimen Vorverständnissen gegenüber nicht notwendigen bzw. illegitimen Vorverständnissen plädiert *Lindner*, Theorie der Grundrechtsdogmatik, 2005, 129, 145 im Anschluss an *Gadamer,* Wahrheit und Methode, 5. Aufl. (1986), 283; ebenso bereits *Müller/Christensen*, Juristische Methodik, Bd. I, 11. Aufl. (2013), Rn. 272.

[70] Siehe aber *Hilgendorf*, in: ders./Kuhlen, Die Wertfreiheit in der Jurisprudenz, 2000, 1–32, der für weite Strecken der Rechtswissenschaft die Möglichkeit und Notwendigkeit einer Wertfreiheit postuliert (14–21), für die Rechtsanwendung aber eine Wertungsgebundenheit anerkennt (18–21); demgegenüber *Kuhlen*, in: Hilgendorf/ders., Die Wertfreiheit in der Jurisprudenz, 2000, 33 (35–42) sowie *Lindner*, Rechtswissenschaft als Metaphysik, 2017, 151, der auf die Unmöglichkeit der Eliminierung metaphysischer Argumente hinweist; ebenso die Unausweichlichkeit von (transparent zu machenden) Wertungen betonend *Müller/Christensen*, Juristische Methodik, Bd. I, 11. Aufl. (2013), Rn. 269, 271.

[71] So kann auch *Albert*, Traktat über kritische Vernunft, 3. Aufl. (1975), 42 f. verstanden werden: „Das bedeutet, dass man sie [Anm. d. Verf.: die Vorurteile] nicht pauschal zu eliminieren sucht [...], sondern dass man sie, soweit jeweils möglich, prüfbar macht und sich bemüht, sie an Hand ihrer Konsequenzen zu überprüfen"; ebenso *Müller/Christensen*, Juristische Methodik, Bd. I, 11. Aufl. (2013), Rn. 269.

che „Metaphysik“[72] erhielte damit einen legitimen Standort, ließe sich so aber überhaupt erst reflektieren und kritisieren.[73] Insoweit nimmt das Gebot zur Anreicherung eines rechtsgebietseigentümlichen Vorverständnisses die von *Arthur Kaufmann* vorgetragene Forderung auf, wonach „sich das wissenschaftliche Interesse auf eben dieses Vorverständnis verlagern“ sollte.[74] Begrifflichkeiten, die ein rechtsgebietseigentümliches Vorverständnis abbilden, tragen dazu bei.

IV. Gebot zur Berücksichtigung der Entstehungsbedingungen des Rechts

Eine Rechtsgewinnung hat des Weiteren die Entstehungsbedingungen des Rechts zur Kenntnis zu nehmen und zu verarbeiten.[75] Im demokratischen Verfassungsstaat des Grundgesetzes bedeutet dies, dass dem in einem abgestuften Rechtsetzungsverfahren erzeugten Recht eine besondere Bedeutung für die Rechtsgewinnung einzuräumen ist (1.). Des Weiteren ist der Inhalt des Rechts entsprechend dem Willen seines Urhebers zu bestimmen (2.). Schließlich sind vorrangig ausdifferenzierte und kleinteilige rechtliche Aussagen zu generieren (3.).

1. Herausgehobene Bedeutung des positiven Rechts für die Rechtsgewinnung

Das positive Recht fungiert gegenüber dem ungeschriebenen Recht als eine vorrangige Quelle für die Rechtsgewinnung (a). Das gilt für das Verfassungsrecht in qualifizierter Weise (b). Daran muss sich auch die Begründung ungeschriebener Rechtspositionen orientieren (c). Der Vorrang positiven Rechts für die Rechtsgewinnung schließt autonome Entscheidungsmomente im Rahmen seiner Anwendung allerdings nicht aus; nach hier vertretener Begründung verlangt er regelrecht nach ihr (d).

[72] Im Anschluss an *Lindner*, Rechtswissenschaft als Metaphysik, 2017, 29–32, insbes. 30, umfasst „Metaphysik“ grundsätzlich normative Aussagen. Da auf dem Gebiet rechtswissenschaftlicher Aussagen die Metaphysik durch das positive Recht grundsätzlich überwunden wird, vgl. *Lindner*, Rechtswissenschaft als Metaphysik, 2017, 33–36, ließe sich auch festhalten: Metaphysik in der Rechtswissenschaft umfasst all solche normativen Aussagen, die nicht durch das positive Recht begründet werden; zur Entwicklung des Begriffs der Metaphysik siehe *Lindner*, Rechtswissenschaft als Metaphysik, 2017, 24–29.

[73] *Lindner*, Rechtswissenschaft als Metaphysik, 2017, 151 f., 155 f.; in diese Richtung auch *Müller/Christensen*, Juristische Methodik, Bd. I, 11. Aufl. (2013), Rn. 268.

[74] *Kaufmann*, in: FS Gallas, 1973, 7 (20).

[75] Auch dieses Erfordernis beruht letztlich auf dem Postulat der Gegenstandsadäquanz, siehe dazu Kap. 1 Fn. 1.

a) Positives Recht als vorrangige Quelle für die Rechtsgewinnung

Die Entstehung des Rechts wird im demokratischen Verfassungsstaat des Grundgesetzes in die Hände zahlreicher Organe gelegt, die das Recht in einem mehrstufigen Rechtsetzungsverfahren vom abstrakt-generellen bis hin zum konkret-individuellen Recht erzeugen.[76] Diese minutiös installierten Rechtsetzungsstrukturen erfordern es, dem in ihrem Rahmen erzeugten Recht für die Rechtsgewinnung eine angemessene Bedeutung einzuräumen.[77] Dafür spricht freilich nicht nur ihre positive Normierung durch das Grundgesetz, sondern die in den entsprechenden Zuständigkeiten und Verfahren zum Ausdruck gelangende demokratische und rechtsstaatlich begründete Legitimität für Rechtsetzung. Am deutlichsten wird dies für die vorrangig den Parlamenten anvertraute Gesetzgebung: Das Gesetz ist dazu prädestiniert, die Freiheitspositionen der demokratischen Allgemeinheit in gleicher Weise auszugestalten. Mit dem Parlament wird es maßgeblich demjenigen Organ anvertraut, das eben diese demokratische Allgemeinheit am stärksten repräsentiert.[78] In der dem Parlament zugewiesenen Rechtserzeugung artikuliert sich damit unter anderem die demokratische Selbstbestimmung als ein wesentlicher Legitimationsmodus staatlicher Herrschaft. Die geforderte adäquate Berücksichtigung des in den Rechtsetzungsverfahren generierten Rechts erweist sich daher auch als demokratisch geboten. Schließlich spricht eine wenn auch nicht vollständige Absage, aber durchaus berechtigte Skepsis gegenüber der Objektivierbarkeit metaphysischer Annahmen dafür[79], nicht-positive normative Urteile nur in begrenztem Umfang als wahrheitsfähig anzuerkennen. Den in einem Rechtsetzungsverfahren erzeugten Rechtspositionen verschafft das wenn auch keine Monopolstellung, so doch aber einen Begründungsvorsprung gegenüber nicht-positiven normativen Aussagen.[80] Das positive Recht avanciert daher zu einer herausgehobenen Quelle für die Rechtsgewinnung.

---

[76] Zu diesem arbeitsteiligen Rechtserzeugungsprozess in der Rechtsordnung des Grundgesetzes siehe *Jestaedt*, Grundrechtsentfaltung im Gesetz, 1999, 298–300.

[77] *Jestaedt*, Grundrechtsentfaltung im Gesetz, 1999, 303, siehe ausführlich zu den rechtstheoretischen Implikationen des arbeitsteiligen Rechtserzeugungsprozesses 298–306.

[78] *Möllers*, Gewaltengliederung, 2005, 105 f., der zwar feststellt, dass demokratische Willensbildung in unterschiedlichster Weise organisiert werden könne, gleichwohl aber konstatiert, dass das nationalstaatliche Parlament als typisches Organ für Legislativfunktionen fungiere.

[79] Vgl. *Gusy*, JZ 1989, 505 (506); zur Entwicklung der Metaphysikskepsis in der Philosophie siehe auch *Lindner*, Rechtswissenschaft als Metaphysik, 2017, 24–29).

[80] Siehe auch *Lindner*, Rechtswissenschaft als Metaphysik, 2017, 33–36, wonach das positive Recht die Metaphysik im Bereich des Rechts überwinde.

b) Kodifikation des Verfassungsrechts

Für die Ebene des Verfassungsrechts gilt das gleichermaßen: Das positive Verfassungsrecht, das Verfassungsgesetz in Gestalt des Grundgesetzes, ist das wirkmächtigste Instrument der verfassunggebenden Gewalt, um ihre Gestaltungsidee für die politische Gemeinschaft festzuschreiben. Der Wille der verfassunggebenden Gewalt artikuliert sich demnach am deutlichsten im Verfassungsgesetz.[81] Durch die Positivierung des Verfassungsrechts wird aber nicht nur dem Gestaltungsanspruch der verfassunggebenden Gewalt entsprochen, sondern zugleich die Stabilisierungsfunktion des Verfassungsrechts gestärkt.[82] Denn die Positivierung bringt neben der schriftlichen Fixierung ebenso die Möglichkeit mit sich, die Rahmen- und Werteordnung der politischen Gemeinschaft zu modifizieren, hierfür aber ein qualifiziertes Rechtsetzungsverfahren zu absolvieren. Die dem Verfassungsgesetz hierdurch zuteilwerdende Dynamik und Statik sind der herausgehobenen Bedeutung[83] des Verfassungsrechts für die Rechtsordnung darum besonders angemessen.[84] Infolgedessen besitzt auch das Grundgesetz als das Verfassungsgesetz der Bundesrepublik Deutschland gegenüber ungeschriebenem Verfassungsrecht eine Vorrangstellung.[85]

Darüber hinaus kommt dem Grundgesetz innerhalb des Verfassungsrechts sogar eine grundsätzliche Monopolstellung zu. Angesprochen ist damit die auch

---

[81] Die hier gebrauchte Terminologie erinnert an die von *Schmitt* getroffene Gegenüberstellung von Verfassung und Verfassungsgesetz, vgl. *Schmitt*, Verfassungslehre, 10. Aufl. (2010), 20–36. Bei *Schmitt* stellt das Verfassungsgesetz zwar „seinem Inhalte nach die ausführende Normierung des verfassunggebenden Willens" dar, steht dabei aber „ganz unter der Voraussetzung und auf der Grundlage der in diesem Willen enthaltenen politischen Gesamtentscheidung", vgl. *Schmitt*, Verfassungslehre, 10. Aufl. (2010), 76. Das Verfassungsrecht oder – in den Worten *Schmitts* – die Verfassung mündet bei *Schmitt* darum nicht in das Verfassungsgesetz, sondern bildet seinen Grund und seine Grenze. Ganz folgerichtig tritt das Verfassungsgesetz hiernach zurück, um die Verfassung zu erhalten, vgl. *Schmitt*, Verfassungslehre, 10. Aufl. (2010), 26 f. Demgegenüber ist – ungeachtet weiterer methodischer und wissenschaftstheoretischer Differenzen – die hier vertretene Position darum bemüht, das Verfassungsrecht weitgehend im Verfassungsgesetz, für die Bundesrepublik im Grundgesetz, aufgehen zu lassen, ähnlich zu *Schmitts* Begriff der Verfassung auch *Jestaedt*, in: Depenheuer/Grabenwarter (Hrsg.), Verfassungstheorie, 2010, § 1, Rn. 44, siehe insbesondere Fn. 97.

[82] *Hesse*, Grundzüge des Verfassungsrechts, 20. Aufl. (1999), Rn. 32.

[83] Diese herausgehobene Bedeutung kommt maßgeblich im Vorrang der Verfassung (Art. 20 Abs. 3 GG) zum Ausdruck.

[84] Die notwendige „Starrheit" und „Beweglichkeit" der Verfassung betonend *Hesse*, Grundzüge des Verfassungsrechts, 20. Aufl. (1999), Rn. 36–40.

[85] Auch *Müller/Christensen*, Juristische Methodik, Bd. I, 11. Aufl. (2013), Rn. 304 konstatieren auf Basis ihres Modells der Normkonkretisierung: „In einem Gemeinwesen mit weitgehend kodifiziertem (Verfassungs-)Recht ist vorentschieden, daß die Normtexte im Geschäft der Konkretisierung herausgehobene Funktionen innehaben", siehe auch Rn. 291: „Verfassungsrecht ist positives Recht."

vorliegend geteilte Einschätzung des Grundgesetzes als „Vollverfassung" oder „Kodifikation" des Verfassungsrechts.[86] Das Grundgesetz bekundet dies – wie *Wolff* überzeugend aufgezeigt hat[87] – an mehreren Stellen: Das in Art. 79 Abs. 1 GG normierte Urkundenprinzip bezieht sich ausdrücklich zwar allein auf formelle Änderungen des Grundgesetzes, drückt bei verständiger Würdigung aber das Bestreben aus, das Verfassungsrecht in der Verfassungsurkunde des Grundgesetzes zu bündeln.[88] Von einer Gleichsetzung des Verfassungsrechts mit dem „Grundgesetz" geht offenbar auch Art. 100 Abs. 1 GG aus.[89] Schließlich nimmt das Grundgesetz insbesondere auf dem Gebiet der bundesstaatlichen Aufgaben- und Befugnisordnung ausdrücklich eine abschließende Kompetenzverteilung vor (vgl. Art. 30 GG, Art. 70 Abs. 1 GG, Art. 83 GG, Art. 92 GG),[90] die der Annahme einer Regelungslücke grundsätzlich den Boden entzieht.[91]

Die bisherigen Überlegungen münden in die folgende widerlegliche Vermutung: Recht wird grundsätzlich allein durch das positive Recht begründet; auf das Verfassungsrecht gemünzt: Verfassungsrecht setzt grundsätzlich allein das Verfassungsgesetz[92].[93]

---

86 *Jestaedt*, Grundrechtsentfaltung im Gesetz, 1999, 292; *Wolff*, Ungeschriebenes Verfassungsrecht unter dem Grundgesetz, 2000, 355; von einem „weitgehend kodifizierte[n] (Verfassungs-)Recht" für die Bundesrepublik Deutschland sprechen auch *Müller/Christensen*, Juristische Methodik, Bd. I, 11. Aufl. (2013), Rn. 304; siehe aber *Hesse*, Grundzüge des Verfassungsrechts, 20. Aufl. (1999), Rn. 21, siehe gleichzeitig jedoch Rn. 32–35, wonach maßgeblich die geschriebene Verfassung die Verfassung darstelle.

87 *Wolff*, Ungeschriebenes Verfassungsrecht unter dem Grundgesetz, 2000, 347–359 (insbes. 351–355).

88 *Wolff*, Ungeschriebenes Verfassungsrecht unter dem Grundgesetz, 2000, 351; siehe auch *Hufeld*, in: Isensee/Kirchhof (Hrsg.), HStR, Bd. XII, 3. Aufl. (2014), § 259, Rn. 9, der im Anschluss an *Schmitt*, Verfassungslehre, 10. Aufl. (2010), 14 f. das Prinzip der Urkundlichkeit in Verbindung mit der Idee der Verfassungskodifikation rückt.

89 *Wolff*, Ungeschriebenes Verfassungsrecht unter dem Grundgesetz, 2000, 351 f.

90 *Wolff*, Ungeschriebenes Verfassungsrecht unter dem Grundgesetz, 2000, 352.

91 *Herbst*, Gesetzgebungskompetenzen im Bundesstaat, 2014, 282 f.; *Pabel*, Grundfragen der Kompetenzordnung im Bereich der Kunst, 2003, 81; differenzierend *Köstlin*, Die Kulturhoheit des Bundes, 1989, 56 f.

92 Dabei darf die positive Norm jedoch nicht mit dem Normtext verwechselt werden. Der Normtext ist die äußere Gestalt und der erste Anhaltspunkt, um den von ihm übermittelten gedanklichen Gehalt der positiven Norm zu erschließen; vgl. *Jestaedt*, Grundrechtsentfaltung im Gesetz, 1999, 329 f. mit Verweis auf *von Savigny*: „Mag auch der sprachliche Ausdruck ‚das nächste und natürlichste Erkenntnißmittel für den Gedanken' sein, so bildet er doch nur das Medium, um den von ihm transportierten Sinn kommunizierbar zu machen und um dessen flüchtiger Gestalt Form zu verleihen"; siehe auch *Müller/Christensen*, Juristische Methodik, Bd. I, 11. Aufl. (2013), Rn. 162.

93 In diese Richtung auch *Wolff*, Ungeschriebenes Verfassungsrecht unter dem Grundgesetz, 2000, 359: „Ist dem Grundgesetz kein Verbot des ungeschriebenen Verfassungsrechts zu entnehmen, so geht es dagegen von einem grundsätzlichen Vorrang des geschriebenen Rechts aus."

Für unkodifizierte oder weitgehend unpositivierte Rechtsgebiete[94] wird man freilich die Anforderungen an die Widerlegung der Regelvermutung rechtsgebietsspezifisch zu konkretisieren und das heißt in dem Fall zu verringern haben. Ansonsten erfüllt die Vermutung jedoch auch in diesen Rechtsgebieten ihre Funktion zur angemessenen Berücksichtigung der grundgesetzlich installierten Rechtsetzung: Sie verweist zunächst einmal auf positivierte Normen und hält dazu an, ungeschriebene Rechtspositionen in Anlehnung an positivierte Rechtspositionen zu etablieren und auf die Weise ein etwaig vorhandenes demokratisch gesetztes Regelungskonzept so weit wie möglich zu beachten.

Da das Verfassungsrecht weitgehend in Gestalt des Grundgesetzes positiviert wurde, kommt eine Modifikation der Anforderungen an die Widerleglichkeit der Vermutung für die vorliegende Untersuchung nicht in Betracht. Im Gegenteil: Aufgrund des geschilderten Kodifikationscharakters ist die Vermutung für das Verfassungsrecht nicht nur eine formelle, sondern eine materielle. Sie verteilt demnach nicht nur die Darlegungs- und Rechtfertigungslast, sondern formuliert für die Ausnahme auch eine gesteigerte Begründungspflicht. Sie belässt nicht-positivem Recht damit einen Raum, legt seiner Begründung aber ein *qualifiziertes* Rechtfertigungserfordernis auf.[95] Darüber hinaus rückt sie das in der Verfassunggebung und in einem verfassungsändernden Gesetzgebungsprozess gesetzte Recht sowie das vorrangige Zugriffsrecht des demokratisch legitimierten verfassungsändernden Gesetzgebers für die Ausgestaltung des Verfassungsrechts in den Mittelpunkt der Rechtsgewinnung.

c) Begründung ungeschriebenen Rechts speziell für das Verfassungsrecht

Im Lichte der zuvor geschilderten Überlegungen bleibt die Begründung ungeschriebenen Rechts zulässig, verlangt aber – speziell für das Verfassungsrecht – die Wahrung qualifizierter Begründungserfordernisse. Sie sind zunächst abstrakt zu benennen (aa), bevor sie an einem für das Verfassungsrecht bedeutsamen Beispiel illustriert werden (bb).

---

[94] Zu denken ist beispielsweise an das Verwaltungsverfahrensrecht des Bundes vor seiner Kodifikation in Gestalt des Bundesverwaltungsverfahrensgesetzes (zur Entstehung und Entwicklung des VwVfG siehe *Maurer/Waldhoff*, Allgemeines Verwaltungsrecht, 19. Aufl. [2017], § 5, Rn. 2–7) oder an weite Bereiche des Staatshaftungsrechts bis zum gegenwärtigen Zeitpunkt (zum Stand des Staatshaftungsrechts als „case law" siehe *Ossenbühl/Cornils*, Staatshaftungsrecht, 6. Aufl. [2013], 5 f.).

[95] In diesem Sinn erkennt auch *Wolff*, Ungeschriebenes Verfassungsrecht unter dem Grundgesetz, 2000, 355–359, 373 trotz Einordnung des Grundgesetzes als Kodifikation des Verfassungsrechts ungeschriebenes Verfassungsrecht *ausnahmsweise* an.

aa) Anforderungen an die Begründung ungeschriebenen Rechts speziell für das Verfassungsrecht

Die Anforderungen an ungeschriebenes Recht sind im Folgenden zu konkretisieren. Sie sind mit Blick auf das vorliegend interessierende Verfassungsrecht entsprechend den Bedingungen eines kodifizierten Rechtsgebiets zu bestimmen. Auch dafür kann auf die Überlegungen *Wolffs* zurückgegriffen werden.[96] Hiernach sei ungeschriebenes Verfassungsrecht neben dem Verfassungsgewohnheitsrecht[97] maßgeblich auf *mitgesetztes* Recht zu begrenzen.[98] Darunter sei solches Recht zu verstehen, dessen schriftliche Fixierung vom Verfassunggeber für unnötig befunden worden sei,[99] weil er seine Geltung als selbstverständlich angesehen habe.[100] Dabei komme solchen Normen eine besondere Bedeutung zu, die bereits zur Zeit der Verfassungsentstehung Rechtscharakter besessen hätten und der Verfassunggeber diesbezüglich keine Änderung beabsichtigt habe.[101] Um ein unverhältnismäßiges Anwachsen ungeschriebenen Verfassungsrechts zu verhindern, grenze der Wille des Verfassunggebers die Ermittlung mitgesetzten Rechts ein.[102] In den Worten *Wolffs*: „Es muß sich demnach um einen Rechtssatz handeln, bei dem der Verfassunggeber auf die hypothetische Frage, weshalb er nicht schriftlich fixiert sei, geantwortet hätte, das sei überflüssig, da er selbstverständlich oder mitgeregelt sei, also stillschweigend gesetzt sei."[103]

Die Überlegungen *Wolffs* überzeugen. Sie zielen darauf ab, ungeschriebenes Recht auf zwingende, eben „selbstverständliche" Annahmen zu begrenzen, insoweit aber auch zuzulassen. Dies rundet die Normierung des Verfassunggebers vernünftig ab, kommt aber ohne unnötige Klarstellungen aus. Die Verfassung

---

96 Vgl. *Wolff*, Ungeschriebenes Verfassungsrecht unter dem Grundgesetz, 2000, 404 ff.; siehe dazu auch *Lindner*, Theorie der Grundrechtsdogmatik, 2005, 170–173.

97 Zum ungeschriebenen Verfassungsrecht in Gestalt des Verfassungsgewohnheitsrechts siehe *Wolff*, Ungeschriebenes Verfassungsrecht unter dem Grundgesetz, 2000, 427 ff. Für das Verfassungsgewohnheitsrecht kann mit *Badura* festgehalten werden, dass hierfür insbesondere neben den anerkannten Formen ungeschriebenen Rechts praktisch kein Raum bleibt, vgl. *Badura*, in: Isensee/Kirchhof (Hrsg.), HStR, Bd. XII, 3. Aufl. (2014), § 270, Rn. 11.

98 Zum „mitgesetzten Recht" siehe *Wolff*, Ungeschriebenes Verfassungsrecht unter dem Grundgesetz, 2000, 404–426, für das mitgesetzte Recht als einheitliche Kategorie ungeschriebenen Verfassungsrechts siehe insbes. 411–417; zu *Wolffs* Konzept siehe auch *Lindner*, Theorie der Grundrechtsdogmatik, 2005, 170–173.

99 *Wolff*, Ungeschriebenes Verfassungsrecht unter dem Grundgesetz, 2000, 404.

100 *Wolff*, Ungeschriebenes Verfassungsrecht unter dem Grundgesetz, 2000, 417 f.; in diese Richtung auch *Hesse*, Grundzüge des Verfassungsrechts, 20. Aufl. (1999), Rn. 21.

101 *Wolff*, Ungeschriebenes Verfassungsrecht unter dem Grundgesetz, 2000, 408 f.

102 *Wolff*, Ungeschriebenes Verfassungsrecht unter dem Grundgesetz, 2000, 417 f.

103 *Wolff*, Ungeschriebenes Verfassungsrecht unter dem Grundgesetz, 2000, 417 f.

und der Verfassunggeber werden dadurch entlastet und können sich auf den Regelungsbedarf konzentrieren, der die Zeit der Verfassunggebung bestimmt.[104]

Um bei der Ermittlung des „selbstverständlich Mitgesetzten" eine Ausuferung zu unterbinden, sind im Anschluss an *Lindner* hinreichend gewichtige Gründe für das „selbstverständlich Mitgesetzte" darzulegen und diese möglichst durch das positive Recht zu belegen.[105] Mit *Badura* kann festgehalten werden: „Das ungeschriebene Verfassungsrecht ergänzt das Verfassungsrecht und kann deshalb nur als Entfaltung, Vervollständigung oder Fortbildung der Prinzipien des geschriebenen Verfassungsrechts und immer nur im Einklang mit diesen Prinzipien entstehen und bestehen."[106] Diese – auf das schriftlich fixierte Recht bezogene – Perspektive entspricht dem Kodifikationscharakter des Verfassungsrechts und wird auch für die weitere Untersuchung zugrunde gelegt.[107]

bb) Beispiel: Ungeschriebener Rechtsgrundsatz der Effektivität

Besonders geeignet erscheint hiernach die Begründung solcher Rechtssätze, die auf ein Mindestmaß an Funktionsfähigkeit eines positivierten Rechtsinstituts zielen. Sie können als Grundsatz der Funktionsfähigkeit oder Effektivität bezeichnet werden. Hierbei wird eine ausdrückliche Normierung in den Blick genommen, deren Realisierung dem Rechtsetzer bei widerspruchsfreiem Verhalten unterstellt werden könne, getreu dem Motto: Das Normierte soll nicht nur theoretisch existieren, sondern auch praktisch funktionieren.[108]

Ein solcher Rechtssatz der Funktionsfähigkeit bzw. Effektivität darf jedoch nicht als ein allgemeines Optimierungs- oder Effizienzprinzip[109] missverstanden werden.[110] Während ein Gebot der Funktionsfähigkeit bzw. Effektivität einer

---

[104] Vgl. auch *Wolff*, Ungeschriebenes Verfassungsrecht unter dem Grundgesetz, 2000, 384.

[105] Siehe dazu *Lindner*, Theorie der Grundrechtsdogmatik, 2005, 173.

[106] *Badura*, in: Isensee/Kirchhof (Hrsg.), HStR, Bd. XII, 3. Aufl. (2014), § 270, Rn. 10 im Anschluss an *Hesse*, Grundzüge des Verfassungsrechts, 20. Aufl. (1999), Rn. 34.

[107] Den Bezug des mitgesetzten Rechts auf das positive Recht stellt auch *Wolff* heraus, indem er die Rechtsquelle des mitgesetzten Rechts im Grundgesetz identifiziert, vgl. *Wolff*, Ungeschriebenes Verfassungsrecht unter dem Grundgesetz, 2000, 418.

[108] Für ein Auslegungsgebot „optimaler Wirkungskraft" verfassungsrechtlicher Normen siehe insbes. *Hesse*, Grundzüge des Verfassungsrechts, 20. Aufl. (1999), Rn. 75 sowie *Kloepfer*, Verfassungsrecht I, 2011, § 1, Rn. 170; für einen Auslegungsgrundsatz der „Funktionstüchtigkeit der Politik" *Roellecke*, in: Depenheuer/Grabenwarter (Hrsg.), Verfassungstheorie, 2010, § 2, Rn. 23.

[109] Zur Frage, ob dem Grundgesetz ein allgemeines Effizienzkriterium innewohnt, siehe *Kuhn*, Der Verfassungsgrundsatz effektiver parlamentarischer Opposition, 2019, 103–108.

[110] Auch das von *Hesse* postulierte Prinzip „optimaler Wirkungskraft", vgl. *Hesse*, Grundzüge des Verfassungsrechts, 20. Aufl. (1999), Rn. 75, dürfte wohl nicht im Sinne eines Gebots zur grenzenlosen Optimierung, sondern entsprechend dem hier präferierten Verständnis einer

Norm denjenigen Sinngehalt verleiht, der ihr eine sinnvolle Anwendungsmöglichkeit erlaubt und dadurch eine reale Verwirklichungskraft verschafft, dockt ein allgemeines Optimierungsgebot an zuvor identifizierte Verfassungsgüter an und verhilft diesen sodann zur *größtmöglichen* Durchsetzung.

Ein solches Denken wird zwar durch die auf *Robert Alexy* zurückgehende Prinzipienlehre befördert. Insbesondere auf der Ebene des Verfassungsrechts führt es jedoch dazu, dass sich die zahlreichen auch einander entgegengesetzten Bestimmungen der Verfassung infolge ihrer zwangsläufigen Kollision zu bloßen Abwägungsdirektiven verflüchtigen.[111] Das schwächt nicht nur den Vorrang der Verfassung, sondern ebenso den einfachen Gesetzgeber. Diesem werden – mit verfassungsrechtlicher Dignität ausgestattete – Optimierungsansprüche auferlegt, was ihn letztlich zum bloßen Verfassungsvollzug degradiert und seine politischen Gestaltungsoptionen verengt.[112]

Aus diesem Grund sind zwar solche Rechtssätze anzuerkennen, die zu einer praktischen Realisierung von Rechtspositionen beitragen. Ein allgemeiner Effizienzgrundsatz, der jeder Rechtsposition zur *größtmöglichen* Durchsetzungskraft verhilft, ist aus den eben genannten Gründen jedoch abzulehnen.[113]

d) Anwendung des positiven Rechts durch autonome Rechtsgewinnungsakte

Wurde das positive Recht als maßgebliche Rechtsquelle identifiziert, sind autonome Momente im Rahmen seiner Anwendung freilich nicht ausgeschlossen, sondern bleiben auch und gerade auf Basis der hier zugrunde gelegten rechtsmethodischen, verfassungsrechtlichen und rechtstheoretischen Prämissen geboten. Im Einzelnen sind dies die folgenden Annahmen:

In methodischer Hinsicht kann schlicht auf die bereits benannte Einsicht verwiesen werden, dass die Anwendung bestimmter wie unbestimmter normativer

---

sinnvollen Realisierung verfassungsrechtlicher Güter zu verstehen sein, da es von *Hesse* selbst in den Zusammenhang zur von ihm geforderten „Verwirklichung der Verfassung" gestellt wird, vgl. *Hesse*, Grundzüge des Verfassungsrechts, 20. Aufl. (1999), Rn. 75, 42–48. So drängt auch das von ihm vertretene Prinzip praktischer Konkordanz nur dort auf beiderseitige Optimierung der betroffenen Rechtsgüter, wo eine Kollision eintritt, nicht aber begünstigt es die Kollision durch vorherige Optimierung der betroffenen Rechtsgüter, vgl. *Hesse*, Grundzüge des Verfassungsrechts, 20. Aufl. (1999), Rn. 72; darauf auch hinweisend *Kuhn*, Der Verfassungsgrundsatz effektiver parlamentarischer Opposition, 2019, 106 f.

[111] So auch speziell mit Blick auf den Grundrechtsschutz *Jestaedt*, Grundrechtsentfaltung im Gesetz, 1999, 65.

[112] In diesem Sinne auch *Jestaedt*, Grundrechtsentfaltung im Gesetz, 1999, 65, der infolge einer „Grundrechtsexpansion" unter anderem eine „Marginalisierung des Gesetzesrechts" anmahnt.

[113] So auch bereits *Kuhn*, Der Verfassungsgrundsatz effektiver parlamentarischer Opposition, 2019, 107 f.

Begriffe häufig nicht bloß einen passiven Rezeptionsschritt, sondern einen aktiven Gestaltungsvorgang erfordert[114], der den Rechtsanwendern ein erhebliches Maß an Eigenwertung abverlangt.[115] Die Anwendung des positiven Rechts kann schon deshalb nicht auf einen rein heteronom verstandenen Vollzug von vollständig bereits im positiven Recht angeordneten Vorgaben verstanden werden. Für das Verfassungsgesetz dürfte das angesichts seiner mitunter besonders unbestimmten Vorgaben und seiner fragmentarischen Regelungstechnik sogar in herausgehobener Weise gelten.[116]

Hinzu tritt der ebenso bereits geschilderte Umstand, dass das positive Recht in der Regel nicht nur aus Anlass, sondern nur mithilfe des konkreten Falls vollumfänglich verstanden wird.[117] Der Inhalt des positiven Rechts ist daher bis zu seiner situativ bedingten Anwendung zwar normativ angelegt, aber nur unvollkommen entfaltet. Es bedarf darum eines über die Interpretation des positiven Rechts hinausgehenden Konkretisierungsschrittes, bei dem die abstrakte positive Norm mit Blick auf den tatsächlichen Lebenssachverhalt zu einer hinreichend greifbaren rechtlichen Vorgabe konkretisiert und dadurch vollständig erschlossen werden kann.[118]

Die Konkretisierung des Norminhalts im Lichte des an die Norm herangetragenen konkreten Falls ist aber nicht nur eine methodische Notwendigkeit, sondern normativ geboten: Die Besonderheiten des jeweiligen Einzelfalls sind auch rechtlich berücksichtigungsbedürftig.[119] So mahnen die Grundrechte zu einer Gesetzesgestaltung, die es zumindest auf der Ebene der Gesetzesanwendung erlaubt, den besonderen rechtlichen und tatsächlichen Belastungen und Unzumutbarkeiten der jeweils von einer staatlichen Maßnahme betroffenen Akteure Rechnung zu tragen.[120] In der herkömmlichen Grundrechtsprüfung findet sich diese

---

[114] Siehe Teil 1 Kap. 1 III. 1.

[115] Dies betont jüngst zum Beispiel *Braun*, RphZ 2020, 40 (42, 48–50); die Auslegungsbedürftigkeit und Lückenhaftigkeit des positiven Rechts (als Einfallstor für metaphysische Annahmen) identifiziert auch *Lindner*, Rechtswissenschaft als Metaphysik, 2017, 78, 151.

[116] Auf die Unbestimmtheit und Konkretisierungsbedürftigkeit verfassungsrechtlicher Normierung hinweisend *Hesse*, Grundzüge des Verfassungsrechts, 20. Aufl. (1999), Rn. 19, 45; *Jürgensen*, DÖV 2019, 639 (641); *Volkmann*, AöR 134 (2009), 158 (192).

[117] Siehe Teil 1 Kap. 1 III. 1.

[118] Speziell für das Verfassungsrecht *Hillgruber*, in: Depenheuer/Grabenwarter (Hrsg.), Verfassungstheorie, 2010, § 15, Rn. 29, 31.

[119] *Braun*, RphZ 2020, 40 (52 f.).

[120] *Gärditz*, in: Isensee/Kirchhof (Hrsg.), HStR, Bd. IX, 3. Aufl. (2011), § 189, Rn. 7; speziell für den grundrechtlichen Eigentumsschutz BVerfGE 100, 226 (243 f.); zum Kriterium der Zumutbarkeit in der Rspr. des Bundesverfassungsgerichts siehe *Ossenbühl*, in: FG der Gesellschaft für Rechtspolitik, 1984, 315 (316–320); auch *Braun*, RphZ 2020, 40 (53) führt die Grundrechte an, um richtigerweise zu betonen, dass sich die Rechtsanwendung nicht vollständig im Vollzug des gesetzgeberischen Willens erschöpfen könne, schlussfolgert daraus aber

Anforderung im Verhältnismäßigkeitsgebot, speziell auf der Stufe der Angemessenheit und Zumutbarkeit des Grundrechtseingriffs.[121] Wenn es hierfür heißt, dass ein Eingriff „den Betroffenen nicht übermäßig belasten" dürfe, „diesem also zumutbar sein"[122] müsse, wird letztlich nichts anderes als eine „konkret-individuelle Perspektive"[123] eingenommen, die nach einer gewissen Einzelfallgerechtigkeit verlangt.[124] Da die Besonderheiten des jeweiligen Einzelfalls typischerweise nicht im Rahmen einer abstrakt-generellen Rechtsetzung bedacht werden können, wird eine Rechtsgewinnung, die lediglich auf den Vollzug gesetzgeberischer bzw. verfassungsgesetzlicher Anordnungen zielt, dem grundrechtlichen Gebot zur Berücksichtigung der Besonderheiten des jeweils konkret-individuellen Einzelfalls folglich nicht gerecht.[125] Ein solches Gebot verlangt daher nach

---

insgesamt die „Abwendung von dem Ziel der gesetzgeberischen Willensermittlung", was nur auf Basis eines einstufigen Rechtsgewinnungsprozesses aufrechtzuerhalten ist, der *entweder* eine Rechtserkenntnis entsprechend dem gesetzgeberischen Willen *oder* eine Rechtsanwendung, die auch die Besonderheiten des Einzelfalls in den Blick nehmen kann, zulässt, was in der vorliegenden Untersuchung jedoch nicht geteilt wird, siehe dazu insbes. Teil 1 Kap. 1 VI. 3.

[121] *Merten*, in: ders./Papier (Hrsg.), HGrR, Bd. III, 2009, § 68, Rn. 71–76. Ob die Zumutbarkeit gegenüber der Angemessenheit ein eigenständiges oder hierin inkorporiertes Kriterium darstellt, kann dahinstehen, da beide Prüfungspunkte – ungeachtet der Frage nach ihrer Eigenständigkeit und Abgrenzung zueinander – die Rechtspositionen und Interessen des vom Grundrechtseingriff belasteten Bürgers in den Blick nehmen. Grenzt man beide voneinander ab, bietet es sich an, die konkret-individuelle Perspektive auf der Stufe der Angemessenheit im Verhältnis zum Grundrechtseingriff und auf der Stufe der Zumutbarkeit losgelöst vom Grundrechtseingriff einzunehmen, so überzeugend *Albrecht*, Zumutbarkeit als Verfassungsmaßstab, 1995, 122 sowie *Ossenbühl*, in: FG der Gesellschaft für Rechtspolitik, 1984, 315 (320–325) m. w. N. zum Verhältnis von Zumutbarkeit und Angemessenheit bzw. Verhältnismäßigkeit im engeren Sinne („Proportionalität") siehe auch *Merten*, in: ders./Papier (Hrsg.), HGrR, Bd. III, 2009, § 68, Rn. 71, 75 f.

[122] BVerfGE 115, 166 (192).

[123] Für den Aspekt der Zumutbarkeit *Merten*, in: ders./Papier (Hrsg.), HGrR, Bd. III, 2009, § 68, Rn. 76 mit Verweis auf einfach-gesetzliche Bestimmungen, die das Zumutbarkeitskriterium aufgreifen; für eine konkret-individuelle Perspektive zur Bestimmung des Zumutbarkeitserfordernisses siehe auch *Ossenbühl*, in: FG der Gesellschaft für Rechtspolitik, 1984, 315 (324 f.).

[124] Für die Zumutbarkeit *Ossenbühl*, in: FG der Gesellschaft für Rechtspolitik, 1984, 315 (324 f.); siehe dazu auch *Merten*, in: ders./Papier (Hrsg.), HGrR, Bd. III, 2009, § 68, Rn. 76.

[125] So auch *Braun*, RphZ 2020, 40 (52), der die „Rechtsanwendung als Fortsetzung gesetzgeberischer Erkenntnis" begreift; siehe auch *Hirsch*, JZ 2007, 853 (856): „Wer sonst, wenn nicht der Richter, ist im gewaltengeteilten Rechtsstaat berufen, im konkreten Einzelfall die Antwort des Rechts auf Wertekonflikte zu finden".

einer Etappe der Rechtsanwendung, die um ihre Gesetzesbindung weiß, sich hierin aber nicht erschöpft[126].[127]

Ein von der gesetzlichen Determination autonomer Rechtsanwendungsakt könnte sich ferner auf die typischerweise mit der Idee der Gewaltenteilung verbundene Forderung berufen, wonach keine Gewalt „ein von der Verfassung nicht vorgesehenes Übergewicht über eine andere Gewalt erhalten" dürfe[128], was folgerichtig in ein Postulat für einen Entscheidungsspielraum auch der Rechtsanwendung münden müsste.

Eine solche Forderung kann auf das von *Hans Kelsen* und *Adolf Merkl* begründete rechtstheoretische Modell verweisen, das in allen Etappen der Rechtserzeugung sowohl ein Element fremdbestimmter Anwendung als auch eigenverant-

---

[126] An dieser Stelle wird also keine Lossagung oder Relativierung der Rechtsprechung von der Gesetzesbindung eingefordert. Das wäre bereits mit Art. 97 Abs. 1 GG und im Übrigen mit dem Demokratie- und Rechtsstaatsprinzip unvereinbar. Es gilt vielmehr eine Bindung an Gesetze so weit anzuerkennen, wie ihre Determinierungskraft reicht. Konkret bedeutet das, die allgemein-generelle Wert- und Richtungsentscheidung des Gesetzes zu beachten, dabei aber – eingedenk ihres allgemein-generellen, eben typisierenden Charakters – ihre mit Blick auf den konkreten Fall bestehende Unvollkommenheit und Konkretisierungsbedürftigkeit zur Kenntnis zu nehmen und mit den atypischen Fallgestaltungen – über die ohnehin häufig im Gesetz angelegten Ausnahmeregelungen, Auffangklauseln, Ermessensregelungen sowie unbestimmten Rechtsbegriffe und Generalklauseln – abzustimmen, um so den tatsächlichen wie rechtlichen Besonderheiten und individuellen Unzumutbarkeiten Rechnung tragen zu können, siehe auch bereits *Gärditz*, in: Isensee/Kirchhof (Hrsg.), HStR, Bd. IX, 3. Aufl. (2011), § 189, Rn. 7. Auf die Weise können der im einzelnen Bürger wurzelnde Anspruch auf demokratische sowie individuelle Selbstbestimmung zusammengeführt und so ein höchstmögliches Niveau an Selbstbestimmung gewährleistet werden (siehe hierzu insbes. Teil 2 Kap. 3 II. 4., speziell die Nachweise in Fn. 133 f.). Eine mit gesetzlich indeterminierten Entscheidungsspielräumen ausgestattete Rechtsanwendung ist damit kein Widerspruch zur – in der Tat demokratisch wie rechtsstaatlich – gebotenen Gesetzesbindung der Rechtsprechung, sondern anerkennt die Gesetzesbindung als notwendiges, nicht aber hinreichendes Element der Rechtsgewinnung. Mit der von Art. 20 Abs. 3 GG statuierten Bindung an „Gesetz und Recht" findet sich hierfür auch ein verfassungsrechtlicher Anknüpfungspunkt; so wie hier *Braun*, RphZ 2020, 40 (52); *Di Fabio*, in: Isensee/Kirchhof (Hrsg.), HStR, Bd. II, 3. Aufl. (2004), § 27, Rn. 26; *Hirsch*, ZRP 2012, 205 (207); siehe auch *Jestaedt*, Grundrechtsentfaltung im Gesetz, 1999, 305 f., der in jedem Rechtsgewinnungsakt heteronome und autonome Elemente erblickt; zum Verhältnis von Art. 97 Abs. 1 und Art. 20 Abs. 3 siehe *Hirsch*, JZ 2007, 853 (854); vgl. hierzu auch *Rüthers/Fischer/Birk*, Rechtstheorie, 11. Aufl. (2020), Rn. 710–712, die im Verhältnis von Art. 97 Abs. 1 und Art. 20 Abs. 3 GG jedoch stärker die demokratisch gebotene Gesetzesbindung der Rechtsprechung hervorheben.

[127] Eine zweistufige Rechtsfindung auf dem Gebiet des Verfassungsrechts, deren zweiter Schritt ein innovativ-kreatives Moment der Rechtsschöpfung beinhalte, anerkennt auch *Hillgruber*, in: Depenheuer/Grabenwarter (Hrsg.), Verfassungstheorie, 2010, § 15, Rn. 31 f.

[128] BVerfGE 95, 1 (15).

wortlicher Setzung erblickt[129].[130] Auf dieser Basis erwiese sich die hier als Rechtsanwendung des positiven Rechts bezeichnete Etappe der Rechtserzeugung von vornherein gleichermaßen als Stufe einer autonomen Rechtsetzung, deren Rechtsprodukt seinerseits in einen partiell heteronomen und autonomen Rechtserzeugungsschritt mündet. Positiv-rechtlich kann sich eine solche Anschauung auf das vom Grundgesetz installierte arbeitsteilige und ausdifferenzierte Rechtserzeugungssystem stützen.[131] Die Deutung zahlreicher Rechtserzeugungszuständigkeiten als bloße heteronome Vollzugskompetenzen wäre vor seinem Hintergrund kaum zu erklären.[132] Insbesondere die verfassungsrechtlich verbürgte Absicherung der Institution und Arbeitsweise der Verwaltung (Art. 33 IV, V GG) und Rechtsprechung (Art. 97 GG) legen es nahe, bei der Anwendung des positiven Rechts zugleich autonome Rechtserzeugungsschritte zuzulassen. Das ausdifferenzierte Rechtserzeugungssystem des Grundgesetzes spricht demnach nicht nur für einen Vorrang des in ihm erzeugten Rechts gegenüber ungeschriebenem Recht, sondern zugleich für eine hinreichende Autonomie der verschiedenen hierin involvierten Akteure bei der Erzeugung des Rechts.

e) Zwischenergebnis

Das positive Recht fungiert für die Rechtsgewinnung als vorrangige Rechtsquelle. Das gilt ebenso für das Verfassungsrecht. Mit Blick auf das hier interessierende Verfassungsrecht kann dies mit der folgenden widerleglichen Vermutung zusammengefasst werden: Verfassungsrecht wird grundsätzlich durch das Verfassungsgesetz positiviert. Da das Verfassungsrecht in Gestalt des Grundgesetzes eine Kodifikation erfahren hat, bedarf die Widerlegung der genannten Vermutung für das Verfassungsrecht einer qualifizierten Rechtfertigung. Ungeschriebene Rechtspositionen sind daher grundsätzlich auf das „selbstverständlich Mitge-

---

[129] Vgl. *Kelsen*, Reine Rechtslehre, 2. Aufl. (1960), 239–242 (Nachdruck 2017: 417–423); speziell im Hinblick auf die Rechtsprechung und die Gesetzgebung *Kelsen*, Wer soll der Hüter der Verfassung sein?, 1931, 15; siehe dazu auch *van Ooyen,* Hans Kelsen und die offene Gesellschaft, 2017, 51–53; *Merkl*, in: FS Kelsen, 1931, 252 (281 f.). Die Annahme fußt wiederum auf dem maßgeblich auf *Hans Kelsen* sowie *Adolf Merkl* zurückgehenden Konzept vom Stufenbau der Rechtsordnung. Zum Stufenbau der Rechtsordnung siehe bereits Kap. 1 Fn. 2; zu beiden Annahmen ausführlich und mit weiteren Nachweisen *Roth*, Bundeskanzlerermessen im Verfassungsstaat, 2009, 82–94 (zur Stufenordnung der Rechtsordnung), 108–113 (zur autonomen und heteronomen Rechtserzeugung).

[130] Die Gleichzeitigkeit von heteronomen und autonomen Elementen in jedem Akt der Rechtsgewinnung betont auch *Jestaedt*, Grundrechtsentfaltung im Gesetz, 1999, 305 f.; speziell für die Rechtsgewinnung im Verfassungsrecht *Hillgruber*, in: Depenheuer/Grabenwarter (Hrsg.), Verfassungstheorie, 2010, § 15, Rn. 29, 31.

[131] Ausführlich dazu *Jestaedt*, Grundrechtsentfaltung im Gesetz, 1999, 298–306.

[132] *Jestaedt*, Grundrechtsentfaltung im Gesetz, 1999, 303.

setzte" zu begrenzen und seine Begründung möglichst durch das positive Recht zu belegen.

Die herausgehobene Bedeutung des positiven Rechts für die Rechtsgewinnung lässt einen autonomen Anwendungsakt des positiven Rechts zu. Dies steht zwar einer Anschauung entgegen, die im positiven Recht ein Anwendungsprogramm erblickt, welches die Rechtsanwendung vollständig determiniert. Solange die Ergänzungsbedürftigkeit des positiven Rechts durch weitere Akte der Rechtsanwendung akzeptiert wird, spricht allerdings nichts dagegen, das positive Recht, speziell für das Verfassungsrecht das Verfassungsgesetz, als vorrangige Quelle innerhalb des Rechts zu identifizieren.[133] Dies zugrunde legend sind Begrifflichkeiten zu entwickeln, die das schöpferische Moment der Rechtsanwendung verarbeiten, ohne ihren Bezug auf das positive Recht aus dem Blick zu verlieren.[134] Durch einen solchen begrifflichen Rahmen lässt es sich vermeiden, entweder das positive Recht oder seinen Anwender zum alleinigen Maßstab der Rechtsgewinnung zu apostrophieren.[135] Beides widerspräche nicht nur den komplexen normativen Anforderungen an die Rechtserzeugung, sondern verdunkelte ebenso die hieran gleichberechtigte und gleichermaßen notwendige Mitwirkung der unterschiedlichen Rechtserzeugungsinstanzen.

---

[133] So auch *Braun*, RphZ 2020, 40 (52) über das in einem Gesetzgebungsverfahren erlassene Gesetz: „[…] denn niemand, der nicht das Rad neu erfinden will, würde bezweifeln, dass das Ergebnis eines organisierten Rechtserkenntnisprozesses die Vermutung der Richtigkeit für sich hat und daher bis zum Beweis des Gegenteils als Ausgangspunkt dienen sollte." Für eine „vorrangige Zuständigkeit für die Setzung von Rechtsnormen" zugunsten der Gesetzgebung votieren auch *Rüthers/Fischer/Birk*, Rechtstheorie, 11. Aufl. (2020), Rn. 708.

[134] So kann auch *Jestaedt*, Grundrechtsentfaltung im Gesetz, 1999, 305 f. verstanden werden: „Zweitens muß eine grundgesetzadäquate Rechtsgewinnungstheorie dem doppelwertigen Funktionsmodus arbeitsteiliger Rechtserzeugung im Stufenbau der Rechtsordnung Rechnung tragen. Das bedeutet zweierlei: Zum einen muß sie in der Lage sein, *Bindung* an Normen darstellen und als wirksam ausweisen zu können […]. Zum anderen muß sie für *jeden* Rechtsanwendungs- oder auch Rechtsgewinnungsakt – neben den in der Bindung an höherrangige Normen zum Ausdruck gelangenden *heteronomen* Elementen – auch die *autonomen*, im materialen Sinne rechtsschöpferischen Elemente der Rechtsanwendung bzw. Rechtsgewinnung ausweisen können." (Herv. im Original).

[135] Dafür auch *Jestaedt*, Grundrechtsentfaltung im Gesetz, 1999, 321: „Aber die Alternative, die sich hier aufbaut – dort die überholte Vorstellung, das Gesetz selbst enthalte die für den konkreten Fall geltende, mittels des strengen Subsumtionssyllogismus erhebbare (Einzelfall-) Norm; hier die Einsicht, daß es der Rechtsanwender selbst sei, der den Norminhalt schöpferisch konkretisiere und damit für den konkreten Fall zubereite –, gerät allzu leicht zu einer simplification terrible, wenn am Ende dort die *Norm* […] und hier der *Interpret* […] als die maßgebende rechtsgewinnungstheoretische Autorität ausgewiesen werden." (Herv. im Original).

2. Bestimmung des Inhalts des Rechts entsprechend dem Willen des Rechtsetzers

Die Entstehungs- und Geltungsbedingungen des Rechts wirken sich ebenso auf die Ermittlung des Inhalts der normativen Bestimmungen aus.[136] Angesprochen ist damit speziell für die vorliegende Untersuchung das Ziel der Verfassungsinterpretation.[137]

Der zu ermittelnde Bedeutungsgehalt des Rechts hat sich am Willen des rechtsetzenden Organs zu orientieren. Im Falle des Grundgesetzes ist demnach der Wille des Verfassunggebers bzw. verfassungsändernden Gesetzgebers für die Verfassungsinterpretation maßgeblich,[138] denn das Grundgesetz ist eine Entscheidung der verfassunggebenden bzw. verfassungsändernden Gewalt.[139] Diese Entscheidung ist zu respektieren und zu erschließen.

---

[136] Ebenso zur Begründung eines subjektiven Auslegungsziels auf demokratietheoretische Argumente rekurrierend *Hillgruber*, in: Depenheuer/Grabenwarter (Hrsg.), Verfassungstheorie, 2010, § 15, Rn. 13; *Lindner*, Theorie der Grundrechtsdogmatik, 2005, 139 f., 146, Rn. 86; *Rüthers/Fischer/Birk*, Rechtstheorie, 11. Aufl. (2020), Rn. 708 f.

[137] Die Diskussion über das Ziel und die Hilfsmittel der Verfassungsinterpretation kann in ihrer Breite und Tiefe hier nicht ausgeführt werden. Es sind an dieser Stelle lediglich die der folgenden Untersuchung zugrunde zu legenden Annahmen zu benennen und – im Lichte der gegen sie vorgetragenen Einwände – ihre Schwachpunkte zu verarbeiten. Ausführlich zur Verfassungsinterpretation *Hillgruber*, in: Depenheuer/Grabenwarter (Hrsg.), Verfassungstheorie, 2010, § 15. Einen Überblick über die verschiedenen, typischerweise als „subjektiv" und „objektiv" bezeichneten Strömungen bezüglich des Ziels der Verfassungsinterpretation gibt *Lindner*, Theorie der Grundrechtsdogmatik, 2005, 139–145; allgemein zu einem subjektiven und objektiven Auslegungsziel siehe *Rüthers/Fischer/Birk*, Rechtstheorie, 11. Aufl. (2020), Rn. 796–815a sowie *Würdinger*, JuS 2016, 1 ff.

[138] Für das Ziel der sogenannten subjektiven Auslegung *Hillgruber*, in: Depenheuer/Grabenwarter (Hrsg.), Verfassungstheorie, 2010, § 15, Rn. 17, 38; *Jestaedt*, Grundrechtsentfaltung im Gesetz, 1999, 332–338; *Lindner*, Theorie der Grundrechtsdogmatik, 2005, 145–149; *Rüthers/Fischer/Birk*, Rechtstheorie, 11. Aufl. (2020), Rn. 722, zur Kritik am objektiven Auslegungsziel Rn. 806–815a; grundsätzlich wie hier auch *Engisch*, Einführung in das juristische Denken, 12. Aufl. (2018); 143 f.; dagegen *Braun*, RphZ 2020, 40 (52 f.); *Hesse*, Grundzüge des Verfassungsrechts, 20. Aufl. (1999), Rn. 56; *Larenz/Canaris*, Methodenlehre, 3. Aufl. (1995), 139, der die „Ermittlung des […] normativen Sinnes des Gesetzes" zum Auslegungsziel erklärt, hier aber „sowohl ‚subjektive' wie ‚objektive'" Anhaltspunkte und dabei auch die „Regelungsabsichten […] des historischen Gesetzgebers" einbezieht; die „Willens-Doktrin" als Überbleibsel von „Gesetzespositivismus und Dezisionismus" (Rn. 264) verwerfend *Müller/Christensen*, Juristische Methodik, Bd. I, 11. Aufl. (2013), Rn. 262–266.

[139] *Hillgruber*, in: Depenheuer/Grabenwarter (Hrsg.), Verfassungstheorie, 2010, § 15, Rn. 16; *Reimer*, Verfassungsprinzipien, 2001, 86–90; in diesem Sinne begreift auch *Heckmann*, Geltungskraft und Geltungsverlust von Rechtsnormen, 1997, 123, den Normwillen als ein wesentliches Element der Rechtsetzung: „Rechtsetzung ist die Manifestation des Normwillens eines Normgebers durch Formulierung eines Rechtssatzes nach Durchführung eines Normgebungsverfahrens", siehe auch 129–131.

Einem solchen Verständnis wird typischerweise entgegengehalten, dass ein einheitlicher tatsächlicher Wille des Rechtsetzers nicht existiere, es sich angesichts der Vielzahl der in die Rechtsetzung involvierten Akteure also allenfalls um eine Fiktion handele.[140] Des Weiteren wird auf die Begrenztheit der Vorstellung der rechtsetzenden Akteure verwiesen.[141] Verengt man den Bedeutungsgehalt der verfassungsrechtlichen Bestimmungen jedoch auf den zwangsläufig begrenzten subjektiv-historischen Vorstellungsgehalt des Verfassunggebers, bestehe die Gefahr, dass die Verfassung ihre Anschlussfähigkeit für neue Herausforderungen verliere.[142]

Den Einwänden ist im Grunde beizupflichten, ihre Schlussfolgerung jedoch nicht zu teilen: In der Tat kann dem Rechtsetzer kein einheitlicher tatsächlicher Wille attestiert werden.[143] Zu zahlreich sind die in die Rechtsetzung involvierten Akteure und zu vielfältig ihre mit der Rechtsetzung verbundenen Interessen. Die Figur vom „Willen des Rechtsetzers" ließe sich also allenfalls als eine rechtliche Fiktion[144] aufrechterhalten. Zuzustimmen ist auch dem Einwand, dass die Vorstellung der rechtsetzenden Akteure in der Regel begrenzt sei. Insbesondere der historische Regelungskontext verengt die Perspektive des Rechtsetzers. Dieser kann bestimmte Aspekte zur Zeit der Rechtsetzung nicht als regelungsbedürftig betrachtet oder zukünftigen Regelungsbedarf aufgrund wissenschaftlich-technischer Entwicklungen nicht abgesehen haben.[145] Trifft der Verfassunggeber mit der Verfassung aber eine Grundentscheidung über den Aufbau, die Gestaltung und die inhaltliche Ausrichtung des Staats- und Gesellschaftslebens, verbindet er damit zwangsläufig den Anspruch, mithilfe der Verfassung über den Moment der Verfassunggebung hinaus zu gestalten. Das kann jedoch nur gelingen, sofern die Verfassung auch für zur Zeit der Verfassunggebung nicht absehbare Herausforderungen Lösungen bereithält.

---

[140] Zu diesen Einwänden, ihren Argumenten und Gegenargumenten siehe ausführlich *Jestaedt*, Grundrechtsentfaltung im Gesetz, 1999, 349–358 sowie *Lindner*, Theorie der Grundrechtsdogmatik, 2005, 140 f.

[141] So zum Beispiel *Hesse*, Grundzüge des Verfassungsrechts, 20. Aufl. (1999), Rn. 56.

[142] *Würdinger,* JuS 2016, 1 (5).

[143] *Jestaedt*, Grundrechtsentfaltung im Gesetz, 1999, 354.

[144] Zutreffend weist *Hillgruber*, in: Depenheuer/Grabenwarter (Hrsg.), Verfassungstheorie, 2010, § 15, Rn. 14 f. darauf hin, dass es für die normative Betrachtung ohnehin nur auf den *rechtlichen* Willen des Verfassunggebers ankommen kann, der zwangsläufig Fiktion sei; siehe auch *Jestaedt*, Grundrechtsentfaltung im Gesetz, 1999, 354 f., der betont, dass das Recht notwendig mit Fiktionen operiert; auf den Charakter des Willens des Gesetzgebers als „Kunstgebilde" verweist auch *Würdinger,* JuS 2016, 1 (5).

[145] *Lindner*, Theorie der Grundrechtsdogmatik, 2005, 141; *Würdinger,* JuS 2016, 1 (5).

Soweit ein Wille des Verfassunggebers also überhaupt identifizierbar ist, offenbart er sich für die Verfassungsinterpretation als ungenügend; er bedürfte jedenfalls einer Weiterentwicklung und unter Umständen sogar einer Ergänzung.

Aufzugeben ist das Kriterium vom Willen des Verfassunggebers als Zielgröße der Verfassungsinterpretation gleichwohl deswegen nicht.[146] Dass ein Wille des Verfassunggebers die Verfassungsinterpretation präzise anleiten und zulässige von unzulässigen Deutungsvarianten minutiös voneinander abgrenzen müsse, ist als methodischer Anspruch weder zwingend noch für den Untersuchungsgegenstand Recht sachgemäß[147]: Diesem Anspruch liegen jedenfalls unterbewusst naturwissenschaftliche Standards zugrunde, die nach eindeutigen Falsifikationskriterien verlangen. Nimmt man das Gebot zur Berücksichtigung der hermeneutischen Verstehensbedingungen des Rechts auf[148], ist dem Verstehenden vielmehr abzuverlangen, sich fremden Gedanken zu öffnen und ihren Bedeutungsgehalt so weit wie möglich zu erschließen.[149] Exakte Grenzen werden sich dabei – und das ist dem Gegenstand „Recht" vollkommen angemessen – nicht bestimmen und der eigene schöpferische Anteil nicht vermeiden lassen. Das darf aber nicht dazu verleiten, das Ziel zum Verstehen eines fremden Willens aufzugeben[150], sondern muss zu dessen höchstmöglicher Ermittlung anhalten.[151] Erkennt man schließlich verschiedene Schritte der Rechtsgewinnung an, die in unterschiedlichem Umfang auch eigenständige Rechtsetzung erfordern, zwingt die Berücksichtigung des Willens des Rechtsetzers auch nicht dazu, die Rechtsanwendung auf eine „Gehorsamskunst"[152] zu reduzieren. Vielmehr scheint dieser Vorwurf dem subjektiv-historischen Auslegungsziel zu unterstellen, die Rechtsgewinnung als einen einzig durch Gesetzeserkenntnis geprägten Vorgang zu begrei-

---

[146] So auch *Jestaedt*, Grundrechtsentfaltung im Gesetz, 1999, 354 f.; *Würdinger*, JuS 2016, 1 (5).

[147] Angesprochen ist damit auch an dieser Stelle das Kriterium der Gegenstandsadäquanz (siehe Kap. 1 Fn. 1), das das Ziel und die Methoden der Untersuchung bestimmt. Die Gegenstandsadäquanz dient auch *Jestaedt*, Grundrechtsentfaltung im Gesetz, 1999, 332 f. als Maßstab, um das Ziel für die Interpretation des Norminhalts zu bestimmen.

[148] Siehe Teil 1 Kap. 1 III.

[149] Siehe auch *Hillgruber*, in: Depenheuer/Grabenwarter (Hrsg.), Verfassungstheorie, 2010, § 15, Rn. 13.

[150] So auch *Jestaedt*, Grundrechtsentfaltung im Gesetz, 1999, 355: „Berechtigte Skepsis darf nicht in rechtserkenntnistheoretische Agnosie umschlagen oder gar in epistemologischen Nihilismus. Als anwendungsbezogene Theorie darf die Rechtserkenntnislehre […] den Anfragen des Teilnehmers am Rechtsgewinnungsprozeß nicht unter Hinweis darauf ausweichen, daß nicht alle Erkenntnisschwierigkeiten ohne weiteres behebbar und letzte Gewißheiten unerreichbar sind."

[151] In diesem Sinne ebenso für eine weitestgehende *Annäherung* an den Willen des Rechtsetzers plädierend *Lindner*, Theorie der Grundrechtsdogmatik, 2005, 147 f.

[152] So aber *Braun*, RphZ 2020, 40 (43).

fen[153];[154] er geht angesichts der hier[155] vertretenen mehrstufigen Rechtsgewinnung von vornherein ins Leere.

Das bedeutet: Die Ermittlung des Willens des Verfassunggebers ist das Ziel der Verfassungsinterpretation. Als Mittel eignen sich dafür alle Quellen, aus denen verlässlich auf die Vorstellung des Verfassunggebers geschlossen werden kann[156].[157] Ist die Vorstellung der rechtsetzenden Akteure erschöpft, gilt es anhand normativer Indizien ihren hypothetischen Willen zu rekonstruieren.[158] Die hierfür gebrauchte Formulierung „denkender Gehorsam"[159] überbetont zwar das anleitende und vernachlässigt das schöpferische Moment, weist jedoch in die richtige Richtung.[160] Sie illustriert die Aufgabe des Rechtsinterpreten, einen fremden Willen zu entfalten, was zwangsläufig ein eigenständiges Weiterdenken erfordert, sich hierbei aber einem fremden Willen verpflichtet fühlen muss.[161] Das gilt in besonderer Weise für den an den Verfassungsinterpreten gestellten Auftrag, die Entscheidungen des Verfassunggebers auch für neue Problemlagen fruchtbar zu machen. In diesem Sinn ist das Normverständnis zwar nicht im Sinne eines Originalismus auf ihren Inhalt zur Entstehungszeit der Verfassung zu konservieren,[162] sondern für neue Problemlagen zu aktualisieren, dabei aber – so

---

[153] So zum Beispiel *Braun*, RphZ 2020, 40 (53): „[...] die positivistisch orientierte Rechtsanwendungslehre dagegen ist nach wie vor der Beamtenwelt des Absolutismus verhaftet und kennt keine Rechtserkenntnis im eigentlichen Sinn, sondern nur Gesetzesgehorsam".

[154] Auf dieses Argumentationsmanöver weist *Jestaedt*, Grundrechtsentfaltung im Gesetz, 1999, 357 f. hin. Sowohl für das subjektive Auslegungsziel als auch einen mehrstufigen Prozess der Rechtsgewinnung plädieren beispielsweise auch *Rüthers/Fischer/Birk*, Rechtstheorie, 11. Aufl. (2020), Rn. 720–722, 730b–730d.

[155] Siehe insbes. Teil 1 Kap. 1 VI. 3.

[156] Kriterien für die Relevanz von Gesetzgebungsmaterialien für die Auslegung schlägt *Wischmeyer*, JZ 2015, 957 (964 f.) vor.

[157] *Jestaedt*, Grundrechtsentfaltung im Gesetz, 1999, 339 f.

[158] Für die Ermittlung des hypothetischen Willens *Lindner*, Theorie der Grundrechtsdogmatik, 2005, 141, 148; auf die Möglichkeit eines fiktiven Willens hinweisend, einen solchen aber als Auslegungsziel im Ergebnis wohl ablehnend *Hesse*, Grundzüge des Verfassungsrechts, 20. Aufl. (1999), Rn. 56.

[159] Im Anschluss an *Philipp Heck* auch *Hillgruber*, in: Depenheuer/Grabenwarter (Hrsg.), Verfassungstheorie, 2010, § 15, Rn. 33.

[160] Ähnlich auch *Hillgruber*, in: Depenheuer/Grabenwarter (Hrsg.), Verfassungstheorie, 2010, § 15, Rn. 12 f., der den schöpferischen Charakter einerseits, aber die dabei gleichwohl gebotene Bindung andererseits betont; „denkender Gehorsam" als Verlegenheitsformel charakterisierend und im Ergebnis ablehnend *Hesse*, Grundzüge des Verfassungsrechts, 20. Aufl. (1999), Rn. 56.

[161] *Hillgruber*, in: Depenheuer/Grabenwarter (Hrsg.), Verfassungstheorie, 2010, § 15, Rn. 33.

[162] So auch *Lassahn*, Rechtsprechung und Parlamentsgesetz, 2017, 10 f.

weit wie möglich – die Wertungen des Verfassunggebers zu respektieren.[163] Durch einen solchen „living originalism“[164] kann den verfassungsrechtlichen Wertentscheidungen zur optimalen Wirksamkeit verholfen und so dem demokratisch legitimierten Gestaltungsanspruch des Verfassunggebers bzw. verfassungsändernden Gesetzgebers größtmöglich Rechnung getragen werden.

3. *Vorrang für kleinteilige rechtliche Aussagen*

Des Weiteren sollten in einer Rechtsgewinnung möglichst kleinteilige rechtliche Aussagen formuliert werden. Auch dafür streiten die demokratischen Entstehungsbedingungen des Rechts. Denn demokratische Rechtsetzungsprozesse sind durch den Kompromiss gekennzeichnet.[165] Das ist keine korrekturbedürftige Erscheinung, sondern notwendiges und damit anzuerkennendes Merkmal demokratischer Herrschaft, da durch den Kompromiss die Handlungsfähigkeit demokratischer Entscheidungsprozesse gewährleistet und vergrößert wird.[166] Das betrifft gleichermaßen den Rechtsetzungsprozess und prägt dementsprechend die inhaltliche Ausgestaltung des positiven Rechts: Seine Einzelvorgaben bilden in einer demokratischen Rechtsordnung in aller Regel kein in sich geschlossenes einheitliches Ganzes[167] und halten wissenschaftlich-logisch aufeinander abgestimmte Wertungen allenfalls in begrenztem Umfang bereit. Vielmehr kennt die Rechtsordnung gewisse Wertungslücken[168] oder gar Widersprüche[169] und spiegelt letztlich die mitunter gegensätzlichen Interessen der an der Rechtsetzung beteiligten politischen Akteure wider.[170] Durch die Verflechtung des internationalen, supranationalen und nationalen Rechts dürften diese Eigenschaften noch zunehmen.

---

[163] *Hillgruber*, in: Depenheuer/Grabenwarter (Hrsg.), Verfassungstheorie, 2010, § 15, Rn. 33; in diese Richtung auch *Lassahn*, Rechtsprechung und Parlamentsgesetz, 2017, 10 f.; *Rixen*, JZ 2018, 317 (326) im Anschluss an *Jestaedt*, Grundrechtsentfaltung im Gesetz, 1999, 351 ff., insbes. 353 f.; *Würdinger*, JuS 2016, 1 (5 f.); für das Gesetzesrecht siehe auch BVerfGE 128, 193 (210).

[164] Zu einer Figur eines „living originalism“ siehe *Rixen*, JZ 2018, 317 (326) m. w. N. aus der US-amerikanischen verfassungstheoretischen Debatte.

[165] *Lepsius*, Der Staat 52 (2013), 157 (170–173); siehe auch *Luhmann*, Die Politik der Gesellschaft, 2000, 142 f.

[166] Vgl. auch *Lepsius*, Der Staat 52 (2013), 157 (172 f.).

[167] *Jestaedt*, Das mag in der Theorie richtig sein …, 2006, 82; *Unger*, Das Verfassungsprinzip der Demokratie, 2008, 176 f.

[168] So schon *Heck*, Begriffsbildung, 1932, 178 f.

[169] *Lindner*, Rechtswissenschaft als Metaphysik, 2017, 174 f.

[170] In diesem Sinne gegen die Vorstellung von der Einheit oder Widerspruchsfreiheit der Rechtsordnung *Lepsius*, in: Kühl (Hrsg.), Zur Kompetenz der Rechtsphilosophie in Rechtsfragen, 2011, 21 (26 f.); *ders.*, Der Staat 52 (2013), 157 (184 f.).

Für das Verfassungsgesetz gilt dies in mindestens genauso großem Umfang.[171] Immerhin bedingen die gesteigerten Voraussetzungen zu seinem Erlass und zu seiner Änderung die Inkorporation von mehr politischen Gruppierungen als typischerweise der Erlass eines einfachen Gesetzes. Die Kompromissbehaftetheit des Verfassungsrechts wird dadurch noch verstärkt. Auch das ist der Verfassung nicht anzulasten, sondern ihren demokratischen Entstehungsbedingungen nur angemessen.[172] Infolge dieses Kompromisscharakters enthält das Verfassungsgesetz teilweise nur schwer miteinander zu vereinbarende Wertungen[173], beinhaltet jedenfalls nur in begrenztem Umfang verallgemeinerungsfähige Aussagen[174].[175] Speziell für den grundrechtlichen Bereich dürften sich die Spannungen durch die Ausstrahlungswirkung internationaler und supranationaler Grundrechtskataloge noch vergrößern.[176]

Diese innerhalb einzelner Regelungsregime mitunter entgegenstehenden Richtungsvorgaben lassen sich zwar durchaus zu gemeinsamen Grundsätzen zusammenführen.[177] Häufig bewegen sie sich jedoch auf einem Abstraktionsni-

---

[171] *Grimm*, Die Zukunft der Verfassung, 4. Aufl. (2020), 15; *Hesse*, Grundzüge des Verfassungsrechts, 20. Aufl. (1999), Rn. 20.

[172] Demgegenüber steht *Schmitt*, Verfassungslehre, 10. Aufl. (2010), 31–36 insbesondere den von ihm als „dilatorische Formelkompromisse" bezeichneten Kompromissen ablehnend gegenüber, da es ihnen doch an dem seiner Meinung nach der Verfassung charakteristischen Moment der Entscheidung fehle (vgl. insbes. 35).

[173] Die partiell inkompatiblen Richtungsentscheidungen der Verfassung identifiziert bereits, wenn auch negativ konnotiert, als Folge „dilatorischer Formelkompromisse" *Schmitt*, Verfassungslehre, 10. Aufl. (2010), 31–36; siehe auch *Isensee*, in: ders./Kirchhof. (Hrsg.), HStR, Bd. XII, 3. Aufl. (2014), § 268, Rn. 53.

[174] Zu denken ist beispielsweise an das Religionsverfassungsrecht. Hier bilden viele Vorgaben die Kompromisslinien religionsverfassungsrechtlicher Konflikte ab und lassen sich nur schwer auf ein Prinzip zurückführen, vgl. *Schlaich*, Neutralität als verfassungsrechtliches Prinzip, 1972, 196. Zum Kompromisscharakter des Weimarer Religionsverfassungsrechts siehe bereits *Schmitt*, Verfassungslehre, 10. Aufl. (2010), 32–34, der dieses jedoch abwertend als Beispiel eines „dilatorischen Formelkompromisses" begreift.

[175] *Jestaedt*, in: Depenheuer/Grabenwarter (Hrsg.), Verfassungstheorie, 2010, § 1, Rn. 35; *Hesse*, Grundzüge des Verfassungsrechts, 20. Aufl. (1999), Rn. 67; *Rüthers/Fischer/Birk*, Rechtstheorie, 11. Aufl. (2020), Rn. 145.

[176] Zu denken ist hier insbesondere an die Verbürgungen der EMRK, die laut Bundesverfassungsgericht auch für die Interpretation der Grundrechte des Grundgesetzes zu berücksichtigen sind, vgl. BVerfGE 111, 307 (317). Vergleichbares gilt nun auch für die Grundrechte der Europäischen Grundrechtecharta, siehe dazu BVerfG, Beschluss des Ersten Senats vom 06. November 2019 – 1 BvR 16/13 –, Rn. 60–62.

[177] So auch *Wolff*, Ungeschriebenes Verfassungsrecht unter dem Grundgesetz, 2000, 379; dagegen *Schmitt*, Verfassungslehre, 10. Aufl. (2010), 34 f., der für die von ihm als „dilatorische Formelkompromisse" bezeichneten Kompromisse feststellt: „Es ist eben nicht möglich, einen Willen zu interpretieren, der nicht vorhanden ist. Wo kein Wille ist, hat auch der größte juristi-

veau, das für die Lösung von Rechtskonflikten nur eine begrenzte Aussagekraft besitzt, jedenfalls aber keine Pauschallösungen für Rechtskonflikte bereithält.

Legt man dies zugrunde, ist innerhalb der Rechtsgewinnung sicherzustellen, dass für die Auflösung rechtlicher Konflikte differenzierte Vorgaben ermittelt sowie die punktuelle Inkonsistenz und partielle Disparität des Rechts gewürdigt werden können. Insbesondere eine Argumentation, die sich auf eine Zusammenschau von Normen stützt, ist darum zurückhaltend zu betreiben oder mit begrenzter rechtlicher Wirksamkeit auszustatten.[178] Andernfalls werden die den Einzelbestimmungen zugrunde liegenden Regelungsintentionen ignoriert und zugunsten von – typischerweise dem Gesetz nicht innewohnenden – allgemeinen Grundsätzen nivelliert[179].[180]

V. Gebot zur Berücksichtigung der Anwendungsorientierung des Rechts

Das Recht, als Untersuchungsgegenstand der Rechtswissenschaft, formuliert gegenüber den Rechtsadressaten Handlungsgebote und -verbote, zeigt ihnen Entfaltungs- und Gestaltungsmöglichkeiten auf und hält, insbesondere das Verfassungsrecht, bisweilen sogar Wertvorstellungen bereit, die dem Handeln Orientierung geben, kurz gesagt: Das Recht besitzt eine Steuerungsfunktion für das Handeln und Unterlassen seiner Adressaten.[181] Die praktische Zielrichtung des

sche Scharfsinn sein Recht verloren. Alle ‚normative' Betrachtung verendet hier in einer kümmerlichen Silbenstecherei." (35)

178 Siehe auch *Lindner*, Theorie der Grundrechtsdogmatik, 2005, 162–164, der speziell gegen eine solche Zusammenschau argumentiert, durch die aus Normen verschiedener Normkategorien rechtliche Folgen konstitutiv abgeleitet werden, die sich aus einer Normkategorie noch nicht gewinnen ließen („echte Zusammenschau") und so gegen das von ihm postulierte Prinzip der Kategorientrennung verstießen.

179 Dazu sind dogmatische Figuren besonders prädestiniert, wenn sie sich evolutiv fortentwickeln und schließlich von ihren normativen Grundlagen lösen, so *Eifert*, in: Kirchhof/Magen/Schneider (Hrsg.), Was weiß Dogmatik?, 2012, 79 (86 f.); vgl. auch *Lindner*, Rechtswissenschaft als Metaphysik, 2017, 139 f.

180 Für das Prinzip der streitbaren Demokratie wurde diese Gefahr bereits veranschaulicht, vgl. *Papier/Durner*, in: AöR 128 (2003), 340 (363 ff., 367); dazu auch und m. w. N. zur dogmatischen Einordnung des Prinzips der streitbaren Demokratie *Braun*, Leitbilder im Recht, 2015, 119, Fn. 95–98; zu einem allgemeinen weltanschaulichen Neutralitätsgebot, das sich von seinen normativen Grundlagen verselbstständigt, siehe beispielsweise *Schlaich*, Neutralität als verfassungsrechtliches Prinzip, 1972, 192; *Heinig*, JZ 2009, 1136 (1137, 1140); *Holzke*, NVwZ 2002, 903 (910).

181 *Alexy*, Theorie der juristischen Argumentation, 8. Aufl. (2015), 263.

Rechts[182] muss für die Rechtsgewinnung verarbeitet werden.[183] Das bedeutet, dass eine Rechtsgewinnung der Rechtsanwendung Aussagen anzubieten hat, die auf einen konkreten Fall anwendbar sind (1.) sowie bewährte Problemlösungen beinhalten (2.).

1. Bereitstellung anwendungsfähiger Aussagen mit Blick auf den konkreten Fall

Die praktische Funktion der Rechtsgewinnung rückt den konkreten Fall in das Zentrum des rechtlichen Argumentierens.[184] Aussagen, die im Rahmen der Rechtsgewinnung generiert wurden, müssen hiernach für die Anwendung auf einen konkreten Rechtsfall operabel sein.[185] In institutioneller Hinsicht verschiebt das den Fokus zwangsläufig auf die mit der konkret-individuellen Rechtsgewinnung betraute Rechtsprechung. Es sind darum Begrifflichkeiten zu entwickeln, deren Etablierungs- und Anwendungsregeln den Entscheidungsbedingungen der rechtsprechenden Rechtsanwendung[186] genügen[187]. Im Lichte der hierfür bereits angemahnten konkret-individuellen Perspektive[188] müssen die zu ermittelnden rechtlichen Aussagen Raum für eine Würdigung der tatsächlichen und normativen Besonderheiten des jeweiligen Einzelfalls belassen.[189] Um das ausdifferenzierte gesetzliche Regelungsregime zur Anwendung zu bringen, erweist sich dies ohnehin als notwendiger Schritt. Das Gebot zur Berücksichtigung des

---

[182] Die praktische Natur des Rechts rechtfertigt die geläufige Charakterisierung der Rechtswissenschaft als praktische oder anwendungsorientierte Wissenschaft, vgl. auch *Alexy*, Theorie der Grundrechte, 8. Aufl. (2018), 26 f.; speziell den Praxisbezug der Rechtsdogmatik herausstellend *Dreier*, in: ders. (Hrsg.), Rechtswissenschaft als Beruf, 2018, 1 (45–50); den Anwendungsbezug der Rechts- bzw. Verfassungs*dogmatik* betont auch *Jestaedt*, Grundrechtsentfaltung im Gesetz, 1999, 274 f. sowie *ders.*, in: Depenheuer/Grabenwarter (Hrsg.), Verfassungstheorie, 2010, § 1, Rn. 20, 23; speziell für die Grundrechtswissenschaft *Lindner*, Theorie der Grundrechtsdogmatik, 2005, 6; siehe auch *Müller/Christensen*, Juristische Methodik, Bd. I, 11. Aufl. (2013), Rn. 270: „Jurisprudenz als eine[r] praktische[n] Wissenschaft".

[183] Vgl. auch *Alexy*, Theorie der Grundrechte, 8. Aufl. (2018), 27.

[184] Dies betont *Lege*, RphZ 2019, 416 (insbes. 418–421, 423 f.), pointiert: „In diesem Sinn ist der Fall die Realität des Rechts" (424).

[185] Zugespitzt *Lege*, RphZ 2019, 416 (424): „Das Recht ist für die Lebenswirklichkeit da, nicht die Lebenswirklichkeit für das Recht".

[186] Zu den unterschiedlichen Perspektiven von Rechtswissenschaft und Rechtsprechung auf das Recht siehe *Strauch*, RphZ 2019, 430 (433–435).

[187] In diese Richtung weist eine von *Strauch* vorgeschlagene, den Anforderungen richterlicher Falllösung entsprechende Methodenlehre des gerichtlichen Erkenntnisverfahrens, siehe dazu *Strauch*, RphZ 2019, 430 (insbes. 435–441).

[188] Siehe Teil 1 Kap. 1 IV. 1. d).

[189] So auch *Lege*, RphZ 2019, 416 (423).

konkreten Falls zum einen und der ausdifferenzierten gesetzlichen Bestimmungen zum anderen gehen insoweit Hand in Hand.

2. Bereitstellung bewährter Problemlösungskategorien

Schließlich legt es die Anwendungsorientierung der Rechtswissenschaft nahe, solche Begrifflichkeiten und Argumente aufzubereiten, die den Rechtsanwendern die weitere Rechtsgewinnung erleichtern.[190] Das beeinflusst zugleich das wissenschaftstheoretische Gebot der *Erforderlichkeit* der Begründung.[191] Hiernach galt es, auf entbehrliche Argumente für die Begründung eines wissenschaftlichen Urteils zu verzichten. Bestimmt man das Kriterium der Entbehrlichkeit im Lichte der praktischen Dimension der Rechtswissenschaft, können auch solche Überlegungen für die Rechtsgewinnung beibehalten werden, die sich für die Rechtsgewinnung zwar nicht als zwingend notwendig, aber hilfreich erweisen.[192] In diesem Sinne wäre beispielsweise daran zu denken, erprobte und bewährte rechtliche Lösungen begrifflich zu verdichten und für die Rechtsgewinnung als Problemlösungskategorien abzuspeichern. Sie hätten nicht nur eine Unterstützungsfunktion für den Rechtsanwender, sondern zugleich eine Orientierungsfunktion für den Normadressaten. Sie erlaubten ihm im Vorfeld von rechtlichen Konflikten, sein Verhalten an bewährten rechtlichen Lösungsmustern auszurichten. Die komplexe Rechtsordnung mit ihren mitunter kleinteiligen und diffizilen Vorgaben wird so für den Normadressaten erträglicher.

3. Zwischenergebnis

Eine Rechtswissenschaft, die sich ihrem Charakter als praktische Wissenschaft verpflichtet fühlt, hat schließlich anwendungsfähige rechtliche Aussagen bereitzustellen, die differenzierten rechtlichen Lösungen zugänglich sind. Gleichzeitig empfiehlt es sich, dem Rechtsanwender und Rechtsadressaten wiederum typische rechtliche Lösungen aufzuzeigen. Ihr typisierender Aussagegehalt liefe zwar dem Gebot nach differenzierten anwendungsorientierten Aussagen partiell

---

190 In diesem Sinne kann auch *Hoffmann-Riem* verstanden werden, wenn er eine Dogmatik fordert, die „auf die Rahmenbedingungen praktischer Arbeit abgestimmt ist“, siehe *Hoffmann-Riem*, in: Schmidt-Aßmann/ders. (Hrsg.), Methoden der Verwaltungsrechtswissenschaft, 2004, 9 (70).

191 Siehe Teil 1 Kap. 1 II. 2.

192 So auch *Hoffmann-Riem*, in: Schmidt-Aßmann/ders. (Hrsg.), Methoden der Verwaltungsrechtswissenschaft, 2004, 9 (70 f.); anders beispielsweise für die berufsfreiheitliche Dreistufentheorie *Lindner*, Rechtswissenschaft als Metaphysik, 2017, 142–144, 178.

entgegen, wäre aber durch Begrifflichkeiten mit entsprechenden Etablierungs- und Anwendungsregeln zusammenzubringen.

VI. Zusammenfassung und Zwischenergebnis

1. Elf Anforderungen an die Rechtsgewinnung im Verfassungsrecht

Fasst man die bisherigen Überlegungen zusammen, lassen sich die folgenden elf Anforderungen an eine Rechtsgewinnung – auch und insbesondere – für das Verfassungsrecht formulieren:

Eine Rechtsgewinnung, die wissenschaftlichen Maßstäben genügen soll, muss

1. intersubjektiv überprüfbar sein sowie
2. ein höchstmögliches Niveau an einer geeigneten, erforderlichen und zulässigen Begründung wahren.

Um dem Untersuchungsgegenstand „Recht" zu entsprechen, ist des Weiteren den hermeneutischen Verstehensbedingungen des Rechts für die Rechtsgewinnung Rechnung zu tragen. Das bedeutet, dass

3. vom Interpreten und Anwender des Rechts ein „Sich-Einlassen" auf das Recht als ein dem Erkenntnisprozess auch vorgegebener Erkenntnisgegenstand abzuverlangen ist,
4. die Rechtsgewinnung ihre Situativität und Kontextualität zu verarbeiten hat und zudem
5. ein rechtsgebietseigentümliches Vorverständnis anzureichern ist.

Des Weiteren sind die Entstehungsbedingungen des Rechts für die Rechtsgewinnung zu berücksichtigen. Konkret heißt das, dass

6. dem positiven Recht eine herausgehobene Bedeutung für die Begründung von Rechtspositionen einzuräumen ist,
7. im Rahmen der Anwendung des positiven Rechts autonome Momente der Rechtserzeugung anzuerkennen sind,
8. der Wille des Rechtsetzers als Ziel für die Bestimmung des Norminhalts zugrunde zu legen ist und
9. das differenzierte Regelungsregime durch möglichst kleinteilige anstelle von universellen rechtlichen Aussagen zu würdigen ist.

Schließlich ist der Anwendungsbezug des Rechts zu verarbeiten. Das verlangt von der Rechtsgewinnung,

10. auf einen konkreten Fall anwendungsfähige Aussagen sowie
11. bewährte Problemlösungskategorien

bereitzustellen.

2. Spannungsverhältnis zwischen den Anforderungen an die Rechtsgewinnung

Teilweise stützen, teilweise widersprechen die aufgezeigten Parameter einander: Insbesondere das Postulat, möglichst kleinteilige Aussagen zu formulieren (9.) sowie auf einen konkreten Fall anwendungsfähige Aussagen bereitzustellen (10.), zielen beiderseits auf eine kontextuell bedingte Differenzierung. Demgegenüber bewegt sich die herausgehobene Rolle des positiven Rechts (6.), dessen Ermittlung sich am Willen des Rechtsetzers zu orientieren hat (8.), in einem Spannungsverhältnis zu seiner Ergänzungsbedürftigkeit durch nicht durch das positive Recht determinierte Akte der Rechtsanwendung (7.). Des Weiteren wird die Etablierung bewährter Problemlösungskategorien (11.) aufgrund ihres typisierten Charakters den Besonderheiten des konkreten Einzelfalls (10.) kaum gerecht.

Zum Teil werden die Gegensätze durch entsprechende Anwendungsregeln für dogmatische Figuren abgemildert werden können. Insbesondere die letztgenannte Herausforderung dürfte sich durch die Eigenschaft der *Widerleglichkeit* einer entsprechenden Aussage entschärfen lassen. Ansonsten sind die Spannungen in gewissem Umfang unvermeidlich, beruhen sie bisweilen doch auf den komplexen Anforderungen an eine Rechtsgewinnung, die den partiell gegenläufigen Entscheidungsbedingungen der hierin involvierten Akteure gerecht werden muss. Besonders deutlich wird das für die Ermittlung des Inhalts des positiven Rechts zum einen und seiner Anwendung auf den konkreten Fall zum anderen: Verlangt die Rechtsanwendung nach einer konkret-individuellen Perspektive auf den jeweiligen Rechtsfall, ist eine solche zur richtigen Bestimmung des Inhalts gesetzlicher Vorgaben tendenziell abträglich, da sie zur Erschließung des Willens des Rechtsetzers typischerweise nichts beizutragen hat. Die Spannung nimmt noch zu, wenn ein rechtsgebietseigentümliches Vorverständnis (5.) etabliert wird. Soll ein solches den Verständnisprozess des positiven Rechts anleiten, gelingt das zwangsläufig nur mithilfe eines systematisch-theoretischen Fundamentes, auf dessen Basis die konkreten Einzelnormen des Rechtsgebietes durchdrungen werden können. Ein solches wissenschaftlich angereichertes theoretisches System droht jedoch die einer politischen Kompromissbildung geschuldeten, nicht durchgängig konsistenten positiven Bestimmungen des positiven Rechts am Maßstab wissenschaftlicher Reinheit zu relativieren. Das widerspricht nicht nur dem Willen des Rechtsetzers (8.), sondern ebenso den tendenziell diffizilen und partiell disparaten Vorgaben des positiven Rechts (9.), die sich aus einem theoretischen Grundsatz häufig nicht stringent deduzieren und in ein wissenschaftliches System nicht einwandfrei einpflegen lassen. Darüber hinaus dürften theoretisch-systematisch generierte Aussagen nur in begrenztem Umfang auf einen konkreten Fall anwendbar sein (10.). Schließlich sind solche theoretisch-systematischen Überlegungen in besonderer Weise einer Anreicherung durch Wertvorstellungen anfällig, die nicht auf den Rechtsetzer, sondern den Rechtsinterpreten zurückzuführen sind.[193] Das missachtet das Gebot zur Einlassung auf das Recht als einen dem Erkenntnisprozess auch vorgegebenen (3.), und zwar maßgeblich von den demokratisch legitimierten Instanzen zur Setzung des Rechts (6.) vorgegebenen Gegenstand.[194]

Die theoretische Durchdringung des Rechts mithilfe eines rechtsgebietseigentümlichen Vorverständnisses, die am Willen des Rechtsetzers orientierte Bestimmung des Inhalts des positiven Rechts und seine Anwendung auf den konkreten Fall offenbaren sich also als jeweils notwendige, aber gegenseitig konfligierende Momente innerhalb der Rechtsgewinnung. Auch die übrigen Anforderungen an die Rechtsgewinnung lassen sich im Grunde diesen drei Aspekten zuordnen:

- Es gilt ein rechtsgebietseigentümliches theoretisches System zu etablieren (5.), das insbesondere den Rahmen für ein hohes Maß an Begründungsstringenz für eine geeignete, erforderliche und zulässige Begründung (2.) schafft.
- Im Mittelpunkt der Rechtsgewinnung steht das Recht, maßgeblich das positive Recht (6.), als ein der Rechtsgewinnung auch vorgegebener Erkenntnisgegenstand (3.), dessen Auslegung sich am Willen des Rechtsetzers zu orientieren hat (8.) und dessen diffizile Vorgaben für die Rechtsgewinnung zu beachten sind (9.).
- Um das abstrakte Recht auf den praktischen Fall anzuwenden, sind dem Rechtsanwender bewährte Problemlösungsmuster anzubieten (11.), die für konkrete Rechtsstreitigkeiten operabel sind (10.). Dabei ist jedoch der kontextuell bedingten Ermittlung rechtlicher Aussagen Rechnung zu tragen (4.), die für die Besonderheiten eines neuen Rechtsstreits nur eine begrenzte Aussagekraft besitzt. Um diese Besonderheiten einkalkulieren zu können, bedarf es zudem eines nicht vollständig durch das positive Recht determinierten Anwendungsmoments (7.).

Die skizzierten Anforderungen an die Rechtsgewinnung könnten mit drei Abschnitten innerhalb der Rechtsgewinnung korrespondieren. Sie wären jeweils

- der systematisch-theoretischen Durchdringung des Rechts,

---

[193] So identifiziert *Lindner*, Rechtswissenschaft als Metaphysik, 2017, 114–120 zutreffend unter anderem die Theoriebildung als „Einfallstor für metaphysisches Denken", zu weiteren „Einfallstoren für metaphysisches Denken" siehe *Lindner*, Rechtswissenschaft als Metaphysik, 2017, 71–125.

[194] So weist auch *Lindner*, Rechtswissenschaft als Metaphysik, 2017, 69 f. darauf hin, dass die Inkorporation metaphysischer Überlegungen des Rechtswissenschaftlers letztlich ein Legitimations- und damit ein Demokratieproblem darstellt.

- der am Willen des Rechtsetzers orientierten Bestimmung des positiven Rechts sowie
- seiner praktischen Anwendung auf den konkret-individuellen Fall

verpflichtet.

Sie ließen sich in dieser Reihenfolge auch als eine rechts*theoretische*, rechts*normative* und rechts*praktische* Ebene der Rechtsgewinnung, besser noch „Schicht“[195] bezeichnen. Sie bildeten wesentliche Etappen der Rechtsgewinnung und nähmen wie gezeigt die vielfältigen an die Rechtsgewinnung herangetragenen Anforderungen auf.

3. Auflösung des Spannungsverhältnisses durch verschiedene Schichten der Rechtsgewinnung

Sollen die verschiedenen Schichten die mit ihnen jeweils verbundenen Anforderungen an die Rechtsgewinnung befriedigen, braucht es für sie eigenständige Begrifflichkeiten, die auf das jeweilige Anforderungsprofil der Schicht abgestimmt sind. Konkret bedeutet dies, dass die Etablierungs- und Anwendungsregeln, quasi die Bauanleitung und die Gebrauchsanweisung dieser Begriffe[196], der spezifischen Funktion und den besonderen Potenzialen der jeweiligen Schicht angepasst werden müssen.[197] Dabei ist auch die notwendige, aber nicht hinreichende Funktion der ihnen zugewiesenen Ebene in der Rechtsgewinnung in Rechnung zu stellen. Das hat zur Folge, dass die begrenzte Leistungsfähigkeit jeder Schicht in die Wirkungsweisen der ihnen zugeordneten Begriffe einzuprogrammieren und der notwendige Anwendungsbereich der übrigen Begriffstypen für die Rechtsgewinnung abzusichern ist. Überlegungen, die beispielsweise auf der rechtstheoretischen Ebene angesiedelt wären, könnten das Recht nach Maßgabe der wissenschaftlichen Stimmigkeit erschließen und systematisieren. Für die rechtspraktische Ebene eignen sich theoretisch-systematisch generierte Aussagen jedoch weniger. Gleiches gilt in umgekehrter Richtung: Die am konkreten Fall gewonnenen rechtlichen Aussagen auf der rechtspraktischen Schicht sind

---

[195] Der Ausdruck „Schicht“ illustriert den gestuften Charakter der verschiedenen Ebenen in der Rechtsgewinnung. Zugleich veranschaulicht er den graduell fließenden Übergang sowie die gegenseitigen Einwirkungsmöglichkeiten der verschiedenen Ebenen untereinander.

[196] Betont man den argumentativen Charakter der Rechtsgewinnung, könnte alternativ auch von Argumentationsregeln gesprochen werden.

[197] In diese Richtung auch *Jestaedt*, Grundrechtsentfaltung im Gesetz, 1999, 323: „Dieser dichotomen Rechtserzeugungsstruktur kann adäquat nur in einer synthetischen Rechtsgewinnungstheorie Rechnung getragen werden, die den beiden Grundbausteinen der Rechtsgewinnung – der Rechtserkenntnis und der Rechtsetzung – ihrer Eigenart entsprechend mit unterschiedlichem method(olog)ischem Rüstzeug zuleibe rückt.“

aufgrund ihrer Kontextualität für die systematisch-theoretische Erfassung des positiven Rechts tendenziell unprädestiniert.

Die Begriffe sind demnach um ein Grenzregime auszustatten, das den Einfluss der einen auf die andere Schicht vorsieht, aber auch dosiert. Die jeweils notwendigen Ebenen der Rechtsgewinnung können dadurch ihre Eigenlogik größtmöglich entfalten und so einen Beitrag für die Rechtsgewinnung erbringen, der den ihnen aufgegebenen Anforderungen an die Rechtsgewinnung bestmöglich entspricht. In der stufenweisen Anwendung tragen die verschiedenen Schichten dann zu einer Rechtsgewinnung bei, die den komplexen Ansprüchen an die Rechtsgewinnung genügt.[198]

Eine dogmatische Figur auf der Ebene der rechtspraktischen Schicht würde dann zwar nur den spezifisch anwendungsorientierten Anforderungen an die Rechtsgewinnung – diesen dafür aber umso mehr – genügen. Da sie wiederum die übrigen Anforderungen negiert, wäre sie aber nur mit einem begrenzten Wirkungsgrad zu versehen und durch dogmatische Figuren, die auf die übrigen Maßgaben abgestimmt sind, zu ergänzen. Insbesondere für die Erklärung des Inhalts des Gesetzes besäße eine auf der rechtspraktischen Ebene generierte Figur demnach allenfalls eine eingeschränkte Aussagekraft und wäre darum durch Überlegungen zu ergänzen, die speziell den Ansprüchen einer wissenschaftlich-theoretischen Erfassung des Rechts entsprechen.

Das negative Gegenbeispiel dazu wäre eine Rechtsgewinnung, die für ihre Überlegungen lediglich *einen* begrifflichen Rahmen bereitstellt.[199] Er müsste den teilweise konträren Ansprüchen an die Rechtsgewinnung durch ein einheitliches

---

[198] Anders demgegenüber die auf der strukturierenden Rechtslehre *Friedrich Müllers* fußende Methode der Konkretisierung, siehe ausdrücklich *Müller/Christensen*, Juristische Methodik, Bd. I, 11. Aufl. (2013), Rn. 300: „Entsprechend ihrem strukturierenden Vorgehen spricht diese Methodik nicht von ‚Stufen' oder ‚Stadien' der Interpretation, sondern von ‚Elementen' des Konkretisierungsvorgangs." Eine solche Betrachtung erschwert die gesonderte Berücksichtigung der Leistungen und Leistungsgrenzen der unterschiedlichen Quellen der Rechtsgewinnung; kritisch zum methodischen Konzept der Konkretisierung auch *Jestaedt*, Grundrechtsentfaltung im Gesetz, 1999, 155 ff.; *Lindner*, Theorie der Grundrechtsdogmatik, 2005, 133–137.

[199] Siehe zu dieser Kritik auch *Jestaedt*, Grundrechtsentfaltung im Gesetz, 1999, 323, Fn. 169: „Das vorherrschende *monistische* Rechtsgewinnungsverständnis äußert sich auch darin, daß bereits mangels entsprechend differenzierter wissenschaftstheoretischer Kategorienbildung vermengt wird, was rechtstheoretisch nicht zusammengehört: Rechtsinhaltliche Fragen werden grundsätzlich unterschiedslos als solche der Rechts*dogmatik* angesehen und unter deren einheitlichem Dach abgehandelt. […] Soweit dieses Dilemma überhaupt reflektiert wird, wird die Lösung darin gesehen und gefunden, Dogmatik als multifunktional auszuweisen und zwischen der empirischen, der analytischen und der normativen Seite der Dogmatik zu unterscheiden […] – um die (ohnehin anfechtbare) Differenzierung bei nächster dogmatisch-praktischer Gelegenheit sogleich fallen zu lassen."

Begriffsraster gerecht werden. Eine dogmatische Argumentationsfigur hätte dann allen Ansprüchen in gleichem Umfang zu entsprechen. Die notwendige theoretische, normative und praktische Perspektive in der Rechtsgewinnung könnte sich innerhalb eines solchen begrifflichen Rahmens nirgendwo vollständig entfalten. Ihr Erkenntnismehrwert bliebe der Rechtsgewinnung so teilweise verschlossen.

Eine rechtstheoretische, rechtsnormative und rechtspraktische Schicht der Rechtsgewinnung könnte demgegenüber die verschiedenen Perspektiven, Erkenntnisse und Beiträge der in die Rechtsgewinnung involvierten Rechtswissenschaft, Rechtspolitik und Rechtsprechung aufbereiten[200], sofern und soweit die drei Ebenen ihren unterschiedlichen Erkenntnis- und Entscheidungsbedingungen[201] Rechnung trügen.[202] Drei Schichten, die mit eigens für sie konfigurierten Begriffstypen ausgestattet sind, stellen hierfür jedenfalls den notwendigen Rahmen bereit[203].[204] Dabei schließen insbesondere die rechtsnormative und rechts-

[200] In diesem Sinn weist bereits *Kelsen* auf die gebotene, aber zu oft vernachlässigte Unterscheidung der an der Rechtserzeugung beteiligten Akteure hin, vgl. *Kelsen*, Reine Rechtslehre, 2. Aufl., 1960, 75f. (Nachdruck 2017: 144f.), hier speziell mit Blick auf die Rechtswissenschaft und die Rechtspolitik („Rechtsautorität“).

[201] Zu den unterschiedlichen institutionellen Rahmenbedingungen von Rechtswissenschaft und Rechtsprechung siehe beispielsweise *Strauch*, RphZ 2019, 430 (433–435); siehe auch *Hoffmann-Riem*, in: Schmidt-Aßmann/ders. (Hrsg.), Methoden der Verwaltungsrechtswissenschaft, 2004, 9 (52f., 68f.), der auf die unterschiedlichen Methoden von Rechtswissenschaft und Rechtsanwendung aufgrund ihrer unterschiedlichen Ziele und an sie herangetragenen Erwartungen hinweist.

[202] Damit ist in disziplinärer Hinsicht das Bestreben nach einem „Rechtswissenschaftspluralismus“ verwandt, wonach Rechtswissenschaft nicht auf anwendungsorientierte Rechtsdogmatik zu verengen, sondern „die Vielfalt der Perspektiven und Zugänge, der Fragerichtungen und Erkenntnisziele, der Gegenstände und Methoden innerhalb der Jurisprudenz ernst zu nehmen“ sei und „konkurrierende (sub)disziplinäre Rationalitäten nebeneinander ihren Platz finden“, so *Jestaedt*, in: ders./Lepsius (Hrsg.), Rechtswissenschaftstheorie, 185 (197).

[203] Die drei Schichten greifen damit die Einschätzung *Alexys* auf, wonach die Rechtswissenschaft „ihre praktische Aufgabe nur als mehrdimensionale Disziplin erfüllen“ könne, vgl. *Alexy*, Theorie der Grundrechte, 8. Aufl. (2018), 37; ähnlich auch *Dreier*, in: ders. (Hrsg.), Rechtswissenschaft als Beruf, 2018, 1 (31f.), der für die Dogmatik konstatiert, dass sie „auf unterschiedlichen Ebenen angesiedelt sein und verschiedenen Zwecken dienen kann.“

[204] Die drei Schichten dürften auch mit den von *Alexy* herausgearbeiteten unterschiedlichen Dimensionen der Rechtsdogmatik, vgl. *Alexy*, Theorie der juristischen Argumentation, 8. Aufl. (2015), 307f., vergleichbar sein. So wird sich die „Beschreibung des geltenden Rechts“, also die „deskriptiv-empirische“ Dimension, mit der rechtsnormativen Schicht, die „begrifflich-systematische Durchdringung“, also die logisch-analytische Dimension, mit der rechtstheoretischen Schicht und schließlich die „Erarbeitung von Vorschlägen zur Lösung problematischer Rechtsfälle“, also die „normativ-praktische“ Dimension, mit der rechtspraktischen Schicht weitgehend überlagern, wenn auch nicht vollständig decken. Kritisch und zutreffend merkt *Jestaedt* jedoch gegenüber *Alexys* mehrdimensionalem Konzept von Dogmatik an, dass es den unterschiedlichen Dimensionen nicht adäquat Rechnung trage, was letztlich auf dem einheitli-

praktische Ebene an das rechtstheoretische Postulat an, wonach eine Rechtsgewinnung[205] nicht auf eine fremdgesteuerte Rechtserkenntnis zu reduzieren, sondern um eine auch eigenständige Rechtsanwendung zu ergänzen sei.[206] Die Unterscheidung in eine rechtsnormative und rechtspraktische Schicht greift somit schlicht das Anliegen auf, zwischen Rechtserkenntnis und Rechtsetzung zu unterscheiden, stellt aber den Rahmen zur Verfügung, um für beide je eigene methodische Kategorien zu formulieren.[207] Sie wären des Weiteren um eine spezifisch theoretische Komponente in Gestalt der rechtstheoretischen Schicht zu ergänzen, die den Bedarf der Rechtsgewinnung nach theoretischen und philosophischen Kenntnissen stillt und eine Plattform für einen interdisziplinären Austausch bietet.[208] Die Inkorporation dieser Erkenntnisse für die Rechtsgewinnung wird dadurch positiv ausgewiesen und so auch kritisierbar gemacht.[209] Zugleich werden für ihre Verwendung in der Rechtsgewinnung begriffliche und methodi-

---

chen Rahmen beruhe, innerhalb dessen die verschiedenen Dimensionen behandelt werden und damit einer begrifflichen und kategorialen Differenzierung im Wege stehe, vgl. *Jestaedt*, Grundrechtsentfaltung im Gesetz, 1999, 323, Fn. 169. Parallelen des hier vertretenen Schichtenmodells ergeben sich auch zu den von *Lepsius* identifizierten „Aggregatzuständen der Normen", siehe dazu *Lepsius*, Relationen, 2016, 30–36. Das Schichtenmodell teilt mit *Lepsius*' Modell vor allem die angestrebte „Multiperspektivität auf die Normen" und die Berücksichtigung der institutionellen Kontexte bei der Rechtserzeugung, vgl. *Lepsius*, Relationen, 2016, 30–36, speziell zu den institutionellen Kontexten siehe 36–38. Dabei dürften die „Normen im gasförmigen Zustand" der rechtstheoretischen Schicht, die „Normen im flüssigen Aggregatzustand" der rechtsnormativen Schicht und die „Normen im festen Aggregatzustand" der rechtspraktischen Schicht entsprechen.

205 *Jestaedt*, Grundrechtsentfaltung im Gesetz, 1999, 322 f.

206 So insbesondere *Jestaedt*, Grundrechtsentfaltung im Gesetz, 1999, 322–327; speziell für die Rechtsgewinnung im Verfassungsrecht *Hillgruber*, in: Depenheuer/Grabenwarter (Hrsg.), Verfassungstheorie, 2010, § 15, Rn. 29, 31, siehe auch Fn. 40.

207 *Jestaedt*, Grundrechtsentfaltung im Gesetz, 1999, 326 f.: „In summa: Die Rechtstheorie vermittelt die Einsicht in die Ambivalenz der Rechtsgewinnung oder auch Rechtsanwendung. Dieser Eigentümlichkeit des Gegenstandes ‚Recht' trägt eine anwendungsbezogene, teilnehmerorientierte Theorie der Rechtsgewinnung dadurch Rechnung, daß sie sich ausdifferenziert in eine Rechtserkenntnis- oder auch Interpretationstheorie und in eine Rechtsetzungstheorie."

208 Eine rechtstheoretische Schicht greift daher den von *Lepsius*, in: Kühl (Hrsg.), Zur Kompetenz der Rechtsphilosophie in Rechtsfragen, 2011, 21 (22) formulierten Vorschlag auf: „Wir brauchen Relationen auf mittlerer Ebene, also keine abgeschlossenen Makro- oder Mikrodiskurse, sondern Zwischenbereiche, auf denen Rechtsphilosophie und geltendrechtliche Themen einander ergänzen – und zwar so, daß beide ihre unterschiedlichen Begründungs-, Herstellungs- und Darstellungsmittel behalten", siehe auch 27: „Wer Rechtsphilosophie und Fragen des geltenden Rechts in eine problemlösungsorientierte Beziehung zueinander bringen will, muß Ebenen herstellen, die über der Begrifflichkeit des positiven Rechts liegen, die sich aber nicht vom positiven Recht durch den Rückbezug auf Makroebenen entfernen."

209 Dafür plädiert auch *Lindner*, Rechtswissenschaft als Metaphysik, 2017, 151 f., 155 f.

sche Anforderungen etabliert,[210] die ihren teilweise rechtsexternen und jedenfalls vorpositiven Charakter einkalkulieren.

Die mit der Identifikation dreier Schichten intendierte begriffliche und methodische Differenzierung schließt an Untersuchungen an, die das Recht sowohl um eine eher theoretische als auch eine eher praktische Perspektive ergänzen.[211] Das betrifft in theoretischer Hinsicht beispielsweise Ausarbeitungen, die das verfassungstheoretische System des Grundgesetzes erschließen und hierfür eigene begriffliche Kategorien bilden.[212] In praktischer Hinsicht ist hier das Bestreben herauszugreifen, eine auf die Bedingungen der Rechtsprechung zugeschnittene „Methodenlehre gerichtlichen Erkenntnisverfahrens“[213] zu entwickeln.

Es kann zusammengefasst werden, dass den vielfältigen Anforderungen an die Rechtsgewinnung so weit wie möglich entsprochen werden kann. Aufgrund ihres partiellen Antagonismus gelingt das aber nur auf einer rechtstheoretischen, rechtsnormativen und rechtspraktischen Ebene der Rechtsgewinnung, die die verschiedenen Anforderungen an die Rechtsgewinnung konsumieren und hieran abgestimmte Beiträge für die Rechtsgewinnung erbringen.

---

[210] So auch *Lindner*, Rechtswissenschaft als Metaphysik, 2017, 155 f.

[211] In diesem Sinne beispielsweise für eine praktische Perspektive auf das Recht, die die herkömmliche wissenschaftliche Perspektive nicht ersetzt, sondern ergänzt: *Strauch*, RphZ 2019, 430 (433), zu den unterschiedlichen Perspektiven von Rechtswissenschaft und Rechtsprechung auf das Recht siehe 433–435.

[212] Zu nennen ist hier maßgeblich die Ausarbeitung *Jestaedts* zur Verfassungstheorie, insbesondere mit ihrer Abgrenzung zur Verfassungsdogmatik, vgl. *Jestaedt*, in: Depenheuer/Grabenwarter (Hrsg.), Verfassungstheorie, 2010, § 1, speziell zur Unterscheidung von verfassungstheoretischen und verfassungsdogmatischen Kategorien Rn. 54–61. Als Beispiel für eine Befassung mit einzelnen Figuren der Verfassungstheorie ist auf die vor allem von *Volkmann* betriebene Ausarbeitung zur Figur des Leitbildes zu verweisen, vgl. *Volkmann*, AöR 134 (2009), 158 ff.

[213] Siehe dazu *Strauch*, RphZ 2019, 430 ff.

Kapitel 2

Die Rechtsgewinnung im Verfassungsrecht: Schichten und Begriffe

Das Ziel der folgenden Ausführungen besteht darin, die Funktionen der verschiedenen Schichten für die Rechtsgewinnung zu präzisieren, um für ihre Beiträge zur Rechtsgewinnung daran angepasste Konstruktions- und Anwendungsregeln („Bauanleitung" und „Gebrauchsanweisung") zu ermitteln. Aufgrund der Fragestellung nach einer „Theorie der Regierung" liegt dabei ein besonderes Augenmerk auf dem Beitrag der rechtstheoretischen Schicht für die Rechtsgewinnung. Daran – und nicht an einer detailgenauen Schilderung des Vorgangs der Rechtsgewinnung[1] – orientieren sich auch die folgenden Ausführungen. Dafür werden zunächst die Funktionen der einzelnen Schichten konkretisiert (I.), bevor ihre hierauf abgestimmten Beiträge für die Rechtsgewinnung in Gestalt von verschiedenen Begriffstypen präsentiert werden können (II.). Im Anschluss sollen die Vorzüge dieses Modells und der mit ihr korrespondierenden Begriffstypologie zusammengefasst werden (III.).

I. Die Rechtsgewinnung im Verfassungsrecht: Schichten

Im Folgenden gilt es, die Funktionen der rechtstheoretischen (1.), rechtsnormativen (2.) und rechtspraktischen Schicht (3.) im Lichte der an sie herangetragenen Anforderungen näher zu bestimmen, um im Anschluss die Beiträge der einzelnen Schichten diesen Funktionen entsprechend zu konfigurieren.

---

[1] Zu einer umfassenderen Darstellung siehe z. B. das Sieben-Stufen-Modell bei *Voßkuhle*, in: Bauer/Czybulka/Kahl (Hrsg. u. a.), Umwelt, Wirtschaft und Recht, 2002, 171 (188–194).

1. Rechtstheoretische Schicht

a) Funktionen einer rechtstheoretischen Schicht

aa) Vorverständnisfunktion

Eine rechtstheoretische Schicht beheimatet das zum Verstehen des Rechts unerlässliche rechtsgebietseigentümliche Vorverständnis.[2] Sie leitet daher die notwendigen Vorverständnisse der Interpreten an und gibt ihrem Erschließungsprozess eine erste Orientierung, besitzt darum also eine *Vorverständnisfunktion*.[3]

bb) Erklärungs- und Theoriespeicherfunktion

Des Weiteren speichert eine rechtstheoretische Schicht die Erkenntnisse ab, auf die die Normauslegung des jeweiligen Rechtsgebiets angewiesen ist, die aber nicht unmittelbar dem Normmaterial selbst, sondern anderen Wissenschaften zu entnehmen sind.[4] Das trifft insbesondere auf die teleologische und die historische Auslegung zu: Sollen sie zur inhaltlichen Bestimmung einer Rechtsnorm beitragen, bedürfen sie häufig eines Rückgriffs auf theoretisch-wissenschaftliche Annahmen. Das gilt insbesondere für geistesgeschichtliche Traditionslinien von Rechtspositionen[5], betrifft ebenso theoretische Annahmen über ihren guten, gerechten und funktionsadäquaten Gebrauch, schließt aber auch empirisches Wissen über den von der Norm erfassten konkreten Lebensbereich ein,[6] mit dessen

---

[2] Siehe Teil 1 Kap. 1 III. 4.

[3] Speziell für die vorliegend der rechtstheoretischen Schicht zuzuordnende Verfassungstheorie ebenso die Rolle eines „verfassungseigentümliche[n] Vorverständnis[ses]" zuweisend *Jestaedt*, in: Depenheuer/Grabenwarter (Hrsg.), Verfassungstheorie, 2010, § 1, 63 f.; vgl. auch zu einem „verfassungstheoretischen Vorverständnis" *Müller/Christensen*, Juristische Methodik, Bd. I, 11. Aufl. (2013), Rn. 420 f.

[4] *Alexy*, Theorie der juristischen Argumentation, 8. Aufl. (2015), 281; *Fritsche*, Der Kulturbegriff im Religionsverfassungsrecht, 2015, 51 ff.; *Grzeszick*, in: Kirchhof/Magen/Schneider (Hrsg.), Was weiß Dogmatik?, 2012, 97 (99 f., 106), der dabei insbesondere die Steuerungswissenschaft im Blick hat; *Gusy*, JZ 1989, 505 (514 f.), der diese Erkenntnisse auch als volitive Begründungselemente bezeichnet (515); *Müller/Christensen*, Juristische Methodik, Bd. I, 11. Aufl. (2013), Rn. 418, die für eine Verwendbarkeit von staats- und verfassungstheoretischen Aussagen für die „Rechtskonkretisierung" plädieren.

[5] *v. Bogdandy*, Gubernative Rechtsetzung, 2000, 19; *Enders*, Die Menschenwürde in der Verfassungsordnung, 1997, 163 f., 166 f., 169.

[6] *Hesse*, Grundzüge des Verfassungsrechts, 20. Aufl. (1999), Rn. 45 f.; *Hoffmann-Riem*, in: Schmidt-Aßmann/ders. (Hrsg.), Methoden der Verwaltungsrechtswissenschaft, 2004, 9 (55), berücksichtigt unter anderem auch die der Norm zugrunde liegenden „deskriptiven Annahmen über die soziale Realität und die Funktionsweise realer Abläufe" im ersten Schritt im Rahmen seines Dreischritts zur Ermittlung des Normprogrammgehalts; *v. Bogdandy*, Gubernative Rechtsetzung, 2000, 19.

Hilfe der Bedeutungsgehalt der jeweils von der Norm verbürgten Rechtsposition erst vollständig erfasst werden kann. Soweit sich schließlich die Erkenntnisleistung und Steuerungswirkung der juristischen Argumentation erschöpft[7], ist auf dieser Ebene zudem der Raum, um weitere für die Rechtserkenntnis erforderliche Annahmen aufzubereiten. Dies trägt der Einsicht Rechnung, dass sich „metaphysische“[8] Annahmen aus der Rechtsgewinnung nicht verbannen lassen, dafür aber transparent und kritisierbar zu machen sind.[9] Eine rechtstheoretische Schicht besitzt insoweit also eine *Erklärungs- und Theoriespeicherfunktion.*[10]

cc) Analyse- und Systematisierungsfunktion

Mit dem hier abgespeicherten theoretischen Wissen kann nicht nur der Bedeutungsgehalt einzelner Rechtsnormen konkretisiert, sondern zugleich die innere Struktur des jeweiligen Rechtsgebietes rekonstruiert werden. Denn das Verhältnis der Normen untereinander lässt sich erst von einem dritten Punkt aus bestimmen.[11] Einen solchen hält das positive Recht in der Regel jedoch nicht bereit, trifft typischerweise[12] also keine Aussagen bezüglich des Verhältnisses seiner Rechtspositionen untereinander und statuiert bisweilen sogar eher schwer miteinander zu vereinbarende Vorgaben.[13] Soll den Rechtsnormen zu ihrer vollständigen Entfaltung gleichwohl ein Platz im System des jeweiligen Rechtsgebiets zugewiesen werden[14], muss dies auch von „außen“, also nicht durch das Norm-

---

[7] *Hesse*, Grundzüge des Verfassungsrechts, 20. Aufl. (1999), Rn. 57, 59; *Hassemer,* in: ders./Neumann/Saliger (Hrsg.), Einführung in die Rechtsphilosophie und Rechtstheorie, 9. Aufl. (2016), 227 (236 f.); *Lindner*, Rechtswissenschaft als Metaphysik, 2017, 151; die Unbestimmtheit der Normen anmahnend *Neumann*, in: Hassemer/ders./Saliger (Hrsg.), Einführung in die Rechtsphilosophie und Rechtstheorie, 9. Aufl. (2016), 303 (305).

[8] Zum Begriff der Metaphysik im vorliegenden Kontext siehe Kap. 1 Fn. 72.

[9] So *Lindner*, Rechtswissenschaft als Metaphysik, 2017, 151 f., 155 f.

[10] Ähnlich auch für die vorliegend der rechtstheoretischen Schicht zuzuordnende Verfassungstheorie die Funktion einer „Entdeckungs-, Verständnis- und Darstellungshilfe“ zuweisend *Jestaedt*, in: Depenheuer/Grabenwarter (Hrsg.), Verfassungstheorie, 2010, § 1, 65.

[11] Vgl. *Unger*, Das Verfassungsprinzip der Demokratie, 2008, 185 f., der im Anschluss an *Peines* und *Fikentschers* Systembegriffe zeigt, dass das Verhältnis von Elementen eines Systems untereinander nur durch ein mehrdimensionales System bestimmt werden kann.

[12] Eine Ausnahme stellt insbesondere Art. 79 Abs. 3 GG dar, vgl. *Unger*, Das Verfassungsprinzip der Demokratie, 2008, 193 ff.

[13] Siehe Teil 1 Kap. 1 IV. 3.

[14] Den Kategorisierungs- und Systematisierungsbedarf speziell für neue Normen hebt hervor *Dreier*, in: ders. (Hrsg.), Rechtswissenschaft als Beruf, 2018, 1 (38 f.). Dass die Widersprüchlichkeit im Sinne eines Spannungsverhältnisses von Normen ihrer Systematisierung gleichwohl nicht entgegensteht, betont auch *Unger*, Das Verfassungsprinzip der Demokratie, 2008, 206 ff. (insbes. 207 f.).

material zu gewinnende Erkenntnisse erfolgen.[15] Das leisten theoretisch-wissenschaftliche Erkenntnisse.[16]

Sie bilden eine Art „Hintergrundvorstellung“[17], ermöglichen eine „räumliche“ bzw. „mehrdimensionale“[18] Perspektive, also ein Denken im System[19]. Mithilfe dieser systematischen Perspektive gelingt es, tragende Grundsätze der Verfassung zu identifizieren und so Regel und Ausnahme der Normen zu erkennen.[20] Relationen zwischen den Normen können dabei ermittelt und ihre gegenseitigen Abhängigkeiten und Einwirkungen offengelegt werden.[21] Die Rechtsnormen werden so – auf der Ebene der rechtstheoretischen Schicht – zu einer einheitli-

---

[15] Vgl. auch *Möllers*, in: Hoffmann-Riem/Schmidt-Aßmann/Voßkuhle (Hrsg.), Grundlagen des Verwaltungsrechts, Bd. I, 2. Aufl. (2012), § 3, Rn. 36, der anmahnt, dass Systembildung „auch über das positive Recht hinwegzugehen“ habe; für das Leitbild ebenso *Volkmann*, AöR 134 (2009), 158 (189); siehe aber *Unger*, Das Verfassungsprinzip der Demokratie, 2008, 186.

[16] *v. Bogdandy*, Gubernative Rechtsetzung, 2000, 19; dabei für die Grundrechte insbesondere geistesgeschichtliche Grundlagen in den Blick nehmend *Enders*, Die Menschenwürde in der Verfassungsordnung, 1997, 166 f.; *Isensee*, in: ders./Kirchhof (Hrsg.), HStR, Bd. IX, 3. Aufl. (2011), § 190, Rn. 83; *Jestaedt*, in: Depenheuer/Grabenwarter (Hrsg.), Verfassungstheorie, 2010, § 1, Rn. 48–52.

[17] Die Hintergrundvorstellung ist dann Bestandteil eines zweibezüglichen Systems nach *Peine* bzw. dreibezüglichen Systems nach *Fikentscher*, siehe dazu *Unger*, Das Verfassungsprinzip der Demokratie, 2008, 180–185.

[18] Die Rechtsdogmatik als „mehrdimensionale Disziplin“ bezeichnend *R. Dreier*, Was ist und wozu Allgemeine Rechtstheorie?, 1975, 15; im Anschluss hieran auch *Alexy*, Theorie der juristischen Argumentation, 8. Aufl. (2015), 308; diese räumliche Perspektive klingt auch an bei *P. Lerche*, in: FS 50 Jahre BVerfG, 1. Bd., 2001, 333 (343) (vgl. „Zwischenvorstellungen“, „Zwischenschicht“ oder „Zwischenformeln“) sowie bei *Volkmann*, in: Krüper/Merten/Morlok (Hrsg.), An den Grenzen der Rechtsdogmatik, 2015, 77 (85), wonach das Leitbild „hinter“ dem Prinzip stehe oder „Leitbild“ und „Prinzip“ „auf unterschiedlichen Ebenen der Geltung“ lägen; ebenso das Menschenbild bei *Häberle*, das sich auf „zwei Ebenen“ befinde, vgl. *Häberle*, Das Menschenbild im Verfassungsstaat, 4. Aufl. (2008), 73.

[19] Zum Systemdenken in der Rechtswissenschaft und dabei insbesondere zu einer mehrdimensionalen Perspektive siehe *Unger*, Das Verfassungsprinzip der Demokratie, 2008, 171 ff., zu einer mehrdimensionalen Perspektive insbes. 185 ff. mit Rekurs auf die Systembegriffe von *Peine* und *Fikentscher* (dazu 180 ff.); siehe auch *Rüthers/Fischer/Birk*, Rechtstheorie, 11. Aufl. (2020), Rn. 139.

[20] *Unger*, Das Verfassungsprinzip der Demokratie, 2008, 186.

[21] *Unger*, Das Verfassungsprinzip der Demokratie, 2008, 186, 193, der das tragende Ordnungsprinzip der Verfassung in Art. 79 GG erblickt (187 ff.); dieser Funktion des verfassungstheoretischen Systems entspricht weitestgehend auch die bei *Alexy* herausgestellte zweite Tätigkeit von Rechtsdogmatik, nämlich die „begrifflich-systematische […] Durchdringung“ mit ihrer „logisch-analytische[n] Dimension“ (308), siehe dazu *Alexy*, Theorie der juristischen Argumentation, 8. Aufl. (2015), 308 f., siehe auch *Alexy*, Theorie der Grundrechte, 8. Aufl. (2018), 23.

chen und widerspruchsfreien Ordnung geformt[22].[23] Die rechtstheoretische Schicht besitzt darum also auch eine *Analyse- und Systematisierungsfunktion.*[24]

Da sie hierfür aber wie erwähnt auch auf nicht durch das Normmaterial zu gewinnende Erkenntnisse angewiesen ist, lässt sich hiergegen der Vorwurf eines Verlusts an normativen Eigengesetzlichkeiten[25] vortragen. Er hält gleichwohl von der skizzierten Vorgehensweise nicht ab: Soweit sich die systematischen Aussagen als notwendig erweisen, um den Bedeutungsgehalt der Normen vollständig zu erschließen, steht nicht das „Ob", sondern nur das „Wie" der Etablierung und Anwendung einer auch durch außerrechtswissenschaftliche Erkenntnisse gewonnenen rechtstheoretischen Schicht in Rede.[26] Die damit verbundenen Herausforderungen, insbesondere die hinreichende Berücksichtigung der positivrechtlichen Wertungen, sind dennoch ernst zu nehmen. Dazu trägt bereits das Schichtenmodell bei, das eine abgestufte Berücksichtigung von theoretisch-wissenschaftlichen und normativen Eigenlogiken erlaubt und dazu anhält, die auf dieser Schicht angestellten Überlegungen nur mit einer begrenzten Wirkungskraft auszustatten. Im Übrigen kann dem Anliegen aber bereits auf dieser Schicht Rechnung getragen werden. Angesprochen ist damit die *Transformationsfunktion* der rechtstheoretischen Schicht.

dd) Transformationsfunktion

Die für die Analyse- und Systematisierungsfunktion erforderlichen theoretisch-wissenschaftlichen Erkenntnisse genügen den Eigengesetzlichkeiten und Erkenntnisinteressen anderer Wissenschaften, aber nicht ohne Weiteres denen der

---

[22] *Kelsen*, Reine Rechtslehre, 2. Aufl., 1960, 74 (Nachdruck 2017: 143): „So wie das Chaos sinnlicher Wahrnehmung erst durch die ordnende Erkenntnis der Wissenschaft zum Kosmos, das heißt zur Natur als einem einheitlichen System wird, so wird die Fülle der von den Rechtsorganen gesetzten generellen und individuellen Rechtsnormen, das ist das der Rechtswissenschaft gegebene Material, erst durch die Erkenntnis der Rechtswissenschaft zu einem einheitlichen, widerspruchslosen System, zu einer Rechts-Ordnung."

[23] So kann auch die oft benannte „Einheit der Verfassung" (siehe dazu BVerfGE 19, 206 (220): „Einheit der Verfassung" als „vornehmstes Interpretationsprinzip") nur auf der rechtstheoretischen Schicht hergestellt werden; zur „Einheit der Rechtsordnung" als methodisches Argument siehe *Rüthers/Fischer/Birk*, Rechtstheorie, 11. Aufl. (2020), Rn. 774–776).

[24] Ähnlich auch der zweite Typ von Dogmatik bei *Dreier*, in: ders. (Hrsg.), Rechtswissenschaft als Beruf, 2018, 1 (38 f.), der der „Kohärenzsicherung, Kontextualisierung, Kategorisierung" diene. Siehe auch für die vorliegend der rechtstheoretischen Schicht zuzuordnende Verfassungstheorie die Funktion einer „Entdeckungs-, Verständnis- und Darstellungshilfe" zuweisend *Jestaedt*, in: Depenheuer/Grabenwarter (Hrsg.), Verfassungstheorie, 2010, § 1, 65.

[25] Auf dieses Gefahrenpotenzial von den der rechtstheoretischen Schicht zuzuordnenden Leitbildern hinweisend *Braun*, Leitbilder im Recht, 2015, 174 f.

[26] Für Leitbilder: *Volkmann*, AöR 134 (2009), 158 (185 f.); in diese Richtung auch *Braun*, Leitbilder im Recht, 2015, 193.

Rechtswissenschaft und der konkreten Rechtsordnung. Dementsprechend darf auch ein etwaiger Wissenstransfer[27] aus anderen Wissenschaften nicht unreflektiert erfolgen.[28] Die Erkenntnisse bedürfen vielmehr einer Anpassung.[29] Es geht also nicht um Import, sondern „Transformation"[30]. Diese *Transformationsfunktion* kommt der rechtstheoretischen Schicht zu. In disziplinärer Hinsicht ist hieran maßgeblich die rechtstheoretische Disziplin eines jeden Rechtsgebiets beteiligt.[31] Für das Verfassungsrecht ist das die Verfassungstheorie.[32] Sie gewährleistet den interdisziplinären Austausch, bereitet die Erkenntnisse anderer Wissenschaften auf[33], diszipliniert aber auch etwaige Vorverständnisse[34]. Sie fungiert – wie *Jestaedt* formuliert – als Relais- oder Brückendisziplin[35] zu anderen Wissenschaften.[36] Dabei werden auch die für die weitere Rechtsgewinnung erforderlichen „Brückentheorien" und „Brückenbegriffe"[37] gebildet und angewen-

---

[27] In diesem Kontext weist *Hoffmann-Riem* zutreffend darauf hin, dass selbstverständlich auch andere Wissenschaften nicht ohne Weiteres einen „Pool" objektiven Wissens bereitstellen, aus dem sich die Rechtswissenschaft bedienen könnte, dazu *Hoffmann-Riem*, in: Schmidt-Aßmann/ders. (Hrsg.), Methoden der Verwaltungsrechtswissenschaft, 2004, 9 (59).

[28] Speziell mit Blick auf philosophische Überlegungen *Kaufmann*, ARSP 46 (1960), 553 (563); Beispiele für einen solchen unreflektierten „Theorieimport" siehe bei *Voßkuhle*, in: Bauer/Czybulka/Kahl (Hrsg. u. a.), Umwelt, Wirtschaft und Recht, 2002, 171 (182 f.).

[29] Den Bedarf einer Transformation von in anderen Wissenschaftsdisziplinen erarbeiteten Wissens betonend *Hoffmann-Riem*, in: Schmidt-Aßmann/ders. (Hrsg.), Methoden der Verwaltungsrechtswissenschaft, 2004, 9 (58–60); *Höfling*, in: Engel/Morlok, Öffentliches Recht als ein Gegenstand ökonomischer Forschung, 1998, 85; *Ingold,* Das Recht der Oppositionen, 2015, 166 f.; *Jouanjan*, Der Staat 58 (2019), 223 (230); *Gusy*, JöR 55 (2007), 41 (55 f.); *Wank*, Die juristische Begriffsbildung, 1985, 141.

[30] *Hoffmann-Riem*, in: Schmidt-Aßmann/ders. (Hrsg.), Methoden der Verwaltungsrechtswissenschaft, 2004, 9 (59).

[31] So zum Beispiel eine Theorie des Medizinrechts für das Medizinrecht, siehe hierzu *Lindner*, JZ 2019, 639 (642).

[32] Angesprochen ist an dieser Stelle also die Verfassungstheorie als Disziplin, siehe zu den verschiedenen Begriffen der Verfassungstheorie Kap. 2 Fn. 47.

[33] *Jestaedt*, in: Depenheuer/Grabenwarter (Hrsg.), Verfassungstheorie, 2010, § 1, Rn. 48.

[34] *Hesse*, Grundzüge des Verfassungsrechts, 20. Aufl. (1999), Rn. 63, 65; *Isensee*, in: ders./Kirchhof (Hrsg.), HStR, Bd. IX, 3. Aufl. (2011), § 190, Rn. 81; *Jestaedt*, in: Depenheuer/Grabenwarter (Hrsg.), Verfassungstheorie, 2010, § 1, Rn. 64.

[35] *Jestaedt*, in: Depenheuer/Grabenwarter (Hrsg.), Verfassungstheorie, 2010, § 1, Rn. 48: „Verfassungstheorie als Schnittstellen- und Relaisdisziplin" sowie „Brückendisziplin".

[36] *Jestaedt*, in: Depenheuer/Grabenwarter (Hrsg.), Verfassungstheorie, 2010, § 1, Rn. 48–50.

[37] Siehe zu Figuren der „Brückenbildung" zwischen Rechtswissenschaft und anderen Wissenschaften *Hoffmann-Riem*, in: Schmidt-Aßmann/ders. (Hrsg.), Methoden der Verwaltungsrechtswissenschaft, 2004, 9 (60–62); weitgehend vergleichbar dürften die Schlüsselbegriffe sein bei *Baer*, in: Schmidt-Aßmann/Hoffmann-Riem (Hrsg.), Methoden der Verwaltungsrechtswissenschaft, 2004, 223 (225–228).

det.[38] Eine „schlechte Interdisziplinarität“[39], aber auch eine „Politisierung der Rechtswissenschaft“[40] wird auf diesem Wege verhindert.

ee) Orientierungsfunktion

Die systematisch angelegten und theoretisch fundierten Erkenntnisse generieren nicht allein normsystematische Informationen, sondern klären über die hinter den Normen stehenden Zwecke, Regelungsabsichten und Wertungen auf.[41] Insoweit ist die rechtstheoretische Schicht mit dem von *Philipp Heck* so bezeichneten „inneren System“ der Normen vergleichbar,[42] das dem bloß darstellenden „äußeren System“ gegenüberstehe.[43] Ein solches inneres System bzw. eine rechtstheoretische Schicht informiert über die das jeweilige Rechtsgebiet „verbindenden, innerlich zusammenhaltenden allgemeinen Grundsätze[...] und Leitideen“.[44] Der Rechtsetzung wird dadurch aufgezeigt, wie autonome Gestaltungsspielräume idealiter ausgefüllt werden könnten. Insoweit kommt einer rechtstheoretischen Schicht für Rechtsetzer eine *Orientierungsfunktion* zu.

ff) Begründungsfunktion

Das Wissen um die tragenden Prinzipien des Rechtsgebiets erlaubt dem Rechtsanwender zugleich, seine Argumentation an bestimmte Vorannahmen abzustützen. Das hilft ihm, die ihm auferlegte Begründungsstringenz zu wahren, und entlastet ihn so von ausufernden Begründungspflichten. Insoweit besitzt eine rechtstheoretische Schicht schließlich eine *Begründungsfunktion*.

---

[38] *Hoffmann-Riem*, in: Schmidt-Aßmann/ders. (Hrsg.), Methoden der Verwaltungsrechtswissenschaft, 2004, 9 (61); für eine Theorie des Medizinrechts siehe auch *Lindner*, JZ 2019, 639 (642).

[39] *Braun*, Leitbilder im Recht, 2015, 167 f.

[40] *Braun*, Leitbilder im Recht, 2015, 169.

[41] *Rüthers/Fischer/Birk*, Rechtstheorie, 11. Aufl. (2020), Rn. 142.

[42] *Heck*, Begriffsbildung, 1932, 139 ff.; siehe auch *Brohm*, VVDStRL 30 (1972), 245 (246), der (im Hinblick auf die Dogmatik) ein „innersystematisch erarbeitetes Gefüge juristischer Begriffe“ kennt; siehe zu einem „inneren System“ auch *Larenz/Canaris*, Methodenlehre, 3. Aufl. (1995), 302 ff.; *Rüthers/Fischer/Birk*, Rechtstheorie, 11. Aufl. (2020), Rn. 142–144a, die beim inneren System auch entsprechend der hier gebrauchten räumlichen Metapher von „hinter“ den Gesetzesvorschriften stehenden Normzwecken sprechen (Rn. 142).

[43] *Heck*, Begriffsbildung, 1932, 163 ff., insbes. 172 ff.; *Rüthers/Fischer/Birk*, Rechtstheorie, 11. Aufl. (2020), Rn. 140 f.

[44] Für das Verfassungsrecht BVerfGE 2, 380 (381, 4. LS), wobei diese „Leitideen“ entgegen hier vorgeschlagener Wirkungsweise laut Bundesverfassungsgericht „unmittelbar binden“, siehe BVerfGE 2, 380 (381, 5. LS); vgl. auch *Rüthers/Fischer/Birk*, Rechtstheorie, 11. Aufl. (2020), Rn. 143.

b) Verfassungstheoretisches System des Grundgesetzes als rechtstheoretische Schicht der Verfassung

Die aufgezeigten Funktionen der rechtstheoretischen Schicht erfüllt im Verfassungsrecht das verfassungstheoretische System des Grundgesetzes.[45] Ein verfassungstheoretisches System[46] bzw. eine Verfassungstheorie[47] ist im Lichte der zuvor aufgezeigten Funktionen einer rechtstheoretischen Schicht als eine Art Hintergrundvorstellung[48] oder Vorverständnis[49] der Verfassung über die von ihr

---

[45] *Böckenförde*, NJW 1976, 2089 (2091); im Anschluss an *Böckenförde* auch *Enders*, Die Menschenwürde in der Verfassungsordnung, 1997, 164, 169; *Hesse*, Grundzüge des Verfassungsrechts, 20. Aufl. (1999), Rn. 65. Das hier gebrauchte Verständnis von Verfassungstheorie ist vergleichbar mit der zweiten von *Alexy* benannten, nämlich logisch-analytischen Dimension von Rechtsdogmatik, siehe dazu *Alexy*, Theorie der juristischen Argumentation, 8. Aufl. (2015), 307–311.

[46] Für die Bestimmung seiner Funktion im Prozess der Rechtsgewinnung kann maßgeblich auf die Ausarbeitungen *Matthias Jestaedts* zur Verfassungstheorie zurückgegriffen werden, siehe *Jestaedt*, in: Depenheuer/Grabenwarter (Hrsg.), Verfassungstheorie, 2010, § 1.

[47] Dieses Verständnis von Verfassungstheorie entspricht weitgehend dem von *Volkmann* als „materielle Verfassungstheorie" bezeichneten Verständnis von Verfassungstheorie im Sinne einer „bestimmte[n] Lesart der Verfassung", was der „Verfassungstheorie im disziplinären Sinne" als die diesem Untersuchungsgegenstand zugehörige Disziplin gegenüberzustellen ist, vgl. *Volkmann*, Der Staat 54 (2015), 35 (35–37). Es ließe sich des Weiteren abgrenzen von einem Begriff von Verfassungstheorie, der weniger auf die konkrete Verfassung des Grundgesetzes als auf die Idee der Verfassung als solcher bezogen ist. Zu einem solchen Verständnis tendiert der Begriff der Verfassungstheorie bei *P. Kirchhof*, in: Isensee/ders. (Hrsg.), HStR, Bd. XII, 3. Aufl. (2014), § 273, Rn. 4. Auch eine Verfassungstheorie, die die Idee der Verfassung als solche zum Gegenstand hat, ließe sich im Anschluss an die Unterscheidung von *Volkmann* einerseits mit dem Gegenstand („materielle Verfassungstheorie") und andererseits mit der Disziplin („disziplinäre Verfassungstheorie") identifizieren, womit letztlich vier Begriffe von Verfassungstheorie unterschieden werden könnten.

[48] Die Verfassungstheorie als „Hintergrunddisziplin für Dogmatik" begreifend *P. Kirchhof*, in: Isensee/ders. (Hrsg.), HStR, Bd. XII, 3. Aufl. (2014), § 273, Rn. 12 im Anschluss an *Jestaedt*, in: Depenheuer/Grabenwarter (Hrsg.), Verfassungstheorie, 2010, § 1, Rn. 26 f.; zu vergleichbaren räumlichen Beschreibungen siehe *Unger*, Das Verfassungsprinzip der Demokratie, 2008, 185 mit Bezug auf die Systembegriffe von *Coing*, *Fiktentscher* und *Peine*; *Volkmann*, Der Staat 54 (2015), 35, wonach „die Verfassungstheorie eine Art ‚Dahinter' der Verfassungsanwendung" bilde, siehe auch 61: Verfassungstheorie als „eine Art Hintergrund-Recht"; für die – hier der Verfassungstheorie zugeordneten – Leitbilder *Franzius*, in: Hoffmann-Riem/Schmidt-Aßmann/Voßkuhle (Hrsg.), Grundlagen des Verwaltungsrechts, Bd. I, 2. Aufl. (2012), § 4, Rn. 25. Diese „hinter der Verfassung stehende Verfassung" darf indes nicht mit der von *Carl Schmitt* dem Verfassungsgesetz entgegengesetzten Verfassung gleichgesetzt werden; vgl. dazu auch *Volkmann*, VVDStRL 67 (2008), 57 (74) sowie *Jestaedt*, in: Depenheuer/Grabenwarter (Hrsg.), Verfassungstheorie, 2010, § 1, Fn. 97. Vielmehr nimmt die Verfassungstheorie ihren Ausgangspunkt vom Verfassungstext, also dem „Verfassungsgesetz", um „sich gerade in diesem und durch dieses hindurch in die Wirklichkeit" zu vermitteln, vgl. *Volkmann*, VVDStRL 67 (2008), 57 (74). Im Anschluss an *Jestaedt*, in: Depenheuer/Grabenwarter (Hrsg.),

konstitutierten Rechte[50], Institute und Organe zu verstehen.[51] Dabei kompensiert sie das, was die rechtsnormative Schicht oft – legitimerweise – nicht zu leisten vermag: Sie bietet Raum für die „großen Erzählungen“[52] und ist dabei auf Ganzheit ausgerichtet.[53] Ein so verstandenes verfassungstheoretisches System beinhaltet damit auch ein ideales von der konkreten Verfassung losgelöstes Moment.[54]

Konkret bereitet das verfassungstheoretische System die systematischen Zusammenhänge der Verfassung auf und berichtet über die notwendige, ordnungsgemäße und angestrebte Funktionsweise verfassungsrechtlicher Rechtspositionen, Institute und Organe. Vereinfacht könnte gesagt werden: Das verfassungstheoretische System gibt Auskunft über die Funktion ihrer Elemente und die Beziehung dieser Elemente untereinander.[55]

Verfassungstheorie, 2010, § 1, Fn. 97 wird der Verfassungstext in der hier begründeten Konzeption – anders als bei *Schmitt* – also gerade nicht aus der „materiellen Verfassung“ abgeleitet, sondern andersherum.

[49] Zu einem „verfassungstheoretischen Vorverständnis“ siehe auch *Müller/Christensen*, Juristische Methodik, Bd. I, 11. Aufl. (2013), Rn. 420 f.

[50] Unter Rechte sind an dieser Stelle nicht nur Grundrechte, sondern auch Rechtspositionen von Hoheitsträgern, sogenannte Befugnisse zu verstehen.

[51] Dieses Verständnis des verfassungstheoretischen Systems ist sehr ähnlich zum Modell bei *v. Bogdandy*, Gubernative Rechtsetzung, 2000, 19–22. Ansonsten weist das hier angewandte Verständnis des verfassungstheoretischen Systems eine gewisse Ähnlichkeit zum von *Lepsius* identifizierten Maßstabsteil in Bundesverfassungsgerichtsentscheidungen auf, vgl. *Lepsius*, in: Jestaedt/ders./Möllers/Schönberger (Hrsg.), Das entgrenzte Gericht, 3. (2019), 159 (174–181); siehe auch *Braun*, Leitbilder im Recht, 2015, 130; zum Maßstabsteil auch *Volkmann*, VVDStRL 67 (2008), 57 (71); beispielsweise das von *Möllers* herausgearbeitete Modell der Gewaltengliederung erfüllt die hier aufgezeigten Funktionen von Verfassungstheorie, vgl. *Möllers*, Gewaltengliederung, 2005, 15, 18 f.

[52] *Jestaedt*, in: Depenheuer/Grabenwarter (Hrsg.), Verfassungstheorie, 2010, § 1, Rn. 34.

[53] *Böckenförde*, NJW 1976, 2089 (2098); *Jestaedt*, in: Depenheuer/Grabenwarter (Hrsg.), Verfassungstheorie, 2010, § 1, Rn. 34.

[54] *P. Kirchhof*, in: Isensee/ders. (Hrsg.), HStR, Bd. XII, 3. Aufl. (2014), § 273, Rn. 12.

[55] Diese beiden Elemente des verfassungstheoretischen Systems werden auch durch die von *Jestaedt* herausgearbeiteten „Bewegungsgesetze“ der Verfassung widergespiegelt, vgl. dazu *Jestaedt*, in: Depenheuer/Grabenwarter (Hrsg.), Verfassungstheorie, 2010, § 1, Rn. 33–38: Während das erste Bewegungsgesetz der Verfassungstheorie Auskunft über die „Konstruktion der (Sinnvermittlungs-)Einheit aus den positivrechtlichen Teilen“ (Rn. 34) gebe, also das System hinter den konkreten Einzelvorgaben aufdecke (Rn. 34 f.), berichte das zweite Bewegungsgesetz der Verfassungstheorie über die „Bedingungen normativer Sinnerfüllung“ (Rn. 36) und zeige dabei auf, wie von verfassungsrechtlichen Rechtspositionen optimalerweise Gebrauch gemacht werden solle. Diese Doppelfunktion des verfassungstheoretischen Systems findet sich ebenso bereits in den ersten beiden Bestandteilen von *Böckenfördes* Verständnis von Grundrechtstheorie, die hiernach als Teilgebiet der Verfassungstheorie einzustufen wäre, vgl. *Böckenförde*, NJW 1974, 1529: „Grundrechtstheorie bedeutet dabei eine systematisch orientierte Auffassung über den allgemeinen Charakter, die normative Zielrichtung und die inhaltliche Reichweite der Grundrechte.“

Es lässt sich auch in einzelne den Teilgegenständen der Verfassung zugewiesene Subtheorien ausdifferenzieren. Die Grundrechtstheorie[56] des Grundgesetzes ist hierfür ein bereits seit längerem gepflegtes, die Theorie des Organisationsverfassungsrechts[57] ein jüngeres Beispiel.

2. *Rechtsnormative Schicht*

Im Mittelpunkt der Rechtsgewinnung steht die rechtsnormative Schicht. Sie ist dem Gebot zur Berücksichtigung der Entstehungsbedingungen des Rechts verpflichtet.[58] Dementsprechend speist sie sich, anders als die rechtstheoretische Schicht, nicht aus theoretisch-wissenschaftlich generierten Annahmen, sondern aus Überlegungen, die den – vorrangig gesetzlichen – Rechtsnormen der Rechtsordnung verpflichtet sind.[59] Diese verengte Perspektive erlaubt es ihr, die spezifisch normative Eigenlogik der Rechtsnormen zu würdigen.[60] In inhaltlicher Hinsicht bietet die rechtsnormative Ebene den Raum, den Bedeutungsgehalt des Rechts entsprechend dem Willen des Rechtsetzers zu ermitteln.

Hierfür hat die Rechtswissenschaft einen Kreis zulässiger Argumentationsfiguren entwickelt.[61] Die klassischen juristischen Auslegungsmethoden bilden ihren wesentlichen Ausschnitt.[62] Sie sind grundsätzlich gleichberechtigte[63] Hilfsmittel, um den Willen des Rechtsetzers zu erschließen.[64] Gleiches gilt für das Verfassungsgesetz. Auch hierfür stehen die hergebrachten Auslegungsmethoden

---

[56] Dafür maßgeblich *Böckenförde*, NJW 1974, 1529 ff.

[57] Zum Inhalt einer Theorie des Organisationsverfassungsrechts siehe beispielsweise *Pilniok*, in: Krüper/ders. (Hrsg.), Organisationsverfassungsrecht, 2019, 1 (2 ff.).

[58] Siehe Teil 1 Kap. 1 IV.

[59] Eine rechtsnormative Schicht dürfte weitgehend *Kelsens* Verständnis der Rechtsordnung entsprechen, vgl. dazu *Kelsen*, Reine Rechtslehre, 2. Aufl., 1960, 31 ff. (Nachdruck 2017: 71 ff.). Ähnlichkeiten ergeben sich auch zu den „Normen im flüssigen Aggregatzustand" bei *Lepsius*, Relationen, 2016, 31 f.

[60] Um die Ermittlung der normativen Eigenlogik hat sich maßgeblich das von *Hans Kelsen* ausgearbeitete Konzept einer Reinen Rechtslehre verdient gemacht; siehe dazu *Kelsen*, Reine Rechtslehre, 2. Aufl., 1960.

[61] *Alexy*, Theorie der juristischen Argumentation, 8. Aufl. (2015), 223 f., 283, 305, der dies als externe Rechtfertigung bezeichnet; *Neumann*, in: Hassemer/ders./Saliger (Hrsg.), Einführung in die Rechtsphilosophie und Rechtstheorie, 9. Aufl. (2016), 351 (357, 363 f.).

[62] *Alexy*, Theorie der juristischen Argumentation, 8. Aufl. (2015), 301, 306 f.; *Hesse*, Grundzüge des Verfassungsrechts, 20. Aufl. (1999), Rn. 68. Dabei sind die klassischen Auslegungsmethoden die geeignetsten Auskunftgeber, formieren aber keinen Numerus clausus zur Erschließung der gesetzgeberischen Gerechtigkeitskonzeption, vgl. *Reimer*, Juristische Methodenlehre, 2016, Rn. 279.

[63] Gegen eine Rangfolge auch *Ehmke*, VVDStRL 20 (1963), 53 (59 f.).

[64] *Hillgruber*, in: Depenheuer/Grabenwarter (Hrsg.), Verfassungstheorie, 2010, § 15, Rn. 38, zu den einzelnen Methoden siehe Rn. 40–44.

für Gesetze bereit.[65] Weitere, beispielsweise die von *Konrad Hesse* herausgearbeiteten Prinzipien der Verfassungsinterpretation[66] ergänzen sie.

Damit der Bedeutungsgehalt der Rechtsnormen vollständig erfasst werden kann, hat sich ihre Auslegung der rechtstheoretischen Schicht für die Verfassung also dem verfassungstheoretischen System zu öffnen.[67] Insoweit wirkt die rechtstheoretische Schicht auf die rechtsnormative ein. Dabei müssen sich Wertungen des positiven Rechts jedoch gegen etwaige widerstreitende Überlegungen der rechtstheoretischen Schicht durchsetzen. Andernfalls drohten die normativen zugunsten von auch außernormativ gewonnenen Annahmen und das demokratisch legitimierte Regelungskonzept durch ein „lediglich" wissenschaftlich generiertes System zurückgedrängt zu werden.[68]

Der Standort der rechtsnormativen zwischen der rechtstheoretischen und rechtspraktischen Schicht illustriert zudem die Scharnierfunktion der rechtsnormativen Schicht für die Rechtsgewinnung: Rechtliche Aussagen müssen sich auf Rechtsnormen zurückführen lassen. Da sich diese primär aus dem positiven Recht ergeben[69], trägt der Standort der rechtsnormativen Schicht im Mittelpunkt der Rechtsgewinnung dem Zugriffsrecht der mit der vom Grundgesetz zur Rechtserzeugung betrauten Stellen Rechnung. Für die Begründung von Recht besitzt eine rechtsnormative Schicht also eine *Legitimierungsfunktion*. Indem sie dabei den Blick der Rechtsgewinnung auf das Recht, und zwar insbesondere das positive Recht, lenkt, hält sie zugleich die an der Rechtsgewinnung beteiligten Akteure dazu an, sich auf das Recht als einen dem Erkenntnisprozess auch vorgegebenen Erkenntnisgegenstand einzulassen[70]. Ihr kommt somit zugleich eine *Disziplinierungsfunktion* zu.

3. Rechtspraktische Schicht

Die rechtstheoretische Schicht hat das Hintergrundwissen der Normen bereitgestellt. Darauf aufbauend konnte auf der rechtsnormativen Ebene der Inhalt

---

65 *Böckenförde*, NJW 1976, 2089 (2090); *Hillgruber*, in: Depenheuer/Grabenwarter (Hrsg.), Verfassungstheorie, 2010, § 15, Rn. 37 f., 40–44; *P. Kirchhof*, in: Isensee/ders. (Hrsg.), HStR, Bd. XII, 3. Aufl. (2014), § 273, Rn. 81.

66 *Hesse*, Grundzüge des Verfassungsrechts, 20. Aufl. (1999), Rn. 70–76.

67 *Hesse*, Grundzüge des Verfassungsrechts, 20. Aufl. (1999), Rn. 65; vgl. auch *Jestaedt*, in: Depenheuer/Grabenwarter (Hrsg.), Verfassungstheorie, 2010, § 1, Rn. 65.

68 In diesem Sinne auch *Müller/Christensen*, Juristische Methodik, Bd. I, 11. Aufl. (2013), Rn. 418.

69 Siehe Teil 1 Kap. 1 IV. 1. a).

70 Siehe Teil 1 Kap. 1 III. 2.

der normativen Begriffe durch juristische Auslegung erschlossen werden.[71] Eine Definition zeigt ihn in generell-abstrakter Form an.[72] Für die Rechtspraxis ist eine solche Definition in der Regel jedoch unpraktikabel; sie ist daher den Entscheidungsbedingungen der Rechtsanwendung anzupassen.[73] Hier setzt die rechtspraktische Schicht an: War die rechtstheoretische Schicht der wissenschaftlich-theoretischen Durchdringung und die rechtsnormative Schicht der Ermittlung des Willens des Rechtsetzers verpflichtet, dient die rechtspraktische Schicht der anwendungsorientierten Aufbereitung des Rechts. Ihre Kategorien und Begriffe sind im Lichte der Konkretisierung des Rechts auf den individuellen Einzelfall, nicht des wissenschaftlichen Diskussionsprozesses zu etablieren.

In diesem Sinne ist der Inhalt der rechtlichen Bestimmungen zu konkretisieren, zu erläutern und zu systematisieren – und dies so, wie es der Rechtspraxis nützt.[74] Hierfür ist insbesondere der Norminhalt auf typische Fallgruppen herunterzubrechen. Die rechtlichen Aussagen werden dadurch für den konkreten Rechtsstreit operabler. Zu diesem Zweck eignen sich insbesondere anerkannte und bewährte Auslegungs-, Subsumtions- und Abwägungsergebnisse.[75] Sie entlasten den Rechtsanwender bei der Lösung künftiger rechtlicher Probleme[76] und machen obendrein die Lösung für alle Beteiligten vorhersehbarer.[77] Im Rahmen

---

[71] Vgl. auch *Holzke*, Der Begriff Sport im deutschen und im europäischen Recht, 2001, 69 ff., insbes. 70 f.

[72] Der Inhalt oder die Definition eines Begriffs kann mit der Definitionslehre auch als Intension bezeichnet werden, siehe dazu *Holzke*, Der Begriff Sport im deutschen und im europäischen Recht, 2001, 69; *Wank*, Die juristische Begriffsbildung, 1985, 35.

[73] Dieser Vorgang dürfte mit der dritten von *Alexy* benannten Tätigkeit von Rechtsdogmatik vergleichbar sein, nämlich der „Erarbeitung von Vorschlägen zur Lösung problematischer Rechtsfälle", die eine „normativ-praktische" Dimension aufweise (308), wobei sich aber bezüglich der Prognosefunktion auch Überschneidungen zur deskriptiv-empirischen Dimension der Dogmatik ergeben, siehe dazu *Alexy*, Theorie der juristischen Argumentation, 8. Aufl. (2015), 307–311; die rechtspraktische Schicht entspricht dem, was *Philipp Heck* als praktische Rechtswissenschaft bezeichnete, *Heck*, Begriffsbildung, 1932, 126.

[74] *Horn*, Einführung in die Rechtswissenschaft und Rechtsphilosophie, 6. Aufl. (2016), Rn. 53; *Jestaedt*, in: Depenheuer/Grabenwarter (Hrsg.), Verfassungstheorie, 2010, § 1, Rn. 23.

[75] *Dreier*, in: ders. (Hrsg.), Rechtswissenschaft als Beruf, 2018, 1 (32) spricht treffend von „standardisierten Normsatzblöcken".

[76] *Alexy*, Theorie der juristischen Argumentation, 8. Aufl. (2015), 329; *Dreier*, in: ders. (Hrsg.), Rechtswissenschaft als Beruf, 2018, 1 (32); *Esser*, in: FS Raiser, 1970, 517 (522–524); *P. Kirchhof*, in: Isensee/ders. (Hrsg.), HStR, Bd. XII, 3. Aufl. (2014), § 273, Rn. 1; *Rüthers/Firscher/Birk*, Rechtstheorie, 10. Aufl. (2018), Rn. 323 f.; *Waldhoff*, in: Kirchhof/Magen/Schneider (Hrsg.), Was weiß Dogmatik?, 2012, 17 (27); im Anschluss an *Brohm*, VVDStRL 30 (1972), 245 (247); *Wank*, Die juristische Begriffsbildung, 1985, 6 f.

[77] *Eifert*, in: Kirchhof/Magen/Schneider (Hrsg.), Was weiß Dogmatik?, 2012, 79 (85); *Rüthers/Firscher/Birk*, Rechtstheorie, 10. Aufl. (2018), Rn. 322. Beispielsweise die „Ordnungs-, Speicher-, Orientierungs- und Entlastungsfunktion" für die Rechtsformenlehre beto-

ihrer *Anwendungsfunktion* kommt der rechtspraktischen Schicht daher maßgeblich eine *Prognose- und Orientierungsfunktion* zu.[78]

Bildete die rechtstheoretische Schicht eine Art Hintergrundvorstellung[79] der jeweiligen Norm, fungiert die rechtspraktische Ebene nun als eine Art „Zwischenschicht"[80] von Norm und Fall.[81] Die von *Fikentscher* gebrauchte Bezeichnung der auf dieser Ebene zu verortenden dogmatischen Überlegungen als „Fallnormen"[82] bringt ihren Standort auf einer mittleren Konkretisierungsstufe, zwischen Norm und Fall, treffend zum Ausdruck. Das Schichtenmodell veranschaulicht dies auch bildlich.

Wurde der Norminhalt erschlossen und anwendungsfähig konkretisiert, ist er zu systematisieren.[83] Auf der rechtspraktischen Schicht wird allerdings ein anderes Systematisierungsziel verfolgt als bei der Rekonstruktion des verfassungstheoretischen Systems: Die rechtlichen Erkenntnisse werden hier nach Maßgabe ihrer praktischen Verwertbarkeit, weniger entsprechend ihrer wissenschaftlichen Vollkommenheit und Widerspruchsfreiheit strukturiert. Auch kritisch-reflektierende Überlegungen nach dem „Warum und Wozu"[84] der Normen bleiben aus. Diese werden für das Verfassungsrecht vielmehr innerhalb des verfassungstheoretischen Systems angestellt.[85] Die auf die Normen fokussierte Perspektive ermöglicht es jedoch, mithilfe der hier angestellten Systematisierungen das Recht

---

nend *Hoffmann-Riem,* in ders./Schmidt-Aßmann/Voßkuhle (Hrsg.), Grundlagen des Verwaltungsrechts, Bd. II, 2. Aufl. (2012), § 33, Rn. 3.

78 Für eine Prognosefunktion der Dogmatik, dabei speziell zu ihrer „deskriptiv-empirischen Dimension" siehe *Alexy*, Theorie der juristischen Argumentation, 8. Aufl. (2015), 308.

79 Für die hier der Verfassungstheorie zuzuordnende Figur des Leitbildes auch *Volkmann*, AöR 134 (2009), 157 (175).

80 *Lerche*, BayVBl. 1991, 517; *Lerche*, in: FS 50 Jahre BVerfG, 1. Bd., 333 (343 f.), dessen „Zwischenschicht" aber teilweise das beinhaltet, was hier als Bestandteil des theoretischen Systems fungiert. Des Weiteren ist beispielsweise der Bestimmtheitsgrundsatz nach hier zugrunde gelegtem Verständnis Rechtsbegriff (siehe aber 344).

81 *Brohm*, VVDStRL 30 (1972), 245 (251); *Hassemer,* in: ders./Neumann/Saliger (Hrsg.), Einführung in die Rechtsphilosophie und Rechtstheorie, 9. Aufl. (2016), 227 (238).

82 *Fikentscher*, Methoden des Rechts, Bd. IV, 1977, 202 ff.; im Anschluss daran *Schroth,* in: Hassemer/Neumann/Saliger (Hrsg.), Einführung in die Rechtsphilosophie und Rechtstheorie, 9. Aufl. (2016), 243 (254 f.); zu *Fikentschers* Konzeption siehe auch *Kriele*, DRiZ 1984, 226 (231, Fn. 22); *Wank*, Die juristische Begriffsbildung, 1985, 65 f.

83 Dieser Vorgang dürfte der von *Alexy* der Dogmatik unter anderem zugeordneten Tätigkeit zur „Beschreibung des geltenden Rechts", die eine „deskriptiv-empirische" Dimension aufweise (308), sowie der technischen Funktion der Dogmatik (330 f.) entsprechen, siehe dazu *Alexy*, Theorie der juristischen Argumentation, 8. Aufl. (2015), 307–311, 331; *Bumke*, JZ 2014, 641; *Klement*, Verantwortung, 2006, 41.

84 *Jestaedt*, in: Depenheuer/Grabenwarter (Hrsg.), Verfassungstheorie, 2010, § 1, Rn. 33.

85 *Jestaedt*, in: Depenheuer/Grabenwarter (Hrsg.), Verfassungstheorie, 2010, § 1, Rn. 24, 28, 33.

nach gemeinsamen Merkmalen anwendungsorientiert aufzubereiten. Solche gemeinsamen Merkmale können insbesondere in ähnlichen Rechtsfolgen oder auch in einem gemeinsamen Anwendungsbereich, auf den sich die Rechtsnormen beziehen, bestehen.[86] Die rechtspraktische Schicht besitzt darum – wie die rechtstheoretische Schicht – eine *Systematisierungsfunktion,* jedoch mit einem anderen, nämlich anwendungsorientierten Systematisierungsziel.

II. Die Rechtsgewinnung im Verfassungsrecht: Begriffe

Die rechtstheoretische, die rechtsnormative und die rechtspraktische Schicht erfüllen für die Rechtsgewinnung je eigenständige Funktionen. Hierauf sind die den Schichten zuzuordnenden Beiträge zur Rechtsgewinnung abzustimmen. Konkret betrifft das die Konstruktions- und Anwendungsregeln der einzelnen Beiträge innerhalb der Rechtsgewinnung. Dabei sollen konkrete Beiträge der einzelnen Schichten als Begriffe bezeichnet werden.[87] Für die der rechtstheoretischen, rechtsnormativen und rechtspraktischen Schicht zugehörigen Beiträge ist daher auch von Theorie-, Rechts- und Speicherbegriffen die Rede. Ihre Konstruktions- und Anwendungsregeln sind zu bestimmen (1.–3.), bevor weitere, außerhalb der Rechtsgewinnung gebrauchte Begriffstypen vorgestellt werden (4.). Im Anschluss wird die hier präsentierte Begriffstypologie von anderen dogmatischen Kategorienbildungen abgegrenzt (5.).

1. Theoriebegriffe

Die rechtstheoretische Schicht trifft systematisch angelegte und wissenschaftlich-theoretisch generierte Aussagen über die von Rechtsnormen konstituierten Rechte, Strukturen und Institute, bildet sozusagen ihre „Hintergrundvorstellung". Vereinfacht gesagt, informiert sie über die Funktion der Elemente eines Rechtsgebiets und die Beziehung dieser Elemente untereinander.[88] Ein Aus-

[86] Zu weiteren Einteilungskriterien für das mit der rechtspraktischen Schicht vergleichbare „äußere System" siehe *Rüthers/Fischer/Birk*, Rechtstheorie, 11. Aufl. (2020), Rn. 141.

[87] Im Einklang mit der Begriffs- und Definitionslehre soll als ein Begriff die Gesamtheit gedanklicher Inhalte verstanden werden, die mittels eines Ausdrucks gekennzeichnet werden; zu dieser Definition siehe auch *Heck*, Begriffsbildung, 1932, 52; *Holzke*, NVwZ 2002, 903 (908); *Holzke*, Der Begriff Sport im deutschen und im europäischen Recht, 2001, 7 f.; vertiefend *Herberger/Simon*, Wissenschaftstheorie für Juristen, 1980, 243 ff.; zur Begriffsbildung im Recht und der Rechtswissenschaft siehe *Wank*, Die juristische Begriffsbildung, 1985; eine Übersicht zu Begriffstypen in der Rechtswissenschaft bereits bei *Heck*, Begriffsbildung, 1932, insbes. 52 ff.

[88] Siehe Teil 1 Kap. 2 I. 1. b).

schnitt des verfassungstheoretischen Systems kann dabei auf ein Element oder eine Gruppe gleicher Elemente, beispielsweise einzelne Rechtspositionen, ein konkretes Rechtsinstitut oder ein bestimmtes Organ bezogen sein. Solche Überlegungen sollen als Theoriebegriff bezeichnet werden.[89] Ihre Etablierungs- und Anwendungsregeln werden im Folgenden bestimmt (a–b). Sie sind den Funktionen der rechtstheoretischen Schicht für die Rechtsgewinnung anzupassen. Im Anschluss können in der Dogmatik anzutreffende Kategorienbildungen (c) und konkrete dogmatische Argumentationsfiguren (d) als Theoriebegriff klassifiziert werden.

a) Konstruktion

Die Konstruktion von Theoriebegriffen vollzieht sich in einem komplexen Prozess. Um ihn zu rationalisieren, werden die folgenden drei Stufen vorgeschlagen. Im Lichte der dieser Ausarbeitung zugrunde liegenden verfassungsrechtlichen Fragestellung sind die folgenden Überlegungen speziell auf die rechtstheoretische Schicht des Verfassungsrechts, das verfassungstheoretische System des Grundgesetzes, abgestimmt. Insoweit könnten die folgenden Ausführungen auch als Stufen zur Rekonstruktion des verfassungstheoretischen Systems verstanden werden.

---

[89] Die Theoriebegriffe dürften das Produkt der bei *Alexy* herausgestellten zweiten Tätigkeit von Rechtsdogmatik, nämlich der „begrifflich-systematischen Durchdringung“ mit ihrer „logisch-analytische[n] Dimension“ sein (308), siehe dazu *Alexy*, Theorie der juristischen Argumentation, 8. Aufl. (2015), 307–311, insbes. 308 f.; siehe hierzu ebenso *Alexy*, Theorie der Grundrechte, 8. Aufl. (2018), 23. Die hier als „Theoriebegriffe“ bezeichneten Figuren umfassen beispielsweise die Schlüsselbegriffe bei *Baer*, in: Schmidt-Aßmann/Hoffmann-Riem (Hrsg.), Methoden der Verwaltungsrechtswissenschaft, 2004, 223 (225–228) oder das, was beispielsweise als „Brückentheorien“ oder „Brückenbegriffe“ bezeichnet wird bei *Hoffmann-Riem*, in: Schmidt-Aßmann/ders. (Hrsg.), Methoden der Verwaltungsrechtswissenschaft, 2004, 9 (60–62). Theoretische Begriffe im hier verstandenen Sinne überschneiden sich partiell mit den „freien rechtswissenschaftlichen Begriffen“, teilweise aber auch mit den „universale[n] Rechtsbegriffe[n]“ bei *Engisch*, in: FS Klug, Bd. 1, 1983, 33 (40), auch wenn er unter „freien rechtswissenschaftlichen Begriffen“ zu einem großen Teil auch diejenigen Begriffe zählt, die wegen des bloßen Darstellungszwecks hier als Ordnungsbegriffe bezeichnet werden sollen. Als Theoriebegriffe dürften auch die von *Schulze-Fielitz* als „Leitbegriffe“ bezeichneten Begriffe eingeordnet werden, dazu *Schulze-Fielitz*, in: FS Vogel, 2000, 311 (314 ff.) oder die „auslegungssteuernden Zwischenvorstellungen“ von *P. Lerche*, in: FS 50 Jahre BVerfG, 1. Bd., 2001, 333 (343–345); demgegenüber haben die rechtstheoretischen Begriffe bei *Jakab* allein systematisierenden und beschreibenden Mehrwert, vgl. *Jakab*, Rechtstheorie 37 (2006), 49 ff. (54 f.), weshalb sie im Folgenden eher als Speicher- oder Ordnungsbegriff bezeichnet werden sollten, siehe dazu Teil 1 Kap. 2 II. 3. und 4. a). Theoriebegriffe überschneiden sich schließlich mit den „Interessenbegriffen“ *Hecks*, die Auskunft über „Interessenlagen, Interessenkonflikte, Werturteile und Wertideen“ geben, vgl. *Heck*, Grundriß des Schuldrechts, 1929, 472; siehe dazu auch *Heck*, Begriffsbildung, 1932, 55 f., 58.

aa) 1. Stufe: Normative Impulse des Normmaterials

Werden verfassungstheoretische Aussagen mit dem Anspruch auf normative Erheblichkeit ermittelt, bildet der Verfassungstext den Ausgangspunkt.[90] Eine besondere Rolle kommt daneben den in der Verfassung vorfindbaren Wert-, Richtungs- und Strukturentscheidungen zu.[91] Über sie geben normativ angeordnete Hierarchieverhältnisse Auskunft.[92] Auch rechtlich statuierte grundlegende Werte sowie nicht nur regelungstechnisch bedingte Regel-und-Ausnahme-Verhältnisse informieren über leitende und verallgemeinerungsfähige Intentionen der Verfassung. Um sie zu erfassen, kommt der grammatikalischen und systematischen Auslegung eine besondere Rolle zu.[93] Sie bilden gewissermaßen den Einstieg für die weitere Etablierung des verfassungstheoretischen Systems und der ihnen zugehörigen Theoriebegriffe.[94]

bb) 2. Stufe: Ergänzung durch theoretische Erkenntnisse

Das Normmaterial ist für die Rekonstruktion des verfassungstheoretischen Systems zwar der Ausgangspunkt, kann aber nur erste normative Impulse senden.

---

[90] Für das dem verfassungstheoretischen System zu entnehmende Leitbild auch *Braun*, Leitbilder im Recht, 2015, 195, 197.

[91] In diese Richtung weist auch *Hesse*, wenn er von einem „normativ gelenkte[n] und begrenzte[n] […] Vorgehen“ spricht, vgl. *Hesse*, Grundzüge des Verfassungsrechts, 20. Aufl. (1999), Rn. 67. Die hier als Richtungsentscheidungen bezeichneten Gesichtspunkte dürften ähnliche Informationen wie die „Direktiven“ des auf *Friedrich Müller* zurückgehenden und vom „Normbereich“ zu unterscheidenden „Normprogramms“ beinhalten (Rn. 67 f.); siehe zum Normprogramm und Normbereich auch *Müller/Christensen*, Juristische Methodik, Bd. I, 11. Aufl. (2013), Rn. 230–233, 235–238; vergleichbar damit dürften auch die „Zielvorgaben, Rahmensetzungen und Entscheidungsspielräume“ bei *Hoffmann-Riem* sein, die in einem ersten Schritt seines Dreischritts zur Ermittlung des Normprogrammgehalts zu ermitteln sind, vgl. *Hoffmann-Riem*, in: Schmidt-Aßmann/ders. (Hrsg.), Methoden der Verwaltungsrechtswissenschaft, 2004, 9 (54 f.); siehe auch *Böckenförde*, NJW 1976, 2089 (2098); für diese Vorgehensweise beispielhaft für ein Menschenbild des Grundgesetzes: *P. M. Huber*, Jura 1998, 505 (505 ff.), der zunächst ebenso von normativen Anknüpfungspunkten ausgeht (506); siehe auch zu einem zweistufigen Modell der „Verfassungsinterpretation im Recht der Politik zwischen Realität und Normativität“ *Jürgensen*, DÖV 2019, 639 (643 ff.).

[92] So zum Beispiel die von Art. 79 Abs. 3 GG angelegte Normenhierarchie, siehe dazu *Unger*, Das Verfassungsprinzip der Demokratie, 2008, 187 ff., insbes. 193 ff.

[93] Die klassischen Auslegungsmethoden zieht ebenso *Hoffmann-Riem* für die mit dieser Stufe vergleichbare „Bestandsaufnahme der normativen Rahmensetzungen“ heran; vgl. *Hoffmann-Riem*, in: Schmidt-Aßmann/ders. (Hrsg.), Methoden der Verwaltungsrechtswissenschaft, 2004, 9 (54).

[94] Für die dem Theoriebegriff zuzuordnenden Leitbilder siehe auch *Volkmann*, AöR 134 (2009), 158 (192), der die klassischen Auslegungsmethoden als „Stoppregeln“ für die Etablierung von Leitbildern begreift.

Damit die rechtstheoretische Schicht ihre Analyse- und Systematisierungsfunktion erfüllen kann, ist sie, wie gezeigt, zwangsläufig auf Erkenntnisse angewiesen, die außerhalb des Normmaterials generiert wurden.[95] Für das Verfassungsrecht spielt an dieser Stelle die politische Theorie und Philosophie eine gesteigerte Rolle.[96] Dabei können auch Erkenntnisse der empirischen Wirklichkeit einbezogen werden.[97] Das müssen sie sogar: Strebt der Verfassunggeber mit dem Grundgesetz die Verwirklichung seiner Vorgaben an[98], hat sich das Grundgesetz den tatsächlichen Wirkungsweisen und Bedingungen ihrer Realisierung zu öffnen. Da sich diese Erkenntnisse verändern, können auf die Weise auch sich wandelnde tatsächliche Umstände für die verfassungsrechtliche Rechtsgewinnung einbezogen werden.[99] Die Verfassung bleibt so lern- und anpassungsfähig[100].[101] Diese

---

[95] Siehe Teil 1 Kap. 2 I. 1. a) cc); speziell für die hier als Theoriebegriff zu klassifizierenden Leitbilder: *Braun*, Leitbilder im Recht, 2015, 164 f. und für die „weichen Leitbegriffe“: *Schulze-Fielitz*, in: FS Vogel, 2000, 311 (316).

[96] In diesem Sinne auch *Jouanjan*, Der Staat 58 (2019), 223 (230): „Recht – und naturgemäß besonders Verfassungsrecht – hat seine philosophische, soziologische und politische Seite. Wer das leugnete, bliebe blind.“ Siehe auch *v. Bogdandy*, Gubernative Rechtsetzung, 2000, 19 f. *Ehmke*, VVDStRL 20 (1963), 53 (65), stützt sich bei der Bildung der Verfassungstheorie auf den Konsens aller „Vernünftig- und Gerecht-Denkenden“ (71), dazu kritisch auch *Böckenförde*, NJW 1976, 2089 (2092).

[97] *v. Bogdandy*, Gubernative Rechtsetzung, 2000, 19 f.; für das Leitbild: *Volkmann*, AöR 134 (2009), 158 (171); für das Menschenbild des Grundgesetzes *Häberle*, Das Menschenbild im Verfassungsstaat, 4. Aufl. (2008), 73.

[98] Siehe Teil 1 Kap. 1 IV. 1. c) bb).

[99] Dafür auch *Hesse*, Grundzüge des Verfassungsrechts, 20. Aufl. (1999), Rn. 46 f., der Veränderungen der Wirklichkeit im Anschluss an *Friedrich Müllers* strukturierende Rechtslehre innerhalb des „Normbereichs“ würdigt; zum Normbereich siehe insbes. *Müller/Christensen*, Juristische Methodik, Bd. I, 11. Aufl. (2013), Rn. 235–236; *Hoffmann-Riem* berücksichtigt Änderungen der Wirklichkeit im hiermit vergleichbaren „Realbereich der Norm“ *Hoffmann-Riem*, in: Schmidt-Aßmann/ders. (Hrsg.), Methoden der Verwaltungsrechtswissenschaft, 2004, 9 (36) und prüft im zweiten Schritt zur Ermittlung des Normprogrammgehaltes, ob die „normativen Rahmensetzungen“ in Anbetracht eines geänderten Realbereichs weiterhin gültig sind (56); in diese Richtung auch *Larenz/Canaris*, die ihrem mit der Verfassungstheorie vergleichbaren „inneren System“ einen „fragmentarische[n] Charakter“ und eine „Offenheit“ attestieren, die es ermöglicht, dass sich die Wandlung der Erkenntnisse und Wertmaßstäbe auch auf die Rechtsprinzipien auswirkten, vgl. *Larenz/Canaris*, Methodenlehre, 3. Aufl. (1995), 314 f.; bei *Hillgruber* erfolgt dies in begrenztem Umfang auf der Ebene der Rechtsanwendung, *Hillgruber*, in: Depenheuer/Grabenwarter (Hrsg.), Verfassungstheorie, 2010, § 15, Rn. 29 f.

[100] *Volkmann*, AöR 134 (2009), 158 (180–183).

[101] Hierbei ließe sich erwägen, verschiedene Bereiche in der Verfassung zu identifizieren, die in unterschiedlichem Umfang für sich wandelnde Erkenntnisse empfänglich sind. Zu denken wäre zumindest an einen grundrechtlichen Bereich und einen Bereich der staatsorganisatorischen Kompetenzverteilung. Während Ersterer sich insbesondere für die empirischen Realitäten der vom jeweiligen Grundrecht betroffenen Lebensbereich öffnete und so stärker einen tatsächlichen Wandel in die Verfassungsauslegung einbezieht, wäre für die Kompetenzabgren-

Vorgehensweise erlaubt es des Weiteren, die Eigengesetzlichkeiten demokratischer Herrschaft für die Rechtsgewinnung im Verfassungsrecht zu berücksichtigen.[102] Die Entscheidungs- und Handlungslogik politischer Akteure kann so berücksichtigt und der politische Prozess nicht mit unerfüllbaren rechtlichen Anforderungen überfrachtet werden.[103]

cc) 3. Stufe: Abstimmung theoretischer Erkenntnisse auf das konkrete rechtliche System

Kann die Gerechtigkeitskonzeption des Gesetzes nicht allein mit Blick auf das Gesetz, sondern nur mithilfe außerrechtlicher Erkenntnisse ermittelt werden, bleibt die Argumentation und dabei auch die Einbeziehung fachfremder Erkenntnisse gleichwohl auf das Gesetz bezogen[104].[105] Es geht also darum, die Erkenntnisse anderer Wissenschaften auf die Rechtswissenschaft im Allgemeinen und das jeweilige Rechtsgebiet im Besonderen, in dem Fall die Verfassung, anzupassen. Nur auf die Weise erfüllt die rechtstheoretische Schicht ihre Transformationsfunktion für die Rechtsgewinnung.[106]

Konkret heißt das: Soll eine theoretische Überlegung zu einer solchen der konkreten Verfassung mit rechtserheblicher Wirkung avancieren, muss sie sich in die konkreten Vorgaben der Verfassung einfügen lassen.[107]

Dafür ist es freilich nicht erforderlich, die wissenschaftlich-theoretischen Annahmen einerseits und die Wertungen der konkreten Verfassung andererseits punktgenau aufeinander abzustimmen. Die teils schwer miteinander zu vereinba-

---

zung im Interesse einer eindeutigen Zuordnung von politischen und demokratischen Verantwortlichkeiten eine möglichst starre Auslegung zu bemühen, die tatsächliche Veränderungen nur zurückhaltend rezipiert.

[102] Für die Demokratie als Referenzgröße der Verfassungstheorie *Lepsius*, Der Staat 52 (2013), 157 (168 ff.).

[103] Dafür auch *Jürgensen*, DÖV 2019, 639 (641 ff.), der für eine „Realitätsorientierung" der Auslegung des Rechts der Politik plädiert (643 f.), speziell zur Handlungslogik der Politik siehe 640, zur Enttäuschung normativer Erwartungen durch utopische Ideale und Leitbilder siehe auch 642 f.

[104] Dafür siehe Teil 1 Kap. 1 III. 2.

[105] *Hesse* spricht hier zutreffend von einem „normativ gelenkte[n] und begrenzte[n] […] Verfahren", *Hesse*, Grundzüge des Verfassungsrechts, 20. Aufl. (1999), Rn. 67, siehe auch Rn. 60.

[106] Siehe dazu Teil 1 Kap. 2 I. 1. a) dd).

[107] Deshalb dürfen verfassungstheoretische Überlegungen beispielsweise nicht mit Vorverständnissen verwechselt werden. Vorverständnisse beeinflussen zwar die Etablierung verfassungstheoretischer Figuren wie beispielsweise von Leitbildern, vgl. *Volkmann*, AöR 134 (2009), 158 (173); sollen sie jedoch zu einer normativ erheblichen Figur erstarken, müssen sie durch die Wertungen des Rechts gefiltert werden; siehe auch zur Unterscheidung zwischen Leitbild und Vorverständnis *Braun*, Leitbilder im Recht, 2015, 39–41.

renden Einzelvorgaben der konkreten Verfassung stünden einer theoretischen Systembildung ansonsten entgegen. Bedürfen die konkreten Einzelvorgaben der Verfassung aber einer Richtunggebung, bleiben etwaige Ungereimtheiten zwischen theoretischen Überlegungen und den konkreten Einzelvorgaben stets unvermeidlich. Die theoretische Hintergrundvorstellung einer Verfassung muss sogar mit einem Bein in und einem anderen außerhalb der konkreten Verfassung stehen. Nur dadurch besitzt sie genügend Standfestigkeit, kann also die konkrete Verfassung mit Hintergrundwissen ausstatten, Normen zueinander ins Verhältnis setzen und ihre Auslegung leiten.

Eindeutige Vorgaben, um zu ermitteln, inwieweit sich außerjuristische theoretische Überlegungen in die konkrete Verfassung einfügen, lassen sich grundsätzlich nicht benennen. Jedenfalls darf der Wortlaut der Norm nicht eine solche Interpretation erfahren, die ihm jede effektive Bedeutung nimmt.[108] Ansonsten kann lediglich, aber muss zugleich verlangt werden, dass das theoretische Modell mit wesentlichen normativen Richtungsentscheidungen der konkreten Verfassung vereinbart werden kann.[109] Die verfassungsrechtlichen Wert-, Richtungs- und Strukturentscheidungen geben somit nicht nur den Grund, sondern zugleich die Grenze für die Rekonstruktion des verfassungstheoretischen Systems vor.[110]

Das macht deutlich: Dem verfassungstheoretischen System ist eine gewisse Zirkularität immanent;[111] es ist die Grundlage jeder Norminterpretation, erhält von ihr aber auch ihre Grenzen,[112] es empfängt Impulse von der rechtsnormativen Schicht und gibt sie an diese zurück. Was als normativer Impuls verstanden wird, der die Rekonstruktion des verfassungstheoretischen Systems leiten und begrenzen soll, kann denklogisch aber nicht abschließend selbst juristisch ermit-

---

[108] *Enders*, Die Menschenwürde in der Verfassungsordnung, 1997, 169 f.

[109] In diesem Sinne auch *Müller/Christensen*, Juristische Methodik, Bd. I, 11. Aufl. (2013), Rn. 418, die zutreffend darauf hinweisen, dass die Verfassungstheorie „ihre Grenze an den Sätzen und an der spezifischen Legitimität der constitutio lata“ hätte, „auch dann, wenn deren Aussagen den vorausgesetzten Idealtypen nicht entsprechen.“

[110] In diesem Schritt dürfte weitgehend kein anderes Normmaterial als Korrektiv bereitstehen, als es bereits auf der ersten Stufe zum Ausgangspunkt der Rekonstruktion des verfassungstheoretischen Systems gemacht wurde. Gleichwohl soll dieser dritte Schritt für das Erfordernis sensibilisieren, außerrechtliche Überlegungen mit tragenden Prinzipien der Verfassung abzustimmen.

[111] *Schlink*, Der Staat 19 (1980), 73 (96 f.); dazu auch *Jestaedt*, in: Depenheuer/Grabenwarter (Hrsg.), Verfassungstheorie, 2010, § 1, Rn. 67.

[112] *Böckenförde*, NJW 1976, 2089 (2091, 2097 f.); speziell für die Grundrechtsauslegung *Böckenförde*, NJW 1974, 1529; *Schlink*, Der Staat 19 (1980), 73 (97); zur Rolle der Verfassungstheorie für die Norminterpretation *Hesse*, Grundzüge des Verfassungsrechts, 20. Aufl. (1999), Rn. 61–65.

telt werden.[113] Erkennt man gleichwohl die Notwendigkeit an, die Normen mittels weiterer theoretischer Annahmen auszufüllen, ohne dabei das Auslegungsziel[114] aus dem Blick zu verlieren, muss man sich diesem Dilemma stellen. Gänzlich aufgelöst werden kann es nicht. Angesprochen ist an dieser Stelle letztlich der hermeneutische Zirkel, wie er für die Rechtserkenntnis anzuerkennen ist.[115] Der kontinuierlich „schweifende Blick"[116] zwischen theoretischen und rechtlichen Annahmen, idealer und konkreter Verfassung sowie Theorie und Dogmatik trägt zumindest dazu bei, außerjuristische Erkenntnisse nicht ungefiltert ins konkrete Recht zu übertragen. Ansonsten lässt sich das Dilemma weiter abmildern, indem der geschilderte Vorgang der Rechtsgewinnung den Anforderungen rechtswissenschaftlicher Begründung[117] genügt. Verbleibende Defizite der Ermittlung eines verfassungstheoretischen Systems werden durch seine gewichtigen Vorzüge allemal gerechtfertigt: Mithilfe des verfassungstheoretischen Systems gelingt es, die verfassungsrechtlichen Begriffe zu konkretisieren, um so zu verhindern, dass das Verfassungsrecht aufgrund eines falsch verstandenen Positivismus keine Antworten auf die realen Herausforderungen bereithält. Insbesondere durch die Offenheit des verfassungstheoretischen Systems für außerjuristische theoretische und empirische Erkenntnisse kann die Verfassung dabei auf neuartige Herausforderungen und Entwicklungen in der Realität reagieren.[118] Indem diese Erkenntnisse aber normativ gefiltert werden, wird das konkrete Verfassungsrecht nicht von praktischen Notwendigkeiten, politischen Zweckmäßigkeiten, politikwissenschaftlichen oder philosophischen Idealen sowie zugunsten eines individuellen Vorverständnisses vollständig subjektiv überrollt,[119] sondern die rechtswissenschaftlichen Akteure zur Reflexion anhand einer fremden Ge-

[113] Auch deshalb existiert die *eine* allein der Verfassung zu entnehmende Verfassungstheorie daher eher nicht, dagegen wohl *Böckenförde*, NJW 1976, 2089 (2098); für eine Grundrechtstheorie, die dem Grundgesetz zugrunde liege, *Böckenförde*, NJW 1974, 1529 (1537 f.) sowie *Enders*, Die Menschenwürde in der Verfassungsordnung, 1997, 166.; skeptisch hingegen gegenüber einer „verbindlichen Verfassungstheorie" *Jestaedt*, in: Depenheuer/Grabenwarter (Hrsg.), Verfassungstheorie, 2010, § 1, Rn. 67.

[114] Siehe dazu Teil 1 Kap. 1 IV. 2.

[115] Siehe dazu Teil 1 Kap. 1 III. 1.

[116] *Horn*, Einführung in die Rechtswissenschaft, 6. Aufl. (2016), Rn. 168, im Anschluss an *Engischs* berühmte Formulierung vom „Hin- und Herwandern des Blickes zwischen Obersatz und Lebenssachverhalt", vgl. *Engisch*, Logische Studien zur Gesetzesanwendung, 1963, 15.

[117] Siehe Teil 1 Kap. 1 I., II.

[118] Für Leitbilder: *Braun*, Leitbilder im Recht, 2015, 194 f.; *Volkmann*, AöR 134 (2009), 158 (191).

[119] *Ehmke*, VVDStRL 20 (1963), 53 (65); zur disziplinierenden Wirkung der Verfassungstheorie siehe *Hesse*, Grundzüge des Verfassungsrechts, 20. Aufl. (1999), Rn. 63.

rechtigkeitskonzeption diszipliniert.[120] Damit überwinden verfassungstheoretische Überlegungen einen falsch verstandenen Positivismus, ohne das Recht einer rein wirklichkeitsbezogenen oder fachfremden Betrachtung zu opfern. Sie besitzen weder allein einen normativen noch deskriptiven Status;[121] sie vereinen vielmehr Sein und Sollen und versöhnen Normativität und Wirklichkeit.[122]

b) Anwendung

Wurden Theoriebegriffe nach Maßgabe des skizzierten Drei-Stufen-Modells konstruiert, sind sie innerhalb der Rechtsgewinnung anzuwenden. Die Anwendung von Theoriebegriffen ist an die Grundsätze der Akzessorietät und Subsidiarität zu Rechtsbegriffen gebunden (aa). Dabei kann sich der Grad der normativen Relevanz zwischen Theoriebegriffen erheblich unterscheiden (bb).

aa) Akzessorietät und Subsidiarität gegenüber Rechtsbegriffen

Theoriebegriffe besitzen keine unmittelbar rechtliche Wirkung, begründen gegenüber den Normadressaten also nicht aus sich heraus Rechtsgebote. Ihre normative Erheblichkeit entfalten sie vielmehr *mittelbar* über die Sätze und Begriffe der rechtsnormativen Schicht, die sogenannten Rechtssätze und Rechtsbegriffe[123].[124] Auf die Weise wirkt die rechtstheoretische auf die rechtsnormative

---

[120] Zum weiteren Nutzen einer Verfassungstheorie siehe auch *Jestaedt*, in: Depenheuer/Grabenwarter (Hrsg.), Verfassungstheorie, 2010, § 1, Rn. 76–82.

[121] Für Leitbilder *Braun*, Leitbilder im Recht, 2015, 25 im Anschluss an *Giesel*, Leitbilder in den Sozialwissenschaften, 2007, 200; *Volkmann*, AöR 134 (2009), 158 (173), wonach die Leitbilder ein „juristisch-normatives Moment", „soziologisch-empirisches Moment" und „ethisch-konsensuales Moment" besitzen.

[122] *Braun*, Leitbilder im Recht, 2015, 25, 55, 129; *Volkmann*, AöR 134 (2009), 158 (173).

[123] Zu Rechtsbegriffen siehe Teil 1 Kap. 2 II. 2.

[124] Für die der Verfassungstheorie zuzuordnenden Verfassungsvoraussetzungen siehe auch *Isensee*, in: ders./Kirchhof (Hrsg.), HStR, Bd. IX, 3. Aufl. (2011), § 190, Rn. 87; *Jestaedt*, in: Kirchhof/Magen/Schneider (Hrsg.), Was weiß Dogmatik?, 2012, 117 (135, Fn. 30); ähnlich für die mit Theoriebegriffen vergleichbaren „Normen im gasförmigen Zustand" bei *Lepsius*, Relationen, 2016, 32 f.; speziell den mittelbaren Anwendungsbezug einer der Verfassungstheorie zuzuordnenden Grundrechtstheorie gegenüber einer durch unmittelbaren Anwendungsbezug gekennzeichneten Grundrechtsdogmatik betont auch *Lindner*, Theorie der Grundrechtsdogmatik, 2005, 7; *Schlink*, Der Staat 19 (1980), 73 (97); für eine mittelbare normative Relevanz der Verfassungstheorie auch *Volkmann*, Der Staat 54 (2015), 35 (61); *Waldhoff*, in: Kirchhof/Magen/Schneider (Hrsg.), Was weiß Dogmatik?, 2012, 17 (27). Sehr ähnlich ist die Rechtswirkung zu den von *Larenz/Canaris* beschriebenen Rechtsprinzipien des inneren Systems, welches dem verfassungstheoretischen System weitgehend entsprechen dürfte, vgl. *Larenz/Canaris*, Methodenlehre, 3. Aufl. (1995), 302–304; für die den Theoriebegriffen hier zuzuordnenden Leitbilder: *Braun*, Leitbilder im Recht, 2015, 126, mit Beispielen für eine solche Verwendungsweise in der Rspr. des Bundesverfassungsgerichts, 108 ff. (insbes. 112); *Volkmann*, AöR 134

Schicht ein. Das geschieht maßgeblich dadurch, dass die Theoriebegriffe „hinter den Rechtsbegriffen stehend“[125] ihre Auslegung leiten.[126] Hierbei spielt insbesondere die systematische oder teleologische Auslegung eine bedeutende Rolle.[127] Theoriebegriffe sind demnach „nicht Rechtsquellen, sondern Rechtserkenntnisquellen“[128], wie es der Erklärungs- und Theoriespeicherfunktion der rechtstheoretischen Schicht entspricht. Ihre Bedeutung wird aber unterschätzt, wenn es heißt, dass sie allein dort für die Rechtsgewinnung Bedeutung gewinnen, wo die juristische Begründung versagt,[129] denn bereits die Konkretisierung der Rechtsbegriffe ist von theoretischen Überlegungen abhängig. Ergänzend können sie – entsprechend der Begründungsfunktion der rechtstheoretischen Schicht – nach der Auslegung von Rechtsbegriffen zur Entscheidungsbegründung herangezogen werden.[130] Auch hier bedarf es für die Formulierung eines

---

(2009), 158 (192). Siehe ebenso für das verfassungstheoretische Modell der Gewaltengliederung bei *Möllers*, Gewaltengliederung, 2005, 402 f.; anders aber für die mit einer verfassungstheoretischen Figur vergleichbaren „Leitideen“ des Bundesverfassungsgerichts, die „unmittelbar binden“, siehe BVerfGE 2, 380 (381, 5. LS).

[125] Speziell für Leitbilder *Volkmann*, AöR 134 (2009), 158 (174); *Franzius*, in: Hoffmann-Riem/Schmidt-Aßmann/Voßkuhle (Hrsg.), Grundlagen des Verwaltungsrechts, Bd. I, 2. Aufl. (2012), § 4, Rn. 25.

[126] Für verfassungstheoretische Überlegungen *Enders*, Die Menschenwürde in der Verfassungsordnung, 1997, 169; *Hillgruber*, in: Depenheuer/Grabenwarter (Hrsg.), Verfassungstheorie, 2010, § 15, Rn. 7; *Jestaedt*, in: Depenheuer/Grabenwarter (Hrsg.), Verfassungstheorie, 2010, § 1, Rn. 63; unter anderem den Einfluss von Verfassungstheorie auf die Auslegung konstatierend *P. Kirchhof*, in: Isensee/ders. (Hrsg.), HStR, Bd. XII, 3. Aufl. (2014), § 273, Rn. 41 f.; für die Rechtsprinzipien des inneren Systems bei *Larenz/Canaris*, Methodenlehre, 3. Aufl. (1995), 302–304; für die „Zwischenvorstellungen“, „Zwischenformeln“, „Zwischenschicht“ *P. Lerche*, in: FS 50 Jahre BVerfG, 1. Bd., 2001, 333 (343–345); siehe bereits *Lerche*, BayVBl. 1991, 517; *Schlink*, Der Staat 19 (1980), 73 (96 f.); für eine Grundrechtstheorie ähnliche Rechtsfolgen ableitend *Böckenförde*, NJW 1974, 1529. Beispielsweise für das als verfassungstheoretische Figur eingestufte „Prinzip der streitbaren Demokratie“ auch *Papier/Durner*, in: AöR 128 (2003), 340 (364); für den Grundsatz weltanschaulich-religiöser Neutralität *Heinig*, JZ 2009, 1136 (1140), der diesen als „regulative Idee“ einstuft; ähnliche Rechtsfolgen für das Gebot zur weltanschaulichen Neutralität nimmt auch *Schlaich*, Neutralität als verfassungsrechtliches Prinzip, 1972, 192 f., 230–233 an.

[127] *Jestaedt*, in: Depenheuer/Grabenwarter (Hrsg.), Verfassungstheorie, 2010, § 1, Rn. 64; für Leitbilder: *Volkmann*, AöR 134 (2009), 158 (175 f.).

[128] Für die „dogmatischen (und ferner die rechts- und verfassungstheoretischen) Texte“ siehe *Müller/Christensen*, Juristische Methodik, Bd. I, 11. Aufl. (2013), Rn. 400; *Waldhoff*, in: Kirchhof/Magen/Schneider (Hrsg.), Was weiß Dogmatik?, 2012, 17 (27).

[129] In diese Richtung aber für „Leitbegriffe“ *Schulze-Fielitz*, in: FS Vogel, 2000, 311 (314); so auch *Gusy*, JZ 1989, 505 (512, 514 f.).

[130] Der Verfassungstheorie für den Begründungszusammenhang aber nur eine allenfalls geringe Funktion attestierend *Jestaedt*, in: Depenheuer/Grabenwarter (Hrsg.), Verfassungstheorie, 2010, § 1, Rn. 64.

Rechtsgebots gegenüber dem Rechtsadressaten aber stets eines zwischengeschalteten Rechtsbegriffs. Für die Anwendung von Theoriebegriffen gilt somit der *Grundsatz der Akzessorietät* zu Rechtsbegriffen.

Die dadurch bewirkte *mittelbare* rechtliche Relevanz legt bereits das hier gewählte Schichtenmodell nahe; es illustriert es auch bildlich: Die rechtstheoretische Schicht kann bis in die rechtspraktische „sickern“[131], muss hierfür allerdings die rechtsnormative Schicht passieren. Diese bloß mittelbare Erheblichkeit ist aber auch den Anforderungen an die Rechtsgewinnung besonders angemessen, da die am Maßstab wissenschaftlicher Stimmigkeit gewonnenen Aussagen in der Regel nicht auf die Besonderheiten des jeweiligen Einzelfalls abgestimmt sein können, sich für die Rechtsanwendung darum also als tendenziell inkompatibel erweisen.[132] Mithilfe der Anwendungsregel der Akzessorietät wird ferner der Legitimierungsfunktion der rechtsnormativen Schicht für die Rechtsgewinnung Rechnung getragen.[133] Rechtspositionen bedürfen der Rechtfertigung durch die positive Rechtsordnung und unterliegen dabei dem vorrangigen Zugriffsrecht der dafür zuständigen Rechtsetzungsinstanzen.

Des Weiteren ist jedoch für die Anwendung von Theoriebegriffen zu berücksichtigen, dass das verfassungstheoretische System – und daher auch der Theoriebegriff – gerade unter partieller Missachtung der Einzelvorgaben der Verfassung rekonstruiert wurde. Nur so können sie theoretisch-stringente systematische Überlegungen formulieren. Das verfassungstheoretische System darf allerdings die kleinteiligen, ausdifferenzierten und in der Regel nicht auf ein wissenschaftliches Prinzip rückführbaren Bestimmungen der Verfassung[134] nicht vollumfänglich überdecken.[135] Dazu trägt zwar bereits der Grundsatz der Akzessorietät bei. Um den Vorgaben des positiven Rechts so weit wie möglich zu entsprechen, ist er um den *Grundsatz der Subsidiarität* zu ergänzen: Die dirigierende Kraft des Theoriebegriffs nimmt ab, je stärker der jeweilige Rechtsbegriff gegenteilige normative Impulse sendet.

Durch die Grundsätze der Akzessorietät und Subsidiarität lassen sich auch die Gefahren eindämmen, auf die typischerweise bei der Anwendung von verfassungstheoretischen Figuren hingewiesen wird.[136] Insbesondere ihre rechtsbe-

---

[131] Vgl. zu dem Bild auch *Volkmann*, Der Staat 54 (2015), 35 (61).

[132] Siehe Teil 1 Kap. 1 V. 1.

[133] Siehe dazu Teil 1 Kap. 2 I. 2.

[134] Siehe bereits Teil 1 Kap. 1 IV. 3.

[135] Dafür plädieren auch *Müller/Christensen*, Juristische Methodik, Bd. I, 11. Aufl. (2013), Rn. 418.

[136] Für die hier als Theoriebegriff einzuordnenden Leitbilder siehe beispielsweise *Braun*, Leitbilder im Recht, 2015, 133–137, 166–170; *Volkmann*, AöR 134 (2009), 158 (177 f., 183–185).

griffsakzessorische Wirkung stellt eine hinreichend dosierte normative Erheblichkeit sicher, womit ihre Handhabung nicht „dogmatisch völlig unbeherrschbar“[137] wird. Durch ihre Anwendung werden richterliche Entscheidungen außerdem nicht weniger vorhersehbar.[138] Auch das gewährleistet maßgeblich das Akzessorietätserfordernis als rechtstechnische Umsetzung des hier vertretenen Schichtungsmodells: Soweit in Theoriebegriffen verdichtete theoretische Überlegungen Rechtsfolgen hervorrufen sollen, müssen sie die „Filter“ sowohl der rechtsnormativen als auch der rechtspraktischen Schicht durchlaufen, oder technischer gesprochen: Ihre Gehalte sind in präzise gebildete Rechtsbegriffe zu übersetzen und im Anschluss möglichst fall- und lebensnah aufzubereiten.

Gegen die mit den Anwendungsregeln der Akzessorietät und Subsidiarität verbundenen Erwartungen ließe sich freilich anführen, dass auch die Rechtsbegriffe einen weitgehend ungehinderten normativen Einfluss von Theoriebegriffen zulassen könnten. Insbesondere für die im Verfassungsrecht vorfindbaren besonders ausfüllungsbedürftigen Rechtsbegriffe müsste dieser Einwand partiell zutreffen. Sind ferner sogar ungeschriebene Rechtsbegriffe zulässig, dürfte die Gefahr einer unvermittelten Übersetzung von Theorie- in Rechtsbegriffe und damit die praktisch unmittelbare Rechtserheblichkeit von Theoriebegriffen noch zunehmen. Die an dieser Stelle vorgeschlagene Anwendungsregel für Theoriebegriffe über den Umweg von Rechtsbegriffen erfordert es gleichwohl, sie im Kontext des vom jeweiligen Rechtsbegriff begrenzten Anwendungsbereichs und seiner ihm angeordneten konkreten Rechtsfolge zur Geltung zu bringen. Dabei sind weitere konkurrierende normative Impulse zu berücksichtigen, die eine unreflektierte Ausstattung theoretischer Überlegungen mit unmittelbar rechtlicher Wirkung verhindern. Selbst soweit ausnahmsweise ungeschriebene Rechtsbegriffe in Rede stehen, dürfte bereits die Anordnung dieses weiteren Rechtsgewinnungsschrittes für eine reflektiertere und dosiertere rechtliche Wirkung theoretischer Überlegungen sensibilisieren, als dies ihre unvermittelte Anwendungsmöglichkeit nahelegte. Dadurch wird erneut[139] und spätestens an dieser Stelle zu dem erforderlichen Anpassungsprozess außerrechtlicher Erkenntnisse an rechtliche Eigengesetzlichkeiten angehalten. Schließlich dürfte diese Anwendungsweise zu einer insgesamt zurückhaltenderen Rechtsverbindlichkeit theoretisch-systematischer Überlegungen beitragen, ihre Daseinsberechtigung in der Rechtsgewinnung aber überhaupt erst sicherstellen, da sie bei stärkerer normativer Kraft den

[137] Für Staatsbilder *Voßkuhle*, Der Staat 40 (2001), 495 (510).

[138] *Braun*, Leitbilder im Recht, 2015, 136 f.; dagegen den Leitbildern für die Rechtskonkretisierung eine Orientierungssicherheit attestierend *Volkmann*, AöR 134 (2009), 158 (178–180).

[139] Siehe zu diesem Abstimmungsprozess bereits innerhalb des Theoriebegriffs Teil 1 Kap. 2 II. 2. a) cc).

hierfür erforderlichen „Positivierungsnachweis“[140] kaum überstehen. Speziell mit dem Blick auf das Staatsorganisationsrecht empfangen die am Verfassungsleben beteiligten Akteure dadurch zwar normative Ideale für die Ausgestaltung des politischen Prozesses, bewahren aber einen hinreichenden Gestaltungsspielraum, denn die in einem Theoriebegriff verdichtete verfassungstheoretische Erwartungshaltung drängt typischerweise nicht auf Verpflichtung, sondern auf Ermöglichung.[141] Der primären Funktion der Verfassungsordnung als Rahmenordnung[142] sowie den demokratischen Entstehungsbedingungen des Rechts[143] dürfte das am ehesten entsprechen.

bb) Grad normativer Erheblichkeit

Theoriebegriffe sind im Hinblick auf den Grad ihrer normativen Erheblichkeit davon abhängig, ob und wie stark die ihnen zugrunde liegende verfassungstheoretische Überlegung in die konkrete Verfassungsordnung eingefügt werden soll und kann: Stehen der theoretischen Überlegung in der konkreten Verfassung widersprechende verallgemeinerungsfähige normative Impulse entgegen, kann von ihr keine oder allenfalls eine schwache normative Wirkung ausgehen. Gleiches gilt, soweit es gar nicht angestrebt wird, die theoretische Überlegung auf die konkrete Verfassung hin anzupassen. In diesem Fall fungieren die theoretischen Überlegungen grundsätzlich nur als wissenschaftlich-kritische Reflexionen für das positive Verfassungsrecht.[144] Als Beiträge zur Rechtsgewinnung scheiden sie insoweit aus. Je mehr sich die Überlegungen hingegen in die konkrete Verfassung einfügen, desto stärker erlangen sie normative Erheblichkeit.[145] Die normative Wirkung reicht daher von einer bloß theoretischen Kontrastfolie für die konkrete Verfassungsordnung mit nicht oder nur unterbewusst vorhandener normati-

---

[140] Formulierung von *Jestaedt*, in: Depenheuer/Grabenwarter (Hrsg.), Verfassungstheorie, 2010, § 1, Rn. 58.

[141] *Jestaedt*, in: Depenheuer/Grabenwarter (Hrsg.), Verfassungstheorie, 2010, § 1, Rn. 37. Ganz in diesem Sinne sind beispielsweise die zuvor erwähnten verfassungstheoretischen Figuren der Verfassungsvoraussetzungen sowie Verfassungserwartungen nicht unmittelbar rechtserheblich; siehe dazu *Isensee*, in: ders./Kirchhof (Hrsg.), HStR, Bd. IX, 3. Aufl. (2011), § 190, Rn. 87 f., 204, 207 f., 235 f.

[142] *Böckenförde*, NJW 1976, 2089 (2099).

[143] Siehe Teil 1 Kap. 1 IV.

[144] So nimmt beispielsweise das verfassungstheoretische Modell bei *Möllers* ausdrücklich teilweise diese Funktion ein, siehe dazu *Möllers*, Gewaltengliederung, 2005, 18 f.

[145] Diese Anforderung an die Rechtserheblichkeit beispielsweise auch für das verfassungstheoretische Modell der Gewaltengliederung benennend *Möllers*, Gewaltengliederung, 2005, 19.

ver Erheblichkeit bis hin zu einer dosierten Auslegungsleitung, je mehr sie sich in die konkrete Verfassung einfügen.[146]

Mit einer solchen normativen Wirkung fügen sich Theoriebegriffe – gemäß ihrer Herkunft auf der rechtstheoretischen Schicht – in die Dichotomie von deskriptiv und präskriptiv nicht adäquat ein.[147] Damit heben sich die Theoriebegriffe einerseits von bloß deskriptiven Erkenntnissen ab, erreichen andererseits jedoch nicht den Grad an normativer Relevanz der auf der rechtsnormativen Schicht angesiedelten Rechtsbegriffe. In dieser dosierten normativen Relevanz liegt zugleich ihre Attraktivität: Die Anerkennung eines Theoriebegriffs als rechtlich relevante, aber vom Rechtsbegriff zu unterscheidende Figur ermöglicht es, normativ nur dezent statuierte rechtliche Erscheinungen weder der empirischen Wirklichkeit zuzuordnen noch mit den Wirkungen eines Rechtsbegriffs zu belasten.[148] Letzteres erzeugte eine normative Rechtfertigungslast, unter denen die rechtlich nur schwach fundierten Überlegungen zwangsläufig zerbrächen. Mit einem Theoriebegriff können jene verfassungsrechtliche Wertungen und Ideale demgegenüber zur Kenntnis genommen werden. Das normative Blickfeld wird so vergrößert und weitere Impulse werden entdeckt. Zugleich können sie, gerade weil sie nicht unmittelbar normativ erheblich sind, theoretisch widerspruchsfrei konstruiert werden.[149] Vorstellungen über den guten und gerechten Gebrauch einer Rechtsposition können so zu Ende gedacht und nicht zu schwer vereinbarenden Widersprüchen aufgelöst werden, nur um den zum Teil widersprüchlichen Einzelregelungen der Verfassung zu genügen. Damit stellt eine solche Anwendungsregel für den Theoriebegriff schließlich auch die Systematisierungsfunktion der rechtstheoretischen Schicht für die Rechtsgewinnung sicher.[150]

c) Dem Theoriebegriff zuzuordnende dogmatische Kategorien

Die verfassungstheoretische Hintergrundvorstellung des Grundgesetzes gibt insbesondere Auskunft über den normtypischen, also zulässigen und unschädlichen

---

[146] Ähnlichkeiten zu dieser Abstufung finden sich auch bei *Magiera*, der zunächst einen „allgemein-staatswissenschaftlichen Begriff der Staatsleitung" und im Anschluss einen „konkret-verfassungsrechtlichen Begriff der Staatsleitung" ermittelt, siehe unter anderem *Magiera*, Parlament und Staatsleitung, 1979, 65 f.

[147] *Bumke*, JZ 2014, 641 (646 f.), der das zwar auf die Dogmatik bezieht, darunter aber teilweise die hier als theoretisch eingestuften Figuren versteht.

[148] Auf diese Alternativen verengt sich beispielsweise jedoch auch die Gemeinsame Verfassungskommission im Hinblick auf die „Opposition", siehe BT-Drs. 12/6000, 90.

[149] Daher vor einer Dogmatisierung von Schlüsselbegriffen, die hiernach als Theoriebegriffe verstanden werden, warnend *Baer*, in: Schmidt-Aßmann/Hoffmann-Riem (Hrsg.), Methoden der Verwaltungsrechtswissenschaft, 2004, 223 (227).

[150] Siehe dazu Teil 1 Kap. 2 I. 1. a) cc).

Gebrauch eines Rechts sowie die Funktionsweise verfassungsrechtlicher Institute oder Organe. Darüber hinaus kann es aber auch Aussagen über die *Voraussetzungen* der Funktionsweise dieser verfassungsrechtlichen Strukturen formulieren. Das beinhaltet auch die vorrechtlichen Bedingungen demokratischer Herrschaft.[151] Sie können mit *Herbert Krüger*[152] als *Verfassungsvoraussetzung*[153] bezeichnet und als Theoriebegriff klassifiziert werden. Der weniger auf Verpflichtung und eher auf Ermöglichung zielende Anwendungsmodus der Theoriebegriffe dürfte insbesondere den nur begrenzt erzwingbaren faktischen Bedingungen[154] demokratischer Verfassungsstaatlichkeit besonders angemessen sein.

Des Weiteren informiert das verfassungstheoretische System ebenso über die normative Zielrichtung einzelner Rechtspositionen.[155] Wie sollten verfassungsrechtliche Institute, Organe und Rechtspositionen wahrgenommen und ausgefüllt werden, um langfristig ihre normativ zugewiesene optimale Wirksamkeit zu entfalten? Gefragt wird also nicht nur nach der typischen, sondern der *ideal*typischen Funktionsweise verfassungsrechtlicher Rechtspositionen und Strukturen. Die Antworten können mit *Krüger*[156] als *Verfassungserwartungen*[157] bezeichnet und ebenso den Theoriebegriffen zugeordnet werden.[158] Auch hier ließen sich die

---

151 *Levitsky* und *Ziblatt* nennen hier insbesondere das Gebot einer gegenseitigen Achtung und einer institutionellen Zurückhaltung, vgl. *Levitsky/Ziblatt*, Wie Demokratien sterben, 2018, 120ff., 125ff.; siehe dazu auch *Volkmann*, Der Staat 58 (2019), 643 (651). Den Gedanken einer institutionellen Zurückhaltung greift bereits *Krüger*, in: FS Scheuner, 1973, 285 (304) auf.

152 *Krüger*, in: FS Scheuner, 1973, 285 (286ff.).

153 Speziell zu Grundrechtsvoraussetzungen siehe *Isensee*, in: ders./Kirchhof (Hrsg.), HStR, Bd. IX, 3. Aufl. (2011), § 190, Rn. 49ff., 81ff., vgl. auch *Jestaedt*, in: Depenheuer/Grabenwarter (Hrsg.), Verfassungstheorie, 2010, § 1, Rn. 36f.

154 Verwiesen ist erneut auf die Normen einer gegenseitigen Achtung und institutionellen Zurückhaltung, siehe Kap. 2 Fn. 151.

155 Für eine Grundrechtstheorie *Böckenförde*, NJW 1974, 1529.

156 *Krüger*, in: FS Scheuner, 1973, 285 (302ff.); dazu wiederum *Isensee*, in: ders./Kirchhof (Hrsg.), HStR, Bd. IX, 3. Aufl. (2011), § 190, Rn. 53, 204ff., 271ff. sowie *Jestaedt*, in: Depenheuer/Grabenwarter (Hrsg.), Verfassungstheorie, 2010, § 1, Rn. 37f.

157 Speziell zu Grundrechtserwartungen siehe *Isensee*, in: ders./Kirchhof (Hrsg.), HStR, Bd. IX, 3. Aufl. (2011), § 190, Rn. 204ff., 271ff.

158 Verfassungserwartungen gewinnen insbesondere dort an Relevanz, wo Rechtsträger mit Rechten ausgestattet werden, deren Wahrnehmung zwar für die freiheitlich-demokratische Kultur essenziell ist, aber gleichwohl in ihr Belieben gestellt wird, wie es zumindest für bestimmte Grundrechte oder Befugnisse oberster Bundesorgane der Fall ist, vgl. *Krüger*, in: FS Scheuner, 1973, 285 (304); für die Grundrechte: *Isensee*, in: ders./Kirchhof (Hrsg.), HStR, Bd. IX, 3. Aufl. (2011), § 190, Rn. 53, 204ff., 282ff. Dabei ist jedoch zu beachten, dass dem politischen Prozess keine utopischen Ideale auferlegt werden dürfen, denen ein – legitimerweise – an politischer Eigenlogik orientierter demokratischer Prozess zwangsläufig nicht genügte und im Lichte dieser überzogenen Erwartungen permanent unter Legitimationsdruck geriete; darauf weist unter anderem auch hin *Jürgensen*, DÖV 2019, 639 (641ff.). Erwartungen wären

ungeschriebenen Voraussetzungen demokratischer Herrschaft[159] dosiert normativ fruchtbar machen. So wäre mit Blick auf das Gebot der institutionellen Zurückhaltung gegenüber Amtsträgern beispielsweise eine Verfassungserwartung nach einem „verantwortungs- und maßvollen Umgang mit anvertrauten Ämtern"[160] zu formulieren, wonach Amtsbefugnisse „nicht aufs Äußerste und im eigenen Interesse ausgereizt, sondern für das Gemeinwohl"[161] in Anspruch zu nehmen sind.[162]

Schließlich können die in der Rechtswissenschaft zunehmend untersuchten[163] und in der Rechtsprechung teilweise ausdrücklich[164] oder jedenfalls implizit[165] gebrauchten und mit Verfassungserwartungen verwandten Leitbilder auf der rechtstheoretischen Schicht des Grundgesetzes lokalisiert und ihnen damit der Status eines Theoriebegriffs zugewiesen werden.[166] Hierbei handelt es sich in der Regel um durch komprimierte Formeln veranschaulichte „Hintergrundvorstel-

---

daher auf Voraussetzungen zu begrenzen, denn: „Was vorausgesetzt wird, wird auch erwartet, und umgekehrt", so *Krüger*, in: FS Scheuner, 1973, 285 (286); zur Konvergenz von Verfassungserwartungen und Verfassungsvoraussetzungen siehe auch *Isensee*, in: ders./Kirchhof (Hrsg.), HStR, Bd. IX, 3. Aufl. (2011), § 190, Rn. 53. Für die Grundrechte wäre dann beispielsweise eine Verfassungserwartung für den nicht erzwingbaren „gemeindienlichen Gebrauch" eines Grundrechts, so *Isensee*, in: ders./Kirchhof (Hrsg.), HStR, Bd. IX, 3. Aufl. (2011), § 190, Rn. 53, oder besser: nicht gemeinschädlichen Gebrauch eines Grundrechts zu formulieren; speziell zu Leitbildern: *Braun*, Leitbilder im Recht, 2015, 136, 175; *Volkmann*, AöR 134 (2009), 158 (184 f.); *Volkmann*, in: Krüper/Merten/Morlok (Hrsg.), An den Grenzen der Rechtsdogmatik, 2015, 77 (86); *Volkmann*, VVDStRL 67 (2008), 57 (67 ff.).

159 Siehe die Nachweise in Kap. 2 Fn. 151.

160 *Volkmann*, Der Staat 58 (2019), 643 (651) im Anschluss an *Levitsky/Ziblatt*, Wie Demokratien sterben, 2018, 125.

161 *Volkmann*, Der Staat 58 (2019), 643 (651) im Anschluss an *Levitsky/Ziblatt*, Wie Demokratien sterben, 2018, 125.

162 Auch hier wäre jedoch die Logik pluralistischer politischer Prozesse einzukalkulieren, wonach die Durchsetzung dezidiert *partei*-politischer Programme und Personen als legitim anzuerkennen ist, vgl. auch zur Handlungslogik der Politik *Jürgensen*, DÖV 2019, 639 (640).

163 Zu Leitbildern siehe *Baer*, in: Schmidt-Aßmann/Hoffmann-Riem (Hrsg.), Methoden der Verwaltungsrechtswissenschaft, 2004, 223 (232–247); *Braun*, Leitbilder im Recht, 2015, insbes. 23 ff.; *Volkmann*, in: Krüper/Merten/Morlok (Hrsg.), An den Grenzen der Rechtsdogmatik, 2015, 77; *Volkmann*, AöR 134 (2009), 158; *Volkmann*, VVDStRL 67 (2008), 57 (68–71); sehr ähnlich sind die „weichen" Leitbegriffe bei *Schulze-Fielitz*, in: FS Vogel, 2000, 311 (316 ff.).

164 BVerfGE 136, 323 (336) – „Leitbild eines ‚neutralen Bundespräsidenten'"; BVerfGE 118, 277 (327 f.) – mit einem von den Antragstellern vorgetragenen „Leitbild des Abgeordneten" argumentierend; BVerfGE 4, 7 (15 f.) – das „Menschenbild des Grundgesetzes"; weitere Beispiele bei *Volkmann*, AöR 134 (2009), 158 (160 ff.).

165 Beispiele bei *Volkmann*, in: Krüper/Merten/Morlok (Hrsg.), An den Grenzen der Rechtsdogmatik, 2015, 77 (77–79).

166 Für die Einstufung von den hier genannten (Leit-)Bildern als verfassungstheoretische Figuren *Jestaedt*, in: Depenheuer/Grabenwarter (Hrsg.), Verfassungstheorie, 2010, § 1, Rn. 35.

lungen“[167] über die ideale Funktionsweise und Funktionsbedingungen verfassungsrechtlicher Akteure, Rechte und Strukturen.[168] Für die meisten Verfassungsorgane[169] des Grundgesetzes oder sogar für den einzelnen Menschen[170] kann ein solches Leitbild mittlerweile konstatiert werden.

d) Beispiele

Konkrete Überlegungen, die entsprechend ihrer Wirkungsweise den Theoriebegriffen zugeordnet werden können, gelangen bereits zahlreich in der Rechtswissenschaft zur Anwendung. So wird beispielsweise dem weltanschaulichen Neutralitätsprinzip ein mit dem Theoriebegriff vergleichbarer normativer Status zugewiesen.[171] Auch einige der in Begriffen verdichteten Überlegungen der Grundrechtstheorie könnten als ein Theoriebegriff des Verfassungsrechts eingestuft werden. Das betrifft unter anderem den Standort der Grundrechte innerhalb einer objektiven Werteordnung[172]. Ähnliches gilt für das Verständnis der Menschenwürde als Konstitutionsprinzip der Verfassung.[173] Auch das Konzept der streitbaren Demokratie wird im Hinblick auf seine normative Funktion teilweise[174] entsprechend dem hier gebrauchten Verständnis eines Theoriebegriffs gehandhabt.[175] Gleiches lässt sich für das Konzept der weltanschaulich-religiösen

---

167 *Braun*, Leitbilder im Recht, 2015, 26, die solche „Hintergrundvorstellungen“ gleichwohl von ihrem Leitbildbegriff ausklammert.

168 Siehe dazu *Volkmann*, in: Krüper/Merten/Morlok (Hrsg.), An den Grenzen der Rechtsdogmatik, 2015, 77 (85); *Volkmann*, VVDStRL 67 (2008), 57 (71); *Volkmann*, AöR 134 (2009), 158 (173–175): „normativ-verfestigte Hintergrundvorstellungen zu Begriffen, Sätzen und Prinzipien der Verfassung“ (175), im Anschluss an *Franzius*, in: Hoffmann-Riem/Schmidt-Aßmann/Voßkuhle (Hrsg.), Grundlagen des Verwaltungsrechts, Bd. I, 2. Aufl. (2012), § 4, Rn. 25 sowie mit Verweis auf *P. Lerche*, in: FS 50 Jahre BVerfG, 1. Bd., 2001, 333 (343 ff.), der wiederum von „auslegungssteuernde[n] Zwischenvorstellungen“ spricht.

169 *Volkmann*, VVDStRL 67 (2008), 57 (70).

170 *Häberle,* Das Menschenbild im Verfassungsstaat, 4. Aufl. (2008), 70–74; *P. M. Huber*, Jura 1998, 505.

171 So bei *Schlaich*, Neutralität als verfassungsrechtliches Prinzip, 1972, 230–233 (insbes. 231), ebenso die regulative Idee bei *Heinig*, JZ 2009, 1136 (1140).

172 In diese Richtung für die grundrechtliche Werteordnung *Jestaedt*, in: Depenheuer/Grabenwarter (Hrsg.), Verfassungstheorie, 2010, § 1, Rn. 41.

173 So heißt es bei *Enders*, Die Menschenwürde in der Verfassungsordnung, 1997, 91, dass das Verständnis „der Menschenwürde als ein[...] Konstitutionsprinzip[...]“ sich nur „auf dem Umweg über andere Normen (Prinzipien, Rechte) verwirklichen“ könne, was der Wirkungsweise der hier als Theoriebegriffe benannten Figuren entspricht.

174 *Papier/Durner*, AöR 128 (2003), 340 (364), die die streitbare Demokratie als „verfassungsrechtliche Auslegungsmaxime“ begreifen, was ebenso der Wirkungsweise von Theoriebegriffen entspricht.

175 Zur Figur der „streitbaren Demokratie“ *Braun*, Leitbilder im Recht, 2015, 102 ff., m. w. N. zum rechtlichen Status insbesondere 119, Fn. 94–98.

Neutralität anführen.[176] Daneben kann beispielsweise das grundgesetzliche Prinzip der Gewaltenteilung zum einen eine kritisch-reflektierende und zum anderen eine erklärende und punktuell auslegungsleitende Funktion einnehmen und damit ebenso als Theoriebegriff eingeordnet werden.[177] Auch unterhalb des Verfassungsrechts finden sich dem Theoriebegriff entsprechende normative Figuren: Wird das einfach-gesetzliche Rücksichtnahmegebot des Baunachbarrechts als „Bestandteil einzelner gesetzlicher Vorschriften des Baurechts" und nicht als „allgemeine Härteklausel, die über den speziellen Vorschriften […] des gesamten öffentlichen Baurechts steht"[178], verstanden, liegt seine Charakterisierung als Theoriebegriff nahe. Denn seine mittlerweile anerkannte Wirkung, wonach es nur „in Anknüpfung an einzelne Vorschriften des materiellen Rechts"[179] und nicht als „allgemeines Rechtsprinzip verstanden [werden kann], das abstrakt und unabhängig von den Vorschriften des materiellen Baurechts Drittschutz" vermittle, ist mit den normativen Wirkungen eines Theoriebegriffs identisch.

2. *Rechtsbegriffe*

Der rechtstheoretischen Schicht und den auf ihrer Ebene lokalisierten Theoriebegriffen folgt innerhalb der Rechtsgewinnung die rechtsnormative Schicht. Entsprechend ihrer Legitimierungs- und Disziplinierungsfunktion für die Rechtsgcwinnung stellt sie den Dreh- und Angelpunkt im Vorgang der Rechtsgewinnung dar. Gebildet wird die rechtsnormative Schicht durch die Rechtssätze der Rechtsordnung. Im Mittelpunkt der Rechtssätze stehen wiederum die Rechtsbegriffe[180]. Ihre Bedeutung wird im Folgenden erläutert (a), bevor die Regeln ihrer Anwen-

---

[176] Die normative Wirkung des Gebots der weltanschaulich-religiösen Neutralität bei *Heinig* geht in die Richtung der Wirkung eines Theoriebegriffs, siehe dazu *Heinig*, JZ 2009, 1136 (1140), der dieses als „regulative Idee" für die Norminterpretation einstuft; ähnlich *Schlaich*, Neutralität als verfassungsrechtliches Prinzip, 1972, 230–233 (insbes. 231), der das Gebot zur weltanschaulichen Neutralität als „Interpretationsmittel zur Erkenntnis von Normen und deren Inhalt" (231) begreift.

[177] So bei *Möllers*, Gewaltengliederung, 2005, 15, 18 f., dessen verfassungstheoretischer Begriff ebenso nicht unmittelbar normativ rechtserheblich ist, siehe 402 f.; die Gewaltenteilung ausdrücklich als „Hintergrundnorm" charakterisierend, was der hier aufgezeigten Stellung der Verfassungstheorie im Hintergrund der Rechtsbegriffe entsprechen dürfte, dazu *Möllers*, AöR 132 (2007), 493 (495).

[178] BVerwG, NVwZ 1999, 879 (880).

[179] *Muckel/Ogorek*, Öffentliches Baurecht, 3. Aufl. (2018), § 10, Rn. 14; im Anschluss an BVerwG, NVwZ 1999, 879 (880).

[180] Für das Verständnis eines Rechtsbegriffs kann insbesondere auf die Untersuchung *Gertrude Lübbe-Wolffs* zurückgegriffen werden, siehe dazu *Lübbe-Wolff*, Rechtsfolgen und Realfolgen, 1981, 40 ff., zu Rechtssätzen 25 ff. Zu einem Rechtsbegriff siehe auch bereits *Heck*, Begriffsbildung, 1932, 55–61; zu einem Rechtsbegriff speziell der „Opposition" siehe *Ingold*,

dung (b) und Konstruktion (c) aufgezeigt werden. Sodann sind sie von anderen dogmatischen Kategorien abzugrenzen (d) und Beispiele für Rechtsbegriffe aus der Verfassungsrechtsdogmatik zu benennen (e).

a) Rechtsnormen und Rechtsbegriffe

Konstituiert wird die rechtsnormative Schicht durch die Rechtssätze[181] bzw. Rechtsnormen[182] der Rechtsordnung.[183] Eine Rechtsnorm ordnet rechtlichen Voraussetzungen rechtliche Folgen zu, verknüpft also Tatbestand mit Rechtsfolge – klassischerweise in einer konditionalen Struktur.[184] Diese Rechtsfolge muss im Gesetzestext nicht ausdrücklich in einer konditionalen Struktur formuliert sein, sich aber in eine solche Struktur formulieren lassen.[185] Des Weiteren braucht die Rechtsfolge nicht notwendigerweise ein Verhaltensgebot oder Verhaltensverbot zu statuieren. Auch die angeordnete Zuweisung einer rechtlichen Eigenschaft oder Definition[186], kurz: einer Sollens-[187] oder Geltungsanordnung[188] genügt.[189] Diese Geltungsanordnung wird durch eine Rechtsnorm mit einem Tatbestand verknüpft.

Das Recht der Oppositionen, 2015, 155 ff., 160 ff.; zu einem Rechtsbegriff speziell der „Verantwortung" siehe *Klement*, Verantwortung, 2006, 34 ff.

[181] Zu Rechtssätzen *Larenz/Canaris*, Methodenlehre der Rechtswissenschaft, 3. Aufl. (1995), 71 ff.

[182] Der Ausdruck „Rechtssatz" kann mit *Lübbe-Wolff* synonym zum Ausdruck der „Rechtsnorm" verstanden werden, vgl. *Lübbe-Wolff*, Rechtsfolgen und Realfolgen, 1981, 26, Fn. 36; demgegenüber begreift *Heckmann*, Geltungskraft und Geltungsverlust von Rechtsnormen, 1997, 125 die „Rechtsnorm als die Bedeutung eines Rechtssatzes".

[183] Siehe Teil 1 Kap. 2 I. 2.

[184] *Lübbe-Wolff*, Rechtsfolgen und Realfolgen, 1981, 26; damit im Ergebnis vergleichbar das Verständnis von Rechtssatz und Rechtsnorm bei *Heckmann*, Geltungskraft und Geltungsverlust von Rechtsnormen, 1997, 124 f.

[185] *Lübbe-Wolff*, Rechtsfolgen und Realfolgen, 1981, 33 f.

[186] *Lübbe-Wolff*, Rechtsfolgen und Realfolgen, 1981, 28: „eine „rechtsinterne Verknüpfung".

[187] *Reimer*, Zur Theorie der Handlungsformen des Staates, 2008, 137 f.

[188] Für Rechtssätze siehe *Larenz/Canaris*, Methodenlehre der Rechtswissenschaft, 3. Aufl. (1995), 77.

[189] *Lübbe-Wolff*, Rechtsfolgen und Realfolgen, 1981, 32 f.; so auch *Klement*, Verantwortung, 2006, 36; im Anschluss hieran *Kuhn*, Der Verfassungsgrundsatz effektiver parlamentarischer Opposition, 2019, 21; *Reimer*, Zur Theorie der Handlungsformen des Staates, 2008, 139 spricht von „autoritativen Sätzen"; zu verschiedenen Arten der Rechtssätze vgl. *Larenz/Canaris*, Methodenlehre der Rechtswissenschaft, 3. Aufl. (1995), 78 ff.

„Knotenpunkt“[190] der Rechtsnorm ist wiederum der Rechtsbegriff[191].[192] Er ist die Variable, die von der Rechtsnorm mit einer anderen verbunden wird.[193] Aufbauend auf dem Verständnis einer Rechtsnorm sind Rechtsbegriffe demnach solche „Begriffe, an deren Anwendbarkeit oder Nichtanwendbarkeit eine Rechtsnorm Rechtsfolgen knüpft, auf deren Erfüllt-Sein in einem konkreten Fall es also für die Entscheidung mindestens eines denkbaren Falles ankommt.“[194]

Nach Maßgabe dieser Definition sind Rechtsbegriffe nicht nur Schlüsselbegriffe des Rechtssystems, wie der Vertrag, der Verwaltungsakt oder das Eigentum, sondern grundsätzlich auch andere „Knotenpunkte“ der Rechtsnormen.[195] Reduzierte man den Rechtsbegriff hingegen auf die besonders relevanten Schlüsselbegriffe („Verwaltungsakt“, „Eigentum“ …), suggerierte dies eine Begriffsabhängigkeit der Rechtsnormen; eine Vorstellung, die letztlich ein wissenschaftlich geschaffenes Begriffssystem unterstellt,[196] was im Lichte der Gesetzgebungsfunktion politisch-demokratischer Akteure nicht haltbar erscheint.[197] In einem demokratischen Rechtssystem steht demgegenüber die positiv statuierte Rechts-

---

[190] *Lübbe-Wolff*, Rechtsfolgen und Realfolgen, 1981, 41 f., 46.

[191] Weshalb der Rechtsbegriff auch als Rechtssatzbegriff bezeichnet werden könne, so *Engisch*, in: FS Klug, Bd. 1, 1983, 33 (40).

[192] *Lübbe-Wolff*, Rechtsfolgen und Realfolgen, 1981, 46; *Wank*, Die juristische Begriffsbildung, 1985, 87: Rechtsbegriff als „Sinnzusammenhang zwischen Tatbestand und Rechtsfolge“.

[193] Die Verbindung von Rechtsbegriff und Rechtssatz unter Rekurs auf *H. L. A. Hart* zeigt auf *Lübbe-Wolff*, Rechtsfolgen und Realfolgen, 1981, 45 ff., 50 ff., insbes. 52 f.; so auch *Alexy*, Theorie der juristischen Argumentation, 8. Aufl. (2015), 315 f.; siehe ebenso *Ingold*, Das Recht der Oppositionen, 2015, 160 f. sowie *Klement*, Verantwortung, 2006, 34 f.

[194] *Lübbe-Wolff*, Rechtsfolgen und Realfolgen, 1981, 40; im Anschluss hieran auch *Ingold*, Das Recht der Oppositionen, 2015, 160; *Klement*, Verantwortung, 2006, 35 f.; in diese Richtung geht auch der von *Heck* geprägte „Gebotsbegriff“, der Auskunft über Vorstellungen von Geboten gebe, dazu *Heck*, Begriffsbildung, 1932, 54; diese Rechtsbegriffe als theoretische Begriffe der Rechtsdogmatik bezeichnend *Neumann*, in: Hassemer/ders./Saliger (Hrsg.), Einführung in die Rechtsphilosophie und Rechtstheorie, 9. Aufl. (2016), 351 (358).

[195] *Engisch*, in: FS Klug, Bd. 1, 1983, 33 (40) bezeichnet die an dieser Stelle als Rechtsbegriffe bezeichneten Figuren als Rechtssatzbegriffe bzw. Rechtsinhaltsbegriffe; *Bucher*, Das subjektive Recht als Normsetzungsbefugnis, 1965, 37 spricht hierbei ebenso von „Rechtsinhaltsbegriffen“; im Anschluss an *Bucher* auch *Röhl/Röhl*, Allgemeine Rechtslehre, 3. Aufl. (2008), 57.

[196] *Klement* spricht diesbezüglich zutreffend von einer „sich selbst genügenden, nicht vom positiven Recht und nicht einmal von der Rechtsprechung abhängigen, ausschließlich von der Wissenschaft betriebenen Dogmatik“, siehe *Klement*, Verantwortung, 2006, 35.

[197] Wie hier *Klement*, Verantwortung, 2006, 35; *Röhl/Röhl*, Allgemeine Rechtslehre, 3. Aufl. (2008), 60, wonach alle in einem Normsatz befindlichen „auslegungsbedürftige[n] Begriff[e] normativ“ seien; anders *Alexy*, Theorie der juristischen Argumentation, 8. Aufl. (2015), 315 f., der mit *Radbruch* die „echten Rechtsbegriffe“ von den „sonstigen Begriffe[n]“ abgrenzt (316); so auch *Ingold*, Das Recht der Oppositionen, 2015, 160.

norm im Mittelpunkt der rechtswissenschaftlichen Betrachtung.[198] Ihr hat der Rechtsbegriff zu folgen. Rechtsnormen bringen demnach Rechtsbegriffe hervor, nicht andersherum. Der Rechtsbegriff ist – wie es die Definition bereits vorgibt – abhängig von einer Rechtsnorm.

Schließlich ist anzumerken, dass der Rechtsbegriff nicht mit einem Wort, auch nicht dem Wort eines Gesetzes, verwechselt werden darf. Die gesetzlichen Ausdrücke verweisen vielmehr auf die durch sie transportierten gedanklichen Gehalte, eben die Rechtsbegriffe[199].[200]

b) Anwendung

Eingebettet in eine Rechtsnorm formuliert ein Rechtsbegriff gegenüber den Adressaten der Rechtsnorm unmittelbar geltende Rechtsfolgen. Die Rechtsfolge kann den Charakter eines Gebots oder Verbots aufweisen und auch die Form einer bloßen Berücksichtigungspflicht annehmen. Zu betonen ist dabei, dass ein Rechtsbegriff nicht nur *typischerweise* mit einer bestimmten Rechtsfolge korrespondiert, sondern *notwendigerweise* mit ihr verbunden ist.

c) Konstruktion

Die Eigenschaft der zwingenden Geltung der Rechtsfolgen wirkt sich auf die Konstruktion eines Rechtsbegriffs aus: Der Begriff darf zum einen nur solche Inhalte umfassen, die grundsätzlich unwiderleglich mit bestimmten Rechtsfolgen verknüpft sind,[201] wofür wiederum der Inhalt eines Rechtsbegriffs möglichst eindeutig bestimmt werden muss[202].[203] Zum anderen unterliegt seine Bildung aufgrund seines Rechtsfolgen-Automatismus einer besonderen Begründungslast.

---

198 Siehe Teil 1 Kap. 1 IV. 1.

199 Siehe zum einen bereits zum Verständnis einer Norm Kap. 1 Fn. 92, zum anderen siehe zur Bedeutung von Begriff im hier verstandenen Sinne Kap. 2 Fn. 87.

200 *Engisch,* in: FS Klug, Bd. 1, 1983, 33 (40) bezeichnet demgegenüber die gesetzlichen Ausdrücke als „Rechtssatzbegriffe" und die von ihnen transportierten gedanklichen Gehalte, die hier als Rechtsbegriff bezeichnet werden sollen, als „Rechtsinhaltsbegriffe", die aber – so *Engisch* – „letztlich in ihrem Gehalt überein[kommen]", womit sich insoweit im Ergebnis kein Unterschied zu dem hier gewählten Verständnis ergibt.

201 *Lübbe-Wolff*, Rechtsfolgen und Realfolgen, 1981, 85.

202 Dass ein Rechtsbegriff im Rahmen einer Rechtsnorm durch einen möglichst eindeutigen Inhalt und zwingende Rechtsfolgen charakterisiert sei, bedeutet freilich nicht, dass die Subsumtion unter die Rechtsbegriffe stets eindeutig und zwingend erfolge; vielmehr ist hier mitunter Raum für besonders wertungsoffene Überlegungen. Die rechtspraktische Schicht hat daher Begrifflichkeiten bereitzustellen, die den Subsumtionsvorgang für die Rechtspraxis erleichtern und für die Rechtsadressaten vorhersehbarer gestalten; siehe dazu Teil 1 Kap. 2 II. 3. a).

203 *Baer*, in: Schmidt-Aßmann/Hoffmann-Riem (Hrsg.), Methoden der Verwaltungsrechtswissenschaft, 2004, 223 (228).

Sie wird insbesondere in einem kodifizierten Rechtsgebiet wie dem des Verfassungsrechts typischerweise nur durch das geschriebene Recht erbracht werden können. Für die Konstruktion von Rechtsbegriffen kann daher auf die zuvor festgestellte widerlegliche Regelvermutung verwiesen werden[204]: Rechtsnormen werden grundsätzlich durch das positive Recht begründet. Dementsprechend finden sich die in Rechtsnormen enthaltenen Rechtsbegriffe grundsätzlich allein im positiven und nur ausnahmsweise im ungeschriebenen Recht.[205] Speziell für das Verfassungsrecht statuiert die zuvor benannte Vermutung für Letztere jedoch ein gesteigertes Rechtfertigungserfordernis.[206]

Im Übrigen sind für die Konstruktion von Rechtsbegriffen neben den aufgezeigten Begründungspflichten die Regeln der Definitionslehre zu beachten. Das bedeutet maßgeblich, dass die Gebote der Eliminierbarkeit und Nichtkreativität[207] zu berücksichtigen sind. Auf diese Weise kann der insbesondere von *Philipp Heck* aufgedeckte Fehlschluss vermieden werden, wonach aus – insbesondere systematisierenden – Begriffen weitere Begriffe deduziert werden (sogenannte „Inversion")[208].

d) Abgrenzung des Rechtsbegriffs zu anderen Kategorien in der Rechtswissenschaft

Das hier zugrunde gelegte Verständnis eines Rechtsbegriffs ist nicht zu verwechseln mit den von *Rüthers* als normative Begriffe bezeichneten Figuren[209], die er von deskriptiven Begriffen[210] abgrenzt.[211] Während Rechtsbegriffe von anderen Begriffstypen vorliegend entsprechend ihrem Grad an normativer Erheblichkeit und ihrer Funktion im Vorgang der Rechtsgewinnung unterschieden werden sollen, verweist die von *Rüthers* geprägte Unterscheidung von empirischen und normativen Begriffen auf die Auslegung der Rechtsbegriffe. So beinhalteten normative Begriffe bei *Rüthers* eine Verweisung auf Normen oder erforderten eine Wertung des Rechtsanwenders[212] und deskriptive Begriffe einen Blick in die

---

204 Siehe ausführlich dazu Teil 1 Kap. 1 IV. 1. a), b).

205 Für mit Rechtsnormen identische Rechtssätze siehe auch *Larenz/Canaris*, Methodenlehre der Rechtswissenschaft, 3. Aufl. (1995), 71; der Verwaltungsakt bis zum Erlass des VwVfG ist ein Beispiel für einen Rechtsbegriff in einem unkodifizierten Rechtsbereich.

206 Siehe ausführlich dazu Teil 1 Kap. 1 IV. 1. b).

207 *Holzke*, Der Begriff Sport im deutschen und im europäischen Recht, 2001, 20.

208 Dazu *Heck*, Begriffsbildung, 1932, 91–97.

209 *Rüthers/Fischer/Birk*, Rechtstheorie, 11. Aufl. (2020), Rn. 180 f.

210 *Rüthers/Fischer/Birk*, Rechtstheorie, 11. Aufl. (2020), Rn. 177–179; siehe auch *Wank*, Die juristische Begriffsbildung, 1985, 7 f.

211 Wie hier auch *Ingold*, Das Recht der Oppositionen, 2015, 160.

212 *Rüthers/Fischer/Birk*, Rechtstheorie, 11. Aufl. (2020), Rn. 180–183.

empirische Realität.[213] Beide sind vorliegend dem Rechtsbegriff zuzuordnen, sofern sie Bestandteil von Rechtsnormen sind.[214]

Von Rechtsbegriffen sind schließlich solche Begriffe zu unterscheiden, die überhaupt erst das Denken in Rechten und Pflichten ermöglichen, wie eben eine „Rechtsnorm" oder ein „Normadressat".[215] Sie können mit *Engisch* als Rechtsgrundbegriffe bezeichnet werden.[216] Für den Vorgang der Rechtsgewinnung sind sie allerdings unerheblich. Darum bleiben sie im Folgenden außen vor.

e) Beispiele

Als Rechtsbegriff fungiert beispielsweise der Begriff der Grundrechtswesentlichkeit. Er begründet in Kenntnis der vom Bundesverfassungsgericht formulierten Wesentlichkeitslehre[217] eine Kompetenzpflicht zugunsten des Gesetzgebers und ein Delegationsverbot zulasten der Exekutive. Für die „Ausübung der staatlichen Befugnisse und die Erfüllung der staatlichen Aufgaben" im Sinne des Art. 30 GG greift zwingend der dort angeordnete Kompetenzverteilungsmechanismus, der nur durch zwingende kompetenzvermittelnde Rechtsbegriffe, unter anderem in Gestalt der Art. 73 f. GG, zugunsten des Bundes umgekehrt werden kann. Der Begriff der Rechtsprechung stellt im Lichte der Rechtsnorm des Art. 92 GG eine zunächst unbedingte Funktionszuweisung an bestimmte Amtsträger und Organe dar. Wird sie durchbrochen, ist der Übergriff in die Funktionszuweisung der Rechtsprechung zwingend rechtfertigungsbedürftig und außerhalb des „Kernbereichs der Rechtsprechung" auch durch verschiedene Rechtfertigungstitel rechtfertigungsfähig.[218] Gleiches gilt für den Begriff des Grundrechtseingriffs. Er ruft auf Basis des uns bekannten Rechtssatzes, wonach ein Grundrechtseingriff rechtfertigungspflichtig ist, die Rechtfertigungspflicht des Staates und darum weitere notwendige Erfordernisse wie die Wahrung des Verhältnismäßigkeitsgebotes hervor.

---

213 Kritisch zu dieser Unterscheidung *Ingold*, Das Recht der Oppositionen, 2015, 160.

214 So auch *Röhl/Röhl*, Allgemeine Rechtslehre, 3. Aufl. (2008), 60, der anstelle des Rechtsbegriffs den des normativen Begriffs gebraucht; letztlich auch *Rüthers/Fischer/Birk*, Rechtstheorie, 11. Aufl. (2020), Rn. 180, die auch deskriptive Begriffe als normativ einstufen, sofern diese Teil einer Norm seien; zu normativen Begriffen siehe auch *Wank*, Die juristische Begriffsbildung, 1985, 7 f.

215 Zu weiteren Beispielen *Engisch*, in: FS Klug, Bd. 1, 1983, 33 (41).

216 *Engisch*, in: FS Klug, Bd. 1, 1983, 33 (41); alternativ könnte hierfür mit *Bucher*, Das subjektive Recht als Normsetzungsbefugnis, 1965, 37 auch von „Rechtsformbegriffen" gesprochen werden; im Anschluss an *Bucher* auch *Röhl/Röhl*, Allgemeine Rechtslehre, 3. Aufl. (2008), 57.

217 BVerfGE 49, 89 (126); BVerfGE 98, 218 (251); zur Wesentlichkeitslehre des Bundesverfassungsgerichts siehe auch *Lassahn*, Rechtsprechung und Parlamentsgesetz, 2017, 77 ff.

218 *Detterbeck*, in: Sachs, GG, 8. Aufl. (2018), Art. 92, Rn. 16.

3. *Speicherbegriffe*

Der Bedeutungsgehalt der Rechtsnormen mitsamt ihren Rechtsbegriffen ist für die Rechtspraxis anwendungsorientiert aufzubereiten. Das leistet die rechtspraktische Schicht. Ihre Überlegungen sollen als Speicherbegriffe bezeichnet werden[219].[220] Ihre Funktion wird im Folgenden skizziert (a), bevor ihre Konstruktions- und Anwendungsregeln (b, c) sowie Beispiele (d) vorgestellt werden.

a) Funktion

Um der Anwendungsfunktion der rechtspraktischen Schicht zu genügen, haben Speicherbegriffe Auslegungs-, Subsumtions- und Abwägungsergebnisse zu konservieren.[221] Hierdurch stellt die rechtspraktische Schicht den Rechtsanwendern bewährte Problemlösungskategorien zur Verfügung und erfüllt obendrein ihre Prognose- und Orientierungsfunktion für die Rechtspraxis.[222] Die Speicherbegriffe verdeutlichen dem Rechtsanwender so, welche Sachverhaltsausschnitte in der Regel mit welcher Rechtsfolge zu versehen sind.[223] Fasst man die Funktion von Speicherbegriffen zusammen, kann gesagt werden: In einem Speicherbegriff werden Sachverhaltsausschnitte und Rechtsfolgen, die *typischerweise*, aber nicht notwendigerweise miteinander korrespondieren, miteinander verknüpft. Damit bieten sie dem Rechtsanwender vertypte Lösungen für Rechtsprobleme, die er in typischen Fällen heranziehen kann, ohne sie erneut begründen zu müssen.[224]

---

[219] Speicherbegriffe sind vergleichbar mit den „normative[n] Begriffsbestimmung[en]" bei *Heck*, Begriffsbildung, 1932, 68–70.

[220] Die Bezeichnung „Speicherbegriff" erfolgt im Anschluss an die von *Schmidt-Aßmann* identifizierte Speicherfunktion der Rechts- und Handlungsformenlehre, vgl. *Schmidt-Aßmann,* DVBl. 1989, 533; siehe dazu auch *Hoffmann-Riem,* in: ders./Schmidt-Aßmann/Voßkuhle (Hrsg.), Grundlagen des Verwaltungsrechts, Bd. II, 2. Aufl. (2012), § 33, Rn. 3, 14; vgl. zu einer ähnlichen Formulierung *Albers*, VVDStRL 71 (2012), 257 (270): „Dogmatiken speichern mit ihren gesetzesbezogenen oder gesetzesübergreifenden Begriffen, Bausteinen und Strukturen Wissensgrundlagen des Rechtssystems." Die Bezeichnung des Speicherbegriffs findet sich beispielsweise auch bei *Jestaedt*, Das mag in der Theorie richtig sein …, 2006, 79.

[221] Da dies ganz maßgeblich anhand anerkannter Auslegungs-, Subsumtions- und Abwägungsergebnisse der Rechtsprechung geschieht, bildet das von *Albers* so bezeichnete „Rechtsprechungsrecht" eine wichtige Grundlage für die Ausarbeitung der Speicherbegriffe; zu einem „Rechtsprechungsrecht" siehe *Albers*, VVDStRL 71 (2012), 257 (286 f.).

[222] Siehe Teil 1 Kap. 2 I. 3.

[223] Für „Fallnormen", die hiernach als Speicherbegriffe einzuordnen wären, *Fikentscher*, Methoden des Rechts, Bd. IV, 1977, 202; im Anschluss daran *Schroth,* in: Hassemer/Neumann/Saliger (Hrsg.), Einführung in die Rechtsphilosophie und Rechtstheorie, 9. Aufl. (2016), 243 (254 f.); *Jestaedt*, in: Depenheuer/Grabenwarter (Hrsg.), Verfassungstheorie, 2010, § 1, Rn. 28.

[224] Siehe auch für vergleichbare dogmatische Figuren *Alexy*, Theorie der juristischen Argumentation, 8. Aufl. (2015), 329; *Brohm*, VVDStRL 30 (1972), 245 (247); *Dreier*, in: ders.

b) Konstruktion

Sollen Speicherbegriffe diese Funktion erfüllen, müssen sie sowohl mit dem Blick auf die Einzelvorgaben des Gesetzes als auch die tatsächlichen Rechtsfälle etabliert werden.

Konkret bedeutet dies: Zum einen sind Speicherbegriffe durch eine positive Norm zu begründen.[225] Ihre Konstruktion sollte dabei jedoch induktiv[226] von den Einzelvorgaben der Verfassung ausgehen[227], sich quasi am „Klein-klein“[228] der Verfassung orientieren und sich nicht – wie Theoriebegriffe – von den „großen Erzählungen“ der Verfassungstheorie leiten lassen. Nur so wahrt die rechtspraktische Schicht die ausdifferenzierten kleinteiligen Einzelbestimmungen des Verfassungsrechts.[229]

Zum anderen sind Speicherbegriffe fallgruppenorientiert und lebensnah zu formulieren. Dafür sind sie möglichst systemarm und unterkomplex zu konstruieren.[230] Allein dadurch können sie Aussagen produzieren, die auf einen Rechtsfall anwendbar sind und so der Anwendungsfunktion der rechtspraktischen Schicht gerecht werden.[231]

Schließlich müssen für die Konstruktion von Speicherbegriffen die Regeln der Definitionslehre[232] beachtet werden. Hierfür sind sie weder als reine Nominal- noch Realdefinitionen bzw. analytische oder synthetische Definitionen zu klassifizieren.[233] Denn einerseits geben sie die Zuordnung eines bestimmten Sachbereichs zu einer Rechtsnorm wieder, andererseits klassifizieren sie diesen Aus-

---

(Hrsg.), Rechtswissenschaft als Beruf, 2018, 1 (32); *Koch/Rüßmann*, Juristische Begründungslehre, 1982, 185; auf eine Urteilsbegründung durch dogmatische Regeln hinweisend *Neumann*, in: Hassemer/ders./Saliger (Hrsg.), Einführung in die Rechtsphilosophie und Rechtstheorie, 9. Aufl. (2016), 303 (305); für die Rechtsformen des Verwaltungshandelns *Schmidt-Aßmann*, DVBl. 1989, 533: „Rechtsformen sind folglich vertypte Handlungsausschnitte, die besonderen Rechtsanforderungen unterstellt sind.“

225 Für sie gilt, wie *Jestaedt* betont, der Positivierungsnachweis, vgl. *Jestaedt*, in: Depenheuer/Grabenwarter (Hrsg.), Verfassungstheorie, 2010, § 1, Rn. 24, 58; siehe auch für die mit Speicherbegriffe vergleichbaren „konstatierenden Normsätze“ bei *Klement*, Verantwortung, 2006, 39.

226 Für eine Induktion siehe auch *Heck*, Begriffsbildung, 1932, 180–183.

227 *Jestaedt*, in: Depenheuer/Grabenwarter (Hrsg.), Verfassungstheorie, 2010, § 1, Rn. 25.

228 *Jestaedt*, in: Depenheuer/Grabenwarter (Hrsg.), Verfassungstheorie, 2010, § 1, Rn. 35.

229 Siehe ausführlich dazu Teil 1 Kap. 1 IV. 3.

230 *Jestaedt*, in: Depenheuer/Grabenwarter (Hrsg.), Verfassungstheorie, 2010, § 1, Rn. 56; *Möllers*, in: Hoffmann-Riem/Schmidt-Aßmann/Voßkuhle (Hrsg.), Grundlagen des Verwaltungsrechts, Bd. I, 2. Aufl. (2012), Rn. 36.

231 Siehe dazu Teil 1 Kap. 2 I. 3.

232 Dazu auch *Holzke*, Der Begriff Sport im deutschen und im europäischen Recht, 2001, 18 ff., insbes. 20.

233 *Wank*, Die juristische Begriffsbildung, 1985, 66 ff., insbes. 69.

schnitt innerhalb der Rechtsnorm entsprechend einem für den Rechtsanwender bestehenden Bedürfnis. Sie stellen, aber setzen auch fest.[234] Damit gelten die Anforderungen für Real- und Nominaldefinitionen in modifizierter Hinsicht.[235] Entsprechend den Anforderungen von Realdefinitionen kann ein solcher Begriff also partiell durchaus richtig bzw. falsch sein, wenn er sich jenseits des Rechtsbegriffs bewegt.[236] Darüber hinaus erweisen sie sich allenfalls entsprechend der anwendungsorientierten Speicherfunktion als zweckmäßig oder unzweckmäßig.[237]

c) Anwendung

Die fall- und normnahe Aufbereitung von Speicherbegriffen erlaubt es, sie in normativ erheblicher Weise in den Vorgang der Rechtsgewinnung einzubeziehen: Die Subsumtion des konkreten Falls kann hilfsweise mithilfe der Speicherbegriffe erfolgen. Gelingt die Subsumtion, gilt die Vermutung für die mit dem Rechtsbegriff verbundenen Rechtsfolgen.[238]

Dabei ist jedoch der Anforderung der rechtspraktischen Schicht, nämlich Aussagen zu generieren, die die Besonderheiten des jeweils konkreten, mitunter atypischen Rechtsfalls würdigen können[239], Rechnung zu tragen. Das gelingt dadurch, dass diese Vermutung als *widerlegliche* Vermutung zu verstehen ist.[240] Die Subsumtion unter den Speicherbegriff setzt hierbei die Überlegung voraus, dass im jeweiligen Einzelfall weder eine atypische tatsächliche Situation vorliegt noch eine spezifische normative Wertung untergraben wird. Es gilt also ein *Subsidiaritätsgebot* gegenüber atypischen Sachverhaltskonstellationen und vorrangigen normativen Wertungen.

Mithilfe dieser Anwendungsregel kann verhindert werden, was bereits durch die normnahe Etablierung von Speicherbegriffen bewirkt werden soll: Speicherbegriffe dürfen sich gegenüber den kleinteiligen Bestimmungen des Rechts nicht

---

[234] *Neumann,* in: Hassemer/ders./Saliger (Hrsg.), Einführung in die Rechtsphilosophie und Rechtstheorie, 9. Aufl. (2016), 351 (360 f.), der auf die Janusköpfigkeit der Dogmatik zwischen Erkenntnis und Normsetzung hinweist; *Wank*, Die juristische Begriffsbildung, 1985, 66 f.

[235] Differenzierend *Wank*, Die juristische Begriffsbildung, 1985, 69.

[236] Zur Einschränkung definitorischer Freiheit synthetischer Definitionen in der Rechtswissenschaft *Holzke*, NVwZ 2002, 903 (908).

[237] Zur (Un-)Zweckmäßigkeit synthetischer Definitionen siehe *Holzke*, NVwZ 2002, 903 (908); *Holzke*, Der Begriff Sport im deutschen und im europäischen Recht, 2001, 20 f.

[238] Es besteht hier eine Nähe zu dem auf *Aristoteles* zurückgehenden Begründungstyp des sogenannten Wahrscheinlichkeitsenthymems, der keine zwingende Regel, aber gleichwohl taugliche Argumente beinhaltet, siehe dazu *Gräfin v. Schlieffen*, JZ 2011, 109 (112–114).

[239] Siehe dazu Teil 1 Kap. 1 V. 1.

[240] Die Eigenschaft der Widerleglichkeit für dogmatische Systementwürfe betont auch *Jestaedt*, Das mag in der Theorie richtig sein …, 2006, 82 f.

(zu weit) verselbstständigen; es gilt das Primat des positiven Rechts.[241] Auch sie verhalten sich daher rechtsnormakzessorisch.[242]

Zudem erlaubt die Widerleglichkeit, die Kontextualität der in Speicherbegriffen konservierten Überlegungen für die Rechtsgewinnung zu verarbeiten. Der Rechtsanwender wird dadurch zur Prüfung angehalten, ob bisherige Auslegungs- und Abwägungsergebnisse auf die Besonderheiten des jeweiligen Einzelfalls übertragbar sind. Das erfüllt auch den an die Rechtsgewinnung herangetragenen Bedarf nach einem Raum für Einzelfallgerechtigkeit.[243] Das Bedürfnis der Rechtsanwendung nach bewährten Problemlösungskategorien zum einen und anwendungsfähigen Aussagen zum anderen lassen sich so verbinden.[244]

Diese Anwendungsregel verschafft den Speicherbegriffen zwar einen lediglich *typisierenden* Aussagegehalt, erweitert jedoch zugleich ihre Einsatzmöglichkeit für die Rechtsgewinnung. So besitzen Speicherbegriffe durch ihren typisierenden Charakter zugleich das Potenzial, der Rechtsanwendung (noch) nicht zu Rechtsbegriffen kondensierte Überlegungen[245] bereitzustellen. Zugleich können sie die von einzelnen oder mehreren Rechtsnormen ausgehenden Rechtsgebote für bestimmte tatsächliche Erscheinungen „vergröbernd“[246] begrifflich verdichten und entsprechen damit der Orientierungsfunktion der rechtspraktischen Schicht.[247]

---

[241] *Jestaedt*, in: Kirchhof/Magen/Schneider (Hrsg.), Was weiß Dogmatik?, 2012, 117 (132, 134 f.), wonach sich „Dogmatik also vorbehaltlos in den Dienst des positiven Rechts“ zu stellen habe (135); *Jestaedt*, in: Depenheuer/Grabenwarter (Hrsg.), Verfassungstheorie, 2010, § 1, Rn. 21, 58 f.; *Waldhoff*, in: Kirchhof/Magen/Schneider (Hrsg.), Was weiß Dogmatik?, 2012, 17 (27 f.).

[242] Insgesamt für dogmatische Überlegungen *Jestaedt*, in: Kirchhof/Magen/Schneider (Hrsg.), Was weiß Dogmatik?, 2012, 117 (135, Fn. 30); *Waldhoff*, in: Kirchhof/Magen/Schneider (Hrsg.), Was weiß Dogmatik?, 2012, 17 (27).

[243] Siehe Teil 1 Kap. 1 IV. 1. d).

[244] Siehe dazu Teil 1 Kap. 1 V. 1., 2.

[245] Für die hiernach als Speicherbegriffe einzuordnenden Handlungsformen siehe auch *Hoffmann-Riem,* in: ders./Schmidt-Aßmann/Voßkuhle (Hrsg.), Grundlagen des Verwaltungsrechts, Bd. II, 2. Aufl. (2012), § 33, Rn. 14.

[246] Vgl. *Hoffmann-Riem*, in: Schmidt-Aßmann/ders. (Hrsg.), Methoden der Verwaltungsrechtswissenschaft, 2004, 9 (70 f.): „Anzustreben sind nur Vereinfachungen und Vergröberungen, die das strukturell Kennzeichnende erfassen, also trotz des gebotenen Verzichts auf das für manche Wissenschaftler verführerische Basteln an immer weiteren Differenzierungen (nur) das ‚Wesentliche‘ treffen und gerade deshalb in höchst unterschiedlichen Kontexten einsetzbar sind.“

[247] Insoweit wird der Forderung *Hoffmann-Riems* nach einer Dogmatik, die auf die „Rahmenbedingungen praktischer Arbeit abgestimmt“ ist, Rechnung getragen, siehe hierzu *Hoffmann-Riem*, in: Schmidt-Aßmann/ders. (Hrsg.), Methoden der Verwaltungsrechtswissenschaft, 2004, 9 (70).

Mit dieser Anwendungsregel für die Rechtsgewinnung unterscheiden sich Speicherbegriffe von einem Rechtsbegriff[248], dies zunächst jedoch nur in quantitativer Hinsicht; sie geben eine geringere Auskunft darüber, ob für einen bestimmten Fall eine Rechtsfolge angeordnet ist. Je präziser sie konstruiert wurden, desto stärker legen sie die Anordnung einer bestimmten Rechtsfolge nahe. Wurde ein Speicherbegriff mittlerweile so präzise gefasst, dass mit ihm nahezu zwingend eine Rechtsfolge einhergeht, liegt es nahe, ihn auch als Rechtsbegriff zu qualifizieren. Ist dies noch nicht der Fall, schlägt sein quantitativer normativer Unterschied allerdings auch in einen qualitativen um: Speicherbegriffe entfalten ihre Rechtswirkung eben nur über den Rechtsbegriff, stehen zu Rechtsbegriffen also in einem akzessorischen Verhältnis.[249] Damit sind Speicherbegriffe theoretisch zwar nur mittelbar rechtserheblich. Sofern und soweit sie fall- und normnah ermittelt wurden, können sie jedoch – vergleichbar einem Rechtsbegriff – praktisch unmittelbar für die Subsumtion und Begründung von Rechtsfolgen herangezogen werden. Insoweit ergeben sich stärkere Unterschiede zu Theoriebegriffen, die für die Begründung von unmittelbaren Rechtsfolgen grundsätzlich ausscheiden und obendrein wissenschaftlich-theoretisch statt anwendungsorientiert-praktisch gewonnen wurden.[250]

d) Beispiele

Als Speicherbegriffe können beispielsweise die Begriffe der berufsfreiheitlichen Drei-Stufen-Theorie[251] verstanden werden. Sie konservieren eine bestimmte Ab-

---

[248] In der Rechtswissenschaft findet sich eine ähnliche Unterscheidung, typischerweise zwischen „Rechtsbegriffen" und „dogmatischen Begriffen", so zum Beispiel bei *Reimer*, Zur Theorie der Handlungsformen des Staates, 2008, 19; in eine ähnliche Richtung *Klement*, Verantwortung, 2006, 37–41, der die mit Speicherbegriffen vergleichbaren „konstatierenden Normsätze" von den mit Rechtsbegriffen im hier verstandenen Sinne vergleichbaren „statuierenden Normsätzen" unterscheidet; siehe auch *Wank*, Die juristische Begriffsbildung, 1985, 6, der zwischen „Rechtssatzbegriffen" einerseits und „Rechtsinhaltsbegriffen" bzw. „Dogmatikbegriffen" bzw. „rechtswissenschaftlichen Begriffen" andererseits differenziert; siehe auch *Neumann,* in: Hassemer/ders./Saliger (Hrsg.), Einführung in die Rechtsphilosophie und Rechtstheorie, 9. Aufl. (2016), 303 (305 f.), der den gesetzlichen Regeln die dogmatischen Regeln entgegenstellt.

[249] *Klement*, Verantwortung, 2006, 39; *Reimer*, Zur Theorie der Handlungsformen des Staates, 2008, 19; anders wohl *Badura*, Der Staat – Beiheft 11 (1996), 133, der für die Dogmatik eine „Selbstständigkeit gegenüber der Positivität des geltenden Rechts" hervorhebt.

[250] Zudem setzen beide Begriffstypen in unterschiedlichen Etappen der Rechtsgewinnung an und sollten bereits deshalb unterschieden werden: Der Theoriebegriff trägt schon zur Konturierung der Rechtsbegriffe bei, wirkt also schwerpunktmäßig auf der Ebene der Rechtserkenntnis und nur punktuell auf der Ebene der Rechtsanwendung. Demgegenüber ist der Speicherbegriff für die Rechtsanwendung maßgeblich.

[251] *Lerche*, BayVBl. 1991, 517, der diese Begriffe als „Hilfsbegriffe" bezeichnet und sie

wägungsentscheidung, sind aber widerleglich.[252] Zugleich entfalten sie rechtliche Wirkung nur akzessorisch zu Rechtsbegriffen wie dem Grundrechtseingriff und der daraus folgenden Rechtfertigungspflicht und dem Gebot der Verhältnismäßigkeit. Ähnliches gilt für die drei Sphären im Schutzbereich des allgemeinen Persönlichkeitsrechts oder den Werk- und Wirkbereich für die Kunstfreiheit. Auch der Begriff der hoheitlichen Warnung kann als Speicherbegriff klassifiziert werden. Er bringt noch nicht entsprechend einem Rechtsbegriff zwingende Rechtsfolgen mit sich, speichert aber mittlerweile typische Rechtsfolgen ab und legt ihre Geltung nahe.[253]

4. Weitere Begriffstypen außerhalb des Vorgangs der Rechtsgewinnung

Theorie-, Rechts- und Speicherbegriffe tragen zur Rechtsgewinnung bei. Außerhalb der Rechtsgewinnung können Ordnungs-, Beschreibungs- und Heuristikbegriffe unterschieden werden. Sie werden im Folgenden skizziert.

a) Ordnungsbegriffe

Die rechtserheblichen Überlegungen bedürfen einer anwendungsorientierten Systematisierung.[254] Das leisten Ordnungsbegriffe.[255] Mit ihrer Hilfe werden insbesondere die Rechts- und Speicherbegriffe anhand gemeinsamer rechtlicher Wirkungen klassifiziert und so die Systematisierungsfunktion der rechtspraktischen Schicht erfüllt.

Ordnungsbegriffe sind das Produkt bereits ermittelter rechtlicher Folgen.[256] Diese Beziehung darf nicht umgedreht werden; der Ordnungsbegriff folgt der

---

dabei als „konkretisierende[n] Formeln" von „*methodischen* Leitprinzipien" (Fn. 4) abgrenzt. Damit besteht eine gewisse Ähnlichkeit zur hier vorgeschlagenen Unterscheidung zwischen Speicher- und Theoriebegriffen.

[252] So erkennt beispielsweise auch das Bundesverfassungsgericht Berufsausübungsregelungen mit dem faktischen Gewicht einer Berufswahlschranke und dementsprechend gesteigerten Anforderungen an die Rechtfertigung an, vgl. nur BVerfGE 77, 84 (105 f.).

[253] Ähnliche Funktionen und Wirkungen für eine Rechts- und Handlungsformenlehre feststellend *Hoffmann-Riem,* in: ders./Schmidt-Aßmann/Voßkuhle (Hrsg.), Grundlagen des Verwaltungsrechts, Bd. II, 2. Aufl. (2012), § 33, Rn. 3, 14.

[254] Siehe Teil 1 Kap. 2 I. 3.

[255] Ebenso als „Ordnungsbegriffe" bezeichnend *Heck*, Begriffsbildung, 1932, 62–64; *Jakab* bezeichnet diese Begriffe hingegen als rechtstheoretische Begriffe, siehe dazu *Jakab*, Rechtstheorie 37 (2006), 49 ff. (54) mit Hinweis auch auf *Radbruch*, Rechtsphilosophie, 8. Aufl. (1973), 215; soweit es die Darstellungs- und Strukturfunktion betrifft, sind die „freien rechtswissenschaftlichen Begriffe" bei *Engisch* hiermit vergleichbar, vgl. *Engisch*, in: FS Klug, Bd. 1, 1983, 33 (40).

[256] *Heck*, Begriffsbildung, 1932, 151 f.

Rechtsfolge, nicht andersherum.[257] Dementsprechend sind die bloß darstellenden Ordnungsbegriffe von den rechtserheblichen Theorie-, Rechts- und Speicherbegriffen abzugrenzen:[258]

- Im Gegensatz zu Theoriebegriffen wirken sie nicht auf Rechtsbegriffe ein. Sie besitzen vielmehr eine reine Darstellungs- und Systematisierungsfunktion.[259] Es geht bei ihnen also vor allem um „Verdeutlichung einerseits, […] Kürzung und Übersicht andererseits".[260] Aufgrund der Verortung der Ordnungsbegriffe auf der rechtspraktischen Schicht ist diese Systematisierung aber – anders als auf der rechtstheoretischen Schicht – nicht an der wissenschaftlich-theoretischen Stimmigkeit, sondern der praktischen Verwertbarkeit ausgerichtet.
- Anders als Rechtsbegriffe gehen von Ordnungsbegriffen keine unmittelbaren Rechtsfolgen aus.
- Im Vergleich zu Speicherbegriffen verknüpfen Ordnungsbegriffe nicht ihrerseits einen Sachverhaltsausschnitt mit vertypten Rechtsfolgen. Sie systematisieren vielmehr unter anderem diese bereits ermittelten Speicherbegriffe. Da sie rechtserhebliche Erscheinungen entsprechend gemeinsamen rechtlichen Merkmalen ordnen, tragen sie gleichwohl zur Orientierung der Rechtspraxis bei. Das entspricht ihrem Standort auf der Ebene der rechtspraktischen Schicht. Damit konservieren sie – vergleichbar den Speicherbegriffen praktisch zwar ebenso bestimmte rechtliche Eigenschaften. Aufgrund ihrer vorrangigen Systematisierungsfunktion ist etwaigen von Ordnungsbegriffen ausgehenden Vermutungen für Rechtsfolgen allerdings nur eine geringe Aussagekraft beizumessen; sie bedürfen daher im Einzelfall einer besonderen Prüfung, ob und inwieweit sich ihre Aussage auf den konkreten Fall übertragen lässt.[261]

---

[257] *Heck*, Begriffsbildung, 1932, 70, der darauf hinweist, dass die „Begriffsjurisprudenz" aufgrund der „Verkennung" dieses Grundsatzes aus darstellenden Begriffen neue Rechtsnormen gewonnen hätte, zu diesem sogenannten „Inversionsverfahren" (93), 91–97, dazu auch *Engisch*, in: FS Klug, Bd. 1, 1983, 33 (35 f.).

[258] Darauf mit Nachdruck hinweisend *Heck*, Begriffsbildung, 1932, 127 f., dementsprechend müsse auch die „Erkenntnis des inneren Systems, und die der Bildung des äußeren Systems durch die Darstellung" unterschieden werden (151 f.); sehr ähnlich die Unterscheidung zwischen äußerem und innerem System bei *Rüthers/Fischer/Birk*, Rechtstheorie, 11. Aufl. (2020), Rn. 139–144a.

[259] *Heck*, Begriffsbildung, 1932, 184; ebenso zur bloß darstellenden Funktion des hiermit vergleichbaren äußeren Systems bei *Rüthers/Fischer/Birk*, Rechtstheorie, 11. Aufl. (2020), Rn. 140 f.

[260] *Heck*, Begriffsbildung, 1932, 176.

[261] Für die Widerleglichkeit der von Ordnungsbegriffen ausgehenden Vermutungen für Rechtsfolgen siehe bereits *Heck*, Begriffsbildung, 1932, 63 f.

Entsprechend ihrer Funktion als bloße Hilfskonstruktion[262] für die Rechtspraxis und Rechtswissenschaft sind sie entsprechend den Anforderungen einer Nominaldefinition zu bilden. Ordnungsbegriffe sind demnach entweder zweckmäßig oder unzweckmäßig, nicht aber wahr oder falsch.[263]

Beispielsweise die drei großen, aber auch viele weitere kleinere (Teil-)Rechtsgebiete oder die Delikte im StGB werden mithilfe solcher Ordnungsbegriffe klassifiziert.[264] Auch die geläufige Unterteilung der Grundrechte in Wirtschaftsgrundrechte, Persönlichkeitsgrundrechte und Kommunikationsgrundrechte erfolgt durch Ordnungsbegriffe.

b) Beschreibungsbegriffe

Schließlich müssen Überlegungen, die die Wirkung von Rechtsbegriffen beschreiben, einem Begriffstyp zugeordnet werden.[265] Sie sollen als Beschreibungsbegriffe bezeichnet werden.[266] Sie übersetzen die von Rechtsbegriffen ausgehenden Folgen unter anderem für Wissenschaften mit anderem Erkenntnisinteresse. Dies können sie zutreffend oder unzutreffend leisten.[267] Für ihre Bildung sind demnach die Anforderungen der Realdefinition zu wahren.[268]

Beschreibungsbegriffe setzen erst nach der Rechtsgewinnung an, sind also – vergleichbar den Ordnungsbegriffen – normativ unerheblich. Methodisch unzutreffend wäre es dementsprechend, aus ihnen Rechtsfolgen abzuleiten; aus einer Beschreibung darf nicht ohne Weiteres etwas Normatives werden.[269] Es handelt

---

262 Vergleichbar mit synthetischen Sätzen bei *Holzke*, Der Begriff Sport im deutschen und im europäischen Recht, 2001, 20 f.

263 Zur (Un-)Zweckmäßigkeit synthetischer Definitionen *Holzke*, NVwZ 2002, 903 (908); *Holzke*, Der Begriff Sport im deutschen und im europäischen Recht, 2001, 20 f.; siehe auch *Heck*, Begriffsbildung, 1932, 174 f.

264 Für diese Systematisierungskriterien siehe auch *Rüthers/Fischer/Birk*, Rechtstheorie, 11. Aufl. (2020), Rn. 140 f.; als Ordnungsbegriffe fungieren beispielsweise die Einteilungen des Medizinrechts bei *Lindner*, JZ 2019, 639 (644 f.), die sich am Anwendungsbereich bestimmter Rechtsnormen orientieren und sich dabei vor allem von Zweckmäßigkeitserwägungen leiten lassen.

265 Damit besteht eine gewisse Nähe zu den von *Larenz* als Aussagesätzen bezeichneten Figuren, die er den Rechtssätzen gegenüberstellt, siehe dazu *Larenz/Canaris*, Methodenlehre der Rechtswissenschaft, 3. Aufl. (1995), 71 f.

266 Vgl. zu einem „Deskriptionsbegriff" *Lindner*, Rechtswissenschaft als Metaphysik, 2017, 104.

267 *Wank*, Die juristische Begriffsbildung, 1985, 61 f. Daher setzen sie nicht fest, sondern stellen fest; zur Unterscheidung feststellender und festsetzender Begriffe *Wank*, Die juristische Begriffsbildung, 1985, 60.

268 *Wank*, Die juristische Begriffsbildung, 1985, 60–62.

269 In diesem Sinne auch kritisch für das Verständnis und die Handhabung des weltanschaulich-religiösen Neutralitätsgebots *Schlaich*, Neutralität als verfassungsrechtliches Prinzip,

sich also allenfalls um in der Rechtswissenschaft gebrauchte, aber keine für die Rechtsgewinnung notwendigen Begriffe.

Beispielsweise beschreibt der Begriff der „mittelbaren Drittwirkung der Grundrechte" einen normativen Reflex der Grundrechte und kann demnach als Beschreibungsbegriff bezeichnet werden. Normative Folgen sind damit aber noch nicht verbunden.

c) Heuristikbegriffe

Teilweise[270] werden ebenso heuristische Begriffe als eigenständige Begriffskategorie in der Rechtswissenschaft anerkannt. Sie dienten dazu, sich einer Fragestellung anzunähern.[271] Dabei beinhalteten sie noch kein Erkenntnisprodukt, sondern formulierten ein Erkenntnisinteresse.[272] Soweit es sich dabei um ein nicht-juristisches Phänomen handelt, für das die Rechtsordnung nach ihren rechtlichen Antworten befragt wird, unterscheidet sich die Funktion des Begriffs aber grundsätzlich nicht von sonstigen nicht-juristischen Begriffen als tatsächliche Erscheinung.[273] Wird einem heuristischen Begriff demgegenüber eine auslegungsleitende Wirkung auf die Rechtserkenntnis zugesprochen[274], ist für eine solche Wirkung bereits die Begriffskategorie des Theoriebegriffs gefunden. Es besteht also kein dringendes Bedürfnis, einen heuristischen Begriff als eigenständige in der Rechtswissenschaft gebrauchte Begriffskategorie anzuerkennen. Ein heuristischer Begriff bzw. Heuristikbegriff könnte allenfalls zum Ausdruck bringen, dass die Einordnung einer bestimmten Erscheinung in Begriffskategorien noch aussteht. Folglich kann er für all diejenigen Überlegungen herangezogen

---

1972, 12ff., 197, 223f.; eine Verselbstständigung des Neutralitätsgebots von seinen Grundlagen feststellend *Heinig*, JZ 2009, 1136 (1137, 1140); kritisch zu einer Verselbstständigung des weltanschaulich-religiösen Neutralitätsprinzips siehe auch *Holzke*, NVwZ 2002, 903 (910f.).

270 *Klement*, Verantwortung, 2006, 47; im Anschluss hieran *Kuhn*, Der Verfassungsgrundsatz effektiver parlamentarischer Opposition, 2019, 26–28.

271 *Klement*, Verantwortung, 2006, 47.

272 *Klement*, Verantwortung, 2006, 47.

273 Zum Beispiel im Anschluss an *Klement* für einen heuristischen Rechtsbegriff der Opposition *Ingold*, Das Recht der Oppositionen, 2015, 163ff., insbes. 164.

274 In diese Richtung *Klement*, Verantwortung, 2006, 46ff., 49, wonach heuristische Begriffe auf dogmatische Sätze Einfluss nähmen, darauf aufbauend *Ingold*, der „Opposition" als heuristischen Rechtsbegriff charakterisiert, was dazu beitragen soll, dass Rechtsnormen, die die Opposition begrenzen oder ermöglichen, „verändert wahrgenommen und gehandhabt werden", vgl. *Ingold*, Das Recht der Oppositionen, 2015, 163ff., insbes. 164 sowie *Kuhn*, Der Verfassungsgrundsatz effektiver parlamentarischer Opposition, 2019, 27f. Siehe auch *Schlaich*, Neutralität als verfassungsrechtliches Prinzip, 1972, 230–233, der die weltanschauliche Neutralität des Staates als heuristischen Begriff und dabei als „Interpretationsmittel zur Erkenntnis von Normen und deren Inhalt" einstuft (insbes. 231), was vorliegend dem Theoriebegriff zugeordnet werden soll.

werden, die noch nicht das Stadium einer der genannten Begriffstypen erreicht haben. Seine Existenz zeigt aber das mit ihm verbundene Interesse an, einen solchen Begriff zu etablieren, und ist daher stets vorläufiger Natur. Rechtserhebliche Wirkung sollte einem Heuristikbegriff jedoch nicht zukommen. Dafür ist er zu vage und sein weiterer Begriffsstatus noch ungeklärt. Da seine Eigenschaft als Heuristikbegriff nach hier gebrauchtem Verständnis ohnehin nur vorläufiger Natur ist, ist es gar nicht erforderlich, ihm rechtliche Wirkung zukommen zu lassen. Wird ein solcher Begriff postuliert, ist zu untersuchen, ob der Begriff nicht schon den Status eines zuvor aufgezeigten Begriffstyps aufweist. Soweit ein solcher Begriff beispielsweise bereits etwaige Rechtsfolgen transportiert, kann er als ein Speicherbegriff eingestuft werden. Soll er sich auslegungsleitend auf Rechtsbegriffe auswirken, könnte es sich um einen Theoriebegriff handeln.[275] Gelingt dies hingegen nicht, könnte er als tatsächlicher Begriff allein Gegenstand rechtlicher Betrachtung sein, den Vorgang der Rechtsgewinnung aber selbst nicht begleiten.

5. Verhältnis der Begriffstypologie zu übrigen Kategorienbildungen

Die hier vorgestellte Begriffstypologie ist mit den übrigen Kategorienbildungen ins Verhältnis zu setzen. Das betrifft insbesondere die Dichotomie von Rechtserkenntnis und Rechtsanwendung (a), die klassischen Auslegungsmethoden (b) sowie die auf *Robert Alexy* zurückgehende Prinzipientheorie (c).

a) Verhältnis zur Dichotomie von Rechtserkenntnis und Rechtsanwendung

Die Begriffstypologie und das ihr zugrunde liegende Schichtenmodell treten nicht in Konkurrenz zur Dichotomie von Rechtserkenntnis und Rechtsanwendung bzw. Auslegung und Subsumtion.[276] Vielmehr sollen sie einen Rahmen zur Verfügung stellen, der eine begriffliche und methodische Ausdifferenzierung entsprechend den spezifischen Anforderungen beider Etappen erlaubt. So bewegen sich der Theorie- und Rechtsbegriff eher auf der Ebene der Rechtserkenntnis bzw. Auslegung und der Speicherbegriff eher auf der Ebene der Rechtsanwendung bzw. Subsumtion. Dadurch können sie zu einer Begriffs- und Methodenbildung beitragen, die den unterschiedlichen Anforderungen beider Arbeitsschritte gerecht wird.

---

[275] Insofern passt auch die von *Klement* aufgezeigte Rechtswirkung, nämlich die Einflussnahme „auf die Konstatierung dogmatischer Sätze" (vgl. *Klement*, Verantwortung, 2006, 49), eines solchen Begriffs besser zu den hier als Theoriebegriffe bezeichneten; gleiches gilt für die im Anschluss hieran erfolgte Einstufung der „Opposition" als „heuristischer Rechtsbegriff" bei *Ingold*, Das Recht der Oppositionen, 2015, 164.

[276] Siehe für das Verfassungsrecht nur *Hillgruber*, in: Depenheuer/Grabenwarter (Hrsg.), Verfassungstheorie, 2010, § 15, Rn. 27–33.

b) Verhältnis zu den klassischen Auslegungsmethoden

Vergleichbares gilt für das Verhältnis der Begriffstypologie zur klassischen Auslegungsmethodik. Sie stehen nicht in einem Alternativverhältnis, sondern – zugespitzt gesagt – sogar in einem Abhängigkeitsverhältnis zueinander: Die Interpretationsmethoden sind auf theoretischen Input angewiesen und bedürfen des Wissens um die tragenden Prinzipien des jeweiligen Rechtsgebiets. Theoriebegriffe speichern eben dieses theoretische Wissen einer Rechtsordnung ab, um es für die Auslegung der Rechtsbegriffe nutzbar zu machen. Sie unterstützen folglich die Normauslegung und ersetzen sie nicht.

c) Verhältnis zur Prinzipientheorie Robert Alexys

Des Weiteren ist die Begriffstypologie zum normstrukturellen Modell *Robert Alexys* in Beziehung zu setzen.[277] Hiernach seien Normen entweder als Regeln oder Prinzipien einzuordnen.[278] Während eine Regel ein Rechtsgebot auferlegt, das entweder erfüllt werde oder nicht[279], formulieren Prinzipien Optimierungsgebote, die in einem unterschiedlichen Ausmaß erfüllt werden könnten.[280]

Damit ergeben sich auf einen ersten Blick gewisse Parallelen zwischen den Rechtsbegriffen und Regeln einerseits sowie den Theoriebegriffen und den Prinzipien andererseits: Theoriebegriffe und Prinzipien transportieren beide Wertungen, die dosiert normative Wirkung entfalten und am ehesten mit einem Impuls vergleichbar sind.[281] Auch der Rechtsbegriff zeichnet sich durch die von *Alexy* herausgestellten Charakteristika einer Regel aus, denn soweit die Regel – und das betrifft gleichermaßen den in eine Rechtsnorm eingebetteten Rechtsbegriff – anwendbar ist, müssen die hiervon umfassten Rechtsfolgen zwingend eintreten.[282] Da diese Rechtsfolge allerdings auch in einer Pflicht zur Berücksichtigung eines bestimmten Interesses gegenüber den Normadressaten bestehen kann, umfasst das hier gebrauchte Verständnis von Rechtsbegriffen nicht bloß Regeln, sondern ebenso Prinzipien im Sinne der Regel-und-Prinzipien-Theorie *Alexys*. Denn auch sie formulieren gegenüber dem Rechtsanwender die zwingende und unmittelbar geltende Vorgabe, dass „etwas in einem relativ […] hohen Maße realisiert

---

[277] Siehe hierzu *Alexy*, Theorie der Grundrechte, 8. Aufl. (2018), 71 ff., insbes. 75 ff.; siehe zum Prinzipienmodell auch *Jestaedt*, Grundrechtsentfaltung im Gesetz, 1999, 206 ff.; *Poscher*, Grundrechte als Abwehrrechte, 2003, 75 ff.; *Unger*, Das Verfassungsprinzip der Demokratie, 2008, 91 ff., speziell zur Kritik und Antikritik an der Prinzipientheorie siehe 123 ff.

[278] *Alexy*, Theorie der Grundrechte, 8. Aufl. (2018), 71 ff., 77.

[279] *Alexy*, Theorie der Grundrechte, 8. Aufl. (2018), 76.

[280] *Alexy*, Theorie der Grundrechte, 8. Aufl. (2018), 75 f.

[281] Für Leitbilder und Prinzipien siehe *Volkmann*, AöR 134 (2009), 157 (174).

[282] *Alexy*, Theorie der Grundrechte, 8. Aufl. (2018), 76.

wird“[283], statuieren also ein Optimierungsgebot, das bei konkurrierenden Prinzipien in ein Abwägungsgebot mündet.[284] Demgegenüber zeigt ein Theoriebegriff dem Rechtsanwender aus sich heraus zunächst nur ein Ideal auf, ohne ihn mit einem Gebot zu konfrontieren. Er erlangt allein nach Absolvierung eines weiteren Rechtsgewinnungsschrittes über einen Rechtsbegriff Rechtserheblichkeit.[285] Wirkt sich der Theoriebegriff also auf die Konkretisierung des Rechtsbegriffs aus, ist das Prinzip aufgrund seines von ihm ausgehenden Optimierungs- und ggf. Abwägungsgebots nach hier vertretenem Verständnis also selbst Rechtsbegriff.[286]

Erkennt man die normstrukturelle Unterscheidung in Regeln und Prinzipien an, erweisen sich Rechtsbegriffe damit als ihr Oberbegriff. Immerhin versteht sich die Prinzipientheorie dezidiert als normstrukturelles Modell[287], das mit Regeln und Prinzipien zwei Normtypen unterscheidet. Rechtsbegriffe stehen wiederum auf einer Stufe mit Rechtsnormen, womit die Prinzipientheorie an die Rechtsnormen und zwangsläufig auch die Rechtsbegriffe andockt und diese weiter auffächert.[288] Die Begriffstypologie steht damit auch zur Prinzipientheorie *Alexys* nicht in einem Alternativ-, sondern einem Ergänzungsverhältnis.

III. Mehrwert des Schichtenmodells und der Begriffstypologie für die Rechtsgewinnung

Die Begriffstypologie und das ihr zugrunde liegende Schichtenmodell ersetzen keine dogmatischen Kategorienbildungen, sondern schaffen ein methodisches und begriffliches Raster für in der Rechtswissenschaft stets angewandte sowie angestellte Typen von Überlegungen und Argumenten. Das wirft die Frage nach ihrem Mehrwert auf. Dieser wurde zum Teil bereits an verschiedenen Stellen erläutert, ist aber noch einmal zusammenzufassen.

---

[283] *Alexy*, Theorie der Grundrechte, 8. Aufl. (2018), 75.

[284] *Alexy*, Theorie der Grundrechte, 8. Aufl. (2018), 75 f., 78 f.

[285] So auch für die Abgrenzung von Leitbild und Prinzip *Volkmann*, AöR 134 (2009), 158 (173), siehe auch 192; zur Abgrenzung von Leitbild und Prinzip siehe ebenso *Braun*, Leitbilder im Recht, 2015, 38 f.

[286] Für die Abgrenzung von Leitbild, das hier als Theoriebegriff einzustufen ist, siehe dazu Teil 1 Kap. 2 II. 1. c), und Prinzip siehe *Volkmann*, AöR 134 (2009), 158 (173 f.), speziell zum Normcharakter des Prinzips im Sinne von *Alexys* Prinzipientheorie 173; vgl. *Alexy*, Theorie der Grundrechte, 8. Aufl. (2018), 72; in die Richtung auch *Braun*, Leitbilder im Recht, 2015, 38 f.

[287] Für eine „Grundrechtstheorie als Strukturtheorie“ siehe nur *Alexy*, Theorie der Grundrechte, 5. Aufl. (2006), 32.

[288] Ganz in diesem Sinne begreift auch *Alexy* Regeln und Prinzipien als zwei Normtypen, siehe *Alexy*, Theorie der Grundrechte, 5. Aufl. (2006), 72, siehe auch 77: „Jede Norm ist entweder eine Regel oder ein Prinzip.“ Vgl. dazu auch *Volkmann*, AöR 134 (2009), 157 (173 f.).

Werden verschiedene Schichten innerhalb der Rechtsgewinnung verortet und voneinander abgegrenzt, können die Bildung und die Anwendung der mit ihnen korrespondierenden Begriffstypen auf ihre jeweilige Funktion innerhalb der Rechtsgewinnung abgestimmt werden.[289] Dadurch kommt der unterschiedliche, aber gleichermaßen notwendige Beitrag der einzelnen Schichten für die Rechtsgewinnung optimal zur Geltung. Auf die Weise können die komplexen Anforderungen an die Rechtsgewinnung bewältigt und den teilweise gegensätzlichen Interessen der hieran beteiligten Akteure und Disziplinen[290] adäquat Rechnung getragen werden. Es bedarf folglich keiner Entscheidung zwischen normativen *oder* außerrechtlichen Eigengesetzlichkeiten, sondern beide können auf unterschiedlichen Ebenen der Rechtsgewinnung angemessen berücksichtigt werden, sind dafür allerdings mit einem beschränkten Anwendungsradius auszustatten. Gleiches betrifft eine theoretische und praktische Perspektive auf das Recht. Auf Basis des Schichtenmodells gilt hierfür kein „oder“, sondern ein „und“, dies aber mit einem begrenzten, eben auf die jeweilige Schicht begrenzten Wirkungsgrad.

Ersichtlich wird dies mit Blick auf die Begriffstypen, die den Beiträgen der verschiedenen Schichten für die Rechtsgewinnung weitgehend entsprechen:

- Speicherbegriffe sind gemäß der Anwendungsorientierung der rechtspraktischen Schicht theoriearm sowie norm- und fallnah zu etablieren, können dafür aber unmittelbar für die Rechtsanwendung herangezogen werden. Ihr widerleglicher und typisierter Aussagegehalt erlaubt es ferner, dem Rechtsanwender für bestimmte tatsächliche Erscheinungen *typischerweise* einschlägige rechtliche Aussagen zusammenzufassen und trotzdem den besonderen Umständen des jeweiligen Einzelfalls in der Rechtspraxis Rechnung zu tragen. Denn der Differenziertheit und Komplexität – hier von der konkreten Rechtsordnung – ist nicht dadurch zu begegnen, dass verallgemeinerungsfähige Aussagen un-

[289] Damit korrespondiert auch die Unterscheidung verschiedener Arbeitsgebiete, in diesem Fall von Verfassungstheorie und Verfassungsdogmatik, siehe auch *Jestaedt*, in: Depenheuer/Grabenwarter (Hrsg.), Verfassungstheorie, 2010, § 1, Rn. 54–59; siehe ebenso *P. Kirchhof*, in: Isensee/ders. (Hrsg.), HStR, Bd. XII, 3. Aufl. (2014), § 273, Rn. 12, 41.

[290] Insoweit könnten, zugespitzt formuliert, Theorie-, Rechts- und Speicherbegriff in der genannten Reihenfolge als das Werkzeug von Rechtswissenschaft, Rechtspolitik und Rechtsanwendung bzw. Justiz fungieren. Insbesondere in dem Gegenüber von eher rechtserkenntnisorientiertem Theorie- und Rechtsbegriff einerseits und eher anwendungsorientiertem Speicherbegriff andererseits zeigt sich die begriffliche Fortsetzung der von *Trute* als eine Leistungssteigerung verstandenen Differenzierung von „Rechtswissenschaft, -dogmatik und -anwendung“, durch „die die Rechtspraxis von bestimmten Anforderungen entlastet und zugleich eine hinreichende Distanz vom Einzelfall und seinen möglichen Verstrickungen im Herstellungszusammenhang“ gesichert werde, vgl. *Trute*, in: Schmidt-Aßmann/Hoffmann-Riem (Hrsg.), Methoden der Verwaltungsrechtswissenschaft, 2004, 293 (312).

terlassen, sondern vielmehr ihre Fallibilität anerkannt sowie ihre Widerleglichkeit für den Einzelfall einprogrammiert werden.
- Rechtsbegriffe sind maßgeblich an die positive Rechtsordnung angebunden und unterliegen im Übrigen strengeren Begründungserfordernissen als Theorie- und Speicherbegriffe. Dadurch können sie aber für die Begründung von Rechtspositionen angeführt werden und erfüllen die Legitimierungsfunktion der rechtsnormativen Schicht für die Anordnung von Rechtspositionen.
- Die Ordnungsbegriffe dürfen wegen ihrer normativ unerheblichen Wirkung anderen Begründungserfordernissen genügen als die normativ erheblichen Theorie-, Rechts- und Speicherbegriffe, entsprechen erst so jedoch dem anwendungsorientierten Anforderungsprofil der rechtspraktischen Schicht.

Besonders deutlich wird der Mehrwert unterschiedlicher Begriffstypen für den Theoriebegriff: Die Normgewinnung ist auf theoretisch fundierte und systematisch angelegte Erkenntnisse angewiesen. Übersetzte man diese auf wissenschaftliche Reinheit und Totalität angelegten theoretischen Annahmen jedoch in unmittelbar rechtswirksame Überlegungen, überspielten sie als nur schwer kontrollierbarer „Alles-Zermalmer"[291] die detaillierten Einzelvorgaben der Verfassung. Des Weiteren erlauben es theoretische Konzepte nur begrenzt, die Besonderheiten des Einzelfalls zu berücksichtigen und so für die Rechtsanwendung herangezogen zu werden. Aus diesen Gründen braucht es für die Rechtsgewinnung Überlegungen jenseits unmittelbar rechtswirksamer und normativ vollkommen unerheblicher Annahmen. Mit hier gebrauchter Terminologie gesprochen: Die Alternative zwischen tatsächlichem Begriff und Rechtsbegriff greift zu kurz. Die Ergänzung der Rechtsnormen um eine rechtstheoretische Schicht hilft an dieser Stelle weiter. Ihre begriffliche Inkarnation ist der Theoriebegriff.

Mit ihrer Hilfe werden die detaillierten Einzelvorgaben der Verfassung systematisch durchdrungen und inhaltlich erfasst. Die Anwendungsregeln für Theoriebegriffe stellen jedoch sicher, dass diese die konkreten Bestimmungen des Verfassungsrechts nicht überspielen und sich gegenüber der Rechtsordnung verselbstständigen.[292] Das widerspräche bereits der gebotenen dosierten Wirkung von theoretischen Überlegungen in der Rechtsgewinnung.[293] Es wäre zudem den

[291] Die treffende Formulierung für die Lehre vom Legitimationsniveau verwendend *Lassahn*, Rechtsprechung und Parlamentsgesetz, 2017, 120.

[292] Dafür werben ebenso *Müller/Christensen*, Juristische Methodik, Bd. I, 11. Aufl. (2013), Rn. 418.

[293] Dies folgt nicht zuletzt aus einem von *Lindner*, Rechtswissenschaft als Metaphysik, 2017, 164–166 angemahnten „metaphysikkritischen Bewusstsein", was zu einer möglichst sparsamen Berücksichtigung von nicht auf das positive Recht rückführbaren Vorannahmen in der Rechtsgewinnung anhält, in diesem Sinne auch für ein *metaphysical self-restraint* plädierend 180 f.

komplexen rechtlichen und tatsächlichen Interessen eines Rechtsstreits unangemessen. Für sie hält die Konkretisierung abgestufter und ausdifferenzierter Regelungen des positiven Rechts passendere Lösungen bereit als das theoretisch fundierte und systematisch angelegte „große Ganze".

Auf der rechtstheoretischen Schicht ist zugleich die Betrachtungsebene für Wertungen eröffnet, die normativ angelegt, aber nicht zwingend angeordnet sind. Verengt sich die juristische Betrachtung hingegen auf rechtlich unmittelbar relevante oder rechtlich vollkommen irrelevante Erscheinungen, bliebe der Blick für sie jedoch versperrt: Ihre oftmals lediglich dezente normative Fundierung würde den gesteigerten Anforderungen unmittelbarer Rechtserheblichkeit eines Rechtsbegriffs nicht genügen. Sie wären infolgedessen zu einer tatsächlichen und normativ irrelevanten Erscheinung zu degradieren. In der Verfassung angedeutete Vorstellungen über die typische und idealtypische Inanspruchnahme ihrer Rechtspositionen stünden als normatives Wissen für die Verfassungsrechtsgewinnung dann nicht bereit. Gleiches gilt für normative Ideale und Wertvorstellungen, die auch und gerade in einem freiheitlichen Verfassungsstaat notwendig, als rechtsverbindliche Vorgabe diesem allerdings abträglich sind. Mit der rechtstheoretischen Schicht ist hierfür eine Betrachtungsebene eröffnet und mit dem Theoriebegriff ein geeigneter Begriffstypus gefunden.

Die in der Rechtswissenschaft stets angewandte[294], wenn jedoch nur selten explizit gemachte, im Hintergrund der Rechtsnormen befindliche, vor allem für die systematische und teleologische Auslegung herangezogene Figur sollte auch ausdrücklich anerkannt werden. Dadurch wird die Rechtswissenschaft nicht nur für die Eigengesetzlichkeiten ihrer Konstruktion und Anwendung – in Abgrenzung zu anderen Begriffstypen – sensibilisiert[295], sondern zugleich dazu eingeladen, das verfassungstheoretische System des Grundgesetzes weiter zu erschließen, die dabei ermittelten Erkenntnisse begrifflich verdichtet für die Rechtsgewinnung bereitzustellen und beispielsweise in Leitideen und Leitbildern sowie in Verfassungserwartungen und Verfassungsvoraussetzungen weiter aufzufächern.

Die hier vorgeschlagenen Begriffstypen sind auch an bisherige Typisierungen anschlussfähig. Insbesondere die Unterscheidung zwischen rechtserheblichen, nämlich den hier als Theorie-, Rechts- und Speicherbegriffe bezeichneten Begriffen einerseits und grundsätzlich nicht rechtserheblichen Ordnungsbegriffen andererseits, knüpft an die beiden Arten rechtswissenschaftlicher Konstruktio-

[294] Siehe nur die Beispiele in Teil 1 Kap. 2 II. 1. d) sowie die Beispiele und Nachweise in den Kap. 2 Fn. 124, Fn. 126.

[295] Vgl. auch *Lindner*, Rechtswissenschaft als Metaphysik, 2017, 110 ff., der für eine Transparenz bei der juristischen Begriffsbildung und eine Unterscheidung verschiedener Begriffstypen plädiert und hierbei für einen „Sprechakt-Stresstest" bei der Begriffsbildung wirbt, um eine möglichst metaphysikfreie Begriffsbildung zu gewährleisten (114).

nen an, wie sie *Philipp Heck* abgegrenzt hat: Er stellte „normativen Begriffsbestimmungen" den „schematischen Begriffsbestimmungen"[296] sowie dem daraus folgenden „inneren System"[297] das „äußere System"[298] gegenüber.[299] Während das äußere System darstellenden Charakter besitze,[300] gebe das innere System Auskunft über die hinter bzw. in den Normen befindlichen Wertungen und Interessenkonflikte.[301] Dabei weisen insbesondere *Hecks* „Interessenbegriffe"[302] eine Nähe zu den Theoriebegriffen sowie die „Gebotsbegriffe"[303] bzw. „Rechtsbegriffe"[304] eine Vergleichbarkeit zu den hier ebenso als Rechtsbegriffe bezeichneten Begriffen auf. Die von ihm bezeichneten „Ordnungsbegriffe"[305] dürften mit dem, was vorliegend ebenso als Ordnungsbegriffe verstanden wird, weitgehend identisch sein.

Die Begriffstypen sind allerdings nicht als starre Bausteine misszuverstehen. In der Terminologie einer argumentationsbezogenen Perspektive auf die Rechtsgewinnung[306] handelt es sich bei den Begriffstypen letztlich um Argumentationstypen, die einem diskursiven Rechtsgewinnungsprozess Argumentationsregeln zur Seite stellen. Vereinfacht gesagt, ließen sie sich darauf reduzieren, dass theoretisch fundierte und auch rechtsextern generierte Überlegungen für die juristische Argumentation berücksichtigungsfähig sind (rechtstheoretische Schicht, Theoriebegriff), es für die Begründung von Rechtsgeboten aber eines weiteren Argumentationsschrittes bedarf, der sich durch einen Rekurs auf – vorrangig positive – Rechtsnormen auszeichnet (rechtsnormative Schicht, Rechtsbegriff). Die Anwendung auf konkrete Fallgestaltungen unterstützen fallnahe Argumentati-

[296] *Heck*, Begriffsbildung, 1932, 66 ff., insbes. 68–70.

[297] *Heck*, Begriffsbildung, 1932, 139 ff.

[298] *Heck*, Begriffsbildung, 1932, 163 ff., insbes. 172 ff.

[299] Im Anschluss an *Heck* auch *Larenz/Canaris*, Methodenlehre, 3. Aufl. (1995), 263 ff., 302 ff.; ebenso zwischen äußerem und innerem System mit sehr ähnlichem Bedeutungsinhalt unterscheidend *Rüthers/Fischer/Birk*, Rechtstheorie, 11. Aufl. (2020), Rn. 139–144a.

[300] *Heck*, Begriffsbildung, 1932, S. 142–145, 172 f.; ähnlich das äußere bzw. „abstrakt-begriffliche System" bei *Larenz/Canaris*, Methodenlehre, 3. Aufl. (1995), 263 ff.; so auch für das „äußere System" bei *Rüthers/Fischer/Birk*, Rechtstheorie, 11. Aufl. (2020), Rn. 140 f.

[301] *Heck*, Begriffsbildung, 1932, 151–153; in diese Richtung auch *Larenz/Canaris*, Methodenlehre, 3. Aufl. (1995), 302–304, wonach ein solches inneres System Auskunft über die Prinzipien als „besondere Ausprägungen der Rechtsidee" gebe (302); *Rüthers/Fischer/Birk*, Rechtstheorie, 11. Aufl. (2020), Rn. 142.

[302] *Heck*, Begriffsbildung, 1932, 54–55.

[303] *Heck*, Begriffsbildung, 1932, 54 f.

[304] *Heck*, Begriffsbildung, 1932, 58–60.

[305] *Heck*, Begriffsbildung, 1932, 63–64.

[306] Am prominentesten wohl vertreten von *Alexy*, Theorie der juristischen Argumentation, 8. Aufl. (2015), 259 ff.; siehe auch *Neumann,* in: Hassemer/ders./Saliger (Hrsg.), Einführung in die Rechtsphilosophie und Rechtstheorie, 9. Aufl. (2016), 303 ff.

onshilfen, die die Argumentation zugleich zur Berücksichtigung der Besonderheiten des jeweiligen Einzelfalls anhalten (rechtspraktische Schicht, Speicherbegriff). Indem diese Argumentationsschritte vorliegend als Ausdruck einer Schicht innerhalb der Rechtsgewinnung und ihre jeweiligen Beiträge zur diskursiven Rechtsgewinnung als Begriffstypen verstanden werden, wird ihr eigenständiger, aber ergänzungsbedürftiger Charakter hervorgehoben. Ihre unterschiedliche Art der Gewinnung und Anwendung, quasi die „Argumentationsregeln", erhalten dadurch überhaupt die erforderliche Aufmerksamkeit, um die jeweilige Leistung der unterschiedlichen Beiträge für die Rechtsgewinnung optimal zu entfalten.

Des Weiteren zwingen das Schichtenmodell und die Begriffstypologie nicht dazu, die Zugehörigkeit jeder rechtsdogmatischen Überlegung zu einer Schicht bzw. zu einem Begriffstyp explizit zu machen.[307] Häufig werden schon die Herkunft des Begriffes oder der Kontext, in dem dieser gebraucht wird, eine Zuordnung ermöglichen. So spricht angesichts dessen, dass Rechtsbegriffe vorrangig dem positiven Recht zu entnehmen sind, eine widerlegliche Vermutung dafür, dass ungeschriebene rechtsdogmatische Aussagen in der Regel der rechtstheoretischen oder rechtspraktischen Schicht zuzuordnen und entsprechend als Theorie- oder Speicherbegriff zu klassifizieren wären. Wissenschaftlich fundiertere Ausführungen werden typischerweise der rechtstheoretischen Schicht und dem Theoriebegriff, anwendungsorientierte und fallgruppenbezogenere Annahmen der rechtspraktischen Schicht und dem Speicherbegriff zugerechnet werden können, ohne dass diese Zuordnung ausdrücklich ausgewiesen oder man sich ihrer bewusst werden muss. Schließlich wird ebenso ihrer Funktion bereits durch die Einhaltung der folgenden „Faustformeln" entsprochen:

- Rechtsfolgen bedürfen typischerweise einer Anbindung an das positive Recht (Rechtsbegriffe).
- Ungeschriebene rechtliche Überlegungen können zur Norminterpretation herangezogen werden. Dabei nimmt ihre Auslegungsleistung ab, je mehr das positive Recht entgegenstehende normative Wertungen enthält (Theoriebegriffe).
- Ungeschriebene rechtliche Überlegungen können ebenso zur Anwendung der Norm auf den konkreten Fall beitragen. Ihr typisierender Aussagegehalt ist widerlegt, soweit tatsächliche oder rechtliche Besonderheiten vorliegen (Speicherbegriffe).

---

[307] Das dürfte selbst dann gelten, wenn ein Ausdruck – wie in anderen Lebensbereichen auch – für verschiedene Begriffe gebraucht wird.

IV. Zusammenfassung

Die abstrakten Vorgaben des Verfassungsrechts bedürfen der Anwendung auf konkrete Fallgestaltungen. Dieser Vorgang der Rechtsgewinnung unterliegt zahlreichen Anforderungen. Um ihnen gerecht zu werden, ist der Vorgang der Rechtsgewinnung in verschiedene Ebenen zu unterteilen. Sie werden hier als Schichten bezeichnet. Es sind die rechtstheoretische, rechtsnormative und rechtspraktische Schicht zu unterscheiden. Ihr jeweiliger Beitrag zur Rechtsgewinnung korrespondiert mit eigenen begrifflich-methodischen Standards. Dies mündet in eine Begriffstypologie, maßgeblich bestehend aus Theorie-, Rechts- und Speicherbegriff, die den Beiträgen von rechtstheoretischer, rechtsnormativer und rechtspraktischer Schicht innerhalb der Rechtsgewinnung entsprechen. Die einheitliche Bezeichnung als Rechtsbegriff würde ihrem unterschiedlichen normativen Beitrag innerhalb der Rechtsgewinnung hingegen nicht gerecht. Gleiches gilt für den Ausdruck als „dogmatischer Begriff", der angesichts der vielseitigen Funktionen der Dogmatik[308] den teilweise unterschiedlichen normativen Beitrag einzelner Überlegungen verdunkelte.

Damit steht das begriffliche und methodische Raster zur Verfügung, anhand dessen nun eine Theorie der Regierung ermittelt und auf dogmatische Probleme angewendet werden kann.

[308] Exemplarisch für die Funktionen der Dogmatik siehe *Alexy*, Theorie der juristischen Argumentation, 8. Aufl. (2015), 307–311.

Teil 2

Die grundgesetzliche Theorie der Regierung

Um die positiven Bestimmungen der Verfassung vollständig juristisch zu erfassen, ist auf das verfassungstheoretische System zurückzugreifen. Es berichtet über die Funktion der einzelnen Elemente der Verfassung und über ihr Verhältnis zueinander.[1] Auf ein Verfassungsorgan gewendet, bedeutet dies, dass ein verfassungstheoretisches System das Wissen einerseits um die notwendige, ordnungsgemäße und angestrebte Funktionsweise eines Organs und andererseits über seine Beziehung zu anderen Organen und Akteuren bereithält.

Die vorliegend zu ermittelnde „Theorie der Regierung" versteht sich als ein auf das grundgesetzliche Organ der Bundesregierung bezogener Ausschnitt des verfassungstheoretischen Systems. Dementsprechend informiert sie über die vom Grundgesetz der Bundesregierung zuvörderst zugewiesene Funktion im Staats- und Gesellschaftsleben zum einen und ihr Verhältnis zu den übrigen Verfassungsorganen und verfassungsrechtlichen Akteuren zum anderen.[2]

Alternativ könnte – erneut mit *Böckenförde* – davon gesprochen werden[3], dass sie eine „systematisch orientierte Auffassung über den allgemeinen Charakter" und „die normative Zielrichtung" der Bundesregierung beinhaltet. Damit bietet sie folglich noch keine erschöpfende Darstellung der Rechtsstellung, Aufgaben und Befugnisse der Bundesregierung, trägt dafür aber zu einem angemessenen Verständnis der Rechtsstellung, Aufgaben und Befugnisse der Bundesregierung bei.

Wird im Rahmen einer „Theorie der Regierung" nach der Funktion oder der „normativen Zielrichtung" der Bundesregierung gefragt, soll dies im Folgenden auf die Rolle der Bundesregierung in der *Rechtserzeugung* bezogen werden. Das entspricht der spezifisch rechtswissenschaftlichen Perspektive dieser Untersuchung. Eine „Theorie der Regierung" gibt demnach unter anderem Auskunft über den vom Grundgesetz der Bundesregierung idealtypisch zugedachten Beitrag im gewaltengeteilten Rechtserzeugungsprozess, eben die spezifische „Re-

---

[1] Siehe Teil 1 Kap. 2 I. 1. b).

[2] Um die institutionelle und funktionelle Perspektive zum Ausdruck zu bringen, wird vorliegend von „Theorie der *Regierung*" gesprochen, da der Ausdruck „Regierung" sowohl das institutionelle als auch das funktionelle Element einschließt.

[3] *Böckenförde*, NJW 1974, 1529, siehe dazu bereits Kap. 2 Fn. 55.

gierungs"tätigkeit. Insoweit geht sie maßgeblich in dem, was herkömmlich als Regierungsfunktion oder als materielle bzw. funktionelle Regierung bezeichnet wird[4], auf. Daneben berichtet eine „Theorie der Regierung" über den der Bundesregierung vom Grundgesetz zugewiesenen Platz innerhalb der Verfassungsorgane und ihr Verhältnis zu anderen Akteuren. Das schließt auf Basis hier vertretener methodischer Vorverständnisse den Blick für tatsächliche Umstände ein. Dadurch können die normativ angelegte *tatsächliche* Beziehung zu anderen Akteuren sowie die institutionellen Rahmenbedingungen der Bundesregierung zur Kenntnis genommen und so Abhängigkeiten und Wirkungsmöglichkeiten bei der Rechtserzeugung erkannt und für die Bestimmung der idealen Funktion der Bundesregierung verarbeitet werden.[5]

Es sind daher zunächst relevante institutionelle Strukturen des Regierungsorgans zu beleuchten (Kap. 3). Diese Erkenntnisse tragen sodann zur Bestimmung der Regierungsfunktion bei (Kap. 4). Dies kann anschließend zu einer grundgesetzlichen Theorie der Regierung zusammengefasst werden (Kap. 4 IV. Zwischenergebnis). Mit ihrer Hilfe können schließlich rechtsdogmatische Probleme mit Regierungsbezug einer adäquaten Lösung zugeführt werden (Teil 3).

---

[4] Vgl. nur *Degenhart*, Staatsrecht I, 35. Aufl. (2019), Rn. 757; *Maurer*, Staatsrecht I, 6. Aufl. (2010), § 18, Rn. 5.

[5] Eine solche Betrachtung fügt sich in das Bestreben einer organisationsbezogenen Perspektive auf das Verfassungsrecht ein, stärker den Zusammenhang von Organisation und Entscheidung in den Blick zu nehmen, siehe dazu *Pilniok*, in: Krüper/ders. (Hrsg.), Organisationsverfassungsrecht, 2019, 1 (16 f.).

Kapitel 3

Das Regierungsorgan

Im Lichte der hier zu ermittelnden grundgesetzlichen Theorie der Regierung sind im Folgenden solche institutionellen Merkmale der Bundesregierung zu betrachten, die über die Befähigung der Bundesregierung zur Rechtserzeugung und ihre Beziehung zu anderen dabei besonders relevanten verfassungsrechtlichen Organen und Institutionen aufklären.

Nimmt man diese in den Blick, wird deutlich: Das Grundgesetz installiert die Bundesregierung als ein politisches Verfassungsorgan (I.), was im Lichte von Art. 21 GG ein parteipolitisches Verfassungsorgan meint (II.). Dadurch wird der klassische Organdualismus durch den parteipolitisch geprägten Dualismus von Regierung und Opposition überlagert (III.), die Bundesregierung gleichwohl sogar der Bundestagsmehrheit partiell als eigenständiges politisches Kraftzentrum gegenübergestellt (IV.). Diese Ambivalenz kennzeichnet das grundgesetzliche Konzept einer parlamentarisch verantwortlichen Regierung (V.).

I. Die Bundesregierung als politische Regierung

1. Vorbemerkungen: Die Politik im Recht

Das Politische erweist sich für das Recht als besondere Herausforderung.[1] Hier stehen sich zwei Funktionssysteme gegenüber, die sich eigenen Zielen verpflichtet fühlen und einer eigenen Logik unterworfen sind:

Politik zielt auf die Gestaltung des Gemeinwesens.[2] Dabei stehen sich konkurrierende Gemeinwohlkonzeptionen gegenüber, denen in einem pluralistischen

---

[1] Zum Verhältnis von Recht und Politik siehe auch *Roth*, Bundeskanzlerermessen im Verfassungsstaat, 2009, 105–107; zur Verfassung als „Grund und Grenze der Politik" *Roellecke*, in: Depenheuer/Grabenwarter (Hrsg.), Verfassungstheorie, 2010, § 2, Rn. 8 ff.

[2] Das Element der „Gestaltung" und des „Gemeinwesens" findet sich auch in *Luhmanns* Definition des politischen Systems wieder, vgl. *Luhmann*, Die Politik der Gesellschaft, 2000, 84, der im Hinblick auf das politische System auf das „Bereithalten der Kapazität zu kollektiv bindendem Entscheiden" abstellt; siehe auch *M. Weber*, Politik als Beruf, 1992, 5, der „die Leitung oder die Beeinflussung der Leitung eines politischen Verbandes" als Politik versteht.

Gemeinwesen eine grundsätzlich gleiche Anerkennungswürdigkeit zukommt.[3] Ihre Repräsentanten drängen in sachlicher Hinsicht auf eine größtmögliche Durchsetzung dieser Gemeinwohlkonzeptionen und in persönlicher Hinsicht auf eine größtmögliche „Macht"[4] im politischen System.[5] Der politische Prozess offenbart sich damit letztlich als Wettbewerb konkurrierender Gemeinwohlkonzeptionen und ihrer Repräsentanten.[6] Diesem Wettbewerb liegen grundsätzlich nur prozessual-formelle Anforderungen voraus, die eine faire Auseinandersetzung über die konkurrierenden Gemeinwohlkonzeptionen und der hieran beteiligten Akteure sicherstellen.[7] In materiell-inhaltlicher Hinsicht fehlt es hingegen an dem politischen Wettbewerb vorgegebenen verobjektivierbaren Beurteilungsmaßstäben. Zwar setzt eine politische Entscheidung vernünftigerweise die Berücksichtigung objektiver Tatsachen voraus, kann sich hierin jedoch nicht erschöpfen: Sollen wissenschaftlich ermittelte Tatsachen als Grundlage politischer Entscheidungen fungieren, erfordern sie eine Bewertung anhand übergeordneter Zielvorstellungen und eine Abwägung mit entgegenstehenden Tatsachen, Interessen und Rechtspositionen. Diese Bewertung und Abwägung verlangen zwangsläufig nach einer Setzung von Zwecken und einer Formulierung von Werten, die freilich begründungsfähig und -bedürftig sind, allerdings keinen Anspruch auf allgemeinverbindliche Anerkennung besitzen.[8] Insoweit (re)agiert Politik not-

---

[3] Vgl. *Kelsen*, Vom Wesen und Wert der Demokratie, 2. Aufl. (1929), Reclam-Ausgabe (2018), 132; *Lepsius*, Der Staat 52 (2013), 157 (169); *Möllers*, Demokratie – Zumutungen und Versprechen, 3. Aufl. (2012), 18 f.

[4] Siehe *Luhmann*, Die Politik der Gesellschaft, 2000, 45, der „Macht" als das spezifische Medium der Politik begreift; in dem Sinne auch *M. Weber*, Politik als Beruf, 1992, 25; im Anschluss daran auch *Morlok*, DVBl. 2017, 995.

[5] Vgl. auch *Jürgensen*, DÖV 2019, 639 (640), der auf die relativ hohe Intensität der Zielverfolgung in der Politik hinweist; siehe auch *M. Weber*, Politik als Beruf, 1992, 32: „Denn Parteinahme, Kampf, Leidenschaft […] sind das Element des Führers."

[6] Zur Übertragung des Wettbewerbsparadigmas auf das Demokratieprinzip siehe *Hatje*, VVDStRL 69 (2010), 135 (139–149). Den Wettbewerbscharakter der Politik betonen auch *Jürgensen*, DÖV 2019, 639 (640); *Morlok*, DVBl. 2017, 995 (1001); siehe auch *Honer*, RuP 2020, 419 (421).

[7] Der Wettbewerb ist daher kein existenzieller Kampf zwischen Freund und Feind im Sinne *Carl Schmitts*, siehe dazu *Schmitt*, Der Begriff des Politischen, 9. Aufl. (2015), 27; wie hier auch *Jürgensen*, DÖV 2019, 639 (640).

[8] Beispielsweise sind Tatsachen wie die Arbeitslosenzahl, die Inflationsrate oder die Wirtschaftskraft und die Auswirkungen wirtschaftspolitischer Instrumente auf eben diese Kennziffern wirtschaftswissenschaftlich messbar bzw. prognostizierbar. Da die genannten Parameter bekanntlich in einem Zielkonflikt zueinander stehen, setzt bereits die Auflösung dieses Zielkonflikts eine den ökonomischen Sachgesetzmäßigkeiten partiell entzogene Entscheidung zugunsten und zulasten einzelner dieser Parameter voraus. Selbst soweit hierfür wirtschaftswissenschaftliche Beurteilungskriterien bereitstehen, ist ihre Auswahl als Bewertungsmaßstab nicht das Produkt einer objektiven Erkenntnis, sondern einer voluntativen Setzung, nämlich

wendigerweise in Bezug auf objektive Tatsachen, zu denen sie sich anhand subjektiv gesetzter – im Sinne nicht allgemeinverbindlicher – Maßstäbe ins Verhältnis setzt.[9] Führt man politische Entscheidungen auf die konfligierenden gemeinschaftsbezogenen Selbstbestimmungsansprüche der Bürger zurück, ist dieser Befund auch normativ grundiert, da Selbstbestimmung durch die individuelle Formulierung von Zwecken, Zielvorstellungen und Werten gekennzeichnet ist.[10] Dementsprechend ist der Entscheidungsmaßstab der Politik in der freiheitlichen Demokratie subjektiv-voluntativ geprägt.[11]

Obendrein muss der politische Wettbewerb im demokratischen Gemeinwesen gegenüber den sich kontinuierlich wandelnden Positionen und Umständen Offenheit wahren.[12] Der politische Wettbewerb verlangt daher nach Flexibilität und

---

ökonomische Sachgesetzlichkeiten als primäre Handlungsmaßstäbe für die Organisation der Gesellschaft zugrunde zu legen. Führt man sich vor Augen, dass die Notwendigkeiten der Ökonomie mit denen anderer gesellschaftlicher Teilsysteme (zum Beispiel der Ökologie oder der Kultur) konkurrieren können, wird der bewertende und damit nicht lediglich objektiv-wissenschaftliche Charakter dieser Beurteilung evident: Wie die Auflösung miteinander konfligierender für sich genommen objektiv-wissenschaftlicher feststellbarer Sachinteressen verschiedener Sach- und Lebensbereiche erfolgt, kann zwangsläufig nicht nach Maßgabe der wissenschaftlichen Eigenlogik der einzelnen Sachbereiche bewertet werden, ist ihr Aussagegehalt doch durch ihren jeweiligen Sachbereich begrenzt. Es bleibt damit erforderlich, die Umstände, Interessen und Notwendigkeiten der einzelnen Sachbereiche jenseits allgemeinverbindlicher Beurteilungskriterien zu gewichten und miteinander in Ausgleich zu bringen. Hierfür lassen sich nur äußerste objektive Grenzen benennen. Folgerichtig nimmt beispielsweise auch die grundrechtliche Verhältnismäßigkeitsprüfung weitgehend die politisch gesetzten Gewichtungen einzelner Interessen, Umstände und Rechtspositionen auf, drängt maßgeblich auf ihre rechtsgüterschonende Umsetzung und hat sich grundsätzlich auf die Überprüfung, ob die „äußersten Grenzen der gesetzgeberischen Einschätzungsprärogative“ überschritten wurden, vgl. *Hillgruber*, in: Isensee/Kirchhof (Hrsg.), HStR, Bd. IX, 3. Aufl. (2011), § 201, Rn. 82, sowie ein unentziehbarer Kernbereich der jeweils betroffenen Rechtsposition unberührt bleibt, zu beschränken.

[9] In diesem Sinne auch *Möllers*, Demokratie – Zumutungen und Versprechen, 3. Aufl. (2012), 45: „Demokratische Ordnungen zeichnen sich dadurch aus, dass sie sich an Sachverhalten orientieren und umorientieren können, über die sie selber nicht verfügen. Sie setzen sich Maßstäbe, müssen aber auch in der Lage bleiben, sich an der Außenwelt den Kopf zu stoßen.“

[10] Selbstbestimmung steht dann gleichwohl nicht im Widerspruch zur Vernunft. Dazu erneut *Möllers*, Demokratie – Zumutungen und Versprechen, 3. Aufl. (2012), 43: „Geht es in der demokratischen Entscheidung um gute Gründe oder um freie Entscheidungen, also im ursprünglichen Sinne um Willkür? Die philosophische Diskussion über Vernunft und Freiheit hat sich auf einen so schlichten Gegensatz zwischen Vernunft und Willkür niemals eingelassen. Freiheit sollte sich etwa bei Kant ja gerade darin äußern, dass der Freie trotz anderer Bedürfnisse eine vernünftige Entscheidung treffen kann: Vernunft ist hier kein Gegensatz zu, sondern Anzeichen von Freiheit.“

[11] Zugespitzt *Arendt*, Wahrheit und Lüge in der Politik, 1972, 86: „Wer nichts will als die Wahrheit sagen, steht außerhalb des politischen Kampfes“.

[12] *Luhmann*, Die Politik der Gesellschaft, 2000, 142–144.

Revidierbarkeit sowohl in inhaltlich-sachlicher als auch in – davon schwer zu trennender – personeller Hinsicht.[13]

Recht zielt demgegenüber im modernen freiheitlichen Verfassungsstaat zwar ebenso auf Ermöglichung, dabei aber auch auf Begrenzung und Kontrolle politischer Gestaltung.[14] Dafür stellt die Verfassung einen dem politischen Alltagsprozess entzogenen Beurteilungsmaßstab bereit. Er unterzieht den politischen Prozess einer Kontrolle anhand fremder Rationalität, der Allgemeinverbindlichkeit für sich beanspruchen darf. Im Grundrechtsstaat des Grundgesetzes verlangt das Recht der Machtentfaltung schließlich größtmögliche Vorhersehbarkeit ab.

Dem Vorhersehbaren, Rationalen und Allgemeinverbindlichen des Rechts steht das – demokratisch gebotene – Flexible, Voluntative und Subjektive des politischen Wettbewerbs gegenüber. Der moderne Verfassungsstaat löst dieses Spannungsfeld dadurch auf, indem er beiden Funktionssystemen hinreichend Rechnung trägt[15]:

Das Recht begrenzt die politische Machtentfaltung anhand eines rationalen und objektiven Maßstabs, macht sie vorhersehbar und berechenbar. Gleichzeitig kann und hat das Recht die politische Eigenlogik zur Kenntnis zu nehmen.[16] Konkret bedeutet dies: Der Geltungsbereich des Rechts und dabei insbesondere der Verfassung ist unbegrenzt; einen blinden Fleck der Verfassung zugunsten des Politischen gibt es – sofern das Recht dies nicht selbst vorgibt – nicht.[17] Ein Begriff des Politischen ist für das Recht damit inkompatibel.[18] Durch einen solchen trüge das Politische seine dem Recht entgegenstehenden Charakteristika in die Sphäre des Rechts hinein und ließe letztlich die Eigenschaften beider Systeme nicht zu ihrer Entfaltung gelangen.[19]

Damit ist – auf Basis des dieser Ausarbeitung zugrunde liegenden Modells der Rechtsgewinnung – für das „Politische" kein Platz auf der Ebene der rechtsnor-

---

[13] *Gärditz*, JöR 64 (2016), 1 (13); zur Logik der Politik siehe auch *Lassahn*, Rechtsprechung und Parlamentsgesetz, 2017, 153–155 im Anschluss an *Kingdon*, Agendas, Alternatives, and Public Choices, 2. Aufl. (2014), 165 ff. sowie *Morlok*, DVBl. 2017, 995 (996).

[14] Vgl. *Roellecke*, in: Depenheuer/Grabenwarter (Hrsg.), Verfassungstheorie, 2010, § 2, Rn. 8.

[15] Vgl. *Roellecke*, in: Depenheuer/Grabenwarter (Hrsg.), Verfassungstheorie, 2010, § 2, Rn. 19.

[16] *Di Fabio*, Der juristische Begriff des Politischen, 2001, 10.

[17] Aus diesem Grund kann es beispielsweise keine „political question" im Sinne eines Sachbereichs geben, der einer verfassungsrechtlichen Überprüfung entzogen ist, siehe auch *Roth*, Bundeskanzlerermessen im Verfassungsstaat, 2009, 105–107; vgl. auch *Möllers*, Der Staat als Argument, 2000, 186.

[18] Vgl. auch *Roellecke*, in: Depenheuer/Grabenwarter (Hrsg.), Verfassungstheorie, 2010, § 2, Rn. 18, der konstatiert: „Einen rechtsdogmatischen Begriff von Politik kann es nicht geben, weil das Recht allenfalls mit den Grenzen, aber nie mit dem Kern der Politik zu tun hat."

[19] *Roth*, Bundeskanzlerermessen im Verfassungsstaat, 2009, 79.

mativen Schicht. Die politische Eigenlogik der Bundesregierung kann jedoch auf der Ebene des verfassungstheoretischen Systems Berücksichtigung finden. Indem verfassungstheoretische Überlegungen nur auslegungsleitend zur Konturierung und Konkretisierung der Rechtsbegriffe beitragen, können politische Eigengesetzlichkeiten auch für verfassungsrechtliche Vorgaben beachtet werden, ohne dass sie unmittelbar auf das Recht durchschlagen und das Recht dadurch an seiner Eigenlogik einbüßt. Ganz im Gegenteil: Besitzt das Recht Kenntnis über die Wirklichkeit seines Regelungsgegenstandes, kann es seine Steuerungsleistung erbringen und dadurch seine spezifische Rationalität wahren.[20]

2. Das „Politische Amt" der Mitglieder der Bundesregierung

a) Funktionsbedingtheit des Amtscharakters

Das Grundgesetz bekennt sich zum öffentlichen Amt. Ohne es zu definieren, setzt es dessen Idee als die kleinste Organisationseinheit des Staates[21] voraus.[22] Amt und Amtswalter gehen jedoch nicht ineinander auf, sondern sind zu unterscheiden.[23] Nur durch diese gedankliche Trennung können amtliche und individuelle Rechtspositionen gesondert berücksichtigt werden.[24] Soweit der Amtsträger funktional amtlich handelt, unterliegt er den Pflichten des Amtes. Diese wiederum werden nicht durch ein allgemeines Amtsverständnis, sondern durch die Stellung und Funktion des konkreten Amtes vermittelt.[25]

Gleiches gilt für die Mitglieder der Bundesregierung. Auch sie bekleiden ein staatliches Amt.[26] Der von den Regierungsmitgliedern zu leistende Amtseid bekundet dies (Art. 56, 64 Abs. 2 GG)[27]; Art. 64 Abs. 2 GG verweist ausdrücklich auf die „Amtsübernahme"[28], Art. 66 GG nimmt ebenso auf das Amt Bezug und macht die Amtsträgerschaft der Regierungsmitglieder sichtbar. Auch hier werden Funktion und Stellung der Bundesregierung und ihrer Mitglieder jedoch nicht durch ein allgemeines Amtsprinzip bestimmt, sondern andersherum: Erst die

---

[20] *Di Fabio*, Der juristische Begriff des Politischen, 2001, 10.

[21] *Depenheuer*, in: Isensee/Kirchhof (Hrsg.), HStR, Bd. III, 3. Aufl. (2005), § 36, Rn. 14; *Isensee*, in: ders./Kirchhof (Hrsg.), HStR, Bd. IV, 3. Aufl. (2006), § 71, Rn. 132; *Gärditz*, JöR 64 (2016), 1 (3).

[22] *Depenheuer*, in: Isensee/Kirchhof (Hrsg.), HStR, Bd. III, 3. Aufl. (2005), § 36, Rn. 5; zur Bedeutung des Amtes *Gärditz*, JöR 2016, 1 (3 ff.).

[23] *Gärditz*, JöR 64 (2016), 1 (3 f.).

[24] *Gärditz*, JöR 64 (2016), 1 (4).

[25] *Gärditz*, JöR 64 (2016), 1 (12).

[26] *Gärditz*, JöR 64 (2016), 1 (19 f.).

[27] *Klein*, in: Maunz/Dürig, GG, 88. EL (2019), Art. 21, Rn. 200.

[28] *Gärditz*, JöR 64 (2016), 1 (20).

Platzierung der Bundesregierung in der verfassungsrechtlichen Funktionenordnung gibt dem Amtscharakter der Mitglieder der Bundesregierung ihr spezifisches Gepräge.[29] Folgerichtig begründet § 1 des Bundesministergesetzes zugunsten der Mitglieder der Bundesregierung ein öffentliches Amtsverhältnis zum Bund *nach Maßgabe dieses Gesetzes*.

b) Spezifischer Amtscharakter der Bundesregierung

Es ist daher die an dieser Stelle zu ermittelnde verfassungsrechtliche Hintergrundvorstellung über die Bundesregierung, die Auskunft über Stellung und Funktion im verfassungsrechtlichen Gefüge und damit zugleich das spezifische Amtsverständnis ihrer Mitglieder gibt. Dabei können und sollen diese verfassungstheoretischen Überlegungen zwar ebenso Erkenntnisse aus der Verfassungswirklichkeit einbeziehen[30], jedoch nur soweit sie in den konkreten rechtlichen Vorgaben betreffend das jeweilige Organ oder Amtsträger angelegt sind und sich mit diesen grundsätzlich vereinbaren lassen.[31]

Betrachtet man die rechtlichen Vorgaben der Bundesregierung im Lichte einer verfassungswirklichen Perspektive, zeigt sich: Das Grundgesetz installiert für die Entscheidungsfindung der Bundesregierung und ihrer Mitglieder Rahmenbedingungen, die Entscheidungen entsprechend politischer Eigenlogik ermöglichen (aa) und herausfordern (bb). Das rechtfertigt es, sie als politisches Verfassungsorgan zu begreifen.[32]

aa) Gestaltungsfreiheit

(1) Gestaltungsfreiheiten als Entscheidungsspielräume mit originärer Zwecksetzungskompetenz

Um einem Organ und seinen Mitgliedern ein Handeln und Entscheiden entsprechend politischer Eigenlogik zu ermöglichen, bedarf es zunächst überhaupt rechtlich eingeräumter Entscheidungsspielräume. Dies setzt Befugnisse voraus, die dem Ausübenden eine Optionenwahl belassen.[33] Damit ein Entscheidungsspielraum aber auch eine Entfaltung politischer Eigenlogik erlaubt[34], muss er dem jeweiligen Amtsträger über eine bloße Optionenwahl hinaus einen Raum für

---

[29] *Badura*, in: FS Quaritsch, 2000, 295 (296); *Hesse*, Grundzüge des Verfassungsrechts, 20. Aufl. (1999), Rn. 628.

[30] Dafür *Di Fabio*, Der juristische Begriff des Politischen, 2001, 10.

[31] Siehe Teil 1 Kap. 2 II. 1. a) cc).

[32] Dazu insbesondere bereits *Payandeh*, Der Staat 55 (2016), 519 (532–534).

[33] Siehe auch *Roth*, Bundeskanzlerermessen im Verfassungsstaat, 2009, 59.

[34] Siehe Teil 2 Kap. 3 I. 1.

eine eigene Zwecksetzung eröffnen.[35] Erst dadurch ist es dem Amtsträger möglich, subjektive Zielvorstellungen in die Amtstätigkeit einzubringen und eine politische Richtunggebung vorzunehmen. Solche Entscheidungsspielräume können mit *Roth* als Gestaltungsfreiheiten bezeichnet werden.[36] Sie sind von solchen Entscheidungsspielräumen abzugrenzen, die zwar eine Optionenwahl zulassen, die Richtung ihrer Wahrnehmung aber bereits vorgeben, vom Amtsträger also den Vollzug eines fremden Zweckes verlangen; sie sind mit *Roth* als Ermessen zu bezeichnen.[37]

Die Bundesregierung wird maßgeblich mit verfassungsrechtlichen Befugnissen ausgestattet. Diese vermitteln typischerweise eine Gestaltungsfreiheit im eben aufgezeigten Sinn.[38] Denn in ihrer schwerpunktmäßigen[39] Funktion als Rahmenordnung[40] demokratischer Entscheidungsprozesse gibt die Verfassung nur selten eine Richtung oder gar ein konkretes Ergebnis vor[41], sondern reglementiert typischerweise nur den Weg dorthin. Dementsprechend erlauben und erfordern es die verfassungsrechtlichen Gestaltungsfreiheiten, eine der vielfältigen, untereinander konkurrierenden und keinem objektiven Beurteilungsmaßstab zugänglichen, eben politischen Zwecksetzungen zum Ausgangspunkt für die Wahrnehmung und Ausfüllung der Befugnisse zu erheben.[42] *Roth* spricht zutreffend an dieser Stelle von einer rechtlich eingeräumten Zwecksetzungskompetenz.[43] Das Recht zur Gesetzesinitiative (Art. 76 Abs. 1 GG) zugunsten der Bundesregierung kann als bedeutendste verfassungsrechtliche Gestaltungsfreiheit

---

[35] *Linck* spricht hier von Primär- und Sekundärentscheidungen, vgl. *Linck*, Zulässigkeit und Grenzen der Einflussnahme des Bundestages auf die Regierungsentscheidungen, 1970, 9; vergleichbar im Hinblick auf die Entscheidungsspielräume von Regierung und Verwaltung zwischen „Eigen- und Fremdorientierung" unterscheidend *Loschelder*, in: Isensee/Kirchhof (Hrsg.), HStR, Bd. V, 3. Aufl. (2007), § 107, Rn. 32.

[36] *Roth*, Bundeskanzlerermessen im Verfassungsstaat, 2009, 116 f.

[37] *Roth*, Bundeskanzlerermessen im Verfassungsstaat, 2009, 115 f., ausführlich zur Einordnung und Abgrenzung von Gestaltungsfreiheiten und Ermessen siehe 107 ff.

[38] Ebenso zu den parteipolitisch ausfüllungsbedürftigen Gestaltungsbefugnissen der Bundesregierung *Payandeh*, Der Staat 55 (2016), 519 (530 f.).

[39] Neben diese Funktion der Rahmenordnung treten mehrere Richtungsbestimmungen, die aber besonderer Ausgestaltung bedürfen, dazu *Roth*, Bundeskanzlerermessen im Verfassungsstaat, 2009, 102–104, im Anschluss an *Böckenförde*, NJW 1976, 2089 (2099).

[40] *Roth*, Bundeskanzlerermessen im Verfassungsstaat, 2009, 97–101.

[41] Materielle verfassungsrechtliche Verbürgungen, insbesondere die Grundrechte und Staatszielbestimmungen, bilden nur eine fragmentarische Werteordnung, siehe auch *Isensee*, in: v. Arnim/Sommermann (Hrsg.), Gemeinwohlgefährdung und Gemeinwohlsicherung, 2004, 95 (102 f.).

[42] Weitere Nachweise zu vergleichbaren Positionen siehe *Roth*, Bundeskanzlerermessen im Verfassungsstaat, 2009, 86 ff., 91 ff.

[43] *Roth*, Bundeskanzlerermessen im Verfassungsstaat, 2009, 116, im Anschluss an *Depenheuer*, in: Isensee/Kirchhof (Hrsg.), HStR, Bd. III, 3. Aufl. (2005), § 36, Rn. 24.

angeführt werden: Sie schafft den Rahmen zur Verfolgung politischer, also eben nur begrenzt rechtlich erzwingbarer und kontrollierbarer Ziele.[44] Gleiches gilt beispielsweise für die der Bundesregierung zustehenden Mitwirkungsrechte bei der Rechtsetzung im Rahmen der Europäischen Union (vgl. Art. 23 Abs. 3 GG) oder innerhalb internationaler Organisationen.

(2) Kein überzeugendes Gegenargument: Gemeinwohlverpflichtung

Einer solchen politischen Zwecksetzungskompetenz steht insbesondere nicht die jede Staatstätigkeit bindende Gemeinwohlverpflichtung[45] entgegen: Für das gemeine Wohl, verstanden als das „Leitbild vom guten Leben des Gemeinwesens“[46], fehlen im pluralistischen Gemeinwesen grundsätzlich objektivierbare und verallgemeinerungsfähige Zielvorgaben.[47] Dementsprechend ist das Gemeinwohl dem politischen Prozess bekanntermaßen grundsätzlich nicht vorgegeben, sondern aufgegeben.[48] Das Gemeinwohl ist damit zwangsläufig auf die Konkretisierung durch die politischen Gemeinwohlkonzepte angewiesen.[49] Es kann daher sogar weitergehend formuliert werden, dass die Gestaltungsfreiheiten der *politischen* Ausfüllung nicht trotz, sondern aufgrund der Gemeinwohlbindung aller staatlichen Gewalt bedürfen.[50]

---

44 *Payandeh*, Der Staat 55 (2016), 519 (531).

45 *Depenheuer*, in: Isensee/Kirchhof (Hrsg.), HStR, Bd. III, 3. Aufl. (2005), § 36, Rn. 45; zum Gemeinwohl siehe *Isensee*, in: ders./Kirchhof (Hrsg.), HStR, Bd. IV, 3. Aufl. (2006), § 71, Rn. 1 ff.

46 *Isensee*, in: ders./Kirchhof (Hrsg.), HStR, Bd. IV, 3. Aufl. (2006), § 71, Rn. 7.

47 *Gärditz*, JöR 64 (2016), 1 (2); *Schlaich*, Neutralität als verfassungsrechtliches Prinzip, 1972, 55.

48 So auch *Gärditz*, JöR 64 (2016), 1 (8–10); *Hatje*, VVDStRL 69 (2010), 135 (140 f.); *Klein*, in: Maunz/Dürig, GG, 88. EL. (2019), Art. 38, Rn. 191; ebenso für ein pluralistisches Gemeinwohlverständnis *Häberle*, JZ 1977, 361 (365); siehe aber auch *Depenheuer*, in: Isensee/Kirchhof (Hrsg.), HStR, Bd. III, 3. Aufl. (2005), § 36, Rn. 70, der das Gemeinwohl vom Produkt des politischen Wettstreits abgrenzt, sowie *Isensee*, in: v. Arnim/Sommermann (Hrsg.), Gemeinwohlgefährdung und Gemeinwohlsicherung, 2004, 95 (99); für einen wie hier verstandenen prozedural zu gewinnenden Gemeinwohlbegriff auch *Schlaich*, Neutralität als verfassungsrechtliches Prinzip, 1972, 55.

49 *Gärditz*, JöR 64 (2016), 1 (8–10); *Roth*, Bundeskanzlerermessen im Verfassungsstaat, 2009, 113–115; siehe hierzu bereits *Honer*, RuP 2020, 419 (420).

50 Demgegenüber einen Widerspruch zwischen Gemeinwohlverpflichtung der Bundesregierung einerseits und ihrem parteipolitischen Gestaltungsauftrag andererseits erblickend *Eder*, Rote Karte, 2017, 130; dahingehend wohl auch *Depenheuer*, in: Isensee/Kirchhof (Hrsg.), HStR, Bd. III, 3. Aufl. (2005), § 36, Rn. 71, infolgedessen unter anderem die „Partikularinteressen von […] Partei“ keine Bedeutung für die Amtsausübung besitzen dürften.

(3) Kein überzeugendes Gegenargument: Gestaltungsfreiheiten als lediglich quantitatives „Mehr“ an Entscheidungsspielräumen

Will man anhand dieser verfassungsrechtlich gewährten Gestaltungsfreiheiten nun eine spezifisch „politische Natur“ der Bundesregierung belegen, ließe sich dem freilich auf den ersten Blick entgegnen, dass alle Entscheidungsspielräume normtheoretisch qualitativ von gleicher Natur sind.[51] Der Einwand fußt auf der – maßgeblich auf *Hans Kelsen* und *Adolf Merkl* zurückgehenden – Vorstellung einer einheitlichen Stufenordnung der Rechtsordnung[52] sowie dem in jeder Rechtserzeugung enthaltenen Moment autonomer und heteronomer Rechtserzeugung[53]. Beide Annahmen werden grundsätzlich auch im Folgenden geteilt.[54]

Verfassungsrechtlich gewährte Gestaltungsfreiheiten schieden als Argument einer politischen Natur der Bundesregierung auf den ersten Blick hiernach jedoch aus, denn insbesondere die Vorstellung einer einheitlichen Stufenordnung der Rechtsordnung verdeutlicht: Die Verfassung und das einfache Gesetz sind zwei Spezies einer Gattung; sie grenzen sich allein durch ihren Rang innerhalb der Stufenordnung ab, sind normtheoretisch aber nicht von rechtlich abweichender Qualität. Folglich dürften sich auch die verfassungsrechtlich eingeräumten Gestaltungsspielräume nicht von dem durch das einfache Gesetz geschaffenen Ermessen abheben.[55] Beide unterscheiden sich aus normtheoretischer Perspektive allein in quantitativer Hinsicht, gewähren also Entscheidungsspielräume von größerem oder geringerem Umfang, aber keinen Spielraum von rechtlich eigener Art. Eng damit verbunden ist die gleichermaßen von *Kelsen* und *Merkl* vertretene Position, wonach jeder Rechtserzeugung – und demnach jeder Staatsfunktion – sowohl ein Moment der eigenverantwortlich-autonomen Rechtsetzung als auch der fremdgesteuert-heteronomen Rechtsanwendung innewohne; der jeweilige Anteil hieran weiche lediglich quantitativ voneinander ab.[56] Insofern unterscheiden sich auch Gesetzgebung und Vollziehung im Hinblick auf ihren Anteil an der Rechtsetzung und Rechtsanwendung nicht in absoluter, sondern allenfalls in re-

---

[51] Dafür auch *Leisner*, JZ 1968, 727 (729 f.); *Roth*, Bundeskanzlerermessen im Verfassungsstaat, 2009, 129.

[52] Siehe die entsprechenden Nachweise bei *Kelsen* und *Merkl* hierzu bereits in Kap. 1 Fn. 2.

[53] Siehe die entsprechenden Nachweise bei *Kelsen* und *Merkl* hierzu bereits in Kap. 1 Fn. 129; speziell zur Verwaltung und Regierung siehe *Kelsen*, Allgemeine Staatslehre, 1925, 244–246.

[54] Zu beiden Annahmen ausführlich und mit weiteren Nachweisen siehe *Roth*, Bundeskanzlerermessen im Verfassungsstaat, 2009, 82–94 (zur Stufenordnung der Rechtsordnung), 108–113 (zur autonomen und heteronomen Rechtserzeugung).

[55] Aus diesem Grund überträgt *Roth* die verwaltungsrechtliche Figur des Ermessens auf die Verfassung, siehe dazu *Roth*, Bundeskanzlerermessen im Verfassungsstaat, 2009, 75–81.

[56] *Kelsen*, VVDStRL 5 (1929), 30 (31 f.); siehe auch *Kelsen*, Allgemeine Staatslehre, 1925, 244–246.

lativer Hinsicht.[57] Legt man dies zugrunde, könnte auch der Grad eigenverantwortlicher bzw. fremdgesteuerter Rechtserzeugung nicht zum Anlass einer normativen Unterscheidung von Gestaltungsspielräumen oder Ermessen erhoben werden, denn beiden ist hiernach jeweils ein Aspekt der Selbst- oder Fremdbestimmung immanent. Damit wäre zu konstatieren: Gestaltungsfreiheiten unterscheiden sich von Ermessensspielräumen aus normativer Perspektive nur relativ und quantitativ, nicht absolut und qualitativ. Ausgangspunkt für eine Einordnung eines Organs und seiner Amtsträger als „politisch" könnten die Gestaltungsspielräume demnach folglich nicht sein.

Soll aber die grundgesetzliche Theorie über die Regierung rekonstruiert werden, kann die Betrachtung an dieser Stelle nicht enden. Vielmehr müssen die zuvor skizzierten methodischen Überlegungen in Erinnerung gerufen werden. Sie wirken sich auch auf die rechtswissenschaftliche Begutachtung der Gestaltungsspielräume aus. Dass diese normtheoretisch, also auf der Ebene der rechtsnormativen Schicht, qualitativ identische Eigenschaften innehaben, hält nicht davon ab, auf der Ebene des verfassungstheoretischen Systems die normativ angelegte, reale Wirkungsweise bestimmter Befugnisse zur Kenntnis zu nehmen und für die Rechtsgewinnung zu berücksichtigen. Legt man das zugrunde, offenbart sich ein deutlicher – tatsächlicher – Unterschied zwischen Gestaltungsfreiheiten und Ermessensbefugnissen, auch wenn dieser in normtechnischer Hinsicht lediglich von gradueller Natur ist.[58] In dem Fall der Gestaltungsfreiheiten fehlt es weitgehend an objektiv-rechtlichen Beurteilungsmaßstäben. Das ermöglicht dem Amtsträger, eigene Zwecke zu setzen und eine eigene Richtung einzuschlagen. Politisch motivierte Vorhaben können auf die Weise in das Staatsleben eingebracht und umgesetzt werden. In dem Fall des Ermessens unterliegt der Amtsträger hingegen einem fremden Rationalitätsmaßstab. Hier gelingt es nur begrenzt, die einer objektiven Überprüfung in der Regel nur schwer standhaltenden subjektiv-politischen Gestaltungsintentionen in staatlich autorisierte Rechtserzeugung zu überführen. Der Unterschied zwischen Gestaltungsfreiheiten und Ermessensbefugnissen ist normtheoretisch also allenfalls von quantitativ-gradueller, tatsächlich aber von qualitativ-erheblicher Natur, was eine Unterscheidung – jedenfalls auf der Ebene des verfassungstheoretischen Systems – nahelegt.[59] Ob die

---

[57] *Kelsen*, VVDStRL 5 (1929), 30 (31).

[58] So bereits *Smend*, in: FS Kahl, 1923, 1 (15), Fn. 1; im Anschluss daran auch *Mößle*, Regierungsfunktionen des Parlaments, 1985, 96 f., 103 f.

[59] Für eine Unterscheidung verschiedener Entscheidungsspielräume anhand materiell-rechtlicher Kriterien, wenn auch nicht auf der Ebene der Verfassungstheorie siehe *Roth*, Bundeskanzlerermessen im Verfassungsstaat, 2009, 95 f., näher zu der Unterscheidung von fremdem Vollzug und eigener Zwecksetzung 108–113.

rechtliche Quantität schließlich in eine Qualität umschlage[60], ist normtheoretisch eine interessante Überlegung und wurde wissenschaftlich auch diskutiert.[61] Es kann an dieser Stelle aber unentschieden bleiben; die verfassungstheoretische Hintergrundvorstellung begnügt sich auch mit normativ angelegten tatsächlichen Besonderheiten, wie sie für die verfassungsrechtlichen Gestaltungsfreiheiten festgestellt wurden. Insoweit bleibt festzuhalten: Mit den verfassungsrechtlich eingeräumten Gestaltungsfreiheiten verfügt die Bundesregierung über ein Gestaltungspotenzial von besonderer Art, das ihr ein Handeln entsprechend politischer Eigenlogik ermöglicht.

Allerdings besitzt die Bundesregierung keinen Anspruch auf Exklusivität von Befugnissen mit einer solchen Gestaltungsfreiheit. Weder kommen ihr ausschließlich *solche Befugnisse* zu, noch kommen ausschließlich *ihr* solche Befugnisse zu. So ist auch die Bundesregierung mit Befugnissen ausgestattet, die gesetzlich konkretisiert sind und in denen etwaige Entscheidungsspielräume den Charakter von Ermessensentscheidungen besitzen.[62] Das betrifft beispielsweise den gesetzesakzessorischen Erlass von Rechtsverordnungen (Art. 80 Abs. 1 S. 1 GG)[63] oder Entscheidungen, die funktional als Verwaltungsmaßnahme charakterisiert werden können und einfach-gesetzlich konkretisiert wurden (Art. 26 Abs. 2 GG). Des Weiteren verfügen auch andere Amtsträger über Befugnisse, die Gestaltungsfreiheiten vermitteln. Beispielsweise sind die Verwaltungsbehörden nicht auf den bloßen Gesetzesvollzug beschränkt. Insbesondere im Leistungsbereich erschöpft sich ihre Rechtsbindung typischerweise in der Verfassungsbindung[64]; Raum für Gestaltungsfreiheit und demnach politische Zwecksetzung besteht für sie an vielen Stellen mithin gleichermaßen wie für die Bundesregierung.[65]

Damit politisch motivierte Hoheitstätigkeit also nicht nur rechtlich ermöglicht, sondern auch herausgefordert wird, müssen weitere Umstände des jeweiligen Organs bzw. Amtes hinzutreten. Erst sie bilden die hinreichende Bedingung, um ein Organ bzw. Amt in normativer Hinsicht als „politisch" zu charakterisieren.[66] Das schlägt auch auf die jeweils wahrgenommene Tätigkeit durch; die aufgezeigten Gestaltungsfreiheiten avancieren zu politischen.[67]

---

[60] Dazu *Roth*, Bundeskanzlerermessen im Verfassungsstaat, 2009, 86 m.w.N.

[61] Siehe dazu *Roth*, Bundeskanzlerermessen im Verfassungsstaat, 2009, 82 ff.

[62] *Roth*, Bundeskanzlerermessen im Verfassungsstaat, 2009, 118.

[63] *Roth*, Bundeskanzlerermessen im Verfassungsstaat, 2009, 118 f.

[64] *Roth*, Bundeskanzlerermessen im Verfassungsstaat, 2009, 129.

[65] *Roth*, Bundeskanzlerermessen im Verfassungsstaat, 2009, 129 f.

[66] So ähnlich auch für das „politische Ermessen" *Roth*, Bundeskanzlerermessen im Verfassungsstaat, 2009, 81.

[67] Dagegen wohl *Roth*, Bundeskanzlerermessen im Verfassungsstaat, 2009, 95 f., 131, der für die Charakterisierung bestimmter Hoheitstätigkeit allein den Grad materiell-rechtlicher

Entsprechend den Anforderungen an die Rekonstruktion des verfassungstheoretischen Systems müssen diese Umstände normativ angelegt sein, können dabei aber im Lichte ihrer tatsächlichen Wirkungen betrachtet werden, sofern sich diese Überlegungen mit allgemeinen Vorgaben der Verfassung vereinbaren lassen.[68] Entsprechende normativ angelegte Umstände finden sich in den verfassungsrechtlich installierten Rahmenbedingungen bezüglich der Amtseinsetzung und Amtsausübung der Mitglieder der Bundesregierung.

bb) Institutionelle Rahmenbedingungen

Die grundgesetzlich normierten Strukturen betreffend der Amtseinsetzung (1) und Amtsausübung (2) der Mitglieder der Bundesregierung etablieren ein spezifisch *politisches* Amt.

(1) Wahl- und Ernennungsakt

Die Mitglieder der Bundesregierung verdanken ihre Mitgliedschaft nicht einem an Eignung, Befähigung und Leistung orientierten Beförderungsverfahren (Art. 33 Abs. 2 GG), sondern einer demokratischen Wahl (Art. 63 GG) bzw. einem demokratischen Vorschlags- und Ernennungsprozess (Art. 64 Abs. 1 GG).[69] Die Entscheidung unterliegt – jenseits rudimentärer rechtlicher Verfahrensanforderungen – keinen objektiv-rechtlichen Vorgaben. Die Beurteilung ist allein den Mitgliedern des Bundestages bzw. dem Bundeskanzler anhand politischer Zweckmäßigkeitsmaßstäbe anheimgestellt.[70]

Dass diese Wahl- bzw. Auswahlentscheidung auch politisch ausgeübt wird, wird durch die diesem Prozess vorangegangene Bundestagswahl provoziert: Durch sie werden konkurrierende Gemeinwohlkonzepte artikuliert, die auf einen größtmöglichen Transfer in staatliche Rechtsakte drängen. Die Regierungsfraktionen sind demnach dazu angehalten, ihre politischen Gestaltungsvorhaben, für und durch die sie ihre Mehrheit errungen haben, umzusetzen. Mit der Auswahl des Regierungspersonals eröffnet sich ihnen nun die Möglichkeit, eben diese von der Wahlbevölkerung erwartete Realisierung des mehrheitspolitischen Gemein-

---

Bindung und nicht die institutionelle Stellung des handelnden Organs heranzieht, siehe aber auch 81.

[68] Siehe Teil 1 Kap. 2 II. 1. a) cc).

[69] *Mößle*, Regierungsfunktionen des Parlaments, 1985, 104; *Payandeh*, Der Staat 2016, 519 (532); *Roth*, Bundeskanzlerermessen im Verfassungsstaat, 2009, 139 f.

[70] *Roth*, Bundeskanzlerermessen im Verfassungsstaat, 2009, 140. Insbesondere kommt dem Bundespräsidenten über ausdrückliche rechtliche Grenzen kein weitergehendes Prüfungsrecht zu; so auch für die Ministerentlassung *Roth*, Bundeskanzlerermessen im Verfassungsstaat, 2009, 142 f.

wohlkonzepts, personell abzusichern. Berücksichtigt man, dass dieses Gemeinwohlkonzept immerhin einen befristeten demokratischen Legitimationstitel erlangt hat, ist dieser Zusammenhang auch normativ fundiert. Die Auswahl des Regierungspersonals ist ein dezidiert politischer Vorgang.

(2) Normativ angelegte fehlende Unterscheidung von Amt und Amtsperson

Dieser politische Rekrutierungsprozess der Amtsperson setzt sich in der weiteren Ausgestaltung des Amtes fort[71]: Die für das Amtsprinzip charakteristische Unterscheidung von Amt und Amtsperson[72] kann für die Amtsträger der Bundesregierung zwar rechtlich durchaus, praktisch aber nur schwer aufrechterhalten werden.[73] Denn ein vorgefertigtes Kanzler- und Ministeramt, aus dem ein verfassungsrechtlich einforderbares Amtsverständnis resultiert, lässt sich nicht formulieren.[74] Weder kennt die Verfassung, geht man über ein bestimmtes Mindestmaß hinaus, obligatorische Regierungsaufgaben, noch sind die Art und Weise der Amtsausführung jenseits von rudimentären Regelungen vorgegeben.[75] Erst der Amtsträger – anders als bei sonstigen Ämtern – verleiht dem Regierungsamt seinen spezifischen Inhalt und Stil, nicht andersherum.[76] Die geringere rechtliche Prädestination des Regierungshandelns bewirkt auch eine schwächere rechtliche und gerichtliche Kontrolle. Das Minus an rechtlicher Kontrolle wird dafür durch ein Mehr an politischer Kontrolle kompensiert.[77] Hierfür installiert das Grundgesetz zum einen die parlamentarische Opposition und zum anderen die Parlamentsmehrheit, die steuernd auf die Bundesregierung einwirkt. So können der Bundeskanzler durch die Bundestagsmehrheit und die einzelnen Minister durch den Bundeskanzler grundsätzlich stets nach Maßgabe politischer Erwägungen abgewählt bzw. entlassen werden (Art. 67 Abs. 1, Art. 64 Abs. 1 Alt. 2 GG).[78] Ihre Amtsinhaberschaft ist also fragil[79] und insoweit Ausdruck der gebotenen Flexibilität und Unvorhersehbarkeit des demokratisch-politischen Prozes-

---

[71] *Payandeh*, Der Staat 2016, 519 (532).

[72] *Jarass*, Politik und Bürokratie, 1975, 103, im Anschluss unter anderem an *M. Weber*, Wirtschaft und Gesellschaft, 2. Halbband, 5. Aufl. (1976), 552f.

[73] *Gärditz*, JöR 64 (2016), 1 (13); *Jarass*, Politik und Bürokratie, 1975, 116.

[74] *Roth*, Bundeskanzlerermessen im Verfassungsstaat, 2009, 140.

[75] *M. Schröder*, in: Isensee/Kirchhof (Hrsg.), HStR, Bd. V, 3. Aufl. (2007), § 106, Rn. 34.

[76] In diese Richtung auch für das Amt des kommunalen Wahlbeamten *Bender*, NWVBl. 2016, 143 (147f.).

[77] *Gärditz*, JöR 64 (2016), 1 (13); *Roth*, Bundeskanzlerermessen im Verfassungsstaat, 2009, 56f., 81, 99.

[78] Zur Entlassung des Ministers *Roth*, Bundeskanzlerermessen im Verfassungsstaat, 2009, 141–143.

[79] *M. Schröder*, in: Isensee/Kirchhof (Hrsg.), HStR, Bd. V, 3. Aufl. (2007), § 106, Rn. 34.

ses.[80] Die bereits durch den Wahl- und Ernennungsvorgang bewirkte persönlich-politisch geprägte Amtsstellung wird dadurch abgerundet.

c) Zwischenergebnis

Die Bundesregierung wird mit zahlreichen Gestaltungsfreiheiten ausgestattet, die ihr ein Handeln nach Maßgabe politischer Eigenlogik erlauben. Die institutionellen Rahmenbedingungen bezüglich der Amtseinsetzung und Amtsausübung der Mitglieder der Bundesregierung halten sie des Weiteren dazu an, sich politischer Logik zu öffnen und befähigen sie in besonderer Weise zu einem dezidiert politischen Handeln. Dies rechtfertigt es, die Mitglieder der Bundesregierung als politische Amtsträger und die Bundesregierung als ein politisches Organ zu charakterisieren.[81]

Nimmt man die bereits angesprochene Gemeinwohlverpflichtung – auch der Bundesregierung – in den Blick, kann weitergehend formuliert werden: Einerseits muss das Gemeinwohl innerhalb formeller und materieller Grenzen grundsätzlich politisch gewonnen werden. Andererseits besitzen die Bundesregierung und der Bundestag sowohl Gestaltungsspielräume, die ihnen eine Konkretisierung des Gemeinwohls erlauben, als auch eine institutionelle Umrahmung, die sie zur politischen Konkretisierung des Gemeinwohls befähigen. Die Möglichkeit und die Befähigung für Politik treffen mit der gemeinwohlbedingten Pflicht zur Politik aufeinander. Insofern ist die Bundesregierung gemeinwohlbedingt regelrecht zur Politik berufen,[82] der politische Charakter Bestandteil ihrer sich bereits abzeichnenden verfassungsrechtlich zugewiesenen Funktion. Ein „Gebot der Distanz zum politischen Prozeß“[83] aufgrund der Gemeinwohlbindung der Bundesregierung wäre dann nur auf Basis eines substanziellen, dem politischen Prozess vorgegebenen Gemeinwohlbegriffs haltbar[84]; ansonsten widerspräche

---

[80] *M. Schröder*, in: Isensee/Kirchhof (Hrsg.), HStR, Bd. V, 3. Aufl. (2007), § 106, Rn. 34.

[81] BVerfGE 68, 1 (89): „‚politische‘ Gewalt“; *Badura*, in: FS Quaritsch, 2000, 295; so im Ergebnis auch *Gärditz*, wonach der „Inhalt der Amtspflichten der Regierungsmitglieder“ geprägt sei „durch die politische Leitungsfunktion“, siehe *Gärditz*, JöR 64 (2016), 1 (20); *Gusy*, KritV 2018, 210 (218 f.); ebenso *Münch*, Die Bundesregierung, 1954, 101–106; *Payandeh*, Der Staat 2016, 519 (532 ff., insbes. 533).

[82] BVerfGE 44, 125 (183 f.) – Sondervotum Rottmann; *Depenheuer*, in: Isensee/Kirchhof (Hrsg.), HStR, Bd. III, 3. Aufl. (2005), § 36, Rn. 24; *Eder*, Rote Karte, 2017, 127–129; *Gärditz*, JöR 64 (2016), 1 (13, 20 f.); skeptisch *Stumpf*, ThürVBl. 2016, 270 (271), der gleichwohl der Regierung eine Einschätzungsprärogative zur Ausfüllung des Begriffs vom Gemeinwohl überlässt.

[83] So aber *Depenheuer*, in: Isensee/Kirchhof (Hrsg.), HStR, Bd. III, 3. Aufl. (2005), § 36, Rn. 66; für eine parteipolitische Neutralität der Bundesregierung siehe auch *Eder*, Rote Karte, 2017, 136 f.

[84] Gegen einen solchen Gemeinwohlbegriff auch *Gärditz*, JöR 64 (2016), 1 (8 f.).

ein solches Gebot der sich schon an dieser Stelle andeutenden verfassungsrechtlichen Funktion der Bundesregierung.[85]

Die hier befürwortete Charakterisierung der Bundesregierung als politisches Organ schlägt sich auch in der Qualifizierung des Ministeramtes als „Amtsverhältnis eigener Art"[86] nieder, wie es vom Bundesministergesetz begründet wird.[87] Dabei ist es nur folgerichtig, dass klassische beamtenrechtliche Prinzipien, wie § 8 BMinG zum Beispiel für das Disziplinarverfahren klarstellt, nicht auf die Mitglieder der Bundesregierung anwendbar sind.[88] Der politische Charakter der Bundesregierung und ihrer Amtsträger unterscheidet sie von solchen Organen und Amtsträgern, die zwar ebenso über Gestaltungsfreiheiten verfügen, aber nicht vergleichbaren institutionellen Rahmenbedingungen unterliegen und daher in anderer Weise zur Gemeinwohlkonkretisierung beitragen.[89]

Wird gegen die Einordnung der Bundesregierung als „politisches Organ" vorgetragen, wonach der identifizierte politische Charakter der Bundesregierung in normtheoretischer Hinsicht allein von gradueller Natur sei, geht dieser Vorwurf unter Zugrundelegung der hier skizzierten methodischen Überlegungen wie gezeigt ins Leere. An dieser Stelle wird die grundgesetzliche Theorie über die Regierung rekonstruiert. Ist also von einem politischen Organ bzw. politischen Amtsträger die Rede, erfolgt diese Einschätzung auf der Ebene des verfassungstheoretischen Systems, bei der auch normativ angelegte reale Wirkungsweisen rechtlicher Vorgaben berücksichtigt werden können. Der – auf der Ebene der Rechtsbegriffe – allenfalls graduell bestehende Unterschied „politischer" und „unpolitischer" Entscheidungsspielräume und Strukturen steht demgegenüber außer Frage.[90]

Damit zeigt sich bereits der Vorzug der hier präsentierten methodischen Annahmen: Sollen politische und rechtliche Eigengesetzlichkeiten jeweils für sich

---

[85] Insofern unterliefe ein generelles Gebot zur politischen Abstinenz nicht eine – für staatliche Organe und Amtsträger unpassende – „Amts*würde*" (Herv. im Original), dazu *Bender*, NWVBl. 2016, 143 (147 f.), sondern schlicht die verfassungsrechtlich zugewiesene Funktion.

[86] *Badura*, in: FS Quaritsch, 2000, 295.

[87] *Badura*, in: FS Quaritsch, 2000, 295 (295 f.).

[88] Ihr Amtsverhältnis ist also beamtenähnlich, nicht beamtenidentisch, siehe dazu auch *Badura*, in: FS Quaritsch, 2000, 295 (295 f.); *Gärditz*, JöR 64 (2016), 1 (20); *Hesse*, Grundzüge des Verfassungsrechts, 20. Aufl. (1999), Rn. 628.

[89] Siehe dazu *Gärditz*, JöR 64 (2016), 1 (12, 17 f.).

[90] Insoweit erweisen sich *Roths* Überlegungen, wonach sich Hoheitstätigkeiten allenfalls im Grad materiell-rechtlicher Bindung unterscheiden, nicht aber aufgrund der institutionellen Stellung des handelnden Organs, in *normtheoretischer* Hinsicht als zutreffend, berücksichtigen aber nicht die *normativ angelegten realen* Wirkungsweisen und Gestaltungspotenziale bestimmter Rechtspositionen aufgrund institutioneller Rahmenbedingungen, wie es hier auf der Ebene des verfassungstheoretischen Systems möglich ist, siehe hierzu *Roth*, Bundeskanzlerermessen im Verfassungsstaat, 2009, 95 f., 128–131.

zur Geltung kommen, kann dies nur auf unterschiedlichen Betrachtungsebenen der Rechtsgewinnung gelingen. Die Unterscheidung von rechtstheoretischer und rechtsnormativer Schicht und damit korrespondierend von Theorie- und Rechtsbegriff ermöglicht dies. Wollte man politische und rechtliche Funktionssysteme hingegen auf einer Ebene miteinander versöhnen, müsste dieses Unterfangen aufgrund der aufgezeigten Wesensverschiedenheiten beider Eigengesetzlichkeiten zwangsläufig scheitern. Die Qualifizierung als „politisches Organ“ kann also nur jenseits der rechtsnormativen Schicht auf der Ebene des verfassungstheoretischen Systems vorgenommen werden.

II. Die Bundesregierung als parteipolitische Regierung

Wird die Bundesregierung als politisches Organ verstanden, berührt das zwangsläufig die Frage nach ihrem Verhältnis zu den sie tragenden Parteien; sie ist wie folgt zu beantworten: Die Bundesregierung ist als parteipolitische Regierung zu charakterisieren (1.). Dem stehen weder die Idee der Trennung von Staat und Gesellschaft (2.) noch die Inkompatibilitätsregelung des Art. 66 GG entgegen (3.). Auch die spezifischen Anforderungen des Amtes an die Gemeinwohlkonkretisierung zwingen nicht notwendig zu einer Korrektur der hier getroffenen Charakterisierung der Bundesregierung als eine parteipolitische Regierung (4.).

1. Keine Trennung von Regierung und Partei

Ist von der politischen Natur der Bundesregierung die Rede, ist in der Verfassungsordnung des Grundgesetzes damit vor allem eine parteipolitische Natur gemeint.[91] Das ist nicht nur eine Frage der Verfassungswirklichkeit, sondern verfassungsrechtlich vorgezeichnet: Das Grundgesetz bekennt sich zu einer pluralistischen Gesellschaft. Das zeigen die Grundrechte und der im Plural formulierte Art. 21 Abs. 1 S. 1 GG. Innerhalb dieser pluralistischen Gesellschaftsordnung räumt das Grundgesetz den Parteien für die politische Willensbildung eine überragende Bedeutung ein. Auch das bringt der gleich zu Beginn des staatsorganisatorischen Abschnitts verortete Art. 21 GG zum Ausdruck. Er bildet den normativen Ausgangspunkt für die hier zugrunde gelegte bedeutende Rolle der Parteien für das politische Leben; eine Rolle, die sie spätestens unter der Weimarer Reichsverfassung tatsächlich bereits besaßen, die diese aber nur pejorativ zur

[91] Treffend *Gusy*, KritV 2018, 210 (221): „Wo die Politik ist, können auch Parteien sein. […] Nach dem Grundgesetz *ist alle Politik (potentiell) Parteipolitik.*“

Kenntnis nahm.[92] Dieser normativ angelegte Gedanke wird im Lichte der Funktionsbedingungen moderner Massendemokratie bekräftigt. In einer solchen bleibt zwar das unvermittelte Einwirken des einzelnen Bürgers auf die Politik möglich, aber in seiner Wirksamkeit begrenzt. Die Vielfalt partikularer Interessen bedarf vielmehr der inhaltlichen Bündelung und Präzisierung, um effektiv adressiert und kanalisiert werden zu können und so in staatliche Willensbildung und konkrete Hoheitstätigkeit einzufließen.[93] Hierfür ist in der freiheitlich-demokratischen Verfassungsordnung des Grundgesetzes ein organisatorischer Rahmen erforderlich, der die Beteiligungsrechte der Akteure wahrt. Erst mit seiner Hilfe können politische Positionen konkretisiert und einer größeren Gruppe überhaupt in einer Weise zugerechnet werden, wie sie den Anforderungen freiheitlich-demokratischer Entscheidungsfindung genügt.[94]

Aus diesem Grund kommt Politik in der modernen Massendemokratie trotz bürgerschaftlichen Engagements, neuartiger Kommunikationstechnologie oder nicht-parteipolitischer Bewegungen[95] nicht ohne politische Parteien aus[96].[97]

---

92 Zur verfassungsrechtlichen Stellung der Parteien siehe *Eder*, Rote Karte, 2017, 43 ff., zur verfassungsrechtlichen Situation in der Weimarer Reichsverfassung siehe 44; zur verfassungsrechtlichen Rolle der Parteien siehe auch *v. Notz*, Liquid Democracy, 2020, 46–69.

93 BVerfGE 11, 266 (273); BVerfGE 24, 260 (264); *Eder*, Rote Karte, 2017, 48; vgl. auch *Rudzio*, Das politische System der Bundesrepublik Deutschland, 10. Aufl. (2019), 50 f., 85.

94 Die notwendige Funktion der Parteien als intermediäre Organisationen für die grundgesetzliche Demokratie betont auch *v. Notz*, Liquid Democracy, 2020, 52–54; zur notwendigen Rolle der Parteien in der Demokratie siehe auch *Towfigh*, Das Parteien-Paradox, 2015, 77 ff.

95 Zu „sozialen Bewegungen" als Form der Interessenvertretung mit weiteren Beispielen siehe *Rudzio*, Das politische System der Bundesrepublik Deutschland, 10. Aufl. (2019), 77–82. Ein junges Beispiel aus Deutschland für eine nicht-parteipolitische politische Organisation ist die als eingetragener Verein organisierte Sammlungsbewegung „Aufstehen", die entsprechend eigenen Angaben nicht anstrebt, politische Parteien zu ersetzen, sondern auf diese einzuwirken, vgl. https://aufstehen.de/web/strukturen/, zuletzt abgerufen am: 21.7.2021; kritisch zu diesem institutionellen Rahmen *v. Lucke,* Blätter für deutsche und internationale Politik Nr. 9/2018, 5–8, https://www.blaetter.de/ausgabe/2018/september/buendeln-oder-spalten-sammlungsbewegung-statt-rot-rot-gruen, zuletzt abgerufen am: 21.7.2021. Die von ihrem Gründer *Emmanuel Macron* ausdrücklich als Bewegung bezeichnete politische Organisation La République en Marche besitzt letztlich auch den Status und die Strukturen einer politischen Partei, um politisch handlungsfähig zu sein und auf die Willensbildung staatlicher Organe Einfluss zu nehmen.

96 *Rudzio*, Das politische System der Bundesrepublik Deutschland, 10. Aufl. (2019), 85 f.

97 Auch wenn bezweifelt werden kann, dass den Parteien in der Konzeption des Grundgesetzes ein Monopol politischer Willensbildung zukommt. Eine solche Vorstellung würde die (zunehmend gewachsene) Bedeutung anderer Formen politischer Willensbildung verkennen. Auch sie nehmen Einfluss auf die Willensbildung des Volkes und wirken – mitunter gleichermaßen erfolgreich – auf die Staatswillensbildung ein. Diese Vorstellung kommt auch in Art. 21 GG zum Ausdruck, wonach die Parteien bei der politischen Willensbildung „*mit*wirken"; siehe

Ein Blick auf die Verfassungspraxis bestätigt dies: Die Parteien genießen für die Aufstellung der Bundestagskandidaten und die Wahl des Bundeskanzlers ein „faktisches Monopol“.[98] Ebenso erfolgt die Verteilung der Ministerposten typischerweise nach einem Partei- und Koalitionsproporz. Wer Kanzler und Minister wird oder bleibt, entscheiden – ungeachtet des dem Bundeskanzler weiterhin zustehenden Kabinettbildungsrechts – also in der Regel die Parteien.[99] Infolgedessen sind der Bundeskanzler und die Bundesminister typischerweise Mitglieder und Spitzenvertreter einer Partei.[100] Auch über die personelle Zusammensetzung hinaus steuern die Parteien das Handeln der Regierung: Bereits die Koalitionsvereinbarungen, die mit immer größerer Detailliertheit vereinbart werden, bekunden dies.[101] Das Regierungsprogramm wird nicht allein zwischen den künftigen Regierungsmitgliedern oder den Regierungsfraktionen geschlossen, sondern zwischen den involvierten Parteien. Den erheblichen Einfluss der Parteien bei der Regierungsbildung zeigen auch die teilweise mittlerweile etablierten Parteimitgliederentscheide oder Parteitagsbeschlüsse, die für die Aufnahme der Regierungstätigkeit von den Regierungsfraktionen als notwendig erachtet werden. Infolge dieser Bedeutung der politischen Parteien für die Bundesregierung ist auch die Ausübung der Richtlinienkompetenz des Bundeskanzlers (Art. 65 S. 1 GG) praktisch parteipolitisch überlagert und die Einflussnahme des Kanzlers auf ein Kabinettsmitglied, das einer anderen Partei angehört, in der Regel begrenzt. Will die Regierung schließlich politische Vorhaben umsetzen, stimmt sie diese typischerweise frühzeitig in den Gremien der Partei ab.[102] Dies ist schon deshalb notwendig, da in den jeweiligen Parteiforen die Protagonisten von Regierung und Fraktion aufeinandertreffen.[103] Die dort auftretenden Parteivertreter wirken in ihrer Rolle als Regierungs- oder Fraktionsmitglied als Multiplikatoren für die verabredeten Vorhaben und gewährleisten dadurch ihre wirkungsvolle Umsetzung.[104] Die Einbindung der Parteien in die Regierungsprozesse trägt daher überhaupt erst zur erfolgreichen Bewältigung der politischen Richtungge-

---

auch *Volkmann*, Politische Parteien und öffentliche Leistungen, 1993, 93, siehe insbes. Fn. 124 m. w. N.; *v. Notz*, Liquid Democracy, 2020, 54.

[98] BVerfGE 44, 125 (182) – Sondervotum Rottman.

[99] *Mößle*, Regierungsfunktionen des Parlaments, 1985, 121 f.; *Roth,* Bundeskanzlerermessen im Verfassungsstaat, 2009, 146, 155.

[100] *Rudzio*, Das politische System der Bundesrepublik Deutschland, 10. Aufl. (2019), 88; *Schmidt-Jortzig*, in: FS Rauschning, 2001, 143 (145); siehe bereits BVerfGE 44, 125 (182 f.) – Sondervotum Rottman.

[101] *Roth,* Bundeskanzlerermessen im Verfassungsstaat, 2009, 155.

[102] *Schmidt-Jortzig*, in: FS Rauschning, 2001, 143 (146 ff.).

[103] *Schmidt-Jortzig*, in: FS Rauschning, 2001, 143 (146 f.).

[104] *Schmidt-Jortzig*, in: FS Rauschning, 2001, 143 (147).

bung bei, wie sie aufgrund der verfassungsrechtlich statuierten Gemeinwohlbedingung erforderlich ist.[105]

Das verdeutlicht: Die Parteien erweisen sich als notwendiger Faktor für politische Prozesse im Allgemeinen und für die politische Gemeinwohlkonkretisierung durch die Bundesregierung im Besonderen.

Soll die gemeinwohlbedingte politische Richtunggebung wirkungsvoll sein und gelingt sie wie gezeigt nur mithilfe der Parteien, befürwortet und verlangt das Grundgesetz geradezu die parteipolitische Richtunggebung. Die verfassungsrechtlich gewollte politische Richtunggebung avanciert so zur verfassungsrechtlich gewollten *partei*politischen Richtunggebung. Ein politisches Organ wie die Bundesregierung[106] kann dementsprechend nicht parteifern agieren, sondern wird als parteipolitisch überlagerte Bundesregierung vom Grundgesetz konstituiert.[107] Das Bild einer neutralen, unparteiischen und unpolitischen Regierung weckt hingegen Sehnsüchte nach einer über dem politischen Prozess stehenden Bundesregierung, die einem dem politischen Prozess vorgegebenen Gemeinwohl verpflichtet ist, wie sie die monarchische Exekutive scheinbar verkörperte.[108] Der aufgezeigte gewichtige Einfluss von Parteien auf die Bundesregierung ist vom Grundgesetz daher nicht nur billigend in Kauf genommen, sondern intendiert.[109] Nicht nur eine Trennung von Politik und Bundesregierung, sondern ebenso eine Trennung von Partei und Bundesregierung erwiese sich dann als dysfunktional.[110]

Dieser Befund veranlasst einige zu der zugespitzten Schlussfolgerung, wonach die Bundesregierung als „Exekutivausschuss" der Parteien auftrete.[111] Ein solches – auf die Parteienlehre *Gerhard Leibholz*'[112] zurückgehendes – Verständ-

---

105 Siehe Teil 2 Kap. 3 I. 2. b) aa) (2).

106 Siehe dazu Teil 2 Kap. 3 I.

107 *Klein*, in: Maunz/Dürig, GG, 88. EL (2019), Art. 21, Rn. 198, 201 f.; *Gusy*, KritV 2018, 210 (221 f.); *Payandeh*, Der Staat 55 (2016), 519 (533 f.).

108 BVerfGE 44, 125 (183) – Sondervotum Rottmann; *Münch*, Die Bundesregierung, 1954, 105 f.

109 *Klein*, in: Maunz/Dürig, GG, 88. EL (2019), Art. 21, Rn. 197, 203.

110 Dann ist es ebenso unproblematisch, Partei- und Amtstätigkeit in Personalunion auszuüben. Vielmehr geriete ein nicht in der Partei verwurzelter Amtsträger in die faktische Abhängigkeit der Parteiakteure, was verfassungsrechtlich zumindest nicht gewollt sein kann, dazu *Klein*, in: Maunz/Dürig, GG, 88. EL (2019), Art. 21, Rn. 202; anders wohl *Henke*, NVwZ 1985, 616 (619.), der in der „Ämterpatronage" der Regierung und Verwaltung den „bedrohlichste[n] Weg des direkten Parteieneinflusses" erblickt.

111 In diese Richtung zum Beispiel *Rottmann*, in: BVerfGE 44, 125 (183) – abweichende Meinung.

112 Siehe hierzu *Leibholz*, Das Wesen der Repräsentation, 2. Aufl. (1960), insbes. 224 ff., siehe dazu auch *Grimm*, in: Benda/Maihofer/Vogel (Hrsg.), Handbuch des Verfassungsrechts, 2. Aufl. (1994), § 14, Rn. 24–29; *van Ooyen*, BVerfG und politische Theorie, 2015, 229 ff.

nis suggeriert jedoch eine Unterordnung der Regierung unter die Partei, die so weder empirisch zu beobachten[113] noch normativ im Grundgesetz angelegt ist. Gleichwohl basiert sie zutreffend auf dem eben dargelegten Umstand, dass das Volk vor allem durch die Parteien politische Gestaltungsmacht erhalte[114], und schlussfolgert, wenn auch in einer zu starken[115] und aus liberal-demokratischer Perspektive mit problematischen Konsequenzen[116] verbundenen Weise, dass die Mitwirkung der Parteien im Staatsleben nichts Mangelbehaftetes, sondern etwas Gewolltes ist.

2. Kein überzeugendes Gegenargument: Inkompatibilitätsregelung des Art. 66 GG

Gegen die Einordnung der Bundesregierung als parteipolitischer Regierung lässt sich ebenso nicht die von Art. 66 GG angeordnete Inkompatibilität eines Regierungsamtes mit den dort genannten Funktionen anführen.[117] Hierdurch sollen die Mitglieder der Regierung vor Interessenkonflikten bewahrt werden. Daneben werden sie dazu angehalten, sich vollumfänglich ihrer Amtstätigkeit zu widmen.[118] Etwaige Gefahren hierfür erblickt das Grundgesetz jedoch nicht generell aus der gesellschaftlichen, sondern speziell aus der *ökonomischen* Sphäre. Dieser spezifisch ökonomische Abwehrmechanismus wird deutlich, indem sich die Inkompatibilität neben einer Gewerbe- und Berufstätigkeit auf die Leitung bzw. die Aufsichtsratsfunktion im Rahmen von auf den *Erwerb* gerichteten, nicht aber

[113] Vgl. *Rudzio*, Das politische System der Bundesrepublik Deutschland, 10. Aufl. (2019), 88, der jedenfalls mit Blick auf die Gesetzgebung die begrenzte Steuerungsmöglichkeit durch Parteien konstatiert.

[114] Zurückhaltender *Grimm*, in: Benda/Maihofer/Vogel (Hrsg.), Handbuch des Verfassungsrechts, 2. Aufl. (1994), § 14, Rn. 26.

[115] Dass Parteien den Rang eines Verfassungsorgans einnähmen, geht zu weit, so auch *Grimm*, in: Benda/Maihofer/Vogel (Hrsg.), Handbuch des Verfassungsrechts, 2. Aufl. (1994), § 14, Rn. 26.

[116] Zur berechtigten Kritik siehe *Grimm*, in: Benda/Maihofer/Vogel (Hrsg.), Handbuch des Verfassungsrechts, 2. Aufl. (1994), § 14, Rn. 26; *Henke*, NVwZ 1985, 616 (616 ff.); *van Ooyen,* BVerfG und politische Theorie, 2015, 229 ff.: Beispielsweise erweisen sich die gewählten Parlamentarier nur noch als Weisungsadressaten der Parteien (235) und staatliche Wahlen besitzen keine wesentliche Funktion (239).

[117] Siehe aber unter Rekurs auf Art. 66 GG *Mast*, Staatsinformationsqualität, 2020, 181–183 (insbes. 182): „Zwar sind auch Regierungsmitglieder regelmäßig gleichzeitig Partei- und Privatperson (und Abgeordnete), eine funktionale Sphärentrennung wird hier aber in stärkerem Maße erwartet als bei einem Abgeordneten".

[118] Zur Zielrichtung von Art. 66 GG siehe auch *Oldiges/Brinktrine*, in: Sachs, GG, 8. Aufl. (2018), Art. 66, Rn. 7–9.

übrigen Unternehmen erstreckt.[119] Wenn Art. 66 GG ansonsten die parallele Inhaberschaft von besoldeten Ämtern untersagt, zielt dies schließlich auf die Freistellung der Regierungsmitglieder von der beamtenrechtlichen Weisungsgebundenheit ab[120]; eine Abschirmung von den pluralistischen Kräften der Gesellschaft ist damit hingegen nicht verbunden.[121]

3. Kein überzeugendes Gegenargument: Trennung von Staat und Gesellschaft

Schließlich ließe sich gegen die Charakterisierung der Bundesregierung als parteipolitischer Regierung die Idee der Trennung bzw. Unterscheidung von Staat und Gesellschaft anführen.[122] Eine Trennung von Staat und Gesellschaft manifestiert sich richtig verstanden allerdings nicht darin, dass sich Staat und Gesellschaft im Sinne einer „Trennung"[123] anteilnahmslos gegenüberstehen, sondern im Rahmen ihrer Begegnung mit unterschiedlichen Rechten bzw. Befugnissen und Pflichten ausgestattet sind. Infolgedessen müssen auch für die Parteipolitiker als Mitglieder der Bundesregierung für ihr amtliches Handeln andere Bindungen gelten als für ihr privates.[124] Um dies sicherzustellen, bedürfen die Rechtspositionen von Amtsträgern und nicht-staatlichen Akteuren, an dieser Stelle also von Regierung und Partei, einer eigenständigen juristischen Untersuchung, insoweit also eine „Trennung" von Staat und Gesellschaft.[125] Nur dadurch können die unterschiedlichen Möglichkeiten und Bindungen amtlicher und parteilicher Rechtspositionen eigenständig gewürdigt und für die Rechtsgewinnung verarbeitet werden. Eine solche separierte Untersuchung der Rechtspositionen von Regierung und Partei wird durch die vorliegenden Ausführungen freilich nicht in

---

[119] Zum Begriff des Unternehmens in Art. 66 GG siehe *Herzog*, in: Maunz/Dürig, GG, 88. EL (2019), Art. 66, Rn. 50–53.

[120] *Oldiges/Brinktrine*, in: Sachs, GG, 8. Aufl. (2018), Art. 66, Rn. 10.

[121] So auch *Oldiges/Brinktrine*, in: Sachs, GG, 8. Aufl. (2018), Art. 66, Rn. 9.

[122] In diese Richtung beispielsweise *Henke*, NVwZ 1985, 616 (insbes. 618 ff.). Zur Unterscheidung bzw. Trennung von Staat und Gesellschaft siehe auch *Böckenförde*, in: ders., Recht, Staat, Freiheit, Erw. Ausg. (2006), 209; *Volkmann*, Politische Parteien und öffentliche Leistungen, 1993, 88 f.–93.

[123] Ohnehin helfen diese räumlichen Metaphern aufgrund ihrer Holzschnittartigkeit für die adäquate Einordnung des Verhältnisses von Staatsorgan und Partei nicht weiter, so auch bereits *Häberle*, JZ 1977, 361 (365).

[124] *Henke*, NVwZ 1985, 616 (618 f.); *Kuch*, AöR 142 (2017), 491 (516 f.).

[125] *Böckenförde*, in: ders., Recht, Staat, Freiheit, Erw. Ausg. (2006), 209 (225–237); *Grimm*, in: Benda/Maihofer/Vogel (Hrsg.), Handbuch des Verfassungsrechts, 2. Aufl. (1994), § 14, Rn. 21; *Henke*, NVwZ 1985, 616 (618 f.); *Huster*, Die ethische Neutralität des Staates, 2. Aufl. (2017), 95 f.; *Möllers*, VerwArchiv 90 (1999), 187 (197); *Schlaich*, Neutralität als verfassungsrechtliches Prinzip, 1972, 250; *Unger*, Das Verfassungsprinzip der Demokratie, 2008, 274 f.

Frage gestellt, da sich rechtswissenschaftliche Überlegungen auf Basis des hier gewählten methodischen Konzepts nicht auf die Betrachtung von grundgesetzlichen Rechtspositionen, also auf die rechtsnormative Schicht, beschränken.[126] Vielmehr bewegen sich die vorliegenden Ausführungen auf der verfassungstheoretischen Ebene. Wird an dieser Stelle also eine Identität von Regierung und Partei postuliert, lässt dies die voneinander zu unterscheidenden Rechtspositionen von Regierung und Partei daher unberührt. Mithilfe der Ebene des verfassungstheoretischen Systems können aber zugleich normativ angelegte Wirkungszusammenhänge und Überschneidungen zwischen Regierungsorgan und Partei berücksichtigt werden, ohne sie unvermittelt ins Recht zu übertragen.

4. Kein zwingendes Gegenargument: Anforderungen des Amtes an die Gemeinwohlkonkretisierung

Der Einordnung der Bundesregierung als parteipolitischer Regierung ließen sich schließlich die spezifischen mit der Amtsinhaberschaft verbundenen Anforderungen an die Gemeinwohlkonkretisierung entgegenhalten. Konkret könnte das bedeuten, dass die Mitglieder der Bundesregierung im Rahmen ihrer Amtsinhaberschaft dazu verpflichtet wären, über die eigenen parteipolitischen Positionen hinausgehende Standpunkte, insbesondere die konkurrierenden parteipolitischen Gemeinwohlkonzeptionen, in die Amtstätigkeit einzuspeisen oder sich ihnen zumindest nicht zu verschließen.[127]

Ein solches Anliegen verfiele nicht automatisch in staatliche Homogenitätsvorstellungen oder fühlte sich einem vorpolitischen Gemeinwohlbegriff verpflichtet, sondern könnte auf die konfligierenden Gemeinwohlkonzepte der parteipolitischen Akteure verweisen.[128] In legitimatorischer Hinsicht ließe sich dieses Anliegen auf die Überlegung stützen, dass sich die Durchsetzung eines politischen Programms gegenüber der Allgemeinheit nur insoweit als anerkennungswürdig erweist, wie es auch die Interessen der Allgemeinheit würdigt.[129] Das Mehr an Durchsetzungsmacht amtlicher Befugnisse korrespondiert demnach mit einem – im Vergleich zur Wahrnehmung privater Rechtsbefugnisse –

[126] Demgegenüber *Henke*, NVwZ 1985, 616 (618 f.), der zutreffend die Unterscheidung der Rechtspositionen von Staat und Partei einfordert, aber normativ angelegte Überschneidungen von Partei und Amt aufgrund einer undurchlässigen methodischen Trennung von Recht und Politik (618) nicht greifen kann. Folgerichtig versteht er beispielsweise die „Ämterpatronage" innerhalb der Regierung und Verwaltung als „bedrohlichste[n] Weg des direkten Parteieinflusses" (619).

[127] So *Kuch*, AöR 142 (2017), 491 (515 f.).

[128] Einen pluralistisch-demokratischen und speziell am politischen Minderheitsschutz orientierten Erklärungsansatz verfolgt hierfür beispielsweise *Kuch*, AöR 142 (2017), 491 (512 ff.).

[129] *Kuch*, AöR 142 (2017), 491 (515 f.).

Mehr an Berücksichtigung der Positionen und Interessen der Allgemeinheit.[130] Dementsprechend wäre gegenüber der Bundesregierung die Erwartung zu formulieren, dass diese von einer unbedingten Durchsetzung ihres parteipolitischen Programms absieht und dabei insbesondere gegenüber konkurrierenden Gemeinwohlkonzepten kompromissbereit bleibt.[131] Der zuvor getroffenen Feststellung, wonach die Bundesregierung als parteipolitische Regierung agiert, stünde dies jedenfalls partiell entgegen.

In der Tat verlangt die Ausstattung des politischen Programms der Regierungsmehrheit mit hoheitlicher Autorität nach einer Relativierung des politischen Programms. Dies folgt aus den Anforderungen an die Legitimation von Herrschaft.[132] Kommen als Legitimationstitel einzig die Selbstbestimmungsansprüche des Individuums[133] auf die Gestaltung des kollektiven Lebens einerseits und des individuellen Lebens andererseits in Betracht[134], ist das parteipolitische Programm der Regierung indes nicht zugunsten konkurrierender politischer Gemeinwohlkonzepte zu relativieren.[135] Immerhin verfügt die politische

---

[130] *Henke*, NVwZ 1985, 616 (619); *Kuch*, AöR 142 (2017), 491 (515 ff., insbes. 515 f.).

[131] So *Kuch*, AöR 142 (2017), 491 (517, Fn. 118).

[132] Da diese Überlegungen auf der verfassungstheoretischen Ebene angesiedelt sind, sind die Kriterien für eine gebotene Relativierung der Gemeinwohlkonzeption der Regierung an grundsätzlichen Strukturen und Prinzipien wie der Legitimationsbedürftigkeit von Herrschaft orientiert. Begibt man sich auf die rechtsnormative Ebene, fällt die Beantwortung hingegen leichter: Die Gemeinwohlkonkretisierung muss den formellen und materiellen Anforderungen des Grundgesetzes an die Rechtserzeugung dienen. Hierdurch erfährt die Umsetzung des Gemeinwohlkonzepts der Regierung insbesondere durch die Grundrechtsbindung (Art. 1 Abs. 3 GG) eine notwendige Korrektur.

[133] Damit folgt das hier vertretene Modell von Legitimation Theorien, die jede Form der Legitimation, daher auch die demokratische, auf die Selbstbestimmungsrechte des einzelnen Individuums zurückführen, so auch das Legitimationsmodell bei *Möllers*, Gewaltengliederung, 2005, 28 ff. bzw. die Rekonstruktion des grundgesetzlichen Demokratieprinzips bei *Unger*, Das Verfassungsprinzip der Demokratie, 2008, 251–260, der allerdings die demokratische Freiheitsidee nicht durch ihren Kollektivbezug kennzeichnet, sondern durch ihren Anspruch auf Durchsetzung des eigenen Lebensentwurfs über den individuellen Rechtskreis hinaus auch gegenüber anderen Individuen (insbes. 257–259).

[134] Die folgenden Ausführungen greifen, soweit sie sich auf Aspekte der Legitimation von Herrschaft beziehen, auf das Konzept zurück von *Möllers*, Gewaltengliederung, 2005, speziell zur individuellen und demokratischen Selbstbestimmung 28 ff. Hierauf wird im Verlauf der Arbeit mehrfach zurückgegriffen werden. Ist an dieser Stelle von Selbstbestimmungsanspruch zur Gestaltung des kollektiven Lebens die Rede, ist dies identisch mit der von *Möllers* als demokratische Legitimation bzw. Selbstbestimmung bezeichneten Form der Legitimation (hierzu speziell *Möllers*, Gewaltengliederung, 2005, 46 ff.). Die vorliegend als Selbstbestimmungsanspruch zur Gestaltung des individuellen Lebens bezeichnete Form der Legitimation ist wiederum deckungsgleich mit der bei *Möllers* als individueller Legitimation bezeichneten Legitimationsform (hierzu speziell *Möllers*, Gewaltengliederung, 2005, 41 ff.).

[135] Anders insoweit *Kuch*, AöR 142 (2017), 491 (516 f., insbes. Fn. 118).

Mehrheit über einen befristeten Legitimationstitel zur Umsetzung ihrer Gemeinwohlvorstellung. Aus demokratisch-legitimatorischen Gründen ist es lediglich geboten, dass das stets nur vorläufige Programm der Regierung umkehrbar und ihr Personal ablösbar bleibt.[136] Ist dies gewährleistet, sind die widerstreitenden Selbstbestimmungsansprüche der Bürger auf die Gestaltung des Gemeinwesens bereits gewahrt.[137]

Als Grenze der Umsetzung des Gemeinwohlprogramms der demokratischen Mehrheit verbleiben in legitimatorischer Hinsicht damit allein die individuellen Selbstbestimmungsansprüche der Bürger. Hierbei handelt es sich nicht um alternative parteipolitische Vorstellungen der politischen Minderheit zur Gestaltung der Allgemeinheit, sondern um die Selbstbestimmungsansprüche der vielen Einzelnen auf die Gestaltung ihrer jeweils eigenen Lebenssphäre[138].[139] Berührt die Amtstätigkeit den Rechtskreis des Einzelnen, verlangt dessen individueller Selbstbestimmunganspruch, dass seine dem Gemeinwohlprogramm der politischen Mehrheit unter Umständen entgegenstehenden Rechtspositionen und schutzwürdigen Interessen bei der Umsetzung des Gemeinwohlprogramms der Regierung gewürdigt werden können.[140] Das parteipolitisch geprägte Regierungsprogramm bedarf bei seinem Transfer gegenüber konkret-individuellen Rechtspositionen demnach eines Raumes, um auf die besondere Interessenlage

---

[136] Damit korrespondieren freilich weitere Postulate, beispielsweise der Schutz der politischen Opposition, die die Ablösbarkeit der Regierung erst gewährleisten, sowie die Einrichtung von Kontrollmechanismen, die den chancengleichen politischen Wettbewerb sicherstellen.

[137] Gerade weil politische Entscheidungen nicht das Produkt einer Wahrheitsfindung sind, ist ihre Akzeptanz in besonderer Weise auf eine breite gesellschaftliche Überzeugung angewiesen. Schon deshalb kann die Kompromissbereitschaft der Regierung gegenüber dem Gemeinwohlkonzept der Opposition, wie sie insbesondere *Kuch*, AöR 142 (2017), 491 (517, Fn. 118) einfordert, ein Gebot politischer Klugheit und ein Faktor für gesellschaftliche Stabilität darstellen; eine legitimatorische Notwendigkeit ist sie gleichwohl nicht.

[138] *Unger*, Das Verfassungsprinzip der Demokratie, 2008, 259.

[139] Der Schutz der Adressaten der Hoheitstätigkeit ist vom Schutz der politischen Minderheit abzugrenzen. Beides kann sich in tatsächlicher Hinsicht überlagern, fußt aber auf unterschiedlichen legitimatorischen Säulen. Während ersteres ein Postulat der in der Regel vom Grundrechtsschutz absorbierten individuellen Selbstbestimmung darstellt, ist letzteres ein Produkt gemeinschaftsbezogener Selbstbestimmungsansprüche, das typischerweise dem Demokratiegebot zugeordnet wird.

[140] In diesem Sinne ebenso den Bedarf nach einer Berücksichtigung der Besonderheiten des konkreten Einzelfalls aus dem individuellen Freiheitsschutz ableitend *Gärditz*, in: Isensee/Kirchhof (Hrsg.), HStR, Bd. IX, 3. Aufl. (2011), § 189, Rn. 7: „Zugleich ist der administrative Vollzug der Ort korrigierender Einzelfallgerechtigkeit, die den einzelnen in seinen situationsgebundenen Freiheitsgefährdungen ernst nimmt und gegebenenfalls durch Dispense, Ausnahmebewilligungen sowie Härtefallkorrekturen im Ermessenswege die Schärfe des abstrakt-generellen Gesetzes fallbezogen erträglich macht. Dies ist Grundrechtsschutz durch Verwaltung."

derjenigen abgestimmt werden zu können, die von der Amtstätigkeit konkret-individuell betroffen sind bzw. betroffen sein könnten.[141]

Ein so verstandener Abstimmungs- und Ausgleichsprozess ist also durchaus legitimatorisch geboten. Das bedeutet gleichwohl nicht, dass dieser Vorgang durch denselben Amtsträger bzw. dasselbe Organ bewerkstelligt werden muss.[142] Ist die Gemeinwohlkonkretisierung einer parteipolitischen Richtunggebung bedürftig, erscheint es ebenso denkbar, dass das Grundgesetz die Verantwortung für die parteipolitische Richtunggebung einerseits und für ihre partielle Korrektur zugunsten der von der Hoheitstätigkeit betroffenen Rechtspositionen andererseits verschiedenen Organen und Amtsträgern anvertraut.

Für diese Form der Aufgabenverteilung ließe sich der verfassungsrechtlich anerkannte Grundsatz einer organadäquaten Funktionszuweisung[143] fruchtbar machen. Hiernach vertraut das Grundgesetz den unterschiedlichen Organen und Amtsträgern die Vornahme desjenigen Beitrags zur Gemeinwohlkonkretisierung an, zu dem sie institutionell am besten geeignet sind.[144] Die notwendige politi-

---

[141] Das verlangt nicht zwingend, dass die Umsetzung des Gemeinwohlkonzepts der politischen Mehrheit gegenüber dem Einzelnen aussetzt. Individuelle Legitimation wird jedoch dadurch erzeugt, dass die tatsächlichen und rechtlichen Besonderheiten des jeweiligen Einzelfalles bei der Erzeugung konkret-individueller Rechtspositionen im Rahmen entsprechender Verfahren verarbeitet werden können, vgl. auch *Möllers*, Gewaltengliederung, 2005, 44: „*Sachlich* müssen Prozeduren den individuellen Handlungsanspruch zur Kenntnis nehmen, also die Umstände der Störung individueller Selbstbestimmung verarbeiten und auf der Grundlage von rechtlichen Regeln beurteilen. [...] Das Verfahren muß Handlungszusammenhänge konkret individualisieren, und es muß sie auf der Grundlage von Recht entscheiden. Ihre Legitimation bezieht diese Entscheidung – auch dann, wenn sie sich im Ergebnis gegen den Schutzsuchenden wenden sollte – aus der Initiative des Schutzsuchenden, aus der konkreten Auseinandersetzung der Entscheidung mit dem Inhalt der Willensbildung und der Art ihrer Störung sowie aus der Tatsache, daß die Grundlage der Entscheidung nicht auf einer eigenen gewillkürten Willensentscheidung des Hoheitsträgers beruht, sondern auf einer bereits bestehenden Regel."

[142] Siehe auch *Gärditz*, in: Isensee/Kirchhof (Hrsg.), HStR, Bd. IX, 3. Aufl. (2011), § 189, Rn. 6: „Mit der funktionalen Differenzierung von Kompetenzen lassen sich Freiheitsrisiken vermeiden, indem Entscheidung und Entscheidungsbetroffenheit voneinander distanziert werden." Auch *Möllers* dürfte den Schutz individueller Selbstbestimmung institutionell durch entsprechende „individualrechtsschützende Institutionen" gewährleistet sehen, die auf Initiative des Individuums angerufen werden und damit zwangsläufig vom Produzenten der politischen Gemeinwohlkonzeption zu unterscheiden wären, vgl. *Möllers*, Gewaltengliederung, 2005, 44 f.

[143] BVerfGE 68, 1 (86); 121, 135 (160); 143, 101 (139); *Di Fabio*, in: Isensee/Kirchhof (Hrsg.), HStR, Bd. II, 3. Aufl. (2004), § 27, Rn. 10; zu einem Verständnis der Gewaltengliederung als Grundsatz funktionsgerechter Organverteilung siehe auch *Möllers*, AöR 132 (2007), 493 (497 f.), der dabei zurecht darauf hinweist, dass eine Funktionalität als rechtlicher Maßstab nur anhand normativer Kriterien bestimmt werden kann. In diesem Sinne orientiert sich die Anwendung des Grundsatzes organadäquater Funktionszuweisung vorliegend an legitimatorischen Anforderungen, die mit der Gemeinwohlkonkretisierung verbunden sind.

[144] In den Worten des BVerfG: „... sie [Anm. d. Verf.: die Gewaltenteilung] zielt auch da-

sche Richtunggebung, die, entsprechend dem Gebot demokratischer Selbstbestimmung, auf eine möglichst inhaltsoffene Verständigung der politischen Mehrheit über die zukünftige Gestaltung des Gemeinwesens angewiesen ist[145], müsste das Grundgesetz folgerichtig in die Hand der Bundesregierung legen, die es hierfür innerhalb eines parteipolitischen Entscheidungsumfeldes platziert. Die gleichermaßen gebotene Berücksichtigung von Rechtspositionen des Einzelnen könnte es hingegen übrigen Amtsträgern anvertrauen.[146] Das parteipolitisch geprägte Regierungsprogramm wäre insofern nicht bereits auf der Ebene der Regierung zu relativieren.

Damit bleibt an dieser Stelle vorläufig festzuhalten: Soll die parteipolitische Gemeinwohlkonzeption der Regierungsmehrheit in staatliche Rechtsprodukte übersetzt werden, muss es punktuell mit den schutzwürdigen Interessen der hiervon betroffenen Individuen abgestimmt werden können. Dieser Abstimmungsprozess ist nicht notwendig durch die Regierung zu absolvieren. Aus diesem Grund bleibt die zuvor getroffene Einschätzung unberührt.

5. Zwischenergebnis: Parteipolitische Bundesregierung

Die Bundesregierung wird vom Grundgesetz in verfassungstheoretischer Hinsicht als parteipolitisch überformte Regierung konstituiert. Durch welche Akteure der skizzierte Abstimmungsvorgang zu erfolgen hat, kann im Rahmen der Untersuchung einer Regierungsfunktion beantwortet werden.[147]

Zugleich werden Konturen des vom Grundgesetz installierten Vorgangs der Gemeinwohlkonkretisierung sichtbar: Die Gemeinwohlfindung verwirklicht sich im Grundgesetz durch verschiedene Beiträge mehrerer Hoheitsträger, die durch eine abgestufte Nähe und Distanz zu Partikularinteressen und Parteiprogramm gekennzeichnet sind.[148] In ihrem Zusammenwirken rufen sie das Gemeinwohl hervor. Es steht daher nicht in einem wesensmäßigen Gegensatz zu den partikularen Interessen der Parteien,[149] sondern wird durch sie (mit) ermittelt.[150] Dementsprechend widersprechen sich im pluralistischen Verfassungsstaat

---

rauf ab, daß staatliche Entscheidungen möglichst richtig, das heißt von den Organen getroffen werden, die dafür nach ihrer Organisation, Zusammensetzung, Funktion und Verfahrensweise über die besten Voraussetzungen verfügen" (BVerfGE 68, 1 [86]).

145 *Möllers*, AöR 132 (2007), 493 (505).

146 *Di Fabio*, in: Isensee/Kirchhof (Hrsg.), HStR, Bd. II, 3. Aufl. (2004), § 27, Rn. 24; *Gärditz*, JöR 64 (2016), 1 (16–18).

147 Siehe Teil 2 Kap. 4.

148 *Gärditz*, JöR 64 (2016), 1 (12); *Gärditz*, NWVBl. 2015, 165 (167 f.).

149 In diese Richtung aber beispielsweise *Eder*, Rote Karte, 2017, 130 f., 136 f.

150 Zugespitzt BVerfGE 44, 125 (183) – Sondervotum Rottmann: „Die Verwirklichung des Programms der Mehrheitsparteien und des darauf fußenden Regierungsprogramms ist für die

des Grundgesetzes das parteipolitische Eintreten der Mitglieder der Bundesregierung mit ihrem staatlichen Amt und der damit einhergehenden Gemeinwohlbindung nicht, sondern bedingen einander.

III. Die Bundesregierung als Bestandteil des Dualismus von Regierung und Opposition

Die parteipolitische Überlagerung der Bundesregierung setzt sich im Bundestag fort. Sie überschreitet die Organgrenzen von Bundesregierung und Bundestag. Dadurch ist der Raum für einen Dualismus von Regierung und Opposition eröffnet (1.). Nur durch diese Gegenüberstellung ist es dem Bundestag möglich, seine ihm zugewiesenen Funktionen (2.) im Lichte des grundgesetzlichen Demokratieprinzips adäquat zu erfüllen (3.). Der verfassungsrechtlich mögliche Dualismus von Regierung und Opposition avanciert daher von einem verfassungsrechtlich ermöglichten zu einem verfassungsrechtlich erwarteten Dualismus (4.). Damit ist dieser Dualismus Bestandteil der an dieser Stelle zu rekonstruierenden grundgesetzlichen Theorie der Regierung.

1. Parteipolitische Überlagerung des Bundestages

Die skizzierte parteipolitische Überlagerung der Bundesregierung trifft den Bundestag in zumindest gleichem Umfang: Die als politisch charakterisierten institutionellen Rahmenbedingungen der Bundesregierung gelten ebenso für den Bundestag. Seine Amtsträger gehen aus einer parteipolitisch dominierten Wahl hervor. Sie prägt das ihnen verliehene Amt und ersetzt objektiv-vorgegebene Handlungsmaßstäbe durch subjektiv-politische.

Wurde bereits festgestellt, dass die gemeinwohlbedingte Pflicht zur Politik im Lichte der Funktionsbedingungen moderner Massendemokratie nur Parteipolitik meinen kann, öffnet sich das Grundgesetz hierfür auch für den Bundestag.[151] Um seinem verfassungsrechtlichen Auftrag zur Gemeinwohlkonkretisierung nachzukommen, bedarf der Bundestag der parteipolitischen Überformung. Das zeigt schon die Verfassungspraxis: In Gestalt der Fraktionen des Bundestages treffen die wesentlichen konkurrierenden politischen Strömungen aufeinander, die als parlamentarische Fortsetzung der Parteien fungieren. Die parteipolitische Überlagerung des Bundestages führt also im Wesentlichen zu einer Parzellierung des

Dauer der Amtszeit der Regierung Verwirklichung des Gemeinwohls." Vgl. auch *Kuch*, AöR 142 (2017), 491 (514 f.).

[151] Kritisch *Brenner*, in: Isensee/Kirchhof (Hrsg.), HStR, Bd. III, 2005 (3. Aufl.), § 44, Rn. 61.

Bundestages entsprechend den in den Parteien zum Ausdruck kommenden wesentlichen gesellschaftlichen Strömungen.

Die parteipolitische Zuordnung der Parlamentsmehrheit wirkt sich nun auf die Besetzung der Bundesregierung aus. Dazu trägt der in Art. 63 GG installierte Rekrutierungsmechanismus der Regierungsmitglieder bei. Den politischen Gleichlauf der Mitglieder der Bundesregierung mit der Parlamentsmehrheit intendiert das Grundgesetz auch für den weiteren Bestand der Bundesregierung (vgl. Art. 67, 68 GG). Die gemeinsame parteipolitische Zuordnung eröffnet dadurch – innerhalb gemeinsamer Parteigrenzen, aber über die Organgrenzen hinweg – die Möglichkeit der Kooperation und Kollaboration von Bundesregierung und den sie tragenden Bundestagsfraktionen entsprechend der Funktionsweise eines parlamentarischen Regierungssystems. Komplementär stehen der Regierungsmannschaft die übrigen Bundestagsfraktionen gegenüber. Insbesondere mit Blick auf die zwischen beiden Seiten verlaufende parteipolitische Trennlinie schafft das einen Raum gegenseitiger Konfrontation. Dafür stellt das Grundgesetz insbesondere mit der von Art. 38 Abs. 1 S. 2 GG geschützten Freiheit des Mandats auch entsprechende Rechtspositionen bereit.[152] Sie erlauben es dem einzelnen Abgeordneten und den aus ihnen gebildeten Fraktionen, die Regierung zu unterstützen oder gegen sie zu opponieren[153].[154]

Der Dualismus von Regierung und Opposition ist vom grundgesetzlich installierten parlamentarischen Regierungssystem[155] und der freiheitlich-demokratischen Grundordnung[156] daher wenn auch nicht erzwungen, so doch aber jedenfalls ermöglicht.[157]

---

[152] *Kuhn*, Der Verfassungsgrundsatz effektiver parlamentarischer Opposition, 2019, 64–67; zu weiteren Rechtspositionen, die die Ausübung der Opposition ermöglichen, *Mundil*, Die Opposition, 2014, 85 ff., insbes. das Recht aus Art. 21, dazu im Ergebnis 88 f. oder das Fraktionsbildungsrecht aus Art. 38 Abs. 1 S. 2 GG, dazu im Ergebnis 94.

[153] Das Opponieren wird überwiegend als die Trias von „Kritik, Kontrolle und Alternativenbildung" verstanden, siehe dazu neben anderen *Kuhn*, Der Verfassungsgrundsatz effektiver parlamentarischer Opposition, 2019, 75–81 sowie *Mundil*, Die Opposition, 2014, 33 ff.

[154] *Magiera*, in: Sachs, GG, 8. Aufl. (2018), Art. 38, Rn. 70; *Mundil*, Die Opposition, 2014, 91–94.

[155] *Badura*, in: Isensee/Kirchhof (Hrsg.), HStR, Bd. II, 3. Aufl. (2004), § 25, Rn. 18; *H. H. Klein*, in: Isensee/Kirchhof (Hrsg.), HStR, Bd. III, 3. Aufl. (2005), § 50, Rn. 9, 34; *Meinel*, Selbstorganisation des parlamentarischen Regierungssystems, 2019, 32–35, 248–251.

[156] BVerfGE 142 25 (Rn. 86), seit SRP-Entscheidung, siehe BVerfGE 2, 1 (13); siehe auch *Kuhn*, Der Verfassungsgrundsatz effektiver parlamentarischer Opposition, 2019, 63 f.

[157] *Cancik*, NVwZ 2014, 18 (19); *Haberland*, Die verfassungsrechtliche Bedeutung der Opposition, 1995, 143 f.; *H. H. Klein*, in: Isensee/Kirchhof (Hrsg.), HStR, Bd. III, 3. Aufl. (2005), § 50, Rn. 9; *Kuhn*, Der Verfassungsgrundsatz effektiver parlamentarischer Opposition, 2019, 53–74.

Die Betrachtung kann damit jedoch nicht enden.[158] In seiner Funktion als Rahmenordnung ermöglicht das Grundgesetz einen vielseitigen, teils konträren Freiheitsgebrauch. Das verfassungstheoretische System erlaubt es hierbei, eine grundgesetzliche Stellungnahme in Gestalt von Idealvorstellungen und Präferenzen und daher auch jenseits einer unbedingten Verpflichtung (Ge- und Verbote) oder einer Indifferenz (Ermöglichung) bezüglich des Gebrauchs einer bestimmten Rechtsposition zu ermitteln. Im grundrechtlichen Bereich leistet dies beispielsweise die Idee einer grundrechtlichen Werteordnung.[159] Für die vorliegende Überlegung ist danach zu fragen, ob das Grundgesetz nicht nur eine rechtliche Möglichkeit für einen in der Wirklichkeit anzutreffenden Dualismus von Regierung und Opposition schafft, sondern – auf der verfassungstheoretischen Ebene – sogar eine normative Präferenz für einen solchen Dualismus kennt. Dass eine Institution bzw. Funktion der Opposition – anders als in mehreren Landesverfassungen[160] oder im einfachen Recht[161] – jedenfalls nicht explizit im Grundgesetz existiert[162], stünde dem nicht entgegen[163]. Um den Dualismus von Regierung und Opposition als Bestandteil des verfassungstheoretischen Systems rekonstruieren zu können, ist seine explizite Positivierung entbehrlich. Normative Impulse, die veranschaulichen, dass das Grundgesetz den Dualismus von Regierung und Opposition nicht nur zulässt, sondern auch erstrebt, genügen. Sie können dabei auch durch empirische Erkenntnisse gestützt und müssen im Übrigen mit verallgemeinerungsfähigen Aussagen des Grundgesetzes abgestimmt werden.[164] Entsprechende normative Anhaltspunkte für eine solche grundgesetzliche Präferenz finden sich in den verfassungsrechtlich zugewiesenen Parlamentsfunktionen (2.) und dem grundgesetzlichen Demokratieprinzip (3.). In ihrem Lichte wird der Dualismus von Regierung und Opposition vom Grundgesetz nicht nur ermöglicht, sondern ist darüber hinaus sogar erwünscht.[165] Damit

---

[158] In diese Richtung auch *Haberland*, Die verfassungsrechtliche Bedeutung der Opposition, 1995, 17 f.; auf eine Unterscheidung von Ermöglichung und Verankerung der Opposition ebenso hinweisend *Kuhn*, Der Verfassungsgrundsatz effektiver parlamentarischer Opposition, 2019, 53 sowie *Mundil*, Die Opposition, 2014, 94, 104 f.

[159] Angefangen mit BVerfGE 7, 198.

[160] Siehe zum Beispiel Art. 16a Abs. 1 BayVerf, Art. 24 Abs. 1 HmbVerf, Art. 40 SächsVerf; siehe hierzu ebenso *P. M. Huber*, in: Isensee/Kirchhof (Hrsg.), HStR, Bd. III, 3. Aufl. (2004), § 47, Rn. 5, 61 f.

[161] Zum normativen Status dieser Oppositionsbegriffe siehe *Ingold*, Das Recht der Oppositionen, 2015, 161 f.

[162] *P. M. Huber*, in: Isensee/Kirchhof (Hrsg.), HStR, Bd. III, 3. Aufl. (2004), § 47, Rn. 38.

[163] Anders das BVerfG, NVwZ 2016, 922 (924), das die Betrachtung jedoch ausdrücklich auf „explizit spezifische Oppositions(fraktions-)rechte" sowie ein „Gebot der Schaffung solcher Rechte" verengt.

[164] Zur Rekonstruktion verfassungstheoretischer Überlegungen siehe Teil 1 Kap. 2 II. 1. a).

[165] *Di Fabio*, in: Isensee/Kirchhof (Hrsg.), HStR, Bd. II, 3. Aufl. (2004), § 27, Rn. 20; *P. M.*

ist er Bestandteil des verfassungstheoretischen Systems des Grundgesetzes und trägt zur Rekonstruktion der verfassungsrechtlichen Hintergrundvorstellung über die Regierung bei (4.).

2. Parlamentsfunktionen

Die Parlamentsfunktionen[166], die das Grundgesetz auch dem Bundestag zuweist, sollen von Verfassungs wegen wirkungsvoll[167] ausgeübt werden. Dies kann erst gelingen, indem die Bundestagsmehrheit als Teil einer Kooperationsgemeinschaft mit der Bundesregierung der Bundestagsminderheit gegenübergestellt wird.

a) Kreationsfunktion

Die dem Bundestag mit Art. 63 GG eingeräumte Kreationsfunktion bedarf grundsätzlich der Ausübung durch die Parlamentsmehrheit. Die nicht-mehrheitsgetragene Regierungsbildung wird vom Grundgesetz hingegen als Ausnahmefall betrachtet; sie steht mit der äußerst restriktiv vorgesehenen Bundestagsauflösung auf einer Stufe (Art. 63 Abs. 4 S. 3 GG). Das Grundgesetz verlangt es demnach zwar nicht, aber erwartet eine Parlamentsmehrheit, die die Regierungsmitglieder in ihr Amt verhilft.

b) Kontrollfunktion

Gleichzeitig erstrebt das Grundgesetz, dass der Bundestag seine – ihm im Lichte gewaltengeteilter Demokratie ebenso zugedachte – Kontrollfunktion wirkungsvoll gegenüber der Bundesregierung wahrnimmt.[168] Die Kontrollfunktion[169], wie

Huber, in: Isensee/Kirchhof (Hrsg.), HStR, Bd. III, 3. Aufl. (2005), § 47, Rn. 1 ff.; *Kuhn*, Der Verfassungsgrundsatz effektiver parlamentarischer Opposition, 2019, 53, 108 ff.; dagegen wohl *Mundil*, der die Opposition verfassungsrechtlich nur ermöglicht sieht, aber dem Grundgesetz etwaige Wertungen zugunsten einer Opposition nicht entnimmt, obwohl dies die Identifikation von spezifischen Oppositionsfunktionen durchaus nahegelegt hätte; siehe *Mundil*, Die Opposition, 2014, 94, 104 f., zu den Oppositionsfunktionen siehe 33 ff.

[166] Wie sie auf *Walter Bagehot* zurückgehen, dazu *H. H. Klein*, in: Isensee/Kirchhof (Hrsg.), HStR, Bd. III, 3. Aufl. (2005), § 50, Rn. 15 sowie *Brenner*, in: Isensee/Kirchhof (Hrsg.), HStR, Bd. III, 2005 (3. Aufl.), § 44, Rn. 24 ff.; zu den Funktionen des Deutschen Bundestages siehe jüngst auch *Kersten*, in: Herdegen/Masing/Poscher/Gärditz (Hrsg.), HdVR, 2021, § 11, Rn. 29 ff.

[167] Zu einem Rechtsgrundsatz der Effektivität siehe Teil 1 Kap. 1 IV. 1. c) bb).

[168] *Kuhn*, Der Verfassungsgrundsatz effektiver parlamentarischer Opposition, 2019, 135 f.

[169] *P. M. Huber*, in: Isensee/Kirchhof (Hrsg.), HStR, Bd. III, 3. Aufl. (2005), § 47, Rn. 11, 41; zur Regierungskontrolle durch den Bundestag *H. H. Klein*, in: Isensee/Kirchhof (Hrsg.), HStR, Bd. III, 3. Aufl. (2005), § 50, Rn. 33–41.

sie durch das Zitierrecht (Art. 43 Abs. 1 GG), die Einsetzung eines parlamentarischen Untersuchungsausschusses (Art. 44 GG) und die Frage- und Informationsrechte (Art. 20 Abs. 1, 2 GG i. V. m. Art. 38 Abs. 1 S. 2 GG) ausgeübt wird, wird erfahrungsgemäß nicht von denjenigen in Anspruch genommen, die sich kraft gemeinsamer Parteizugehörigkeit einander verbunden fühlen. Daher entspricht es der natürlichen Interessenlage der nicht die Bundesregierung tragenden Fraktionen, die Bundesregierung inhaltlich zu stellen, durch Kontrollmechanismen[170] zu bremsen und eine politische Alternative zu formulieren.[171] Da an dieser Stelle – auf der Ebene des verfassungstheoretischen Systems – nicht das rechtliche Können und Dürfen der Inanspruchnahme bestimmter Rechtspositionen in Rede steht, bedeutet dies freilich nicht, dass die genannten Befugnisse nicht auch durch Mitglieder der die Bundesregierung tragenden Fraktionen wahrgenommen werden könnten.[172] Vorliegend steht vielmehr der ideale Gebrauch entsprechender Rechtspositionen in Rede. Mit einer solchen Betrachtung kapituliert die Verfassungsrechtswissenschaft auch nicht vor politischen Erscheinungen[173], sondern zieht politisch-demokratische Eigengesetzlichkeiten[174] für die Rekonstruktion des verfassungstheoretischen Systems heran, um eine effektive Verwirklichung der normativen Vorgaben des Grundgesetzes zu realisieren.[175]

Ist dem Grundgesetz also an einer wirksamen parlamentarischen Kontrolle gelegen, muss es die tatsächlichen Möglichkeiten und Bedingungen ihrer Realisierung berücksichtigen. Im politischen Raum heißt das, die demokratischen Eigengesetzlichkeiten innerhalb des grundgesetzlich installierten parlamentarischen Regierungssystems normativ zur Kenntnis zu nehmen und in den Dienst der Verwirklichung der grundgesetzlichen Vorgaben zu stellen. Dies betrifft vorliegend das dem parlamentarischen Regierungssystem immanente konträre Kontrollinteresse innerhalb des Parlaments, infolgedessen eine öffentlichkeitswirksame parlamentarische Kontrolle und Kritik maßgeblich durch die Opposition

---

170 Zu den einzelnen Kontrollmöglichkeiten *P. M. Huber*, in: Isensee/Kirchhof (Hrsg.), HStR, Bd. III, 3. Aufl. (2005), § 47, Rn. 48 ff.

171 *Cancik*, NVwZ 2014, 18 (19); zu den Oppositionsfunktionen *Haberland*, Die verfassungsrechtliche Bedeutung der Opposition, 1995, 40 ff.; *Mundil*, Die Opposition, 2014, 33 ff., insbes. 34, zur Kontrollfunktion 36 ff.; *Rudzio*, Das politische System der Bundesrepublik Deutschland, 10. Aufl. (2019), 211 f.

172 Darauf hinweisend *Klenner*, DÖV 2018, 563 (567 f.).

173 Siehe aber *Linck*, Zulässigkeit und Grenzen der Einflussnahme des Bundestages auf die Regierungsentscheidungen, 1970, 6.

174 Siehe dazu Teil 2 Kap. 3 I. 1.; siehe auch *Lepsius*, Der Staat 52 (2013), 157 (168 ff.).

175 Die Wirksamkeit und Effektivität bzw. „Ausübbarkeit" der parlamentarischen Kontrolle betonend BVerfG, NVwZ 2016, 922 (924). Zu einem ungeschriebenen Rechtsgrundsatz der Effektivität siehe Teil 1 Kap. 1 IV. 1. c) bb).

erfolgt.[176] Diesen Umstand antizipiert auch das Grundgesetz, indem es das schärfste Schwert parlamentarischer Kontrolle, die Einsetzung eines Untersuchungsausschusses, einer Minderheit des Bundestages einräumt (vgl. Art. 44 Abs. 1 S. 1 GG). Gleiches gilt für das Recht zur Stellung eines Antrags auf Normenkontrolle (vgl. Art. 93 Abs. 1 Nr. 2 GG).[177] Weitere verfassungsrechtliche parlamentarische Minderheitsrechte treten hinzu.[178]

Diese Normen beinhalten zwar weder ausdrücklich noch unausgesprochen ein spezifisches Recht auf oder Recht der Opposition, sondern Rechte der parlamentarischen Minderheit.[179] Das hindert jedoch nicht daran, die mit den Normen verbundenen Wertungen und Intentionen für die Rekonstruktion des verfassungstheoretischen Systems aufzugreifen.[180] So nimmt das Grundgesetz an dieser Stelle ein unter den Fraktionen in unterschiedlicher Weise bestehendes Kontrollinteresse der Bundesregierung – und damit zugleich unterschiedliche Nähe- und Distanzverhältnisse unter den Fraktionen gegenüber der Bundesregierung – zur Kenntnis. Dass die Minderheitsrechte dabei auch Ausdruck spezifischer Oppositionsrechte sind,[181] wird bereits durch die Entstehungsgeschichte zu den

[176] Den gewaltenteilungsbedingten Gedanken der effektiven parlamentarischen Kontrolle und Kritik durch die Opposition betonend *Kuhn*, Der Verfassungsgrundsatz effektiver parlamentarischer Opposition, 2019, 135 f. sowie *Mundil*, Die Opposition, 2014, 38 f., 41 bzw. insgesamt auf die Effektivierung staatlicher Entscheidungsprozesse hinweisend 48. Den Regierungs-Oppositions-Dualismus im Kontext der parlamentarischen Kontrollbefugnisse hingegen auf die Mechanik des parlamentarischen Regierungssystems zurückführend *Meinel*, Selbstorganisation des parlamentarischen Regierungssystems, 2019, 249–251. Die Entwicklung der Regierungskontrolle durch die Opposition demgegenüber als Gefährdung des Parlamentarismus begreifend *Brenner*, in: Isensee/Kirchhof (Hrsg.), HStR, Bd. III, 2005 (3. Aufl.), § 44, Rn. 60.

[177] BVerfG, NVwZ 2016, 922 (924); *Ingold*, Das Recht der Oppositionen, 2015, 314–317.

[178] Vgl. Art. 23 Abs. 1a S. 2 GG, Art. 39 Abs. 3 S. 3 GG, Art. 45a Abs. 2 S. 2 GG.

[179] BVerfG, NVwZ 2016, 922 (924); *Magiera*, in: Sachs, GG, 8. Aufl. (2018), Art. 38, Rn. 70; *Mundil*, Die Opposition, 2014, 98, 119, siehe aber 111.

[180] Wenn das BVerfG, NVwZ 2016, 922 (924) oder *Mundil* demgegenüber feststellen, dass in den genannten Minderheitsrechten kein spezifisches Recht der Opposition oder auf Opposition enthalten sei, ist dem zwar zuzustimmen. Das sollte aber nicht dazu führen, sich den hiervon ausgehenden verfassungsrechtlichen Annahmen unterschiedlicher Kontrollinteressen und der daraus folgenden Existenz und Notwendigkeit von parlamentarischen Minderheitsrechtspositionen zu verschließen, vgl. *Mundil*, Die Opposition, 2014, 98, 119, siehe aber auch 111; demgegenüber *Cancik*, NVwZ 2014, 18 (20) sowie *H. P. Schneider*, Die parlamentarische Opposition im Verfassungsrecht, Bd. 1, 1974, 238–240, die auf den Zusammenhang von Minderheitsrechten und der Opposition hinweisen.

[181] Letztlich bringt dies auch das Bundesverfassungsgericht zum Ausdruck, wenn es im Hinblick auf den Grundsatz effektiver Opposition ausführt, dass die „in den Text der Verfassung aufgenommenen Quoren" letztlich „die vom Verfassungsgeber und vom verfassungsändernden Gesetzgeber gewollte Konkretisierung des Grundsatzes [der Opposition]" darstellten,

parlamentarischen Minderheitsrechten, die insbesondere mit Blick auf die Oppositionsfraktionen eingeräumt wurden, bestätigt.[182] Durch die Reduzierung verfassungsrechtlicher Minderheitsrechte von einem Drittel auf ein Viertel der Mitglieder des Deutschen Bundestages im Jahr 2005 wurde dieser Zusammenhang noch einmal vom verfassungsändernden Gesetzgeber bekräftigt; erfolgten diese Reduzierungen immerhin im Zusammenhang einer großen Koalition, bestehend aus CDU/CSU und SPD, und einer ihr gegenüberstehenden zahlenmäßig schwachen Opposition. Das Grundgesetz erkennt damit im Kontext der parlamentarischen Kontrollfunktionen innerhalb des Bundestages eine funktionale Unterscheidung zwischen den Oppositions- und Regierungsfraktionen an.[183]

Wer in dieser Frontstellung von Regierung und Opposition und der öffentlich unterschiedlich ausgeübten Kontrolle ein Defizit für die Kontrollfunktion des Bundestages erblickt[184], unterschätzt die ebenso von der Regierungsmehrheit wahrgenommene Kontrollfunktion. Sie übt diese jedoch im Sinne einer präventiv-steuernden und geräuschlosen Einflussnahme auf das Regierungshandeln aus.[185] Der vorliegend geäußerte Gedanke wird dadurch noch einmal bekräftigt: Die Mechanismen der Kontrolle durch die Bundestagsmehrheit und Bundestagsminderheit können einheitlich nicht adäquat erfasst werden. Sie verlangen die Unterscheidung von Regierungsmehrheit und Opposition.[186]

c) Legislativ- und Haushaltsfunktion

Dieser organübergreifende Dualismus aus Regierung und Opposition setzt sich auch für die dem Bundestag zukommende Legislativ- und Haushaltsbefugnis

---

vgl. BVerfG, NVwZ 2016, 922 (927); so auch *Kuhn*, Der Verfassungsgrundsatz effektiver parlamentarischer Opposition, 2019, 83.

[182] BVerfGE 90, 286 (344) mit Bezug auf den Parlamentarischen Rat, vgl. Deutscher Bundestag/Bundesarchiv (Hrsg.), Der Parlamentarische Rat, Bd. 14/1, 2009, 689.

[183] In diese Richtung auch BVerfG, NVwZ 2016, 922 (924), wonach „die parlamentarische Kontrolle der Regierung nicht nur dem Parlament als Ganzem, sondern insbesondere und gerade auch den Abgeordneten und Fraktionen, die nicht die Regierung tragen“, obliege; siehe auch *P. M. Huber*, in: Isensee/Kirchhof (Hrsg.), HStR, Bd. III, 3. Aufl. (2005), § 47, Rn. 71.

[184] So *Brenner*, in: Isensee/Kirchhof (Hrsg.), HStR, Bd. III, 2005 (3. Aufl.), § 44, Rn. 60.

[185] *Haberland*, Die verfassungsrechtliche Bedeutung der Opposition, 1995, 41 f.; *H. H. Klein*, in: Isensee/Kirchhof (Hrsg.), HStR, Bd. III, 3. Aufl. (2005), § 50, Rn. 33, 35; *Klenner*, DÖV 2018, 563 (567 f.); *Meinel*, Vertrauensfrage, 2019, 168 f.; *ders.*, Selbstorganisation des parlamentarischen Regierungssystems, 2019, 249 f.; *ders.*, Der Staat 60 (2021), 43 (73); *Schmidt-Jortzig*, in: FS Rauschning, 2001, 143 (146 ff., insbes. 155).

[186] *Cancik*, NVwZ 2014, 18 (19); ; siehe jüngst auch *Kersten*, in: Herdegen/Masing/Poscher/Gärditz (Hrsg.), HdVR, 2021, § 11, Rn. 28; siehe aber *Klenner*, DÖV 2018, 563 (567 f.), der eine unterschiedliche Kontrolle von Regierungs- und Oppositionsfraktionen ebenso feststellt, daraus aber ein Argument gegen den Regierungs-Oppositions-Dualismus ableitet.

fort: In der Gesetzgebungs- und Haushaltsfunktion gipfelt die gemeinwohlbedingte politische Richtunggebung. Parteipolitisch geprägte Programme finden Eingang in jedermann bindende Gesetze und die Ein- und Ausgabenplanung des Staates. Dies gelingt grundsätzlich weder allein durch die Bundesregierung noch die Bundestagsmehrheit, sondern erst durch ihr Zusammenwirken. Will die Bundesregierung ihr politisches Programm durchsetzen, bedarf sie der Unterstützung durch die Bundestagsmehrheit.[187] Der Vorbehalt des Gesetzes unter Berücksichtigung der Wesentlichkeitslehre schränkt ihre eigene Handlungsfähigkeit ein und macht sie vom Erlass eines formellen Gesetzes abhängig.[188] Zur Verabschiedung eines Gesetzes bedarf die Bundesregierung der Zustimmung der Bundestagsmehrheit, zum Erlass einer Rechtsverordnung ihrer vorherigen Ermächtigung (Art. 80 Abs. 1 GG). Will die Parlamentsmehrheit Gesetze beschließen, ist sie wiederum auf den Sachverstand der der Bundesregierung nachgeordneten Ministerialverwaltung angewiesen. Das verschafft der Bundesregierung für die Gesetzgebung ein faktisches Initiativmonopol.[189] Für die Haushaltsgesetzgebung ist das Monopol der Bundesregierung sogar ein rechtliches (vgl. Art. 110 Abs. 3 GG).

Bundesregierung und Regierungsfraktionen stehen also in einem Verhältnis partieller gegenseitiger Abhängigkeit.[190] Wollen beide gestalten, bedürfen sie des jeweils anderen Akteurs.[191] Durch den verfassungsrechtlich angelegten parteipolitischen Gleichlauf von Parlamentsmehrheit und Regierungsorgan und den damit verbundenen Interessengleichlauf der Mitglieder von Regierungsfraktion und Bundesregierung[192] wird diese Zusammenarbeit auch normativ nahegelegt. Ihre Kollaboration erlaubt es ihnen, an den Vorteilen des jeweils anderen Akteurs zu partizipieren.[193] Das verbindet sie zu einer „Erfolgsgemeinschaft“[194] und stellt die grundgesetzlich gewollte wirkungsvolle Legislativ- und Haushaltsfunktion sicher. Die Legislativ- und Haushaltsfunktion werden also nicht durch ein Ge-

---

[187] *Meinel*, Der Staat 60 (2021), 43 (57 f.); zur Zusammenarbeit von Bundesregierung und Regierungsfraktionen innerhalb der Gesetzgebung *Schmidt-Jortzig*, in: FS Rauschning, 2001, 143 (146 ff.).

[188] *Haberland*, Die verfassungsrechtliche Bedeutung der Opposition, 1995, 142.

[189] So jüngst auch *Kersten*, in: Herdegen/Masing/Poscher/Gärditz (Hrsg.), HdVR, 2021, § 11, Rn. 59.

[190] Vgl. auch *Eder*, Rote Karte, 2017, 127; treffend daher *Meinel*, Der Staat 60 (2021), 43 (57): „Gibt es keine Regierungsmehrheit, gibt es auch keine Gesetzgebungsmehrheit.“

[191] Siehe auch *Scholz*, in: FS BVerfG, Bd. 2, 2001, 663 (676, 680).

[192] *Jarass*, Politik und Bürokratie, 1975, 65 ff., insbes. 71.

[193] *Jarass*, Politik und Bürokratie, 1975, 67.

[194] *v. Bogdandy*, Gubernative Rechtsetzung, 2000, 148 spricht dabei von „Erfolgsgemeinschaft“; siehe auch zu vergleichbaren Formulierungen *Kuhn*, Der Verfassungsgrundsatz effektiver parlamentarischer Opposition, 2019, 114 f.

genüber von Bundesregierung und Bundestag wahrgenommen, sondern am geeignetsten durch ein Zusammenwirken von Bundesregierung mit demjenigen Teil des Bundestages, der kraft gemeinsamer Parteizugehörigkeit mit der Bundesregierung verbunden ist und in dem beide daher typischerweise über ein gemeinsames umsetzungsfähiges Programm verfügen.[195]

d) Öffentlichkeits- und Integrationsfunktion

Das Grundgesetz erwartet zwar die effektive parteipolitische Richtunggebung durch die Legislativ- und Haushaltsfunktion, in der pluralistischen Gesellschaftsordnung aber gleichzeitig den hiergegen geäußerten Widerspruch. Entsprechend der dem Bundestag zukommenden Öffentlichkeits-[196] und Integrationsfunktion soll sich dieser auch und gerade im Parlament artikulieren.[197] Diese verfassungsrechtliche Erwartung zum Widerspruch der Regierungspolitik kann funktionell am besten nicht durch alle, sondern durch diejenigen Mitglieder des Bundestages erfüllt werden, die sich der Bundesregierung nicht durch die gleiche Parteizugehörigkeit solidarisch verbunden fühlen und dementsprechend auch nicht an der Umsetzung der parteipolitischen Richtunggebung durch Legislativ- und Haushaltsfunktion beteiligt waren. Widersprechen sich Opposition und Regierung, nimmt das Parlament seine Funktion als Austragungsort der wesentlichen, einander widersprechenden gesellschaftlichen Strömungen wahr.[198] Auch die Öffentlichkeits- und Integrationsfunktion des Bundestages lässt im Bundestag also zwei Seiten erkennen, die zur Wahrnehmung der Parlamentsfunktionen in unterschiedlicher Weise beitragen.

---

[195] Vgl. auch *Meinel*, Der Staat 60 (2021), 43 (57): „Während gesetzgebende Gewalt und Exekutive in gewaltenteilenden Verfassungen je für sich demokratisch legitimiert sind, ist das Parlament eines parlamentarischen Regierungssystems gerade nicht für sich, sondern so gut wie immer nur in Verbindung mit der Regierung ‚Legislative'. Auch der Bundestag ist darum nicht die gesetzgebende Gewalt, die vielmehr durch den Handlungsverbund aus Regierung und parlamentarischer Mehrheit – unter Einbindung des Bundesrates – gebildet wird, institutionell also gerade nicht isoliert ist."

[196] Siehe Art. 42 Abs. 1 S. 1 GG.

[197] Zu einer Artikulations- und Öffentlichkeitsfunktion des Parlaments *Brenner*, in: Isensee/Kirchhof (Hrsg.), HStR, Bd. III, 2005 (3. Aufl.), § 44, Rn. 39–41, insbes. Rn. 39; zur Öffentlichkeitsfunktion *H. H. Klein*, in: Isensee/Kirchhof (Hrsg.), HStR, Bd. III, 3. Aufl. (2005), § 50, Rn. 42–45.

[198] *Brenner*, in: Isensee/Kirchhof (Hrsg.), HStR, Bd. III, 2005 (3. Aufl.), § 44, Rn. 39; zur Integrationsfunktion der Opposition siehe *Mundil*, Die Opposition, 2014, 44 ff.

e) Zwischenergebnis

Die parteipolitische Überlagerung des Bundestages und der sich anschließende Rekrutierungsmechanismus der Mitglieder der Bundesregierung ermöglichen einen parteipolitischen Gleichlauf der Regierungsmitglieder mit der Mehrheit des Bundestages. Nimmt man darüber hinaus die Parlamentsfunktionen in den Blick, wird die Unterscheidung in Regierungs- und Oppositionsfraktionen nicht nur ermöglicht, sondern regelrecht erwartet.[199] Dieser normative Impuls für ein – sich organübergreifend entlang der Parteigrenzen formierendes – Gegenüber von Regierung und Opposition bestätigt sich angesichts des vom Grundgesetz statuierten Demokratieprinzips (Art. 20 Abs. 1, 2 GG).

3. Grundgesetzliches Demokratieprinzip: Mehrheit und Minderheit

Demokratie ist auch im Grundgesetz zunächst als die Herrschaft der Mehrheit installiert (vgl. Art. 42 Abs. 2 S. 1 GG).[200] Demokratie ist jedoch mehr als die grenzenlose Herrschaft der Mehrheit über die Minderheit.[201] Auf Basis einer im einzelnen Individuum wurzelnden demokratischen gleichen Freiheit[202] und einer pluralistischen Demokratie sind die Rechtspositionen der Minderheit vielmehr untrennbar mit der Mehrheitsherrschaft verbunden[203].[204] Bereits die dem Grundgesetz zugrunde liegende pluralistische Gesellschaftsordnung geht von der Exis-

---

[199] Die Opposition ebenso als Verfassungserwartung kennzeichnend *Ingold*, Das Recht der Oppositionen, 2015, 585–590.

[200] Siehe *Ingold*, Das Recht der Oppositionen, 2015, 304 f.; zum Mehrheitsprinzip im Grundgesetz siehe auch *Haberland*, Die verfassungsrechtliche Bedeutung der Opposition, 1995, 19 f.

[201] Zum folgenden demokratietheoretischen Konzept siehe *Lepsius*, Der Staat 52 (2013), 157 (169 f.); siehe auch bereits *Honer/Rudloff*, DÖV 2020, 461 (463 f.).

[202] Zu einem so verstandenen individualistischen Demokratieverständnis siehe bereits die Nachweise in Kap. 3 Fn. 133.

[203] Der Aspekt der durch die Rechte des Einzelnen und der Minderheit begrenzten Demokratie könnte auch durch den Ausdruck der freiheitlichen bzw. rechtsstaatlichen bzw. gewaltengeteilten Demokratie zusammengefasst werden. Daher lassen sich die folgenden Aspekte des Minderheitenschutzes auch der Gewaltenteilung oder dem Rechtsstaatsprinzip entnehmen, siehe zum Beispiel *Kuhn*, Der Verfassungsgrundsatz effektiver parlamentarischer Opposition, 2019, 57–59.

[204] Insofern sind die Minderheitsrechte auch keine Durchbrechung des Mehrheitsprinzips, sondern Ausdruck desselben, anders BVerfG, NVwZ 2016, 922 (923). Den Schutz der Minderheit dem Mehrheitsprinzip entnehmend *Haberland*, Die verfassungsrechtliche Bedeutung der Opposition, 1995, 19 ff., insbes. 28 f.; *Ingold*, Das Recht der Oppositionen, 2015, 304–310; *Kelsen*, Vom Wesen und Wert der Demokratie, 2. Aufl. (1929), Reclam-Ausgabe (2018), 132; *Kuhn*, Der Verfassungsgrundsatz effektiver parlamentarischer Opposition, 2019, 54–57; zum Zusammenwirken von demokratischer Freiheit und Gleichheit siehe 341 ff.; siehe diesbezüg-

tenz mehrerer, konkurrierender und einander widersprechender Gemeinwohlkonzeptionen aus.[205] Mangelt es im politischen Bereich obendrein an allgemeinverbindlichen Beurteilungsmaßstäben, genießen diese im Grunde die gleiche Legitimität, in normativer Hinsicht eben die gleiche demokratische Freiheit.[206] Dem steht es zwar nicht entgegen, dass die politische Mehrheit ihr Gemeinwohlkonzept umsetzt; die vollständige Aufhebung der Gemeinwohlkonzeptionen der politischen Minderheit als präsente Alternative zur politischen Mehrheit ließe sich indes nicht rechtfertigen. Nimmt man obendrein den Umstand sich kontinuierlich wandelnder Erkenntnisse und Meinungen sowie die fortlaufend neue Zusammensetzung des Legitimationssubjekts in den Blick, zeigt sich: Die einmal bestehende Mehrheit ist nicht nur außerstande, die Minderheit zu verdrängen, sondern muss ihr überdies die Chance einräumen, zur Mehrheit zu erstarken[207].[208]

Die tatsächliche Möglichkeit der Minderheit, zur Mehrheit zu avancieren, ist in der pluralen und freiheitlichen Demokratie daher ihre notwendige Bedingung.[209] Obendrein wird die Mehrheitsherrschaft effektiv, weil für die Minderheit akzeptanzfähig, indem die Minderheit geschützt und ihr die Chance, zur Mehrheit zu avancieren, garantiert wird.[210] Die Minderheit ist damit nicht nur bloßer Reflex des Mehrheitsprinzips[211], sondern ihm in der freiheitlichen Demokratie auch normativ immanent.[212]

---

lich auch *Unger*, Das Verfassungsprinzip der Demokratie, 2008, 250ff.; siehe bereits *Honer/Rudloff*, DÖV 2020, 461 (463).

205 *Haberland*, Die verfassungsrechtliche Bedeutung der Opposition, 1995, 32.

206 *Haberland*, Die verfassungsrechtliche Bedeutung der Opposition, 1995, 31–33; siehe auch *Mundil*, Die Opposition, 2014, 82–84, der die Opposition in der Idee einer pluralen Gesellschaftsordnung verortet.

207 Zum Periodizitätsprinzip für die Wahl des deutschen Bundestages siehe nur Art. 39 GG, dazu auch *Ingold*, Das Recht der Oppositionen, 2015, 311 f.

208 Siehe bereits *Honer/Rudloff*, DÖV 2020, 461 (463).

209 BVerfG, NVwZ 2016, 922 (923); *Haberland*, Die verfassungsrechtliche Bedeutung der Opposition, 1995, 28; *P. M. Huber*, in: Isensee/Kirchhof (Hrsg.), HStR, Bd. III, 3. Aufl. (2005), § 47, Rn. 73; *Kuhn*, Der Verfassungsgrundsatz effektiver parlamentarischer Opposition, 2019, 54–57; *Lepsius*, Der Staat 52 (2013), 157 (169); *Mundil*, Die Opposition, 2014, 34.

210 *Haberland*, Die verfassungsrechtliche Bedeutung der Opposition, 1995, 28 f.; dazu auch *Ingold*, Das Recht der Oppositionen, 2015, 347; *Lepsius*, Der Staat 52 (2013), 157 (169 f.); siehe auch bereits *Honer/Rudloff*, DÖV 2020, 461 (464).

211 So aber *Mundil*, Die Opposition, 2014, 80 f.

212 Darum das Recht auf Opposition (auch) dem grundgesetzlichen Demokratiegebot entnehmend BVerfGE 70, 324 (363), BVerfG, NVwZ 2016, 922 (923); *Haberland*, Die verfassungsrechtliche Bedeutung der Opposition, 1995, 17–33; *P. M. Huber*, in: Isensee/Kirchhof (Hrsg.), HStR, Bd. III, 3. Aufl. (2005), § 47, Rn. 73, der aus dem Demokratieprinzip zutreffend „ein verfassungsrechtliches Gebot für eine effektive parlamentarische Opposition" ableitet; *Kuhn*, Der Verfassungsgrundsatz effektiver parlamentarischer Opposition, 2019, 139–141; sie-

Zur Verwirklichung dieses demokratieimmanenten Dualismus aus Mehrheit und Minderheit macht sich das Grundgesetz auch hier die einerseits trennende und andererseits verbindende Parteizugehörigkeit zunutze und stellt die die Regierung ablehnenden Bundestagsfraktionen der Regierungsmannschaft gegenüber.

Das Grundgesetz entscheidet sich demnach für die Dichotomie von Regierungsmannschaft einerseits und Opposition andererseits[213] und platziert damit die Bundesregierung – als Bestandteil der Regierungsmannschaft – inmitten eines politischen Wettbewerbs.[214]

4. Zwischenergebnis – zugleich: Regierung und Opposition als verfassungsrechtlich erwarteter Dualismus

Das Grundgesetz verknüpft die personelle Zusammensetzung der Bundesregierung mit der Mehrheit des Bundestages (vgl. Art. 63 GG). Die grundgesetzlich angelegte parteipolitische Überformung des Bundestages räumt der Parlamentsmehrheit die Möglichkeit ein, ihre parteipolitische Zuordnung auf die Mitglieder der Bundesregierung zu übertragen. Die parlamentarische Opposition fungiert als ihr komplementäres Gegenüber.[215] Damit eröffnet das Grundgesetz der Struktur eines parlamentarischen Regierungssystems entsprechend zwischen Bundesregierung und Bundestag ein Forum der Kollaboration und Kooperation und gegenüber den Minderheitsfraktionen ein Verhältnis der Konfrontation. Wurde gesagt, dass dieser Dualismus vom Grundgesetz eröffnet wird, ist im Lichte einer rechtlich angestrebten effektiven Auslegung der dem Parlament verfassungsrechtlich zugewiesenen Funktionen und des grundgesetzlichen Demokratieprinzips zu ergänzen, dass ein solcher Dualismus weder bloß empirisch

---

he auch *Mundil*, Die Opposition, 2014, 77ff., insbes. 84, der aber keinen verfassungsrechtlichen Dualismus von Regierung und Opposition anerkennen will, vgl. 202.

[213] BVerfGE 70, 324 (363); in diese Richtung auch *Cancik*, NVwZ 2014, 18 (19f.); *Haberland*, Die verfassungsrechtliche Bedeutung der Opposition, 1995, 31, 36f., siehe aber auch 144–149; *P.M. Huber*, in: Isensee/Kirchhof (Hrsg.), HStR, Bd. III, 3. Aufl. (2005), § 47, Rn. 38; dem Mehrheitsprinzip ein Oppositionsbezug entnehmend *Ingold*, Das Recht der Oppositionen, 2015, 304–310; skeptisch hingegen *Klenner*, DÖV 2018, 563 (567f.); den „neuen Dualismus" aus verfassungsrechtlicher Sicht ablehnend *Mundil*, Die Opposition, 2014, 35f.

[214] Anders wohl *Eder*, Rote Karte, 2017, 134.

[215] Wobei die möglichen Akteure der Opposition vielfältig sind, *Kuhn*, Der Verfassungsgrundsatz effektiver parlamentarischer Opposition, 2019, 38–41, siehe auch zu den Kriterien der Ermittlung parlamentarischer Opposition *Kuhn*, Der Verfassungsgrundsatz effektiver parlamentarischer Opposition, 2019, 41–51.

vorhanden[216] noch allein rechtlich ermöglicht ist, sondern auch normativ erwartet wird.[217]

Damit scheint der „Parteiendualismus“[218] von Regierung und Opposition den Organdualismus[219] von Regierung und Parlament, wie er den deutschen Konstitutionalismus des 19. Jahrhunderts prägte[220], überwunden zu haben. Hier repräsentierten die monarchische Exekutive und die bürgerliche Legislative die bestimmenden sozialen Gruppen jener Zeit. Mit dem monarchischen Prinzip einerseits und der Volkssouveränität andererseits verkörperten sie zugleich die unterschiedlichen Legitimations- und Souveränitätskonzepte, die sich dem Übergangscharakter[221] des Konstitutionalismus entsprechend unentschieden gegenüberstanden.[222] Unterschiedliche Legitimations- und Souveränitätskonzepte können beide Organe heute ohnehin nicht mehr widerspiegeln. Das Grundgesetz gibt mit dem Prinzip der Volkssouveränität nur einen Inhaber der Souveränität und eine Quelle der Legitimität vor (Art. 20 Abs. 2 S. 1 GG). Als Teil des Staates steht das Parlament den Interessen der Gesellschaft heute auch nicht näher als die Regierung und bedroht bürgerliche Freiheit im Grunde gleichermaßen, so dass sich in einem Gegenüber von Regierung und Parlament auch nicht die im deutschen Konstitutionalismus übliche Frontstellung von Staat und Gesellschaft manifestieren könnte.[223] Folglich repräsentieren nicht die Regierung und das Parlament die entgegenstehenden Interessen und sozialen Gruppen, sondern die unterschiedlichen politischen Parteien.[224] Ihre politische Rolle manifestiert sich dabei

---

216 Zur empirisch nachweisbaren Realität des Dualismus von Regierung und Opposition *Rudzio*, Das politische System der Bundesrepublik Deutschland, 10. Aufl. (2019), 224 f.

217 Ähnlich *Kuhn*, der ein Recht auf eine effektive Entfaltung der Opposition einem aus dem Gewaltenteilungsgrundsatz abgeleiteten Gebot effektiver parlamentarischer Kontrolle entnimmt, vgl. *Kuhn*, Der Verfassungsgrundsatz effektiver parlamentarischer Opposition, 2019, 135 f.

218 Als „Parteiendualismus“ bezeichnend *Magiera*, Parlament und Staatsleitung, 1979, 228 f.

219 Zum Organdualismus bzw. „alten Dualismus“ *P. M. Huber*, in: Isensee/Kirchhof (Hrsg.), HStR, Bd. III, 3. Aufl. (2005), § 47, Rn. 6.

220 Dazu auch *Magiera*, Parlament und Staatsleitung, 1979, 228 f.

221 Den Übergangscharakter des deutschen Konstitutionalismus betonend *Böckenförde*, in: ders., Recht, Staat, Freiheit, Erw. Ausg. (2006), 273 (304 f.) sowie *Carl Schmitt*, Verfassungslehre, 10. Aufl. (2010), 53 ff., 114 ff.; demgegenüber den Kompromisscharakter des deutschen Konstitutionalismus hervorhebend *E. R. Huber*, Deutsche Verfassungsgeschichte, Bd. III, 3. Aufl. (1988), 9–11.

222 *Magiera*, Parlament und Staatsleitung, 1979, 228 f.; *Sester*, Der Parlamentsbeschluss, 2007, 182 f.

223 *Magiera*, Parlament und Staatsleitung, 1979, 264–266; *Sester*, Der Parlamentsbeschluss, 2007, 183.

224 *Magiera*, Parlament und Staatsleitung, 1979, 113.

entsprechend ihrer Zuordnung zum Lager der Regierung oder Opposition. Dass dies indes nicht dazu führen darf, die Rechtsstellung der Abgeordneten durchgängig von ihrer parteipolitischen Einordnung abhängig zu machen, zeigt Art. 38 Abs. 1 S. 2 GG.[225] Der hier statuierte gleiche Abgeordnetenstatus muss als verallgemeinerungsfähige grundgesetzliche Wertentscheidung auch von dem an dieser Stelle begründeten Regierungs- und Oppositionsdualismus berücksichtigt werden. Weist man den Abgeordneten sowie den Fraktionen jedoch im Grunde gleiche Rechtspositionen zu, können Unterscheidungen gleichwohl in spezifischen Situationen entsprechend dem Regierungs- und Oppositionsdualismus funktional und kontextuell bedingt zulässig sein[226].[227] Dies soll an anderer Stelle noch veranschaulicht werden.[228]

Hier bleibt festzuhalten: Das Grundgesetz kennt und erwartet[229] die Gegenüberstellung von Regierung und Opposition.[230] Diese Überlegungen sind Bestandteil des verfassungstheoretischen Systems; sie tragen ihrerseits zur Rekonstruktion der grundgesetzlichen Theorie über die Regierung bei und besitzen folglich den normativen Status eines Theoriebegriffs.[231] Der Dualismus von Re-

---

225 Diesen Gedanken – wenn auch zu stark – betonend BVerfG, NVwZ 2016, 922 (925 f.); *Klenner*, DÖV 2018, 563 (568 f.); siehe auch *Lassahn*, Anmerkung zu BVerfG, Urt. v. 3.5.2016. – 2 BvE 4/14, NVwZ 2016, 929 (930).

226 Das reiht sich in Überlegungen ein, die die Opposition als Funktion des Grundgesetzes, nicht aber als mit eigenen Rechtspositionen ausgestattete Institution begreifen; vgl. *Cancik*, NVwZ 2014, 18 (19 f.); *Mundil*, Die Opposition, 2014, 110 f.; zur Ablehnung eines eigenen Rechtsstatus der Opposition siehe auch *Haberland*, Die verfassungsrechtliche Bedeutung der Opposition, 1995, 133–149 sowie *Kuhn*, Der Verfassungsgrundsatz effektiver parlamentarischer Opposition, 2019, 35–37.

227 Anders BVerfG, NVwZ 2016, 922 (3. Leitsatz sowie 925 f.); anders wohl auch (jedenfalls für den finanziellen Ausgleich für Oppositionsfraktionen) *Klenner*, DÖV 2018, 563 (565 ff.). Insbesondere wird durch eine solche kontextuelle Ungleichbehandlung nicht die Mandatsfreiheit der Abgeordneten beeinträchtigt. Das Recht des Abgeordneten, sich in Opposition oder Solidarität zur Regierung zu verhalten, wird beispielsweise durch die kontextuell bedingte Einstufung seiner Fraktion als Oppositionsfraktion nicht berührt, siehe aber *Klenner*, DÖV 2018, 563 (568 f.); wie hier auch *Lassahn*, Anmerkung zu BVerfG, Urt. v. 3.5.2016. – 2 BvE 4/14, NVwZ 2016, 929 (930).

228 Siehe Teil 3 Kap. 5 II.

229 Sie fungiert daher im Anschluss an *Ingold* als Verfassungserwartung, siehe dazu *Ingold*, Das Recht der Oppositionen, 2015, 585–590.

230 Siehe bereits *v. Stein*, Handbuch der Verwaltungslehre, 1. Teil, 3. Aufl. (1887), 100: „[…] eine Regierung ohne Opposition […] ist […] nicht denkbar, und praktisch nie dagewesen"; *Kuhn*, Der Verfassungsgrundsatz effektiver parlamentarischer Opposition, 2019, 120.

231 In diese Richtung auch *Haberland*, Die verfassungsrechtliche Bedeutung der Opposition, 1995, 36 f., wonach „Opposition als Teil der parlamentarischen Demokratie vom Grundgesetz in Rechnung gestellt, verfassungsrechtlich mitgedacht und als Möglichkeit sogar vorausgesetzt" werde (37), sowie *P. M. Huber*, in: Isensee/Kirchhof (Hrsg.), HStR, Bd. III, 3. Aufl. (2005), § 47, Rn. 38, der die Opposition als Interpretationsmaxime begreift, was insoweit mit

gierung und Opposition wird dadurch weder mit den Eigenschaften eines Rechtsbegriffs belastet[232] noch der bloßen politikwissenschaftlichen Beschreibung[233] zugeordnet, wurde er immerhin auch mittels normativ angelegter Wertungen ermittelt. Ein solcher normativer Status ist insbesondere mit der Intention der Gemeinsamen Verfassungskommission nach der Wiedervereinigung vereinbar, die die zunächst erwogene Aufnahme der Opposition in das Grundgesetz ablehnte, da einer solchen in Anbetracht der gebilligten Verfassungspraxis ohnehin nur „deklaratorische Bedeutung"[234] zukomme und man im Übrigen vor den Wirkungen eines „Rechtsbegriffs"[235] der Opposition angesichts ungeklärter Rechtsfragen zurückschreckte.[236] Mit einem Theoriebegriff wird demgegenüber der Billigung des in der Verfassungspraxis anzutreffenden Dualismus von Regierung und Opposition sowie den normativ angelegten Wertungen Rechnung getragen und

---

dem hier vertretenen Status eines Theoriebegriffs vergleichbar ist, siehe dazu Rn. 70ff., insbes. Rn. 71, 75; vergleichbar auch *Ingold*, Das Recht der Oppositionen, 2015, 163 f., dessen Einordnung der Opposition als heuristischer Begriff ebenso mit vergleichbaren Erscheinungen einhergeht sowie die Charakterisierung der Opposition als Verfassungserwartung weitgehend dem hier gefundenen normativen Status entsprechen dürfte, siehe dazu 585–590; ähnlich dürfte sich im Ergebnis *Mundils* Zuordnung der Opposition zur Verfassungs- bzw. Staatspraxis auswirken, die ihrerseits den Status einer Interpretationshilfe einnimmt, siehe dazu *Mundil*, Die Opposition, 2014, 103 f., zu seiner Einordnung als Verfassungsfunktion 110 f.; die Charakterisierung der Opposition als Optimierungsgebot bei *Kuhn* ist demgegenüber mit teils zwingenden Rechtsfolgen verbunden, insbesondere mit ihrer Wirkung als Auslegungsmaxime aber weitgehend mit den Wirkungen eines Theoriebegriffs vergleichbar, siehe hierzu *Kuhn*, Der Verfassungsgrundsatz effektiver parlamentarischer Opposition, 2019, 144 f., 153 ff.

232 Die mit einem Rechtsbegriff „Opposition" verbundenen Herausforderungen betont die Gemeinsame Verfassungskommission, siehe BT-Drs. 12/6000, 90; in die Richtung eines Rechtsbegriffs aber *Cancik*, NVwZ 2014, 18 (21), der beispielsweise eine verfassungsrechtliche Pflicht der Bundestagsmehrheit für die Einsetzung eines Untersuchungsausschusses – auch unterhalb des ausdrücklichen Minderheitsquorums von Art. 44 GG – bejaht; ebenso *H. P. Schneider*, Die parlamentarische Opposition im Verfassungsrecht, Bd. 1, 1974, 235 der der parlamentarischen Opposition eine „Rechtsstellung" (wenn auch selbst in Anführungszeichen) mit wohl unmittelbaren Rechtsfolgen (siehe z. B. 239 f.) zuerkennt; ähnlich wie hier *Haberland*, Die verfassungsrechtliche Bedeutung der Opposition, 1995, 133–149 sowie *Mundil*, Die Opposition, 2014, 112 ff. oder *G. C. Schneider*, Die Finanzierung der Parlamentsfraktionen als staatliche Aufgabe, 1997, 125–127, die eine eigene Rechtsstellung der Oppositionskräfte ablehnen.

233 So aber *Linck*, Zulässigkeit und Grenzen der Einflussnahme des Bundestages auf die Regierungsentscheidungen, 1970, 5 f., der den Dualismus Regierung und Opposition nur der Verfassungswirklichkeit, nicht aber dem Grundgesetz entnimmt; auch *Mundil* begreift den Dualismus von Regierung und Opposition nur als politische, nicht rechtliche Erscheinung, siehe *Mundil*, Die Opposition, 2014, 35 f., siehe aber auch 76.

234 BT-Drs. 12/6000 (90).

235 BT-Drs. 12/6000 (90).

236 Siehe dazu BT-Drs. 12/6000 (90). Insoweit lässt sich die unterbliebene Aufnahme der Opposition in das Grundgesetz nicht pauschal gegen einen normativ erheblichen Begriff der Opposition anführen, so aber BVerfG, NVwZ 2016, 922 (924).

gleichzeitig die Wirkung zwingender Rechtsfolgen vermieden. Mit einem solchen normativen Status formuliert der Dualismus von Regierung und Opposition lediglich gegenüber den politischen Akteuren eine Erwartung zur Wahrnehmung der Oppositionsfunktion und gegenüber den rechtsetzenden Stellen eine Erwartung zur Ausgestaltung effektiver Entfaltungsmöglichkeiten der Opposition. Dies schließt insoweit an Überlegungen an, die die Opposition als Verfassungserwartung[237] begreifen. Gegenüber den rechtsanwendenden Stellen fungiert er hingegen als Impuls zur Auslegungsleitung[238] der positiven Bestimmungen des Verfassungsrechts.

Auch an dieser Stelle trägt die Ebene des verfassungstheoretischen Systems dazu bei, normativ angelegte tatsächlich-politische Mechanismen zu berücksichtigen und so für eine effektive Realisierung verfassungsrechtlicher Vorgaben fruchtbar zu machen.[239] Zugleich können mit ihrer Hilfe verfassungsrechtliche Aussagen nicht lediglich auf die Billigung, zwingende Einforderung oder Verhinderung beschränkt[240], sondern verfassungsrechtliche Idealvorstellungen und Erwartungen in den Blick genommen werden.[241] Das ermöglicht eine flexible Handhabung, die einerseits die effektive Ausübung der Opposition begleitet, andererseits dem Gesetzgeber bei der Ausgestaltung der Oppositionsrechte und der Rechtsprechung bei der Auslegung der Rechtspositionen einen Gestaltungsspielraum belässt.[242] Dadurch verliert auch der sonst gegen einen normativen Oppo-

[237] So *Ingold*, Das Recht der Oppositionen, 2015, 585–590.

[238] Das verfassungsrechtliche Gebot effektiver Opposition ebenso als Interpretationsmaxime charakterisierend *P. M. Huber*, in: Isensee/Kirchhof (Hrsg.), HStR, Bd. III, 3. Aufl. (2005), § 47, Rn. 75.

[239] Die Begründung *Klenners*, wonach die Tätigkeiten von Bundesregierung und Regierungsfraktionen (zutreffend) „eigenen verfassungsrechtlichen Bindungen“ unterlägen (566), beschränkt die Überlegungen hingegen auf die Ebene der Rechtsbegriffe, verschließt sich damit der Betrachtung normativ angelegter tatsächlicher Zusammenarbeit und muss dann folgerichtig in die Schlussfolgerung münden, dass die politischen Überschneidungen von Bundesregierung und Regierungsfraktionen rechtlich nicht als ausschlaggebend (hier für die Rechtfertigung eines sogenannten Oppositionszuschlags) anzusehen sind, siehe *Klenner*, DÖV 2018, 563 (566 f.).

[240] Mit dem Hinweis auf das grundgesetzliche Recht, nicht aber die Pflicht zur Opposition muss die verfassungstheoretische Überlegung daher nicht schließen, siehe aber *Mundil*, Die Opposition, 2014, 104.

[241] Indem das Bundesverfassungsgericht seine Betrachtung jedoch ausdrücklich auf „explizit spezifische Oppositions(fraktions-)rechte“ sowie ein „Gebot der Schaffung solcher Rechte“ verengt (vgl. BVerfG, NVwZ 2016, 922 [924]), gelingt es ihm nicht, diese Wertungen zwischen Rechtsbegriff und bloß tatsächlicher Beschreibung zur Kenntnis zu nehmen. Auch die Gemeinsame Verfassungskommission nach der Wiedervereinigung sieht im Hinblick auf die Opposition nur die Alternative von Rechtsbegriff und politikwissenschaftlichem Begriff, vgl. BT-Drs. 12/6000, 90.

[242] Das entspricht insoweit der Auffassung des Bundesverfassungsgerichts, als dass es zu-

sitionsbegriff vorgetragene Einwand einer schweren Bestimmbarkeit der Oppositionszugehörigkeit an Halt:[243] Fällt die Zuordnung zum Lager der Regierung bzw. Opposition schwer, nimmt die verfassungsrechtliche Erwartung und somit auch die auslegungsleitende Wirkung dieser verfassungstheoretischen Figur ab.

IV. Die Bundesregierung als selbstständiger Akteur im Regierungsverbund

Bundesregierung und Bundestag gehen weitgehend in den Kategorien von Regierung und Opposition auf, allerdings nicht vollständig. Die Dichotomie von Regierungsorgan und Parlament ist durch den Parteidualismus also überlagert, aber nicht komplett aufgehoben.[244] Die eigenständige verfassungsrechtliche

---

treffend feststellt, dass das Grundgesetz „explizit spezifische Oppositions(fraktions-)rechte" nicht kennt, vgl. BVerfG, NVwZ 2016, 922 (2. Leitsatz). Da aus der vorliegend vertretenen verfassungsrechtlichen Erwartung für die Opposition zwar keine unbedingte Rechtspflicht, aber ein Impuls für die Schaffung effektiver Oppositionsrechte folgt, muss dem Bundesverfassungsgericht jedoch insoweit widersprochen werden, wonach spezifische Oppositionsrechte auch nicht einfach-gesetzlich eingeführt werden dürften, siehe BVerfG, NVwZ 2016, 922 (3. Leitsatz); kritisch zur Auffassung des Bundesverfassungsgerichts auch *Lassahn*, Anmerkung zu BVerfG, Urt. v. 3.5.2016. – 2 BvE 4/14, NVwZ 2016, 929 (930).

243 So zum Beispiel die Gemeinsame Verfassungskommission nach der Wiedervereinigung, siehe BT-Drs. 12/6000, 90; *Klenner*, DÖV 2018, 563 (568), mit Beispielen zur – in der Tat – nicht immer einfachen Abgrenzung siehe 565; zur Begriffsbestimmung und den in der Rechtsprechung und Rechtswissenschaft erörterten Oppositionsbegriffen siehe auch *Mundil*, Die Opposition, 2014, 49 ff.

244 So ist auch das Bundesverfassungsgericht zu verstehen, wenn es betont, dass das politische Spannungsverhältnis „vornehmlich" (aber eben nicht ausschließlich) durch den Dualismus von Regierung und Opposition geprägt sei oder die Kontrollfunktion „vorwiegend" (aber eben nicht ausschließlich) von der Opposition wahrgenommen werde, siehe BVerfGE 49, 70 (85 f.); wie hier auch *P. M. Huber*, in: Isensee/Kirchhof (Hrsg.), HStR, Bd. III, 3. Aufl. (2005), § 47, Rn. 6, der hier von „altem Dualismus" spricht; *Magiera*, Parlament und Staatsleitung, 1979, 230–232, 276 f.; *H.-P. Schneider*, in: Benda/Maihofer/Vogel (Hrsg.), Handbuch des Verfassungsrechts, 2. Aufl. (1994), § 13, Rn. 17 f.; im Ergebnis wohl auch *Ingold*, Das Recht der Oppositionen, 2015, 436–438, der feststellt, dass auch der Bundestag als solcher eine Oppositionsstellung gegenüber der Regierung – wenn auch „vergleichsweise schwach" (438) – im Grundgesetz einnehme, die jedoch ihre Relativierung erfahre; *Kuhn*, Der Verfassungsgrundsatz effektiver parlamentarischer Opposition, 2019, 120, 122 f.; siehe ebenso *Mundil*, Die Opposition, 2014, 35 f., der den Organdualismus aufrechterhält, jedoch zu weitgehend den Dualismus von Regierung und Opposition vollständig in die Ebene der Verfassungswirklichkeit verdrängt; anders *Jarass*, Politik und Bürokratie, 1975, 79 ff.; *Kloepfer*, Verfassungsrecht I, 2011, § 10, Rn. 87, der von einer „Gewaltenfusion" von Regierung und Parlamentsmehrheit spricht; ebenso *Pilz*, Der Auswärtige Ausschuss, 2008, 111 f., der von einer Einheit von Regierung und Regierungsfraktionen ausgeht.

Konstituierung von Bundesregierung und Bundestag ist hierfür jedoch allenfalls ein schwaches Indiz (1.). Erste Anhaltspunkte vermittelt demgegenüber die in Art. 38 Abs. 1 S. 2 GG verfassungsrechtlich statuierte grundsätzliche Gleichheit des Abgeordnetenmandats (2). Die These einer der Bundestagsmehrheit selbstständig, gleichberechtigt und partiell konfrontativ gegenüberstehenden Bundesregierung wird insbesondere durch mehrere verfassungsrechtliche Rechtspositionen belegt, die nur auf Basis dieser Annahme sinnvoll verstanden werden können (3.). Ein hiergegen vorgetragenes Verständnis von einer der Bundestagsmehrheit weisungsunterworfenen Bundesregierung ist dem Grundgesetz hingegen fremd (4.). Das erlaubt es, die Bundesregierung als partiell eigenständigen Akteur innerhalb des Regierungsverbundes zu begreifen.

1. Eigenständige verfassungsrechtliche Konstituierung, getrennte verfassungsrechtliche Befugnisse

Ein Blick auf die Gliederung des Grundgesetzes, die die Bundesregierung unter einem eigenen Abschnitt neben den anderen Verfassungsorganen ausweist,[245] belegt die vorliegend vorgetragene These indes noch nicht. Die eigenständige verfassungsrechtliche Konstituierung trägt der unterschiedlichen Kreation, Zusammensetzung und internen Verfahrensweise beider Organe Rechnung.[246] Sie formuliert für sich genommen allenfalls eine begrenzte normative Wertung für eine eigenständige, gleichberechtigte und partiell konfrontative Stellung beider Verfassungsorgane auf der Ebene des verfassungstheoretischen Systems. Gleiches gilt für die Zuordnung verfassungsmäßiger Sachkompetenzen zugunsten beider Akteure. Auch hier bleibt es möglich, dass das Grundgesetz eine weitgehend kooperative Entscheidung durch die Bundesregierung und die Regierungsfraktion nicht nur erlaubt, sondern sogar erwartet. Dogmatisch bewerkstelligen ließe sich dies durch die dem Verfassungsrecht[247] und dem Verwaltungsrecht[248] bekannte Unterscheidung zwischen der Wahrnehmungs- und Entscheidungszuständigkeit. Der Bundesregierung müsste zwar aufgrund der ihr ausdrücklich zugewiesenen Aufgaben und Befugnisse[249] die Wahrnehmungskompetenz, also die

---

[245] Im vorliegenden Kontext auf die grundgesetzliche Systematik verweisend *Zimmer*, Funktion, Kompetenz, Legitimation, 1979, 225.

[246] Zur unterschiedlichen Struktur und den damit verbundenen Eigenschaften *Magiera*, Parlament und Staatsleitung, 1979, 115 ff., 230, 232 ff., 234 ff., insbes. 236; 267 f.

[247] Dazu *Götz*, Der Vorbehaltsbereich der Bundesregierung, 1993, 98 ff.

[248] *Wolff/Bachof/Stober/Kluth*, Verwaltungsrecht II, 7. Aufl. (2010), § 83, Rn. 7 f., sprechen hier von organisationsrechtlicher Wahrnehmungszuständigkeit und materiell-rechtlicher Wahrnehmungszuständigkeit.

[249] Zur Unterscheidung von Aufgabe und Befugnis siehe *Roth*, Verwaltungshandeln mit Drittbetroffenheit und Gesetzesvorbehalt, 1991, 257 f.

Zuständigkeit zur Ausführung der jeweiligen Aufgabe und Befugnis verbleiben, nicht notwendig aber die Kompetenz zur Entscheidung in der Sache.[250]

2. Gleichheit des Mandats (Art. 38 Abs. 1 S. 2 GG)

Einen ersten Anhaltspunkt, der die vorliegend aufgestellte These stützt, liefert der von Art. 38 Abs. 1 S. 2 GG angeordnete grundsätzlich gleiche Abgeordnetenstatus. Er entzieht einer Betrachtung den Boden, den Abgeordnetenstatus durchgehend von der Zugehörigkeit zum Lager der Regierung oder der Opposition abhängig zu machen.

3. Raum für Selbstständigkeit der Bundesregierung

Weitere normative Anhaltspunkte treten hinzu. Sie veranschaulichen, dass das Grundgesetz – trotz weitgehender Kollaboration von Bundesregierung und den sie tragenden Bundestagsfraktionen – beide Akteure als eigenständige, gleichberechtigte und punktuell konfrontative Kraftzentren etabliert. Dies betrifft insbesondere solche Rechtspositionen, die ein Gegeneinander von Bundesregierung und Parlamentsmehrheit voraussetzen. Auch diese Überlegungen sind zu berücksichtigen, soll die grundgesetzliche Theorie der Regierung rekonstruiert werden.

a) Konstruktives Misstrauensvotum (Art. 67 GG), Vertrauensfrage (Art. 68 GG) und Gesetzgebungsnotstand (Art. 81 GG)

Das Recht zum konstruktiven Misstrauensvotum (Art. 67 GG) sichert zunächst die Abhängigkeit der Bundesregierung vom Vertrauen des Bundestages. Der Bundeskanzler – und mit ihm seine Minister – können zugunsten eines neuen Bundeskanzlers auch während der Legislaturperiode vom Bundestag abgewählt werden. Ein neu gewählter Kanzler ist vom Bundespräsidenten zu ernennen. Gleichzeitig bleibt der aktuelle Bundestag im Amt; eine Neuwahl droht ihm nicht. Art. 67 GG verknüpft daher Bundesregierung und Bundestag – mit Primat des Letzteren.

Indem Art. 67 GG jedoch die revoltierende Bundestagsmehrheit zur Konstruktivität verpflichtet, stabilisiert und autonomisiert er zugleich den amtierenden Bundeskanzler – auch und gerade – gegen die ihn tragenden Regierungsfraktio-

---

[250] Hiernach wäre es denkbar, dem Bundestag Einwirkungsmöglichkeiten in Gestalt legislativer Zugriffsmöglichkeiten oder etwaiger Weisungsrechte in Gestalt eines Parlamentsbeschlusses zu überlassen, die der Bundesregierung zwar die Wahrnehmungskompetenz, nicht aber die Entscheidungskompetenz belassen.

nen.[251] Denn durch dieses Erfordernis stellt das Grundgesetz den Kanzlersturz in der politischen Praxis vor erhebliche Hürden: Soll der Sturz nach Art. 67 GG gelingen, muss entweder eine Bundestagsfraktion das politische Lager sowohl verlassen als auch einem neuen Lager beitreten oder die rebellierende Mehrheit noch während der Amtsinhaberschaft des abzuwählenden Kanzlers im Einvernehmen über den zu wählenden Kanzler sein. Letzteres kommt einer Art Verschwörung gleich.[252] Die Abgeordneten können das Misstrauensvotum daher nicht destruktiv ausüben und sich leichtfertig von der Regierung abwenden, um sich im Anschluss über einen Regierungschef zu einigen.[253] Diese im internationalen Vergleich untypische Anforderung[254] wurde vom Parlamentarischen Rat bewusst etabliert.[255] Der Kanzler und dessen Regierung sollten gestärkt werden, auch und gerade gegenüber der Parlamentsmehrheit. Stabilisiert und autonomisiert wird damit aber nicht nur die Willensbildung des Kanzlers und dessen Regierung[256], sondern ebenso die Willensbildung der Regierungsfraktionen.[257] Indem nicht jede von der Regierungslinie abweichende Beschlussfassung der Mehrheitsfraktionen zur Regierungskrise führt, werden diese zur eigenen Willensbildung befreit.[258] Bundesregierung und Bundestag werden durch Art. 67 GG also partiell voneinander entkoppelt. Damit stärkt Art. 67 GG sowohl die Regierungsfraktionen als auch die Bundesregierung und verschafft beiden einen Raum zur selbstständigen Willensbildung und Willensbetätigung.

Die bereits durch Art. 67 GG deutliche Stabilisierung und Autonomisierung der Bundesregierung wird durch Art. 68 GG bekräftigt. Die Vertrauensfrage gem. Art. 68 GG des Bundeskanzlers stärkt diesen und damit die durch ihn mediatisierten[259] übrigen Mitglieder der Bundesregierung gegenüber den Regierungsfraktionen.[260] Ursprünglich als Mechanismus zur Bewältigung einer (eingetretenen oder drohenden) Regierungskrise etabliert, die infolge von Art. 67

---

[251] Von „Autonomisierung und Stabilisierung" spricht *v. Bogdandy*, Gubernative Rechtsetzung, 2000, 127–129; siehe auch *Rudzio*, Das politische System der Bundesrepublik Deutschland, 10. Aufl. (2019), 208.

[252] *Rudzio*, Das politische System der Bundesrepublik Deutschland, 10. Aufl. (2019), 208.

[253] *Oldiges/Brinktrine*, in: Sachs, GG, 8. Aufl. (2018), Art. 67, Rn. 17 f.

[254] *Oldiges/Brinktrine*, in: Sachs, GG, 8. Aufl. (2018), Art. 67, Rn. 6.

[255] *Kloepfer*, Verfassungsrecht I, 2011, § 18, Rn. 110; *Oldiges/Brinktrine*, in: Sachs, GG, 8. Aufl. (2018), Art. 67, Rn. 8.

[256] *Zimmer*, Funktion, Kompetenz, Legitimation, 1979, 271.

[257] Darauf hinweisend *v. Bogdandy*, Gubernative Rechtsetzung, 2000, 129.

[258] *v. Bogdandy*, Gubernative Rechtsetzung, 2000, 129.

[259] *Epping*, in: v. Mangoldt/Klein/Starck, GG, Bd. 2, 7. Aufl. (2018), Art. 68, Rn. 4.

[260] *v. Bogdandy*, Gubernative Rechtsetzung, 2000, 133; *Oldiges/Brinktrine*, in: Sachs, GG, 8. Aufl. (2018), Art. 68, Rn. 12.

GG einen Minderheitskanzler[261] wegen bloß destruktiver oder obstruktiver Mehrheit im Amt belässt,[262] fungiert er als „gouvernementales Gegenstück“[263] zu Art. 67 GG, als Mittel des „Gegenangriffs“ des amtierenden oder drohenden Minderheitskanzlers.[264] Verliert der Kanzler das Vertrauen des Bundestages, droht unter Mitwirkung des Bundespräsidenten dessen Auflösung (Art. 68 Abs. 1 S. 1 GG). Die Abgeordneten müssen den Verlust des Mandates fürchten.[265] Daneben tritt die Gefahr ihrer temporären Ausschaltung (Art. 81 GG). Auf diesem Wege diszipliniert der Kanzler die ihn tragende Machtstütze und schützt zugleich die Handlungsfähigkeit der Regierung.[266] Verbindet er die Vertrauensfrage obendrein mit einer Sachfrage (Art. 81 Abs. 1 S. 2 GG), kann er zudem für die Durchsetzung unliebsamer Vorhaben kämpfen.[267] Um die Unterstützung der Regierungs- bzw. Bundestagsmehrheit zu erlangen, ist die Bundesregierung also nicht zur Passivität verpflichtet oder auf die sachliche Überzeugungsarbeit beschränkt. Vielmehr versetzt Art. 68 GG den Kanzler in die Lage, für das eigene politische Programm zu kämpfen, indem er den Bundestag angesichts seiner möglichen Auflösung[268] oder drohenden Ausschaltung (Art. 81 GG) zur Unterstützung bewegt.[269] Scheut der Bundestag das Risiko seiner Auflösung oder temporären Ausschaltung, muss er entweder dem amtierenden Bundeskanzler folgen oder –

---

261 Wann ein Kanzler als Minderheitskanzler zu qualifizieren ist, ist hingegen schwer festzustellen und wurde im Parlamentarischen Rat – soweit ersichtlich – nicht erörtert, siehe dazu auch *Braitinger*, Die Vertrauensfrage, 2013, 192; *Hermes*, in: Dreier, GG, Bd. 2, 3. Aufl. (2015), Art. 68, Rn. 3.

262 *Braitinger*, Die Vertrauensfrage, 2013, 194, zur Entstehungsgeschichte des Art. 68 GG siehe 175 ff.; *Hermes*, in: Dreier, GG, Bd. 2, 3. Aufl. (2015), Art. 68, Rn. 3, 7; *Müller-Franken/Uhle*, in: Schmidt-Bleibtreu/Hofmann/Henneke, GG, 14. Aufl. (2018), Art. 68, Rn. 8; *Oldiges/Brinktrine*, in: Sachs, GG, 8. Aufl. (2018), Art. 68, Rn. 9.

263 *Müller-Franken/Uhle*, in: Schmidt-Bleibtreu/Hofmann/Henneke, GG, 14. Aufl. (2018), Art. 68, Rn. 1.

264 *Hermes*, in: Dreier, GG, Bd. 2, 3. Aufl. (2015), Art. 68, Rn. 7; *Herzog*, in: Maunz/Dürig, GG, 88. EL (2019), Art. 68, Rn. 7 f.; *Epping*, in: v. Mangoldt/Klein/Starck, GG, Bd. 2, 7. Aufl. (2018), Art. 68, Rn. 1; *M. Schröder*, in: Isensee/Kirchhof (Hrsg.), HStR, Bd. III, 3. Aufl. (2005), § 65, Rn. 40; *Oldiges/Brinktrine*, in: Sachs, GG, 8. Aufl. (2018), Art. 68, Rn. 5.

265 *Epping*, in: v. Mangoldt/Klein/Starck, GG, Bd. 2, 7. Aufl. (2018), Art. 68, Rn. 1.

266 *Epping*, in: v. Mangoldt/Klein/Starck, GG, Bd. 2, 7. Aufl. (2018), Art. 68, Rn. 1; *Müller-Franken/Uhle*, in: Schmidt-Bleibtreu/Hofmann/Henneke, GG, 14. Aufl. (2018), Art. 68, Rn. 2.

267 *Oldiges/Brinktrine*, in: Sachs, GG, 8. Aufl. (2018), Art. 68, Rn. 13.

268 Dass es zur Auflösung des Bundestages erst der Auflösungsentscheidung des Bundespräsidenten bedarf, ist für die vorliegende Schlussfolgerung daher nicht entscheidend. Schon die Vertrauensfrage, die allein ins Belieben des Bundeskanzlers gestellt ist, entfaltet ihre dirigierende Wirkung gegenüber dem Bundestag, dagegen wohl *Puhl*, Die Minderheitsregierung, 1986, 160.

269 Im Hinblick auf die Verbindung der Vertrauensfrage mit einer Sachfrage und einer sich

was sich bei unklaren Mehrheitsverhältnissen typischerweise als schwierig gestalten dürfte – einen neuen wählen (Art. 67 GG).

Die von Art. 68 GG vorausgesetzte Lage der politischen Instabilität[270] kann dadurch vom Bundeskanzler aus einer Position der Stärke gelöst werden. Damit wird er nicht nur zum Weisungsempfänger einer ihm übergeordneten Bundestagsmehrheit, sondern zur aktiven Figur, um die Regierungskrise auch in seinem präferierten politischen Sinne zu lösen. Dass die Vertrauensfrage von den fünf bisher angewandten Fällen dreimal genutzt wurde, um Neuwahlen herbeizuführen,[271] ändert daran nichts. Das davon ausgehende faktische Droh- und Disziplinierungspotenzial gegenüber einer gegebenenfalls noch bestehenden Mehrheit bleibt bestehen[272] und die hiervon ausgehende verfassungsrechtliche Wertung ebenso: Wenn Art. 67 GG die einmal im Amt befindliche Bundesregierung von etwaigen sich ändernden politischen Positionen der sie tragenden Mehrheitsfraktionen partiell entkoppelt,[273] versetzt Art. 68 GG die Bundesregierung nun sogar dazu in den Stand, auf diese politischen Positionen einzuwirken, und schützt – neben dem Zusammenhalt der Regierungsmannschaft – den Gestaltungsanspruch der Bundesregierung gegenüber einem die Gefolgschaft verweigernden Bundestag bzw. dessen Mehrheit. Die Bundesregierung avanciert an dieser Stelle vom selbstständigen Partner zum punktuellen Gegenspieler des Bundestages bzw. dessen Mehrheit. Das wird spätestens mit dem Blick auf das Institut des Gesetzgebungsnotstandes gem. Art. 81 GG bestätigt, wodurch die Bundesregierung – wenn auch unter anspruchsvollen Voraussetzungen – zur Durchsetzung ihres politischen Programms sogar auf die temporäre Ausschaltung des Bundestages hinwirken können soll.[274]

Die Art. 67 und Art. 68 GG veranschaulichen: Das Grundgesetz erstrebt eine handlungsfähige Bundesregierung,[275] was für das Grundgesetz grundsätzlich

---

anschließenden Erklärung des Gesetzgebungsnotstandes *Linck*, Zulässigkeit und Grenzen der Einflussnahme des Bundestages auf die Regierungsentscheidungen, 1970, 64 f.

[270] Dazu *Hermes*, in: Dreier, GG, Bd. 2, 3. Aufl. (2015), Art. 68, Rn. 10–16.

[271] Siehe die Auflistung bisheriger Vertrauensfragen bei *Herzog*, in: Maunz/Dürig, GG, 88. EL (2019), Art. 68, Rn. 13 und *Müller-Franken/Uhle*, in: Schmidt-Bleibtreu/Hofmann/Henneke, GG, 14. Aufl. (2018), Art. 68, Rn. 10.

[272] In diese Richtung auch *Epping*, in: v. Mangoldt/Klein/Starck, GG, Bd. 2, 7. Aufl. (2018), Art. 68, Rn. 6; *Müller-Franken/Uhle*, in: Schmidt-Bleibtreu/Hofmann/Henneke, GG, 14. Aufl. (2018), Art. 68, Rn. 11; skeptischer zur Wirksamkeit des Art. 68 GG *H.-P. Schneider*, in: Benda/Maihofer/Vogel (Hrsg.), Handbuch des Verfassungsrechts, 2. Aufl. (1994), § 13, Rn. 89 f.

[273] *v. Bogdandy*, Gubernative Rechtsetzung, 2000, 127–129.

[274] Zur von Art. 81 GG ausgehenden Wertung siehe auch *Linck*, Zulässigkeit und Grenzen der Einflussnahme des Bundestages auf die Regierungsentscheidungen, 1970, 63–65.

[275] Die Stabilität der Bundesregierung als Verfassungsziel begreifend *v. Bogdandy*, Gubernative Rechtsetzung, 2000, 118 f.; *Herzog*, in: Maunz/Dürig, GG, 88. EL (2019), Art. 68, Rn. 1.

durch die Kooperation von Bundesregierung und Bundestagsmehrheit nach dem Prinzip eines parlamentarischen Regierungssystems gewährleistet ist. Im Rahmen dieser Kooperation etabliert das Grundgesetz die Bundesregierung allerdings als partiell autonomes Handlungszentrum des politischen Prozesses, das punktuell sogar konfrontativ auf die sie tragende Parlamentsmehrheit einwirken können soll,[276] um diesen wiederum zur fortdauernden Kooperation anzuhalten.

b) Vetorecht für ausgabenerhöhende oder einnahmenvermindernde Gesetzesvorschläge (Art. 113 GG)

Die Befugnis der Bundesregierung, ausgabenerhöhende oder einnahmenvermindernde Gesetzesvorschläge des Bundestages zurückzuweisen (Art. 113 GG), bestätigt diesen Gedanken. Die praktische Bedeutung der Befugnis darf nicht überschätzt werden. Da die Regierung und Parlamentsmehrheit typischerweise übereinstimmen, dürfte ein Dissens, der die Bundesregierung zur Inanspruchnahme des Art. 113 GG veranlasst, nur selten vorliegen.[277] Bedeutsam ist die von der Norm ausgehende Wertung gleichwohl. Auf diesem Wege soll maßgeblich die von der Bundesregierung verantwortete Haushaltsführung gesichert werden.[278] Gleichzeitig bekundet das Grundgesetz, was sich bereits durch Art. 67 und Art. 68 GG angedeutet hat: Das politische Programm von Bundesregierung und Bundestagsmehrheit muss nicht übereinstimmen; beide können partiell unterschiedliche Gemeinwohlkonzeptionen verfolgen.[279] Auch hier bleibt die Bundesregierung nicht zum Nachgeben verpflichtet oder auf sachliche Überzeugungsarbeit beschränkt, sondern erhält zur Durchsetzung ihres politischen Programms handfeste rechtliche Befugnisse.[280]

c) Anwesenheits- und Rederecht (Art. 43 Abs. 2 GG)

Vergleichbares gilt im parlamentarischen Prozess. Will die Bundesregierung in den parlamentarischen Beratungen ihr Regierungsprogramm bewerben, ist sie nicht davon abhängig, dass dies die Regierungsfraktionen übernehmen oder ihr dafür Redekontingente einräumen. Mit Art. 43 Abs. 2 S. 2 GG verschafft das Grundgesetz der Bundesregierung neben dem in Art. 43 Abs. 2 S. 1 GG verbürgten Zutrittsrecht zu allen Sitzungen des Bundestages und seiner Ausschüsse vielmehr ein eigenes, auch von den Regierungsfraktionen unabhängiges Rederecht.

---

276 Siehe auch *Eder*, Rote Karte, 2017, 127–129.

277 Siehe auch *Siekmann*, in: Sachs, GG, 8. Aufl. (2018), Art. 113, Rn. 8.

278 *Malorny*, Exekutive Vetorechte im deutschen Verfassungssystem, 2011, 235.

279 Siehe auch *v. Bogdandy*, Gubernative Rechtsetzung, 2000, 142.

280 Zu Art. 113 GG siehe auch *Linck*, Zulässigkeit und Grenzen der Einflussnahme des Bundestages auf die Regierungsentscheidungen, 1970, 65–67.

Diese Möglichkeit, eigenständig in den parlamentarischen Willensbildungsprozess einzugreifen, entspricht ihrer an dieser Stelle identifizierten Rolle als eigenständige politische Kraft im politischen Prozess. Das Recht des Bundeskanzlers, selbst einen früheren Wiederbeginn der Sitzungen des Bundestages zu verlangen (Art. 39 Abs. 3 S. 3 GG), bestätigt diese Überlegung.[281] Solche Rechtspositionen bräuchte es nicht, verstünde das Grundgesetz das Verhältnis von Bundesregierung und Regierungsfraktionen ausschließlich im Sinne einer Einheit und Kooperation.

d) Zwischenergebnis

Obwohl die Bundesregierung und die Koalitionsfraktionen ein gemeinsames Herrschafts- und Gestaltungsinteresse besitzen und zur Umsetzung des politischen Programms aufeinander angewiesen sind, begreift das Grundgesetz die Bundesregierung auch gegenüber den Regierungsfraktionen als politisches Kraftzentrum, dem die Möglichkeit verbleibt, eigenständige politische Positionen zu beziehen, die sie gegen den Bundestag in Stellung bringt und diesen zur Unterstützung oder Berücksichtigung eigener Positionen anhält. Andernfalls könnten die aufgezeigten verfassungsrechtlichen Strukturen (insbesondere Art. 68 GG i. V. m. Art. 81 Abs. 1 S. 2 GG) nicht sinnvoll verstanden werden. Der klassische Organdualismus ist also punktuell auch im Grundgesetz – und dies nicht nur formell[282] – angelegt.

Dieses Verständnis wird auch durch die Verfassungswirklichkeit bestätigt: Die Parteienstruktur, die die Bundestagswahl zu einer faktischen Kanzler- und Regierungswahl machte[283], hat sich gewandelt. Unklare parlamentarische Mehrheitsverhältnisse erschweren die Regierungsbildung. Ungewohnte Koalitionsbündnisse werden zur Regel.[284] Das begünstigt eine partielle Inkongruenz der politischen Präferenzen von Bundesregierung und den Regierungsfraktionen.[285] Die Entwicklung, in der die von der Regierung beschlossenen und ausgehandelten Kompromisse nicht automatisch ihre Zustimmung durch die jeweils miteinander koalierenden Fraktionen finden[286], dürfte dies noch bestärken und fügt sich

[281] *Eder*, Rote Karte, 2017, 127.

[282] In diese Richtung aber *Kuhn*, Der Verfassungsgrundsatz effektiver parlamentarischer Opposition, 2019, 113.

[283] *Lassahn*, Rechtsprechung und Parlamentsgesetz, 2017, 117.

[284] *Eder*, Rote Karte, 2017, 133.

[285] In diese Richtung auch *H.-P. Schneider*, in: Benda/Maihofer/Vogel (Hrsg.), Handbuch des Verfassungsrechts, 2. Aufl. (1994), § 13, Rn. 26, der darauf hinweist, dass homogene Regierungen typischerweise mit inhomogenen Fraktionen korrespondieren und andersherum.

[286] Deutlich wird dies in der Gesetzgebungstätigkeit. So werden zwar die meisten Gesetzesvorhaben durch die Bundesregierung entwickelt, vgl. m. w. N. *Roth*, Bundeskanzlerermessen

in das hier präsentierte Verhältnis von Bundesregierung und Parlament ein: Bundesregierung und Regierungsfraktionen werden in der Konzeption des Grundgesetzes durch den Parteiendualismus miteinander gegenüber den Oppositionsfraktionen verklammert, können als politische Akteure jedoch nicht vollständig durch einen Begriff von Regierung absorbiert werden; sie agieren gemeinsam innerhalb der „Regierungsmannschaft" als eigenständige, gleichberechtigte und partiell konfrontative Akteure.

Die Verflechtung von nationaler und unionaler Rechtserzeugung dürfte diesen Befund in Zukunft noch verstärken. Übernimmt die Bundesregierung im Rat der Europäischen Union partiell die zuvor dem Bundestag zugewiesene Legislativfunktion (vgl. Art. 16 Abs. 2 EUV), entwickeln sich die Regierungsfraktionen verstärkt zum nachträglichen Kontrolleur denn als vorherigen Mitgestalter der Regierungspolitik[287].[288] Regierungs- und Oppositionsfraktionen sehen sich dadurch zunehmend in gleicher Weise der Bundesregierung als Adressatin für die Umsetzung eigener Gestaltungsansprüche gegenüber. Das hebt den Regierungs-Oppositions-Dualismus nicht auf, unterstreicht jedoch die zuvor angeführte These: Die Bundesregierung nimmt in der grundgesetzlichen Konzeption innerhalb des Regierungsverbundes selbst gegenüber den sie tragenden Fraktionen den Platz eines partiell eigenständigen Akteurs ein.

4. Keine Parlamentssuprematie

Einer solchen Anschauung könnte allenfalls ein etwaiger Parlamentsvorrang entgegengehalten werden. Dieser erlaubte es, die Bundesregierung beispielsweise als ein dem Bundestag weisungsunterworfenes Organ zu begreifen.[289] Einen solchen – über die Aktualisierungsmöglichkeiten parlamentarischer Abhängigkeit

---

im Verfassungsstaat, 2009, 126, und über die Koalitionsfraktionen in den Bundestag eingebracht, verlassen den Bundestag größtenteils jedoch nicht dergestalt, wie sie in ihn eingebracht wurden, vgl. *Friesenhahn*, VVDStRL 16 (1958), 9 (36); *Jarass*, Politik und Bürokratie, 1975, 63 f. m. w. N.; *Sturm/Pehle*, Das neue deutsche Regierungssystem, 3. Aufl. (2012), 78.

287 Siehe aber die rechtlichen Bemühungen, insbesondere in Gestalt von Art. 23 Abs. 3 GG und dem EUZBBG, die mitgestaltende Funktion des Bundestages auch im Rahmen der Rechtsetzung der Union sicherzustellen.

288 In diese Richtung auch *Rudzio*, Das politische System der Bundesrepublik Deutschland, 10. Aufl. (2019), 387–389; *Sturm/Pehle*, Das neue deutsche Regierungssystem, 3. Aufl. (2012), 83.

289 Hiernach besitzt die Regierung gegenüber dem Parlament keine Autonomie. Ein Weisungsrecht des Parlaments gegenüber der Regierung sichert den umfassenden Parlamentsvorrang ab. Die Regierung fungiert dann als eine Art „Parlamentsausschuss", siehe dazu *v. Bogdandy*, Gubernative Rechtsetzung, 2000, 117 oder *Mößle*, Regierungsfunktionen des Parlaments, 1985, 117 ff., der hier von „Versammlungsregierung" spricht.

der Bundesregierung hinausgehenden – allgemeinen Vorrang im Sinne einer Parlamentssuprematie kennt das Grundgesetz jedoch nicht.[290]

Bereits die Weimarer Nationalversammlung lehnte es ab, dem Reichstag ein Weisungsrecht gegenüber der Reichsregierung einzuräumen.[291] Begründet wurde dies damit, dass ein etwaiges Weisungsrecht eine unangemessene Machtkonzentration des Reichstages hervorrufe, die anstelle eines Rechtsstaates in eine „Willkürherrschaft" münde.[292] Da sich der Verfassungskonvent und der Parlamentarische Rat im Hinblick auf die Bundesregierung schwerpunktmäßig mit ihrer inneren Organisation, der Wahl des Bundeskanzlers, der Ausgestaltung des Misstrauensvotums und der Möglichkeit des Bundestages, einzelne Minister zu entlassen, auseinandersetzten,[293] kann davon ausgegangen werden, dass am Weimarer Status der Regierung im Verhältnis zum Parlament jedenfalls insoweit festgehalten werden sollte,[294] als dass die Regierung nicht als ein dem Parlament weisungsunterworfenes Verfassungsorgan etabliert ist.[295] Eine solche Anschauung scheint ohnehin der Gedankenwelt des Konstitutionalismus verhaftet zu bleiben,[296] als sich die Regierung mit der Fürstensouveränität auf eine eigene Legitimationsquelle stützte und einzig das Parlament die Idee der Volkssouveränität verkörperte. Forderungen nach einer Stärkung der Volkssouveränität mussten hiernach in die Stärkung des Parlaments und die Schwächung der Regierung münden sowie die Durchsetzung der Idee der Volkssouveränität zur Charakterisierung des Parlaments als herausgehobenes Verfassungsorgan führen.[297] Konstituiert das Grundgesetz die komplette Staatsgewalt jedoch auf der Basis eines Souveränitäts- und Legitimitätskonzepts, wird der Souverän nicht von einem,

---

[290] Gegen einen allgemeinen Vorrang des Parlaments siehe auch BVerfGE 49, 89 (125 f.); *Böckenförde*, Die Organisationsgewalt im Bereich der Regierung, 1964, 288–290; *Magiera*, Parlament und Staatsleitung, 1979, 160 ff.; siehe auch bereits im Kontext der Wesentlichkeitslehre *Honer*, NVwZ 2019, 619 (621); für einen Vorrang des Parlaments im Grundgesetz hingegen *Puhl*, Die Minderheitsregierung, 1986, 160.

[291] Dazu *Linck*, Zulässigkeit und Grenzen der Einflussnahme des Bundestages auf die Regierungsentscheidungen, 1970, 57 f.

[292] Siehe dazu m. w. N. *Mößle*, Regierungsfunktionen des Parlaments, 1985, 118.

[293] Deutscher Bundestag/Bundesarchiv (Hrsg.), Der Parlamentarische Rat, Bd. 14/1, 2009, 67 f.

[294] In diese Richtung auch *M. Schröder*, in: Isensee/Kirchhof (Hrsg.), HStR, Bd. III, 3. Aufl. (2005), § 64, Rn. 7.

[295] Zur Entstehungsgeschichte siehe *Mößle*, Regierungsfunktionen des Parlaments, 1985, 118.

[296] Siehe auch *Magiera*, Parlament und Staatsleitung, 1979, 264–266; *Sester*, Der Parlamentsbeschluss, 2007, 182 ff.

[297] *Böckenförde*, Die Organisationsgewalt im Bereich der Regierung, 1964, 78–80; *Honer*, NVwZ 2019, 619 (621).

sondern von allen Verfassungsorganen repräsentiert.[298] In diese Richtung kann auch das Bundesverfassungsgericht verstanden werden, wenn es betont: „Die verfassunggebende Gewalt hat […] auch die Exekutive als verfassungsunmittelbare Institution und Funktion geschaffen“[299].

An dieser Einschätzung vermag auch eine stärkere demokratische Legitimation des Bundestages nichts zu ändern, wie sie gelegentlich der Legitimationskettentheorie[300] entnommen wird.[301] Blendet man die ohnehin gegebenen Defizite und inneren Widersprüche der Legitimationskettentheorie aus[302], bestünde ein Legitimationsvorsprung des Bundestages allenfalls in personeller Hinsicht. Fokussiert man jedoch einseitig auf die personelle Legitimation, erweisen sich alle nicht unmittelbar personell demokratisch legitimierten Organe, also letztlich alle Organe außer dem Bundestag, als demokratisch prekär.[303] Verfassungsrechtlich installierte Institutionen, deren Amtswalter ihre Amtsinhaberschaft einem mehrgliedrigen Einsetzungsprozess zu verdanken haben, wie die Bundesbank oder international und supranational agierende Hoheitsträger, erscheinen dann als besonders demokratisch defizitär.[304] Dies konnte der Verfassunggeber nicht gewollt

---

[298] *Magiera*, Parlament und Staatsleitung, 1979, 266; siehe bereits *Honer*, NVwZ 2019, 619 (621).

[299] BVerfGE 49, 89 (125); siehe auch *Böckenförde*, Die Organisationsgewalt im Bereich der Regierung, 1964, 289.

[300] Zur Legitimationskettentheorie (insbesondere mit Blick auf die demokratische Legitimation der Rechtsprechung) siehe auch *Honer/Rudloff*, DÖV 2020, 461. Zur Legitimationskettentheorie, speziell zur Verwaltungslegitimation, siehe auch *Trute*, in: Hoffmann-Riem/Schmidt-Aßmann/Voßkuhle (Hrsg.), Grundlagen des Verwaltungsrechts, Bd. I, 2. Aufl. (2012), § 6, Rn. 4–14.

[301] Wie hier BVerfGE 49, 89 (125); anders *Groß*, Der Staat 55 (2016), 489 (500 f.); *Puhl*, Die Minderheitsregierung, 1986, 159 f. Gelegentlich wird aus einer höheren demokratischen Legitimation des Bundestages die Bindungswirkung von allgemeinen Parlamentsbeschlüssen gegenüber der Bundesregierung abgeleitet: *Butzer*, AöR 119 (1994), 61 (88 ff.); für eine rechtliche Bindungskraft von Parlamentsbeschlüssen auf dem Gebiet der Außenpolitik siehe auch *Kokott*, DVBl. 1996, 937 (949); zur demokratischen Legitimation und einem daraus folgenden etwaigen Parlamentsvorrang siehe bereits *Honer*, NVwZ 2019, 619 (621).

[302] Dazu *Bredt*, Der Staat 46 (2007), 589 (592–594); *Lassahn*, Rechtsprechung und Parlamentsgesetz, 2017, 113 ff.; *Petersen*, JöR 58 (2010), 138, (153 ff.); auf die antipluralistischen Momente hinweisend *van Ooyen*, Politische Theorie und BVerfG, 2015, 15 ff.; *Schliesky*, Souveränität und Legitimität von Herrschaftsgewalt, 2004, 238 ff., 241 ff.

[303] *Lassahn*, Rechtsprechung und Parlamentsgesetz, 2017, 119 f.; *Honer/Rudloff*, DÖV 2020, 461 (468); *Schliesky*, Souveränität und Legitimität von Herrschaftsgewalt, 2004, 285 f.; *Sester*, Der Parlamentsbeschluss, 2007, 192.

[304] BVerfGE 49, 89 (125); *Bredt*, Der Staat 46 (2007), 589 (592 f.); *Lassahn*, Rechtsprechung und Parlamentsgesetz, 2017, 119 f.; siehe bereits *Honer*, NVwZ 2019, 619 (621).

haben.[305] Deshalb muss auf das Erfordernis der personellen Legitimation nicht verzichtet werden. Anstelle eines maßgeblichen Legitimationskriteriums, das letztlich zum „Alles-Zermalmer"[306] der Verfassungsordnung avanciert, sollte es als Erfordernis eines ausgestaltungsbedürftigen Mindestzurechnungszusammenhangs aller Staatsgewalt zum Volk begriffen werden.[307] In diesem Sinne ist auch Art. 20 Abs. 2 S. 1 GG zu verstehen: Alle Staatsgewalt muss dem Staatsvolk zurechenbar sein.[308] Dafür stehen insbesondere Wahlen und Abstimmungen bereit (Art. 20 Abs. 2 S. 2 GG). Erfüllt die Staatsgewalt dieses Mindestzurechnungserfordernis, sind die Anforderungen an die demokratische Legitimation gewahrt.[309]

Ein auf den Bundestag zugeschnittener Parlamentsvorrang widerspräche auch dem Anliegen des Prinzips der Gewaltenteilung (Art. 20 Abs. 2 S. 2, Abs. 3 GG). Betont man hierfür das Element gegenseitiger Hemmung, Kontrolle und Machtbegrenzung[310], könnte dies ohnehin nicht durch den allgemeinen Vorrang eines Organs bewirkt werden. Anders als zur Zeit des deutschen Konstitutionalismus, als das Parlament noch der Sphäre der Gesellschaft zugerechnet wurde, kann die Zurückdrängung oder Demokratisierung von Hoheitsgewalt nicht durch die einseitige Begünstigung eines Staatsorgans, auch nicht des Bundestages, gewährleistet werden.[311] Wer die Gewaltenteilung demgegenüber als Organisationsprinzip begreift, um die Rechtserzeugung legitimationsadäquat zu gliedern und bestimmten Organen und Verfahren zuzuweisen[312], gelangt zum gleichen Ergebnis: Alle Funktionen leisten einen notwendigen, aber für sich genommen nicht ausreichenden Beitrag zur Rechtserzeugung.[313] So ist auch Art. 20 Abs. 2 S. 1 GG

---

305 *Bryde*, Staatswissenschaften und Staatspraxis 5 (1994), 305 (319 f.); siehe bereits *Honer*, NVwZ 2019, 619 (621); *ders./Rudloff*, DÖV 2020, 461 (468).

306 *Lassahn*, Rechtsprechung und Parlamentsgesetz, 2017, 120.

307 Dafür *Lassahn*, Rechtsprechung und Parlamentsgesetz, 2017, 124 f.; siehe auch bereits *Honer*, NVwZ 2019, 619 (621); *ders./Rudloff*, DÖV 2020, 461 (468); den Aspekt der Ausgestaltungsbedürftigkeit betonend *Trute*, in: Hoffmann-Riem/Schmidt-Aßmann/Voßkuhle (Hrsg.), Grundlagen des Verwaltungsrechts, Bd. I, 2. Aufl. (2012), § 6, Rn. 16.

308 *Schliesky*, Souveränität und Legitimität von Herrschaftsgewalt, 2004, 248.

309 Siehe bereits *Honer/Rudloff*, DÖV 2020, 461 (468).

310 Dazu auch *Magiera*, Parlament und Staatsleitung, 1979, 87 f., 90, der ebenso noch die „Verwirklichung einer menschen-gerechten Gemeinschaftsordnung" als Folge der Gewaltenteilung ansieht (90); BVerfGE 34, 52 (59).

311 *Magiera*, Parlament und Staatsleitung, 1979, 264 f.; *Sester*, Der Parlamentsbeschluss, 2007, 183.

312 *Möllers*, AöR 132 (2007), 493 (504, 506); ausführlich *Möllers*, Gewaltengliederung, 2005, 81 ff.

313 *Möllers*, Gewaltengliederung, 2005, 93; *Trute*, in: Hoffmann-Riem/Schmidt-Aßmann/Voßkuhle (Hrsg.), Grundlagen des Verwaltungsrechts, Bd. I, 2. Aufl. (2012), § 6, Rn. 30 f.

am ehesten zu verstehen, der die drei Gewalten gleichberechtigt nebeneinander platziert.[314]

Der Annahme eines allgemeinen Parlamentsvorrangs steht des Weiteren das ausdifferenzierte grundgesetzliche Kompetenzsystem entgegen.[315] So verfügt der Bundestag innerhalb der grundgesetzlichen Aufgaben- und Befugniszuweisung nicht über eine einseitige Durchsetzungsmacht oder einen allgemeinen Organvorrang, der Ausdruck einer die Kompetenzordnung durchziehenden Parlamentssuprematie sein könnte.[316] Schon die Regelungen über die Verfassungsänderung (Art. 79 GG) oder den Verteidigungsfall (Art. 115a ff. GG) zeigen, dass für grundlegende oder krisenbedingte Entscheidungen kein Verfassungsorgan – auch nicht der Bundestag – allein entscheiden können soll.[317] Vielmehr ist hier ein austariertes Zuständigkeits- und Mitwirkungsgeflecht zugunsten weiterer Verfassungsorgane zu erkennen.[318] Sie sollen – wie das Grundgesetz zeigt – nicht zugunsten des Bundestages überspielt werden.[319] Grundlegende Entscheidungen können also nicht gegen den Bundestag, jedoch auch nicht durch ihn allein getroffen werden. Eine Suprematie kommt dem Bundestag gerade einmal innerhalb seiner Kernkompetenz, der Legislativfunktion, und dort auch nur im Rahmen der Einspruchsgesetze zu. Für die zustimmungspflichtigen, beispielsweise praktisch bedeutsamen ausgabenwirksamen Gesetze wird der Bundestag sogar in den Status einer von zwei gleichberechtigten Legislativkammern versetzt.

Damit wird deutlich: Ein höchstes Verfassungsorgan kennt das Grundgesetz nicht. Das entzieht zugleich der Vorstellung den Boden, wonach die Hoheitsbefugnisse anderer Verfassungsorgane als vom Bundestag abgeleitet seien und so beispielsweise die Bundesregierung als Vollzugsausschuss der Bundestagsmehrheit[320] zu verstehen wäre. Dementsprechend operiert auch der Bundestag nicht als ein der Bundesregierung übergeordnetes weisungsberechtigtes Hoheits- und

---

[314] *Haltern/Mayer/Möllers*, Die Verwaltung 30 (1997), 51 (63 f.); *Busse*, DÖV 1989, 45 (47); *Petersen*, JöR 58 (2010), 138 (159); anders *Groß*, Der Staat 55 (2016), 489 (501).

[315] BVerfGE 49, 89 (125 f.); *Böckenförde*, Die Organisationsgewalt im Bereich der Regierung, 1964, 104; *Götz*, Der Vorbehaltsbereich der Bundesregierung, 1993, 91 ff.; siehe bereits auch *Honer*, NVwZ 2019, 619 (621); *ders./Rudloff*, DÖV 2020, 461 (468); *Magiera*, Parlament und Staatsleitung, 1979, 168–171; *Roth*, Bundeskanzlerermessen im Verfassungsstaat, 2009, 126–128; a.A.: *Puhl*, Die Minderheitsregierung, 1986, 160.

[316] Keine „Organsouveränität" des Bundestages, vgl. *H.H. Klein*, in: Isensee/Kirchhof (Hrsg.), HStR, Bd. III, 3. Aufl. (2005), § 50, Rn. 2.

[317] *Magiera*, Parlament und Staatsleitung, 1979, 168 f.

[318] Für den staatsorganisatorischen Bereich *Maurer*, in: FS Vogel, 2000, 331 (343).

[319] BVerfGE 49, 89 (125 f.); *Honer*, NVwZ 2019, 619 (621); *Maurer*, in: FS Vogel, 2000, 331 (343).

[320] So auch das BVerfG, wonach „die Regierung [...] mehr als ein Exponent der Regierungsmehrheit" sei, vgl. BVerfGE 10, 4 (19); *Badura*, ZParl 11 (1980), 573; *Badura*, in: FS Quaritsch, 2000, 295 (301); *Häberle*, JZ 1977, 361 (364); *Mößle*, Regierungsfunktionen des

so beispielsweise „Rechtsaufsichtsorgan“[321],[322] sondern Letztere als selbstständiger, gleichberechtigter und partiell konfrontativ agierender Partner der Regierungsfraktionen innerhalb des gemeinsamen Regierungsverbundes.[323]

V. Die Bundesregierung als parlamentarisch verantwortliche Regierung

Wurde die notwendige Kooperation von Bundesregierung und Regierungsfraktionen einerseits, ihre gewisse Eigenständigkeit, Gleichberechtigung und Konfrontation innerhalb des gemeinsamen Regierungsverbundes andererseits festgestellt, wird das grundgesetzliche Konzept bezüglich des Verhältnisses von Bundesregierung und Bundestag sichtbar; es trägt zugleich zur Rekonstruktion der grundgesetzlichen Theorie über die Regierung bei. Dieses Verhältnis lässt sich nur ungenügend durch den pauschalen Vorrang eines oder die durchgehende Gleichberechtigung beider Akteure beschreiben; es entspricht insoweit dem komplexen Modell eines parlamentarischen Regierungssystems.[324]

Hierin ist die einmal parlamentarisch gewählte Regierung während ihrer Amtszeit nicht vom Parlament immunisiert[325], sondern vom fortwährenden Ver-

---

Parlaments, 1985, 119; *Münch*, Die Bundesregierung, 1954, 100; *Zimmer*, Funktion, Kompetenz, Legitimation, 1979, 225.

321 BVerfGE 150, 194 (201): „Das Grundgesetz hat den Deutschen Bundestag als Gesetzgebungsorgan, nicht als umfassendes ‚Rechtsaufsichtsorgan‘ über die Bundesregierung eingesetzt.“

322 Gegen einen Vorrang des Bundestages siehe auch *Kloepfer,* Verfassungsrecht I, 2011, § 18, Rn. 10; *Linck*, DÖV 1979, 165.

323 *Friesenhahn*, VVDStRL 16 (1958), 9; (36); *Scholz*, in: FS BVerfG, Bd. 2, 2001, 663 (674); für die Gesetzgebung das Verhältnis zwischen Regierung und Parlament als „Gewaltenkooperation unter gubernativer Hegemonie“ beschreibend *v. Bogdandy*, Gubernative Rechtsetzung, 2000, 148.

324 *v. Bogdandy*, Gubernative Rechtsetzung, 2000, 117 spricht hier vom Premierministersystem, im Anschluss an *Schmitt*, Verfassungslehre, 10. Aufl. (2010), 341. Zu den verschiedenen Typen, um das Regierungsorgan im Verhältnis zum Parlament zu platzieren, siehe: *v. Bogdandy,* Gubernative Rechtsetzung, 2000, 117; *Mößle*, Regierungsfunktionen des Parlaments, 1985, 117ff.; siehe auch die Unterscheidung bei *Schmitt*, Verfassungslehre, 10. Aufl. (2010), 342; zum parlamentarischen Regierungssystem siehe auch *Badura*, in: Isensee/Kirchhof (Hrsg.), HStR, Bd. II, 3. Aufl. (2004), § 25, Rn. 10–19 sowie *Meinel*, Selbstorganisation des parlamentarischen Regierungssystems, 2019, 32–35, 248–251.

325 *H.-P. Schneider*, in: Benda/Maihofer/Vogel (Hrsg.), Handbuch des Verfassungsrechts, 2. Aufl. (1994), § 13, Rn. 11 spricht hier von „Direktorialsystem“; mit ähnlichen Konsequenzen im Verhältnis zum Parlament ist das präsidale System gekennzeichnet, vgl. *v. Bogdandy*, Gubernative Rechtsetzung, 2000, 117.

trauen der Parlamentsmehrheit abhängig (1.).[326] Im parlamentarischen Regierungssystem des Grundgesetzes ist die Bundesregierung aufgrund eines vermuteten parlamentarischen Vertrauens zu einer selbstständigen Kompetenzausübung berufen, soweit das Parlament nicht die Abhängigkeit der Regierung aktualisiert (2.).

1. Abhängigkeit vom parlamentarischen Vertrauen

Um einen Rahmen für ein parlamentarisches Vertrauen herzustellen, verkoppelt das Grundgesetz die Willensbildung von Bundesregierung und Parlamentsmehrheit. Dementsprechend sind der Beginn (Art. 63 GG) und das Ende (Art. 69 Abs. 2 GG) der ordentlichen Amtszeit der Bundesregierung mit dem Bundestag verzahnt. Durch das Instrument des konstruktiven Misstrauensvotums (Art. 67 GG) wird die parlamentarische Mehrheit mit der Regierung auch während der Legislaturperiode verknüpft. Da sich dieses jederzeit gegen die Vertrauensfrage (Art. 68 GG) als Angriffsmittel des Bundeskanzlers – wie Art. 68 Abs. 1 S. 2 GG zeigt – durchsetzt,[327] verbleibt der Parlamentsmehrheit ein fortdauerndes personelles Zugriffsrecht auf die Bundesregierung. Zudem ermöglichen es insbesondere die parlamentarischen Informationsrechte, dass auch und gerade die Parlamentsmehrheit von der Bundesregierung Rechenschaft einfordern kann,[328] um so ihr Vertrauen gegenüber der Regierung zu reflektieren.[329] Ein Rahmen gemeinsamer Meinungsbildung von Regierungsorgan und Regierungsfraktionen gewährleistet überdies ein anhaltendes Vertrauen der Regierungsfraktionen,[330] der es letzteren zugleich erlaubt, das Regierungshandeln kontinuierlich zu beeinflussen.[331] Indem unterdessen die Oppositionsfraktionen die parlamentarischen Kontrollrechte wahrnehmen, fordern sie eben diese Kooperation von Regierung und

---

[326] *Meinel*, Selbstorganisation des parlamentarischen Regierungssystems, 2019, 32: „Für den Typus des parlamentarischen Regierungssystems ist es kennzeichnend, daß die Abhängigkeit des Regierungschefs und der Minister vom Vertrauen des Parlaments das überragende Prinzip ist, nach dem einerseits die Interaktion von Parlament und Regierung, andererseits die Spitzenorganisation der Exekutive aufgebaut ist, und daß gegenüber diesem organisatorischen Prinzip alle anderen verfassungsrechtlichen Elemente der Staatsorganisation in ihrer Bedeutung zurücktreten.", siehe auch 248 f. Zur Abhängigkeit der Bundesregierung vom Bundestag siehe auch *Haberland*, Die verfassungsrechtliche Bedeutung der Opposition, 1995, 140–143.

[327] *Herzog*, in: Maunz/Dürig, GG, 88. EL (2019), Art. 68, Rn. 8 f.

[328] *Badura*, in: Isensee/Kirchhof (Hrsg.), HStR, Bd. II, 3. Aufl. (2004), § 25, Rn. 12.

[329] Zur Funktion der Informationsrechte im parlamentarischen Regierungssystem siehe *Meinel*, Selbstorganisation des parlamentarischen Regierungssystems, 2019, 251–253.

[330] *Meinel*, Selbstorganisation des parlamentarischen Regierungssystems, 2019, 248–251.

[331] *Meinel*, Selbstorganisation des parlamentarischen Regierungssystems, 2019, 248 f.

Regierungsfraktionen heraus und tragen mittelbar zur Stabilisierung des parlamentarischen Vertrauens bei.[332]

2. *Selbstständige Kompetenzausübung und parlamentarische Verantwortlichkeit*

Die partielle Entkopplung der Regierung nach ihrer Amtseinführung von den Regierungsfraktionen[333] erfordert es, die Abhängigkeit der Regierung vom parlamentarischen Vertrauen für das grundgesetzliche Modell des parlamentarischen Regierungssystems wie folgt zu übersetzen: Das parlamentarische Vertrauen wird während der Amtszeit der Bundesregierung widerleglich vermutet. Mit dem parlamentarischen Vertrauen ausgestattet, ist die Bundesregierung sodann zur selbstständigen Kompetenzausübung berufen.[334] So entspricht es am ehesten insbesondere der Wertung von Art. 67 Abs. 1 S. 1 GG,[335] der eine partielle Verselbstständigung[336] der Bundesregierung gegenüber den Regierungsfraktionen bezweckt. Ohnehin bildet eine selbstständige Amtstätigkeit überhaupt erst die Grundlage dafür, dass die Mitglieder der Bundesregierung gegenüber dem Parlament Verantwortung übernehmen können (vgl. Art. 65 S. 1, S. 2 GG).[337] Von einem ferngesteuerten Objekt könnte Verantwortung hingegen nicht eingefordert werden. In diesem Sinne zeigt auch Art. 65 S. 2 GG, dass Selbstständigkeit und Verantwortlichkeit miteinander einhergehen. Agiert die Bundesregierung, handelt sie also nicht als Vollzugsorgan des Bundestages, sondern gerade wegen ih-

---

332 *Meinel*, Selbstorganisation des parlamentarischen Regierungssystems, 2019, 250.

333 Siehe Teil 2 Kap. 3 IV.

334 *Badura*, in: Isensee/Kirchhof (Hrsg.), HStR, Bd. II, 3. Aufl. (2004), § 25, Rn. 10; *v. Bogdandy*, Gubernative Rechtsetzung, 2000, 117.

335 Eine gescheiterte Vertrauensfrage (Art. 68 GG) widerlegt das parlamentarische Vertrauen noch nicht, da dem Kanzler hierdurch lediglich das Vertrauen nicht erneut positiv ausgesprochen, nicht jedoch entzogen wird; wie hier *Badura*, in: Isensee/Kirchhof (Hrsg.), HStR, Bd. II, 3. Aufl. (2004), § 25, Rn. 13. So dürfte es schließlich auch der Funktion des Art. 67 GG entsprechen. Zur Funktion von Art. 67 GG siehe allein *Kersten*, in: Herdegen/Masing/Poscher/Gärditz (Hrsg.), HdVR, 2021, § 11, Rn. 34.

336 Siehe insbesondere die Nachweise in Kap. 3 Fn. 251.

337 *Badura*, in: Isensee/Kirchhof (Hrsg.), HStR, Bd. II, 3. Aufl. (2004), § 25, Rn. 10f.; *Badura*, ZParl 11 (1980), 573 (574); *Linck*, Zulässigkeit und Grenzen der Einflussnahme des Bundestages auf die Regierungsentscheidungen, 1970, 56f.; *M. Schröder*, in: Isensee/Kirchhof (Hrsg.), HStR, Bd. III, 3. Aufl. (2005), § 65, Rn. 51; *Sester*, Der Parlamentsbeschluss, 2007, 80f. Zur Verantwortlichkeit der Regierung im Allgemeinen siehe *M. Schröder*, in: Isensee/Kirchhof (Hrsg.), HStR, Bd. III, 3. Aufl. (2005), § 65, Rn. 51–59; ob das Grundgesetz darüber hinaus eine Verantwortlichkeit des Kabinetts kennt, ist umstritten; für eine „vorsichtige Bejahung" *M. Schröder*, in: Isensee/Kirchhof (Hrsg.), HStR, Bd. III, 3. Aufl. (2005), § 65, Rn. 55; zur Ministerverantwortlichkeit siehe *Mehde*, DVBl. 2001, 13 (13ff.).

rer parlamentarischen Verantwortlichkeit als dessen selbstständiger und teilweise auf das Parlament einwirkender Partner.[338] Die scheinbare Paradoxie besteht gleichwohl darin, dass sich die Regierungstätigkeit auf Basis des parlamentarischen Vertrauens grundsätzlich als Ausdruck eines mehrheitsparlamentarischen Gestaltungswillens darstellt. Diese Schlussfolgerung ist schließlich deswegen gerechtfertigt, weil den Regierungsfraktionen zum einen und den Oppositionsfraktionen zum anderen jederzeit die Möglichkeit verbleibt, die Abhängigkeit der Bundesregierung durch präventive Steuerung einerseits und repressive Kontrolle andererseits herzustellen.[339]

VI. Zwischenergebnis

Für die Rekonstruktion der grundgesetzlichen Theorie über die Regierung können vorläufig folgende Aspekte festgehalten werden: Die Bundesregierung wird vom Grundgesetz als Verfassungsorgan konstituiert, deren Mitglieder ein spezifisch politisches Amt bekleiden. Im Parteienstaat des Grundgesetzes bedeutet dies ein parteipolitisch überformtes Amt; die Bundesregierung agiert folglich als parteipolitische Regierung.

Die verfassungsrechtlich erwartete parteipolitische Überlagerung der Bundesregierung verklammert diese mit den sie tragenden Bundestagsfraktionen zur Regierungsgemeinschaft bzw. „Regierung“. Ihr steht die Opposition in Gestalt der nicht die Bundesregierung tragenden Bundestagsfraktionen gegenüber. Der Dualismus von Regierung und Opposition ist dabei nicht nur eine empirische Erscheinung der Verfassungspraxis, sondern ebenso verfassungsrechtlich intendiert. Auf Basis des vorliegend vertretenen Modells der Rechtsgewinnung bewegt sich der Dualismus von Regierung und Opposition dementsprechend auf der Ebene des verfassungstheoretischen Systems des Grundgesetzes und nimmt den normativen Status eines Theoriebegriffs ein.

Um das parteipolitische Programm erfolgreich umzusetzen, ist die Bundesregierung vom Vertrauen der Regierungsfraktionen abhängig. Das schafft einen Rahmen einer gemeinsamen Willensbildung von Regierungsfraktionen und Regierungsorgan, der es zugleich den Mehrheitsfraktionen ermöglicht, fortwährend die Regierungstätigkeit zu beeinflussen und so die Abhängigkeit der Bundesregierung zu aktualisieren. Während das Idealbild einer parlamentarischen Regie-

338 *Brenner*, in: Isensee/Kirchhof (Hrsg.), HStR, Bd. III, 2005 (3. Aufl.), § 44, Rn. 6; *Friesenhahn*, VVDStRL 16 (1958), 9 (33).

339 Zu den unterschiedlichen Kontrollmechanismen von Regierungs- und Oppositionsfraktionen siehe unter anderem *Meinel*, Selbstorganisation des parlamentarischen Regierungssystems, 2019, 248–250.

rung nach britischer Konzeption[340] allerdings stärker durch eine Einheit von Regierungsorgan und Regierungsfraktionen gekennzeichnet ist,[341] werden das Regierungsorgan und die Regierungsfraktionen im Grundgesetz partiell voneinander entkoppelt. Dadurch bilden Bundesregierung und Regierungsfraktionen innerhalb des gemeinsamen Regierungsverbundes zwei partiell eigenständige Akteure. Mit dem grundsätzlichen parlamentarischen Vertrauen ausgestattet, ist die Bundesregierung insoweit zur selbstständigen Amtsausführung berufen. Den Regierungs- und Oppositionsfraktionen steht es jedoch jederzeit frei, die Abhängigkeit der Regierung auf je unterschiedliche Weise zu aktualisieren.

Diese Überlegungen bezüglich des Regierungsorgans tragen im Folgenden dazu bei, die Existenz und den Inhalt einer grundgesetzlichen Regierungsfunktion zu untersuchen.

---

340 Wenn *Meinel*, Selbstorganisation des parlamentarischen Regierungssystems, 2019, 347 konstatiert, dass „eine verantwortliche Regierung [aus Sicht des Parlaments] niemals ein rechtlicher Monolith, sondern ein höchst offenes Gebilde" sei und ein „parlamentarisches Regierungssystem […] *geradezu eine gewisse organisatorische Offenheit an der Schnittstelle von Regierung und Parlament* [verlangt]", ist ihm für den Idealtypus des parlamentarischen Regierungssystems uneingeschränkt und für das grundgesetzlich installierte parlamentarische Regierungssystem im Grundsatz zuzustimmen. Für letzteres müssen nach hier vertretener Auffassung gleichwohl die grundgesetzlichen Strukturvorgaben berücksichtigt werden (siehe hierzu insbesondere Teil 2 Kap. 3 IV. 3.), denen das Bild eines eigenständigen und partiell konfrontativen Verhältnisses von Regierungsorgan und Regierungsfraktion zugrunde liegt. Sie sprechen dafür, beiden Akteuren jedenfalls die Möglichkeit der punktuellen Entkopplung ihrer Willensbildung zu sichern.

341 *v. Bogdandy*, Gubernative Rechtsetzung, 2000, 128; *Lehner/Widmaier*, Vergleichende Regierungslehre, 4. Aufl. (2005), 85 f.

Kapitel 4

Die Regierungsfunktion

In Kapitel 3 wurden zentrale Erkenntnisse bezüglich des Verhältnisses der Bundesregierung zu übrigen Verfassungsorganen und verfassungsrechtlichen Akteuren gewonnen. Sie sind ein erstes Teilelement einer Theorie der Regierung. Mithilfe dieser Erkenntnisse gilt es nun, die der Bundesregierung vom Grundgesetz zugedachte Funktion – und dies heißt vorliegend ihre Funktion für die Rechtserzeugung – zu untersuchen. Als funktionelle Kehrseite der institutionellen Erkenntnisse von Kapitel 3 bildet die Funktion der Regierung das zweite Teilelement einer Theorie der Regierung.

Angesprochen ist mit der Funktion der Regierung die auch mit der Staatsleitungsfunktion umschriebene[1] sogenannte materielle Regierung. Sie beinhaltet nicht nur einen Ausschnitt der Aufgaben der Bundesregierung, die sogenannte formelle Regierung[2],[3] sondern solche Hoheitstätigkeiten, die die spezifischen institutionellen Leistungen des Organs der Bundesregierung innerhalb der Rechtserzeugung abbilden und damit Auskunft über die „echte[...] Regierungstätigkeit“[4] geben. Ihre Existenz und ihr Inhalt sollen nun ermittelt werden.

Im Lichte vorangegangener Überlegungen kann die Frage allerdings nicht lediglich dahingehend gestellt werden, ob und mit welchem Inhalt dem Grundgesetz eine so verstandene Regierungsfunktion bekannt sei. Vielmehr schließt sich die Frage nach dem normativen Status einer solchen Regierungsfunktion an. Ihre Einordnung als Theoriebegriff liegt, da sich die folgenden Überlegungen auf der Ebene des verfassungstheoretischen Systems bewegen, freilich nahe. Ist sie darüber hinaus auch als Rechtsbegriff einzustufen? Kommt ihr gegebenenfalls zusätzlich oder allein die Funktion eines Speicherbegriffs zu?

---

[1] Siehe allein *Degenhart*, Staatsrecht I, 35. Aufl. (2019), Rn. 757; *Kloepfer*, Verfassungsrecht I, 2011, § 22, Rn. 6–8; *M. Schröder*, in: Isensee/Kirchhof (Hrsg.), HStR, Bd. III, 3. Aufl. (2005), § 64, Rn. 4.

[2] Zur Terminologie siehe allein *Maurer*, Staatsrecht I, 6. Aufl. (2010), § 14, Rn. 45.

[3] *Kloepfer*, Verfassungsrecht I, 2011, § 22, Rn. 6–8, 10; *M. Schröder*, in: Isensee/Kirchhof (Hrsg.), HStR, Bd. III, 3. Aufl. (2005), § 64, Rn. 4.

[4] *Detterbeck*, Allgemeines Verwaltungsrecht, 17. Aufl. (2019), Rn. 300; „Organ mit ‚Regierungs‘-Aufgaben“ *M. Schröder*, in: Isensee/Kirchhof (Hrsg.), HStR, Bd. III, 3. Aufl. (2005), § 64, Rn. 4.

Eine Regierungsfunktion mit dem Status eines Rechtsbegriffs hätte weitreichendere Auswirkungen als mit dem eines Theorie- oder Speicherbegriffs. Als Grundlage zwingender Rechtsfolgen wäre sie insbesondere für die horizontale und vertikale Aufgabenteilung des Grundgesetzes folgenreich: Sie könnte zum einen weitergehende Aufgaben des Regierungsorgans begründen.[5] Zum anderen könnte sie als eine „andere Regelung“ im Sinne des Art. 30 GG die Länder und gegebenenfalls die übrigen Bundesorgane von der Kompetenzausübung ausschließen. Demgegenüber würde eine Regierungsfunktion mit dem bloßen Status eines Theoriebegriffs lediglich die Auslegung übriger Rechtsbegriffe leiten, mit dem Status eines Speicherbegriffs allein anerkannte Rechtsfolgen abspeichern. Daher sollen im Folgenden nicht nur die Existenz und der Inhalt einer Regierungsfunktion im verfassungstheoretischen System des Grundgesetzes, sondern ebenso ihr normativer Status ermittelt werden. Letzteres greift zugleich eine in der Wissenschaft lang geführte Auseinandersetzung auf. Aus diesem Grund werden zunächst die Positionen der Wissenschaft und Rechtsprechung über die Existenz, den Inhalt und den Status einer Regierungsfunktion referiert (I.), bevor diese Fragen auf Basis der in Teil 1 präsentierten methodischen Überlegungen und der zuvor gewonnenen Erkenntnisse bezüglich des Regierungsorgans beantwortet werden (II.). Da die folgenden Ausführungen im Lichte der Forschungsfrage nach Existenz, Inhalt und Status einer Regierungsfunktion stehen, bleibt eine ausführliche Darstellung der historischen Entwicklung des Regierungsbegriffs aus; dies wurde bereits an anderer Stelle geleistet.[6]

I. Regierungsfunktion – Existenz, Inhalt und normativer Status in der Rechtswissenschaft

Seitdem eine positive Begriffsdefinition der Regierung erforderlich wurde (1.), stehen sich bezüglich der Existenz und des Status einer Regierungsfunktion in der deutschen Staatsrechtslehre bis heute im Grunde zwei Auffassungen gegenüber: Einige erkennen eine Regierungsfunktion in rechtlicher Hinsicht als Hoheitstätigkeit qualitativ eigener Art an (2.), während andere in einer Regierungsfunktion lediglich eine Beschreibung für eine Hoheitstätigkeit erblicken, die sich in rechtlicher Hinsicht grundsätzlich nicht von anderen unterscheidet (3.). Beide Positionen bilden die Grundlage für Anschauungen, die die Regierungstätigkeit entweder als einen rechtlich relevanten oder irrelevanten Begriff begreifen. An

---

[5] Das Potenzial einer materiellen Regierungsfunktion unter anderem für die Kompetenzen hervorhebend *Herzog*, in: Maunz/Dürig, GG, 82. EL (2018), Art. 62, Rn. 51.

[6] Zur Entwicklung des Regierungsbegriffs im deutschen Recht siehe *Frotscher*, Regierung als Rechtsbegriff, 1975, Zweiter Teil.

dieses Meinungsspektrum knüpfen die heute herrschende Staatsrechtslehre und die Rechtsprechung des Bundesverfassungsgerichts an (4.).

1. Vom umfassenden zum engen, vom negativen zum positiven Regierungsbegriff

In Zeiten, in denen die gesamte Staatstätigkeit jedenfalls formell dem Monarchen anvertraut wurde, war Herrschaft bzw. „Regierung“ mit jeglicher hoheitlichen Tätigkeit identisch.[7] Regierung im materiellen, formellen und organisatorischen Sinne sind hier deckungsgleich; wer regierte, war die Regierung.[8] Erst durch die beginnende Gewaltenteilung wurden Staats- und Regierungstätigkeit unterschieden (a.) und die Regierungsfunktion zunehmend von den übrigen Staatstätigkeiten abgegrenzt (b.) und schließlich positiv bestimmt (c.).

a) Unterscheidung von Staats- und Regierungstätigkeit und beginnende Verengung des Regierungsbegriffs

Als zunächst die Rechtsprechung[9] und später die Gesetzgebung im Zuge der Konstitutionalisierung und beginnenden Gewaltenteilung auf selbstständige Träger übertragen wurden, musste zwischen Staats- und Regierungstätigkeit fortan differenziert werden[10]. Monarch, Regierung und Regierungstätigkeit konnten nicht mehr mit jeglicher Staatstätigkeit identifiziert werden. Zwar suggerierte das monarchische Prinzip,[11] dass die unterschiedlichen Gewalten als Ausfluss einer, nämlich der in den Händen des Monarchen liegenden Staatsgewalt betrachtet wurden, womit zumindest formal am umfassenden Regierungsbegriff festgehalten werden konnte.[12] Gleichwohl leitete dieser Vorgang die Verengung des Regie-

---

[7] *v. Bogdandy*, Gubernative Rechtsetzung, 2000, 108; *Magiera*, Parlament und Staatsleitung, 1979, 47 f.; *Oldiges*, Bundesregierung als Kollegium, 1983, 3; *Stern*, Staatsrecht, Bd. 2, 1980, 675.

[8] *Frotscher*, Regierung als Rechtsbegriff, 1975, 84.

[9] Die Aussonderung der Justiz als „Keim“ für die Verengung des Regierungsbegriffs begreifend *Magiera*, Parlament und Staatsleitung, 1979, 48, im Anschluss an *Meisner*, Verfassung, Verwaltung, Regierung in neuerer Zeit, 1962, 37.

[10] Auch wenn bereits die zunehmende Spezialisierung von dem Monarchen untergeordneten Stellen die Grundlage dafür legte, den Regierungsbegriff zu verengen, siehe auch *Kassimatis*, Der Bereich der Regierung, 1967, 29; *Frotscher*, Regierung als Rechtsbegriff, 1975, 94.

[11] Zum monarchischen Prinzip siehe *Böckenförde*, in: ders., Recht, Staat, Freiheit, Erw. Ausg. (2006), 273 (278 ff.); *Willoweit*, Deutsche Verfassungsgeschichte, 7. Aufl. (2013), 244, Rn. 15.

[12] Dies gelang durch die Unterscheidung von „Inhaberschaft“ und „Ausübung“, siehe zum Beispiel § 4 der Verfassung des Königreichs Württemberg vom 25. September 1819: „Der König ist das Haupt des Staates, vereinigt in sich alle Rechte der Staatsgewalt und übt sie unter

rungsbegriffs ein. Beispielsweise verlor der Monarch durch die Übertragung von Angelegenheiten der Justiz auf weitgehend unabhängige Spruchkörper praktisch die Kompetenz zur Rechtsprechung[13], auch wenn das monarchische Prinzip seine Inhaberschaft fortwährend fingierte.[14] Für die Gesetzgebung gilt Vergleichbares: Obwohl die Gesetzgebung an die Mitwirkung des Monarchen gebunden war[15] und dieser die Repräsentativorgane sogar ohne Grund auflösen konnte, verlor er irreversibel[16] – jedenfalls faktisch – die alleinige Kompetenz zur Gesetzgebung.[17] Die formale Inhaberschaft aller Staatsgewalt in den Händen des Monarchen büßte dadurch an Überzeugungskraft ein.[18] In dieser Folge zog sich der Regierungsbegriff zunehmend auf diejenigen Bereiche zurück, die tatsächlich vom Monarchen ausgeübt wurden. Gleichzeitig wurde die gesetzgebende Körperschaft neben dem Monarchen zum Träger der Verfassungsordnung und Inhaber einer eigenen, nun faktisch geteilten Staatsgewalt.[19] Dies machte es unter anderem erforderlich, Regierung und Parlament und dementsprechend Regierungs- und Parlamentstätigkeit zu bestimmen und voneinander abzugrenzen.[20] Dies zeigt sich bereits im ausgehenden Frühkonstitutionalismus. So verstand *Karl Salomo Zachariä* noch in der ersten Hälfte des 19. Jahrhunderts Regierung zwar einerseits als die Ausübung der Staatsgewalt schlechthin[21], andererseits aber in einer

den durch die Verfassung festgesetzten Bestimmungen aus", siehe dazu auch *Frotscher*, Regierung als Rechtsbegriff, 1975, 108 f.

[13] Die gewährte Unabhängigkeit der Justiz konnte etwaige Einwirkungen des Monarchen größtenteils verhindern. Die Justizsachen wurden somit grundsätzlich nicht mehr vom Monarchen wahrgenommen; die Kabinettsjustiz war abgeschafft, vgl. *E. R. Huber*, Deutsche Verfassungsgeschichte, Bd. II, 3. Aufl. (1988), 17; siehe auch *Meisner*, Verfassung, Verwaltung, Regierung in neuerer Zeit, 1962, 41 f.

[14] So wurden die Urteile (in Preußen) weiterhin „im Namen des Königs" gefällt, womit die „oberste Gerichtsherrlichkeit" formell noch immer dem König zustand, siehe dazu *E. R. Huber*, Deutsche Verfassungsgeschichte, Bd. II, 3. Aufl. (1988), 17.

[15] Dazu *Böckenförde*, in: ders., Recht, Staat, Freiheit, Erw. Ausg. (2006), 273 (282–284.).

[16] *Böckenförde*, in: ders., Recht, Staat, Freiheit, Erw. Ausg. (2006), 273 (279 ff., insbes. 281 f.); *Magiera*, Parlament und Staatsleitung, 1979, 49 f.; *Wahl*, in: Isensee/Kirchhof (Hrsg.), HStR, Bd. I, 3. Aufl. (2003), § 2, Rn. 25.

[17] Zudem verlor der Monarch seine Integrationsfunktion an das die ständischen Vertretungen ersetzende Repräsentativorgan, siehe dazu *E. R. Huber*, Deutsche Verfassungsgeschichte, Bd. III, 3. Aufl. (1988), 19 f.

[18] So auch *Böckenförde*, in: ders., Recht, Staat, Freiheit, Erw. Ausg. (2006), 273 (292 f.); dagegen wohl *Frotscher*, Regierung als Rechtsbegriff, 1975, 108, 130–132.

[19] *Magiera*, Parlament und Staatsleitung, 1979 50.

[20] *Magiera*, Parlament und Staatsleitung, 1979 50.

[21] *Zachariä*, Vierzig Bücher vom Staate, Bd. 1, 1820, 115; dazu auch *Frotscher*, Regierung als Rechtsbegriff, 1975, 117.

„engeren Bedeutung“[22] als die vollziehende Gewalt, die der Gesetzgebung und Rechtsprechung entgegenstehe.[23]

b) Weitere Verengung des Regierungsbegriffs

Die materielle Regierungstätigkeit beschränkte sich zunehmend auf die Aufgaben und Befugnisse des Monarchen. Institutioneller und materieller Regierungsbegriff liefen weiterhin gleich, umfassten aber nur noch die um die Gesetzgebung und Rechtsprechung reduzierte Staatstätigkeit. Ein wichtiger Schritt zur Verengung des Regierungsbegriffs war damit getan.[24] Aus einem umfassenden entwickelte sich ein enger Regierungsbegriff.[25] Die ab der Zeit des Vormärz zur Beschreibung des Staates gebrauchten Organismusanalogien veranschaulichen diesen Vorgang ebenso.[26] Wird der Staat als ethisch-sittlicher Organismus verstanden, der über die Summe seiner Mitglieder hinausgeht, kann er nicht mit einem – auch nicht seinem wichtigsten – Mitglied identifiziert werden.[27] Die Regierung des Monarchen war hiernach nun Organ des Staates und die Verengung des Regierungsbegriffs auf einen Teil des Ganzen auch bildlich nachvollzogen.

Diese Verengung setzte sich fort: Indem die Regierung die Gesetzgebung verlor, verlor sie mittelbar und mittelfristig zugleich die Verwaltung. Diente die Verwaltung noch dazu, den Willen ihrer monarchischen Spitze auszuführen, brauchte zwischen Regierung und Verwaltung nicht unterschieden zu werden.[28] Dies musste sich allerdings in dem Augenblick ändern, als die Gesetze nicht mehr unter dem Vorbehalt des Monarchen[29], sondern des Gesetzgebers ausgeführt worden sind.

---

[22] *Zachariä*, Vierzig Bücher vom Staate, Bd. 1, 1820, 115; dazu auch *Frotscher*, Regierung als Rechtsbegriff, 1975, 117.

[23] *Frotscher* erkennt in den Lehren *Zachariäs* sogar einen Ansatz für „eine echte Gewaltenteilung“, vgl. *Frotscher*, Regierung als Rechtsbegriff, 1975, 132.

[24] In diese Richtung auch *Magiera*, Parlament und Staatsleitung, 1979, 48 f.; *Oldiges*, Bundesregierung als Kollegium, 1983, 4; *Stern*, Staatsrecht, Bd. 2, 1980, 675; siehe aber *Frotscher*, Regierung als Rechtsbegriff, 1975, 123 f., 131 f. der zwar die Vorarbeit durch diesen Prozess anerkennt, aber annimmt, dass das monarchische Prinzip einer Verengung des Regierungsbegriffs wirkungsvoll entgegenstand.

[25] Als „eingeschränkten Regierungsbegriff“ bezeichnend *Magiera*, Parlament und Staatsleitung, 1979, 47 ff.

[26] Hierzu m. w. N. *Böckenförde*, in: ders., Recht, Staat, Freiheit, Erw. Ausg. (2006), 263 (263 f.).

[27] *Böckenförde*, in: ders., Recht, Staat, Freiheit, Erw. Ausg. (2006), 263 (265).

[28] *Gärditz*, in: Krüper/Pilniok (Hrsg.), Die Organisationsverfassung der Regierung, 2021, 25 (26).

[29] *Oldiges*, Die Bundesregierung als Kollegium, 1983, 3.

Wurde die Verwaltung maßgeblich als die gesetzesausführende Gewalt bestimmt, blieb ein letzter Bereich der Staatstätigkeit und des einst umfassenden Regierungsbegriffs übrig: Es ist dies die nicht mit der Gesetzesausführung betraute Staatsgewalt, die weder Rechtsprechung noch Gesetzgebung zugeordnet werden konnte. Diese wurde üblicherweise mit dem Begriff der Regierung versehen und nun von der Verwaltung geschieden. Der Begriff der Regierung verengte sich also ein weiteres Mal und fungierte insgesamt nur noch als „Restbegriff"[30] aller nicht als Rechtsprechung, Gesetzgebung und Verwaltung identifizierten Staatstätigkeiten.

c) Positive Bestimmungsversuche des Regierungsbegriffs

Nur vereinzelt wendete man sich in der Rechtswissenschaft intensiv der Regierung zu und unternahm positive Bestimmungsversuche, die noch teilweise in heutigen Überlegungen fortwirken. *Lorenz von Stein* nahm in seiner Verwaltungslehre erstmals eine positive Bestimmung der Regierungsfunktion vor und kann aus diesem Grund in Deutschland als Begründer einer Lehre von der Regierung angesehen werden.[31] Hegelianisch beeinflusst[32], verkörpert die Regierung für *von Stein* den „Geist des Staates",[33] der den „gesammten [sic!] Verwaltungsorganismus durchdringt"[34]. Insbesondere wo es an einem Gesetz fehle bzw. ein solches nicht imstande sei, den Staatswillen hinreichend festzulegen, sei die Regierung in der Pflicht, den Staatswillen durch Verordnung zu konkretisieren.[35] Indem ein fehlendes Gesetz das Tätigkeitsfeld der Regierung begründet, kündigt sich bereits das bei späteren Autoren genannte Kriterium der „Ungebundenheit" an, das den Bereich der Regierung bestimme und von der Verwaltung, die die Zwecke des Staates unter seiner Rechtsordnung außerhalb der Justiz verwirkliche,[36] unterscheide. Ansonsten betont *von Stein* den insbesondere gegenüber der Verwaltung dirigierenden und herausgehobenen Charakter der Regierungsfunktion.

Auch *Georg Jellinek* hat die Dichotomie von Regierung und Verwaltung in seiner „Allgemeinen Staatslehre" hervorgehoben. So unterscheidet er von der

---

[30] So *Magiera*, Parlament und Staatsleitung, 1979, 50.

[31] So *Kassimatis*, Der Bereich der Regierung, 1967, 35 f.; *Mößle*, Regierungsfunktionen des Parlaments, 1985, 96; *Stern*, Staatsrecht, Bd. 2, 1980, 676; siehe dazu auch *Scheuner*, in: FS Smend, 1952, 253 (260).

[32] Darauf hinweisend *Scheuner*, in: FS Smend, 1952, 253 (260).

[33] *V. Stein*, Handbuch der Verwaltungslehre, 1. Teil, 3. Aufl. (1887), 96.

[34] *V. Stein*, Handbuch der Verwaltungslehre, 1. Teil, 3. Aufl. (1887), 97.

[35] *V. Stein*, Handbuch der Verwaltungslehre, 1. Teil, 3. Aufl. (1887), 100 f., 105.

[36] *O. Mayer*, Verwaltungsrecht, Bd. 1, 3. Aufl. (1924), 13.

„gebundenen" Tätigkeit die „freie", die einer Normierung nicht zugänglich sei.[37] Die freie Tätigkeit innerhalb der Exekutive wird von *Jellinek* dabei mit dem Begriff der Regierung und die gebundene Tätigkeit mit der Vollziehung versehen.[38] Allerdings sei diese freie Tätigkeit nicht nur der Regierung, sondern letztlich allen Staatsfunktionen immanent;[39] sie unterscheide sich von ihnen allenfalls quantitativ.

Damit zeigen bereits die ersten positiven Definitionen einer Regierungsfunktion Charakteristika, die die Positionen über die Regierung bis heute prägen: Soweit sich die Rechtswissenschaft der Regierung überhaupt zuwendet, bringt sie zwei konträre Positionen hervor, wonach Regierungsfunktion entweder als herausgehobene Hoheitstätigkeit wahrgenommen (*von Stein*) oder qualitativ mit übriger Hoheitstätigkeit gleichgesetzt wird (*Jellinek*).

d) Geringe Befassung mit der Regierung

Überwiegend bleibt eine intensive rechtswissenschaftliche Betrachtung der Regierung jedoch aus. Die Regierung erscheint dementsprechend wie bei *Mayer* lediglich als die „Oberleitung des Ganzen"[40]. Dass dieser Bereich maßgeblich die Außenpolitik, Kriegsführung und den Staatsnotstand betraf[41], war indes kein Zufall.[42] Denn für Tätigkeiten außerhalb der Gesetzgebung und Rechtsprechung galt die konstitutionell bedingte Regelvermutung: Staatstätigkeit steht dem regierenden Monarchen anheim.[43] Eine solche Kompetenzverteilung entsprach obendrein der Interessenlage derjenigen Akteure, die sich im deutschen Konstitutionalismus vorläufig[44] und unentschieden gegenüberstanden. Das wirtschaftlich erstarkte und die Legislative dominierende Bürgertum konzentrierte sich maßgeblich darauf, den gesellschaftlich-wirtschaftlichen Bereich von hoheitlichen Interventionen abzuschirmen. Die Freiheits- und Eigentumsformel und der

---

37 *G. Jellinek*, Allgemeine Staatslehre, 3. Aufl. (1921), 616.

38 *G. Jellinek*, Allgemeine Staatslehre, 3. Aufl. (1921), 618 f.

39 *G. Jellinek*, Allgemeine Staatslehre, 3. Aufl. (1921), 616 f.; dazu auch *Magiera*, Parlament und Staatsleitung, 1979, 57 f.

40 *O. Mayer*, Verwaltungsrecht, Bd. 1, 3. Aufl. (1924), 2.

41 *O. Mayer*, Verwaltungsrecht, Bd. 1, 3. Aufl. (1924), 9–11.

42 Die Ähnlichkeiten zur föderativen und prärogativen Gewalt im Regierungssystem *John Lockes* sind an dieser Stelle besonders deutlich, dazu auch *Kassimatis*, Der Bereich der Regierung, 1967, 25 f. und *Frotscher*, Regierung als Rechtsbegriff, 1975, 152.

43 *Frotscher* spricht hier zutreffend von der „monarchischen Befangenheit" der Verfassungslehre, vgl. *Frotscher*, Regierung als Rechtsbegriff, 1975, 130.

44 Den Übergangscharakter des deutschen Konstitutionalismus betonend *Böckenförde*, in: ders., Recht, Staat, Freiheit, Erw. Ausg. (2006), 273 (304 f.) sowie *Carl Schmitt*, Verfassungslehre, 10. Aufl. (2010), 53 ff., 114 ff.; kritisch zu dieser Perspektive *E. R. Huber*, Deutsche Verfassungsgeschichte, Bd. III, 3. Aufl. (1988), 9–11.

materielle Gesetzesbegriff fügen sich hier ein;[45] zur Zügelung der Verwaltung waren sie bestimmt und geeignet. Den Regierungsbereich, namentlich die Staats- und Verwaltungsorganisation, das Militär und die Außenpolitik, konnten und sollten sie aber nicht erfassen.[46] Das – wie *Böckenförde*[47] meint – „spezifisch Staatliche und die eigentliche, d.h. die hohe Politik" blieben dadurch weiterhin monarchisch;[48] es wurde als „Hausgut" monarchischer Macht im Bereich der Regierung aufbewahrt.[49]

Als sich zudem die juristische Perspektive entsprechend der zum Ende des 19. Jahrhunderts dominierenden positivistischen Staatsrechtslehre auf das Handeln in Gesetzes- und Verwaltungsaktsform verengte, konnte die Regierungstätigkeit rechtlich nur bedingt zur Kenntnis genommen werden.[50] Die dem Gesetz vorausliegende Planung, die Außenpolitik und das Militär, die Verwaltungsorganisation sowie die „Akte des Verfassungslebens"[51] gerieten aus dem Blick.[52] Die aus dieser Perspektive nur folgerichtige, aber fatale Folge bestand darin, dass die für das Staatsleben bedeutenden Entscheidungen wie die einer Reichstagsauflösung den Rang einer „Geschäftsbesorgung des Verfassungslebens" oder einer „verfassungsrechtlichen Hilfstätigkeit[...]"[53] einnahmen.[54] Protagonisten der deutschen Staatsrechtslehre wie *Paul Laband* widmeten sich der Regierungsfunktion dementsprechend nur am Rande.[55] Folglich untergliederte er die Staatsfunktionen im

---

45 Siehe dazu *Böckenförde*, in: ders., Recht, Staat, Freiheit, Erw. Ausg. (2006), 273 (283 f.); dazu auch *Maurer/Waldhoff*, Allgemeines Verwaltungsrecht, 19. Aufl. (2017), § 2, Rn. 5, § 6, Rn. 10; *Ossenbühl*, in: Isensee/Kirchhof (Hrsg.), HStR, Bd. V, 3. Aufl. (2007), § 101, 18 f.; *Scheuner*, in: FS Smend, 1952, 253 (262).

46 *Böckenförde*, in: ders., Recht, Staat, Freiheit, Erw. Ausg. (2006), 273 (283 f., zum Militär siehe insbes. 287 ff.); *Scheuner*, in: FS Smend, 1952, 253 (265 f.).

47 *Böckenförde*, in: ders., Recht, Staat, Freiheit, Erw. Ausg. (2006), 273 (289).

48 Die schrittweise Ausdehnung der Freiheit- und Eigentumsformel zu einem umfassenden Vorbehalt des Gesetzes konnte daran im Grunde nichts ändern. Der Streit um das selbstständige Verordnungsrecht des Monarchen spiegelt dies wider. Selbst nach vollständiger Anerkennung des Vorbehalts des Gesetzes war eine monarchische gesetzesunabhängige Verordnungsgewalt auf den Gebieten des Militärs und der Organisationsgewalt noch anerkannt, dazu *E. R. Huber*, Deutsche Verfassungsgeschichte, Bd. III, 3. Aufl. (1988), 58 ff., insbes. 60.

49 *Grigoleit*, Bundesverfassungsgericht und deutsche Frage, 2004, 12; *Mößle*, Regierungsfunktionen des Parlaments, 1985, 132 f.

50 *v. Bogdandy*, Gubernative Rechtsetzung, 2000, 110–112; *Kassimatis*, Der Bereich der Regierung, 1967, 87; *Magiera*, Parlament und Staatsleitung, 1979, 55 f.; *Oldiges*, Die Bundesregierung als Kollegium, 1983, 4 f.; *Scheuner*, in: FS Smend, 1952, 253 (261 ff.).

51 *Scheuner*, in: FS Smend, 1952, 253 (265).

52 *v. Bogdandy*, Gubernative Rechtsetzung, 2000, 110 f.; *Oldiges*, Die Bundesregierung als Kollegium, 1983, 4 f.; *Scheuner*, in: FS Smend, 1952, 253 (262, 265).

53 *O. Mayer*, Verwaltungsrecht, Bd. 1, 3. Aufl. (1924), 7.

54 Kritisch auch *Scheuner*, in: FS Smend, 1952, 253 (265 f.).

55 *Frotscher*, Regierung als Rechtsbegriff, 1975, 147 f.

Kaiserreich und Spätkonstitutionalismus in Gesetzgebung, Rechtsprechung und Verwaltung.[56] Verwaltung wurde also mit der um Gesetzgebung und Rechtsprechung verringerten Staatsgewalt überwiegend gleichgesetzt. Für die Regierung war in der positivistischen Begriffswelt des 19. und beginnenden 20. Jahrhunderts kein Platz. Die zweite Gewalt wird mehr oder weniger auf die Gesetzesausführung beschränkt. *Otto Mayer*s Einschätzung illustriert die für diese Zeit dominierende Auffassung besonders treffend: „Für die Regierung ist nichts übrig geblieben, als das Allgemeine, das darüber steht."[57] Zwar beeinflusse die Regierung alle Staatsgewalten, sei – so *Mayer* – selbst jedoch keine und komme „hier nicht weiter in Betracht."[58]

2. Regierung als Staatstätigkeit qualitativ eigener Art

Das mehrheitliche Desinteresse, das man der materiellen Regierung bisher entgegenbrachte, hielt unter der Weimarer Reichsverfassung nicht lang.[59] Die Staatsrechtslehre erkannte zunehmend, dass ihr das positivistische Begriffskorsett den Blick für bedeutsame Staatsakte versperrte.[60] Insbesondere erschien es wirklichkeitsfremd, sie als „verfassungsrechtliche[...] Hilfstätigkeit[...]"[61] zu bezeichnen.[62] Des Weiteren legte es die in Anbetracht großer Gesetzgebungsprojekte um die Jahrhundertwende sichtbare Machtstellung des Parlaments nahe, die Regierungsfunktion zu seinen Gunsten zu erweitern. Dies verlangte nach einem materiellen Regierungsbegriff, der nicht mehr – wie überwiegend bisher der Fall – rein negativ in Abgrenzung zu übrigen Funktionen definiert, sondern im Anschluss an *von Stein* oder *Jellinek* positiv ermittelt wird.[63] In diesem Sinne betont *Johannes Heckel* den herausgehobenen Charakter mancher „staatsleitende[r] Akte"[64] wie des Haushaltsgesetzes. Hierfür versage die rechtsstaatliche Ge-

---

56 *Laband*, Deutsches Reichsstaatsrecht, 7. Aufl. (1919), 148; weitere Beispiele bei *Frotscher*, Regierung als Rechtsbegriff, 1975, 148.

57 *O. Mayer*, Verwaltungsrecht, Bd. 1, 3. Auf. (1924), 2.

58 *O. Mayer*, Verwaltungsrecht, Bd. 1, 3. Auf. (1924), 3.

59 Auch wenn die Annahmen der konstitutionellen Staatsrechtslehre zunächst auf die Weimarer Reichsverfassung übertragen wurden, was in Anbetracht der Stellung des Reichspräsidenten als Ersatzkaiser durchaus nahelag, dazu *Magiera*, Parlament und Staatsleitung, 1979, 56.

60 *v. Bogdandy*, Gubernative Rechtsetzung, 2000, 110–112; *Magiera*, Parlament und Staatsleitung, 1979, 57; zu den Gründen der geringen Befassung und Erfassung der Regierung in der deutschen Staatsrechtslehre *Scheuner*, in: FS Smend, 1952, 253 (261 ff., insbes. 262, 265).

61 *O. Mayer*, Verwaltungsrecht, Bd. 1, 3. Aufl. (1924), 7.

62 Kritisch *Scheuner*, in: FS Smend, 1952, 253 (265–268).

63 Dies für *Smend* konstatierend *Oldiges*, Die Bundesregierung als Kollegium, 1983, 7.

64 *Heckel*, in: Anschütz/Thoma (Hrsg.), HDStR, 2. Bd., 1932, § 88, 374 (388 f.); dazu auch *Magiera*, Parlament und Staatsleitung, 1979, 58 f.

waltenteilung,[65] da an dieser Stelle die „demokratische Konstituierung, Legitimierung und Kontrolle der Führung“ im Mittelpunkt stehe.[66] Staatsleitung erfolge deswegen ganz maßgeblich im Modus der Gesetzgebung und demnach unter Beteiligung des Gesetzgebers.[67] Auch *Richard Thoma* kannte eine „planvolle[...] und einheitliche[...] Regierungstätigkeit im Sinne oberster Staatsleitung“[68], die – so *Thoma* – maßgeblich von der Legislative und nicht der Regierung im organisatorischen Sinne geleistet werde.[69] Dabei unterstreicht *Thoma* den politischen, planenden und führenden Charakter funktioneller Regierungstätigkeit.[70]

Solche Überlegungen, die insbesondere auf die politische Dimension der Regierungstätigkeit abstellten, konnten für eine rechtswissenschaftliche Betrachtung der Regierung noch stärker mithilfe der geisteswissenschaftlichen Methode fruchtbar gemacht werden.[71] Von hieraus begründet *Rudolf Smend* eine Strömung (a), die im Anschluss an *Lorenz von Stein* in einer Regierungsfunktion eine Staatstätigkeit qualitativ[72] eigener Art erblickt und *Ulrich Scheuner* für das bundesrepublikanische Staatsrecht fortentwickelt hat (b). Auf Basis eines solchen Regierungsverständnisses ist es nur folgerichtig, auch rechtliche Schlussfolgerungen aus dem Begriff einer Regierungsfunktion abzuleiten (c).

a) Regierung als Politik (Smend)

Mit *Rudolf Smend* war es eine dezidiert antipositivistische Perspektive,[73] mit deren Hilfe er in der Weimarer Staatsrechtslehre eine Theorie der Regierung konzipierte.[74] Ausgangspunkt bildet dabei *Smends* Gewaltenteilungslehre, die aus den Gewalten des Staatslebens, Rechtslebens und der technischen Verwaltung be-

---

65 Wobei *Heckel* für die Haushaltsgesetzgebung am Ende doch an der rechtsstaatlichen Gewaltenteilung festhielt, vgl. *Heckel*, in: Anschütz/Thoma (Hrsg.), HDStR, 2. Bd., 1932, § 88, 374 (391); dazu auch *Magiera*, Parlament und Staatsleitung, 1979, 59.

66 *Heckel*, in: Anschütz/Thoma (Hrsg.), HDStR, 2. Bd., 1932, § 88, 374 (388).

67 *Heckel*, in: Anschütz/Thoma (Hrsg.), HDStR, 2. Bd., 1932, § 88, 374 (389).

68 *Thoma*, in: Anschütz/ders. (Hrsg.), HDStR, 2. Bd., 1932, § 71, 108 (136).

69 *Thoma*, in: Anschütz/ders. (Hrsg.), HDStR, 2. Bd., 1932, § 71, 108 (136 f.).

70 *Thoma*, in: Anschütz/ders. (Hrsg.), HDStR, 2. Bd., 1932, § 71, 108 (137).

71 *Badura*, Der Staat – Beiheft 11 (1996), 133 (148) im Anschluss an *Mößle*, Regierungsfunktionen des Parlaments, 1985, 96 ff.; *v. Bogdandy*, Gubernative Rechtsetzung, 2000, 110–112.

72 Die Einteilung der Regierungsbegriffe in qualitative und quantitative Strömungen erfolgt im Anschluss an *Mößle*, Regierungsfunktionen des Parlaments, 1985, 98 ff., 101 ff.

73 Siehe die in diesem Zusammenhang geäußerte Kritik *Smends* an der Neigung der deutschen Rechtswissenschaft, den „‚sozialen‘, ‚metajuristischen‘, ‚politischen‘ Gehalt der Begriffe tunlichst zu eliminieren und sich überall auf die ‚formalen‘ Kriterien zurückzuziehen“, vgl. *Smend*, in: FS Kahl, 1923, 1 (14 f.).

74 Zu *Smends* Regierungstheorie siehe auch *Frotscher*, Regierung als Rechtsbegriff, 1975, 161–163; *Mößle*, Regierungsfunktionen des Parlaments, 1985, 96–98.

steht.[75] Dem Staatsleben komme dabei die Funktion zu, die Richtung- und Wesensbestimmung des Staates zu gewährleisten.[76] Erst sie konstituiere entsprechend *Smends* Integrationslehre den Staat.[77]

Ausgeübt werde diese Staatsfunktion sowohl durch die Regierung als auch das Parlament im Wege der formellen Gesetzgebung.[78] Ganz in den Bahnen der konstitutionellen Staatsrechtslehre identifiziert *Smend* letztlich aber insbesondere das Regierungsorgan mit dem schlechthin Staatlichen.[79] Dieser Bereich entspreche laut *Smend* zugleich dem Bereich der Politik.[80] Folglich werde die Regierungstätigkeit maßgeblich durch ihr politisches Wesen charakterisiert.[81] Dies zeigt schon der von *Smend* gewählte Titel des Beitrags, in dem er seine Regierungskonzeption präsentiert: „Die politische Gewalt im Verfassungsstaat". Auf diese Weise hebt sich *Smend* insbesondere von *Jellinek* ab, der lediglich das quantitative Mehr an Ungebundenheit zum Wesensmerkmal der Regierungstätigkeit erhoben hatte.[82] Ein solches Kriterium verkenne laut *Smend* aber den „qualitativen" Unterschied zwischen der Ungebundenheit durch Ermesseneinräumung im Rahmen des Verwaltungsrechts und der der Regierung zustehenden Gestaltungsfreiheit.[83] Indem *Smend* hervorhebt, dass sich die materielle Regierung nicht nur quantitativ, sondern auch qualitativ von übriger Hoheitstätigkeit unterscheide, legt er nahe, dass mit der Einordnung als materielle Regierungstätigkeit auch rechtliche Konsequenzen verbunden sind. Mit dem Merkmal des Politischen führt *Smend* zudem ein neues Kriterium ein, um die Regierungstätigkeit positiv zu bestimmen. Wie nachhaltig *Smends* Theorie die deutsche Staatsrechtslehre beeinflusst, zeigt, dass die auch heute gebrauchten Beschreibungsversuche materieller Regierungstätigkeit maßgeblich um die Bereiche der Staatsleitung, der Richtunggebung und der Politik kreisen.[84]

---

[75] *Smend*, Verfassung und Verfassungsrecht, 1928, 105; dazu *Frotscher*, Regierung als Rechtsbegriff, 1975, 162.

[76] *Smend*, in: FS Kahl, 1923, 1 (16).

[77] Dazu *Mößle*, Regierungsfunktionen des Parlaments, 1985, 97.

[78] *Smend*, Verfassung und Verfassungsrecht, 1928, 102 f., 105.

[79] Dazu *Oldiges*, Die Bundesregierung als Kollegium, 1983, 7.

[80] *Smend*, in: FS Kahl, 1923, 1 (16).

[81] *Smend*, Verfassung und Verfassungsrecht, 1928, 105; dazu auch *Kassimatis*, Der Bereich der Regierung, 1967, 50; *Mößle*, Regierungsfunktionen des Parlaments, 1985, 97.

[82] Dazu *Oldiges*, Die Bundesregierung als Kollegium, 1983, 7.

[83] *Smend*, in: FS Kahl, 1923 1 (15, Fn. 1); *Mößle*, Regierungsfunktionen des Parlaments, 1985, 96.

[84] Siehe unten Teil 2 Kap. 4 I. 4. a).

b) Regierung als politische Staatsführung (Scheuner)

Insbesondere *Ulrich Scheuner* baut auf *Smends* Staats-, Gewaltenteilungs- und Regierungskonzeption auf[85] und nahm in seinem Festschriftbeitrag für *Rudolf Smend* ausführlich zur Regierungsfunktion Stellung.[86] Diese Theorie wirkt in den meisten Stellungnahmen der herrschenden Lehre zur Regierung und Regierungstätigkeit bis heute fort und kann in der Staatsrechtswissenschaft der Bundesrepublik wohl als führend angesehen werden.[87]

Wie auch *Smend* identifiziert *Scheuner* die Regierung mit dem Kriterium des Politischen.[88] Das Politische erstrecke sich wiederum auf die oberste Zielsetzung und Selbstbestimmung des Staates[89], eine Art Kernbereich des Staates[90]. Regierung umfasse daher die „politische Entscheidung", „die Festlegung der Richtlinien" sowie die „Oberleitung des Staates, durch die der Staat seine Einheit herstellt".[91] Darunter fasst *Scheuner* im Einzelnen unter anderem die Bestellung der obersten Organe des Staates, die Einwirkung auf andere Bundesorgane oder Organe der Länder, die Außen- und Militärpolitik sowie den Notstand.[92] Dieser Bereich decke sich mit dem des Verfassungsrechts.[93] Ausgeübt werde diese Regierungsfunktion vom Gesetzgeber und dem Regierungsorgan, der bei *Scheuner* so genannten Regierung im engeren Sinne.[94] Dabei gehörten nicht alle vom Regierungsorgan ausgeübten Tätigkeiten zum staatsleitenden und politischen Bereich. Vielmehr übe das Regierungsorgan auch Verwaltungstätigkeiten aus.[95]

Entsprechend der von *Scheuner* gewählten geisteswissenschaftlichen Methode schlagen seine vor allem politikwissenschaftlich inspirierten Überlegungen zwangsläufig auf seine rechtliche Einschätzung durch. So weise das der Regie-

---

[85] So *Mößle*, Regierungsfunktionen des Parlaments, 1985, 99.

[86] Dazu auch *Frotscher*, Regierung als Rechtsbegriff, 1975, 180–182; *Mößle*, Regierungsfunktionen des Parlaments, 1985, 98–101; *Oldiges*, Die Bundesregierung als Kollegium, 1983, 9–11.

[87] Dies auch konstatierend *Mößle*, Regierungsfunktionen des Parlaments, 1985, 100 und *M. Schröder*, in: Isensee/Kirchhof (Hrsg.), HStR, Bd. V, 3. Aufl. (2007), § 106, Rn. 3; an die Theorie *Scheuners* ausdrücklich anknüpfend z. B. *Hesse*, Grundzüge des Verfassungsrechts, 20. Aufl. (1999), Rn. 531 f.

[88] *Frotscher*, Regierung als Rechtsbegriff, 1975, 180; *Mößle*, Regierungsfunktionen des Parlaments, 1985, 100.

[89] *Scheuner*, in: FS Smend, 1952, 253 (275); *Frotscher*, Regierung als Rechtsbegriff, 1975, 180.

[90] *Mößle*, Regierungsfunktionen des Parlaments, 1985, 99.

[91] *Scheuner*, in: FS Smend, 1952, 253 (277).

[92] *Scheuner*, in: FS Smend, 1952, 253 (286–289).

[93] *Scheuner*, in: FS Smend, 1952, 253 (276).

[94] Dazu auch *Oldiges*, Die Bundesregierung als Kollegium, 1983, 10 f.

[95] *Scheuner*, in: FS Smend, 1952, 253 (276).

rung zugrunde liegende Recht aufgrund der „Struktur der politischen Geschehnisse“ eine „Eigenart als politisches Recht“ auf.[96] Daraus schlussfolgert *Scheuner* ganz folgerichtig die qualitative Besonderheit des Rechts der Regierungsorgane.[97] Diese führe zwar nicht dazu, sogenannte Regierungsakte generell der Justiziabilität, aber zumindest der Verwaltungsgerichtsbarkeit zu entziehen.[98] Damit wird deutlich, dass der Regierungsfunktion bei *Scheuner* zumindest rechtserhebliche Funktion, gegebenenfalls sogar der Status eines Rechtsbegriffs zukommt.

c) Regierungsakte als Ermessensakte des Verfassungsrechts (Kassimatis)

Das Politische kommt bei *Kassimatis* im Gegensatz zu *Scheuner* nicht als Abgrenzungskriterium in Betracht.[99] Da das Politische nicht nur der Regierungstätigkeit eigen und überdies nur Modus, nicht aber Inhalt von Staatstätigkeit sei, eigne es sich nicht als Bestimmungskriterium für Regierungstätigkeit.[100] Losgelöst vom konkreten Verfassungsrecht und den historischen Bedingungen[101] ermittelt *Kassimatis* vielmehr eine „logische“ Definition einer Regierungsfunktion.[102] Hiernach sind Regierungsakte nicht schon deshalb Regierungsakte, weil sie von „Verfassungsorganen erlassen“ oder vom „Verfassungsrecht geregelt“ würden, sondern weil sie von ihrem „Wesen [...] ‚sonst‘ vom materiellen Verfassungsrecht sachlich geregelt“ würden; der Regierungsbereich werde deshalb

---

[96] *Scheuner*, in: FS Smend, 1952, 253 (279).

[97] Hier im Hinblick auf die politische Entscheidungsfreiheit von Gesetzgeber und Regierungsorganen, vgl. *Scheuner*, in: FS Smend, 1952, 253 (281 f.), auch wenn er die Regierungsakte nicht der Justiziabilität entzieht.

[98] *Scheuner*, in: FS Smend, 1952, 253 (279, 299 f.), auch wenn *Scheuner* klarstellt, dass dies nicht aus dem politischen Charakter der Regierungsakte folge, sondern aus dem Prinzip der Gewaltenteilung und der Kompetenz des Bundesverfassungsgerichts für den „Verfassungsbereich“ (300), womit er letztlich gleichwohl eine besondere Natur, nämlich die des der Regierung zugrunde liegenden „Verfassungsbereichs“ zum Gegenstand seiner Schlussfolgerung erhebt.

[99] *Kassimatis*, Der Bereich der Regierung, 1967, 189, siehe auch 91; insgesamt zu *Kassimatis'* Begriff einer Regierungsfunktion siehe auch *Frotscher*, Regierung als Rechtsbegriff, 1975, 189 ff.

[100] *Kassimatis*, Der Bereich der Regierung, 1967, 53.

[101] So begreift er den Begriff der Regierung als „logisch bestimmten und materiell bestimmbaren Begriff“ und stellt ihm das lediglich historisch bedingte Gewaltenteilungsschema gegenüber, siehe *Kassimatis*, Der Bereich der Regierung, 1967, 66.

[102] Demzufolge setzt seine Ermittlung einer Regierungsfunktion mit einer analytischen Untersuchung des Begriffs an; *Kassimatis*, Der Bereich der Regierung, 1967, 30, zur Begriffsbestimmung siehe dann *Kassimatis*, Der Bereich der Regierung, 1967, 92–94; dazu auch *Frotscher*, Regierung als Rechtsbegriff, 1975, 190 f.

durch das „materielle" Verfassungsrecht abgesteckt.[103] Begreife man Regierung zudem als selbstständige Funktion, könne Regierung dabei nur ein ungebundenes Tätigwerden umfassen.[104] Daher sind als Regierungsakte hiernach die Ermessensakte[105] des materiellen Verfassungsrechts, die grundsätzlich allen Verfassungsorganen offenstünden, zu verstehen.[106] Dieser Begriff von Regierungstätigkeit erlaubt es *Kassimatis*, die Regierungsbefugnisse des Grundgesetzes im Einzelnen aufzulisten.[107]

Wie bei *Smend* und *Scheuner* besitzt auch bei *Kassimatis* der geisteswissenschaftlich und „logisch" ermittelte besondere Charakter[108] spezifischer Regierungsfunktion für die konkrete Rechtsordnung Rechtsqualität[109]: Zwar löse die „Natur der Regierungsakte"[110] im Bereich der Staatshaftung keine normativen Folgen aus.[111] Allerdings führe der „juristisch-soziologische Charakter der Regierungsakte und damit ihre Zugehörigkeit zum Verfassungsleben" dazu, sie „als verfassungsrechtlich zu qualifizieren" und daher der Verwaltungsgerichtsbarkeit gem. § 40 Abs. 1 S. 1 VwGO zu entziehen.[112] Des Weiteren leitet er kompetenzielle Schlussfolgerungen aus seinem Regierungsbegriff ab. So gelte für die „eigentlichen" Regierungsorgane eine Kompetenzvermutung für Regierungsangelegenheiten, während den übrigen Verfassungsorganen nur abschließend Regierungstätigkeiten eingeräumt worden seien.[113]

---

103 *Kassimatis*, Der Bereich der Regierung, 1967, 31, 90 f., siehe auch Fn. 142.

104 *Kassimatis*, Der Bereich der Regierung, 1967, 90 f., 35 ff.

105 Zwar betont zunächst auch *Kassimatis*, dass sich Verwaltungs- und Regierungsermessen nur quantitativ, nicht qualitativ unterscheiden würden, vgl. *Kassimatis*, Der Bereich der Regierung, 1967, 45 f., trotzdem erkennt auch er eine „materielle Abgrenzung zwischen Regierungs- und Verwaltungsermessensakten" an, vgl. *Kassimatis*, Der Bereich der Regierung, 1967, 91, siehe auch 186.

106 *Kassimatis*, Der Bereich der Regierung, 1967, 92–94, siehe auch 54.

107 *Kassimatis*, Der Bereich der Regierung, 1967, 100 ff., dabei jedoch betonend, dass die Regierungsakte der „eigentlichen Regierungsorgane nie erschöpfend sein" könnten (94); kritisch hingegen *M. Schröder*, in: Isensee/Kirchhof (Hrsg.), HStR, Bd. V, 3. Aufl. (2007), § 106, Rn. 8.

108 Siehe allein *Kassimatis*, Der Bereich der Regierung, 1967, 186 f., der das „Wesen" der Regierungsakte (187) sowie den „juristisch-soziologische[n] Charakter" (187) der Regierungsakte betont.

109 Wobei er seinen Regierungsbegriff auch als „Rechtsbegriff" (21) bzw. als „rechtswissenschaftlichen Begriff" qualifiziert (90); *Kassimatis*, Der Bereich der Regierung, 1967, 90 f.; kritisch zu *Kassimatis'* Regierungsbegriff *Frotscher*, Regierung als Rechtsbegriff, 1975, 190 f.

110 *Kassimatis*, Der Bereich der Regierung, 1967, 246.

111 *Kassimatis*, Der Bereich der Regierung, 1967, 231.

112 *Kassimatis*, Der Bereich der Regierung, 1967, 187; Art. 19 Abs. 4 GG zwingt ihn dann dazu, Regierungsakte der ordentlichen Gerichtsbarkeit zu unterwerfen, sofern nicht die Verfassungsbeschwerde einschlägig ist, vgl. *Kassimatis*, Der Bereich der Regierung, 1967, 222.

113 *Kassimatis*, Der Bereich der Regierung, 1967, 93 f.

3. Regierung als Hoheitstätigkeit allenfalls quantitativ eigener Art

Werden das von der Regierung betraute Staatsleben vom Rechtsleben unterschieden und zugunsten der Regierungstätigkeit Gestaltungsspielräume besonderer Qualität postuliert, muss dies insbesondere von denjenigen Widerspruch hervorrufen, die Staatstätigkeit schlechthin mit der Rechtsordnung identifizieren und auf Basis einer wertfreien positivistischen Betrachtung in der Regierungstätigkeit keine Staatstätigkeit besonderer Art erblicken können.[114] Hier setzt die positivistische Kritik *Hans Kelsens* und *Adolf Merkls* an (a). Daran anknüpfend, lehnt *Frotscher* unter dem Grundgesetz eine Regierungsfunktion als Rechtsbegriff ab (b).

a) Regierung als Verwaltung (Kelsen und Merkl)

Einer Betrachtung, wonach die Regierungsfunktion in rechtlicher Hinsicht als Staatstätigkeit qualitativ eigener Art fungiere, musste sich insbesondere *Hans Kelsen* widersetzen.[115] Der wertfreien, eben reinen Rechtslehre entsprechend kann ein in der Praxis zu beobachtendes politisches Wesen der Regierung von vornherein juristisch nicht erfasst werden. Wird der Staat obendrein mit der Rechtsordnung in eins gesetzt, tragen letztlich alle mit der Rechtserzeugung betrauten Staatsfunktionen dazu bei, dass der Staat sich und sein Wesen bestimme.[116] Gleichzeitig sind hiernach staatliche Gestaltungsspielräume – gleich, ob die der Verwaltung, Rechtsprechung oder Gesetzgebung – immer rechtlich geschaffene und so auch gleichermaßen rechtlich gebundene.[117] Qualitative Unterschiede könnten sich nur insoweit ergeben, wie sie rechtlich ihrerseits angeordnet worden sind. Damit widerspricht *Kelsen* insbesondere *Smend*, der zwischen dem Ermessen der Verwaltung und der Gestaltungsfreiheit der Regierung einen nicht nur quantitativen, sondern qualitativen Unterschied erblickte. In einem solchen Konzept geht die Regierung vollkommen in der Verwaltung auf.[118]

Wie *Kelsen* betont auch *Adolf Merkl*, dass eine geringere rechtliche Gebundenheit einer etwaigen Regierungsfunktion allenfalls in quantitativer Hinsicht, nicht aber in qualitativer Hinsicht bestehe.[119] Die tatsächlichen Besonderheiten wie die politische, leitende oder richtunggebende Rolle der Regierung kann

[114] Zu dieser Strömung siehe insbesondere *Mößle*, Regierungsfunktionen des Parlaments, 1985, 101 ff.

[115] Dazu auch *Frotscher*, Regierung als Rechtsbegriff, 1975, 165–168.

[116] *Kelsen,* Allgemeine Staatslehre, 1925, 246.

[117] *Kelsen,* Allgemeine Staatslehre, 1925, 245.

[118] Vgl. *Kelsen,* Allgemeine Staatslehre, 1925, 245, der im Hinblick auf die Regierung von den „oberste[n] Verwaltungsorgane[n]" spricht.

[119] *Merkl,* Allgemeines Verwaltungsrecht, 1927, 56.

Merkl auf Basis einer positivistischen Rechtsanschauung nicht erfassen. „[O]berhalb und außerhalb der Gesetzgebung, Gerichtsbarkeit und Verwaltung" existiere folglich „keinerlei mysteriöse Oberleitung".[120] In positivistischer Tradition reduziert *Merkl* die Regierung als Ausführung bestimmter rechtlicher Befugnisse und begreift sie kurzerhand als Verwaltung.[121] Da er sie gleichwohl als „qualifizierte Verwaltung"[122] versteht, attestiert er ihr durchaus eine Besonderheit: Diese erblickt er in der Stellung des Regierungsorgans innerhalb der Organhierarchie der Exekutive.[123] Dementsprechend versteht *Merkl* die Regierung als die Summe von Verwaltungsfunktionen, die von solchen Verwaltungsorganen ausgeübt würden, die von anderen Verwaltungsorganen unabhängig seien.[124] Rechtliche Besonderheiten verknüpft *Merkl* damit wohl nicht; das Gegenteil ist der Fall: Seine Ausführungen zielen darauf, die rechtstheoretisch gleichermaßen vorhandene normative Gebundenheit dieser sogenannten Regierungsakte zu betonen.[125] Ansonsten kommt dem Begriff einer Regierungsfunktion bei ihm vor allem ein klassifikatorischer Charakter zu.[126]

b) Regierungslosigkeit des Grundgesetzes (Frotscher)

Diese Überlegungen überführt *Frotscher* in die bundesrepublikanische Staatsrechtswissenschaft.[127] So postulierte er in seiner Habilitationsschrift die Regierungslosigkeit des Grundgesetzes.[128] Wie auch seine Vorgänger verwirft er die von anderen zu qualitativen Kriterien erhobenen Merkmale des Politischen oder der Rechtsfreiheit materieller Regierungstätigkeit.[129] Seine These stützt er des Weiteren maßgeblich auf den Wortlaut und die historische Auslegung des Grundgesetzes: So verwende das Grundgesetz den Begriff der Regierung ausschließlich in organisatorischer Hinsicht.[130] Zudem spreche die Entstehungsgeschichte

---

[120] *Merkl*, Allgemeines Verwaltungsrecht, 1927, 47.

[121] *Merkl*, Allgemeines Verwaltungsrecht, 1927, 59; dementsprechend werden auch die Außenpolitik (50), Militärpolitik (50 f.) und der Staatsnotstand (51 f.) der Verwaltung zugeschlagen.

[122] *Merkl*, Allgemeines Verwaltungsrecht, 1927, 59.

[123] *Merkl*, Allgemeines Verwaltungsrecht, 1927, 57.

[124] *Merkl*, Allgemeines Verwaltungsrecht, 1927, 57 f.

[125] *Merkl*, Allgemeines Verwaltungsrecht, 1927, 60.

[126] Siehe *Merkl*, Allgemeines Verwaltungsrecht, 1927, 56.

[127] *Frotscher* hingegen einer eigenen Strömung zuordnend *Mößle*, Regierungsfunktionen des Parlaments, 1985, 103 f.

[128] Siehe insbesondere *Frotscher*, Regierung als Rechtsbegriff, 1975, 173 ff., 193 ff., 231 f.; dazu auch *Mößle*, Regierungsfunktionen des Parlaments, 1985, 103 f.

[129] Zur gerichtlichen Kontrolle: *Frotscher*, Regierung als Rechtsbegriff, 1975, 223 ff.; zum Politischen als bestimmendes Kriterium: *Frotscher*, Regierung als Rechtsbegriff, 1975, 228 ff.

[130] *Frotscher*, Regierung als Rechtsbegriff, 1975, 174, 222.

insbesondere zu Art. 1 Abs. 3 und Art. 20 Abs. 2 und 3 GG gegen die Existenz einer Regierungsfunktion.[131] Gemeint ist damit freilich die grundgesetzliche Abstinenz einer Regierungsfunktion als Hoheitstätigkeit qualitativ eigener Art[132] oder kurz: als rechtlicher bzw. rechtserheblicher Begriff. Einer Regierungsfunktion als systematisierenden Begriff steht er hingegen durchaus offen gegenüber.[133]

4. Zusammenfassung – zugleich: die heute herrschende Lehre und Rechtsprechung unter dem Grundgesetz

Nachdem sich die Hoheitstätigkeiten spätestens mit der einsetzenden Konstitutionalisierung zunehmend verselbstständigten, konnte Regierung nicht mehr nur negativ, sondern musste – insbesondere in Abgrenzung zur Verwaltung – auch positiv bestimmt werden. Dabei wurden bereits im 19. Jahrhundert zwei Positionen artikuliert, die sich später zu zwei einander widersprechenden Standpunkten verfestigten: Im Anschluss an *von Stein* begründete *Smend* eine Theorie, die in der Regierungsfunktion eine qualitativ eigene Art von Hoheitstätigkeit erblickt.[134] Sie wurde für die bundesdeutsche Staatsrechtswissenschaft wirkmächtig von *Scheuner* weiterentwickelt. Der Begriff der Regierungsfunktion steht hier in einer engen Beziehung zu der Politik, dem Staat und dessen Oberleitung. Ähnlich argumentiert *Kassimatis*, der den Bereich der Regierung durch den des materiellen Verfassungsrechts identifiziert. Insbesondere *Kassimatis* operiert dabei mit einem Regierungsbegriff als Rechtsbegriff. Dem stand im Anschluss an *Jellinek* eine Position gegenüber, die die Regierungsfunktion nicht als Hoheitstätigkeit eigener Art charakterisierte und in der sie demzufolge auch nicht als Rechtsbegriff fungieren konnte.[135] So äußerten es am deutlichsten *Kelsen* und *Merkl* und im bundesdeutschen Staatsrecht *Frotscher*. Nach diesem Verständnis hat eine Regierungsfunktion lediglich als beschreibende oder systematisierende Kategorie eine Daseinsberechtigung. Beide Positionen, Regierungsfunktion als rechtlicher oder bloß beschreibender Begriff, wirken in der herrschenden Lehre

---

131 *Frotscher*, Regierung als Rechtsbegriff, 1975, 174–177.

132 *Frotscher*, Regierung als Rechtsbegriff, 1975, 231.

133 So stellt er klar, dass es eine „notwendige Aufgabe der Staatswissenschaft" sei, „verschiedene, jeweils aufgrund bestimmter Merkmale zusammengehörige Tätigkeiten innerhalb der vollziehenden Gewalt zu unterscheiden", was Grundlage für eine „systematische Erfassung" sein könnte, siehe *Frotscher*, Regierung als Rechtsbegriff, 1975, 231.

134 Diese Einordnung geht zurück auf *Mößle*, Regierungsfunktionen des Parlaments, 1985, 98 ff.

135 Diese Einordnung geht zurück auf *Mößle*, Regierungsfunktionen des Parlaments, 1985, 101 ff.

(a) und Rechtsprechung des Bundesverfassungsgerichts (b) unter dem Grundgesetz fort.

a) Herrschende Lehre

Die heute herrschende Lehre[136] erkennt innerhalb der Exekutive ebenso eine von der Verwaltung zu unterscheidende Regierungsfunktion an.[137] Sie wird als materielle bzw. funktionelle Regierung in der Regel vom Aufgabenbestand des Regierungsorgans, der als formelle Regierung firmiert, und von dem als institutionelle Regierung bezeichneten Regierungsorgan unterschieden.[138]

Die bisherigen Begriffsverständnisse von Regierung werden mit großem Konsens weiter gebraucht: Positive Definitionen oder Beschreibungen drehen sich in der Regel um die Gestaltung, Leitung und Führung des Staates im Modus der Politik.[139] Hieraus ergeben sich beispielsweise Definitionen wie die „politische Führung des Staatsganzen"[140]. Bereits terminologisch wird hier die Nähe zur

---

[136] Ausführlich zu einer Übersicht über die Literaturpositionen und Meinungsstände siehe *Hermes*, in: Dreier, GG, Bd. 2, 3. Aufl. (2015), Art. 62, Rn. 30–32; *M. Schröder*, in: Isensee/Kirchhof (Hrsg.), HStR, Bd. V, 3. Aufl. (2007), § 106, Rn. 1 ff.

[137] Siehe beispielsweise *Bumke*, Die Verwaltung 37 (2004), 3 (13 f.); *Detterbeck*, Allgemeines Verwaltungsrecht, 17. Aufl. (2019), § 7, Rn. 4; *Hermes*, in: Dreier, GG, Bd. 2, 3. Aufl. (2015), Art. 62, Rn. 25; *Hoffmann-Riem*, in: ders./Schmidt-Aßmann/Voßkuhle (Hrsg.), Grundlagen des Verwaltungsrechts, Bd. I, 2. Aufl. (2012), § 10, Rn. 47; *Kloepfer*, Verfassungsrecht I, 2011, § 22, Rn. 10; *Oldiges/Brinktrine*, in: Sachs, GG, 8. Aufl. (2018), Art. 62, Rn. 13; *M. Schröder*, in: Isensee/Kirchhof (Hrsg.), HStR, Bd. III, 3. Aufl. (2005), § 64, Rn. 2., 4; *M. Schröder*, in: Isensee/Kirchhof (Hrsg.), HStR, Bd. V, 3. Aufl. (2007), § 106, Rn. 1, 10.

[138] Siehe nur *Maurer*, Staatsrecht I, 6. Aufl. (2010), § 14, Rn. 45; *M. Schröder*, in: v. Mangoldt/Klein/Starck, GG, Bd. 2, 7. Aufl. (2018), Art. 62, Rn. 2.

[139] *Abbé*, Verbraucherschutz durch Transparenz?, 2017, 153: Richtungsentscheidung und wesentliche Bedeutung der Materie für die demokratische und rechtsstaatliche Werteordnung, wobei auch das handelnde Organ relevant sein soll; *Detterbeck*, Allgemeines Verwaltungsrecht, 17. Aufl. (2019), § 7, Rn. 300: Tätigkeiten, die für Staat und Staatsvolk von herausragender Bedeutung oder politischer Natur sind; *Hesse*, Grundzüge des Verfassungsrechts, 20. Aufl. (1999), Rn. 531: „politische Staatsführung", „verantwortliche Leitung des Ganzen der inneren und äußeren Politik"; *Lege*, DVBl. 1999, 569 (577): „Lenkung und Leitung des Staates als Ganzen"; *Ramsauer*, in: *Kopp/ders.*, VwVfG, 20. Aufl. (2019), § 1, Rn. 19c: Politische Leitung und Führung; *Magiera*, Parlament und Staatsleitung, 1979, 83: „der durch die Verfassung begründete und begrenzte Aufgabenbereich umfassender und grundlegender Planung, Festlegung und Durchführung der Organisation, der Ziele und Aufgaben sowie der Rechtsordnung des Staates".

[140] So bei *Oldiges/Brinktrine*, GG, 8. Aufl. (2018), Art. 62, Rn. 13; „politische Führung oder Staatsleitung" bei *M. Schröder*, in: v. Mangoldt/Klein/Starck, GG, Bd. 2, 7. Aufl. (2018), Art. 62, Rn. 22; „politische Staatsführung" bei *Kloepfer*, Verfassungsrecht I, 2011, § 22, Rn. 8 und *M. Schröder*, in: Isensee/Kirchhof (Hrsg.), HStR, Bd. V, 3. Aufl. (2007), § 106, Rn. 4; kritisch zu diesen Beschreibungen *Lhotta*, in: Krüper/Pilniok (Hrsg.), Die Organisationsverfassung der Regierung, 2021, 1 (20–22).

Staatsleitung sichtbar, die folglich weitgehend synonym oder zur gegenseitigen Definition mit der funktionellen oder materiellen Regierungstätigkeit gebraucht wird.[141] Gleichzeitig wird in der Regel die Unmöglichkeit einer abschließenden Definition[142] oder rechtlichen Fixierung[143] der Regierungsfunktion oder ihre kaum zu leistende Abgrenzung[144] von der Verwaltungsfunktion postuliert.

Ansonsten wird deutlich: Der Blick auf eine Regierungsfunktion als Staatsfunktion verspricht gegenwärtig nur noch eine geringe rechtliche Aussagekraft. Infolgedessen wird zur Ermittlung einer Regierungsfunktion maßgeblich auf das Regierungsorgan geblickt.[145] Das wurde bereits in den positivistisch inspirierten Untersuchungen sichtbar[146] und reiht sich in eine Betrachtung ein, die weniger staatswissenschaftlich als verfassungsrechtlich und dabei auch dezidiert organisationsverfassungsrechtlich fokussiert ist.[147]

---

141 So zum Beispiel *Degenhart*, Staatsrecht I, 35. Aufl. (2019), Rn. 757; *Detterbeck*, Allgemeines Verwaltungsrecht, 17. Aufl. (2019), § 1, Rn. 4, Rn. 4, 300; *Grigoleit*, Bundesverfassungsgericht und deutsche Frage, 2004, 14, 17, 23; materielle Regierungstätigkeit durch „staatsleitende Entscheidungen" charakterisierend *Linck*, Zulässigkeit und Grenzen der Einflussnahme des Bundestages auf die Regierungsentscheidungen, 1970, 7; *Maurer*, Staatsrecht I, 6. Aufl. (2010), § 18, Rn. 5; *Mößle*, Regierungsfunktionen des Parlaments, 1985, 116; *Roth*, Bundeskanzlerermessen im Verfassungsstaat, 2009, 156 ff., insbes. 157 f.; *M. Schröder*, in: Isensee/Kirchhof (Hrsg.), HStR, Bd. V, 3. Aufl. (2007), § 106, Rn. 4; *M. Schröder*, in: v. Mangoldt/Klein/Starck, GG, Bd. 2, 7. Aufl. (2018), Art. 62, Rn. 22; *Uhle/Müller-Franken*, in: Schmidt-Bleibtreu/Hofmann/Henneke, GG, 14. Aufl. (2018), Art. 62, Rn. 45; dazu auch *Götz*, Der Vorbehaltsbereich der Bundesregierung, 1993, 43 f.

142 So beispielsweise *Herzog*, in: Maunz/Dürig, GG, 82. EL (2018), Art. 62, Rn. 57.

143 *M. Schröder*, in: Isensee/Kirchhof (Hrsg.), HStR, Bd. V, 3. Aufl. (2007), § 106, Rn. 3 f., 8, der zutreffend feststellt, dass die Verfassung „niemals alle Aspekte und Aufgaben des Regierens im voraus bedenken und regeln" könne (Rn. 4); siehe auch *Uhle/Müller-Franken*, in: Schmidt-Bleibtreu/Hofmann/Henneke, GG, 14. Aufl. (2018), Art. 62, Rn. 44.

144 *Maurer*, Staatsrecht I, 6. Aufl. (2010), § 18, Rn. 8.

145 *Von Bogdandy* ermittelt die Regierungsfunktion ebenso durch einen empirischen und normativen Blick auf das Regierungsorgan, siehe dazu *v. Bogdandy*, Gubernative Rechtsetzung, 2000, 136–149. Auch *Gärditz* schließt seine Untersuchung zu einer Regierungsfunktion damit, dass „Bezugspunkt verfassungstheoretischer wie verfassungsdogmatischer Begriffsbildung letztlich eben doch die Regierung als staatsorganisationsrechtlich verfasste Institution sein [muss].", siehe *Gärditz*, in: Krüper/Pilniok (Hrsg.), Die Organisationsverfassung der Regierung, 2021, 25 (54). Ebenso *Leisner*, der das „Wesen" der „Regierungstätigkeit" (731) durch die Möglichkeit zur „Koordination und Kombination vielfachen Ermessens nach einheitlichen Gesichtspunkten, in Richtung auf einheitliche Ziele" (729) bestimmt, blickt letztlich allein auf die Befugnisse des Regierungsorgans, siehe insbesondere *Leisner*, JZ 1968, 727 (730).

146 So zum Beispiel bei *Merkl*, der die Regierungsfunktion an die Regierungsorgane bzw. „obersten Verwaltungsorgane" knüpft, siehe *Merkl*, Allgemeines Verwaltungsrecht, 1927, 57.

147 Paradigmatisch hierfür die Beiträge in *Krüper/Pilniok* (Hrsg.), Die Organisationsverfassung der Regierung, 2021.

Befragt man die Lehrbuch-, Handbuch- und Kommentarliteratur nach den in der Rechtswissenschaft gebräuchlichen Regierungsdefinitionen, erlaubt es ihre Lektüre allerdings nur begrenzt zu ermitteln, ob die jeweiligen Kriterien über eine deskriptive auch eine normative Funktion besitzen. Soweit ermittelt werden kann, welchen normativen Status ein Begriff der Regierungsfunktion einnimmt, sind beide Strömungen gleichermaßen sichtbar: Ein Teil der Wissenschaft lehnt eine rechtserhebliche Funktion generell ab; der Regierungsfunktion wird im Anschluss an *Kelsen*, *Merkl* und *Frotscher* allein ein deskriptiver oder systematisierender Mehrwert attestiert.[148]

Für einen anderen Teil der Rechtswissenschaft ist die materielle Regierung hingegen Ausdruck einer auch normativ andersartigen Staatstätigkeit.[149] Der Begriff materieller Regierung bzw. Staatsleitung wird folglich mit einem rechtserheblichen Status versehen und teilweise sogar als Rechtsbegriff im hier verstandenen Sinn gebraucht.[150] So werden aus ihm unmittelbare Rechtsfolgen, insbe-

[148] In diese Richtung beispielsweise jüngst der funktionale Regierungsbegriff bei *Gärditz*, in: Krüper/Pilniok (Hrsg.), Die Organisationsverfassung der Regierung, 2021, 25 (54), der „allenfalls [...] einen heuristischen Wert“ besitze und als „Bündelungsbegriff disparate, aber typisierbare Handlungsfelder beschreib[t], auf denen rechtlich nicht determinierte Entscheidungsräume besonders weit sind und die Politizität entsprechend besonders hoch ist.“ Ausdrücklich auf eine nur deskriptive und analytische Funktion von „Umschreibungen der Regierungsfunktion“ hinweisend *Hermes*, in: Dreier, GG, Bd. 2, 3. Aufl. (2015), Art. 62, Rn. 33; dafür, dass der Erkenntniswert des materiellen Regierungsbegriffs „eher politikwissenschaftlicher als staatsrechtlicher Art“ sei: *Oldiges/Brinktrine*, in: Sachs, GG, 8. Aufl. (2018), Art. 62, Rn. 26; siehe auch *Oldiges*, Die Bundesregierung als Kollegium, 1983, 11, Fn. 44; für die Staatsleitung siehe ebenso *Bethge*, Jura 2003, 327 (330).

[149] Beispielsweise *Mößle*, Regierungsfunktionen des Parlaments, 1985, 103 f.; auch *Leisner* begreift die Regierung als etwas qualitativ Besonderes, wobei die Rechtserheblichkeit seiner Analyse insbesondere daran deutlich wird, dass er ausdrücklich zwischen normativen Betrachtungen und empirisch-politologischen „Wirksamkeitsanalysen“ unterscheidet und seine Regierungskonzeption der normativen Betrachtung zuordnet, vgl. nur *Leisner*, JZ 1968, 727 (730), zu *Leisners* Regierungskonzeption siehe auch *Frotscher*, Regierung als Rechtsbegriff, 1975, 191 f.; *Roth*, Bundeskanzlerermessen im Verfassungsstaat, 2009, 130 f.; *Mößle*, Regierungsfunktionen des Parlaments, 1985, 101–103, der *Leisner* hingegen jenen Vertretern zuordnet, die die Regierungstätigkeit ausschließlich in quantitativer Hinsicht von übrigen Gestaltungsspielräumen unterscheiden.

[150] *Abbé*, Verbraucherschutz durch Transparenz?, 2017, 151 ff.; *Detterbeck*, in: Isensee/Kirchhof (Hrsg.), HStR, Bd. III, 3. Aufl. (2005), § 66, Rn. 28; *Lege*, DVBl. 1999, 569 (576–578); *Kloepfer*, Verfassungsrecht I, 2011, § 22, Rn. 11; *M. Schröder*, in: Isensee/Kirchhof (Hrsg.), HStR, Bd. V, 3. Aufl. (2007), § 106, Rn. 2, der aus der Zuweisung zum Regierungsakt beispielsweise Folgen für den Rechtsschutz ableiten will; *M. Schröder*, in: v. Mangoldt/Klein/Starck, GG, Bd. 2, 7. Aufl. (2018), Art. 62, Rn. 22, der betont, dass der „Erkenntniswert der Regierungsfunktion“ entgegen der von *Oldiges/Brinktrine* geäußerten Position „auch nicht ‚eher politikwissenschaftlicher Art‘“ sei, sondern es sich vielmehr „um eine verfassungsrecht-

sondere im Anschluss an die Rechtsprechung des Bundesverfassungsgerichts zu hoheitlichen Äußerungen Kompetenzzuweisungen geschlussfolgert.[151]

Es dominieren also – bewusst oder unterbewusst – Anschauungen, in denen Regierung entweder als ein Rechtsbegriff auf der einen oder als bloß beschreibender Begriff auf der anderen Seite fungiert. Differenzierte Auffassungen, die eine Regierungsfunktion nicht zum Rechtsbegriff erheben, ihr aber gleichwohl – jedenfalls ausdrücklich – eine Relevanz für die Rechtswissenschaft mit abgeschwächten normativen Wirkungen zubilligen, bleiben die Ausnahme.[152]

b) Materielle Regierung in der Rechtsprechung des Bundesverfassungsgerichts

Im Einklang mit einem Teil der Literatur kennt auch das Bundesverfassungsgericht eine materielle Regierung mit dem normativen Status eines Rechtsbegriffs (aa.). Besonders deutlich wird dies, wenn man die Rechtsprechung des Bundesverfassungsgerichts zur sogenannten „Aufgabe zur Staatsleitung" betrachtet, die von ihm als ein Teilausschnitt der Regierungsfunktion verstanden wird (bb.).

aa) Regierungsfunktion

Für das Bundesverfassungsgericht ist die materielle Regierung neben Gesetzgebungs-, Rechtsprechungs- und Verwaltungsfunktion eine eigenständige Staatsfunktion.[153] Dies unterstreicht das Bundesverfassungsgericht dadurch, indem es

lich wie – politisch höchst bedeutsame Funktion und Aufgabe" handele; für die „Staatsleitung" siehe *Sester*, Der Parlamentsbeschluss, 2007, 189.

151 *Bumke*, Die Verwaltung 37 (2004), 3 (13 f.); *Detterbeck*, in: Isensee/Kirchhof (Hrsg.), HStR, Bd. III, 3. Aufl. (2005), § 66, Rn. 28; *Detterbeck*, Allgemeines Verwaltungsrecht, 17. Aufl. (2019), § 7, Rn. 300; *Eder*, Rote Karte, 2017, 154; *Ibler*, in: Maunz/Dürig, GG, 88. EL (2019), Art. 87, Rn. 265; *Kloepfer*, Verfassungsrecht I, 2011, § 22, Rn. 11–13; *Lege*, DVBl. 1999, 569 (578); *Pieroth*, in: Jarass/ders., GG, 15. Aufl. (2018), Art. 65, Rn. 7 f.; *Roth*, Bundeskanzlerermessen im Verfassungsstaat, 2009, 157–159; *M. Schröder*, NJW 2001, 2144 (2146); *M. Schröder*, in: Isensee/Kirchhof (Hrsg.), HStR, Bd. III, 3. Aufl. (2005), § 64, Rn. 26, der ausdrücklich von den „aus dieser Funktion [Anm. d. Verf.: Regierungsfunktion] erwachsenden Aufgaben" spricht; *M. Schröder*, in: v. Mangoldt/Klein/Starck, GG, Bd. 2, 7. Aufl. (2018), Art. 62, Rn. 34, 36: „Unmittelbar aus der Regierungsfunktion abzuleiten ist auch die Aufgabe und Kompetenz der Bundesregierung zur Öffentlichkeitsarbeit." (Rn. 36); für die „Staatsleitung" siehe auch *Sester*, Der Parlamentsbeschluss, 2007, 189.

152 Wenn auch so nicht ausdrücklich benannt, nimmt die Regierungsfunktion bei *von Bogdandy* den Charakter eines Theoriebegriffs ein. So ähneln insbesondere bei *von Bogdandy* die normativen Wirkungen denen eines Theoriebegriffs, siehe dazu *v. Bogdandy*, Gubernative Rechtsetzung, 2000, 147 f.

153 BVerfGE 105, 252 (270): „Für die Regierungskompetenz zur Staatsleitung gibt es, anders als für die Gesetzgebungs- und Verwaltungszuständigkeiten, keine ausdrücklichen Bestimmungen im Grundgesetz. Das Grundgesetz geht aber stillschweigend von entsprechenden Kompetenzen aus." BVerfGE 105, 252 (271): „Maßgebend für die Kompetenz der Bundesre-

fortwährend die Begriffe der „Regierung und Verwaltung“ gegenüberstellt.[154] Gemeinsam bilden sie die Exekutive.[155]

Bedauerlicherweise vernachlässigt das Bundesverfassungsgericht diese Unterscheidung für den Fall, in dem ein spezifisches Verständnis einer Regierungsfunktion hilfreich sein könnte: Für die kompetenzielle Zuordnung der Planung bleibt das Bundesverfassungsgericht in seiner Südumfahrung-Stendal-Entscheidung[156] einem Verständnis von Regierung verhaftet, welches diese ganz auf den Gesetzesvollzug und damit die (Eingriffs-)Verwaltung im klassischen Sinne reduziert. So führt es aus, dass die staatliche Planung „weder eindeutig der Legislative noch eindeutig der Exekutive zugeordnet werden“ könne, da die Planung insbesondere „nicht als ein Vorgang der Subsumtion eines bestimmten Sachverhaltes unter die Tatbestandsmerkmale einer generell-abstrakten Norm verstanden werden“[157] könne.[158] Exekutive wird kurzerhand auf die gesetzesvollziehende Verwaltung reduziert. Entgegen der selbstgesetzten Unterscheidung von Regierung und Verwaltung gelingt es dem Bundesverfassungsgericht also nicht, die Regierungsfunktion für die staatliche Planung fruchtbar zu machen.

An anderer Stelle sind für das Bundesverfassungsgericht mit der Zuordnung zur Regierung auch rechtliche Folgen verbunden; die Regierungsfunktion fungiert für das Bundesverfassungsgericht also als rechtserheblicher Begriff. Evident wird dies bereits in der Entscheidung des Bundesverfassungsgerichts zum Deutsch-Französischen Wirtschaftsabkommen:[159] In konstitutioneller Tradition ist dem Bundestag die Ausübung materieller Regierungsaufgaben verwehrt, sofern sie ihm – wie mit Art. 59 Abs. 2 GG – nicht ausnahmsweise ausdrücklich zugewiesen seien. In der Entscheidung zur Bremer Personalvertretung[160] betont das Bundesverfassungsgericht ebenso, dass es bestimmte Regierungsaufgaben gebe, die dem Regierungsorgan nicht entzogen werden dürften. Dementsprechend sei auch die gesetzlich erfolgte Übertragung bestimmter Hoheitsbefugnisse auf unabhängige Stellen verfassungsrechtlich unzulässig, wenn sie die Quali-

---

gierung im Bereich des Informationshandelns sind nicht die Art. 83 ff. GG. Die Regierungstätigkeit ist nicht Verwaltung im Verständnis dieser Normen.“ Ebenso von einer materiellen Regierungsfunktion neben einer Verwaltungsfunktion ausgehend siehe BVerfGE 9, 268 (281); BVerfGE 30, 1 (28).

[154] Siehe allein BVerfGE 1, 372 (394); BVerfGE 93, 37 (67); BVerfGE 95, 1 (16); BVerfGE 139, 321 (362).

[155] Siehe die vorangegangenen Bundesverfassungsgerichtsentscheidungen.

[156] BVerfGE 95, 1.

[157] BVerfGE 95, 1 (16).

[158] Kritisch zu diesem Teil der Entscheidung siehe auch *Hufeld*, JZ 1997, 302 (305).

[159] BVerfGE 1, 372 (394); dazu auch *Kloepfer*, Verfassungsrecht I, 2011, § 18, Rn. 281.

[160] BVerfGE 9, 268.

tät einer Regierungsaufgabe einnehmen.[161] Auch im AWACS-Urteil 1994 operiert das Bundesverfassungsgericht mit einer Regierungsfunktion: So ordnet das Bundesverfassungsgericht die Außenpolitik als „Funktion der Regierung" ein, was die Sachkompetenz des Bundestages auf diesem Gebiet begrenze.[162] Die Zuordnung einer Aufgabe zu einer „Regierungsfunktion" oder Qualifizierung als „Regierungsaufgabe" hat für das Bundesverfassungsgericht also rechtserhebliche Konsequenzen.

Der Status einer Regierungsfunktion als rechtserheblicher Begriff wird in der Rechtsprechung des Bundesverfassungsgerichts insbesondere im Kontext einer „Aufgabe zur Staatsleitung" sichtbar, die Bestandteil einer Regierungsfunktion sei.

bb) „Staatsleitung" als Bestandteil einer Regierungsfunktion

An mehreren Stellen gebrauchte das Bundesverfassungsgericht den Begriff der Staatsleitung eher beiläufig und als Beschreibung ausdrücklicher grundgesetzlicher Aufgaben, Befugnisse und Institute.[163] Die Rechtsprechung zum Recht hoheitlicher Äußerungen markiert hingegen eine Zäsur: Insbesondere in der Osho- und Glykolwein-Entscheidung beschreibt die „Staatsleitung" nicht nur tatsächliche Machtfaktoren und ausdrückliche verfassungsrechtliche Kompetenzen, sondern stattet die Bundesregierung mit der Aufgabe zum Informationshandeln aus.[164] Dabei charakterisiert das Bundesverfassungsgericht die Aufgabe der Staatsleitung ausdrücklich als Bestandteil einer materiellen Regierungsfunktion.[165] Im Anschluss an die aufgezeigten herkömmlichen Verständnisse zur Regierungsfunktion sei eine Staatsleitungskompetenz gekennzeichnet durch „die

[161] BVerfGE 9, 268 (280ff.).

[162] BVerfGE 90, 286 (357f.).

[163] Beispielsweise wurde der Haushaltsplan vom Bundesverfassungsgericht als „staatsleitender Akt" qualifiziert, ohne hieraus normative Schlussfolgerungen zu ziehen, vgl. BVerfGE 70, 324 (355).

[164] BVerfGE 105, 252 (268ff.), in der die Staatsleitung zur Aufgabe erklärt wird, die eine Befugnis zur Öffentlichkeitsarbeit beinhalte, siehe nur: „Die Aufgabe der Staatsleitung und der von ihr als integralem Bestandteil umfassten Informationsarbeit der Bundesregierung ist Ausdruck ihrer gesamtstaatlichen Verantwortung." (270); BVerfGE 105, 279 (301): „verfassungsunmittelbare Aufgabe der Staatsleitung"; zuletzt BVerfGE 148, 11 (27f., Rn. 51).

[165] Das Bundesverfassungsgericht spricht in der Osho-Entscheidung beispielsweise von einer „Regierungskompetenz zur Staatsleitung", vgl. BVerfGE 105, 252 (270). Dass damit keine Aufgabe des Regierungsorgans gemeint ist, sondern eine materielle Regierungsfunktion, bringt das Bundesverfassungsgericht unter anderem dadurch zum Ausdruck, dass es diese der Gesetzgebungs- und Verwaltungszuständigkeit gegenüberstellt. So heißt es im Kontext dieser aus der Staatsleitung folgenden Informationskompetenz dann ausdrücklich: „Die Regierungstätigkeit ist nicht Verwaltung im Verständnis dieser Normen", vgl. BVerfGE 105, 252 (271).

politische Führung, die verantwortliche Leitung des Ganzen der inneren und äußeren Politik"[166], die insbesondere die Ausführung von Gesetzen nicht erfasse.[167] Diese Aufgabe zur Staatsleitung schließt die Kompetenz zur hoheitlichen Äußerung ein[168] und enthalte darüber hinaus als „Oberaufgabe" weitere Befugnisse. So diente sie nicht nur als Aufgabenzuweisung für die Informations- und Öffentlichkeitsarbeit, sondern bereits als Kompetenzgrundlage zur Errichtung und Betätigung der Bundeszentrale für politische Bildung.[169] Für diese Aufgabe zur Staatsleitung gebe es „anders als für die Gesetzgebungs- und Verwaltungszuständigkeiten keine ausdrücklichen Bestimmungen im Grundgesetz."[170] Vielmehr gehe das Grundgesetz „stillschweigend von entsprechenden Kompetenzen aus, so etwa in den Normen über die Bildung und Aufgaben der Bundesregierung (Art. 62 ff. GG)."[171]

cc) Zusammenfassung

Die bisherigen Ausführungen über die Regierungsfunktion und Staatsleitung in der Rechtsprechung des Bundesverfassungsgerichts zeigen, dass das Gericht die Regierungsfunktion als eigenständige Staatsfunktion mit dem Status eines Rechtsbegriffs begreift.[172] Ansonsten weist das Verständnis bemerkenswerte Parallelen zum historischen Regierungsbegriff auf: Für konventionelle Staatstätigkeit, in Gestalt von Gesetzen und ihrer Ausführung, ist in der Regierung(stätigkeit) also kein Platz. Für sie bleibt das große Ganze, das „Richtunggebende", die „verantwortliche Leitung des Ganzen der inneren und äußeren Politik". Der Kern der Staatstätigkeit, das „Wesen" und die „Richtunggebung" des Staates, das „Allgemeine, das darüber steht", sowie das „Politische" fallen an das Regierungsorgan zurück; es bleibt in der Tradition konstitutioneller Staatslehre für die Regierung reserviert.

---

166 BVerfGE 105, 279 (301).

167 BVerfGE 105, 252 (271): „Zur Ausführung von Gesetzen durch administrative Maßnahmen ist die Bundesregierung im Zuge ihrer Staatsleitung nicht befugt."

168 Im Falle des hoheitlichen Informationshandelns sei der Bund zur Staatsleitung „insbesondere berechtigt, wenn Vorgänge wegen ihres Auslandsbezugs oder ihrer länderübergreifenden Bedeutung überregionalen Charakter" hätten und eine „bundesweite Informationsarbeit der Regierung die Effektivität der Problembewältigung" fördere, siehe BVerfGE 105, 252 (271).

169 BVerfG, Beschluss der 1. Kammer des Ersten Senats vom 17. August 2010 – 1 BvR 2585/06 = NJW 2011, 511 (512).

170 BVerfGE 105, 252 (270).

171 BVerfGE 105, 252 (270).

172 Ebenso BVerwGE 151, 228 (Rn. 36 f.).

5. Bewertung: Regierung – rechtlich unerheblicher Begriff oder Rechtsbegriff?

Soweit innerhalb der Rechtswissenschaft und Rechtsprechung eine Auffassung zum rechtlichen Status der Regierung ermittelt werden kann, knüpfen Rechtswissenschaft und Rechtsprechung an beide zuvor identifizierten Positionen bezüglich der Existenz und des normativen Status einer Regierungsfunktion an: Regierung erscheint typischerweise entweder als allenfalls deskriptiver Begriff oder sogar als Rechtsbegriff. Entweder befriedigt er ein bloß beschreibendes Erkenntnisinteresse oder soll sogar Grundlage für verfassungsunmittelbare Kompetenzen sein. Er ist rechtlich vollkommen unerheblich oder als Rechtsbegriff sogar im stärksten Sinne erheblich. Damit korrespondieren jene Auffassungen, die in den den politischen Organen zugewiesenen Befugnissen entweder Entscheidungsspielräume qualitativ eigener Art oder allenfalls quantitativer Art erblickten.[173] Soweit einer Regierungsfunktion ein dazwischen befindlicher normativer Status zugewiesen wird, geschieht dies typischerweise nicht explizit, was allerdings für eine unzutreffende Gebrauchsweise dieser normativen Überlegung anfällig macht.

Betrachtet man die konkurrierenden Positionen und hierbei vor allem ihre Urheber, wird deutlich, dass die unterschiedlichen Regierungsbegriffe maßgeblich unterschiedlichen methodischen Anschauungen geschuldet sind.[174] Wer empirische und politikwissenschaftliche Überlegungen in die juristische Analyse einbezieht, wird dazu neigen, die Regierungsfunktion auch als rechtlich eigenartige Staatsfunktion zu betrachten.[175] Ist der Blick für tatsächliche Erscheinungen demgegenüber versperrt, könnte eine Regierungsfunktion als normativ besondere Staatsfunktion allenfalls dann qualifiziert werden, wenn die jeweilige Verfassungsordnung hierfür rechtliche Anhaltspunkte bereithält. In der Tradition des Positivismus fällt die Eigenart der Regierung dann typischerweise aus dem Begriffsraster[176]; sie geht in der Verwaltung auf.[177] Exekutive wird kurzerhand mit

---

[173] Siehe dazu unter anderem *Roth*, Bundeskanzlerermessen im Verfassungsstaat, 2009, 82 ff.

[174] Der Dissens wurzelt also nicht in unterschiedlichen Staatsverständnissen, sondern in verschiedenen Rechtswissenschaftskonzeptionen, wie hier *Merkl*, Allgemeines Verwaltungsrecht, 1927, 53; anders *Frotscher*, Regierung als Rechtsbegriff, 1975, 194 ff.

[175] So leitete *Scheuner* seine Überlegungen nicht aus dem konkreten Verfassungsrecht ab, sondern „aus den Grundlagen, der Frage nach dem Staat, dem Wesen des Politischen und dem Verhältnis von Staat und Recht“, vgl. *Scheuner*, in: FS Smend, 1952, 253 (268); dafür auch *M.* Schröder, in: Isensee/Kirchhof (Hrsg.), HStR, Bd. V, 3. Aufl. (2007), § 106, Rn. 8.

[176] Kritisch auch *Scheuner*, in: FS Smend, 1952, 253 (265 f.).

[177] Vgl. *Kelsen*, Allgemeine Staatslehre, 1925, 244–246.

der Verwaltung gleichgesetzt.[178] Das verbindet sich mit einer Entwicklung, in der eine grundrechtlich fokussierte Verfassungsgerichtsrechtsprechung und eine maßgeblich am Rechtsstaatsprinzip orientierte Rechtswissenschaft dazu beitragen, das Hauptaugenmerk der bundesdeutschen Staatsrechtswissenschaft von der Staatsorganisation zum Grundrechtsschutz zu verschieben[179].[180] Die Staatsorganisation wird infolgedessen maßgeblich aus dem Blickwinkel des Grundrechtsschutzes durchdrungen. Für die Beschäftigung mit dem Regierungsorgan oder der Regierungstätigkeit ist diese Tendenz eher abträglich, denn von der Regierung gehen Grundrechtsbelastungen typischerweise nicht unmittelbar aus.[181] Die Regierung bleibt dadurch weiterhin außen vor.[182]

Ansonsten erfolgt eine vertiefte Auseinandersetzung mit der Staatsleitungs- bzw. Regierungsfunktion vor allem, um die gewachsene Bedeutung anderer Staatsorgane hieran nachzuzeichnen.[183] Darüber unterbleibt eine intensive Beschäftigung mit der Regierungsfunktion. Muss dann ausnahmsweise aufgrund einer Entscheidungserheblichkeit ein positiv-normatives Verständnis von Regierungstätigkeit entwickelt werden, kann die Regierung entweder in positivistischer Tradition nicht erfasst werden[184] oder wird mit den geistesgeschichtlich geprägten Begriffen versehen, die unmittelbar nur begrenzt normativ kompatibel sind[185].[186] Hier rächt sich die unterlassene juristische Beschäftigung mit der Re-

[178] Deutlich in der Entscheidung zur Südumfahrung-Stendal, vgl. BVerfGE 95, 1 (16).

[179] Dazu trägt maßgeblich auch die Rechtsschutzgarantie (Art. 19 Abs. 4 GG) bei, die danach verlangt, Hoheitstätigkeit aus Anlass und aus Perspektive des subjektiven Rechtsschutzes zu betrachten, siehe hierzu auch *Gärditz*, in: Krüper/Pilniok (Hrsg.), Die Organisationsverfassung der Regierung, 2021, 25 (32 f.); *Möllers*, Der vermisste Leviathan, 3. Aufl. (2016), 38 f.

[180] *Gärditz*, in: Krüper/Pilniok (Hrsg.), Die Organisationsverfassung der Regierung, 2021, 25 (30–34).

[181] *Gärditz*, in: Krüper/Pilniok (Hrsg.), Die Organisationsverfassung der Regierung, 2021, 25 (30, 32 f.).

[182] In diese Entwicklung fügt es sich ein, dass die Regierungs- bzw. Staatsleitungstätigkeit vom Bundesverfassungsgericht erstmals im Rahmen einer Verfassungsbeschwerde ausführlich thematisiert wird, der ein Regierungshandeln zugrunde lag, das unmittelbar auf private Rechtspositionen einwirkt, vgl. BVerfGE 105, 252; 105, 279.

[183] Für das Parlament *Mößle*, Regierungsfunktionen des Parlaments, 1985, insbes. 105 ff., 108 ff., 116 ff.; für die Rechtsprechung eine Staatsleitungsfunktion untersuchend *Grigoleit*, Bundesverfassungsgericht und deutsche Frage, 2004, 23 ff.

[184] So beispielsweise in der Bundesverfassungsgerichtsentscheidung Südumfahrung-Stendal, vgl. BVerfGE 95, 1 (16).

[185] So beispielsweise in der Bundesverfassungsgerichtsentscheidung zu den Warnungen gegen die Osho-Bewegung und aus Anlass von glykolhaltigem Wein, vgl. BVerfGE 105, 252; 105, 279.

[186] Damit nimmt das Bundesverfassungsgericht den Gegensatz der Weimarer Staatsrechtslehre in seine Rspr. auf, in der das Regierungsspezifische entweder positivistisch nicht erfasst und Regierung mit Verwaltung gleichgesetzt wird oder auf Basis der geisteswissenschaftlichen

gierung. Zwar veranschaulichen die geisteswissenschaftlichen Beschreibungen das reale Machtpotenzial der Regierung und befreien sie aus ihrem verwaltungsrechtlichen Korsett. Unmittelbar in der Funktion eines Rechtsbegriffs stoßen die genannten Kriterien allerdings auf ein Hindernis: Normativ begrenzen können sie nicht.[187] Denn wo der jeweilige Kompetenzbereich endet, kann mit entgrenzenden Begriffen wie „Staatsleitung", das „Richtunggebende" oder der „verantwortlichen Führung" üblicherweise nicht ermittelt werden.[188] Vielmehr ragen mit ihnen die Politik und damit die ihr eigene Unvorhersehbarkeit, Flexibilität und Subjektivität unvermittelt in das Recht hinein. Fungieren sie daher als Tatbestandsmerkmal für eine Kompetenzgrundlage, besteht die Gefahr, dass sie die horizontale und vertikale Kompetenzverteilung in überregionalen Ausnahmesituationen überwinden[189] und überdies in konstitutioneller Tradition die Bundesregierung auf den Plan rufen.

Der Dissens bisher divergierender Positionen zum Regierungsbegriff wurzelt also letztlich auch in unterschiedlichen methodischen Zugängen zum Recht. Zugleich beruht die unbefriedigende Behandlung der Regierungsfunktion auf einem Verständnis, wonach ein Rechtsbegriff oder ein tatsächlicher Begriff die einzigen Alternativen für in der Rechtswissenschaft gebrauchte Argumentationsfiguren darstellen. Bezieht man die Erkenntnisse des 1. Teils dieser Ausarbeitung in die Betrachtung ein, muss jedoch in Erinnerung gerufen werden, dass das Repertoire von in der Rechtswissenschaft gebrauchten Begriffen nicht auf Rechtsbegriffe oder tatsächlich-deskriptive Begriffe begrenzt ist. Normativ-unerhebliche Beschreibung einerseits und normative Erheblichkeit in Gestalt zwingender Rechtsfolgen andererseits sind nicht die ausschließlichen Optionen für innerhalb der Rechtswissenschaft angestellte Überlegungen. Vielmehr markieren

---

Methode überhöht und mit der Gesetzgebung und dem politischen Bereich identifiziert wird, siehe dazu auch *Möllers*, Gewaltengliederung, 2005, 117, Fn. 126.

[187] Zutreffend *Herzog*, der die auf *Smend* zurückgehenden Kriterien verwirft, vgl. *Herzog*, in: Maunz/Dürig, GG, 88. EL (2019), Art. 62, Rn. 53 ff., insbes. Rn. 57; auch *Schröder* stellt hinsichtlich der geisteswissenschaftlich inspirierten Regierungsbeschreibungen fest, dass diese auf „rechtlich schwer faßbare […] Faktoren" angewiesen seien, dazu *M. Schröder*, in: Isensee/Kirchhof (Hrsg.), HStR, Bd. V, 3. Aufl. (2007), § 106, Rn. 3; kritisch zu den von der herrschenden Lehre gebrauchten Kategorien *Lhotta*, in: Krüper/Pilniok (Hrsg.), Die Organisationsverfassung der Regierung, 2021, 1 (20–22).

[188] Solche Tatbestandsmerkmale müssen dem Kompetenzträger letztlich auch eine Einschätzungsprärogative über ihr Vorliegen einräumen; so zum Beispiel auch bei *Bumke*, Die Verwaltung 37 (2004), 3 (14): „Um eine effektive Wahrnehmung der Führungsaufgabe zu gewährleisten, wird man der Regierung nämlich eine Einschätzungsprärogative hinsichtlich der Frage einräumen, wann es eines Führungsakts bedarf." Anders innerhalb der Lehrbuch- und Kommentarliteratur *Detterbeck*, Allgemeines Verwaltungsrecht, 17. Aufl. (2019), § 1, Rn. 5–7, § 7, Rn. 300, der eindeutig zwischen Verwaltungs- und Regierungstätigkeit abgrenzt.

[189] So auch *P. M. Huber*, JZ 2003, 290 (296).

sie auf einer Skala die jeweiligen Endpunkte normativer Erheblichkeit, belassen dazwischen aber Raum für Figuren mit vorhandener, aber schwächerer normativer Relevanz. Vor allem die geistesgeschichtlichen sowie durch die politische Praxis inspirierten Überlegungen *Smends* und *Scheuners* sind regelrecht dazu prädestiniert, im Hintergrund der Rechtsbegriffe auf der Ebene des verfassungstheoretischen Systems berücksichtigt und mit dem Status eines Theoriebegriffs versehen zu werden. Auf die Weise können empirische und weitere rechtsexterne Erkenntnisse herangezogen werden, ohne normative Eigengesetzlichkeiten zu bedrohen. Eine Regierungsfunktion mit einem solchen normativen Status böte daher eine überzeugende Alternative zu den bisherigen Verständnissen von Regierungsfunktion.[190]

II. Regierungsfunktion – Existenz, Inhalt und normativer Status nach hier vertretener Auffassung

Im Folgenden sollen die Existenz und der Inhalt der grundgesetzlichen Regierungsfunktion als Bestandteil des verfassungstheoretischen Systems ermittelt und aufgezeigt werden (1.). Dementsprechend besitzt eine Regierungsfunktion den Status eines Theoriebegriffs. Darüber hinaus kommt ihr zwar nicht der Status eines Rechtsbegriffs (2.), jedoch der eines Speicherbegriffs zu (3.). Von einer Regierungsfunktion ist ein Begriff der „Staatsleitung“ zu unterscheiden (4.).

1. Regierungsfunktion als Bestandteil des verfassungstheoretischen Systems des Grundgesetzes

Für die Ermittlung einer Regierungsfunktion ist – entsprechend der Rekonstruktion des verfassungstheoretischen Systems[191] – das Normmaterial der Ausgangspunkt. Aus ihm sind mithilfe der klassischen Auslegungsmethoden erste Impulse zu generieren (a). Die weitere Ermittlung der Regierungsfunktion muss das grundgesetzliche Konzept der Gewalten- bzw. Funktionsteilung[192] verarbeiten, wofür auf theoretische Erkenntnisse über die Idee der Gewaltenteilung zurückgegriffen werden kann (b). Durch die Verwendung der den klassischen Gewaltenteilungstheorien entstammenden Ausdrücke (vgl. Art. 20 Abs. 2 S. 2 GG) bekundet das Grundgesetz ohnehin, dass es an das westliche Verfassungsprinzip der

---

190 Vgl. auch *Lhotta*, in: Krüper/Pilniok (Hrsg.), Die Organisationsverfassung der Regierung, 2021, 1 (22 f.), der insbesondere die Verfassungstheorie als den prädestinierten Ort für eine Befassung mit der Regierung ausmacht.

191 Siehe zur Rekonstruktion theoretischer Überlegungen Teil 1 Kap. 2 II. 1. a).

192 Im Folgenden werden „Gewalt“ und „Funktion“ synonym verstanden.

Gewaltenteilung anknüpft und für von der konkreten Rechtsordnung losgelöste, quasi universelle Überlegungen durchaus empfänglich ist.[193] Sollen diese Überlegungen eine rechtserhebliche Wirkung zeitigen, sind sie wiederum mit den konkreten Vorgaben der Verfassung abzustimmen. Dies betrifft maßgeblich die verfassungsrechtlich statuierten institutionellen Rahmenbedingungen, ergänzend die Aufgaben- und Befugniszuweisungen der Bundesregierung (c). Diese Vorgehensweise illustriert zugleich den für die Rechtsgewinnung im Verfassungsrecht gebotenen schweifenden Blick zwischen idealer und konkreter Verfassung und zwischen Theorie und Dogmatik.

a) Normativer Ausgangspunkt

aa) Wortlaut und Systematik

Das Grundgesetz gebraucht den Begriff der Regierung explizit nur in organisatorischer, nicht aber in funktioneller Hinsicht. Darauf hatte bereits *Frotscher* hingewiesen.[194] Insbesondere die Art. 62 ff. GG begründen nur die Regierung im institutionellen Sinne. Das wird vor allem im Aufbau des Grundgesetzes sichtbar, wenn es die vier[195] obersten Bundesorgane als selbstständigen institutionellen Regelungskomplex den Staatsfunktionen im 7., 8. und 9. Abschnitt voranstellt.[196] Als Staatsfunktionen benennen Art. 20 Abs. 2 und 3 GG und die Art. 70 ff., 83 ff., 92 ff. GG ebenso nur die hergebrachten Staatsfunktionen der Gesetzgebung, Rechtsprechung und vollziehenden Gewalt bzw. der Ausführung von Bundesgesetzen (8. Titel); eine Regierungsfunktion kennen sie explizit nicht. Diese Aufzählung muss jedoch keineswegs als abschließend verstanden werden. Immerhin sind die Abschnitte über die Staatsfunktionen auch der bundesstaatlichen Ordnung und daraus resultierenden Kompetenzabgrenzung geschuldet.[197] Sie sprechen noch nicht notwendig gegen eine ungeschriebene Regierungsfunktion, die dann gegebenenfalls Teil der Exekutive oder weiterer Staatsfunktionen ist. Ebenso wenig folgt aus dem Umstand, dass das Grundgesetz den Begriff der Regierung explizit nur in organisatorischer Hinsicht nutzt, die zwingende Abstinenz eines funktionellen Regierungsbegriffs. Über die Wortlautinterpretation hinausgehende Auslegungsmethoden werden ansonsten marginalisiert.

---

[193] Siehe auch *Jarass*, Politik und Bürokratie, 1975, 1 f.

[194] *Frotscher*, Regierung als Rechtsbegriff, 1975, 174, 222; so zum Beispiel auch *Herzog*, in: Maunz/Dürig, GG, 82. EL (2018), Art. 62, Rn. 52.

[195] Das Bundesverfassungsgericht wird heute zutreffend auch zu den obersten Staatsorganen gezählt, vgl. nur *Hesse*, Grundzüge des Verfassungsrechts, 20. Aufl. (1999), Rn. 669 f.

[196] Zur Inkongruenz der funktionalen und organisatorischen Gewaltenteilung im Grundgesetz siehe *Kloepfer*, Verfassungsrecht I, 2011, § 10, Rn. 58.

[197] So auch *Kloepfer*, Verfassungsrecht I, 2011, § 20, Rn. 5.

Nachdem der Wortlaut und die Systematik des Grundgesetzes zunächst nicht weiterhelfen, kann für weitere normative Impulse die Entstehungsgeschichte Auskunft geben.

bb) Entstehungsgeschichte

Insbesondere *Frotscher* verweist auf die Entstehungsgeschichte des Grundgesetzes, um die Existenz einer grundgesetzlichen Regierungsfunktion zu widerlegen. Dabei bezieht er sich insbesondere auf die Genese zu Art. 1 Abs. 3 und Art. 20 Abs. 2 und 3 GG.[198] So beruft er sich zum einen auf die Äußerung *Thomas Dehlers* im Hauptausschuss zu der Vorläufernorm von Art. 20 GG, wonach der Begriff der „vollziehenden Gewalt" sowohl Verwaltung und Regierung umfassen solle und man insbesondere auch die Regierung habe „hereinnehmen" müssen.[199] Zum anderen rekurriert er auf die im Zuge der Wehrverfassung erfolgte Grundgesetzänderung des Art. 1 Abs. 3 GG.[200] Durch die Änderung von „Verwaltung" zu „vollziehende[r] Gewalt" habe man klarstellen wollen, dass auch die militärische Staatsgewalt grundrechtsverpflichtet sei. *Frotscher* schlussfolgert daraus, dass dem Grundgesetz eine eigenständige Staatsfunktion neben den ausdrücklich genannten Funktionen gerade nicht bekannt sei.[201] Alle Staatsgewalten sollten von den in Art. 20 Abs. 2, 3 GG und Art. 1 Abs. 3 GG genannten erfasst werden.[202]

Frotschers Schlussfolgerungen sind zwar plausibel, aber nicht zwingend.[203] Die Art. 1 Abs. 3, Art. 20 Abs. 2, 3 GG ließen sich zwar durchaus so verstehen, dass das Grundgesetz eine eigenständige Regierungsfunktion ablehnt. Andere Deutungen sind jedoch genauso denkbar. So lässt sich beispielsweise die von *Frotscher* bemühte Äußerung *Dehlers* auch auf die Weise verstehen, wonach der Verfassunggeber eine Regierungsfunktion durchaus vor Augen hatte. Wenn man den Bereich der Regierung in die vollziehende Gewalt „hereingenommen" habe, könnten der Verfassunggeber und der verfassungsändernde Gesetzgeber auch so interpretiert werden, dass sie mit Art. 1 Abs. 3 GG die Grundrechtsbindung jeglicher staatlichen Gewalt sicherstellen wollten, ohne einer eigenständigen Regierungsfunktion eine Absage zu erteilen. Mit den Begriffen der „Gesetzgebung", „vollziehenden Gewalt" bzw. „Verwaltung" und „Rechtsprechung" standen schlichtweg Begriffe bereit, die im Anschluss an klassische Verfassungstermini

198 *Frotscher*, Regierung als Rechtsbegriff, 1975, 174 ff.

199 Deutscher Bundestag/Bundesarchiv (Hrsg.), Der Parlamentarische Rat, Bd. 14/1, 2009, 119.

200 *Frotscher*, Regierung als Rechtsbegriff, 1975, 176.

201 *Frotscher*, Regierung als Rechtsbegriff, 1975, 177, 222 f.

202 *Frotscher*, Regierung als Rechtsbegriff, 1975, 177.

203 *Frotschers* Interpretation der Entstehungsgeschichte ablehnend *Czybulka*, Die Legitimation der öffentlichen Verwaltung, 1989, 126 ff.

die gesamte Staatsgewalt einzuschließen schienen und es dem Grundgesetz zugleich ermöglichten, an westliche Verfassungstraditionen anzuknüpfen. Mit den von *Frotscher* angeführten entstehungsgeschichtlichen Umständen lässt sich also durchaus die Existenz einer grundgesetzlichen Regierungsfunktion innerhalb der vollziehenden Gewalt begründen.[204]

Die Genese zu Art. 50 GG bestätigt diesen Gedanken.[205] Auch wenn Art. 50 GG nach Auffassung der Mitglieder des Hauptausschusses nur deklaratorische Funktion zukomme,[206] bestand bei dessen Formulierung eine Meinungsverschiedenheit darüber, ob die vom Bundesrat wahrgenommenen Aufgaben auch Regierungstätigkeit seien und demzufolge – wie vom Verfassungskonvent auf Herrenchiemsee vorgesehen – die Aufgabenbeschreibung auch die „Mitwirkung bei der Regierung" beinhalten solle. Den Mitgliedern des Parlamentarischen Rates lag daher durchaus die Vorstellung zugrunde, dass das Grundgesetz Aufgaben und Befugnisse kenne, die einer materiellen Regierung zuzuordnen sind.[207] Weitere Diskussionsbeiträge bekräftigen dies.[208]

Es bleibt also vorläufig festzuhalten, dass dem Parlamentarischen Rat eine, wenn auch nicht widerspruchsfreie, Idee[209] einer Regierungsfunktion bekannt war. Diese findet in der Vorstellung des Verfassunggebers ihren Platz innerhalb der vollziehenden Gewalt. Die Bemühungen, sie in Art. 20 Abs. 3 und Art. 1 Abs. 3 GG in das klassische Gewaltenteilungsschema einzuordnen, bekunden

---

[204] So lässt sich auch die Äußerung *Dehlers* verstehen: „Wir haben auch noch die Regierung hereingenommen und sie als vollziehende Gewalt bezeichnet. Darunter sind Regierung und Verwaltung zu verstehen." (Deutscher Bundestag/Bundesarchiv [Hrsg.], Der Parlamentarische Rat, Bd. 14/1, 2009, 119). Ebenso gegen die Interpretationen *Frotschers* siehe insbesondere *Czybulka*, Die Legitimation der öffentlichen Verwaltung, 1989, 126–131. Von vornherein nicht überzeugend ist hingegen *Frotschers* Argumentation, wonach die von ihm aus dem Demokratiegebot abgeleitete Vorrangstellung des Parlaments gegenüber dem Regierungsorgan (vgl. *Frotscher*, Regierung als Rechtsbegriff, 1975, 212 f.) einer Regierungsfunktion entgegenstehe (vgl. *Frotscher*, Regierung als Rechtsbegriff, 1975, 223). Dass aber auch das Parlament Regierungsfunktion ausüben könnte, bedenkt er – im Einklang mit der damals herrschenden Lehre – nicht.

[205] Siehe dazu auch *Czybulka*, Die Legitimation der öffentlichen Verwaltung, 1989, 130 f.

[206] Deutscher Bundestag/Bundesarchiv (Hrsg.), Der Parlamentarische Rat, Bd. 14/1, 2009, 308 f.

[207] So auch *Czybulka*, Die Legitimation der öffentlichen Verwaltung, 1989, 130.

[208] Weitere Beispiele bei *Czybulka*, Die Legitimation der öffentlichen Verwaltung, 1989, 126 ff., insbes. 128 f.

[209] Wie die bis heute gültige Fassung des Art. 50 GG zeigt, dürften – jedenfalls nach Auffassung der Mitglieder des Parlamentarischen Rates – die vom Bundesrat wahrgenommenen Aufgaben nicht als Regierungstätigkeit charakterisiert werden. Gleichzeitig wurde im Parlamentarischen Rat beispielsweise die Verwaltungsaufsicht als Teil der Regierungsfunktion angesehen; siehe dazu *Czybulka*, Die Legitimation der öffentlichen Verwaltung, 1989, 131. An dieser wird der Bundesrat aber maßgeblich beteiligt (zum Beispiel Art. 84 Abs. 2 GG, Art. 85 Abs. 2 S. 1 GG).

zugleich, dass mit ihr keine wesentlichen rechtlichen Besonderheiten verbunden sein sollten. Von diesen Überlegungen geht ein erster normativer Impuls für die Existenz einer Regierungsfunktion aus, die aber – allenfalls – eine eingeschränkte rechtliche Konsequenz mit sich bringen soll.

Die vagen Anhaltspunkte bedürfen der weiteren Konkretisierung. Hierfür kommen mangels verfügbarer durch Auslegung zu ermittelnder Erkenntnisse zunächst allein theoretische Erkenntnisse über die Gewaltenteilung in Betracht.

b) Theoretische Erkenntnisse zur Gewaltenteilung

aa) Idee der Gewaltenteilung

Um die Idee der Gewaltenteilung für die vorliegende Überlegung fruchtbar zu machen, kann maßgeblich auf die hierzu angestellte Untersuchung *Christoph Möllers'* zurückgegriffen werden.[210]

Hiernach wird jede Staatsfunktion durch ihren eigenständigen Beitrag der Rechtserzeugung[211] charakterisiert.[212] Unterschiedliche Formen der Rechtserzeugung begründen demnach unterschiedliche Staatsfunktionen.[213] Gleiches würde für eine Regierungsfunktion gelten; sie müsste sich folglich durch eine eigene Art der Rechtserzeugung auszeichnen.

Die verschiedenen Formen der Rechtserzeugung sind dabei im Lichte der individuellen und kollektiven Selbstbestimmung zu bestimmen[214]. Im freiheitlich-demokratischen Verfassungsstaat begrenzen sie nicht nur die anschließende Ausübung der Staatsgewalt, sondern begründen bereits die vorherige Ausgestaltung und Abgrenzung der Rechtserzeugung sowie ihre Zuordnung zu den einzelnen Staatsorganen.[215] Soll die Ausübung aller Staatsgewalt den Anforderungen individueller und kollektiver Selbstbestimmung genügen, gilt es, die Staatsgewalt demnach derart in verschiedene Formen der Rechtserzeugung aufzugliedern und solchen Hoheitsorganen zuzuweisen, wie sie den genannten Legitimationsmodi Rechnung tragen.[216] So tritt demokratisch-kollektive Selbstbestimmung

[210] *Möllers*, Gewaltengliederung, 2005; *Möllers*, AöR 132 (2007), 493 ff.

[211] Rechtserzeugung ist dabei als das Hervorrufen von Rechtsfolgen zu verstehen. Sie erfasst also nicht nur rechtsförmiges, sondern auch tatsächliches Handeln, soweit aus ihr Rechtsfolgen resultieren können, siehe dazu *Möllers*, Gewaltengliederung, 2005, 85.

[212] *Möllers*, Gewaltengliederung, 2005, 82 ff., insbes. 83 f.

[213] *Möllers*, Gewaltengliederung, 2005, 86, 88.

[214] *Möllers*, Gewaltengliederung, 2005, 28 ff., zur individuellen Legitimation 41 ff., zur demokratischen Legitimation 46 ff.

[215] *Möllers*, Gewaltengliederung, 2005, 88.

[216] Dies erfolgt bei *Möllers* anhand der legitimationsbezogenen Kriterien der sachlichen Reichweite, der Zeitorientierung und des Verrechtlichungsgrades, siehe dazu *Möllers*, Gewaltengliederung, 2005, 88–93.

dazu an, die Angelegenheiten der demokratischen Allgemeinheit umfassender Gestaltung zuzuführen. Ihre Gestaltungsabsichten sind daher grundsätzlich auf den Rechtskreis aller bezogen, was den Erlass abstrakt-genereller Rechtserzeugnisse erfordert. Will demokratische Selbstbestimmung dabei eben Selbst- und nicht Fremdbestimmung sein, muss ihrer Rechtserzeugung grundsätzlich jedes Thema offenstehen und jeder Regelung zugänglich sein.[217] Allgemeinbezogen-demokratische Rechtserzeugung verlangt demnach einen materiell-rechtlich nur schwach vorgezeichneten Entscheidungsspielraum, also einen nur geringen Grad an Verrechtlichung.[218] Dies bietet zugleich einen Raum für politisch motivierte Rechtserzeugung, weshalb allgemeinbezogene Rechtserzeugung auch als politisch-allgemeinbezogene Rechtserzeugung bezeichnet werden kann. Offenbart sich der Zusammenhang von Allgemeinbezug und materiell-rechtlich schwacher Determination der Rechtserzeugung im Hinblick auf die demokratische Selbstbestimmung als Chance, erweist er sich im Lichte individueller Selbstbestimmung als Notwendigkeit[219]: Materiell-rechtlich schwach vorherbestimmte Regelungen sind auf den Rechtskreis aller zu beschränken[220]; in den Rechtskreis des Einzelnen soll hingegen nur dann vorgedrungen werden, wenn das Recht seinerseits hinreichend rechtlich determiniert und dadurch für den Einzelnen vorhersehbar ist. Zunehmende konkret-individuelle Rechtserzeugung verlangt also nach zunehmender rechtlicher Bindung, die zugleich einen geringen Allgemeinbezug und damit auch ein schwächeres demokratisches Verwirklichungspotenzial besitzt.[221]

Hiernach bilden die einzelnen Staatsfunktionen jeweils einen Abschnitt auf einer Skala, die von politisch-allgemeinbezogener, materiell-rechtlich schwach vorgezeichneter Rechtserzeugung hin zu konkret-individueller, materiell-rechtlich stärker gebundener Rechtserzeugung reicht. Dadurch werden kollektive und individuelle Selbstbestimmung – oder auch Demokratie und Rechtsstaat – als die

---

217 *Möllers*, Gewaltengliederung, 2005, 50 f., 90, 92; *Möllers*, AöR 132 (2007), 493 (505).

218 *Möllers*, Gewaltengliederung, 2005, 92; in diesem Sinne eine Abkehr zunehmender Konstitutionalisierung der einfachen Rechtsordnung einfordernd *Lepsius*, Der Staat 52 (2013), 157 (181–183).

219 *Möllers*, Gewaltengliederung, 2005, 92.

220 *Möllers*, Gewaltengliederung, 2005, 58.

221 *Möllers*, Gewaltengliederung, 2005, 58. Diesen Gedanken betont beispielsweise auch *Hans Kelsen*, wenn er hervorhebt, dass das demokratische Prinzip nur in die „obersten Schichten" staatlicher Willensbildung, nicht aber die „tieferen Schichten [...] eindringen" dürfe (vgl. *Kelsen*, Vom Wesen und Wert der Demokratie, 2. Aufl. [1929], Reclam-Ausgabe [2018], 99 f.) und gleichzeitig „vor jenem Stadium der Staatswillensbildung Halt machen muss, das man als Vollziehung [...] bezeichnet", vgl. *Kelsen*, Vom Wesen und Wert der Demokratie, 2. Aufl. (1929), Reclam-Ausgabe (2018), 102 f.

zentralen Legitimationsmodi moderner Herrschaft zu optimaler Wirksamkeit miteinander verknüpft.[222]

bb) Schlussfolgerungen für die einzelnen Staatsfunktionen

Diese Überlegungen erlauben es für die vorliegende Untersuchung, die herkömmlich-anerkannten Gewalten im Lichte einer legitimationsbezogenen Analyse als verschiedene Etappen der Rechtserzeugung zu begreifen und so als Staatsfunktionen voneinander abzugrenzen.

Im Einzelnen bedeutet dies: Mit der Gesetzgebung existiert eine solche Hoheitstätigkeit, die allgemein normiert, ohne grundsätzlich konkret-individuelle Rechtsfolgen hervorzurufen[223] und deshalb materiell-rechtlich nur begrenzt determiniert sein muss.[224] Zwar binden unter anderem die Grundrechte den Gesetzgeber, belassen ihm gleichwohl weitgehende Gestaltungsfreiheiten und geben damit einen Raum der politischen Gestaltungsmöglichkeit. Dieser weitgehenden Ungebundenheit steht es im Lichte des Gebots der individuellen Selbstbestimmung jedoch entgegen, konkret-individuelle Rechtsfolgen hervorzurufen.[225] Art. 19 Abs. 1 S. 1 GG überträgt diesen Gedanken ausdrücklich für das Grundgesetz.

Der Gesetzgebung schließen sich mit der vollziehenden Gewalt und Rechtsprechung solche Funktionen an, die das Recht zunehmend konkretisieren und individualisieren. Dafür agieren sie aber rechtlich umso determinierter.[226] Die Abstufung in Art. 20 Abs. 3 GG bringt dies zum Ausdruck. Ist die Gesetzgebung nur an die verfassungsmäßige Ordnung gebunden, verdichtet sich die rechtliche Determination von vollziehender Gewalt und Rechtsprechung zur Bindung auch an das einfache Recht und Gesetz. Gesetzgebung, vollziehende Gewalt und Rechtsprechung konkretisieren in der genannten Reihenfolge das Recht unter zunehmender Rechtsbindung von allgemein-politischen Richtungsentscheidungen hin zu konkret-individueller Rechtserzeugung.[227] Auf diese Weise ist gleichermaßen Raum für politisch-allgemeinbezogene Entscheidungen, die für den Einzelnen aber typischerweise nur dann zur Anwendung gelangen, wenn sie nach einem weiteren Umsetzungsprozess hinreichend rationalisiert und dabei auf die individuellen Rechte und Interessen angepasst wurden.[228] Am stärksten wird dies

---

[222] *Möllers*, Gewaltengliederung, 2005, 58, 88 f., 92 f.; *Möllers*, AöR 132 (2007), 493 (504, 506).

[223] *Gärditz*, JöR 64 (2016), 1 (16); *Möllers*, AöR 132 (2007), 493 (511 f.).

[224] *Möllers*, Gewaltengliederung, 2005, 105.

[225] *Möllers*, Gewaltengliederung, 2005, 110 f.

[226] *Möllers*, AöR 132 (2007), 493 (506).

[227] *Möllers*, AöR 132 (2007), 493 (506).

[228] *Gärditz*, JöR 64 (2016), 1 (17 f.); *Möllers*, Gewaltengliederung, 2005, 112 f.; siehe auch *Möllers*, AöR 132 (2007), 493 (511 f., 518).

für die Judikative deutlich: Ihre wenngleich nicht unpolitische Tätigkeit, aber Unabhängigkeit von politischen Akteuren ermöglicht ihr eine Entscheidungsfindung mit Blick auf das geltende Recht (Art. 97 GG) und den konkret-individuellen Einzelfall.[229] Insofern bildet die Judikative mit der konkret-individuellen Rechtserzeugung den der Legislative mit der politisch-allgemeinbezogenen Rechtserzeugung entgegengesetzten Pol.[230]

Dazwischen steht die Exekutive. Aus ihrer Stellung zwischen den beiden Polen der Rechtserzeugung resultiert ihre Funktion, politisch-allgemeinbezogene zu letztlich konkret-individuellen Rechtsprodukten zu transformieren.[231]

Wie die Entstehungsgeschichte des Grundgesetzes nahelegt, findet eine Regierungsfunktion ihren Platz allenfalls in der vollziehenden Gewalt. Inwiefern besteht nach dem eben Gesagten innerhalb der vollziehenden Gewalt noch ein Anwendungsbereich für eine eigenständige Regierungsfunktion?

cc) Möglicher Anwendungsbereich einer etwaigen Regierungsfunktion

Der kontinuierliche Vermittlungsvorgang von politisch-allgemeinbezogener zu konkret-individueller Rechtserzeugung innerhalb der Exekutive könnte einerseits einer Abstufung verschiedener Etappen der Rechtserzeugung entgegenstehen.[232] Dafür spräche ohnehin, dass sich die in der vollziehenden Gewalt involvierten Akteure, Formen und Verfahren der Rechtserzeugung nur schwer auf einen gemeinsamen Nenner bringen lassen. Die noch heute geläufige Subtraktionsmethode[233] zur Bestimmung der Exekutive bringt diese Vielgestaltigkeit zum Ausdruck.[234]

Andererseits könnten die innerhalb der vollziehenden Gewalt anzutreffenden vielfältigen Akteure, Formen und Produkte der Rechtserzeugung in einer Beziehung zu beiden Polen der Rechtserzeugung betrachtet werden. Sie stünden zu einem Teil der politisch-allgemeinbezogenen Rechtserzeugung und zu einem anderen Teil der konkret-individuellen Rechtserzeugung nahe.[235] Dies eröffnet die Möglichkeit, eine theoretische Trennlinie innerhalb der Exekutive zu ziehen. Die hierdurch gewonnenen Abschnitte der Rechtserzeugung wären daraufhin als Ausfluss des jeweils benachbarten Pols der Rechtserzeugung zu begreifen.[236] Sie

---

[229] *Möllers*, Gewaltengliederung, 2005, 95–97; *Möllers*, AöR 132 (2007), 493 (506).

[230] *Möllers*, Gewaltengliederung, 2005, 105.

[231] *Möllers*, Gewaltengliederung, 2005, 112 f.

[232] Siehe dazu *Möllers*, AöR 132 (2007), 493 (514 f.).

[233] Siehe dazu *M. Schröder*, in: Isensee/Kirchhof (Hrsg.), HStR, Bd. V, 3. Aufl. (2007), § 106, Rn. 19.

[234] *Möllers*, Gewaltengliederung, 2005, 112; *Möllers*, AöR 132 (2007), 493 (514 f.).

[235] *Möllers*, Gewaltengliederung, 2005, 113.

[236] Siehe auch *Möllers*, Gewaltengliederung, 2005, 113, 133 f.

repräsentierten zwei zu unterscheidende Etappen der Rechtserzeugung und damit zwei zu unterscheidende Teilfunktionen innerhalb der vollziehenden Gewalt.[237] Die Exekutive wäre dann nicht mehr in Gänze entweder dem eher politischen mit der Legislative oder dem eher rechtsstaatlichen mit der Judikative[238] vergleichbaren Bereich zuzuschlagen.[239] Vielmehr wäre sie als eine Funktion mit zwei Teilfunktionen zu verstehen, die jeweils der benachbarten Art der Rechtserzeugung außerhalb der Exekutive nahestehen.[240] In ihrer gleichzeitig funktionellen und institutionellen Verknüpfung und ihrer daraus resultierenden Fähigkeit, beide Formen der Rechtserzeugung aufeinander abzustimmen, läge wiederum die Einzigartigkeit der vollziehenden Gewalt gegenüber den anderen Gewalten.[241]

Der Standort neben der politisch-allgemeinbezogenen Rechtserzeugung kündigt bereits den Auftrag einer etwaigen ersten Teilfunktion innerhalb der Exekutive an: Sie stünde im Dienst der politisch-allgemeinbezogenen Rechtserzeugung und des diesem zugrunde liegenden politischen Programms, wie es zuvor gemeinsam von Regierungsorgan, Regierungsfraktionen und Regierungsparteien initiiert, erarbeitet und beschlossen wurde.[242] Innerhalb der vollziehenden Gewalt läge ihre spezifische Bestimmung darin, die politisch-allgemeinbezogene in die sich anschließende Rechtserzeugung nach Maßgabe des politischen Programms zu überführen und sie aufeinander abzustimmen.[243] Gegenüber der nachgeordneten Rechtserzeugung könnte sie dementsprechend als eine Art „Verwaltungsleitung"[244] fungieren und dadurch die weitere Rechtserzeugung nach Maßgabe des politischen Programms gewährleisten.

---

[237] Für die „Eigenständigkeit der Konkretisierungsleistung verschiedener exekutiver Ebenen" (515) und die „Sicherung unterschiedlicher eigenständiger Entscheidungsebenen innerhalb der Exekutive" (516), vgl. *Möllers*, AöR 132 (2007), 493 (515 f.); für Begrifflichkeiten innerhalb der Exekutive, „die zwischen verschiedenen Stufen exekutiver Rechtserzeugung unterscheiden", vgl. *Möllers*, Gewaltengliederung, 2005, 134; siehe auch *Di Fabio*, in: Isensee/Kirchhof (Hrsg.), HStR, Bd. II, 3. Aufl. (2004), § 27, Rn. 22.

[238] So *Kelsen*, Allgemeine Staatslehre, 1925, 246.

[239] Auf dieses Entweder-Oder innerhalb der Rechtswissenschaft hinweisend *Möllers*, Gewaltengliederung, 2005, 117, insbes. Fn. 126; eng damit verbunden ist der auch in dieser Untersuchung identifizierte Gegensatz in der Rspr. des Bundesverfassungsgerichts zur Regierungsfunktion: Entweder wird Regierung mit Verwaltung gleichgesetzt und auf Gesetzesanwendung reduziert (siehe BVerfGE 95, 1 – Südumfahrung-Stendal) oder sie wird mit Kompetenztiteln ausgestattet, die ihr ein unvermitteltes Tätigwerden gegenüber dem Bürger unter Negierung eines weiteren Rechtskonkretisierungsschritts in Gestalt der Verwaltung erlaubt (siehe BVerfGE 105, 252 – Glykolwein; 105, 279 – Osho).

[240] In diese Richtung bereits *Smend*, Verfassung und Verfassungsrecht, 1928, 103, 105; *Smend*, in: FS Kahl, 1923, 1 (18); *Scheuner*, in: FS Smend, 1952, 253 (277 f.).

[241] Dafür *Möllers*, Gewaltengliederung, 2005, 117; *Möllers*, AöR 132 (2007), 493 (515).

[242] Siehe Teil 2 Kap. 3 III. 2. c).

[243] *Möllers*, Gewaltengliederung, 2005, 113, 117; *Möllers*, AöR 132 (2007), 493 (515).

[244] Eine solche Verwaltungsleitung ist auch als „Leitungsbefugnis" im Sinne einer Bünde-

Nimmt man dabei die demokratisch gebotene und gemeinwohlbedingte effektive Realisierung des politischen Programms in den Blick[245], könnte der Beitrag einer solchen Teilfunktion der Exekutive sogar weitergehend formuliert werden: Die erfolgreiche Umsetzung des politischen Programms im Rahmen der Rechtserzeugung verlangt optimalerweise eine Gewalt, die nicht nur seine anschließende Umsetzung gegenüber der Verwaltung garantiert, sondern gleichermaßen an seiner vorherigen Erstellung beteiligt ist. So wird Verwaltungsführung im Sinne der politischen Richtunggebung erst dann gelingen, wenn sich die hiermit betrauten Akteure des politischen Programms bewusst sind, dieses also bestenfalls mit geplant, initiiert und erarbeitet haben. Zudem wird das politische Programm wiederum nur effektiv realisiert werden können, wenn die mit der Umsetzungsbedürftigkeit verbundenen Herausforderungen in den Planungs- und Ausgestaltungsvorgang der politisch-allgemeinbezogenen Rechtserzeugung eingespeist werden können. Die demokratisch gebotene und gemeinwohlbedingte effektive Umsetzung des politischen Programms in staatliche Rechtserzeugung ist daher einer zentralen Koordination, die in verschiedenen Phasen der Rechtserzeugung involviert ist, besonders bedürftig. Dieses Bedürfnis nach einer zentralen Koordination wird in einem Mehrebenensystem, in dem Legislativ- und Administrativkompetenzen typischerweise auf verschiedenen Ebenen angesiedelt sind, noch einmal verstärkt.

Eine zentrale Steuerung und Koordination der Rechtserzeugung im Sinne des politischen Programms könnte von einer ersten Teilfunktion innerhalb der Exekutive geleistet werden. Sie erstreckte sich dementsprechend nicht nur auf die Verwaltungsleitung, sondern zusätzlich auf die der Ausführungsüberwachung vorangehende Etappe der Planung, Initiative, Erarbeitung und Festlegung des politischen Programms und seine Übersetzung in die politisch-allgemeinbezogene Rechtserzeugung. Da diese maßgeblich im legislativen Bereich erfolgen[246], machte es die Verantwortung für die Umsetzung des politischen Programms in die staatliche Rechtserzeugung erforderlich, dass eine solche Teilfunktion nicht nur leitend auf die Verwaltung, sondern zugleich steuernd auf den Bereich der Legislative einwirkt.[247]

---

lung von „Organisations-, Personal-, Sachentscheidungs- und Haushaltsgewalt" (vgl. *Wolff/Bachof/Stober/Kluth*, Verwaltungsrecht II, 7. Aufl. (2010), § 83, Rn. 148) als verwaltungswissenschaftliche Figur anerkannt, siehe dazu *Wolff/Bachof/Stober/Kluth*, Verwaltungsrecht II, 7. Aufl. (2010), § 83, Rn. 146 ff., § 84, Rn. 4 ff.

245 Siehe bereits Teil 2 Kap. 3 I. 2. b) aa) (2).

246 Den Charakter des Gesetzes und der Gesetzgebung als „Medium der politischen Zielsetzungen" im „Wirtschafts-, Arbeits- und Sozialrecht" (201 f.) hervorhebend *Mößle*, Regierungsfunktionen des Parlaments, 1985, 200–204.

247 Dafür insbesondere *v. Bogdandy*, Gubernative Rechtsetzung, 2000, 143–147, der zur Regierungsfunktion insbesondere die Leitung der Gesetzgebung zählt, die typischerweise dem

Eine solche – maßgeblich im Dienste der politischen Richtunggebung stehende – Etappe der Rechtserzeugung verlangt jedoch nach einem sich anschließenden eigenständigen Schritt der Rechtserzeugung. Erst durch ihn werden die parteipolitische Richtunggebung mit den Interessen und Rechtspositionen des konkreten Einzelfalls in Einklang gebracht und die parteipolitische Rechtserzeugung für den Einzelnen akzeptabel.[248] Mit den Bezeichnungen als Regierungsfunktion zum einen und als Verwaltungsfunktion zum anderen knüpften beide skizzierten Teilfunktionen terminologisch an die historisch gewachsene Unterscheidung in der Exekutive an.[249]

Damit ergeben sich erste normative Konturen einer selbstständigen Regierungs- und damit komplementären Verwaltungsfunktion innerhalb der vollziehenden Gewalt. Die genannten Überlegungen lassen allerdings – wie gezeigt – auch den Schluss einer einheitlichen vollziehenden Gewalt mit unterschiedlichen, aber ihrerseits nicht weiter greifbaren Teilfunktionen zu. Welcher Idee das Grundgesetz folgt, muss mit Blick auf die konkreten Vorgaben des Grundgesetzes beantwortet werden.

c) Abgleich und Abstimmung mit den konkreten Vorgaben des Grundgesetzes

Will die theoretische Überlegung nicht nur als Reflexionsfolie für die Verfassung fungieren und allein kritisch von außen an die Verfassung herantreten, sondern partiell Auslegung und Abwägung einer konkreten Verfassung leiten, muss sie sich als Teil eines verfassungsimmanenten Systems rekonstruieren lassen. Dabei ist es für das verfassungstheoretische System grundsätzlich unschädlich, wenn die konkrete Rechtsordnung dem dem verfassungstheoretischen System zugrunde liegenden wissenschaftlich-theoretischen Konzept nicht eins zu eins entspricht. Eine Rekonstruktion des theoretischen Systems gelänge durch die vielseitigen, teils widersprüchlichen Einzelvorgaben ansonsten nicht. Allerdings müssen sich verallgemeinerungsfähige normative Anhaltspunkte finden lassen, die das theoretische Modell stützen, die theoretischen Erkenntnisse sich also mit Wert- und Richtungsentscheidungen der konkreten Verfassung vereinbaren lassen. Dadurch avanciert die theoretische Erkenntnis zu einer verfassungstheoreti-

---

Regierungsorgan zugewiesen sei (146); auf die Verbindung der Regierungs- mit der Gesetzgebungsfunktion hinweisend *Hesse*, Grundzüge des Verfassungsrechts, 20. Aufl. (1999), Rn. 531, 533; ebenso *Roth*, Bundeskanzlerermessen im Verfassungsstaat, 2009, 127 f.

[248] *Gärditz*, in: Isensee/Kirchhof (Hrsg.), HStR, Bd. IX, 3. Aufl. (2011), § 189, Rn. 7.

[249] *Möllers*, Gewaltengliederung, 2005, 134; die Unterscheidung zwischen Regierung und Verwaltung betonend *v. Bogdandy*, Gubernative Rechtsetzung, 2000, 114 f.; *Hoffmann-Riem*, in: ders./Schmidt-Aßmann/Voßkuhle (Hrsg.), Grundlagen des Verwaltungsrechts, Bd. I, 2. Aufl. (2012), § 10, Rn. 47; *Katz*, Politische Verwaltungsführung in den Bundesländern, 1975, 30–32; *Jarass*, Politik und Bürokratie, 1975, 88–91.

schen Annahme des Grundgesetzes; die allgemeine theoretische Idee einer Regierungsfunktion wird zu der grundgesetzlichen Regierungsfunktion. Dabei kann es auch geboten sein, das theoretische Modell aufgrund abweichender normativer Richtungsvorgaben zu modifizieren. Je mehr es dadurch seine – dann gegebenenfalls modifizierte – theoretische Stringenz einbüßt, desto mehr nimmt freilich auch seine Steuerungsleistung und seine Rechtserheblichkeit für die Rechtsgewinnung ab. Fügen sich die theoretischen Erkenntnisse hingegen nicht in die konkrete Rechtsordnung ein, kann bisher ermittelten theoretischen Überlegungen keine normative Wirkung zugesprochen werden; sie blieben grundsätzlich allein eine rechtsexterne Reflexionsfolie für die konkrete Verfassung.[250]

Normative Anhaltspunkte, die im Anschluss an die bereits angestellten Überlegungen zur Rekonstruktion der grundgesetzlichen Regierungsfunktion beitragen, finden sich in den vom Grundgesetz statuierten institutionellen Rahmenbedingungen innerhalb der vollziehenden Gewalt (aa) und in der ausdrücklichen grundgesetzlichen Aufgaben- und Befugniszuweisung (bb). Da die Legislativfunktion schwerpunktmäßig dem Bundestag und die Judikative den Gerichten anvertraut sind (Art. 92 GG), bleiben für die vollziehende Gewalt das Organ der Bundesregierung und die ihr untergeordneten Behörden übrig; der Blick ist darum im Folgenden auf sie gerichtet, kommt ohne die Betrachtung des Bundesrates aber nicht aus (cc). Eine grundgesetzliche Regierungsfunktion muss schließlich die Verzahnung der verschiedenen Ebenen der Rechtserzeugung zwischen Ländern, Bund und Europäischer Union berücksichtigen (dd).

aa) Institutionelle Rahmenbedingungen, insbesondere Entscheidungsträger und Entscheidungsumfeld von Bundesregierung und Verwaltungsbehörden

Betrachtet man die institutionellen Rahmenbedingungen der Bundesregierung zum einen und der ihr untergeordneten Verwaltungsbehörden zum anderen, wird deutlich[251], dass beide jeweils nur die Verantwortung für eine Etappe der Rechts-

[250] Ähnlich verfährt auch *Magiera*, der zunächst einen „allgemein-staatswissenschaftlichen Begriff der Staatsleitung" und im Anschluss einen „konkret-verfassungsrechtlichen Begriff der Staatsleitung" ermittelt, siehe unter anderem *Magiera*, Parlament und Staatsleitung, 1979, 65 f.

[251] Dieser institutionellen Perspektive liegt die Annahme *Trutes* zugrunde, wonach „die Organisationsstruktur die Umsetzung des materiellen Rechts [verändert], auch wenn sich dies nicht für jeden Einzelfall im Ergebnis niederschlägt", vgl. *Trute*, in: Schmidt-Aßmann/Hoffmann-Riem (Hrsg.), Methoden der Verwaltungsrechtswissenschaft, 2004, 293 (321). Ebenso eine institutionelle Perspektive befürwortend *Czybulka*, Die Legitimation der öffentlichen Verwaltung, 1989, 131 ff., 132 f.; ähnlich auch *Katz*, Politische Verwaltungsführung in den Bundesländern, 1975, 45 ff., auch wenn die Ableitung bestimmter Tätigkeitsbereiche (46 ff.) zu stark empirisch orientiert ist; für einen Zusammenhang von „Organstruktur und Organfunktion" auch *Mößle*, Regierungsfunktionen des Parlaments, 1985, 162; die Kriterien der „Organadäquanz" und „Funktionsgerechtigkeit" für die Konkretisierung der Gewaltenteilung heranzie-

erzeugung innerhalb der Exekutive übernehmen können. Dies stützt die skizzierte Vorstellung von zwei selbstständigen Teilfunktionen innerhalb der vollziehenden Gewalt, eine erste, maßgeblich im Dienste politisch-allgemeinbezogener und eine zweite, maßgeblich durch die konkret-individuelle Rechtserzeugung geprägte Etappe.

Beginnt man dabei mit der Untersuchung des Entscheidungsumfeldes der Mitglieder der Bundesregierung, sind zwei institutionelle Merkmale der Bundesregierung in Erinnerung zu rufen:

Zum einen steht die Bundesregierung zwar an der Spitze einer Verwaltungsstruktur, wird selbst aber (partei-)politikaffin strukturiert und ihre Mitglieder (partei-)politikaffin rekrutiert.[252] Insoweit ähnelt sie eher dem Bundestag und unterscheidet sich von der untergeordneten Verwaltungsorganisation.[253] Nimmt man zusätzlich ihre weitreichenden, materiell-rechtlich nur schwach begrenzten Gestaltungsfreiheiten in den Blick[254], kann sie als politisches Verfassungsorgan begriffen werden.[255] Diese Umstände rücken die Bundesregierung zwangsläufig in die Nähe der politisch-allgemeinbezogenen Rechtserzeugung und des diesem zugrunde liegenden politischen Programms. Innerhalb der Exekutive besitzt sie darum eine besondere Befähigung, den Gesetzesvollzug im Sinne des politischen Programms zu gewährleisten.

Zum anderen befindet sich die Bundesregierung sowohl in einem Näheverhältnis zu den ihr untergeordneten Verwaltungsbehörden als auch zum Bundestag. Legt man den verfassungsrechtlich intendierten Dualismus von Regierung und Opposition zugrunde[256], kann bezüglich des Bundestages sogar davon gesprochen werden, dass die Bundesregierung einem Teil des Bundestages, typischerweise dessen Mehrheit, nicht nur nahesteht, sondern ihm darüber hinaus grundsätzlich kooperativ und kollaborativ verbunden ist. Zugleich ist die Bundesregierung entsprechend der Funktionsmechanik des parlamentarischen Regierungssystems des Grundgesetzes mit dem grundsätzlichen Vertrauen der Parlamentsmehrheit zu einer selbstständigen Amtsausübung berufen, die ihr eine bisweilen autonome Kompetenzausübung erlaubt.

---

hend *Magiera*, Parlament und Staatsleitung, 1979, 88–91; siehe zur Organisationsstruktur der Bundesregierung auch *Zimmer*, Funktion, Kompetenz, Legitimation, 1979, 270–273.

252 Siehe Teil 2 Kap. 3 I. 2. b) bb); dazu auch *Czybulka*, Die Legitimation der öffentlichen Verwaltung, 1989, 132 ff.; *Scheuner*, in: FS Smend, 1952, 253 (279 f.).

253 *Wolff/Bachof/Stober/Kluth*, Verwaltungsrecht II, 7. Aufl. (2010), § 80, Rn. 68.

254 Siehe Teil 2 Kap. 3 I. 2. b) aa); die „strukturelle Äquivalenz legislativer und gubernativer Entscheidungen" aufzeigend *Roth*, Bundeskanzlerermessen im Verfassungsstaat, 2009, 124 ff., insbes. 125; siehe auch *Scheuner*, in: FS Smend, 1952, 253 (279 f.).

255 Siehe Teil 2 Kap. 3 I. 2.

256 Siehe Teil 2 Kap. 3 III.

Dadurch verfügt die Bundesregierung über das Potenzial, insgesamt die Umsetzung des politischen Programms innerhalb der staatlichen Rechtserzeugung zu steuern und zu koordinieren.[257] So kommt ihr dank der untergeordneten Ministerialverwaltung ein erheblicher Informationsvorsprung zu,[258] um das parteipolitische Programm in staatliche Rechtserzeugungsprodukte zu übersetzen. Ihre Kooperation und Kollaboration mit den Regierungsfraktionen zum einen und ihre Verbindung mit der untergeordneten Verwaltungsstruktur zum anderen erlaubt es ihr im Anschluss, die Erarbeitung und die Umsetzung der politisch-allgemeinbezogenen Rechtserzeugung über mehrere Rechtserzeugungsschritte hinweg zu begleiten. Insbesondere durch ihr kollaboratives Zusammenwirken mit den Regierungsfraktionen ist ihr hierfür der Rückgriff auf die Handlungsform des Gesetzes gewiss. Das ermöglicht es ihr, die Verwirklichung des parteipolitisch geprägten Programms auch mit Bezug auf die Allgemeinheit voranzutreiben. Dabei kann und darf sie den Rechtserzeugungsprozess zwar nicht selbst abschließend durchführen, ihn aber über mehrere Etappen steuern. Dies beginnt in der Gesetzgebung[259] und endet in der Verwaltung.[260]

Die geschilderte Steuerungs- und Koordinierungsbedürftigkeit[261] der Umsetzung des politischen Programms in staatliche Rechtserzeugung trifft also auf die

---

257 *v. Bogdandy*, Gubernative Rechtsetzung, 2000, 137 f. Das deckt sich mit der politikwissenschaftlichen Beobachtung, wonach die politische Führung zwar gemeinsam von Parlament und Regierung wahrgenommen werde, dabei aber die Regierung „in das Zentrum rückt", siehe dazu *Hesse/Ellwein*, Das Regierungssystem der Bundesrepublik Deutschland, Bd. 1, 10. Aufl. (2012), 268, siehe auch *Mößle*, Regierungsfunktionen des Parlaments, 1985, 160 f., der betont, dass die Regierung dazu prädestiniert sei, „der Politik der Mehrheitsfraktionen Ziel und Richtung zu geben", im Anschluss an *Vitzthum*, Parlament und Planung, 1978, 253.

258 *v. Bogdandy*, Gubernative Rechtsetzung, 2000, 138; *Magiera*, Parlament und Staatsleitung, 1979, 232–234.

259 Die dominante Rolle im Rahmen des Gesetzgebungsprozesses wird auch durch das faktische Initiativmonopol der Bundesregierung empirisch bestätigt, vgl. *Roth*, Bundeskanzlerermessen im Verfassungsstaat, 2009, 126. In diesem Sinne begreift *von Bogdandy* sogar die Gesetzgebungs*leitung* als Teil der Regierungsfunktion, siehe dazu *v. Bogdandy*, Gubernative Rechtsetzung, 2000, 137–149, dabei unter anderem auf empirische Erkenntnisse (137–139), ausdrückliche rechtliche Befugnisse (140–142) und das Verständnis der Gesetzgebungsleitung als Regierungsfunktion abstellend (143–149); kritisch zu dieser Schlussfolgerung gubernativer Hegemonie *Roth*, Bundeskanzlerermessen im Verfassungsstaat, 2009, 127.

260 Gesetzgebungs- und Verwaltungsleitung dürften weitgehend der in der Politikwissenschaft für die parlamentarische Regierung zugewiesenen Steuerungsfunktion für die Ausarbeitung des politischen Programms zu einem Gesetz einerseits und Durchführungsfunktion zur Umsetzung des Gesetzes andererseits entsprechen, siehe dazu *Rudzio*, Das politische System der Bundesrepublik Deutschland, 10. Aufl. (2019), 227; ähnlich *Hesse/Ellwein*, Das Regierungssystem der Bundesrepublik Deutschland, Bd. 1, 10. Aufl. (2012), 265: Regierung als „Verwaltungsführung" und „politische Führung".

261 Siehe Teil 2 Kap. 4 II. 1. b) cc).

Steuerungs- und Koordinationsfähigkeit der Regierung, wie sie bereits von *Walter Leisner* herausgestellt wurde.[262] Für diese Funktion erweist sich auch die „nur" mittelbare demokratische Legitimation der Mitglieder der Bundesregierung als besonders geeignete Form der Legitimation. Während die für den Bundestag zugedachte Repräsentations-, Öffentlichkeits- und Kontrollfunktion eine heterogene Zusammensetzung seiner Mitglieder verlangt und durch seine unmittelbare personelle Legitimation bewirkt wird, verschafft die mittelbare personelle Legitimation der Bundesregierung eine hinreichend homogene Zusammensetzung, wie sie für die koordinierte Richtunggebung besonders zuträglich ist.[263] Die rudimentären verfassungsrechtlichen Vorgaben[264] über die interne Arbeitsweise der Bundesregierung begünstigen ihre Fähigkeit zur Koordination noch; sie erlauben ihr eine vergleichsweise informelle und flexible Verfahrensweise.[265] Dadurch kann sie die Umsetzung des politischen Programms in staatliche Rechtserzeugung auf eine Weise steuern, wie es ihrer politischen Prägung[266] und der Funktionslogik politischen Handelns entspricht: ergebnisoffen, flexibel und unvorhersehbar.[267]

Ergebnisoffenheit, Flexibilität und Unvorhersehbarkeit sind wiederum für solche Entscheidungen, die unmittelbar auf individuell-konkrete Rechtspositionen einwirken, im Rechtsstaat des Grundgesetzes gerade nicht intendiert. Die Grundrechte erfordern jedenfalls bei allen wesentlichen die Grundrechte betreffenden Fragen eine gesetzliche Grundlage, die das hoheitliche Handeln materiell-rechtlich vorzeichnet und so für den Einzelnen vorhersehbar gestaltet. Des Weiteren ist es grundrechtlich geboten, die Unzumutbarkeiten des konkreten Einzelfalls zu berücksichtigen.[268] Je stärker sich der staatliche Wille nach außen realisiert und gegenüber dem Einzelnen manifestiert – oder technischer gesprochen, je konkreter und individueller das Recht erzeugt wird –, desto bestimmter und vor-

---

[262] Siehe *Leisner*, JZ 1968, 727 (728 f.); dazu *M. Schröder*, in: Isensee/Kirchhof (Hrsg.), HStR, Bd. V, 3. Aufl. (2007), § 106, Rn. 9; ebenso die „Pflicht der Regierung […] *selbstständig entscheidend* der Politik Richtung und Ziel zu geben, politische Intentionen zu Gesamtübersichten, Programmen und Plänen zu verdichten und die gesamte Staatstätigkeit dementsprechend anzutreiben, zu lenken, zu koordinieren und zu kontrollieren" betonend *Vitzthum*, Parlament und Planung, 1978, 253.

[263] So auch *Magiera*, Parlament und Staatsleitung, 1979, 118, 267.

[264] Für die interne Arbeitsweise der Bundesregierung begnügt sich die Verfassung mit der Vorgabe des Art. 65 GG.

[265] *Jarass*, Politik und Bürokratie, 1975, 115, 127; *Zimmer*, Funktion, Kompetenz, Legitimation, 1979, 270 f.

[266] Siehe Teil 2 Kap. 3 I. 2.

[267] Siehe Teil 2 Kap. 3 I. 1.

[268] Siehe Teil 1 Kap. 1 IV. 1. d); siehe hierzu auch *Gärditz*, in: Krüper/Pilniok (Hrsg.), Die Organisationsverfassung der Regierung, 2021, 25 (49); *ders.*, in: Isensee/Kirchhof (Hrsg.), HStR, Bd. IX, 3. Aufl. (2011), § 189, Rn. 7.

hersehbarer hat dies aufgrund des Gebots individueller Selbstbestimmung zu erfolgen. Der Einzelne soll nicht unmittelbar auf das Tablett politischer Entscheidung gehoben werden.[269] Das ist mit dem verfassungsrechtlich intendierten politischen Entscheidungsumfeld der Bundesregierung nur schwer zu vereinbaren. Mit dem Blick legitimerweise auf das parteipolitische Programm gerichtet, drohen individuelle Interessen und Rechte politisiert zu werden.[270] Die grundrechtlich gebotene Würdigung der Besonderheiten des Einzelfalls kann dadurch kaum gelingen. Es ist daher nicht nur eine Frage einer klugen Aufgabenverteilung im Sinne einer auch normativ gebotenen effektiven und funktionsadäquaten Aufgabenverwirklichung[271], sondern Ausdruck des Gebots individueller Selbstbestimmung, der einen weiteren Vollzugsschritt oder – in den Worten der hier zugrunde gelegten Gewaltenteilungstheorie – einen weiteren Abschnitt der Rechtserzeugung und dies bestenfalls durch andere Entscheidungsträger verlangt[272].[273] Er markiert die zweite Teilfunktion innerhalb der vollziehenden Gewalt.[274]

Eine solche kann von den unterhalb der Bundesregierung befindlichen Verwaltungsbehörden geleistet werden. Hierfür stellt ihnen das Grundgesetz mit den Beamten einen von den Mitgliedern der Bundesregierung abzugrenzenden Typ von Entscheidungsträgern bereit.[275] So bringen bereits die verfassungsmäßig gebotene Art ihrer Rekrutierung, die Anforderungen an ihre Dienstausübung und ihr unkündbares Dienstverhältnis eine verfassungsmäßig gewollte Unterschei-

---

269 *Möllers*, AöR 132 (2007), 493 (516); dass Politik auf den Bürger nur über den Filter der Bürokratie einwirken soll, betont auch *Jarass*, Politik und Bürokratie, 1975, 120.

270 *Möllers*, Gewaltengliederung, 2005, 113.

271 Unter anderem diese Funktion weist das Bundesverfassungsgericht der Gewaltenteilung zu, siehe nur BVerfGE 98, 218 (251 f.). Den Aspekt effektiver Aufgabenverwirklichung für eine gegenüber der Regierung eigenständige Vollzugsebene hervorhebend *Hoffmann-Riem,* in: ders./Schmidt-Aßmann/Voßkuhle (Hrsg.), Grundlagen des Verwaltungsrechts, Bd. I, 2. Aufl. (2012), § 10, Rn. 50.

272 Siehe bereits Teil 2 Kap. 3 II. 4.

273 Siehe auch *Gärditz*, in: Krüper/Pilniok (Hrsg.), Die Organisationsverfassung der Regierung, 2021, 25 (49); *ders.*, in: Isensee/Kirchhof (Hrsg.), HStR, Bd. IX, 3. Aufl. (2011), § 189, Rn. 7; *Möllers*, Gewaltengliederung, 2005, 113.

274 In diese Richtung auch BVerfGE 139, 321 (362); siehe auch *Möllers*, Gewaltengliederung, 2005, 119, 134; Verwaltung als „selbstständige Funktion" (Rn. 538) durch einen Schritt „selbstständiger Rechtskonkretisierung" (Rn. 537) kennzeichnend *Hesse*, Grundzüge des Verfassungsrechts, 20. Aufl. (1999), Rn. 537 f.; das Charakteristische der Verwaltung ebenso in der Konfrontation für den „Einzelfall" erblickend *Häberle*, Öffentliches Interesse, 1970, 235; *Leisner*, in: FS Maunz (1971), 267 (272); in diese Richtung auch *Degenhart*, NJW 1984, 2184 (2188, 2190).

275 In diesem Sinne auch *Gärditz*, in: Krüper/Pilniok (Hrsg.), Die Organisationsverfassung der Regierung, 2021, 25 (52 f.); *ders.*, in: Isensee/Kirchhof (Hrsg.), HStR, Bd. IX, 3. Aufl. (2011), § 189, Rn. 7.

dung von Beamten gegenüber dem durch „unsichere[n] Status“[276] gekennzeichneten Amt von Politikern zum Ausdruck.[277] Diese „statusrechtliche[…] Gewaltenteilung“[278] bestätigt das Grundgesetz auch mit der von Art. 137 GG i. V. m. zum Beispiel §§ 5 ff. AbgG angeordneten Inkompatibilität zwischen Angehörigen der Verwaltung und Rechtsprechung einerseits und dem Parlament andererseits. Das Grundgesetz differenziert die Amtsträger also nicht anhand ihrer Zugehörigkeit zu den herkömmlichen Gewalten, sondern nach ihrem Grad an Politizität.[279] Mit dieser Abgrenzung trägt das Grundgesetz den normativ gebotenen unterschiedlichen Anforderungen an die Rechtserzeugung Rechnung. Entsprach der politische Charakter der Mitglieder der Bundesregierung den Bedingungen eines ersten, politisierten Abschnitts der Rechtserzeugung, so genügen die Entscheidungsträger der Verwaltungsbehörden den Erfordernissen einer zweiten Etappe der Rechtserzeugung in der vollziehenden Gewalt.[280] Ihre nach Eignung, Leistung und Befähigung erfolgte Auswahl (Art. 33 Abs. 5 GG) sichert eine qualifizierte Aufgabenerfüllung. Das Absehen von einer demokratischen Wahl[281] der Amtsperson lässt den Amtsträger – anders als die Mitglieder der Bundesregierung – auch faktisch hinter das Amt zurücktreten. Subjektiv-politische Handlungsmotive des Amtsträgers können so zurückgedrängt[282] und dadurch politisch-allgemeinbezogene Rechtserzeugung rationalisiert, sachlich umgesetzt und dabei den Bedürfnissen des Einzelfalls angepasst werden.[283] Die Entscheidungs-

---

[276] *M. Schröder*, in: Isensee/Kirchhof (Hrsg.), HStR, Bd. V, 3. Aufl. (2007), § 106, Rn. 34, siehe dort zu weiteren Charakteristika des „politischen Amtes“.

[277] *M. Schröder*, in: Isensee/Kirchhof (Hrsg.), HStR, Bd. V, 3. Aufl. (2007), § 106, Rn. 36, wobei *Schröder* hier von „politischem Amt“ und „Verwaltungsamt“ spricht (Rn. 33), siehe zu weiteren Charakteristika des „Verwaltungsamtes“ Rn. 35; zu den Typen von Amtsträgern siehe auch *Depenheuer*, in: Isensee/Kirchhof (Hrsg.), HStR, Bd. III, 3. Aufl. (2005), § 36, Rn. 22–25; *Loschelder*, in: Isensee/Kirchhof (Hrsg.), HStR, Bd. V, 3. Aufl. (2007), § 107, Rn. 25.

[278] *M. Schröder*, in: Isensee/Kirchhof (Hrsg.), HStR, Bd. V, 3. Aufl. (2007), § 106, Rn. 36.

[279] *Jarass*, Politik und Bürokratie, 1975, 147; zu den statusrechtlichen Unterschieden siehe auch *M. Schröder*, in: Isensee/Kirchhof (Hrsg.), HStR, Bd. V, 3. Aufl. (2007), § 106, Rn. 33–36.

[280] *Jarass*, Politik und Bürokratie, 1975, 120, der betont, dass durch die Bürokratie auch rechtsstaatliche Gesichtspunkte berücksichtigt werden könnten, und daraus schlussfolgert, dass „die Politik nicht direkt, sondern über den Filter der stärker rechtsstaatlich orientierten Bürokratie auf den Betroffenen einwirkt.“

[281] Diesen Gedanken hervorhebend *Jarass*, Politik und Bürokratie, 1975, 103, der in einer Wahl die berechtigte Gefahr erblickt, dass der Amtswalter seine Tätigkeit nicht an der Organisation und ihrer Ziele orientiere.

[282] *Jarass*, Politik und Bürokratie, 1975, 103.

[283] *Gärditz*, in: Isensee/Kirchhof (Hrsg.), HStR, Bd. IX, 3. Aufl. (2011), § 189, Rn. 7; *Hemke*, Methodik der Analogiebildung im öffentlichen Recht, 2006, 215; *Hesse*, Grundzüge des Verfassungsrechts, 20. Aufl. (1999), Rn. 540 f.

träger der Verwaltungsbehörden sind also in besonderer Weise zur konkret-individuellen Rechtserzeugung befähigt.

Diese unterschiedliche Befähigung der Entscheidungsträger zur Rechtserzeugung begünstigt das Grundgesetz auch durch ein unterschiedliches institutionelles Entscheidungsumfeld: So stellt es mit selbstständigen Bundesoberbehörden (Art. 87 Abs. 3 S. 1 GG) einen Rahmen für eine von Ministerien und damit von politischer Logik distanzierte Arbeitsweise bereit.[284] Auf die Weise kann eine verfassungsrechtlich und auch verwaltungswissenschaftlich gebotene[285] Eigendynamik und Eigenrationalität in den jeweiligen Organisationsstrukturen hervorgerufen werden,[286] die zur Verselbstständigung der unterschiedlichen Funktionen führt. Diese Unterscheidung drücken zahlreiche den Bundesministerien nachgeordnete und ihren Geschäftsbereichen nachgebildete Bundesoberbehörden auch tatsächlich aus.[287] Regierungsaufgaben wurden daraufhin in den Ministerien konzentriert und Verwaltungsaufgaben von den Ministerien auf die Bundesoberbehörden übertragen. Auch wenn sich ihre jeweiligen Funktionen in tatsächlicher Hinsicht ebenfalls vermischen,[288] trug diese Entwicklung zur Verselbstständigung beider Funktionen bei.[289]

Wurde zuvor lediglich die Möglichkeit zweier selbstständiger Teilfunktionen innerhalb der vollziehenden Gewalt aufgezeigt, können diese Überlegungen nun mit Blick auf die Entscheidungsträger und ihr Entscheidungsumfeld in der Exekutive für das Grundgesetz sowohl bestätigt als auch präzisiert werden: Das

---

284 *Brandt/Henning*, VR 1982, 181 (183). Auch wenn Art. 87 Abs. 3 GG vor allem in einem föderalen Kontext gelesen werden muss und daher auch Bundesministerien in funktionaler Hinsicht ausnahmsweise als Bundesoberbehörden verstanden werden können, siehe dazu Teil 3 Kap. 5 III. 5., vgl. auch *Hermes*, in: Masing/Marcou (Hrsg.), Unabhängige Regulierungsbehörden, 2010, 53 (59 f.).

285 *Ellwein*, Regieren und Verwalten, 1976, 126; *Hoffmann-Riem*, in: ders./Schmidt-Aßmann/Voßkuhle (Hrsg.), Grundlagen des Verwaltungsrechts, Bd. I, 2. Aufl. (2012), § 10, Rn. 50.

286 *Hoffmann-Riem*, in: ders./Schmidt-Aßmann/Voßkuhle (Hrsg.), Grundlagen des Verwaltungsrechts, Bd. I, 2. Aufl. (2012), § 10, Rn. 52. Siehe an dieser Stelle auch die sogenannte Verselbstständigungsthese *Max Webers* bei *Derlien/Böhme/Heindl*, Bürokratietheorie, 2011, 86 ff.

287 Siehe dazu – und unter anderem mit Beispielen von Bundesoberbehörden – auch *Wolff/Bachof/Stober/Kluth*, Verwaltungsrecht II, 7. Aufl. (2010), § 84, Rn. 15. Jüngstes Beispiel für diese Entwicklung ist das dem Auswärtigen Amt nachgeordnete zum 1. Januar 2021 errichtete Bundesamt für Auswärtige Angelegenheiten.

288 *Döhler*, in: Ganghof/Manow (Hrsg.), Mechanismen der Politik, 2005, 215 (218 f.); Beispiele dafür schon bei *Ellwein*, Regieren und Verwalten, 1976, 125 f.

289 *Hermes*, in: Masing/Marcou (Hrsg.), Unabhängige Regulierungsbehörden, 2010, 53 (61 f.); siehe auch *Oldiges*, Die Bundesregierung als Kollegium, 1983, 13, Rn. 48; siehe aber *Ellwein*, Regieren und Verwalten, 1976, 124 ff.

Grundgesetz installiert innerhalb der vollziehenden Gewalt zwei Typen von Entscheidungsstrukturen und Entscheidungsträgern. Sie sind jeweils nur für einen Abschnitt der Rechtserzeugung der Exekutive geeignet. Die Annahme, dass das Grundgesetz innerhalb der vollziehenden Gewalt zwei Etappen der Rechtserzeugung kennt, wird dadurch gestützt.[290] Die grundgesetzlich angelegte und auch soziologisch untersuchte und empirisch anzutreffende[291] Differenzierung zweier Typen von *Amtsträgern* innerhalb der vollziehenden Gewalt korrespondiert also mit unterschiedlichen Typen von *Amtstätigkeit* innerhalb der vollziehenden Gewalt;[292] die statusrechtliche Gewaltenteilung geht mit einer funktionellen Gewaltenteilung einher.[293]

Die erste Etappe der Rechtserzeugung in der Exekutive steht in der Verantwortung, das politische Programm in die staatliche Rechtserzeugung zu transferieren. Dafür sind die legislative als auch administrative Rechtserzeugung im Sinne des politischen Programms zu steuern, zu koordinieren und aufeinander abzustimmen.[294] Das beinhaltet insbesondere die Verantwortung für die Umsetzung des politischen Programms in politisch-allgemeinbezogene und konkret-individuelle Rechtserzeugung, ohne abschließend eine politisch-allgemeinbezogene und konkret-individuelle Rechtserzeugung selbstständig vorzunehmen. Gegenüber dem Bereich der Gesetzgebung drückt sich diese Funktion in der steuernden

---

[290] So im Ergebnis auch *Möllers*, Gewaltengliederung, 2005, 134; *Möllers*, AöR 132 (2007), 493 (516), wonach „unterschiedliche[...] eigenständige[...] Entscheidungsebenen innerhalb der Exekutive" zu sichern seien.

[291] Die Rollen des Politikers und Beamten hat wohl am wirkmächtigsten *Max Weber* gegenübergestellt, siehe hierzu *M. Weber*, Politik als Beruf, 1992, 31–33; siehe dazu auch *Derlien/Böhme/Heindl*, Bürokratietheorie, 2011, 94–97; kritisch zu dieser idealtypischen Unterscheidung aus einer empirisch-tatsächlichen Perspektive *Ellwein*, Regieren und Verwalten, 1976, 132 f.; siehe demgegenüber *Rudzio*, Das politische System der Bundesrepublik Deutschland, 10. Aufl. (2019), 252.

[292] So auch *Hesse*, Grundzüge des Verfassungsrechts, 20. Aufl. (1999), Rn. 539, der im Hinblick auf Art. 33 Abs. 4, Abs. 5 GG feststellt, dass „das Grundgesetz den Zusammenhang zwischen der wahrzunehmenden Funktion und dem Status von Personen her[stellt], die sie wahrzunehmen haben." Siehe auch *M. Schröder*, in: Isensee/Kirchhof (Hrsg.), HStR, Bd. V, 3. Aufl. (2007), § 106, Rn. 33, 36, wonach die „Wesensverschiedenheit zwischen Regieren und Verwaltung auch auf den amtsrechtlichen Status" durchschlage (Rn. 33). Bereits *Smend*, Verfassung und Verfassungsrecht, 1928, 31 erkennt mit der „Buerokratie" einen vorrangig der technischen Tätigkeit verpflichteten Bereich, der gegenüber einem Kreis von „politischen Funktionäre[n]", die der politisch-integrierenden Funktion dienten, abzugrenzen sei.

[293] Vgl. auch *Gärditz*, in: Krüper/Pilniok (Hrsg.), Die Organisationsverfassung der Regierung, 2021, 25 (52): „Wichtigstes Instrument, funktionale Distanz zwischen politisch rationalisierter Regierung einerseits und bürokratischer Verwaltung andererseits herzustellen, ist das Berufsbeamtentum, also die institutionell-statusrechtliche Absicherung von Verwaltungsfunktion gegenüber politischem Zugriff."

[294] Vgl. auch *Vitzthum*, Parlament und Planung, 1978, 253.

Einwirkung auf den Legislativprozess und gegenüber der nachgeordneten Verwaltung in der Verwaltungsleitung nach Maßgabe des politischen Programms aus.[295] Ein solches Verständnis deckt sich auch mit den in einigen Landesverfassungen anzutreffenden Funktionsbeschreibungen zugunsten der jeweiligen Landesregierung, die ihr innerhalb der Exekutive bzw. gegenüber der Verwaltung eine Führungsrolle einräumt.[296] Aufgrund der institutionellen Verbundenheit dieser Funktion mit der Bundesregierung kann sie als Regierungsfunktion bezeichnet werden.

Dieser Funktion schließt sich die zweite Etappe an. Hier werden die allgemein gefassten Richtungsentscheidungen individualisiert und konkretisiert und dabei den Besonderheiten des konkreten Einzelfalls Rechnung getragen. Da diese Etappe maßgeblich durch die Verwaltungsbehörden wahrgenommen wird, kann sie als Verwaltungsfunktion bezeichnet werden.

Mit einem solchen Verständnis können auch der dezidiert parteipolitische Charakter der Bundesregierung und die Anforderungen an die Gemeinwohlkonkretisierung zusammengeführt werden. Hatte sich zuvor bereits angedeutet, dass die gemeinwohlbedingte punktuelle Relativierung des Regierungsprogramms nicht notwendig durch die Bundesregierung erbracht werden muss[297], kann an dieser Stelle konstatiert werden: Das Grundgesetz installiert hierfür die der Verwaltung zugehörigen Amtsträger, um der Bundesregierung zugleich ihren parteipolitischen Charakter zu bewahren.

---

[295] In diesem Sinne die Regierung als Verwaltungsführung und als politische Führung kennzeichnend *Hesse/Ellwein*, Das Regierungssystem der Bundesrepublik Deutschland, Bd. 1, 10. Aufl. (2012), 265; *Hoffmann-Riem,* in: ders./Schmidt-Aßmann/Voßkuhle (Hrsg.), Grundlagen des Verwaltungsrechts, Bd. I, 2. Aufl. (2012), § 10, Rn. 47; so auch *Leisner*, JZ 1968, 727 (729), der die „Verwaltungsanweisungen" als „typische Regierungstätigkeit" versteht; *Loschelder*, in: Isensee/Kirchhof (Hrsg.), HStR, Bd. V, 3. Aufl. (2007), § 107, Rn. 26; die Regierung als „Oberleitung der Verwaltung" charakterisierend bereits *Merkl*, Allgemeines Verwaltungsrecht, 1927, 58; so auch *Oldiges*, Die Bundesregierung als Kollegium, 1983, 13, Rn. 46; *v. Bogdandy*, Gubernative Rechtsetzung, 2000, 114f.; anders aber *Wolff/Bachof/Stober/Kluth*, Verwaltungsrecht II, 7. Aufl. (2010), § 80, Rn. 68, die den Aspekt der Verwaltungsleitung wohl nicht als Regierung verstehen; kritisch zu dieser idealtypischen Unterscheidung aus einer empirisch-tatsächlichen Perspektive *Ellwein*, Regieren und Verwalten, 1976, 173, der die Verwaltungsführung der Verwaltung im weiteren Sinne zuordnet; anders auch *Detterbeck*, in: Isensee/Kirchhof (Hrsg.), HStR, Bd. III, 3. Aufl. (2005), § 66, Rn. 27, der annimmt, dass die Regierungsmitglieder in ihrer Eigenschaft als Verwaltungsleiter Verwaltungsaufgaben wahrnehmen.

[296] Art. 43 Abs. 1 BayVerf („oberste leitende und vollziehende Behörde des Staates"); Art. 33 Abs. 2 S. 2 HmbVerf („Er [der Senat] führt und beaufsichtigt die Verwaltung"); Art. 33 Abs. 1 S. 1 Verfassung Schleswig-Holstein („im Bereich der vollziehenden Gewalt oberstes Leitungs-, Entscheidungs- und Vollzugsorgan", Schleswig-Holstein); Art. 59 Abs. 1 S. 2 SächsVerf („Ihr obliegt die Leitung und Verwaltung des Landes. Sie hat nach Maßgabe der Verfassung Anteil an der Gesetzgebung.").

[297] Siehe Teil 2 Kap. 3 II. 4.

bb) Aufgaben und Befugnisse

Neben den institutionellen Rahmenbedingungen müssen sich die bisherigen Überlegungen auch mit den Aufgaben und Befugnissen, die das Grundgesetz der Bundesregierung explizit zuweist, vereinbaren lassen. Andernfalls sind sie punktuell zu modifizieren. Dabei ist es, wie bereits ausgeführt, für eine Regierungs- und gleichzeitig Verwaltungsfunktion auf der Ebene des verfassungstheoretischen Systems grundsätzlich unschädlich, dass sich einzelne konkrete Vorgaben nicht durchgehend in die vorgestellte Konzeption einfügen. Erhöbe man dies zum Maßstab, dürfte letztlich keine Staatsfunktion im Grundgesetz anerkannt werden. Aus diesem Grunde scheiden tatsächliche oder bundesstaatliche Notstandssituationen (Art. 35 Abs. 3 S. 1 Alt. 2, Art. 37 Abs. 2, Art. 91 Abs. 2 S. 1, Art. 115f Abs. 1 Nr. 1 GG) aufgrund ihres Ausnahmecharakters als Referenzkategorie aus.[298] Gleiches gilt für Art. 26 Abs. 2 GG, der sich auf einen sachlich begrenzten Politikbereich beschränkt und mit der der Bundesregierung zustehenden Sachkompetenz, nämlich der Außen- und Sicherheitspolitik, erklären lässt.[299]

Nimmt man die verfassungsrechtlichen Aufgaben und Befugnisse in den Blick, wird das vorangegangene Verständnis einer Regierungs- und Verwaltungsfunktion bestätigt.[300] Um das politische Programm zunächst zu planen, zu initiieren und seinen Transfer in staatliche politisch-allgemeinbezogene Rechtserzeugung zu ermöglichen,[301] steht der Bundesregierung insbesondere das Recht zur Gesetzesinitiative (Art. 76 Abs. 1 GG) zur Verfügung.[302] Im Rahmen des nationalen Gesetzgebungsverfahrens bekräftigt das jederzeitige Zutritts- und Re-

---

298 Ein Überblick zu Notstandsbefugnissen der Regierungsorgane von Bund und Ländern findet sich bei *Reimer*, in: Krüper/Pilniok (Hrsg.), Die Organisationsverfassung der Regierung, 2021, 109ff.

299 So ist zum Beispiel mit der Wahlprüfung auch dem Bundestag eine materielle Rechtsprechungstätigkeit übertragen, vgl. Art. 41 Abs. 1 S. 1 GG. Entscheidend ist aber, dass sie sich auf einen sachlich begrenzten Bereich bezieht, der durch die Sachnähe des Bundestages gerechtfertigt wird.

300 Es steht der Begründung einer Regierungsfunktion also nicht entgegen, wenn das Organ der Bundesregierung auch funktionale Verwaltungstätigkeit ausführt, siehe bereits *Linck*, Zulässigkeit und Grenzen der Einflussnahme des Bundestages auf die Regierungsentscheidungen, 1970, 10.

301 So auch *v. Bogdandy*, Gubernative Rechtsetzung, 2000, 56f., wonach die Regierung das Rechtsetzungsverfahren initiiere, ihm die „wesentliche Form" gebe und „ihren gesamten Verfahrensgang durch die verschiedenen Stationen" leite, was ihn zu dem Schluss führt, dass die Gesetzgebung „als eine im Regelfall kooperative Funktion zwischen Regierung und Parlament, und zwar eine Kooperation unter gubernativer Hegemonie" sei (147).

302 Zur Leitung der Gesetzgebung als Teil einer gemeineuropäischen Idee von Regierungsfunktion *v. Bogdandy*, Gubernative Rechtsetzung, 2000, 143–149.

derecht (Art. 43 Abs. 2 GG) die dominante[303] Rolle der Bundesregierung und erlaubt die Zusammenarbeit im politischen Bereich[304]. Des Weiteren weist das Grundgesetz der Bundesregierung das alleinige Initiativrecht für den Entwurf des Haushaltsgesetzes zu (Art. 110 Abs. 3 Hs. 1 GG).[305] Mit dem Initiativmonopol für den Haushaltsplan als „ziffernmäßig exakter Ausdruck des politischen Handlungsprogramms"[306] bescheinigt das Grundgesetz die hervorgehobene Stellung der Bundesregierung für die politische Planung. Hinzu treten ihre Befugnisse in den Rechtsetzungsgremien der Europäischen Union; sie haben ebenso die Vorbereitung und Ausarbeitung politischer Richtungsentscheidungen zum Gegenstand.

Die organisatorische Verwobenheit der Bundesregierung mit der Verwaltungsorganisation erlaubt es ihr, die Verwaltung zur Umsetzung dieser Richtungsentscheidungen anzuhalten, ohne sie gegenüber dem Einzelnen umzusetzen. Dem kann sich typischerweise ein weiterer Rechtserzeugungsschritt anschließen. Besonders deutlich wird dies beim Erlass von Rechtsverordnungen oder Verwaltungsvorschriften.[307] Mittels Rechtsverordnungen (Art. 80 GG) und Verwaltungsvorschriften (Art. 84 Abs. 2, Art. 85 Abs. 2 GG) wird das Vorhaben der Regierungsmannschaft weiter konkretisiert, ohne bereits für den konkret-individuellen Fall verwirklicht zu werden. Ihr sogar auf die Länderverwaltung eingeräumtes Einwirkungsrecht im Falle der Ausführung von Bundesgesetzen (Art. 84 Abs. 2, Abs. 3, Abs. 5 GG, Art. 85 Abs. 2, Abs. 3, Abs. 4 GG) bekundet dabei zudem ihre Befähigung zur zentralen Koordination von auf verschiedenen Ebenen angesiedelten Rechtserzeugungsschritten.

Des Weiteren räumt das Grundgesetz der Bundesregierung – als Spiegelbild ihrer ausgeschlossenen eigenen Durchführung – eine Einzelweisungskompetenz ein (Art. 84 Abs. 5 GG, Art. 85 Abs. 3 GG),[308] wodurch sie die Ausführung der allgemeinbezogenen Vorgaben im Einklang mit den politischen Zielvorgaben si-

---

303 Zur „hegemonialen" Stellung der Regierung im Gesetzgebungsprozess siehe *v. Bogdandy*, Gubernative Rechtsetzung, 2000, 140–149.

304 So auch *Jarass*, Politik und Bürokratie, 1975, 147.

305 Zur Budgetinitiative der Bundesregierung siehe *Heintzen*, in: Isensee/Kirchhof (Hrsg.), HStR, Bd. V, 3. Aufl. (2007), § 120, Rn. 61 ff.

306 *Heintzen*, in: Isensee/Kirchhof (Hrsg.), HStR, Bd. V, 3. Aufl. (2007), § 120, Rn. 18, im Anschluss an BVerfGE 79, 311 (329).

307 Dass dies richtigerweise der Regierungsfunktion zuzuweisen ist, fügt sich in *von Bogdandys* Analyse ein, wonach Rechtsverordnungen und Verwaltungsvorschriften Teil gubernativer Rechtsetzung seien, vgl. *v. Bogdandy*, Gubernative Rechtsetzung, 2000, 149.

308 Für die bundeseigene Verwaltung gilt die Weisungskompetenz gleichermaßen. Nach Auffassung der herrschenden Literatur und Rechtsprechung des Bundesverfassungsgerichts ist sie nicht nur verfassungsrechtlich zulässig, sondern sogar grundsätzlich geboten; vgl. BVerfGE 83, 60 (71 f.); 93, 37 (66); *Mayen*, DÖV 2004, 45 (46 f.).

cherstellen kann. Allerdings sind ministerielle Weisungen dazu imstande, Entscheidungen mit individuell-konkretem Bezug abschließend zu determinieren, reichen sie doch bis ins Konkrete, Individuelle und Gegenwärtige[309]. Dadurch gelingt zwar eine feingliedrige Verwaltungssteuerung, ein weiterer Rechtserzeugungsschritt durch die Verwaltung kann aber weitgehend umgangen werden.[310]

Dies steht den vorangegangenen Überlegungen partiell entgegen: Der Bundesregierung ist es dadurch möglich, den Entscheidungsinhalt nahezu vollständig zu determinieren.[311] Das Potenzial der Verwaltung zur Rationalisierung wird weitgehend umgangen; konkret-individuelle Rechtspositionen können nur noch begrenzt von einem nicht-politisierten Amtsträger berücksichtigt werden.[312] Allerdings besitzt die Behörde beispielsweise nach einer gesetzesinterpretierenden Weisung typischerweise noch die Möglichkeit, dem Einzelfall im Rahmen der Rechtsanwendung Rechnung zu tragen.[313] Zudem ist der Bundesregierung in jedem Fall, wenn auch aus bundesstaatlichen Gründen, die Wahrnehmungskompetenz gegenüber dem Bürger verwehrt. Auch dadurch wird der Bürger vom politischen Prozess entkoppelt.[314] Schließlich wird anhand dieser Einzelweisungskompetenz deutlich, dass das Grundgesetz im Rahmen der Regierungsfunktion den Aspekt effektiver Verwaltungssteuerung zugunsten der parteipolitischen Richtunggebung und zulasten eines verbleibenden weiteren Rechtserzeugungsschrittes betont. In diesem Sinne hat auch der Verfassunggeber die Einzelweisungskompetenz als Ausdruck der Regierungsfunktion verstanden.[315]

cc) Die grundgesetzliche Regierungsfunktion und der Bundesrat

Wird die Regierungsfunktion bisher in der Bundesregierung verortet und dabei maßgeblich als die Steuerung, Koordination und Abstimmung der legislativen und administrativen Rechtserzeugung nach Maßgabe des politischen Programms verstanden, kommt die Untersuchung ohne eine Betrachtung des Bundesrates angesichts seiner Mitwirkungsrechte und Zustimmungserfordernisse im gewal-

---

[309] Vgl. *P. Kirchhof*, in: Isensee/ders. (Hrsg.), HStR, Bd. V, 3. Aufl. (2007), § 99, Rn. 205: „Die Weisung erneuert den Amtsauftrag im Konkreten, Individuellen und Gegenwärtigen."

[310] *Möllers*, Gewaltengliederung, 2005, 113.

[311] Im Anschluss an BVerfGE 81, 310 (335 f.) *Elmers*, Die Praxis der Bundesauftragsverwaltung, 2015, 98 f.; *Janz*, Jura 2004, 227 (228).

[312] *Möllers*, Gewaltengliederung, 2005, 113; die Einzelweisungskompetenz im Lichte der Gewaltenteilung kritisierend *Möllers*, AöR 132 (2007), 493 (515 f.).

[313] BVerfGE 81, 310 (335 f.).

[314] Ohnehin bleibt die politisch motivierte Intervention mittels Weisung praktisch bisher die Ausnahme; dazu *Döhler*, in: Ganghof/Manow (Hrsg.), Mechanismen der Politik, 2005, 215 (235 f.).

[315] Deutscher Bundestag/Bundesarchiv (Hrsg.), Der Parlamentarische Rat, Bd. 14/1, 2009, 474, dazu auch *Czybulka*, Die Legitimation der öffentlichen Verwaltung, 1989, 131.

tengeteilten Rechtserzeugungsprozess nicht aus: Der Bundesrat ist in die Gesetzgebung involviert, im Rahmen der zustimmungspflichtigen Gesetze sogar als gleichberechtigte „Zweite Kammer“[316]. Einbezogen ist der Bundesrat ebenso in die Verwaltungssteuerung gegenüber den Ländern (vgl. Art. 84 Abs. 2, Abs. 3 S. 2 GG, Art. 85 Abs. 2 S. 1 GG). Die Koordination und Anleitung der Gesetzgebung zum einen und der anschließenden verwaltungsmäßigen Ausführung zum anderen erfolgen also partiell unter Einschluss des Bundesrates. Avanciert der Bundesrat hierdurch sogar zu einem Träger einer Alternativ- oder Teilregierung (1)? Was bedeuten die genannten Mitwirkungsrechte des Bundesrates für eine grundgesetzliche Regierungsfunktion (2)?

(1) Der Bundesrat als Inhaber einer Alternativ- oder Teilregierung?

Mehrere Befugnisse vermitteln dem Bundesrat die Möglichkeit zur politischen Richtunggebung[317]; sie müssten ihn infolgedessen ebenso als Träger – jedenfalls – einer Alternativ- oder Teilregierung ausweisen: Ein Gesetzesinitiativrecht (Art. 76 Abs. 1 GG) erlaubt den Anstoß zu einer legislativen Richtunggebung und mündet ganz folgerichtig in das Recht zur Begleitung des legislativen Prozesses (Art. 43 Abs. 2 GG). Zustimmungspflichtige Gesetze erheben den Bundesrat über weite Politikbereiche zum gleichberechtigten Mitentscheidungsorgan.[318] Im Anschluss an die Gesetzgebung liegt der Verwaltungsvollzug der Bundesgesetze schwerpunktmäßig in den Händen der Länderexekutive, dessen einheitliche Umsetzung im Bundesrat koordiniert werden könnte (vgl. auch Art. 80 Abs. 3 GG).[319] Die den Bundesrat prägende Verknüpfung von Legislative und Exekutive, Bund und Ländern erlaubt es ihm also durchaus, die Rechtserzeugung im Sinne einer politischen Richtunggebung zu steuern und aufeinander abzustimmen[320], kurz: eine Regierungsfunktion wahrzunehmen.

---

[316] Siehe zu dieser Formulierung auch *Herzog*, in: Isensee/Kirchhof (Hrsg.), HStR, Bd. III, 3. Aufl. (2005), § 57, Rn. 30.

[317] Zu den Befugnissen des Bundesrates siehe *Herzog*, in: Isensee/Kirchhof (Hrsg.), HStR, Bd. III, 3. Aufl. (2005), § 58.

[318] Siehe zum Anteil von Zustimmungs- und Einspruchsgesetzen noch immer *Dolzer*, VVDStRL 58 (1999), 7 (11 f.); *Herzog*, in: Isensee/Kirchhof (Hrsg.), HStR, Bd. III, 3. Aufl. (2005), § 57, Rn. 29; *Sachs*, VVDStRL 58 (1999), 39 (57). Die Föderalismusreform von 2006, insbesondere die Neufassung von Art. 84 Abs. 1 GG, hat die Anzahl zustimmungspflichtiger Gesetze verringert, aber die Stellung des Bundesrates für die Gesetzgebung nicht grundsätzlich angetastet, siehe zu den Auswirkungen der Föderalismusreform *Kersten*, in: Maunz/Dürig, GG, 88. EL (2019), Art. 77, Rn. 95 m. w. N.

[319] Zu den Aufgaben des Bundesrates bei der Verwaltung des Bundes siehe *Kloepfer*, Verfassungsrecht I, 2011, § 16, Rn. 104–113.

[320] In diese Richtung auch *Kloepfer*, Verfassungsrecht I, 2011, § 16, Rn. 142, der dem Bun-

Indes mangelt es dem Bundesrat im Vergleich zur Bundesregierung an mehreren Strukturen und Befugnissen, die eine solche Funktion zur koordinierten Richtunggebung effektiv gewährleisten. Der Kreationsmechanismus der Bundesregierung (Art. 63 GG) und die anschließenden Instrumente zur Gewährleistung der Regierungsstabilität (Art. 67, Art. 68 GG) zielen auf eine hinreichende politische Konkordanz von Bundestagsmehrheit und Bundesregierung. Dies stellt typischerweise die legislative Umsetzung der von der Bundesregierung intendierten Richtunggebung sicher. Da ein Gleichklang von Bundesrats- und Bundestagsmehrheit hingegen nicht gesichert ist, ist dem Bundesrat keine solche Gewähr für die Umsetzung seines politischen Programms gegeben. Daneben fehlt dem Bundesrat aufgrund seiner institutionellen Struktur die der Bundesregierung eigene Flexibilität und Beweglichkeit. Das steht einer koordinierten Umsetzung der politischen Richtunggebung in staatliche Rechtserzeugung zwar nicht entgegen, erschwert sie aber. Zugleich kommt dem Bundesrat eine für die Aufstellung des Bundeshaushaltes vergleichbar gewichtige Rolle, wie sie die Bundesregierung innehat (vgl. Art. 110 Abs. 3 GG), nicht zu.[321] Ebenso auf die für die innerstaatliche Rechtserzeugung mittlerweile unentbehrliche supranationale Rechtserzeugung ist eine substanzielle Einflussnahme des Bundesrates lediglich bei einer qualifizierten Betroffenheit von Länderinteressen vorgesehen (vgl. Art. 23 Abs. 5 S. 2, Abs. 6 S. 1 GG). Nur ausnahmsweise und unter Einbeziehung weiterer Verfassungsorgane nimmt der Bundesrat im Gesetzgebungsnotstand die Rolle eines Staatsleitungsorgans ein (vgl. Art. 81 Abs. 1, Abs. 2 GG)[322], wobei auch an dieser Stelle die Bundesregierung als richtunggebende politische Kraft hervortritt.

Das Grundgesetz statuiert hierbei nicht lediglich anspruchsvollere Rahmenbedingungen, um eine parteipolitische Richtunggebung durch den Bundesrat auch tatsächlich zu bewirken, sondern formuliert auf der Ebene des verfassungstheoretischen Systems eine grundgesetzliche Wertung, wonach es dem Bundesrat die Wahrnehmung der Regierungsfunktion zwar partiell erlaubt, jedoch nicht idealerweise anvertraut; sie ist im verfassungstheoretischen System des Grundgesetzes der Bundesregierung im Zusammenspiel mit dem Bundestag zugedacht. Ganz folgerichtig ist der Bundesrat von der Bundesregierung als eigentlicher Trägerin der Funktion zur politischen Richtunggebung über die „Führung der Geschäfte“

---

desrat aufgrund seiner Zusammensetzung die Eignung zur Zusammenführung der unterschiedlichen Organe und Kräfte im bundesdeutschen Verfassungsleben attestiert.

[321] *Herzog*, in: Isensee/Kirchhof (Hrsg.), HStR, Bd. III, 3. Aufl. (2005), § 57, Rn. 35; *Sachs*, VVDStRL 58 (1999), 39 (60).

[322] Siehe dazu *Herzog*, in: Isensee/Kirchhof (Hrsg.), HStR, Bd. III, 3. Aufl. (2005), § 57, Rn. 32.

zu unterrichten (Art. 53 S. 3 GG).[323] Dadurch ist der Bundesrat in der grundgesetzlichen Konzeption dazu imstande, wie Art. 50 GG zeigt, an der Gesetzgebung und Verwaltung des Bundes oder anders formuliert, an einer abgestimmten, aber im Grunde fremden Richtunggebung „mitzuwirken".[324] Dass er demgegenüber grundgesetzlich nicht selbst zur Leitung prädestiniert ist, bestätigt auch die Entstehungsgeschichte.[325] Insbesondere von der exekutivistischen Struktur des Bundesrates versprach man sich – entgegen der zugleich diskutierten Senatslösung –, den Charakter eines politisierten Leitungsorgans zu verhindern.[326] Eine bundes- und parteipolitisch motivierte Inanspruchnahme der Rechtspositionen des Bundesrates[327], ganz im Sinne des von *Hesse* beschriebenen „unitarischen Bundesstaates"[328], ist darum noch nicht unzulässig,[329] widerspricht aber dem an dieser Stelle zu ermittelnden verfassungstheoretischen Ideal.[330]

Diese Ambivalenz zwischen zurückgewiesener eigenständiger politischer Leitungsfunktion zum einen und beträchtlichen Mitwirkungsbefugnissen an eben dieser Leitung zum anderen kennzeichnet den idealtypischen verfassungstheoretischen Standort des Bundesrates im gewaltengegliederten Rechtserzeugungsprozess des Grundgesetzes. Sie mündet in die Einschätzung, ihn weder als Alternativ- noch Teilregierung zu begreifen. Er ist vielmehr zur Mitwirkung, aber auch Hemmung einer von Bundesregierung und Bundestag dominierten parteipolitischen Richtunggebung berufen.[331]

---

323 Zu einer vergleichbaren Unterrichtungspflicht auf dem Gebiet der Angelegenheiten der Europäischen Union siehe Art. 23 Abs. 2 S. 2 GG.

324 Siehe auch *Dolzer*, VVDStRL 58 (1999), 7 (15).

325 *Dolzer*, VVDStRL 58 (1999), 7 (11, 21).

326 *Dolzer*, VVDStRL 58 (1999), 7 (11 f.).

327 Zu Beispielen siehe *Dolzer*, VVDStRL 58 (1999), 7 (12 f.); eine insgesamt vergleichsweise schwache Inanspruchnahme der Bundesratsbefugnisse entsprechend den parteipolitischen Präferenzen feststellend *Herzog*, in: Isensee/Kirchhof (Hrsg.), HStR, Bd. III, 3. Aufl. (2005), § 57, Rn. 18–21; Beispiele zu einer landespolitisch motivierten Wahrnehmung der Bundesratsbefugnisse bei *Rudzio*, Das politische System der Bundesrepublik Deutschland, 10. Aufl. (2019), 266.

328 Siehe *Hesse*, Der unitarische Bundesstaat, 1962, insbes. 23, 26 ff.; siehe auch *Rudzio*, Das politische System der Bundesrepublik Deutschland, 10. Aufl. (2019), 262 f.

329 In diese Richtung auch *Herzog*, in: Isensee/Kirchhof (Hrsg.), HStR, Bd. III, 3. Aufl. (2005), § 57, Rn. 17; *Kloepfer*, Verfassungsrecht I, 2011, § 16, Rn. 22.

330 Betroffen ist dabei nicht nur die grundgesetzliche Idee einer Regierungsfunktion und die primär zugedachte Rolle des Bundesrates, sondern ebenso die Bundesstaatlichkeit, die auf länderspezifische Eigenart drängt und nicht lediglich auf die Beteiligung der Länder auf Bundesebene, so *Dolzer*, VVDStRL 58 (1999), 7 (20 f.); wohl anders *Hesse*, Der unitarische Bundesstaat, 1962, 27 f., 31 f., der die gewaltenteilende Wirkung des grundgesetzlichen Bundesstaates „im heutigen Verfassungsleben auch weniger in der vertikalen als in einer Ergänzung und Verstärkung der horizontalen Gewaltenteilung" (27) erblickt.

331 In diese Richtung auch *Gusy*, DVBl. 1998, 917 (927) sowie *Kloepfer*, Verfassungsrecht

(2) Die grundgesetzliche Regierungsfunktion und die Mitwirkungsbefugnisse des Bundesrates

Was aber bringen die Mitwirkungserfordernisse des Bundesrates bei der Rechtserzeugung des Bundes für eine grundgesetzliche Regierungsfunktion mit sich? Mitwirkungserfordernisse des Bundesrates installiert das Grundgesetz nicht nur in den zahlreichen zustimmungspflichtigen Gesetzen, sondern auch für den weiteren Verwaltungsvollzug der Bundesgesetze (vgl. Art. 80 Abs. 2 GG, Art. 84 Abs. 2, Abs. 3 S. 2 GG, Art. 85 Abs. 2 S. 1 GG)[332]. Die richtungsweisende Einwirkung auf die Gesetzgebung und den Verwaltungsvollzug im Sinne des politischen Programms durch die Bundesregierung bedarf darum teilweise der Abstimmung mit dem Bundesrat. Da dessen parteipolitische Ausrichtung und seine länderfokussierte Perspektive häufig dem parteipolitischen Programm der Regierung widersprechen dürften[333], nimmt das Grundgesetz insoweit eine weitere partielle Relativierung der Möglichkeit zur parteipolitischen Richtunggebung in Kauf bzw. verlangt sogar nach ihr. Dies tritt mit den vorangegangenen Überlegungen, nämlich einer Präferenz für eine demokratisch bedingte parteipolitische Richtunggebung, in ein Spannungsverhältnis und sollte darum auslegungsleitend zu einer restriktiven Auslegung von Zustimmungserfordernissen des Bundesrates führen[334]. Zugleich wird dadurch die grundgesetzliche Intention nach einer um föderale Interessen relativierten parteipolitischen Richtunggebung sichtbar; die parteipolitische Richtunggebung ist im Grundgesetz partiell[335] also eine *bun-*

I, 2011, § 16, Rn. 142, der im Hinblick auf die Befugnisse des Bundesrates konstatiert, dass diese „weniger zur Entfaltung konfrontativer Alternativen als vielmehr zur Abschleifung und Kontrolle der Entscheidungen anderer Verfassungsorgane geeignet" seien.

[332] *Herzog*, in: Isensee/Kirchhof (Hrsg.), HStR, Bd. III, 3. Aufl. (2005), § 57, Rn. 38.

[333] Dass sich die Mehrheitsverhältnisse des Bundesrates während einer laufenden Legislaturperiode gegenläufig zu denen des Bundestages entwickeln, ist empirisch belegt, siehe dazu *Herzog*, in: Isensee/Kirchhof (Hrsg.), HStR, Bd. III, 3. Aufl. (2005), § 57, Rn. 44; siehe auch *Rudzio*, Das politische System der Bundesrepublik Deutschland, 10. Aufl. (2019), 262–264. Dieser Effekt einer von der Bundestagsmehrheit abweichenden Bundesratsmehrheit dürfte angesichts bereits vermehrt in den Ländern auftretender atypischer Regierungskonstellationen noch zunehmen.

[334] Dies betrifft insbesondere die Zustimmungserfordernisse der Art. 84 Abs. 1 S. 6 GG, Art. 85 Abs. 1 S. 1 GG, die bisher entsprechend der sogenannten Einheitsthese extensiv verstanden werden, siehe dazu mit der berechtigten Kritik gegen die Einheitsthese *Trute*, in: v. Mangoldt/Klein/Starck, GG, Bd. 3, 7. Aufl. (2018), Art. 84, Rn. 45–50; siehe auch *Dolzer*, VVDStRL 58 (1999), 7 (29); *Sachs*, VVDStRL 58 (1999), 39 (61 f.).

[335] Die Regierungsmannschaft ist aufgrund der Bundesratsbefugnisse nicht dazu gezwungen, ihr vollständiges Regierungsprogramm mit dem Bundesrat abzustimmen, sondern lediglich einen Kompromiss in Einzelfragen einzugehen, vgl. *Sachs*, VVDStRL 58 (1999), 39 (59 f.).

desstaatlich abgestimmte parteipolitische Richtunggebung.[336] So dürfte es auch der Verfassungspraxis entsprechen[337] und sich insoweit adäquat in das konkordanzorientierte deutsche Demokratiemodell einfügen.[338]

Einer politischen Richtunggebung steht das indes nicht entgegen, im Gegenteil: Eine föderal bedingte Abstimmung kann sogar zu einer effektiveren Umsetzung der politischen Richtunggebung durch die Regierung beitragen. Durch die Beteiligung der im Bundesrat versammelten Exekutivspitzen der Länder an der Gesetzgebung und dem Verwaltungsvollzug können die mit der Gesetzesausführung verbundenen Herausforderungen bereits in die Gesetzgebung (vgl. Art. 43 Abs. 2, Art. 76 Abs. 2 GG) und jedenfalls für die Vollzugssteuerung berücksichtigt und dadurch die Umsetzung der nun *abgestimmten* politischen Richtunggebung in staatliche Rechtserzeugung effektiviert werden.[339] Schließlich aber wird die Notwendigkeit einer in der Bundesregierung zentralisierten Regierungsfunktion durch den föderalen Abstimmungsbedarf sogar verstärkt, ihr Verständnis erneut bestätigt: Ist mit dem Bundesrat ein weiterer machtvoller Akteur in die Rechtserzeugung involviert, bedarf der erfolgreiche Transfer des politischen Programms in staatliche Rechtserzeugung umso mehr einer zentralen Koordination, die aufgrund ihrer institutionellen Struktur zuvörderst der Bundesregierung zugewiesen ist.

dd) Die grundgesetzliche Regierungsfunktion im Lichte der Verflechtung der Rechtserzeugung von Ländern, Bund und Union

Die bereits im Bundesstaat des Grundgesetzes angelegte Verflechtung verschiedener Ebenen der Rechtserzeugung, die die Legislative und Administrative typischerweise auf unterschiedlichen Ebenen verortet, wird durch die Verbindung von nationaler und unionaler, aber auch internationaler Rechtserzeugung vertieft. Die Auswirkungen auf die gemeinwohlbedingte politische Richtunggebung – als Auftrag einer Regierungsfunktion – sind, wie bereits für die innerstaatliche

---

336 In diese Richtung auch die Einschätzung bei *Dolzer*, VVDStRL 58 (1999), 7 (19), der im Hinblick auf den deutschen Föderalismus eine „mehrheitsorientierte Verbundsbeteiligung" konstatiert; siehe auch *Hatje*, VVDStRL 69 (2010), 135 (158); *Kloepfer*, Verfassungsrecht I, 2011, § 16, Rn. 22.

337 Die hierfür gebrauchten Bezeichnungen des „verhandelnden Staates", der „Kooperationsbeziehungen" und der „Verhandlungssysteme" beschreiben die föderale Praxis für die Bundesrepublik treffend, siehe hierzu *Oeter*, in: v. Bogdandy/Bast (Hrsg.), Europäisches Verfassungsrecht, 2. Aufl. (2009), Föderalismus und Demokratie, 73 (104 f.).

338 Zu den Vor- und Nachteilen der hiermit verbundenen Kompromisszwänge siehe *Sachs*, VVDStRL 58 (1999), 39 (59); kritisch zum eher konsensorientierten bundesrepublikanischen Demokratiemodell *Hatje*, VVDStRL 69 (2010), 135 (137 f.).

339 Siehe auch *Herzog*, in: Isensee/Kirchhof (Hrsg.), HStR, Bd. III, 3. Aufl. (2005), § 57, Rn. 46; *Hesse*, Der unitarische Bundesstaat, 1962, 28 f.; *Sachs*, VVDStRL 58 (1999), 39 (52).

Beteiligung mehrerer Ebenen dargestellt[340], ambivalent: Durch diese verfassungsrechtlich intendierte[341] Einbindung überstaatlicher Ebenen und Akteure in die Rechtserzeugung bekundet das Grundgesetz, dass es in zahlreichen Politikbereichen die Abstimmung des der Rechtserzeugung zugrunde liegenden Programms verlangt.[342] Einer „Politik aus einem Guss“ erteilt das Grundgesetz über weite Politikfelder für die staatliche Rechtserzeugung damit eine Absage. Eine politische Richtunggebung wird darum jedoch nicht entbehrlich; sie bleibt gemeinwohlbedingt geboten. Ein abgestimmtes politisches Programm setzt überhaupt ein politisches Programm voraus. Verlangt seine erfolgreiche Umsetzung aufgrund der Rechtserzeugungsverflechtung[343] jedoch nach einer Abstimmung mit weiteren Ebenen, nimmt das Erfordernis nach einer auf jeder Ebene lokalisierten zentralen Steuerung und Koordination der Rechtserzeugung im Sinne des politischen Programms, kurz einer Regierungsfunktion, dadurch sogar weiter zu. Dieses Bedürfnis wird noch einmal durch den bereits für den bundesdeutschen Föderalismus[344] attestierten Befund gestärkt, wonach föderale Strukturen weniger zu einer Vielfalt der einzelnen Glieder als zu einer Beteiligung der einzelnen Glieder am jeweiligen Verbund neigen[345]. Die Beteiligung des einzelnen Gliedes am Verbund bedarf in funktioneller Hinsicht ihrerseits dann umso mehr der Bündelung der teils gegenläufigen Interessen innerhalb des Gliedes, was einen zentralen Koordinierungs- und Abstimmungsvorgang voraussetzt. In organisatorischer Hinsicht verlangt dies ein Organ, das optimalerweise in die verschiedenen Ebenen der Rechtserzeugung eingebunden und zu einer zentralen Steuerung, Koordination und Abstimmung der Rechtserzeugung institutionell befähigt ist.[346]

Bereits innerhalb des bundesdeutschen Föderalismus besitzt die Bundesregierung für den Ländervollzug von Bundesgesetzen Einwirkungsrechte auf die Län-

---

340 Siehe Teil 2 Kap. 4 II. 1. c) cc) (1).

341 Dieses verfassungsrechtliche Ideal ist Ausdruck der Europarechts- und Völkerrechtsfreundlichkeit des Grundgesetzes, siehe zur Europarechtsfreundlichkeit BVerfGE 123, 267 (347 ff.); zur Völkerrechtsfreundlichkeit siehe BVerfGE 111, 307 (317 f.).

342 Siehe auch *P. Kirchhof*, in: Isensee/ders. (Hrsg.), HStR, Bd. X, 3. Aufl. (2012), § 214, Rn. 157: „Europarecht ist auf Kooperation angelegt.“

343 Die Bezeichnung erfolgt in Anlehnung an den für föderale Ordnungen geprägten politikwissenschaftlichen Begriff der Politikverflechtung, siehe dazu beispielsweise *Rudzio*, Das politische System der Bundesrepublik Deutschland, 10. Aufl. (2019), 304; *Sturm/Pehle*, Das neue deutsche Regierungssystem, 3. Aufl. (2012), 18.

344 *Hesse*, Der unitarische Bundesstaat, 1962, 27; *Rudzio*, Das politische System der Bundesrepublik Deutschland, 10. Aufl. (2019), 315.

345 Für den Prozess der Europäisierung *Sturm/Pehle*, Das neue deutsche Regierungssystem, 3. Aufl. (2012), 17.

346 Eine zentrale europäische Koordinierungsstelle für Deutschland – insbesondere mit Blick auf andere Mitgliedstaaten – anmahnend *Sturm/Pehle*, Das neue deutsche Regierungssystem, 3. Aufl. (2012), 59 f.

der (vgl. u. a. Art. 84 Abs. 2, Abs. 3, Abs. 5 GG, Art. 85 Abs. 2, Abs. 3, Abs. 4 GG). Für die besonders bedeutsame Verbindung der nationalen mit der europäischen Rechtserzeugung weist das Grundgesetz mit Art. 23 GG diese Funktion ebenso der Bundesregierung zu,[347] während Bundestag und Bundesrat hieran lediglich „mitwirken" (Art. 23 Abs. 2 S. 1 GG) und von der Bundesregierung zu unterrichten sind (Art. 23 Abs. 2 S. 2 GG).[348] Spiegelbildlich dazu verknüpft das Unionsrecht primär[349] die jeweiligen Staats- und Regierungschefs sowie die übrigen Regierungsmitglieder mit dem Europäischen Rat als richtunggebendes[350] und dem Rat als mitgesetzgebendes[351] Unionsorgan (vgl. Art. 15 Abs. 2 S. 1 EUV, Art. 16 Abs. 2 EUV).[352] Schließlich ist die Bundesregierung mit Beamten in die Ausarbeitung von Rechtsetzungsvorschlägen der Kommission involviert, was ihr schon in diesem Verfahrensstadium einen Einfluss auf die Unionsgesetzgebung sichert.[353] Die Bundesregierung ist damit auf Landes-, Bundes- und Unionsebene mit zentralen Mitwirkungs-, Gestaltungs- und Weisungsrechten ausgestattet und obendrein durch ihre institutionelle Gestalt zu einer zentralen Koordination der nationalen Rechtserzeugung prädestiniert.

Die grundgesetzliche Regierungsfunktion gewinnt darum angesichts der verflochtenen Rechtserzeugung im supranationalen wie innerstaatlichen Mehrebenensystem an letzten Konturen: Wurde die Regierungsfunktion insbesondere in der Verantwortung für den Transfer des politischen Programms in staatliche

[347] Zur Rolle der verschiedenen Verfassungsorgane im Rahmen der auswärtigen und europäischen Vertretung siehe BVerfGE 131, 152 (195–198); siehe auch *Classen*, in: v. Mangoldt/Klein/Starck, GG, Bd. 2, 7. Aufl. (2018), Art. 23, Rn. 64, wonach die Bundesregierung die Kompetenz besitze, „die in Hinblick auf die europäische Integration zu verfolgende Politik verbindlich festzulegen"; nur ausnahmsweise tritt an die Stelle der Bundesregierung ein Vertreter der Länder, wobei selbst in diesem Fall die Wahrnehmung der Rechte unter „Beteiligung und in Abstimmung mit der Bundesregierung" zu erfolgen hat, vgl. Art. 23 Abs. 6 GG. Die dominante Rolle der Bundesregierung im Prozess der Europäisierung ist auch empirisch belegt, siehe hierzu *Sturm/Pehle*, Das neue deutsche Regierungssystem, 3. Aufl. (2012), 18 f.

[348] Zu den Mitwirkungsrechten von Bundestag und Bundesrat siehe *Durner*, in: Isensee/Kirchhof (Hrsg.), HStR, Bd. X, 3. Aufl. (2012), § 216, Rn. 30–33.

[349] Das Unionsrecht sieht zwar auch die Einbindung der nationalen Parlamente vor (vgl. Art. 12 EUV). Insbesondere im Rahmen der Rechtsetzung wird den Parlamenten dabei jedoch maßgeblich eine passive Rolle zugewiesen. Handfesteren Mitwirkungsmöglichkeiten, auch den Mechanismen zur Wahrung des Grundsatzes der Subsidiarität (vgl. Art. 12 b) EUV), kommt praktisch bisher eine unbedeutende Rolle zu, siehe dazu *Brand,* Europapolitische Kommunikation zwischen Bundestag und Bundesregierung, 2015, 205–209.

[350] Art. 15 Abs. 1 S. 1 EUV; siehe auch Teil 2 Kap. 4 II. 1. d) dd) Exkurs: Regierungsfunktion im Unionsrecht.

[351] Art. 16 Abs. 1 EUV.

[352] Siehe auch *Rudzio*, Das politische System der Bundesrepublik Deutschland, 10. Aufl. (2019), 390: „Bundesregierung: Monopol auf Mitwirkung in der EU".

[353] *Rudzio*, Das politische System der Bundesrepublik Deutschland, 10. Aufl. (2019), 392.

Rechtserzeugung verstanden, wofür verschiedene *Abschnitte* der Rechtserzeugung zu steuern, zu koordinieren und aufeinander abzustimmen sind, erweist sich dieser Aspekt im Lichte der Verortung der einzelnen *Abschnitte* der Rechtserzeugung auf verschiedenen *Ebenen* im Mehrebenensystem vor allem als Koordination und Abstimmung verschiedener *Ebenen* der Rechtserzeugung. Sind dabei teilweise weitere bedeutungsvolle *Akteure* involviert, handelt es sich zugleich um eine Koordination, Steuerung und Abstimmung verschiedener *Akteure* der Rechtserzeugung. Die Aspekte der Steuerung, Koordination und Abstimmung verschiedener Abschnitte, Ebenen und Akteure der Rechtserzeugung avancieren im Lichte der Rechtserzeugungsverflechtung also zu umso wesensbestimmenderen Momenten der Regierungsfunktion.[354] Sie sind im Grundgesetz primär der Bundesregierung anvertraut. Hatte sich obendrein zuvor bereits angedeutet, dass diese Steuerung sich selbst auf die Gesetzgebung erstreckt, wird dies durch die Mitwirkung der Bundesregierung im Rat als Mitgesetzgeber und im Europäischen Rat als der Gesetzgebung vorausliegender Impuls- und Richtunggeber noch einmal bekräftigt.

d) Zwischenergebnis

aa) Regierung und Verwaltung

Das verfassungstheoretische System des Grundgesetzes kennt innerhalb der vollziehenden Gewalt zwei Teilfunktionen.[355] Erstere kann als Regierung oder Gubernative, Letztere als Verwaltung oder Administrative bezeichnet werden. Zusammen bilden sie die vollziehende Gewalt oder Exekutive.[356]

Die Regierungsfunktion steht im Dienste der Übersetzung des politischen Programms in staatliche Rechtserzeugungsprodukte. Dafür steuert, koordiniert und stimmt sie verschiedene Etappen der Rechtserzeugung, nämlich die legislative und administrative Rechtserzeugung, im Sinne des politischen Programms aufeinander ab. Das beinhaltet unter anderem die Steuerung der politisch-allgemeinbezogenen Rechtserzeugung, ohne diese abschließend selbst durchzuführen, so-

---

354 Siehe bereits *Hatje*, VVDStRL 69 (2010), 135 (137 f.); siehe auch *Sturm/Pehle*, Das neue deutsche Regierungssystem, 3. Aufl. (2012), 17: „Nationales Regieren unter den Kontextbedingungen der Europäisierung ist in zunehmendem Maße ausgerichtet auf das Management der Interdependenzbeziehungen, die sich aus der gemeinsamen Nutzung der Instrumente politischer Steuerung durch die unterschiedlichen politischen Ebenen ergeben."

355 Dies energisch betonend *v. Bogdandy*, Gubernative Rechtsetzung, 2000, 114 f.

356 Siehe auch *Abbé*, Verbraucherschutz durch Transparenz?, 2017, 151; *Hoffmann-Riem*, in: ders./Schmidt-Aßmann/Voßkuhle (Hrsg.), Grundlagen des Verwaltungsrechts, Bd. I, 2. Aufl. (2012), § 10, Rn. 47; *Loschelder*, in: Isensee/Kirchhof (Hrsg.), HStR, Bd. V, 3. Aufl. (2007), § 107, Rn. 24; gegen diese Terminologie *v. Bogdandy*, Gubernative Rechtsetzung, 2000, 114 f., 147, der die Exekutive nur als Synonym für Verwaltung begreift.

wie die richtungsweisende Einwirkung auf die konkret-individuelle Rechtserzeugung[357], ohne selbst konkret-individuelle Rechtspflichten des Bürgers zu erzeugen[358]; sie verharrt also grundsätzlich im „Inneren" des Staates.

Die Einbindung weiterer Akteure wie des Bundesrates in die Rechtserzeugung sowie die Verflechtung von Länder-, Bundes- und Unionsebene vertiefen das Bedürfnis nach einer zentralen Steuerung, Koordination und Abstimmung der Rechtserzeugung. Steuerung, Koordination und Abstimmung verschiedener Etappen der Rechtserzeugung bedeutet darum vor allem eine Steuerung, Koordination und Abstimmung verschiedener Ebenen und Akteure der Rechtserzeugung. Eine solche kann auf nationaler Ebene zum Teil auch von einem Verfassungsorgan wie dem Bundesrat wahrgenommen werden. Gleichwohl ist sie grundgesetzlich primär der Bundesregierung anvertraut. Insbesondere ihre Einwirkungsrechte auf die Länderverwaltung (u. a. Art. 84 Abs. 2, Abs. 3, Abs. 5 GG, Art. 85 Abs. 2, Abs. 3, Abs. 4 GG) sowie ihre gleichzeitige Einbindung in die Willensbildung der Union (Art. 15 Abs. 2 S. 1 EUV, Art. 16 Abs. 2 EUV) bekräftigen dies.

Der Regierung schließt sich innerhalb der Exekutive die Verwaltung an. Mit ihr tritt der Staat „nach außen" und realisiert staatliche Entscheidungen, oder mit Bezug auf individuelle Rechtspositionen gesprochen: Konkrete und individuelle Rechtspflichten werden eigeninitiativ erzeugt.[359] Sie stellt sicher, dass die Vorgaben des politischen Programms mit Blick auf den jeweiligen Einzelfall verwirklicht werden.[360] Wird die konkret-individuelle Rechtserzeugung als Wesensmerkmal der Verwaltung identifiziert, bestehen auch keine Probleme, „gesetzesfreie" bzw. nicht-gesetzesausführende Tätigkeiten der Verwaltung zuzuordnen.

Die Exekutive fungiert dabei nicht lediglich als die Summe beider Teilfunktionen. Sie ist vielmehr der Rahmen, um beide zu unterscheidenden, aber voneinander abhängigen Funktionen aufeinander abzustimmen. Erst dadurch können sie ihren idealtypischen Beitrag im gewaltengegliederten Rechtserzeugungsprozess erbringen: Die Regierung steuert die Verwaltung, ohne sie selbst auszuführen; die Verwaltung erfährt die notwendige Richtunggebung, besitzt jedoch zu-

---

[357] Diese Definition weist starke Parallelen zu der *Scheuners* auf, siehe dazu *Scheuner*, in: FS Smend, 1952, 253 (278), der ebenso die „schöpferische Entscheidung, die politische Initiative und die zusammenfassende Leitung des Staatsganzen" der „dirigierende[n] Kontrolle der ausführenden Tätigkeiten" gegenüberstellt.

[358] So auch *Kastner*, in: Fehling/Kastner/Störmer (Hrsg.), NK-Verwaltungsrecht, 4. Aufl. (2016), § 1, Rn. 41, der zur Regierungstätigkeit die sich nicht unmittelbar an den Bürger richtenden Handlungen zählt, sowie *Schliesky*, in: Knack/Henneke, VwVfG, 11. Aufl. (2020), § 1, Rn. 31.

[359] So auch *Scheuner*, in: FS Smend, 1952, 253 (278).

[360] In Abgrenzung zur Rechtsprechung ist für die Verwaltung die Eigeninitiative und Weisungsgebundenheit gegenüber der übergeordneten Regierungsorganisation kennzeichnend.

gleich Raum zur eigenständigen Rechtserzeugung. Diese Transformations- und Abstimmungsleistung der Exekutive rechtfertigt es, sie als eigenständige Funktion, die beide Teilfunktionen vereint, zu begreifen.[361]

Die hier gefundenen Begriffe einer Regierungs- und Verwaltungsfunktion wurden zwar durch tatsächlich-empirische Aspekte gestützt, basieren aber auf normativ-legitimatorischen Überlegungen. Damit sind sie Bestandteil des verfassungstheoretischen Systems des Grundgesetzes und besitzen demnach – auf Basis der hier präsentierten Begriffstypen – den Status eines Theoriebegriffs. Sie formulieren normative Ideale[362] und tragen zur Konturierung und Konkretisierung von Rechtsbegriffen bei.[363]

Entsprechend ihrem normativen Status als Theoriebegriff können die hier ermittelten Begriffe von Regierung und Verwaltung zwar nicht den tatsächlichen Anwendungsbereich von Regierung und Verwaltung erschöpfend beschreiben, so doch aber ihren ideal-theoretischen Funktionsbereich skizzieren. Sie decken dabei ihren normativ-legitimatorischen Kern auf und besitzen – wenn auch schwache – normative Relevanz.[364] Insoweit heben sie sich positiv von übrigen Darstellungen in der Wissenschaft ab, die teilweise von einer Definition für die Regierung und die Verwaltung zugunsten tatsächlicher Beschreibungen absehen.[365]

Zugleich schließen die hier aufgezeigten Begriffe von Regierung und Verwaltung an die in der Wissenschaft artikulierten herkömmlichen Definitionen und Beschreibungen an; sie führen typischerweise zu dem zuvor aufgezeigten legiti-

361 Vgl. *Möllers*, Gewaltengliederung, 2005, 117.

362 Auch das Bundesverfassungsgericht spricht im Hinblick auf den Funktionsbereich der Verwaltung davon, dass die „Verwaltung *idealtypisch* mit der Aufgabe des Gesetzesvollzugs im Einzelfall betraut" (Herv. durch Verf.) sei, vgl. BVerfGE 139, 321 (362).

363 Die Wirkung einer auslegungsleitenden verfassungstheoretischen Hintergrundvorstellung nimmt ebenso der durch *von Bogdandy* herausgearbeitete Begriff einer Regierungsfunktion ein, vgl. *v. Bogdandy*, Gubernative Rechtsetzung, 2000, 143–145, 147 f., 151. Aufgrund des Absehens von (unmittelbaren) Rechtsfolgen sind die Begriffe der Regierung und Verwaltung bei *Möllers* mit den hier als Theoriebegriffen bezeichneten Figuren vergleichbar, siehe dazu *Möllers*, Gewaltengliederung, 2005, 134: „Die [...] bekannte Unterscheidung zwischen Regierung und Verwaltung [...] ist aber weniger überzeugend mit Rechtsfolgen zu verknüpfen."

364 Ähnlich der Regierungsbegriff bei *Gärditz*, in: Krüper/Pilniok (Hrsg.), Die Organisationsverfassung der Regierung, 2021, 25 (53 f.): „Institutioneller Regierungsbegriff als Legitimationsbegriff".

365 Für die Verwaltung: *Detterbeck*, Allgemeines Verwaltungsrecht, 17. Aufl. (2019), Rn. 1; im Anschluss an *Forsthoff*, Lehrbuch des Verwaltungsrechts, Bd. 1, 10. Aufl. (1973), 1 auch *Maurer/Waldhoff*, Allgemeines Verwaltungsrecht, 19. Aufl. (2017), § 1, Rn. 5–8; *Wolff/Bachof/Stober/Kluth*, Verwaltungsrecht I, 13. Aufl. (2017), § 3, Rn. 20: „Öffentliche Verwaltung im materiellen Sinne ist also die mannigfaltige, konditional oder nur zweckbestimmte, teilweise fremdbestimmte, selbstbeteiligt entscheidend ausführende und im Übrigen steuernde und gestaltende, fremdnützige Wahrnehmung der Angelegenheiten von Gemeinwesen und ihrer Mitglieder durch die dafür bestellten Sachwalter."

matorisch-normativen Kern von Regierung und Verwaltung zurück: So findet sich beispielsweise die von *Hesse* gebrauchte Definition der Verwaltung als die „tätige Verwirklichung der staatlichen Aufgaben im einzelnen und besonderen in der Gebundenheit an rechtlich normierte Maßstäbe“[366] mit ihrem Bezug auf das Einzelne und Besondere in der hier präsentierten Definition der Verwaltung, die auf die „individuelle“ und „konkrete“ Rechtserzeugung abstellt, wieder.[367]

Wird beispielsweise die Regierung mit dem Bereich der Verfassung identifiziert[368], korrespondiert dies mit der hier präsentierten Definition, da die Befugnisse, die mit der koordinierten Umsetzung des politischen Programms in staatliche Rechtserzeugung verbunden sind, typischerweise verfassungsunmittelbar eingeräumt sind. Soweit die Regierungstätigkeit mit dem Allgemeinen und die Verwaltungstätigkeit mit dem Besonderen in Verbindung gebracht wird[369], drückt sich dies in der hier aufgezeigten Nähe und Verantwortung von Regierung und Verwaltung für die politisch-allgemeinbezogene und konkret-individuelle Rechtserzeugung ebenso aus. Mit der an dieser Stelle betonten Verantwortung für die Realisierung des politischen Programms wird zugleich an die Regierungskonzeption *Smends* angeknüpft, der die Regierung durch das Politische charakterisiert und von der „technischen Verwaltung“[370] unterscheidet. Beschreibt man die Regierung als leitende und richtunggebende Tätigkeit[371], geht dies ebenso mit der hier herausgestellten Regierungsfunktion einher, weite Teile der Rechtserzeugung zu steuern und insbesondere den Verwaltungsvollzug nach der Maßgabe politischer Richtunggebung anzuleiten. Dass die Regierungsfunktion die jeweiligen Etappen der Rechtserzeugung zwar koordiniert und steuert, aber oftmals nicht abschließend durchführt und durchführen darf, klingt in der positivistisch überspitzten und insoweit unzutreffenden Einschätzung *Otto Mayers* an, wonach die Regierung alle Staatsgewalten beeinflusse, sie selbst jedoch keine sei[372] und für sie „nichts übrig“ bleibe „als das Allgemeine, das darüber

---

366 *Hesse*, Grundzüge des Verfassungsrechts, 20. Aufl. (1999), Rn. 536.

367 Ähnlich auch das zur Beschreibung der Verwaltung dienende typische Merkmal, wonach diese „konkrete Maßnahmen zur Regelung von Einzelfällen und zur Verwirklichung bestimmter Vorhaben“ treffe, vgl. *Maurer/Waldhoff*, Allgemeines Verwaltungsrecht, 19. Aufl. (2017), Rn. 12.

368 Beispielsweise *Kassimatis*, Der Bereich der Regierung, 1967, 93: Regierungsakte als materielle Ermessensakte des Verfassungsrechts.

369 *Hesse*, Grundzüge des Verfassungsrechts, 20. Aufl. (1999), Rn. 536; *Linck*, Zulässigkeit und Grenzen der Einflussnahme des Bundestages auf die Regierungsentscheidungen, 1970, 8; *Scheuner*, in: FS Smend, 1952, 253 (278).

370 *Smend*, in: FS Kahl, 1923, 1 (18).

371 Zum Beispiel *Hesse*, Grundzüge des Verfassungsrechts, 20. Aufl. (1999), Rn. 536.

372 *O. Mayer*, Verwaltungsrecht, Bd. 1, 3. Auf. (1924), 3.

steht."[373] Wird Verwaltung demgegenüber als eher angeleitete und wiederkehrende Tätigkeit verstanden[374], dürfte dies eine Folge des hier präsentierten Verwaltungsbegriffs sein: Werden individuelle Rechtspflichten konkretisiert, liegt typischerweise ein Grundrechtseingriff vor, weshalb einfach-gesetzliche Normen die Tätigkeit der Verwaltung determinieren und vorzeichnen. In die gleiche Richtung weist das für die Beschreibung der Verwaltung gebrauchte Merkmal der „Fremdbestimmung"[375]. Definiert man die Verwaltung als „Sozialgestaltung"[376], dürfte dies aus einer normativen Perspektive schließlich ebenfalls mit einer konkret-individuellen Rechtserzeugung korrespondieren.

bb) Regierung und Verwaltung – politisch-demokratischer und bürokratisch-rechtsstaatlicher Bereich

Neben dem Begriff einer Regierung und Verwaltung offenbart das an dieser Stelle skizzierte Gewaltenteilungsmodell einen gemeinsam aus der Gesetzgebungs- und Regierungsfunktion bestehenden Bereich, in dem demokratisch-politische Eigenlogik dominiert. Dieser maßgeblich durch den Bundestag und die Bundesregierung wahrgenommene politische Bereich dürfte weitgehend dem in der Lehre vorherrschenden Verständnis der Staatsleitung entsprechen.[377] Ihm steht mit der Verwaltung und Rechtsprechung ein Bereich gegenüber, in dem hingegen eher rechtsstaatliche, durch Vorhersehbarkeit, Begrenzbarkeit und Formalisierung gekennzeichnete Momente vorherrschen.[378] Betrachtet man die Gesetzgebung als Medium dieses demokratisch-politischen Bereichs, grenzt Art. 19 Abs. 1 S. 1 GG diesen von dem rechtsstaatlich-bürokratischen Bereich ab. Diese Unterscheidung liegt – wie gezeigt – darüber hinaus mehreren personellen und institutionellen Vorgaben des Grundgesetzes zugrunde.[379] Sie knüpft an Modelle an, die innerhalb der Gewaltenteilung zwischen einem politisch-demokratischen, maßgeblich aus Legislative und Gubernative und bürokratisch-rechtsstaatlichen, aus Administrative und Judikative bestehenden Bereich unterscheiden, wie sie

---

[373] *O. Mayer*, Verwaltungsrecht, Bd. 1, 3. Auf. (1924), 2.

[374] Zum Beispiel *Hesse*, Grundzüge des Verfassungsrechts, 20. Aufl. (1999), Rn. 536.

[375] *Wolff/Bachof/Stober/Kluth*, Verwaltungsrecht I, 13. Aufl. (2017), § 3, Rn. 16 f.

[376] Die „Sozialgestaltung" als typisch-beschreibendes Merkmal der Verwaltung ansehend *Maurer/Waldhoff*, Allgemeines Verwaltungsrecht, 19. Aufl. (2017), Rn. 9.

[377] Siehe beispielsweise *Magiera*, Parlament und Staatsleitung, 1979, 218 ff., siehe insbes. 254 f.

[378] *Hesse/Ellwein*, Das Regierungssystem der Bundesrepublik Deutschland, Bd. 1, 10. Aufl. (2012), 334; *Mößle*, Regierungsfunktionen des Parlaments, 1985, 104, 108; zu dieser Einordnung siehe auch *Hesse*, Grundzüge des Verfassungsrechts, 20. Aufl. (1999), Rn. 532, 538.

[379] Siehe Teil 2 Kap. 4 II. 1. c) aa); dazu insbesondere auch *Jarass*, Politik und Bürokratie, 1975, 146–148.

beispielsweise in der Gewaltenteilungskonzeption *Smends* zum Ausdruck kommen.[380] Sie fügen sich in vergleichbare empirisch-soziologische Unterscheidungen, beispielsweise in Gestalt der Funktionssysteme von Politik und Bürokratie[381] ein. In den soziologisch untersuchten und empirisch anzutreffenden Typen von Politiker und Beamter[382] finden sie ihre personelle Inkarnation. Innerhalb der Exekutive taucht diese Unterscheidung in Gestalt von Regierung bzw. Gubernative und Verwaltung bzw. Administrative auf.

cc) Regierung und Verwaltung – Demokratie und Rechtsstaat

In der Unterscheidung von Regierung und Verwaltung kehrt – zugespitzt formuliert – das komplexe Verhältnis von Demokratie und Rechtsstaat zurück.[383] Ebenso wie Demokratie und Rechtsstaat können und – für ihre normative Untersuchung – müssen Regierung und Verwaltung als zwei gleichberechtigte Funktionen gedanklich unterschieden werden, sind dabei jedoch voneinander abhängig.[384] Bereits die Ausprägung der Regierungsfunktion als Verwaltungsleitung setzt eine Differenz von Leiten und zu Leitendem voraus, macht aber gleichzeitig auf die funktionale Abhängigkeit von der Verwaltung aufmerksam.[385] Erst diese Leitung durch die Regierung verschafft der Verwaltung die notwendige demokrati-

---

380 *Smend*, Verfassung und Verfassungsrecht, 1928, 96ff., insbes. 105; im Anschluss hieran *Scheuner*, in: FS Smend, 1952, 253 (277f.); auch *Heckel* stellte der rechtsstaatlichen Gewaltenteilung die demokratische gegenüber, siehe dazu *Heckel*, in: Anschütz/Thoma (Hrsg.), HDStR, 2. Bd., 1932, § 88, 374 (388); des Weiteren ergeben sich insbesondere starke Parallelen zur Neukonzeption der Gewaltenteilung *Jarass'*, indem er 1. und 2. Gewalt durch die Politik und Bürokratie und dabei Regierung und Gesetzgebung durch Politik und Verwaltung durch Bürokratie ersetzt (126), siehe dazu *Jarass,* Politik und Bürokratie, 1975, 125ff., zur Bürokratie siehe 100ff., zur Politik siehe 112ff.; *Luhmann*, Theorie der Verwaltungswissenschaft, 1966, 75, wonach die Gewaltenteilung erst als „Regulativ für das Verhältnis von Politik und Verwaltung" Bedeutung erlange; „Parlament und Regierung im Unterschied zur Administration und zu den Gerichten als die spezifisch ‚politische Gewalt' in der Verfassungsordnung" (104) begreifend *Mößle*, Regierungsfunktionen des Parlaments, 1985, 103f., siehe auch 108; ebenso *Roth*, Bundeskanzlerermessen im Verfassungsstaat, 2009, 127f.

381 Zu den Strukturmerkmalen der Bürokratie und Politik siehe *Jarass*, Politik und Bürokratie, 1975, 100ff., 112ff., im Anschluss an *Max Weber*; siehe dazu auch *Derlien/Böhme/Heindl*, Bürokratietheorie, 2011, 94–97.

382 Siehe die Nachweise in Kap. 4 Fn. 291.

383 Bereits die unterschiedlichen Stadien in der vollziehenden Gewalt mit dem Demokratieprinzip und dem Rechtsstaatsprinzip („Prinzip der Legalität") erklärend *Kelsen*, Vom Wesen und Wert der Demokratie, 2. Aufl. (1929), Reclam-Ausgabe (2018), 102f.

384 *Loschelder*, in: Isensee/Kirchhof (Hrsg.), HStR, Bd. V, 3. Aufl. (2007), § 107, Rn. 29; auf „breite Kontaktzonen" von Politik und Verwaltung hinweisend *Luhmann*, Theorie der Verwaltungswissenschaft, 1966, 75.

385 *Hesse*, Grundzüge des Verfassungsrechts, 20. Aufl. (1999), Rn. 536.

sche Legitimation,[386] die Verwaltung der Regierung wiederum die rechtsstaatlich gebotene Vereinbarkeit ihres Regierungsprogramms mit den Interessen des jeweiligen Einzelfalls. Damit bremst sie dieses punktuell zugunsten rechtsstaatlicher Interessen aus[387], verschafft ihm so aber eine Reichweite in den individuellen Rechtskreis hinein. Dadurch verhilft sie ihm letztlich sogar zu größerer Wirksamkeit, als es das politische Profil der Bundesregierung nach rechtsstaatlichen Maßstäben zuließe. Dieses Zusammenwirken wird schließlich durch die institutionelle Verklammerung von Regierung und Verwaltung gewährleistet. Sie führt zugleich zur tatsächlichen Überlagerung beider Funktionen, die sich darum für ihre Ausübung als notwendige Bedingung erweist.[388] Mit ihrer tatsächlichen Überlagerung und ihrer gegenseitigen funktionellen Abhängigkeit bei gleichzeitiger theoretischer Unterscheidbarkeit bekunden Regierung und Verwaltung einmal mehr ihre Wesensverwandtschaft zu Demokratie und Rechtsstaat, deren funktionelle Inkarnation sie darstellen;[389] in der Exekutive werden sie zu optimaler Wirksamkeit verknüpft.

dd) Exkurs: Regierungsfunktion im Unionsrecht

Die vorliegend als die Verantwortung für die Erarbeitung und Umsetzung der politisch-allgemeinbezogenen Rechtserzeugung verstandene Regierungsfunktion kann aufgrund der grundgesetzlichen Fokussierung freilich nicht ohne Weiteres in andere Verfassungssysteme übertragen werden; Parallelen finden sich gleichwohl. Jedenfalls das dieses Regierungsverständnis prägende Moment der Verantwortung für das politische Programm und der politischen Richtunggebung findet sich nahezu ausdrücklich in Art. 15 Abs. 1 S. 1 EUV wieder und ist dem Europäischen Rat, daneben auch dem Rat (Art. 16 Abs. 1 S. 2 EUV) zugewiesen.

---

[386] *Hoffmann-Riem,* in: ders./Schmidt-Aßmann/Voßkuhle (Hrsg.), Grundlagen des Verwaltungsrechts, Bd. I, 2. Aufl. (2012), § 10, Rn. 47, 50; *Jarass*, Politik und Bürokratie, 1975, 90; den Zusammenhang zwischen Demokratie und hierarchischer Organisation der Verwaltung hervorhebend *Kelsen*, Vom Wesen und Wert der Demokratie, 2. Aufl. (1929), Reclam-Ausgabe (2018), 99; *Luhmann*, Theorie der Verwaltungswissenschaft, 1966, 74 f.

[387] In diese Richtung kann das Bundesverfassungsgericht verstanden werden, wenn es hervorhebt, dass das Berufsbeamtentum einen „ausgleichenden Faktor gegenüber den das Staatswesen gestaltenden politischen Kräften bilden" solle, siehe BVerfGE 7, 155 (162); 119, 247 (260 f.); BVerfGE 140, 240 (290); dazu auch *Gärditz*, JöR 64 (2016), 1 (9 f.); *Gärditz*, NWVBl. 2015, 165 (168); *Hoffmann-Riem,* in: ders./Schmidt-Aßmann/Voßkuhle (Hrsg.), Grundlagen des Verwaltungsrechts, Bd. I, 2. Aufl. (2012), § 10, Rn. 52; *Köttgen*, Das deutsche Berufsbeamtentum, 1928, 123 f.

[388] In diese Richtung auch *Luhmann*, Theorie der Verwaltungswissenschaft, 1966, 75.

[389] Die Anerkennung einer Regierungsfunktion innerhalb der vollziehenden Gewalt stützt daher das Demokratieprinzip und steht ihm nicht entgegen, so aber *Frotscher*, Regierung als Rechtsbegriff, 1975, 223; wie hier *Gärditz*, NWVBl. 2015, 165 (168).

Das andere Moment, nämlich die koordinierte Umsetzung und Steuerung der politischen Richtunggebung innerhalb der Rechtserzeugung, dürfte demgegenüber dem Europäischen Rat weitgehend entzogen sein; insbesondere die Gesetzgebung ist ihm ausdrücklich entzogen (vgl. auch Art. 15 Abs. 1 S. 2 EUV). Hier kommen vielmehr insbesondere die Europäische Kommission sowie ergänzend der Rat ins Spiel. So hebt Art. 17 Abs. 1 S. 2, 3, 4 EUV die Aufgabe zur Anleitung und Überwachung der Anwendung des Unionsrechts sowie die Koordinierungsfunktion der Kommission ausdrücklich hervor. Ihr grundsätzliches Initiativmonopol für die Gesetzgebung (Art. 17 Abs. 2. EUV) prädestiniert sie überdies – vergleichbar der Bundesregierung – dazu, die Rechtsetzung zu steuern und zu begleiten. Art. 16 Abs. 1 S. 2 EUV greift die Koordinationsfunktion des Rates ausdrücklich heraus.

Hiernach läge die Regierungsfunktion in den Händen des Europäischen Rates und Rates zum einen sowie der Europäischen Kommission zum anderen, was das dem Unionsrecht eigene – gegenwärtige – dualistische Legitimationsmodell adäquat widerspiegelte.

Ansonsten ist bemerkenswert, dass die dem Europäischen Rat zugewiesene Funktion viele Ähnlichkeiten zum konstitutionellen Regierungsbegriff aufweist: Sie äußert sich in einem Handeln jenseits der Gesetzgebung (Art. 15 Abs. 1 S. 2 EUV), das teilweise keiner Justiziabilität (Art. 24 Abs. 1 UA. 2 S. 6 EUV) oder bedeutender parlamentarischer Mitwirkung (Art. 24 Abs. 1 UA. 2 S. 5 EUV) unterliegt.

2. Regierungsfunktion als Rechtsbegriff?

Nachdem ein Begriff der Regierungsfunktion auf der Ebene des verfassungstheoretischen Systems mit dem Status eines Theoriebegriffs ermittelt werden konnte, stellt sich die Frage, ob das Grundgesetz darüber hinaus eine Regierungsfunktion auf der rechtsnormativen Schicht mit dem Status eines Rechtsbegriffs kennt.

Mit einem solchen wären entsprechend dem aufgezeigten Verständnis eines Rechtsbegriffs[390] zwingende Rechtsfolgen verbunden. Diese stärkere Rechtserheblichkeit verlangt gewichtigere normative Anhaltspunkte als für die Ermittlung eines Theoriebegriffs. Der Umstand, dass das Grundgesetz jedenfalls ausdrücklich nur einen Regierungsbegriff im institutionellen, nicht aber materiellen Sinne gebraucht, spricht noch nicht gegen die Existenz einer Regierungsfunktion als Rechtsbegriff. Entsprechend der zuvor für das Verfassungsrecht aufgestellten widerleglichen Vermutung, wonach sich Rechtsnormen und dementsprechend auch Rechtsbegriffe grundsätzlich allein im positiven Recht finden, bedarf

---

390 Siehe Teil 1 Kap. 2 II. 2.

es für die Begründung eines ungeschriebenen Rechtsbegriffs einer Regierungsfunktion jedoch einer Begründung, die diesen als „selbstverständlich mitgesetzt" ausweist und dies darüber hinaus möglichst durch Wertungen des positiven Rechts belegt.[391]

Zwar konnte insbesondere der Entstehungsgeschichte entnommen werden, dass dem Verfassunggeber eine Regierungsfunktion bekannt war. Allerdings sollte mit ihr gerade keine zwingende rechtliche Sonderbehandlung verknüpft werden.[392] Das wird vor allem daran deutlich, dass der Verfassunggeber ausdrücklich die Regierungsfunktion in den hergebrachten Kanon der Gewaltenteilung einfügte und dadurch eine gleichwertige Grundrechts- und übrige Gesetzesbindung im Rahmen der Art. 1 Abs. 3 GG und Art. 20 Abs. 3 GG sicherstellen wollte. Dieser Wertung entspricht die Einordnung einer Regierungsfunktion als Bestandteil des verfassungstheoretischen Systems, nicht aber als Rechtsbegriff selbst.

Zudem verlangte das Verständnis einer Regierungsfunktion als Rechtsbegriff aufgrund seiner stärkeren Rechtserheblichkeit auch eine präzisere Begriffsbildung. Nur dann stünde er als geeignete Grundlage zwingender Rechtsfolgen bereit. Das zuvor gewonnene Verständnis der Regierungsfunktion, insbesondere im Verhältnis zur Verwaltungsfunktion, zeigt jedoch, dass Regierung und Verwaltung nicht nur funktional voneinander abhängig sind, sondern fließend ineinander übergehen.[393] Die organisatorische Vielfalt innerhalb der vollziehenden Gewalt[394] und die institutionelle Verwobenheit von Regierungsorgan und Verwaltungsorganisation veranschaulichen das. Einer idealtypischen Unterscheidung auf der Ebene des verfassungstheoretischen Systems steht das nicht entgegen, einer mit unmittelbaren Rechtsfolgen verbundenen Abgrenzung auf der Ebene der rechtsnormativen Schicht hingegen schon.

Aus diesen Gründen ist festzuhalten: Das Grundgesetz kennt keinen Rechtsbegriff einer Regierungsfunktion.[395] Für eine Verwaltungsfunktion gilt dies – als innerhalb der Exekutive komplementäre Teilfunktion zur Regierungsfunktion – entsprechend.

---

391 Siehe Teil 1 Kap. 1 IV. 1. c) aa).

392 Siehe Teil 2 Kap. 4 II. 1. a) bb).

393 Die Unmöglichkeit einer Abgrenzung betonend *Stern*, Staatsrecht, Bd. 2, 1980, 696.

394 *Möllers*, Gewaltengliederung, 2005, 117; *Möllers*, AöR 132 (2007), 493 (514 f.).

395 In diese Richtung auch *Möllers*, wonach das Grundgesetz keinen Rechtsbegriff der Exekutive kenne, vgl. *Möllers*, Gewaltengliederung, 2005, 133, aber gleichwohl verschiedene Stufen der Rechtserzeugung innerhalb der Exekutive in Gestalt von Regierung und Verwaltung, vgl. 134; gegen einen Rechtsbegriff der Regierung auch *Frotscher*, Regierung als Rechtsbegriff, 1975, S. 231, der jedoch – entgegen der hier vorgetragenen Position – einem Begriff der Regierung wohl jede normative Wirkung abspricht.

3. Regierungsfunktion als Speicherbegriff

Mit einem Begriff einer Regierungsfunktion konnten keine zwingenden Rechtsfolgen verknüpft werden. Gleichwohl können mit einem solchen, wenn zwar nicht *notwendigerweise*, so doch aber *typischerweise*, bestimmte Rechtsfolgen verbunden sein. Sie zu ermitteln und dem Rechtsanwender unterstützend zur Verfügung zu stellen, leistet die rechtspraktische Schicht. Ihr Produkt sind Speicherbegriffe.[396]

Die rechtserhebliche Funktion eines Speicherbegriffs besteht darin, eine *widerlegliche* Vermutung für bestimmte Rechtsfolgen bereitzustellen. Das erlaubt es, rechtlich nur schwer erfassbare und tatsächlich nur schwer abgrenzbare Erscheinungen mittels eines Speicherbegriffs präzise und damit notwendigerweise komplexitätsreduzierend zu bestimmen und die nahegelegte Rechtsfolge unter atypischen tatsächlichen und normativen Umständen zu widerlegen.[397]

Für eine Regierungsfunktion bedeutet dies, Kriterien zu benennen, mit deren Hilfe die jeweilige Maßnahme eindeutig einer Regierungsfunktion zugeordnet werden kann und überdies typisch auftretende Rechtsfolgen für den Rechtsanwender abgespeichert werden. Um dabei eine Divergenz unterschiedlicher Regierungsbegriffe zu vermeiden, sollte sich ein Speicherbegriff am bisher ermittelten Theoriebegriff einer Regierungsfunktion orientieren, kann aber, wenn es seine unterschiedliche Funktion in der Rechtsgewinnung erfordert, von dem zuvor skizzierten Theoriebegriff der Regierungsfunktion abweichen.

a) Begriff

Soll ein Speicherbegriff einer Regierungsfunktion etabliert werden, der den genannten Erfordernissen genügt, bietet sich im Anschluss und in Präzisierung des Theoriebegriffs einer Regierungsfunktion der folgende an:

Die Regierungsfunktion umfasst die Inanspruchnahme solcher

- verfassungsrechtlichen Befugnisse,
- die durch die Bundesregierung oder ihre einzelnen Mitglieder
- zur Koordination, Steuerung und Abstimmung der politisch-allgemeinbezogenen und konkret-individuellen Rechtserzeugung
- gegenüber anderen Hoheitsträgern

ausgeübt werden.

Das betrifft in der Regel die Tätigkeiten der Bundesregierung gegenüber der nachgeordneten Verwaltungsorganisation, dem Bundestag oder übrigen Ver-

[396] Siehe dazu ausführlich Teil 1 Kap. 2 I. 3.; Teil 1 Kap. 2 II. 3.

[397] Siehe dazu ausführlich Teil 1 Kap. 2 II. 3 c).

fassungsorganen sowie Handlungen im Rahmen der Organe der Europäischen Union.

Wird die jeweilige hoheitliche Aufgabe hingegen unmittelbar gegenüber dem Bürger konkret-individuell verwirklicht, kann von Verwaltungstätigkeit gesprochen werden.

Soweit eine Maßnahme die jeweilige Tätigkeit vorbereitet und unterstützt, kann sie als Annextätigkeit der unterstützten Tätigkeit, entweder also der Regierungs- oder Verwaltungstätigkeit, zugeordnet werden. Regierungs- und Verwaltungsfunktion schließen sich daher trotz ihrer gegenseitigen Abhängigkeit und der in Grenzfällen tatsächlich nur schwer möglichen Unterscheidbarkeit jedenfalls auf der Ebene der Theorie- und Speicherbegriffe gegenseitig aus.

Die Regierungstätigkeit umfasst damit beispielsweise die Gesetzesinitiative gem. Art. 76 Abs. 1 GG sowie den Erlass von Verwaltungsvorschriften gem. Art. 84 Abs. 2 GG, Art. 85 Abs. 2 S. 1 GG oder die Erteilung von Einzelweisungen im Rahmen der Bundesaufsicht gem. Art. 84 Abs. 5 S. 1 bzw. Art. 85 Abs. 3 GG.

Entsprechend der vorangegangenen Definition sind solche Tätigkeiten von einem Speicherbegriff der Regierungsfunktion nicht erfasst, die unmittelbar gegenüber dem Bürger ausgeführt werden. Das dürfte zum Beispiel einen Bereich der Tätigkeit des Auswärtigen Amtes als Bestandteil der Bundesregierung betreffen, das gem. Art. 87 Abs. 1 GG teilweise Verwaltungsfunktion wahrnimmt. Ebenso die Entscheidung über die Erteilung zur Herstellung, Beförderung und Verkauf von Kriegswaffen nach Art. 26 Abs. 2 S. 1 GG ist beispielsweise nicht als Regierungshandlung, sondern Verwaltungsmaßnahme einzuordnen.[398] Zwingende rechtliche Folgen bringt diese Einordnung, wie es einem Speicherbegriff im hier verstandenen Sinn entspricht, nicht mit sich; sie bleiben vielmehr widerleglich. So wird für Art. 26 Abs. 2 S. 1 GG das klassische Repertoire verwaltungsrechtlicher Dogmatik, zum Beispiel die Ermessensbindung, nahegelegt, aber eben nicht erzwungen. Daher kann beispielsweise überlegt werden, ob die Ermessensausübung durch die Bundesregierung ungebundener erfolgen darf als durch übrige Verwaltungsbehörden. Dieses Ergebnis müsste jedoch durch eine umfassende Auslegung der Norm gewonnen werden. Dabei könnte im Rahmen einer systematischen Auslegung auch die Theorie über die Regierung zugrunde gelegt werden.

---

[398] Anders *Kassimatis*, Der Bereich der Regierung, 1967, 100; wie hier *Linck*, Zulässigkeit und Grenzen der Einflussnahme des Bundestages auf die Regierungsentscheidungen, 1970, 10 f.; weitere Beispiele für der Bundesregierung oder einzelnen Regierungsmitgliedern übertragenen Verwaltungsaufgaben bei *Gärditz*, in: Krüper/Pilniok (Hrsg.), Die Organisationsverfassung der Regierung, 2021, 25 (40–42).

Der hier vorgeschlagene Begriff einer Regierungsfunktion klammert solche verfassungsrechtlichen Befugnisse aus, die nicht zur Rechtserzeugung beitragen und deren finaler Zweck auf die Einwirkung anderer Hoheitsträger beschränkt ist, beispielsweise das Stellen der Vertrauensfrage.[399] Dies erfolgt im Anschluss an den Theoriebegriff einer Regierungsfunktion, der im Zusammenhang mit der Rechtserzeugung rekonstruiert wurde.

Nicht erfasst ist von dieser Definition ebenso der Erlass von Rechtsverordnungen. Die Rechtsverordnung hat unmittelbare Rechtswirkung für den Bürger. Hierfür bietet sich die Zuordnung zur Legislativfunktion an, wie es ohnehin der Einordnung von Rechtsverordnungen im Sinne eines materiellen Gesetzes entspricht. Dass der Erlass von Rechtsverordnungen zwar durchaus der theoretischen Regierungsfunktion zugeordnet wurde, steht dem nicht entgegen: Speicherbegriffe haben sich zwar an den theoretischen und rechtlichen Überlegungen zu orientieren, sonst könnten sie nicht verlässlich Rechtsfolgen abspeichern, dürfen jedoch von ihnen abweichen, soweit es ihre dogmatische Funktion nahelegt. So rufen Rechtsverordnungen insbesondere aufgrund ihrer Gesetzeswirkung andere Rechtsfolgen hervor und verlangen demnach abweichende rechtliche Anforderungen als die hier von einer Regierungsfunktion umfassten Handlungen. Ihre Zuordnung zu einem Speicherbegriff wäre dann nur inadäquat. Hier offenbart sich erneut der Vorteil, verschiedene Begriffstypen entsprechend ihrer unterschiedlichen Funktion in der Rechtsgewinnung zu etablieren. Das erlaubt es, Erscheinungen nach der Maßgabe der theoretischen Stimmigkeit und ungeachtet der Praktikabilität einem Theoriebegriff zuzuordnen und demgegenüber Erscheinungen nach der Maßgabe der Praktikabilität und ungeachtet der einwandfreien theoretischen Stimmigkeit einem Speicherbegriff zuzuweisen.

b) Dogmatischer Mehrwert eines solchen Begriffs

Mit einem so verstandenen Speicherbegriff von Regierung – und damit komplementär von Verwaltung – korrespondieren *typischerweise vergleichbare* Rechtsfolgen: Handlungen im Rahmen der Regierungsfunktion unterliegen in der Regel weder einer gesetzlichen Erlaubnispflicht noch einem gesetzlichen Zugriffsrecht (aa), sind dementsprechend schließlich oft geringer materiell-rechtlich determiniert (bb) und sind überwiegend nicht den Verwaltungsgerichten gem. § 40 VwGO zugewiesen (cc). Die relativierenden Formulierungen („typischerweise") sind dem typisierenden und widerleglichen Charakter der von Speicherbegriffen formulierten Rechtsfolgen geschuldet.

---

399 Insofern hebt sich der Regierungsbegriff dann auch von dem *Scheuners* ab, der die genannten Befugnisse der Regierungsfunktion zuweist, vgl. *Scheuner*, in: FS Smend, 1952, 253 (286 f.).

aa) Typischerweise keine gesetzliche Erlaubnispflicht noch gesetzliches Zugriffsrecht

Die Ausführung der Befugnisse, die hier als Regierungstätigkeit verstanden werden, unterliegen typischerweise einerseits nicht einer vorherigen gesetzlichen Erlaubnispflicht (1) und andererseits nicht einem gesetzlichen Zugriffsrecht (2). Gesetzliche Regelungen sind in diesem Bereich also zu einem Großteil weder erforderlich noch zulässig.

(1) Gesetzliche Erlaubnis für das Tätigwerden (Vorbehalt des Gesetzes)

Der Vorbehalt des Gesetzes wird maßgeblich durch Grundrechtseingriffe ausgelöst.[400] Die vom Bundesverfassungsgericht etablierte Wesentlichkeitslehre konkretisiert die Anforderungen an das Erfordernis und die Reichweite einer gesetzlichen Regelung. Darüber hinaus werden etwaige Vorbehalte des Gesetzes vom Grundgesetz angeordnet.

Der durch Grundrechtseingriffe ausgelöste Vorbehalt des Gesetzes greift für materielle Regierungstätigkeit im hier verstandenen Sinne in der Regel nicht. Wird die Hoheitstätigkeit schwerpunktmäßig gegenüber Hoheitsträgern ausgeübt, liegt typischerweise kein Grundrechtseingriff vor. In seltenen Fällen kann allenfalls entsprechend dem modernen Eingriffsbegriff ein mittelbarer Eingriff gegeben sein. Auf der Grundlage des hier angewendeten Regierungsbegriffs erfolgte der Grundrechtseingriff aber zudem bloß mittelbar und nicht-final, da bei Einwirkungen auf andere Hoheitsträger eine Grundrechtsbelastung nicht unmittelbar erfolgt und intendiert wird. Für die Fälle mittelbarer und nicht-finaler Grundrechtseingriffe ist es ohnehin umstritten, ob der grundrechtlich veranlasste Vorbehalt des Gesetzes überhaupt zur Anwendung gelangt. Gute Gründe sprechen dagegen.[401] Ähnlich kann auch das Bundesverfassungsgericht verstanden werden.[402] Soweit der Vorbehalt des Gesetzes gleichwohl zur Anwendung gelangt, behauptet sich der Charakter dieses hier präsentierten Regierungsbegriffs als bloßer Speicher- und nicht als Rechtsbegriff: Die abgespeicherte Rechtsfolge ist eine widerlegliche und wäre für einen solchen Fall widerlegt. Auf diesen feh-

---

[400] Konkretisierung erfährt das Kriterium des Grundrechtseingriffs durch die Wesentlichkeitstheorie, siehe *Maurer/Waldhoff*, Allgemeines Verwaltungsrecht, 19. Aufl. (2017), § 6, Rn. 13 f.

[401] Gegen das Erfordernis einer gesetzlichen Regelung bei „atypischen Drittbeeinträchtigungen" *Roth*, Verwaltungshandeln mit Drittbetroffenheit und Gesetzesvorbehalt, 1991, 336 ff., 366 f.

[402] Die Funktionen des Gesetzesvorbehaltes für mittelbar-faktische Grundrechtsbeeinträchtigungen in Frage stellend und schließlich das Erfordernis des Gesetzesvorbehaltes für die Informationstätigkeit der Regierung ablehnend, siehe BVerfGE 105, 279 (303–305).

lenden Automatismus sollte insbesondere dort hingewiesen werden, wo sich die rechtlichen Rahmenbedingungen, wie für die Wesentlichkeitslehre und den Vorbehalt des Gesetzes der Fall, besonders im Wandel befinden.

Das Grundgesetz kennt über den grundrechtlich hervorgerufenen Vorbehalt weitere Vorbehalte des Gesetzes.[403] Diese sind aber nur begrenzt dazu imstande, die Ausübung der Regierungsbefugnis zu determinieren. Besonders deutlich wird dies am Beispiel von Art. 59 Abs. 2 GG, der für die Ratifikation bestimmter internationaler Verträge die Form des parlamentarischen Gesetzes vorschreibt. Dieses Gesetz schließt jedoch ein Verfahren gubernativer politischer Gestaltung ab, gibt aber die Initiative zum sowie den Ablauf und den Inhalt des Verfahrens nicht vor. Insofern ist die Regierung zwar auf die parlamentarische Zustimmung angewiesen, bleibt bei der Durchführung ihrer Befugnis aber weitgehend frei.

Es ist also festzuhalten, dass die Bundesregierung bei den Regierungstätigkeiten zum Handeln typischerweise nicht durch ein Gesetz zum Handeln ermächtigt werden muss.

(2) Gesetzliches Zugriffsrecht

Ein gesetzliches Zugriffsrecht reicht zunächst einmal weiter als die gesetzliche Erlaubnispflicht bzw. der Vorbehalt des Gesetzes. Zwar verpflichtet sie den Gesetzgeber nicht zum Tätigwerden, eröffnet ihm aber ein Tätigwerden auch dort, wo es nicht ausdrücklich durch das Grundgesetz vorgesehen ist. Infolgedessen ist die Bundesregierung wie jede weitere Hoheitsgewalt entsprechend dem Grundsatz vom Vorrang des Gesetzes, wie er explizit in Art. 20 Abs. 3 GG zum Ausdruck kommt, gesetzlich gebunden. Soweit der Bundesregierung (nicht immer ausdrücklich) verfassungsmäßige Aufgaben übertragen worden sind, ist dem Gesetzgeber das Zugriffsrecht mittels Gesetz zur Determination dieser Aufgaben allerdings grundsätzlich versperrt.[404] Es findet seine Grenze also an den verfassungsmäßig eingeräumten Aufgaben und Befugnissen zugunsten der Bundesregierung, wie sie von der hier präsentierten Definition funktionaler Regierungstätigkeit vorausgesetzt werden.

Gelangen im Kontext materieller Regierungstätigkeit typischerweise weder eine gesetzliche Erlaubnispflicht noch ein gesetzliches Zugriffsrecht zur Anwendung, ist ihre Ausübung in der Regel nicht einfach-gesetzlich determiniert.

---

[403] Dazu *Ossenbühl*, in: Isensee/Kirchhof (Hrsg.), HStR, Bd. V, 3. Aufl. (2007), § 101, Rn. 35 ff.

[404] Siehe dazu Teil 3 Kap. 5 I. 2. b). Das schließt informelle oder unverbindliche parlamentarische Stellungnahmen sowie die dem Bundestag übertragenen Kontroll- und Informationsrechte nicht aus, so auch das BVerfGE 137, 185 (1. Leitsatz).

bb) Typischerweise geringe materiell-rechtliche Determination

Aus der eben aufgezeigten typischerweise geringeren Dichte an einer einfachgesetzlichen Normierung folgt zugleich, dass viele Maßnahmen materieller Regierungstätigkeit sich entsprechend der hier gewählten Definition durch eine geringe materiell-rechtliche Determination auszeichnen[405], denn die verfassungsrechtlichen Befugnisse enthalten oftmals nur geringe materiell-rechtliche Vorgaben.[406] Insbesondere durch die Möglichkeit zur Gesetzesinitiative gem. Art. 76 Abs. 1 GG kann die Bundesregierung die von ihr präferierte politische Richtung einschlagen. Die Gestaltung der Außenpolitik unterliegt nur geringen materiellen Grenzen des Grundgesetzes. Selbiges gilt für die Mitwirkung im Rahmen der Europäischen Union.

cc) Typischerweise keine Eröffnung der Verwaltungsgerichtsbarkeit

Fehlt eine Sonderzuweisung, ist der Rechtsweg durch die verwaltungsgerichtliche Generalklausel gem. § 40 Abs. 1 S. 1 VwGO eröffnet. Hoheitstätigkeiten entsprechend dem hier gebrauchten Verständnis ist in der Regel der Weg zu den Verwaltungsgerichten gem. § 40 Abs. 1 S. 1 VwGO aufgrund des Tatbestandsmerkmals „nichtverfassungsrechtliche Streitigkeit" versperrt. Legt man die doppelte Verfassungsunmittelbarkeit als Anforderung für eine verfassungsrechtliche Streitigkeit i. S. d. § 40 VwGO zugrunde, kann Regierungshandeln, das auf die Einwirkung anderer Hoheitsträger gerichtet ist, typischerweise als verfassungsrechtliche Streitigkeit qualifiziert werden. Notwendig ist dies – wie bereits angedeutet – jedoch nicht: Rechtfertigt beispielsweise die Bundesregierung ihr Gesetzgebungsvorhaben vor dem Bundestag, erfolgt diese Handlung zwar schwerpunktmäßig gegenüber einem anderen Hoheitsträger und kann entsprechend der hier gebrauchten Definition als Regierungshandeln verstanden werden. Werden dabei aber grundrechtsrelevante Informationen preisgegeben, verlässt die Handlung den Kreis der Verfassungsorgane und berührt grundrechtlich geschütztes Verhalten. Die verwaltungsgerichtliche Kontrolle ist in diesem Fall daher allgemein anerkannt.[407] Auch der Osho- und Glykolwein-Entscheidung des Bundesverfassungsgerichts lag ein verwaltungsgerichtlicher Hintergrund zugrunde. Dass das Vorliegen von Regierungstätigkeit keine notwendigen Auswirkungen auf den Rechtsweg und Rechtsschutz hat, zeigt einmal mehr, dass der hier vorge-

---

[405] *M. Schröder*, in: Isensee/Kirchhof (Hrsg.), HStR, Bd. V, 3. Aufl. (2007), § 106, Rn. 30.

[406] Ausführlich zur rechtlichen Bindung bei der Wahrnehmung verfassungsrechtlicher Befugnisse siehe *Roth*, Bundeskanzlerermessen im Verfassungsstaat, 2009, 95 ff.; siehe dazu auch *Linck*, Zulässigkeit und Grenzen der Einflussnahme des Bundestages auf die Regierungsentscheidungen, 1970, 12 ff.

[407] *Detterbeck*, Allgemeines Verwaltungsrecht, 17. Aufl. (2019), § 1, Rn. 7.

stellte Begriff materieller Regierungstätigkeit eben nicht den Status eines Rechtsbegriffs, sondern nur den eines Speicherbegriffs besitzt. Gleichwohl bietet die hier vorgeschlagene Definition Orientierung dahingehend, dass davon erfasste Tätigkeiten typischerweise nicht der Verwaltungsgerichtsbarkeit unterliegen. Rechtsschutz bietet in der Regel das Organstreitverfahren vor dem Bundesverfassungsgericht gem. Art. 93 Abs. 1 Nr. 1 GG.

c) Zwischenergebnis

Der hier vorgeschlagene Begriff einer Regierungstätigkeit bietet für die Rechtsanwender Orientierung und eine – wenn auch eingeschränkte – Speicherfunktion.[408] Die an dieser Stelle aufgezeigten typischen rechtlichen Erscheinungen sind im jeweiligen Einzelfall widerlegbar. Das entspricht seinem Status als Speicherbegriff.

Im Hinblick auf die aufgezeigte Speicherfunktion erweist sich dieser Regierungsbegriff insbesondere gegenüber dem von *Kassimatis* als vorzugswürdig. Werden all solche verfassungsrechtlichen Befugnisse eines Regierungsorgans mit Ermessen als Bestandteil einer Regierungsfunktion verstanden[409], muss beispielsweise auch das Genehmigungserfordernis für Kriegswaffen gem. Art. 26 Abs. 2 GG als Regierungsakt qualifiziert werden.[410] Diese Entscheidung ist ein klassischer Grundrechtseingriff und ruft die typischen grundrechtlichen Rechtfertigungserfordernisse hervor. Die Abspeicherung gemeinsamer Rechtsfolgen ist dann kaum möglich.[411]

4. Aufgaben und Funktion der „Staatsleitung"

Verfassungsrechtliche Befugnisse, deren finaler Zweck auf die Einwirkung anderer Hoheitsträger beschränkt ist und die daher nicht im Kontext der Rechtserzeugung stehen, werden von dem hier vorgeschlagenen Begriff einer Regierungs-

---

[408] Ähnlich im Ergebnis ein funktionaler Regierungsbegriff bei *Gärditz*, in: Krüper/Pilniok (Hrsg.), Die Organisationsverfassung der Regierung, 2021, 25 (54), der „allenfalls insoweit einen heuristischen Wert entfalte[t], als Regierungsfunktionen als Bündelungsbegriff disparate, aber typisierbare Handlungsfelder beschreiben, auf denen rechtlich nicht determinierte Entscheidungsräume besonders weit sind und die Politizität entsprechend besonders hoch ist."

[409] *Kassimatis*, Der Bereich der Regierung, 1967, 93.

[410] *Kassimatis*, Der Bereich der Regierung, 1967, 100, insbesondere handelt es sich dabei auch nicht um eine „verfassungsrechtliche Streitigkeit", wie sie § 40 VwGO von der Verwaltungsgerichtsbarkeit ausklammert.

[411] Kritisch auch *M. Schröder*, in: Isensee/Kirchhof (Hrsg.), HStR, Bd. V, 3. Aufl. (2007), § 106, Rn. 8.

funktion ausgespart.[412] Gleiches gilt für die Befugnisse anderer Verfassungsorgane. Aus diesem Grund sind beispielsweise das konstruktive Misstrauensvotum (Art. 67 GG) oder die Vertrauensfrage gegenüber dem Bundestag und die Auflösung desselben (Art. 68 GG) von der Regierungsfunktion abzugrenzen. Die hierfür von *Otto Mayer* gebrauchte Formulierung der „verfassungsmäßigen Hilfstätigkeiten"[413] verdeckt zwar ihren herausgehobenen Charakter für den politischen Alltag, stellt ihre rechtliche Funktion aber zutreffend heraus: Ist Staatsgewalt kein Selbstzweck, kann ihre Konstituierung nur als vorbereitende Tätigkeit für die Ausübung hoheitlicher Funktionen zur Rechtserzeugung angesehen werden. Diese Hoheitstätigkeiten oberster Verfassungsorgane, die sich – losgelöst von der Rechtserzeugung – in der Einwirkung auf andere Verfassungsorgane erschöpfen, könnten als Aufgaben und Befugnisse der Regierung im weiteren Sinne bezeichnet werden. Um Abgrenzungsschwierigkeiten zum zuvor aufgezeigten engeren bzw. eigentlichen Regierungsbegriff zu vermeiden, ist jedoch die Bezeichnung staatsleitende Aufgaben vorzuziehen[414],[415] die obendrein die faktisch herausgehobene Rolle der entsprechenden Handlungen für das Staats- und Verfassungsleben unterstreicht. Eine gemeinsame normative Betrachtung dieser Aufgaben und Befugnisse erscheint jedoch kaum ertragreich. Zu unterschiedlich ist ihre Funktion für das Staats- und Verfassungsleben und zu vielfältig die an ihnen jeweils beteiligten Akteure, um einheitliche rechtliche Entscheidungs- und Handlungsbedingungen oder eine gemeinsame normative Zielrichtung zu identifizieren. Eine unter dem Begriff der Staatsleitung vorgenommene Bündelung von Hoheitstätigkeiten wäre allenfalls vor dem Hintergrund einiger darin abgespeicherter gemeinsamer rechtlicher Eigenschaften von dogmatischem Interesse. Sie dürften denen der Regierungsfunktion ähneln. So handelt es sich bei diesen Hoheitstätigkeiten in der Regel um nicht der Verwaltungsgerichtsbarkeit unterworfene Hoheitstätigkeiten, die einfach-gesetzlich typischerweise nur schwach determiniert sind. Darin erschöpfte sich die dogmatische Funktion einer so verstan-

[412] Insofern hebt sich der Regierungsbegriff dann auch von dem *Scheuners* ab, der die genannten Befugnisse der Regierungsfunktion zuweist, vgl. *Scheuner*, in: FS Smend, 1952, 253 (286 f.).

[413] *O. Mayer*, Verwaltungsrecht, Bd. 1, 3. Aufl. (1924), 7.

[414] Damit hebt sich ein solcher Begriff der Staatsleitung von dem des Bundesverfassungsgerichts ab, das die Staatsleitung als Bestandteil einer Regierungsfunktion begreift.

[415] Diese Handlungen als Staatsleitung bezeichnend *Scheuner*, in: FS Smend, 1952, 253 (287).

denen Figur der Staatsleitung zwar bereits,[416] besäße insoweit aber eine dogmatische Daseinsberechtigung.[417]

III. Zwischenergebnis I: Regierungsfunktion

Im vorangegangenen Abschnitt konnte ein Verständnis zur Existenz, zum Inhalt und zum normativen Status einer grundgesetzlichen Regierungsfunktion rekonstruiert werden. Komplementär gilt dies für eine Verwaltungsfunktion.

Regierungs- und Verwaltungsfunktion stellen Etappen in einem Rechtserzeugungsvorgang innerhalb der vollziehenden Gewalt dar. Ihre Ermittlung wurde zwar mit Blick auf institutionelle Rahmenbedingungen, Entscheidungsträger und Gestaltungsspielräume gestützt, hierdurch jedoch nicht konstitutiv bestimmt. Dementsprechend werden Regierungs- und Verwaltungsfunktion zwar idealer- und typischerweise durch bestimmte Entscheidungsträger und mittels bestimmter Handlungsformen wahrgenommen, aber nicht notwendigerweise. Regierungs- und Verwaltungsfunktion sind Prozess, nicht zwingend Inhalt, Person oder Institution.

Die Regierungsfunktion zeichnet sich innerhalb des Vorgangs der Rechtserzeugung in der Verantwortung für den Transfer des politischen Programms in die staatliche Rechtserzeugung aus. Das erfordert die Steuerung, Koordination und Abstimmung von legislativer und administrativer Rechtserzeugung. Dafür bedarf es der Mitwirkung an der politisch-allgemeinbezogenen Rechtserzeugung zum einen und der richtungsweisenden Einwirkung auf die konkret-individuelle Rechtserzeugung im Sinne des politischen Programms zum anderen, ohne beide Funktionen abschließend selbstständig zu verwirklichen. Ersteres erfolgt mit und gegenüber der maßgeblich vom Bundestag wahrgenommenen Gesetzgebungsfunktion und Letzteres gegenüber der maßgeblich von den Verwaltungsbehörden wahrgenommenen Verwaltungsfunktion. Das Bedürfnis nach einer in dem Regierungsorgan zentralisierten Steuerung, Koordination und Abstimmung der

[416] Demgegenüber beschreibt die von *Ernst Friesenhahn* geprägte Formel „der Staatsleitung zur gesamten Hand", vgl. *Friesenhahn*, VVDStRL 16 (1958), 9 (37 f.), die gleichberechtigte und selbstständige, aber jeweils für sich genommen noch nicht ausreichende Mitwirkung beider Organe an der Staatsleitung und nimmt den Status eines Beschreibungsbegriffs ein. Juristische Schlussfolgerungen erlaubt die Formel daher nicht und wäre hierzu mangels hinreichend präziser Aussagekraft wohl auch kaum geeignet, vgl. *Maurer*, Staatsrecht I, 6. Aufl. (2010), § 14, Rn. 45; *Puhl*, Die Minderheitsregierung, 1986, 139.

[417] In diesem Sinne betont bereits *Merkl*, dass „jede heuristisch wertvolle Gliederung, jede Stoffabgrenzung, die Erscheinungen zusammenfasst, für die Besonderes, von den übrigen Erscheinungen des gleichen Wesens […] ausgesagt werden" könne, eine „Existenzberechtigung" habe, vgl. *Merkl*, Allgemeines Verwaltungsrecht, 1927, 56.

Rechtserzeugung wird durch die Einbindung weiterer Akteure wie den Bundesrat sowie die Verflechtung von nationaler und unionaler Rechtserzeugung noch vertieft. Die Steuerung, Koordination und Abstimmung verschiedener Etappen der Rechtserzeugung ist insoweit vor allem eine Steuerung, Koordination und Abstimmung verschiedener Ebenen und Akteure der Rechtserzeugung.

Von der Regierungsfunktion scheidet sich innerhalb der vollziehenden Gewalt die Verwaltungsfunktion. Sie ist durch die konkret-individuelle Rechtserzeugung gekennzeichnet.

Diese Überlegungen sind Bestandteil des verfassungstheoretischen Systems des Grundgesetzes. Aus diesem Grunde nehmen die hier rekonstruierte Regierungs- und Verwaltungsfunktion den normativen Status eines Theoriebegriffs ein. Ein solcher entspricht den durchaus vorhandenen, aber vagen normativen Impulsen für eine grundgesetzliche Regierungsfunktion. Zugleich trägt er den tatsächlichen und institutionellen Überlagerungen[418] beider Teilfunktionen innerhalb der vollziehenden Gewalt Rechnung. Eine feingliedrige Abgrenzung kann und muss er nicht leisten. Vielmehr formuliert er verfassungsrechtliche Idealvorstellungen an den jeweiligen Polen der Rechtserzeugung[419], die sich von der politisch-allgemeinbezogenen Richtunggebung und der konkret-individuellen Verwirklichung unterscheiden.[420] Hier können Regierungs- und Verwaltungsfunktion punktuell auslegungsleitend wirken, sich im Grenzbereich von Regierung und Verwaltung jedoch einer rechtlichen Wirkung enthalten.

Bezieht man die Ebene der Hintergrundvorstellung der Verfassung in die rechtswissenschaftliche Betrachtung ein, gelingt es auch, die wirkmächtigsten Positionen zur Regierungsfunktion in der deutschen Staatsrechtslehre zusammenzuführen. Soweit vorliegend die Steuerung, Koordination und Abstimmung verschiedener Bereiche der Rechtserzeugung hervorgehoben wird, schließt dies an das von *Leisner* artikulierte Regierungsverständnis im Sinne einer „Koordination und Kombination vielfachen Ermessens nach einheitlichen Gesichtspunkten“[421] an.[422] Es wird mit der unter anderem von *Smend*, *Scheuner* und *Kassima-*

---

418 *M. Schröder*, in: Isensee/Kirchhof (Hrsg.), HStR, Bd. V, 3. Aufl. (2007), § 106, Rn. 30. Eine nicht bzw. allenfalls begrenzt vorhandene tatsächliche Unterscheidung von Regierung und Verwaltung betonend *Ellwein*, Regieren und Verwalten, 1976, 124.

419 So auch *Loschelder*, in: Isensee/Kirchhof (Hrsg.), HStR, Bd. V, 3. Aufl. (2007), § 107, Rn. 24. Die Unterscheidung von Regierung und Verwaltung ebenso als Modellvorstellung charakterisierend, die jedoch von der „zu analysierende[n] Realität“ abweicht, siehe *Ellwein*, Regieren und Verwalten, 1976, 123 f., 126.

420 In diese Richtung auch *Ellwein*, Regieren und Verwalten, 1976, 173.

421 *Leisner*, JZ 1968, 727 (729).

422 Sehr ähnlich auch *Magiera*, Parlament und Staatsleitung, 1979, 83: „Planung, Festlegung und Durchführung der Organisation, der Ziele und Aufgaben sowie der Rechtsordnung des Staates“.

tis betonten besonderen politischen Gestaltungsfreiheit der Regierung verbunden.[423] Diese kann und sollte für die Rechtsgewinnung berücksichtigt werden. Sie legen eine Andersartigkeit der Regierung gegenüber anderen Funktionen und ihre herausgehobene Verantwortung für die Umsetzung des politischen Programms in staatliche Rechtserzeugung nahe. Dass diese wiederum richtigerweise nicht zum Anlass zwingender Rechtsfolgen genommen werden sollte, wurde von *Frotscher* herausgearbeitet. Mit der verfassungstheoretischen Ebene und dem Status eines Theoriebegriffs steht auf Basis des hier präsentierten Modells einer Rechtsgewinnung eine Möglichkeit bereit, den besonderen Charakter der Regierungsfunktion zu berücksichtigen, ohne ihm die Wirkungen eines Rechtsbegriffs zuzumuten. Im Hinblick auf die verschiedenen Auffassungen zur Regierung hilft also oftmals nicht ein *oder*, sondern ein *und* unter Einbeziehung der Ebene des verfassungstheoretischen Systems weiter.[424]

Mit einem solchen normativen Status unterscheidet sich das hier vertretene Konzept sowohl von der Auffassung des Bundesverfassungsgerichts, welches die Regierungsfunktion als Rechtsbegriff versteht, als auch von der Literatur, die ihr teilweise lediglich den Status eines deskriptiven und politikwissenschaftlich relevanten Begriffs zuweist. Darüber hinaus konnte der Begriff der Regierungsfunktion inhaltlich präziser und restriktiver gefasst werden als die mit der Regierung verwandte Staatsleitungskompetenz durch das Bundesverfassungsgericht. Während die als „politische Führung, die verantwortliche Leitung des Ganzen der inneren und äußeren Politik"[425] verstandene Staatsleitungs- und Regierungsfunktion des Bundesverfassungsgerichts letztlich auch klassische Gefahrenabwehr erfasst, bleibt der hier ermittelte Regierungsbegriff auf das „Innere" des Staates begrenzt. Damit wird er zwar der Vielgestaltigkeit der Regierung gerecht, grenzt sich aber gleichzeitig sinnvoll von der Verwaltungsfunktion ab.

Daneben leistet der hier präsentierte Begriff einer Regierungsfunktion einen – wenn auch überschaubaren – dienenden Beitrag für die Rechtsanwendung. Um dieser Funktion zu entsprechen, ist er auf Basis des zuvor ermittelten Theoriebegriffs einer Regierung hinreichend präzise zu bestimmen. Hiernach umfasst er die Inanspruchnahme solcher verfassungsrechtlichen Befugnisse, die durch die Bundesregierung oder ihrer einzelnen Mitglieder zur Koordination, Steuerung und Abstimmung der politisch-allgemeinbezogenen und konkret-individuellen Rechtserzeugung gegenüber anderen Hoheitsträgern ausgeübt werden. Dabei

---

423 Was von *Leisner* demgegenüber zurückgewiesen wird, vgl. *Leisner*, JZ 1968, 727 (728 f.).

424 Vgl. jüngst auch *Lhotta*, in: Krüper/Pilniok (Hrsg.), Die Organisationsverfassung der Regierung, 2021, 1 (22 f.), der die Verfassungstheorie als verfassungsrechtliche Betrachtungsebene der Regierung ausmacht.

425 BVerfGE 105, 279 (301).

formuliert er die widerlegliche Vermutung für ein hoheitliches Handeln, das typischerweise weder einer gesetzlichen Erlaubnispflicht unterliegt (Vorbehalt des Gesetzes) noch einem gesetzlichen Zugriffsrecht offensteht, daher materiell-rechtlich nur schwach vorgezeichnet ist und schließlich nicht der Verwaltungsgerichtsbarkeit zugeordnet ist. Insoweit besitzt die Regierungsfunktion ebenso den Status eines Speicherbegriffs.

IV. Zwischenergebnis II: Die grundgesetzliche Theorie der Regierung

Die Erkenntnisse bezüglich des Regierungsorgans hatten bereits wesentliche institutionelle Elemente der grundgesetzlichen Theorie über die Regierung hervorgebracht. Sie werden durch die zuvor ermittelte Regierungsfunktion um eine funktionelle Komponente vervollständigt. Das erlaubt es, sie im Folgenden zur grundgesetzlichen Theorie der Regierung zusammenzuführen:

Das Grundgesetz installiert die Bundesregierung als politisches Organ. Das verbindet sie mit dem Bundestag und weist beide einem Verfassungsbereich zu, der von politisch-demokratischen Eigengesetzlichkeiten dominiert ist. Politisch kann in diesem Fall auch als parteipolitisch verstanden werden. Es ist daher grundgesetzlich zulässig und erwartet, dass die Bundesregierung das *partei*politische Programm in die staatliche Rechtserzeugung einbringt. Aufgrund der parteipolitischen Solidarität und der Abhängigkeit der Bundesregierung von den sie tragenden Bundestagsfraktionen wird sie mit diesen zu einer verfassungsrechtlich intendierten Wirkungseinheit verklammert. Dem wird die Opposition gegenübergestellt. Dieser Dualismus von Regierung und Opposition überlagert den klassischen Organdualismus.

Den Grundsätzen eines parlamentarischen Regierungssystems entsprechend ist die Bundesregierung vom Vertrauen des Parlaments abhängig. Ein Rahmen gemeinsamer Meinungsbildung von Regierung und Regierungsfraktionen schafft die Grundlage für ein fortwährendes parlamentarisches Vertrauen; sie bildet wiederum die Basis einer kooperativen Regierungstätigkeit. Im grundgesetzlichen Modell eines parlamentarischen Regierungssystems werden das Regierungsorgan und die Regierungsfraktionen innerhalb des Regierungsverbundes allerdings partiell voneinander entkoppelt. Dementsprechend ist die Bundesregierung aufgrund eines vermuteten parlamentarischen Vertrauens zur selbstständigen Hoheitstätigkeit berufen. Den Regierungsfraktionen steht es frei, ihr Vertrauen punktuell oder vollständig zu entziehen und die parlamentarische Abhängigkeit der Bundesregierung zu aktualisieren. Solange die Regierungsfraktionen dies unterlassen, agiert die Bundesregierung als mit dem Vertrauen der Regierungsfraktionen ausgestattetes selbstständiges Verfassungsorgan. Infolgedessen avanciert die Bundesregierung zu einem, wenn nicht sogar zu dem politischen Kraftzentrum der Verfassungsordnung des Grundgesetzes. Dadurch gewährleistet sie den Transfer des parteipolitischen Programms in die staatliche Rechtserzeugung. Hierzu koordiniert sie insbesondere die Umsetzung der politisch-allgemeinbezogenen Rechtserzeugung, ohne der individuell-konkreten Rechtserzeugung vorwegzugreifen. Das beinhaltet die steuernde Einwirkung nach Maßgabe des parteipolitischen Programms auf den Gesetzgebungsvorgang einerseits und den sich anschließenden Verwaltungsvollzug andererseits. Die zentrale Steuerung, Koordination und Abstimmung der Rechtserzeugung wird durch die Einbindung weiterer Akteure wie des Bundesrates sowie die Verflechtung von nationaler und unionaler Rechtserzeugung umso gebotener. Darin liegt ihre spezifische Funktion, eben ihre „Regierungs"funktion.

Teil 3

Die Anwendung der grundgesetzlichen Theorie der Regierung

Die vorangegangenen Ausführungen formen die grundgesetzliche Theorie über die Bundesregierung. Als verfassungstheoretische Überlegungen rufen sie keine unmittelbaren rechtlichen Folgen hervor, erklären gleichwohl bestehende Strukturen und wirken sich auslegungsleitend auf die Bestimmungen des Grundgesetzes aus. Dies betrifft beispielsweise Überlegungen (Kap. 5), die im Spannungsfeld von Bundesregierung und Bundestag (I.), Regierung und Opposition (II.) sowie Regierung und Verwaltung (III.) angesiedelt sind oder den rechtlichen Rahmen der Regierungskommunikation betreffen (Kap. 6). Hier müssen sich der Inhalt und der normative Status der grundgesetzlichen Theorie der Regierung behaupten. Anhand dieser Beispiele kann zugleich die Wirkungsweise des in Teil 1 präsentierten Konzepts der Rechtsgewinnung illustriert werden.

Kapitel 5

Bundesregierung zwischen Parlament, Opposition und Verwaltung

I. Bundesregierung und Bundestag

Entsprechend dem grundgesetzlichen Modell eines parlamentarischen Regierungssystems ist die Bundesregierung vom Vertrauen des Parlaments abhängig. Das verschafft diesem die Möglichkeit, steuernd auf die Bundesregierung einzuwirken. Dieses komplexe Verhältnis erschwert es, aber macht es gleichwohl erforderlich, die grundgesetzliche Kompetenzzuweisung zugunsten der Bundesregierung zu bestimmen (1.) sowie die Grenzen parlamentarischer Steuerung der Aufgabenwahrnehmung (2.) und der Organisation (3.) der Bundesregierung zu ermitteln.

1. Die Aufgaben der Bundesregierung

a) Keine ungeschriebene vorausgesetzte Gesamtaufgabe

Anders als für den Bundesrat (Art. 50 GG) oder die Richter (Art. 92 GG) trifft das Grundgesetz keine allgemeine Aussage zum Aufgaben- oder Funktionsbereich der Bundesregierung[1]. Vielmehr weist das Grundgesetz der Bundesregie-

---

[1] Anders in vielen Landesverfassungen (siehe dazu *Wolff/Bachof/Stober/Kluth*, Verwaltungsrecht II, 7. Aufl. [2010], § 80, Rn. 126–132), die die Landesregierung mit der vollziehenden Gewalt identifizieren: Art. 45 Abs. 1 BW-Verfassung, Art. 28 Abs. 1 NiedersVerf, Art. 41 Abs. 1 VerfMV, Art. 70 Abs. 1 ThürVerf, Art. 64 Abs. 1 S. 1 VerfSachsenAnhalt, oder bzw. und die Tätigkeit weiter konkretisieren: Art. 43 Abs. 1 BayVerf („oberste leitende und vollziehende Behörde des Staates"), Art. 33 Abs. 2 S. 2 HmbVerf („Er (der Senat) führt und beaufsichtigt die Verwaltung"), Art. 33 Abs. 1 S. 1 Verfassung Schleswig-Holstein („im Bereich der vollziehenden Gewalt oberstes Leitungs-, Entscheidungs- und Vollzugsorgan"), Art. 59 Abs. 1 S. 2 SächsVerf („Ihr obliegt die Leitung und Verwaltung des Landes. Sie hat nach Maßgabe der Verfassung Anteil an der Gesetzgebung."), Art. 56 Abs. 1 Verfassung Nordrhein-Westfalen („Die Landesregierung beschließt über Gesetzesvorlagen"), Art. 56 Abs. 2 Verfassung Nordrhein-Westfalen („Die Landesregierung erläßt die zur Ausführung eines Gesetzes erforderlichen Verwaltungsverordnungen"), sogar einen materiellen Regierungsbegriff verwendend: Art. 55 Abs. 1 BlnVerf („Die Regierung wird durch den Senat ausgeübt."). Demgegenüber fehlt in den

rung konkrete Aufgaben und Befugnisse zu.[2] Nach herrschender Dogmatik bilden sie die formelle Regierung.[3] Weitere Aufgaben der Bundesregierung werden gelegentlich aus einer Staatsleitungs-[4], Regierungs- oder Gubernativfunktion[5] abgeleitet. Eng damit im Zusammenhang steht die Annahme, dass das Grundgesetz neben den ausdrücklich genannten Aufgaben und Befugnissen eine ungeschriebene Gesamtaufgabe zugunsten der Bundesregierung voraussetze.[6] Hiernach seien die Aufgaben und Befugnisse der Bundesregierung nur vereinzelt normiert[7], und zwar dort, „wo sie sich nicht schon aus der verfassungsmäßig vorausgesetzten Gesamtaufgabe der Bundesregierung ergeben."[8]

Da ungeschriebene Kompetenztitel in der Kompetenzlehre allgemein anerkannt sind, ist es im Grunde zulässig, solche zu postulieren. Die der Bundesregierung zugewiesenen Aufgaben können auch mit einer Regierungsfunktion in Verbindung gebracht werden, sind sie teilweise doch Ausdruck einer solchen.[9] Nach ihrer Ermittlung können die Kompetenzen auch einer Regierungs- sowie einer Verwaltungsfunktion zugeordnet werden. Problematisch erscheint es jedoch, wenn dieser Ableitungs- und Zuordnungszusammenhang umgedreht wird und Aufgaben und Befugnisse abstrakt aus einer Regierungs- oder Staatsleitungsfunktion gewonnen werden. Wollte man eine Regierungsfunktion dazu heranziehen, Aufgaben und Befugnisse für die Bundesregierung zu ermitteln, wäre sie – entsprechend ihrem hier ermittelten Inhalt – ohnehin nur dazu imstande, Aufgaben zu begründen, die im Vorfeld der konkret-individuellen Rechtserzeugung angesiedelt wären.[10] Sie beschränkte sich daher auf Kompetenzen, die typischerweise durch die Einwirkung auf andere Hoheitsträger gekennzeichnet sind. Da die Regierungsfunktion allerdings nicht als Rechtsbegriff verstanden werden kann, ist es ausgeschlossen, aus ihr Kompetenzen zu deduzieren.[11] Gleiches gilt

Ländern Brandenburg, Bremen, Hessen, Rheinland-Pfalz und Saarland – vergleichbar dem Grundgesetz – eine allgemeine Aufgabenzuweisung.

[2] Vgl. nur Art. 32 Abs. 3 GG, Art. 26 Abs. 2 S. 1 GG, Art. 76 Abs. 1 GG, Art. 80 Abs. 1 S. 1 GG.

[3] Siehe nur *Maurer*, Staatsrecht I, 6. Aufl. (2010), § 14, Rn. 45.

[4] BVerfGE 105, 252 (268 f.); BVerfGE 105, 279 (306); *Gröpl*, Staatsrecht I, 11. Aufl. (2019), § 17, Rn. 1299.

[5] *M. Schröder*, in: Isensee/Kirchhof (Hrsg.), HStR, Bd. III, 3. Aufl. (2005), § 64, Rn. 26.

[6] BVerfGE 105, 252 (270); *Hesse*, Grundzüge des Verfassungsrechts, 20. Aufl. (1999), Rn. 649; *M. Schröder*, in: Isensee/Kirchhof (Hrsg.), HStR, Bd. III, 3. Aufl. (2005), § 64, Rn. 7 f.; *Sodan/Ziekow*, Grundkurs Öffentliches Recht, 8. Aufl. (2018), § 15, Rn. 1.

[7] *Sodan/Ziekow*, Grundkurs Öffentliches Recht, 8. Aufl. (2018), § 15, Rn. 17.

[8] *Hesse*, Grundzüge des Verfassungsrechts, 20. Aufl. (1999), Rn. 649.

[9] Siehe Teil 2 Kap. 4 II. 1. c) bb).

[10] Zum Inhalt der Regierungsfunktion siehe Teil 2 Kap. 4 II. 1. d) aa).

[11] So auch für Organisationskompetenzen der Regierung *Zimmer*, Funktion, Kompetenz, Legitimation, 1979, 229.

für einen letztlich darauf hinauslaufenden etwaigen Kernbereich exekutiver Eigenverantwortung.[12] Die grundgesetzliche Regierungsfunktion kann sich entsprechend ihrem normativen Status lediglich auslegungsleitend auf übrige Kompetenzzuweisungen auswirken.

Entsprechend dem Kodifikationscharakter des Verfassungsrechts[13] nehmen die ausdrücklichen verfassungsrechtlichen Kompetenzzuweisungen[14] zugunsten der Bundesregierung eine grundsätzlich abschließende Kompetenzverteilung vor.[15] Ungeschriebenen Kompetenzen zugunsten der Bundesregierung steht dies zwar nicht entgegen. Ihre Herleitung muss jedoch den Anforderungen der Begründung ungeschriebenen Verfassungsrechts genügen. Sie sind daher durch hinreichend gewichtige Gründe zu belegen, die sie als „selbstverständlich mitgesetzte" Kompetenztitel ausweisen und möglichst durch das positive Verfassungsrecht abgestützt werden können.[16]

Bereits dieser Maßstab zielt darauf ab, anstelle eines Aufgabenbündels konkrete Einzelaufgaben zu ermitteln. Eine ungeschriebene „Gesamtaufgabe"[17] wäre im Lichte der grundsätzlich abschließenden Kompetenzverteilung ohnehin nicht zu begründen. Auch die Argumentation, wonach dem Parlamentarischen Rat die Stellung einer Regierung bewusst gewesen sei und er diese folglich auch der Bundesregierung verleihen wollte[18], kann zwar zur Ermittlung und Zuordnung einzelner Aufgaben beitragen, darf aber nicht zur Postulierung einer unge-

---

[12] Einen Kompetenztitel des Kernbereichs der Regierung ebenso ablehnend *Baer*, Der Staat 40 (2001), 525 (526 ff., 541).

[13] Siehe Teil 1 Kap. 1 IV. 1. b).

[14] Als Kompetenz soll in Anlehnung an die Definition *Isensees* im Folgenden der rechtlich zugemessene Anteil eines Hoheitsträgers am Handlungspotenzial des Gesamtstaates verstanden werden, siehe dazu *Isensee*, in: ders./Kirchhof (Hrsg.), HStR, Bd. VI, 3. Aufl. (2005), § 133, Rn. 19.

[15] Für den abschließenden Charakter der Kompetenzordnung siehe auch *Isensee*, in: ders./Kirchhof (Hrsg.), HStR, Bd. VI, 3. Aufl. (2005), § 133, Rn. 78; *Pabel*, Grundfragen der Kompetenzordnung im Bereich der Kunst, 2003, 36.

[16] Siehe dazu Teil 1 Kap. 1 IV. 1. c) aa); speziell zu ungeschriebenen Kompetenztiteln vgl. auch *Köstlin*, Die Kulturhoheit des Bundes, 1989, 40; *Pabel*, Grundfragen der Kompetenzordnung im Bereich der Kunst, 2003, 78 f.; *Rozek*, in: v. Mangoldt/Klein/Starck, GG, Bd. 2, 7. Aufl. (2018), Art. 70, Rn. 38; *Wittreck*, in: Dreier, GG, Bd. 2, 3. Aufl. (2015), Art. 30, Rn. 23.

[17] Ohnehin klingt die Vorstellung, wonach das Grundgesetz ein Aufgabenbündel kenne, das nur vereinzelt im Grundgesetz zum Ausdruck komme, nach einem der Verfassung vorgegebenen Staat, dessen Aufgaben und Befugnisse dann folgerichtig nur partiell ihren Ausdruck im Verfassungstext gefunden haben. Eine solche der konstitutionellen Staatsrechtslehre entstammende Idee widerspricht nicht nur dem Kodifikationscharakter des Verfassungsrechts, siehe dazu Teil 1 Kap. 1 IV. 1. b), sondern ist bereits mit dem herrschaftsbegründenden Charakter der Verfassung des Grundgesetzes unvereinbar, vgl. *Linck*, Zulässigkeit und Grenzen der Einflussnahme des Bundestages auf die Regierungsentscheidungen, 1970, 34 ff., 38.

[18] *M. Schröder*, in: Isensee/Kirchhof (Hrsg.), HStR, Bd. III, 3. Aufl. (2005), § 64, Rn. 7.

schriebenen Gesamtaufgabe der Bundesregierung führen. Immerhin waren die Dezentralisierung und Föderalisierung ein maßgebliches Anliegen im parlamentarischen Rat.[19] Sie haben mit dem Bundesstaatsprinzip (Art. 20 Abs. 1 GG) und der Generalklausel des Art. 30 GG auch Ausdruck im Verfassungstext gefunden. Ein ungeschriebenes Bündel an Exekutiv- bzw. Gubernativaufgaben zugunsten der Bundesebene, gegebenenfalls gestützt auf eine Regierungsfunktion, ist hiermit nicht zu vereinbaren.[20]

Für die Ermittlung klassischer Regierungsaufgaben ist ein solches auch nicht erforderlich. Mit den Kategorien der Kompetenz kraft Natur der Sache[21], der Kompetenz kraft Sachzusammenhangs[22] und Annexkompetenz[23] stehen Kategorien und Anforderungen bereit, die auf ausdrückliche im Grundgesetz normierte Kompetenzen bezogen (Annexkompetenz und Kompetenz kraft Sachzusammenhangs) oder auf einen eng umgrenzten und offenkundigen Ausnahmefall beschränkt (Kompetenz kraft Natur der Sache) sind.[24] Die kompetenzrechtlichen Figuren haben ihre Anwendung zwar maßgeblich auf dem Gebiet der Gesetzgebungskompetenzen[25] und Verwaltungskompetenzen[26] gefunden, sind auf diese

---

[19] *Uhle*, in: Maunz/Dürig, GG, 88. EL (2019), Art. 70, Rn. 11.

[20] So aber *Hesse*, Grundzüge des Verfassungsrechts, 20. Aufl. (1999), Rn. 649; *M. Schröder*, in: Isensee/Kirchhof (Hrsg.), HStR, Bd. III, 3. Aufl. (2005), § 64, Rn. 7.

[21] Unter einer Kompetenz kraft Natur der Sache wird dabei überwiegend eine solche Kompetenz verstanden, die „begriffsnotwendig" mit der jeweiligen Materie verbunden ist, siehe dazu *Kloepfer*, Verfassungsrecht I, 2011, § 22, Rn. 34. Da eine Kompetenz kraft Natur der Sache mit einem „Wesen" bestimmter Sachmaterien operiert und überdies eine die Länder ausschließende Kompetenz ist, ist sie besonders restriktiv zu handhaben, vgl. BVerfGE 11, 89 (99); *Köstlin*, Die Kulturhoheit des Bundes, 1989, 50; *Trute*, in: v. Mangoldt/Klein/Starck, GG, Bd. 3, 7. Aufl. (2018), Art. 83, Rn. 83.

[22] Eine Kompetenz kraft Sachzusammenhangs ist anzunehmen, wenn eine dem Kompetenzträger nicht zugewiesene Materie nicht geregelt werden kann, ohne dass zugleich eine nicht ausdrücklich zugewiesene andere Materie geregelt werden könnte, siehe dazu *Trute*, in: v. Mangoldt/Klein/Starck, GG, Bd. 3, 7. Aufl. (2018), Art. 83, Rn. 81, der im Hinblick auf die Gesetzgebungszuständigkeit von der Entbehrlichkeit dieser Figur ausgeht.

[23] Darunter wird die Berechtigung zur Vornahme solcher Handlungen verstanden, die zur Vorbereitung und Durchführung der jeweils zugewiesenen Sachkompetenz dienen, dazu *Trute*, in: v. Mangoldt/Klein/Starck, GG, Bd. 3, 7. Aufl. (2018), Art. 83, Rn. 82. Anders als die Kompetenz kraft Sachzusammenhangs verbleibt die Annexkompetenz innerhalb des Sachbereichs, der ausdrücklich zugewiesenen Kompetenz; sie geht also in die Tiefe, nicht in die Breite, vgl. *Kloepfer*, Verfassungsrecht I, 2011, § 21, Rn. 154. Ihre Grenze ist jedenfalls dann überschritten, wenn die Kompetenzausübung nicht mehr erforderlich ist, um die enumerative Kompetenz sachgerecht umzusetzen, sondern eine eigene, neue Aufgabe erfüllt, so auch *Köstlin*, Die Kulturhoheit des Bundes, 1989, 43.

[24] *Isensee*, in: ders./Kirchhof (Hrsg.), HStR, Bd. VI, 3. Aufl. (2005), § 133, Rn. 79; siehe auch für Regierungsaufgaben *Hermes*, in: Dreier, GG, Bd. 2, 3. Aufl. (2015), Art. 62, Rn. 36.

[25] Dazu *Herbst*, Gesetzgebungskompetenzen im Bundesstaat, 2014, 175 ff.

[26] Dazu *Hermes*, in: Dreier, GG, Bd. 3, 3. Aufl. (2018), Art. 83, Rn. 39 ff.; *Kloepfer*, Verfas-

Felder aber nicht beschränkt. Als allgemeine kompetenzrechtliche Grundsätze[27] sind sie dem Grunde nach auf die Kompetenzen des Regierungsorgans übertragbar.[28] Indem sie die positiven Kompetenzzuweisungen sinnvoll abrunden und den Verfassunggeber von der Normierung offenkundig gegebener Zuständigkeiten entlasten, sind sie zudem der Prototyp „selbstverständlich mitgesetzten" Rechts und erfüllen so die Anforderungen an die Begründung ungeschriebener Rechtspositionen im Verfassungsrecht.

b) Bewährung für typische Regierungsaufgaben

Mithilfe dieser kompetenzrechtlichen Figuren gelingt es beispielsweise, solche Aufgaben der Bundesregierung adäquat kompetenzrechtlich zuzuordnen, die ansonsten unmittelbar aufgrund eines „Wesenszug[es] der Regierung im materiellen Sinne"[29] oder einer vermeintlichen „Gesamtaufgabe der Bundesregierung" begründet werden.[30] Auch die Aufnahme einer Befugnisnorm zugunsten der Bundesregierung, wie teilweise gefordert[31], braucht es hierfür nicht. Dies betrifft unter anderem die Aufgaben zur Vorausschau und Planung (aa), der Selbstdarstellung und der Repräsentation (bb) sowie der Außenpolitik (cc). Schließlich müssen sich die von der Bundesregierung im Zuge der Bekämpfung der Ausbrei-

---

sungsrecht I, 2011, § 22, Rn. 33 f.; *Trute*, in: v. Mangoldt/Klein/Starck, GG, Bd. 3, 7. Aufl. (2018), Art. 83, Rn. 80 ff.

27 Zu einer Allgemeinen Kompetenzlehre: *Isensee*, in: ders./Kirchhof (Hrsg.), HStR, Bd. VI, 3. Aufl. (2008), § 133 f.

28 Die ungeschriebenen Kompetenzen machen redundante Kompetenzzuweisungen entbehrlich und wahren eine gewisse Flexibilität der Verfassung, vgl. *Köstlin*, Die Kulturhoheit des Bundes, 1989, 39; *Trute*, in: v. Mangoldt/Klein/Starck, GG, Bd. 3, 7. Aufl. (2018), Art. 83, Rn. 80; *Wittreck*, in: Dreier, GG, Bd. 2, 3. Aufl. (2015), Vorb. zu Art. 70–74, Rn. 47. Insbesondere die Annexkompetenz und Kompetenz kraft Sachzusammenhangs bewirken eine „abrundende Zuständigkeitsauslegung" und „effektivierende[...] Kompetenzauslegung" (*Pabel*, Grundfragen der Kompetenzordnung im Bereich der Kunst, 2003, 58; *Trute*, in: v. Mangoldt/Klein/Starck, GG, Bd. 3, 7. Aufl. [2018], Art. 83, Rn. 82) der ausdrücklich genannten Kompetenzen und ließen sich bereits durch eine Auslegung der enumerativen Kompetenztitel ermitteln, vgl. *Kloepfer*, Verfassungsrecht I, 2011, § 21, Rn. 153; 155; *Rozek*, in: v. Mangoldt/Klein/Starck, GG, Bd. 2, 7. Aufl. (2018), Art. 70, Rn. 44. Mit ihnen findet auch die zweite Alternative des Art. 30 GG einen Anwendungsbereich, so *Isensee*, in: ders./Kirchhof (Hrsg.), HStR, Bd. VI, 3. Aufl. (2005), § 133, Rn. 79. Diese Überlegungen sind nicht auf die Gesetzgebungs- und Verwaltungskompetenzen beschränkt und darum auch für die Bundesregierung anwendbar.

29 Für die „Vorausschau und Planung" siehe *M. Schröder*, in: Isensee/Kirchhof (Hrsg.), HStR, Bd. III, 3. Aufl. (2005), § 64, Rn. 28.

30 So entnimmt *M. Schröder* die folgenden Aufgaben der Bundesregierung aus ihrer „vorausgesetzten Gesamtaufgabe" bzw. der Regierungsfunktion, siehe dazu *M. Schröder*, in: Isensee/Kirchhof (Hrsg.), HStR, Bd. III, 3. Aufl. (2005), § 64, Rn. 26 ff.

31 So *Kloepfer*, Verfassungsrecht I, 2011, § 18, Rn. 308.

tung des Coronavirus durchgeführten Koordinierungsmaßnahmen an den hier vorgeschlagenen Überlegungen behaupten (dd).

aa) Vorausschau und Planung

Die Kompetenz zur „Vorausschau und Planung“, verstanden als die „Aufstellung und Verwirklichung eines Aktionsprogramms und die Vorsorge für unerwartete Fälle“[32], kann der Bundesregierung über die sachgerechte Auslegung der ihr ausdrücklich übertragenen Zuständigkeiten zugewiesen werden: Die Bundesregierung verfügt über zahlreiche Befugnisse in Notstandssituationen (Art. 35 Abs. 3, Art. 87a Abs. 4 GG). Sollen diese Befugnisse adäquat ausgeübt werden können, ist die vorausschauende Planung etwaiger Notstandsszenarien geboten.[33] Vorausschau, die Aufstellung eines Aktionsprogramms und die Vorsorge sind daher von den genannten Notstandsbefugnissen – jedenfalls als Annexkompetenz – umfasst.

Soweit hingegen die „Verwirklichung“ eines solchen Aktionsprogramms in Rede steht, besitzen die ausdrücklichen Notstandsbefugnisse der Bundesregierung abschließenden Charakter. Auf eine etwaige Regierungsfunktion ließen sie sich ohnehin nicht stützen. Dafür spricht bereits das hier präsentierte Verständnis einer grundgesetzlichen Regierungs- und Verwaltungsfunktion, wie sie sich auslegungsleitend auf die ausdrücklichen Kompetenzen auswirkt. Die Realisierung staatlicher Vorsorge berührt typischerweise konkrete Individualrechtspositionen. Als konkret-individuelle Rechtserzeugung ist sie daher Bestandteil der Verwaltungsfunktion und wäre von einer Regierungsfunktion ohnehin nicht erfasst.

Vergleichbares gilt für die Planung. Soweit dies die sogenannte politische Planung[34] betrifft, kann sie als klassische Vorbereitungsmaßnahme und damit als Annexkompetenz der ausdrücklichen Befugnisse des Regierungsorgans angesehen werden.[35] Wer beispielsweise über ein Recht zur Gesetzesinitiative verfügt, kann dessen Einsatz strategisch planen. Hierfür braucht es weder eine Sonderdogmatik[36] noch die Figuren der Staatsleitung oder Regierungsfunktion. Überle-

---

32 *M. Schröder*, in: Isensee/Kirchhof (Hrsg.), HStR, Bd. III, 3. Aufl. (2005), § 64, Rn. 28.

33 In diese Richtung auch *Eder*, Rote Karte, 2017, 126.

34 Dazu *Hoppe*, in: Isensee/Kirchhof (Hrsg.), HStR, Bd. IV, 3. Aufl. (2006), § 77, Rn. 26.

35 So auch *Hoppe*, in: Isensee/Kirchhof (Hrsg.), HStR, Bd. IV, 3. Aufl. (2006), § 77, Rn. 52. Es handelt sich bei der Planung, wie auch *Hoppe* feststellt, richtigerweise nicht um eine Sachkompetenz, sondern nur um einen Abschnitt der Wahrnehmung einer Sachkompetenz.

36 Das Recht zur Planungsinitiative wird, soweit die Planung mittels Gesetz erfolgen soll, hinreichend durch Art. 76 Abs. 1 GG beantwortet und damit zugleich die Frage, ob das Parlament die Planungsinitiative ergreifen können soll, vgl. auch *Hoppe*, in: Isensee/Kirchhof (Hrsg.), HStR, Bd. IV, 3. Aufl. (2006), § 77, Rn. 58. Führt die Planung bereits zu Grundrechtseingriffen, bedarf es eines formellen Gesetzes, wie bereits der Grundsatz vom Vorbehalt des

gungen, ob die „Planung“ ein Aspekt des Regierens, Verwaltens oder Gesetzgebens sei oder gar unter die Formel der „Staatsleitung zur gesamten Hand“ subsumiert werden könne[37], erübrigen sich daher.[38] Auch ob die Bundesregierung zur Planung verpflichtet werden könne, ist dementsprechend anhand ihrer verfassungsrechtlich gewährleisteten Funktionsfähigkeit und Eigenständigkeit zu beantworten, nicht aber nach Maßgabe eines unterstellten Kernbereichs der Regierung, zu dem die Planungsinitiative zähle.

Mithilfe einer Annexkompetenz zu den ausdrücklich statuierten Befugnissen ließe sich beispielsweise auch die Einrichtung eines Nationalen Ethikrates kompetenziell begründen: Soweit er dazu dient, die Ausübung der der Bundesregierung ausdrücklich übertragenen Kompetenzen durch wissenschaftliche Standpunkte zu unterstützen, kann seine Etablierung als Annexkompetenz zu den explizit übertragenen Kompetenzen erklärt werden.[39] Einer Staatsleitungskompetenz bedarf es dafür nicht.[40] Sofern und soweit ein solcher Ethikrat jedoch als allgemeiner Diskussionsteilnehmer fungieren soll, bleibt die Bundeskompetenz für seine Errichtung hingegen fraglich.[41]

bb) Repräsentation und Selbstdarstellung

Die herkömmlichen Kompetenzfiguren helfen auch für die Repräsentations- und Selbstdarstellungsaufgaben des Bundes, für die typischerweise die Staatsleitung als Kompetenzgrundlage angeführt wird,[42] weiter. Für Repräsentationsaufgaben im Ausland kann auf die Bundeskompetenzen im Bereich der Außenpolitik verwiesen werden.[43] Für Repräsentations- und Selbstdarstellungsaufgaben im Inneren bestehen hingegen teilweise ausdrücklich genannte Kompetenzen (Art. 22 Abs. 1 S. 2 GG). Soweit verfassungsrechtlich installierte Organe über ihre Arbeit informieren, ist des Weiteren auf eine Annexkompetenz zu den ausdrücklichen

---

Gesetzes verlangt, vgl. auch *Hoppe*, in: Isensee/Kirchhof (Hrsg.), HStR, Bd. IV, 3. Aufl. (2006), § 77, Rn. 63. Ansonsten hat das Grundgesetz weitere Formen der Planung ausdrücklich aufgenommen, über deren kompetenzielle Einordnung folglich kein Streit besteht, siehe dazu *Hoppe*, in: Isensee/Kirchhof (Hrsg.), HStR, Bd. IV, 3. Aufl. (2006), § 77, Rn. 35–42.

[37] Zu den verschiedenen Ansätzen siehe *Hoppe*, in: Isensee/Kirchhof (Hrsg.), HStR, Bd. IV, 3. Aufl. (2006), § 77, Rn. 44 ff.

[38] So letztlich auch *Hoppe*, in: Isensee/Kirchhof (Hrsg.), HStR, Bd. IV, 3. Aufl. (2006), § 77, Rn. 44 ff.

[39] In diese Richtung auch zur Ressortforschung *Köstlin*, Die Kulturhoheit des Bundes, 1989, 43 f.

[40] So aber *M. Schröder*, NJW 2001, 2144 (2146).

[41] Für die Begrenzung von Bundesforschungseinrichtungen auf eine Hilfsfunktion auch *Köstlin*, Die Kulturhoheit des Bundes, 1989, 43 f.

[42] Dazu *Baer*, Der Staat 40 (2001), 525 (532).

[43] *Köstlin*, Die Kulturhoheit des Bundes, 1989, 49.

Kompetenzzuweisungen zu rekurrieren, da dies zur funktionsadäquaten Aufgabenerfüllung in der Regel erforderlich ist.[44] Auf die Weise ist auch die Errichtung und Betätigung der Bundeszentrale für politische Bildung verfassungsrechtlich gerechtfertigt; auf die Staatsleitungskompetenz muss – entgegen dem BVerfG[45] – nicht zurückgegriffen werden.[46] Schließlich dürfte für Ausnahmefälle auf dem Gebiet der nationalen Repräsentation[47], so zum Beispiel die kulturelle Spitzenförderung,[48] eine Kompetenz kraft Natur der Sache zu bejahen sein.[49]

cc) Materielle Außenvertretungskompetenz

Auch die materielle Außenvertretungskompetenz der Bundesregierung lässt sich ohne Rückgriff auf eine etwaige Staatsleitungskompetenz und entsprechend den allgemeinen Kompetenzverteilungsregeln zuordnen. So kann im Wege einer historischen Auslegung der grundgesetzlichen Kompetenzverteilung berücksichtigt werden, dass es der bisherigen verfassungshistorischen Praxis entsprach, wonach die Außenpolitik maßgeblich durch die Exekutivorgane wahrgenommen wurde.[50] Dass dabei die materielle außenpolitische Vertretung nicht durch den Bundespräsidenten erfolgen kann, zeigt seine durch die Verfassung insgesamt angelegte schwache politisch-gestaltende Stellung.[51] Seine Außenvertretungskompetenz (Art. 59 Abs. 1 GG) kann daher nur formeller Natur sein.[52] Das belässt der Bundesregierung die materielle Kompetenz zur Außenvertretung und

---

[44] Siehe ausführlich dazu Teil 3 Kap. 6 I.

[45] Siehe BVerfG, Beschluss der 1. Kammer des Ersten Senats vom 17. August 2010 – 1 BvR 2585/06 = NJW 2011, 511 (512).

[46] Soweit darüber hinaus aber auch Aufklärungsarbeit zur Abwehr extremistischer Gefahren betrieben wird, könnte z. B. an Art. 73 Abs. 1 Nr. 10 b) GG oder dessen Ergänzung im Wege der Verfassungsänderung gedacht werden.

[47] Die Repräsentation des Bundes ist auch durch Selbstkoordination der Länder möglich und entsprach überdies bundesstaatlicher Tradition Deutschlands, so *Köstlin*, Die Kulturhoheit des Bundes, 1989, 49. In diesem Sinne hatte einst das Bundesverfassungsgericht die Notwendigkeit nationaler Repräsentation nicht ausreichen lassen, um dem Bund eine Rundfunkkompetenz zuzugestehen, siehe BVerfGE 12, 205 (252); dazu auch *Köstlin*, Die Kulturhoheit des Bundes, 1989, 51.

[48] In diese Richtung auch *Lenski*, Öffentliches Kulturrecht, 2013, 115 ff.; des Weiteren muss berücksichtigt werden, dass etwaige auf eine Kompetenz kraft Natur der Sache gestützte Kulturförderungen die Länder in diesem Bereich grundsätzlich von der Förderung ausschließen müssten, darauf hinweisend *Köstlin*, Die Kulturhoheit des Bundes, 1989, 50.

[49] Siehe auch *Rozek*, in: v. Mangoldt/Klein/Starck, GG, Bd. 2, 7. Aufl. (2018), Art. 70, Rn. 42. Für die Organkompetenz gelten dann die allgemeinen Regeln, siehe dazu Teil 3 Kap. 5 I. 2. b).

[50] *Kempen*, in: v. Mangoldt/Klein/Starck, GG, Bd. 2, 7. Aufl. (2018), Art. 59, Rn. 36.

[51] *Calliess*, in: Isensee/Kirchhof (Hrsg.), HStR, Bd. IV, 3. Aufl. (2006), § 83, Rn. 17.

[52] *Degenhart*, Staatsrecht I, 35. Aufl. (2019), Rn. 815; *Götz*, Der Vorbehaltsbereich der

zur Gestaltung der Außenpolitik.[53] Schon ihre institutionellen Rahmenbedingungen prädestinieren sie dazu.[54] Art. 23 Abs. 3 S. 2 GG bestätigt diese Überlegung für die mit der Außenvertretung vergleichbare Situation bei der Mitwirkung Deutschlands innerhalb der Gremien der Europäischen Union.

dd) Koordination der staatlichen Pandemiebekämpfung

Wurde die Regierungsfunktion vorliegend insbesondere in der Koordination der verschiedenen Abschnitte, Ebenen und Akteure der Rechtserzeugung im Sinne des politischen Programms erblickt[55], ist es gleichwohl ausgeschlossen, dies zum Anknüpfungspunkt eigenständiger Kompetenzzuweisungen zu erheben. Der normative Status dieser Überlegungen auf der Ebene des verfassungstheoretischen Systems steht dem entgegen.

Stimmt die Bundesregierung darum die Maßnahmen der Länder zur Bekämpfung der Ausbreitung des Coronavirus ab, entspricht dies zwar ihrer idealtypischen Funktion. Gleichwohl muss sie sich hierfür auf Kompetenzzuweisungen stützen, die gegebenenfalls im Lichte des zuvor ermittelten Verständnisses einer Regierungsfunktion zu interpretieren wären. Das betrifft beispielsweise die in § 5 Abs. 6 Bundesinfektionsschutzgesetz normierte Befugnis des Bundesgesundheitsministers, „Empfehlungen ab[zu]geben, um ein koordiniertes Vorgehen innerhalb der Bundesrepublik Deutschland zu ermöglichen".

Darüber hinaus dürfte die Bundesregierung ebenso zu einer Abstimmung, Beratung und Unterstützung der Länder bei deren Kompetenzausübung im Rahmen der Pandemiebekämpfung befugt sein. Eine solche Rechtsposition ergibt sich mittelbar aus den nun zahlreichen in § 5 Abs. 2 Bundesinfektionsschutzgesetz „unbeschadet der Befugnisse der Länder" zugunsten der Bundesregierung bzw. des Bundesgesundheitsministers eingeräumten Befugnissen. Da sich die Zuständigkeiten von Bund und Ländern insoweit gegenseitig ergänzen und gegenständlich partiell überlagern, macht es ihre effektive Inanspruchnahme erforderlich, den jeweils anderen Kompetenzträger über die geplante Wahrnehmung der Befugnisse zu informieren und inhaltlich aufeinander abzustimmen. Diese Überlegung wird durch das aus dem Bundesstaatsprinzip (Art. 20 Abs. 1 GG) abgeleitete Gebot bundesfreundlichen Verhaltens, wonach Bund und Länder ihre Kompetenzen unter gegenseitiger Rücksichtnahme wahrzunehmen haben[56], gestützt.

Bundesregierung, 1993, 150 ff.; *Kempen*, in: v. Mangoldt/Klein/Starck, GG, Bd. 2, 7. Aufl. (2018), Art. 59, Rn. 2, 10.

[53] BVerfGE 90, 286 (358).

[54] In diese Richtung auch BVerfGE 68, 1 (87 f.).

[55] Zum Inhalt der Regierungsfunktion siehe Teil 2 Kap. 4 II. 1. d) aa).

[56] BVerfGE 81, 310 (337); 92, 203 (230); *Degenhart*, Staatsrecht I, 35. Aufl. (2019), Rn. 501.

Die Bundesregierung ist zu dieser Abstimmung und Koordination in der grundgesetzlichen Regierungskonzeption zuvörderst prädestiniert. Das schließt die Anregung der Bundesregierung zu einer abgestimmten Inanspruchnahme der Befugnisse von Bund und Ländern, inhaltliche Empfehlungen für die Wahrnehmung dieser Befugnisse sowie die Moderation dieses Abstimmungsprozesses ein, verbindliche Vorgaben gegenüber den Ländern aufgrund einer der Bundesregierung grundsätzlich fehlenden Weisungskompetenz jedoch wiederum aus. Verkündet die Bundesregierung daher außerhalb ihrer insbesondere in § 5 Abs. 2 Bundesinfektionsschutzgesetz eingeräumten Kompetenzen etwaige Vorgaben zur Bekämpfung der Ausbreitung des Coronavirus, bedeutet dies in rechtlich zutreffender Hinsicht, dass sie unverbindliche Empfehlungen, die von den Ländern getroffenen Entscheidungen oder die von Bund und Ländern abgestimmte Vorgehensweise verkündet. Um von der Bundesregierung unmittelbar erlassene rechtswirksame Anordnungen handelt es sich mangels einer in diesem Sachbereich zugunsten der Bundesregierung bestehenden Gefahrenabwehr- oder Weisungskompetenz hingegen grundsätzlich nicht.

ee) Zwischenergebnis

Es zeigt sich, dass zahlreiche als Bestandteil einer Regierungsfunktion verstandene Aufgaben und Befugnisse zugunsten der Bundesregierung mittels konkreter verfassungsrechtlicher oder einfach-gesetzlicher Vorgaben und Strukturen begründet werden können. Der Rekurs auf eine Regierungsfunktion[57] oder ein „Wesen der Regierung“[58] ist hierfür entbehrlich.[59] Das bekräftigt zugleich das zuvor gefundene Ergebnis im Hinblick auf den normativen Status der Regierungsfunktion. Aufgrund ihres fehlenden Status als Rechtsbegriff scheidet sie als Kompetenzgrundlage aus. Wird die Verfassung im Einzelfall nach konkreten Kompetenzen unter Anwendung herkömmlicher Kompetenzfiguren befragt, kann die Regierungsfunktion jedoch zur Auslegung der Kompetenzvorgaben beitragen und mittelbar kompetenzbegründend wirken. Daneben indiziert sie allenfalls bestimmte Zuständigkeiten zugunsten der Bundesregierung, begründet sie jedoch nicht aus sich heraus.

Wurden entsprechend der vorangegangenen Vorgehensweise die Aufgaben und Befugnisse zugunsten der Bundesregierung ermittelt, kann auch der Aussage zugestimmt werden, wonach der Aufgabenbestand der Bundesregierung nur un-

[57] So aber BVerfGE 90, 286 (357); *M. Schröder*, in: Isensee/Kirchhof (Hrsg.), HStR, Bd. III, 3. Aufl. (2005), § 64, Rn. 26.

[58] *Kloepfer*, Verfassungsrecht I, 2011, § 35, Rn. 130; siehe dazu auch m. w. N. *Pilz*, Der Auswärtige Ausschuss, 2008, 103.

[59] So auch *Hermes*, in: Dreier, GG, Bd. 2, 3. Aufl. (2015), Art. 62, Rn. 36.

vollständig im Grundgesetz zum Ausdruck komme und sich auf die normierungsbedürftigen Aufgaben beschränke.[60] Die so ermittelten Zuständigkeiten bilden dann im Ergebnis durchaus eine „Gesamtaufgabe“ der Bundesregierung. Entscheidend ist hierbei aber die Reihenfolge ihrer Begründung: Nicht aus einer vorausgesetzten Gesamtaufgabe der Regierung[61] oder einer Regierungsfunktion werden bestimmte Einzelaufgaben gewonnen, sondern die aus der Verfassung ermittelten Einzelaufgaben bilden in der Summe eine Gesamtaufgabe der Bundesregierung (die sogenannte formelle Regierung).[62] Ein Teilbereich dieser Aufgaben ist dabei Ausdruck der grundgesetzlichen Regierungsfunktion.[63] Mit dieser Zuordnung werden dem Rechtsanwender sowie dem wissenschaftlichen Diskurs gleichzeitig für einzelne Aufgaben und Befugnisse vertypte rechtliche Eigenschaften aufbereitet. Angesprochen ist an dieser Stelle die Regierungsfunktion mit ihrem Begriffsstatus als Speicherbegriff.[64] Schließlich können die ermittelten Befugnisse die Grundlage dafür darstellen, um die tatsächliche Machtfülle der Bundesregierung aus einer deskriptiven Perspektive zu beschreiben. Eine solche Überlegung besäße als Beschreibungsbegriff jedoch keinerlei normative Relevanz.

2. Die Wahrnehmung der Aufgaben und Befugnisse

Der verfassungsrechtliche Status der Bundesregierung als parlamentarisch verantwortliche Regierung versetzt sie dazu in den Stand, die ihr übertragenen Aufgaben zunächst selbstständig auszuüben.[65] Sie darf also in den Worten *Lincks* „rechtlich unabhängige Primärentscheidungen“[66] treffen. Für die Wahrnehmung der verfassungsrechtlich eingeräumten Aufgaben und Befugnisse benötigt die Bundesregierung dementsprechend grundsätzlich keine gesonderte Ermächti-

---

[60] Die Unvollständigkeit des Aufgabenbestandes der Bundesregierung betonend *M. Schröder*, in: Isensee/Kirchhof (Hrsg.), HStR, Bd. III, 3. Aufl. (2005), § 64, Rn. 6–8, zutreffend darauf hinweisend, dass das Grundgesetz nur die normierungsbedürftigen Aufgaben regele, siehe Rn. 8.

[61] So aber *Hesse*, Grundzüge des Verfassungsrechts, 20. Aufl. (1999), Rn. 649.

[62] Daher richtet sich die vorliegende Darstellung nicht gegen die bei *M. Schröder*, in: Isensee/Kirchhof (Hrsg.), HStR, Bd. III, 3. Aufl. (2005), § 64, Rn. 26 ff. im Grunde zutreffende Darstellung der Aufgabenbereiche der Bundesregierung, sondern die Art ihrer Ermittlung.

[63] Siehe zu Aufgaben, die grundsätzlich der Regierungsfunktion zugewiesen werden können, Teil 2 Kap. 4 II. 3. a).

[64] Siehe dazu Teil 2 Kap. 4 II. 3.

[65] Im Ergebnis auch *Linck*, Zulässigkeit und Grenzen der Einflussnahme des Bundestages auf die Regierungsentscheidungen, 1970, 55 f., der dies aber mit der politischen Richtlinienkompetenz gem. Art. 65 S. 1 GG begründet.

[66] *Linck*, Zulässigkeit und Grenzen der Einflussnahme des Bundestages auf die Regierungsentscheidungen, 1970, 71.

gung, auch nicht für solche, die sich allein durch eine herausgehobene politische Relevanz als besonders „wesentliche" oder grundlegende Entscheidung darstellen (a). Kehrseite dieser zulässigen – zunächst eigenständigen – Aufgabenwahrnehmung durch die Bundesregierung sind die verfassungsrechtlich eingeräumten Möglichkeiten des Bundestages, die Abhängigkeit der Bundesregierung zu aktualisieren, also ihre Aufgabenwahrnehmung zu steuern (b) oder sie zu kontrollieren (c). Schließlich muss insbesondere im Lichte der Verflechtung der mitgliedstaatlichen und europäischen Rechtserzeugung untersucht werden, ob und inwiefern diese Verantwortungsbeziehung zu modifizieren ist. Treten neben die Informationsrechte des Bundestages Informationspflichten der Bundesregierung (d)?

a) Kein Vorbehalt für alle grundlegend wichtigen („wesentlichen") Entscheidungen zugunsten des Bundestages bzw. Gesetzgebers

Als parlamentarische Regierung genießt die Bundesregierung das Vertrauen des Bundestages, das sie zur selbstständigen, aber dem Bundestag gegenüber zu verantwortenden Kompetenzausübung ermächtigt.[67] Infolgedessen ist sie dazu berechtigt, die ihr übertragenen verfassungsrechtlichen Befugnisse ohne die vorherige Erlaubnis des Bundestages bzw. Gesetzgebers auszuüben. Hiervon dürfen auch nicht solche Entscheidungen ausgeklammert werden, denen eine herausgehobene Relevanz für das Gemeinwesen zukommt bzw., in der staatsrechtlichen Dogmatik gesprochen, die eine „wesentliche" Fragestellung betreffen (aa). Mit diesen Überlegungen ist auch die sogenannte Wesentlichkeitslehre des Bundesverfassungsgerichts vereinbar (bb).

aa) Keine gesetzgeberische Erlaubnispflicht für das Tätigwerden der Bundesregierung

Einem etwaigen Erfordernis einer gesetzgeberischen Erlaubnis für das Tätigwerden der Bundesregierung stünde nicht nur die Rolle der Bundesregierung als parlamentarischer Regierung, sondern ebenso die des Bundestages entgegen.[68] Dieser fungiert nicht als ein übergeordnetes Verfassungsorgan[69] und die Bundesregierung als dessen weisungsunterworfener Akteur.[70] Aus diesem Grund fällt

---

[67] Siehe dazu Teil 2 Kap. 3 V. 2.

[68] Aufgrund der Ausgestaltung des grundgesetzlichen parlamentarischen Regierungssystems gegen einen Parlamentsvorbehalt für sämtliche wesentlichen Entscheidungen *Sester*, Der Parlamentsbeschluss, 2007, 196.

[69] Siehe dazu Teil 2 Kap. 3 IV. 4.

[70] Auch eine erhöhte demokratische Legitimation des Bundestages vermag einen solchen Parlamentsvorrang wie gezeigt nicht zu begründen, siehe Teil 2 Kap. 3 IV. 4.

auch eine grundlegend wichtige Sachmaterie nicht zurück in den Kompetenzbereich des Gesetzgebers bzw. des Bundestages.[71] Obendrein wäre dies mit der ausdifferenzierten Kompetenzordnung des Grundgesetzes unvereinbar.[72]

Soweit ein parlamentarischer bzw. legislativer Vorbehalt für alle grundlegenden Entscheidungen hingegen mit der Schutzwürdigkeit und Schutzbedürftigkeit des Parlaments gegenüber der besonders handlungsfähigen und eigeninitiativ tätigen Exekutive begründet wird[73], überzeugt das nur bedingt. Für die Regierungsfraktionen erwächst aus einer machtvollen Regierung ohnehin zunächst keine Schutzbedürftigkeit, da sich die Tätigkeit der Regierung im parlamentarischen Regierungssystem grundsätzlich als Ausdruck mehrheitsparlamentarischen Gestaltungswillens darstellt.[74] Ist diese Verknüpfung bedroht, wäre sie jedenfalls nicht durch kompetenzielle Vorbehaltsbereiche, sondern – der Mechanik des parlamentarischen Regierungssystems angemessen – durch eine eher informelle Verbindung der Willensbildung von Regierung und Regierungsfraktionen abzusichern.[75]

Verweist man speziell auf die Schutzwürdigkeit und Schutzbedürftigkeit der parlamentarischen Opposition[76], widerspräche ein rechtlich umrissener Vorbehaltsbereich der Handlungslogik des politisch-demokratischen Bereichs, dem die Regierung und die Opposition angehören.[77] Was eine gesellschaftlich bedeutungsvolle Entscheidung darstellt, die nach einer parlamentarischen Debatte und einer oppositionellen Kontrolle verlangt, lässt sich hiernach vor allem anhand politischer Entscheidungsmaßstäbe beurteilen.[78] Für diese Einschätzung sind die politischen, maßgeblich auch parlamentarischen und oppositionellen Kräfte besonders prädestiniert. Will das Grundgesetz diese demokratische Eigenlogik berücksichtigen[79], kann es der Bundesregierung keine grundlegend wichtigen Aufgabenbereiche anhand objektiv-rechtlicher Kriterien entziehen. Vielmehr muss

---

[71] In diese Richtung aber BVerfGE 98, 218 (251): „Der Gesetzgeber ist verpflichtet, alle wesentlichen Entscheidungen selbst zu treffen, und darf sie nicht anderen Normgebern überlassen."

[72] Siehe dazu bereits Teil 2 Kap. 3 IV. 4.; siehe auch schon *Honer*, NVwZ 2019, 619 (621); für den staatsorganisatorischen Bereich siehe *Maurer*, in: FS Vogel, 2000, 331 (343).

[73] Für ein solches Verständnis des Vorbehalts des Gesetzes *Lassahn*, Rechtsprechung und Parlamentsgesetz, 2017, 155–167.

[74] Siehe Teil 2 Kap. 3 V. 2.

[75] Vgl. auch *Meinel*, Selbstorganisation des parlamentarischen Regierungssystems, 2019, 23–26, 248 f., 347.

[76] *Lassahn*, Rechtsprechung und Parlamentsgesetz, 2017, 165 f.

[77] *Honer*, NVwZ 2019, 619 (622); zur Logik der Politik siehe auch *Lassahn*, Rechtsprechung und Parlamentsgesetz, 2017, 153–155 im Anschluss an *Kingdon*, Agendas, Alternatives, and Public Choices, 2. Aufl. (2014), 165 ff.

[78] So auch *Sester*, Der Parlamentsbeschluss, 2007, 211.

[79] Siehe dazu Teil 1 Kap. 2 II. 1. a) bb); siehe insbes. Kap. 2 Fn. 102.

es den Regierungs- und Oppositionsfraktionen die Mittel zur Verfügung stellen, die Relevanz einer Materie anhand politischer Kriterien zu identifizieren und die Abhängigkeit der Regierung auf jeweils unterschiedliche Weise zu aktualisieren.[80] Pflichten verstellten dem Parlament jedoch geradezu die Möglichkeit, eine Entscheidung als politisch bedeutsam zu erkennen und von seinen verfassungsrechtlichen Befugnissen Gebrauch zu machen.[81]

Erst dadurch werden auch die mit einer legislativen bzw. parlamentarischen Entscheidung erhofften spezifisch demokratisch-repräsentativen Verfahrensleistungen erfüllt: Nur soweit eine gesellschaftliche Angelegenheit von den politischen Akteuren am Maßstab parteipolitischer Opportunität als herausgehobene Fragestellung empfunden wird, werden sie diese im Parlament kontrovers diskutieren[82]. Im gegenteiligen Fall wird dies in der Regel hingegen kaum gelingen. Weniger die Wahrnehmungspflicht[83], mehr das Wahrnehmungsrecht[84] kennzeichnet also eine an den demokratisch-politischen Eigengesetzlichkeiten orientierte Befugniszuweisung von Bundesregierung und Bundestag.[85] Parlamentarische Vorbehaltsbereiche erinnern demgegenüber eher an die konstitutionelle Frontstellung zweier mit unterschiedlichen Legitimationstiteln ausgestatteter Antagonisten denn an die Funktionslogik eines parlamentarischen Regierungssystems.[86]

Dass die grundlegenden[87] gesellschaftlichen Entscheidungen der demokratischen Allgemeinheit von dem Organ zu behandeln sind, das die größte Befähi-

[80] In diesem Sinne auch *Meinel*, Selbstorganisation des parlamentarischen Regierungssystems, 2019, 35, der mit Blick auf die Zustimmungsvorbehalte zugunsten des Parlaments konstatiert: „Auf lange Sicht schaffen es Vetoinstitutionen aber nie, ihre Macht zu sichern, wenn sie nicht in der Lage sind, ihre Vetoposition in eine positive Strategie der Machtgewinnung umzusetzen. So kommt auch heute alles darauf an, den Parlamenten jene Verfahren und Instrumente verfügbar zu erhalten, die sie in den Stand setzten, als Verknüpfung von legislativer und exekutiver Macht zu fungieren."

[81] *Haltern/Mayer/Möllers*, Die Verwaltung 30 (1997), 51 (74).

[82] So auch *Baer*, Der Staat 40 (2001), 525 (550f.).

[83] Eine solche ruft des Weiteren reflexartig die Begründung exekutiver Vorbehalte hervor, vgl. *Sester*, Der Parlamentsbeschluss, 2007, 213; m.w.N. *Hömig*, in: FG BVerwG 50, 2001, 273 (286f.), was die grundgesetzliche Kompetenzordnung mit weiteren – dem politischen Bereich unangemessen – schwer bestimmbaren Exklusivzuständigkeiten belastet.

[84] *Honer*, NVwZ 2019, 619 (622); in die Richtung auch *Reimer*, in: Hoffmann-Riem/Schmidt-Aßmann/Voßkuhle (Hrsg.), Grundlagen des Verwaltungsrechts, Bd. I, 2. Aufl. (2012), § 9, Rn. 58; dagegen *Lassahn*, Rechtsprechung und Parlamentsgesetz, 2017, 163.

[85] In diese Richtung bereits *Magiera*, Parlament und Staatsleitung, 1979, 299–303, wenn er anstelle des Vorbehalts des Gesetzes den Vorrang des Gesetzes und damit das legislative Zugriffsrecht stärken möchte, so auch *Baer*, Der Staat 40 (2001), 525 (538f., 541).

[86] Ausführlich *Meinel*, Selbstorganisation des parlamentarischen Regierungssystems, 2019, 23–26.

[87] Was eine solche „grundlegende" Entscheidung ist, muss angesichts der demokratisch-po-

gung zur Repräsentation der demokratischen Allgemeinheit aufweist, kann gleichwohl als verfassungstheoretisches Ideal anerkannt werden. Gestützt wird es durch die Wertungskompetenz bzw. den Wertungsvorsprung[88] des Bundestages. Als pluralistisch zusammengesetztes Verfassungsorgan versammelt er verschiedene gesellschaftliche Wertungskonzepte, erzwingt ihre gegenseitige Konfrontation und unterwirft sie einem öffentlichen Rechtfertigungsdruck.[89] Dadurch ist er institutionell besonders dazu befähigt, die – in einem pluralistischen Gemeinwesen objektiv nur begrenzt wahrheitsfähige – Bewertung von Tatsachen und den Ausgleich konfligierender Interessen und Rechtspositionen vorläufig herbeizuführen.[90] Der Bundestag ist für grundlegende, insbesondere Wertungsentscheidungen also durchaus prädestiniert. Als verfassungstheoretisches Ideal auf der Ebene des verfassungstheoretischen Systems formuliert dies gegenüber den politischen Akteuren zunächst jedoch nur eine verfassungsrechtliche Erwartung, ihre Befugnisse dementsprechend auszuüben,[91] also als politisch bedeutsam empfundene Fragestellungen an sich zu ziehen. Daneben trägt eine solche Überlegung dosiert zu einer extensiven Interpretation der Entscheidungs- und Mitwirkungspflichten[92] sowie einer restriktiven Auslegung der Kompetenzausübungsgrenzen des Bundestages bei, sobald eine Angelegenheit die demokratische Allgemeinheit in herausgehobener Weise[93] betrifft. Ansonsten empfiehlt es sich, anstelle eines allgemeinen Parlaments- oder Gesetzesvorbehalts für alle grundlegenden gesellschaftlichen Fragestellungen sachbereichsspezifische Parlaments- und Gesetzesvorbehalte zu bestimmen. Sie wahren die ausdifferenzierte grundgesetzliche Kompetenzordnung und können obendrein den institutionellen Anforderungen der jeweiligen Sachmaterie adäquat Rechnung tragen.

Diese Vorgehensweise illustriert erneut den dieser Ausarbeitung zugrunde liegenden methodischen Ansatz: Im Mittelpunkt der Rechtsgewinnung stehen die vorrangig positiven Kompetenztitel. Sie bedürfen zu ihrer Konkretisierung jedoch demokratietheoretischer Überlegungen und die verfassungsrechtlichen Akteure für die Inanspruchnahme ihrer Kompetenzen verfassungsrechtlicher

litischen Eigengesetzlichkeiten gleichwohl maßgeblich durch die politischen Akteure beurteilt werden. Das in diesem Zusammenhang angeführte Kriterium der politischen Umstrittenheit kann hier durchaus als Maßstab herangezogen werden, stellt es doch vor allem auf die politischen Akteure ab, vgl. VerfGH NRW, NJW 1999, 1243 (1245); kritisch *Lassahn*, Rechtsprechung und Parlamentsgesetz, 2017, 170f.

88 *Magiera*, Parlament und Staatsleitung, 1979, 234.

89 *Magiera*, Parlament und Staatsleitung, 1979, 236f.

90 *Magiera*, Parlament und Staatsleitung, 1979, 234–237.

91 Für eine politische Forderung an den Gesetzgeber zur Regelung wesentlicher Fragen *Puhl*, Die Minderheitsregierung, 1986, 168.

92 Das betrifft beispielsweise das Ratifikationserfordernis des Art. 59 Abs. 2 GG.

93 Zur Bestimmung einer solchen Materie siehe Kap. 5 Fn. 87.

Ideale. Unmittelbar übersetzt in rechtsverbindliche Großformeln („Wesentlichkeit") tragen sie allerdings zur Verunsicherung einer auf Rechtssicherheit angewiesenen Materie bei, überrollen das filigrane positive Zuständigkeitsgeflecht und negieren demokratisch-politische Eigengesetzlichkeiten. Aus diesem Grund gelangen diese theoretischen Überlegungen allein akzessorisch zu einzelnen – vorrangig vom Verfassungsgesetz statuierten – Kompetenzen zur Anwendung. Will man schließlich die zahlreichen Parlaments- und Gesetzesvorbehalte für den Rechtsanwender auf der rechtspraktischen Schicht der Rechtsgewinnung typisierend zusammenfassen, kann dies in die widerlegliche Vermutung münden, wonach der Gesetzgeber für alle grundlegenden bzw. wesentlichen Fragen zuständig ist. Durch entgegenstehende Kompetenzvorgaben wäre diese typisierende Aussage entsprechend der Funktionsweise eines Speicherbegriffs jedoch widerlegt.

bb) Vereinbarkeit mit der Wesentlichkeitslehre

Das zuvor Gesagte kann auch mit der vom Bundesverfassungsgericht und der von der herrschenden Literatur vertretenen sogenannten Wesentlichkeitslehre in Einklang gebracht werden.[94] Zwar deutet die mittlerweile geläufige Formulierung, wonach „der Gesetzgeber verpflichtet ist, […] in grundlegenden normativen Bereichen, zumal im Bereich der Grundrechtsausübung, soweit diese staatlicher Regelung zugänglich ist, alle wesentlichen Entscheidungen selbst zu treffen"[95], durchaus auf einen allgemeinen Parlamentsvorbehalt über den grundrechtlichen Bereich hinaus hin. Gleichzeitig schließt es aber auch das Bundesverfassungsgericht aus, „aus dem Grundsatz der parlamentarischen Demokratie einen Vorrang des Parlaments und seiner Entscheidungen gegenüber den anderen Gewalten als einen alle konkreten Kompetenzzuordnungen überspielenden Auslegungsgrundsatz herzuleiten."[96] Ganz in diesem Sinne kann und sollte die Wesentlichkeitslehre dergestalt verstanden werden, dass alle *grundrechts*we-

---

[94] Zum herrschenden Modell der Wesentlichkeitslehre siehe *Lassahn*, Rechtsprechung und Parlamentsgesetz, 2017, 77 ff. sowie *Ossenbühl*, in: Isensee/Kirchhof (Hrsg.), HStR, Bd. V, 3. Aufl. (2007), § 101, Rn. 52 ff.; zum hier präferierten Verständnis der Wesentlichkeitslehre siehe auch *Honer*, NVwZ 2019, 619 (620–622); *ders.*, VerfBlog, 2019/1/07; zum Ursprung der Wesentlichkeitslehre im Facharztbeschluss in BVerfGE 33, 125 (163) siehe *Lassahn*, Rechtsprechung und Parlamentsgesetz, 2017, 79.

[95] BVerfGE 49, 89 (126); noch deutlicher in diesem Sinne: BVerfGE 98, 218 (251): „Der Gesetzgeber ist verpflichtet, alle wesentlichen Entscheidungen selbst zu treffen, und darf sie nicht anderen Normgebern überlassen."

[96] BVerfGE 49, 89 (126); ähnlich BVerfGE 98, 218 (252).

sentlichen Aspekte vom Gesetzgeber zu entscheiden sind.[97] Ihr Anwendungsbereich ist also richtigerweise auf den grundrechtlichen Bereich zu begrenzen.[98]

Das Kriterium der Grundrechtswesentlichkeit ergänzt somit als Auslöser vom Vorbehalt des Gesetzes das des Grundrechtseingriffs. Dadurch trägt es dem Umstand Rechnung, dass insbesondere dort, wo staatliches Handeln erst zur Realisierung grundrechtlicher Positionen beiträgt, Eingriff, Schutz und Leistung verschwimmen[99] und das Eingriffskriterium nur noch ungenügend die Grundrechtsrelevanz staatlicher Handlungen oder Unterlassungen und somit zugleich die in den grundrechtlichen Gesetzesvorbehalten angelegte gesetzgeberische Grundrechtsverantwortlichkeit anzeigt. An seine Stelle tritt das Kriterium der Grundrechtswesentlichkeit.[100] Es sichert die grundgesetzlich eingeräumten Befugnisse des Gesetzgebers – und damit auch die grundgesetzlich getroffene Zuständigkeits- und Verfahrensentscheidung[101] für grundrechtliche Fragestellungen ab[102]. Die Wesentlichkeitslehre formuliert damit letztlich ein Delegationsverbot an den Gesetzgeber im Hinblick auf seine ihm übertragenen Zuständigkeiten.[103] Aus-

---

[97] Begrenzt man die Wesentlichkeitslehre auf den grundrechtlichen Bereich, ergeben sich etwaige weitergehende Parlamentsvorbehalte nicht aus einer Wesentlichkeit, sondern allenfalls aus einer Auslegung konkreter verfassungsrechtlicher Vorgaben, so zum Beispiel der wehrverfassungsrechtliche Parlamentsvorbehalt, der vom Bundesverfassungsgericht mittels einer Auslegung der Wehrverfassung entnommen wird, siehe BVerfGE 90, 286 (381 ff.); für eine Ableitung punktueller wehrverfassungsrechtlicher Parlamentsvorbehalte anhand konkreter verfassungsrechtlicher Mitwirkungspflichten *Sester*, Der Parlamentsbeschluss, 2007, 267–269; siehe bereits *Honer*, VerfBlog, 2019/1/07; gegen einen Parlamentsvorbehalt im Bereich der Auslandseinsätze der Bundeswehr *Lassahn*, Rechtsprechung und Parlamentsgesetz, 2017, 175–177.

[98] So auch *Maurer/Waldhoff*, Allgemeines Verwaltungsrecht, 19. Aufl. (2017), § 6, Rn. 13 f.; *Maurer*, in: FS Vogel, 2000, 331 (343 f.); *Sester*, Der Parlamentsbeschluss, 2007, 207 ff.; siehe auch *Honer*, NVwZ 2019, 619 (622); anders *Lassahn*, Rechtsprechung und Parlamentsgesetz, 2017, 168–170, der das Wesentliche als Kriterium zur Bestimmung vom Vorbehalt des Gesetzes heranzieht und dabei die Grundrechte als einen wenn auch wichtigen, aber nur einen Fall versteht; *Ossenbühl*, in: Isensee/Kirchhof (Hrsg.), HStR, Bd. V, 3. Aufl. (2007), § 101, Rn. 49; *Unger*, Das Verfassungsprinzip der Demokratie, 2008, 268 f.

[99] *Degenhart*, Staatsrecht I, 35. Aufl. (2019), Rn. 331; *Honer*, NVwZ 2019, 619 (620 f.); *Ossenbühl*, in: Isensee/Kirchhof (Hrsg.), HStR, Bd. V, 3. Aufl. (2007), § 101, Rn. 43 f.

[100] *Degenhart*, Staatsrecht I, 35. Aufl. (2019), Rn. 330, 332; *Honer*, NVwZ 2019, 619 (621).

[101] Das betrifft zum einen die im Gesetzgebungsverfahren involvierte öffentlichkeitswirksame Beteiligung der parlamentarischen Opposition und die Einbeziehung des externen Sachverstandes (vgl. *Ipsen*, Staatsrecht I, 31. Aufl. [2019], Rn. 768), die einer voreiligen Entscheidung im grundrechtlichen Bereich entgegenwirken (vgl. *Lassahn*, Rechtsprechung und Parlamentsgesetz, 2017, 156–160 [insbes. 160]), und zum anderen den in der Gesetzesform verbürgten Gleichheits- und Freiheitsschutz (vgl. *Reimer*, in: Hoffmann-Riem/Schmidt-Aßmann/Voßkuhle [Hrsg.], Grundlagen des Verwaltungsrechts, Bd. I, 2. Aufl. [2012], § 9, Rn. 59).

[102] *Ipsen*, Staatsrecht I, 31. Aufl. (2019), Rn. 768.

[103] *Böckenförde*, NJW 1999, 1235; *Ossenbühl*, in: Isensee/Kirchhof (Hrsg.), HStR, Bd. V, 3. Aufl. (2007), § 101, Rn. 48 f. Dementsprechend bleibt auch kein Raum, die Wesentlichkeits-

gehend von einem gesetzgeberischen Delegationsverbot im grundrechtlichen Bereich, wurde das Wesentlichkeitskriterium auch vom Bundesverfassungsgericht entwickelt[104] und darüber hinaus – soweit ersichtlich – bisher nicht angewendet.[105]

Ein solches Verständnis vom Vorbehalt des Gesetzes und der Wesentlichkeitslehre fügt sich obendrein in die aufgezeigte grundgesetzliche Unterscheidung eines eher politisch-demokratischen Bereichs gegenüber einem eher bürokratisch-rechtsstaatlichen Bereich ein[106]: Ist das Grundrechtswesentliche betroffen, sind gleichzeitig konkret-individuelle Rechtspositionen tangiert. Damit ist der ideale Funktionsbereich der Verwaltung als Bestandteil des rechtsstaatlich-bürokratischen Bereichs eröffnet.[107] Hier kann und soll der Vorbehalt des Gesetzes seine das staatliche Handeln rationalisierende, bremsende und vorhersehbar machende Funktion erfüllen,[108] eine Wirkung, die den Eigengesetzlichkeiten des demokratisch-politischen Bereichs hingegen widerspräche.

Nach alledem bleibt festzuhalten: Die Bundesregierung kann ihre verfassungsmäßigen Rechtspositionen ohne gesetzgeberische bzw. parlamentarische

---

lehre und mit ihr einen allgemeinen Parlamentsvorbehalt jenseits des Vorbehaltes des Gesetzes zur Anwendung zu bringen; wie hier für eine Begrenzung der Wesentlichkeitslehre auf den Vorbehalt des Gesetzes *Maurer/Waldhoff*, Allgemeines Verwaltungsrecht, 19. Aufl. (2017), § 6, Rn. 13; *Sester*, Der Parlamentsbeschluss, 2007, 205 f.; anders *Degenhart*, Staatsrecht I, 35. Aufl. (2019), Rn. 40; für einen Parlamentsvorbehalt insbesondere für „normative Entscheidungen, die von substanziellem Gewicht für das politische System der Bundesrepublik Deutschland sind“, *Kloepfer*, JZ 1984, 685 (694 f.), auch wenn dies dem Wesentlichkeitskriterium nahekommen solle, aber nicht mit ihm identisch sei; *Stumpf*, DÖV 2016, 357 (362 f.); für eine Verabschiedung von der Wesentlichkeitslehre *Reimer*, in: Hoffmann-Riem/Schmidt-Aßmann/Voßkuhle (Hrsg.), Grundlagen des Verwaltungsrechts, Bd. I, 2. Aufl. (2012), § 9, Rn. 57–60.

104 In diesem Sinne verortet auch das Bundesverfassungsgericht das Wesentlichkeitskriterium im Kontext bzw. an Stelle des Kriteriums des Grundrechtseingriffs, siehe BVerfGE 47, 46 (78 f.): „daß der Vorbehalt des Gesetzes von seiner Bindung an überholte Formeln (Eingriff in Freiheit und Eigentum) gelöst“, sowie BVerfGE 49, 89 (126): „losgelöst vom Merkmal des ‚Eingriffs‘“; siehe bereits BVerfGE 40, 237 (249); siehe auch *Honer*, NVwZ 2019, 619 (620 f.); zur Entwicklung der Wesentlichkeitsrechtsprechung *Lassahn*, Rechtsprechung und Parlamentsgesetz, 2017, 78 ff., der im Facharztbeschluss von 1972 (BVerfGE 33, 125) die Geburtsstunde der Wesentlichkeitslehre erblickt (79 f.).

105 So auch *Maurer*, in: FS Vogel, 2000, 331 (343 f.); *Sester*, Der Parlamentsbeschluss, 2007, 156 ff., 164 ff.; siehe bereits *Honer*, NVwZ 2019, 619 (621).

106 Siehe Teil 2 Kap. 4 II. 1. d) bb).

107 Siehe Teil 2 Kap. 4 II. 1. d) bb).

108 Der Legislative eine konsolidierende und zügelnde Wirkung attestierend *Lassahn*, Rechtsprechung und Parlamentsgesetz, 2017, 156–160 (insbes. 160); zur Rationalitätsfunktion des Gesetzes *Reimer*, in: Hoffmann-Riem/Schmidt-Aßmann/Voßkuhle (Hrsg.), Grundlagen des Verwaltungsrechts, Bd. I, 2. Aufl. (2012), § 9, Rn. 4–9.

Zustimmung ausüben. Dies betrifft ebenso grundlegende politische Entscheidungen. Auch ein um die Wesentlichkeitslehre modifizierter Vorbehalt des Gesetzes gelangt zu keinem abweichenden Ergebnis.

b) Legislative Steuerungsmöglichkeiten und ihre Grenzen – zugleich: allgemeines Kompetenzverteilungsschema zwischen Bundesregierung und Bundestag

Macht der Gesetzgeber von seiner Legislativkompetenz Gebrauch, bindet dies die übrige Staatsgewalt (vgl. Art. 20 Abs. 3 GG) und so auch die Bundesregierung. Dabei verfügt der Gesetzgeber, soweit die Verbandskompetenz existiert, grundsätzlich über eine legislative Allzuständigkeit.[109] Diese über einen materiellen Begriff des Gesetzes einzuschränken, ist nicht gelungen.[110] Dementsprechend ist seine Regelungskompetenz nur ausnahmsweise[111] begrenzt.[112]

Grenzen ergeben sich jedoch zugunsten exklusiver Kompetenzen der Bundesregierung wie auch der übrigen Verfassungsorgane.[113] Eine das legislative Zugriffsrecht begrenzende Kompetenz der Bundesregierung wird typischerweise in einem Kernbereich exekutiver Eigenverantwortung erblickt.[114] Soweit dabei an einen Bereich materieller Regierung bzw. an eine Regierungsfunktion angeknüpft wird, ist ein solcher Vorbehaltsbereich – mangels eines Rechtsbegriffs einer Regierungsfunktion[115] – nicht haltbar.[116] Ein Kernbereich exekutiver Eigenverantwortung könnte allenfalls als Speicherbegriff fungieren. Er fasste die ermittelten gubernativen Exklusivzuständigkeiten zusammen und stellte die widerlegliche Vermutung für Regierungskompetenzen auf, die keiner legislativen Steuerung unterliegen. Normative Wirkung erhält ein Speicherbegriff unmittelbar jedoch nur über die in ihm abgespeicherten Rechtsbegriffe. Aus diesem Grund verweist ein so verstandener Kernbereich exekutiver Eigenverantwortung letztlich wiederum auf die verfassungsmäßigen Aufgaben und Befugnisse der

---

[109] *Puhl*, Die Minderheitsregierung, 1986, 158.

[110] Zur Auseinandersetzung mit dem Gesetzesbegriff siehe *Linck*, Zulässigkeit und Grenzen der Einflussnahme des Bundestages auf die Regierungsentscheidungen, 1970, 26 f.

[111] Siehe zum Beispiel Art. 19 Abs. 1 S. 1 GG.

[112] *Ossenbühl*, in: Isensee/Kirchhof (Hrsg.), HStR, Bd. V, 3. Aufl. (2007), § 101, Rn. 66 ff.

[113] Zu exklusiven Regierungsbefugnissen *Baer*, Der Staat 40 (2001), 525 (534–537).

[114] *Böckenförde*, Die Organisationsgewalt im Bereich der Regierung, 1964, 107.

[115] Siehe Teil 2 Kap. 4 II. 2.

[116] So auch *Baer*, Der Staat 40 (2001), 525 (533 ff., 541); *Ossenbühl*, in: Isensee/Kirchhof (Hrsg.), HStR, Bd. V, 3. Aufl. (2007), § 101, Rn. 67; *Puhl*, Die Minderheitsregierung, 1986, 158; *Roth*, Bundeskanzlerermessen im Verfassungsstaat, 2009, 121 f. im Anschluss an *Maurer*, VVDStRL 43 (1985), 135 (151 f.); zu weiteren Nachweisen zu einem Vorbehaltsbereich der Regierung: *Linck*, Zulässigkeit und Grenzen der Einflussnahme des Bundestages auf die Regierungsentscheidungen, 1970, 30.

Bundesregierung.[117] Ob und inwiefern diese einer legislativen Steuerungsmöglichkeit unterliegen, kann unterstützend mit dem Blick auf die grundgesetzliche Theorie über die Regierung ermittelt werden, die auslegungsleitend auf die Zuständigkeiten der Bundesregierung und des Bundestages einwirkt.

Im Mittelpunkt der Betrachtung steht damit das positive ausdifferenzierte Kompetenzsystem des Grundgesetzes. Bei verständiger Würdigung nimmt es nicht lediglich eine formelle Kompetenzzuweisung vor, sondern trifft zugleich eine Aussage darüber, welche Entscheidung unter welchen Zuständigkeits- und Verfahrensanforderungen getroffen werden soll. Die verfassungsrechtlich zugewiesenen Aufgaben und Befugnisse statuieren dementsprechend nicht nur eine Wahrnehmungs-, sondern auch eine Entscheidungszuständigkeit. Bereits dieser Umstand spricht gegen ein dem Bundestag gegenüber der Bundesregierung bei ihrer Aufgabenerfüllung zustehendes rechtsförmiges Weisungsrecht.[118]

Die grundgesetzliche Theorie über die Regierung, insbesondere das grundgesetzliche Konzept einer parlamentarischen Regierung, bekräftigt dies. Ausgestattet mit dem Vertrauen der Parlamentsmehrheit, ist die Bundesregierung zur selbstständigen und dem Parlament zu verantwortenden Amtstätigkeit berufen, solange und soweit das Parlament sein Vertrauen nicht revidiert und die Abhängigkeit der Regierung aktualisiert.[119] Um die parlamentarische Abhängigkeit der Regierung herzustellen, ist ein rechtsförmiges Weisungsrecht allerdings deplatziert: Die Regierungsfraktionen bedürfen seiner nicht, weil sie die Willensbildung der Regierung bereits durch informelle Strukturen beeinflussen können.[120] Den Oppositionsfraktionen wiederum fehlt es an einem legitimen Anspruch auf Programmierung des Regierungshandelns, da ihnen ihrer oppositionellen Rolle gemäß die ebenso notwendige Funktion der Kontrolle, Kritik und Alternativenbildung zufällt[121]; hierfür sind sie auf die formellen Kontrollrechte verwiesen. Soll die Bundesregierung ferner als eigenständiges politisches Kraftzentrum ausnahmsweise auch gegen den Bundestag operieren können[122], muss ihr die Möglichkeit zu einer eigenständigen Aufgabenerfüllung verbleiben.

---

[117] In diesem Sinne dann auch *Baer*, Der Staat 40 (2001), 535 (534 ff., 541).

[118] *Roth*, Bundeskanzlerermessen im Verfassungsstaat, 2009, 123; *Zimmer*, Funktion, Kompetenz, Legitimation, 1979, 225–227. Die rechtliche Bindungswirkung von Parlamentsbeschlüssen wegen einer Gleichrangigkeit von Bundestag und Bundesregierung ablehnend *Magiera*, Parlament und Staatsleitung, 1979, 215 sowie *Sester*, Der Parlamentsbeschluss, 2007, 302 ff. (insbes. 306).

[119] Siehe Teil 2 Kap. 3 V.

[120] Siehe Teil 2 Kap. 3 V. 1. m. w. N.

[121] Zu diesen klassischen Oppositionsfunktionen siehe beispielsweise *Mundil*, Die Opposition, 2014, 33–44.

[122] Siehe ausführlich Teil 2 Kap. 3 IV. 3. a).

Eine rechtsförmige parlamentarische oder legislative Steuerung der gubernativen Entscheidungsfindung im Rahmen ihrer verfassungsrechtlichen Aufgabenwahrnehmung ist daher grundsätzlich unzulässig. Das betrifft sowohl Parlamentsbeschlüsse[123] als auch Gesetze. Soweit diese schwerpunktmäßig sowohl das Ob als auch das Wie der Ausübung der verfassungsmäßigen Befugnisse[124] der Bundesregierung betreffen, sind sie verfassungswidrig, sofern sie nicht ausnahmsweise verfassungsrechtlich gerechtfertigt[125] sind,[126] wobei sich freilich sachbereichsspezifische Unterschiede ergeben können.[127] Unerheblich ist hingegen, ob die Bundesregierung funktionell Regierungstätigkeit oder Verwaltungstätigkeit ausübt; in beiden Fällen trifft das Grundgesetz eine bewusste Zuständigkeits- und Verfahrensentscheidung, die nicht durch den Gesetzgeber konterkariert werden darf. Zudem ist der selbstständige Charakter der Bundesregierung zwar insbesondere, aber nicht ausschließlich auf die Wahrnehmung der Regierungsfunktion begrenzt.

Damit erweisen sich beispielsweise solche gesetzlichen Regelungen als unzulässig, die die Bundesregierung unmittelbar zu bestimmten Handlungen im Rahmen der ihr übertragenen Aufgaben und Befugnisse, zum Beispiel zur Gesetzesinitiative, verpflichten.[128] Regelungen, die hingegen bloß reflexartige Bindungen bei der Ausübung verfassungsrechtlicher Befugnisse der Bundesregierung hervorrufen, steht das wiederum nicht entgegen. In Anbetracht zahlreicher Regierungskompetenzen wären gesetzgeberische Entscheidungen ansonsten nahezu

---

123 *Linck*, DÖV 1979, 165; weitere Nachweise bereits bei *Linck*, Zulässigkeit und Grenzen der Einflussnahme des Bundestages auf die Regierungsentscheidungen, 1970, 31; *Sester,* Der Parlamentsbeschluss, 2007, 306f. Dagegen kann – wie gezeigt – auch nicht die Wesentlichkeitslehre angeführt werden, so aber *Degenhart*, Staatsrecht I, 35. Aufl. (2019), Rn. 40.

124 Eine Auflistung exklusiver Regierungsbefugnisse bei *Baer*, Der Staat 40 (2001), 525 (534ff.).

125 Nach Auffassung des Bundesverfassungsgerichts ergibt sich eine solche verfassungsrechtliche Rechtfertigung beispielsweise aus der Integrationsverantwortung des Deutschen Bundestages für die Europäische Integration, wie sie mittlerweile im IntVG positiviert wurde. Zu einer Übersicht erforderlicher Gesetze und Beschlüsse des Bundestages aufgrund seiner Integrationsverantwortung siehe *Streinz*, in: Sachs, GG, 8. Aufl. (2018), Art. 64, Rn. 67. Beispiele für verbindliche Parlamentsbeschlüsse finden sich bei *Sester,* Der Parlamentsbeschluss, 2007, 283f.

126 Insbesondere gegen die Zulässigkeit präventiver Gesetzesvorbehalte *Götz*, Der Vorbehaltsbereich der Bundesregierung, 1993, 114f.; für die Gesetzesinitiative *Puhl*, Die Minderheitsregierung, 1986, 133f.

127 Angesichts von Art. 23 Abs. 2 und 3 GG zeigt sich, dass die Mitwirkung des Bundestages (sowie Bundesrates) für die Ausübung der überstaatlichen Gewalt grundgesetzlich intendiert ist, was durchaus für stärkere Determinationsmöglichkeiten des Bundestages auch auf dem Gebiet der auswärtigen Gewalt angeführt werden könnte.

128 *Linck*, Zulässigkeit und Grenzen der Einflussnahme des Bundestages auf die Regierungsentscheidungen, 1970, 70f., der von einem Verpflichtungsverbot spricht.

ausgeschlossen. So sind beispielsweise Regelungen auf dem Gebiet der Außenpolitik nicht generell unzulässig, nur weil die Bundesregierung über die materielle Außenvertretungskompetenz verfügt.[129] Unproblematisch ist es auch, wenn der Gesetzgeber verfassungsrechtliche Pflichten der Bundesregierung einfach-gesetzlich[130] deklaratorisch positiviert.[131] Schließlich ist dem gesetzgeberischen Zugriff nicht der Bereich der der Bundesregierung nachgeordneten Verwaltungsorganisation entzogen. Das zeigen bereits die Art. 86 S. 2 GG, 87 Abs. 3 GG, die eine Mitwirkungsmöglichkeit bzw. Mitwirkungspflicht des Gesetzgebers bei der Gestaltung der Verwaltungsorganisation vorsehen.

Die vorangegangenen Überlegungen offenbaren zugleich das grundgesetzliche allgemeine Kompetenzverteilungsschema zwischen Bundesregierung und Bundestag.[132] Es hält Klarheit und Flexibilität bereit und wird dadurch den Eigengesetzlichkeiten des politisch-demokratischen Bereichs gerecht: Insbesondere die ausdrücklichen Kompetenzen stehen dem jeweiligen Verfassungsorgan als grundsätzlich unentziehbare Kompetenz zu. Dabei ist die hier erfolgte Darstellung darum bemüht, unentziehbare Kompetenzen – beispielsweise im Sinne eines Kernbereichs exekutiver Eigenverantwortung einerseits oder eines Parlamentsvorbehalts für alle schlechthin wesentlichen Fragestellungen andererseits – möglichst zu vermeiden. Über exklusive Kompetenzen hinaus können Bundesregierung und Bundestag ohne eine Erlaubnis tätig werden, müssen es aber grundsätzlich nicht. In diesem Sinne erlaubt es der Vorrang des Gesetzes dem Bundestag, eine Sachfrage an sich zu ziehen, zwingt ihn aber nicht dazu.[133] Ungeachtet der Art der Kompetenz hält das Grundgesetz zugunsten des Bundestages mehrere Einwirkungs- und Kontrollmöglichkeiten bereit, um die parlamentarische Abhängigkeit der Bundesregierung zu realisieren. Dies beginnt mit der der Funktionsweise eines parlamentarischen Regierungssystems angemessenen vorzugsweise informellen steuernden Einwirkung der Regierungsfraktionen auf Regierungsvorhaben.[134] Es setzt sich mit den rechtsförmigen Informations- und übrigen Kontrollrechten insbesondere durch die Inanspruchnahme der Opposition fort und endet in der Abwahl der amtierenden Bundesregierung durch die Mehrheit des Bundestages.

---

[129] Das zeigt bereits Art. 73 Abs. 1 Nr. 1 GG.

[130] Das Parlamentsbeteiligungsgesetz (ParlBG) oder das Untersuchungsausschussgesetz (PUAG) sind Beispiele dafür.

[131] *Groß*, Der Staat 55 (2016), 489 (510).

[132] Hier vorgestelltes Kompetenzschema entspricht im Ergebnis weitgehend dem vorgestellten Schema bei *Baer*, Der Staat 40 (2001), 525 (533 ff., 542 f.).

[133] Die Unterscheidung von Dürfen und Müssen im vorliegenden Kontext *Baer*, Der Staat 40 (2001), 525 (538 f., 542).

[134] *Meinel*, Selbstorganisation des parlamentarischen Regierungssystems, 2019, 248–251.

c) Parlamentarische Informationsansprüche und ihre Grenzen

Der Deutsche Bundestag und die einzelnen Bundestagsabgeordneten besitzen gegenüber der Bundesregierung ein in Art. 38 Abs. 1 S. 2 und Art. 20 Abs. 2 S. 2 GG verbürgtes Recht auf Erhalt von Informationen, mit dem eine Pflicht der Bundesregierung zur Zur-Verfügung-Stellung dieser Informationen korrespondiert.[135] Dieses Informationsrecht findet nach ständiger Rechtsprechung des Bundesverfassungsgerichts seine Grenze unter anderem in der Schrankentrias der Grundrechte Dritter, dem Staatswohl und dem Kernbereich exekutiver Eigenverantwortung.[136] Ein Kernbereich exekutiver Eigenverantwortung muss im parlamentarischen Regierungssystem verwundern, da hier die Bundesregierung zwar selbstständig, aber nicht aus eigener Verantwortung handelt.[137] Gleichwohl hat die Figur des sogenannten Kernbereichs exekutiver Eigenverantwortung mittlerweile auch Eingang in einfach-gesetzliche[138] und vereinzelt in landesverfassungsrechtliche[139] Regelungen gefunden. Im Kontext der Informationsansprüche versteht das Bundesverfassungsgericht unter einem Kernbereich exekutiver Eigenverantwortung „einen grundsätzlich nicht ausforschbaren Initiativ-, Beratungs- und Handlungsbereich“[140]. Dieser umfasse „zunächst die Willensbildung der Regierung selbst, sowohl hinsichtlich der Erörterungen im Kabinett als auch bei der Vorbereitung von Kabinetts- und Ressortentscheidungen, die sich vornehmlich in ressortübergreifenden und -internen Abstimmungsprozessen vollzieht“[141].

Dabei suggeriert das dritte Element der vom Bundesverfassungsgericht geprägten Formel, nämlich eines „nicht ausforschbaren [...] Handlungsbereichs“[142], dass es Regierungstätigkeiten gäbe, die sich bereits aufgrund des jeweiligen Sachbereichs einer Kontrolle entzögen. In der Tat kann so auch das Bundesverfassungsgericht verstanden werden, wenn es betont, dass der Kernbereich exekutiver Eigenverantwortung dann betroffen sei, wenn „die Information zu einem Mitregieren Dritter bei Entscheidungen führen kann, die in der alleinigen Kompetenz der Regierung liegen.“[143] Schon die Rechtsprechung des Bundesverfas-

---

[135] BVerfGE 124, 161 (188); BVerfGE 137, 185 (230f.).

[136] Seit BVerfGE 67, 100 (139); BVerfGE 143, 101 (135f., 142, 144); *Rusteberg*, DÖV 2017, 319 (320); zur Entwicklung der Figur des Kernbereichs exekutiver Eigenverantwortung auch im Landesverfassungsrecht siehe *Cancik*, ZParl 2014, 885 (893ff.) und *Hecker*, in: FS Brünneck, 2011, 434 (insbes. 435ff.); zu den Grenzen des Untersuchungsrechts siehe auch *M.-E. Geis*, in: Isensee/Kirchhof (Hrsg.), HStR, Bd. III, 3. Aufl. (2005), § 55, Rn. 37ff.

[137] Siehe Teil 2 Kap. 3 V.

[138] § 3 Abs. 4 EUZBBG.

[139] Zum Beispiel Art. 51, Art. 54 SächsVerf.

[140] BVerfGE 143, 101 (137); siehe auch bereits BVerfGE 67, 100 (139).

[141] BVerfGE 143, 101 (137); siehe auch bereits BVerfGE 67, 100 (139).

[142] BVerfGE 143, 101 (137); siehe auch bereits BVerfGE 67, 100 (139).

[143] BVerfGE 137, 185 (234); BVerfGE 110, 199 (214).

sungsgerichts selbst spricht gegen eine solche Annahme. So bewertet das Bundesverfassungsgericht die Zulässigkeit etwaiger Informationsansprüche nicht anhand des jeweiligen Sachgebietes, sondern nach dem Status des jeweiligen Entscheidungsprozesses[144] und dem Grad möglicher Einblicke in die interne Willensbildung[145]. Dementsprechend erblickt es selbst dort ein Kontrollrecht zugunsten des Bundestages, wo die Bundesregierung – wie im Falle der Genehmigung von Kriegswaffen – ausdrücklich vom Grundgesetz ermächtigt wird (vgl. Art. 26 Abs. 2 GG).[146]

Richtigerweise begründen also weder ein bestimmter Sachbereich noch das Wesen einer bestimmten Gewalt („exekutive" Eigenverantwortung)[147] eine Informationsgrenze, sondern allein die funktionsfähige eigenverantwortliche Bewältigung verfassungsrechtlicher Aufgaben und Befugnisse durch das Organ der Bundesregierung.[148] Dies haben einige Landesverfassungen bereits nachvollzogen.[149]

Relevant sind an dieser Stelle demnach die institutionelle und formelle Regierung, nicht die materielle Regierung. Eine solche könnte mit dem Status eines Theoriebegriffs ohnehin aus sich heraus und losgelöst von konkreten Zuständigkeiten keine unmittelbar rechtlich relevante Anspruchsgrenze formulieren, sondern nur dosiert über konkrete zuständigkeitsvermittelnde Rechtsbegriffe zur Anwendung gelangen. Zudem suggeriert ein „Kernbereich" einen der Kontrollbefugnis entzogenen Aufgaben- und Kompetenzbereich der Bundesregierung.[150] Das widerspräche bereits dem verfassungsrechtlichen Bild einer parlamentarisch

---

144 BVerfG, NVwZ 2009, 1353 (1356, Rn. 123 f.); *Cancik*, ZParl 2014, 885 (895 ff., insbes. 899 „Relativität des Kernbereichsschutzes").

145 BVerfG, NVwZ 2009, 1353 (1356, Rn. 126 f.).

146 Ausdrücklich BVerfGE 137, 185 (235 f.).

147 Dagegen auch *Baer*, Der Staat 40 (2001), 525 (543); Sympathie für eine solche Deduktion bekundend *Busse*, DÖV 1989, 45 (48 f.).

148 Auf die funktionsadäquate und eigenverantwortliche Aufgabenbewältigung abstellend BVerfGE 124, 78 (122); BVerfGE 110, 199 (219); *Busse*, DÖV 1989, 45 (48 f.); *Cancik*, ZParl 2014, 885 (892); *Groß*, Der Staat 55 (2016), 489 (509); *Hecker*, in: FS Brünneck, 2011, 434 (440); *Hermes*, in: Dreier, GG, Bd. 2, 3. Aufl. (2015), Art. 62, Rn. 36; *Magiera*, Parlament und Staatsleitung, 1979, 322 f.; *Masing*, Parlamentarische Untersuchungen privater Sachverhalte, 1998, 320 f.; in diese Richtung auch *M. Schröder*, in: v. Mangoldt/Klein/Starck, GG, Bd. 2, 7. Aufl. (2018), Art. 62, Rn. 26.; *M. Schröder*, in: Isensee/Kirchhof (Hrsg.), HStR, Bd. III, 3. Aufl. (2005), § 64, Rn. 13; *Schnabel/Freund*, DÖV 2012, 192 (193); siehe aber *Rusteberg*, DÖV 2017, 319 (321), der hierin eine gegenüber dem Kernbereichsschutz neue Informationsgrenze sieht.

149 Zum Beispiel Art. 67 Abs. 3 S. 1 Nr. 2 ThürVerf, siehe auch *Groß*, Der Staat 55 (2016), 489 (509).

150 In diese Richtung klingt auch *Scholz*, AöR 105 (1980), 564 (598), der von einem „Kernbereich exekutivischer Aufgaben" spricht; ebenso kritisch *Cancik*, ZParl 2014, 885 (890).

verantwortlichen Bundesregierung, welches die Möglichkeit zur parlamentarischen Kontrolle der Aufgabenerfüllung regelrecht verlangt.[151] Sie zieht Informationsbegehren erst dort eine Grenze, wo die Gelegenheit zu der der funktionsadäquaten und eigenverantwortlichen Aufgabenerfüllung vorangegangenen Willensbildung und Entscheidungsfindung durch die Bundesregierung bedroht ist.[152] Denn gegenüber dem Parlament kann die Regierung nur dann Verantwortung übernehmen, wenn sie zunächst nicht ausschließlich fremdgeleitet entscheiden konnte.[153]

Erhebt man dies zum Maßstab, dürften jedenfalls Informationspflichten über noch laufende Beratungen innerhalb des Kabinetts die funktionsadäquate und eigenverantwortliche Aufgabenbewältigung gefährden und darum grundsätzlich als unzulässig einzustufen sein.[154] Ist die interne Entscheidungsfindung vor parlamentarischen Informationsbegehren geschützt, ergibt sich für bereits abgeschlossene Beratungen eine Grenze hingegen nur, aber immerhin insoweit die begehrten Informationen Aufschluss über die internen Positionen unter den einzelnen Regierungsmitgliedern bei der Wahrnehmung von Regierungsbefugnissen geben.[155] Denn drohen auch interne Beratungsinhalte bekanntzuwerden, ist die offene, kontroverse, mit Niederlagen und teilweise politischen Demütigungen verbundene Auseinandersetzung im Rahmen der Wahrnehmung der Regierungsaufgaben gefährdet. Diese erweist sich jedoch für die Bewältigung der Regierungsaufgaben als notwendig, um bei zunehmend heterogenen Regie-

---

151 BVerfGE 137, 185 (232).

152 *Schnabel/Freund*, DÖV 2012, 192 (193); ebenso für einen Schutz der „Willens- und Entscheidungsbildung" *Maurer*, VVdStRL 43 (1985), 135 (163 f.) bzw. „interner Entscheidungsvorbereitung" *Möllers,* Gewaltengliederung, 2005, 409 f. Demgegenüber *Rusteberg*, DÖV 2017, 319 (320), der die interne Willensbildung zwar auch von den Auskunftsgrenzen gedeckt sieht, diese aber von der eigenverantwortlichen und funktionsadäquaten Aufgabenwahrnehmung trennt (321 ff.).

153 Die Informationsgrenze des Kernbereichs exekutiver Eigenverantwortung unter anderem der parlamentarischen Verantwortung der Regierung entnehmend: BVerfGE 143, 101 (137); BVerfGE 137, 185 (234); BVerfGE 67, 100 (139), BVerfGE 9, 268 (281); siehe auch *Höpfner*, Parlamentarische Kontrolle in Deutschland und in der Europäischen Union, 2004, 135.

154 BVerfGE 137, 185 (234 f.); *Busse*, DÖV 1989, 45 (50); *Hecker*, in: FS Brünneck, 2011, 434 (440); *Höpfner*, Parlamentarische Kontrolle in Deutschland und in der Europäischen Union, 2004, 135; *Puhl*, Die Minderheitsregierung, 1986, 134; *Rusteberg*, DÖV 2017, 319 (320).

155 In diese Richtung auch BVerfGE 137, 185 (235), wenn es heißt: „Der […] Schutz vor informatorischen Eingriffen in den Bereich exekutiver Entscheidungsvorbereitung […] wirkt über den Zeitpunkt einer Entscheidung hinaus." Siehe bereits BVerfGE 110, 199 (215–218); BVerfGE 67, 100 (139); kritisch *Masing*, Parlamentarische Untersuchungen privater Sachverhalte, 1998, 321 f.

rungsbündnissen zu einem einheitlichen Standpunkt gelangen zu können.[156] Weitergehende Informationspflichten könnten sich hier allenfalls bei Informationen zu Missständen aus dem Kreis der Regierung selbst ergeben.[157]

Die Gewährleistung der funktionsadäquaten und selbstständigen Aufgabenerfüllung schützt also vor Informationsbegehren bezüglich laufender oder vergangener interner Beratungen.[158] Auskünfte bezüglich der Ergebnisse oder der Grundlage[159] dieser Beratungen unterliegen demgegenüber grundsätzlich keiner Informationsgrenze.[160]

Ansonsten wurde deutlich, dass das „Wesen des Regierens", gubernative Kernbereiche oder die Regierungsfunktion aus sich heraus als unmittelbare Grundlage einer Informationsgrundlage nicht herangezogen werden können, aber auch nicht müssen. Es genügt der Blick auf das Regierungsorgan und seine ihm übertragenen verfassungsrechtlichen Aufgaben und Befugnisse, um angemessene Auskunftsgrenzen zu bestimmen. Dabei können theoretische Überlegungen über eine Regierungsfunktion oder die parlamentarische Verantwortlichkeit der Regierung gleichwohl zur Konkretisierung parlamentarischer Auskunftsgrenzen beitragen, bleiben aber stets an die verfassungsrechtlichen Kompetenzen des Regierungsorgans gekoppelt.

d) Informationspflichten der Bundesregierung

Durch die Verflechtung der Rechtserzeugung von Union und Mitgliedstaaten stößt die Rolle des Bundestages, die ihm gegenüber bestehende Verantwortung der Bundesregierung einzufordern und ihr Handeln zu determinieren, indes an ihre Grenzen. Wie bereits dargestellt[161], fungiert für die Bundesrepublik Deutsch-

---

[156] *Busse*, DÖV 1989, 45 (49); *Höpfner*, Parlamentarische Kontrolle in Deutschland und in der Europäischen Union, 2004, 136 f.

[157] BVerfGE 110, 199 (218 f.).

[158] Für einen Schutz der Initiativen und Besprechungen siehe *Baer*, Der Staat 40 (2001), 525 (537); *Groß*, Der Staat 55 (2016), 489 (510); für einen Schutz der internen Entscheidungsvorbereitung auch *Möllers,* Gewaltengliederung, 2005, 409 f.; zu den einzelnen Foren interner Beratungen siehe *Busse*, DÖV 1989, 45 (51 f.); demgegenüber den Schutz der internen Willensbildung und die funktionsadäquate Aufgabenerfüllung als zwei getrennte Auskunftsgrenzen ansehend *Rusteberg*, DÖV 2017, 319 (320).

[159] Dass auch die Entscheidungsgrundlage, selbst wenn sie Auskunft über die interne Beratung enthält, nicht unter eine Informationsgrenze fällt: BVerfGE 110, 199 (218 f.).

[160] Weitergehende Ausnahmen zulasten des parlamentarischen Informationsrechtes könnten ausnahmsweise daraus resultieren, dass das Informationsbegehren über das Entscheidungsergebnis wiederum die Wahrnehmung einer verfassungsrechtlichen Aufgabe gefährdet, so im Falle der sogenannten NSA-Sektorenliste BVerfGE 143, 101 (145–160, insbes. 149–155), kritisch *Rusteberg*, DÖV 2017, 319 (320 ff.).

[161] Siehe oben Teil 2 Kap. 4 II. 1. c) dd).

land die Bundesregierung als zentrale Instanz, um nationale und unionale Rechtserzeugung aufeinander abzustimmen. Sie bündelt die innerhalb Deutschlands artikulierten Gestaltungsinteressen, wirkt insbesondere im Rat der Europäischen Union selbst an der europäischen Rechtserzeugung mit und leitet anschließend den Transfer des europäischen in nationales Recht ein. Die Bundesregierung avanciert dadurch zum zentralen innerstaatlichen Bezugspunkt, um Gestaltungsvorhaben in den europäischen Rechtserzeugungsprozess zu überführen, verfügt über entscheidende Informationen über den europäischen Rechtsetzungsprozess, die für den strategischen Einsatz nationaler Rechtsetzung erforderlich sind, und wird selbst gesetzgebend tätig.

Das stellt für die Parlamentsmehrheit zunächst keinen Machtverlust dar, erweist sich die Amtstätigkeit der Bundesregierung als parlamentarische Regierung doch gerade als Fortsetzung parlamentarischen Gestaltungswillens.[162] Prämisse dessen ist indes die Rückbindung der Regierung an die Willensbildung der Regierungsfraktionen, wie sie insbesondere durch eine institutionelle Verzahnung beider Akteure sichergestellt wird.[163] Diese Voraussetzung gerät jedoch unter Druck, je stärker die Mitglieder der Bundesregierung auf unterschiedlichen Ebenen der Rechtserzeugung eingebunden sind und die Mitglieder der Regierungsfraktionen dabei nicht angemessen involviert oder anderweitig in die Willensbildung einbezogen werden können.

Folgerichtig verpflichtet das Grundgesetz die Bundesregierung daher vor ihrem rechtsetzenden Tätigwerden auf Unionsebene dazu, dem Bundestag die Gelegenheit zur Stellungnahme einzuräumen (Art. 23 Abs. 3 S. 1 GG) und diese im Anschluss für die Rechtsetzung zu berücksichtigen (Art. 23 Abs. 3 S. 2 GG). Die Gelegenheit zur Stellungnahme setzt wiederum eine hinreichende Informationsgrundlage des Bundestages voraus. Der Bundestag ist darum durch die Bundesregierung angemessen, also vor allem umfassend und zeitnah zu informieren (Art. 23 Abs. 2 S. 2).[164] Eine Überlegung, die bereits der Pflicht zu organfreundlichem Verhalten entnommen werden könnte,[165] wonach die einzelnen Verfas-

---

162 Siehe Teil 2 Kap. 3 V. 1.

163 *Meinel*, Selbstorganisation des parlamentarischen Regierungssystems, 2019, 32 f., 248.

164 Siehe ausführlich *Brand*, Europapolitische Kommunikation zwischen Bundestag und Bundesregierung, 2015, 40 ff., 61 ff. Zu den einfach-gesetzlichen Konkretisierungen in Gestalt des Gesetzes über die Zusammenarbeit von Bundesregierung und Deutschem Bundestag in Angelegenheiten der Europäischen Union (EUZBBG) ausführlich *Brand*, Europapolitische Kommunikation zwischen Bundestag und Bundesregierung, 2015, 82 ff.

165 Für die Berücksichtigungspflicht der Stellungnahme des Bundestages durch die Bundesregierung auf die Verfassungsorgantreue verweisend *Sester*, Der Parlamentsbeschluss, 2007, 110, zum lediglich deklaratorischen Charakter von Art. 23 Abs. 3 GG 118–122; zur rechtlichen Situation vor Inkrafttreten des Europaartikels siehe *Wollenschläger*, in: Dreier, GG, Bd. 2, 3. Aufl. (2015), Art. 23, Rn. 128.

sungsorgane im Rahmen ihrer Kompetenzausübung Rücksicht auf die Rechte und Interessen der anderen Verfassungsorgane zu nehmen haben.[166]

Die Einbindung Deutschlands in das europäische Mehrebenensystem hat den Umstand einer erschwerten Aktualisierbarkeit der parlamentarischen Abhängigkeit der Regierung aber nur vertieft. Er wird bereits durch die innerstaatlich angelegte föderale Verteilung der Rechtserzeugung hervorgerufen und durch die zunehmende Komplexität und Dynamik gesellschaftlicher und rechtlicher Prozesse verstärkt. Sie erschweren zunehmend die für das parlamentarische Regierungssystem charakteristische Abstimmung von parlamentarischer und gubernativer Willensbildung. Hinzu tritt die Tendenz des Staates zu Kooperation und Verhandlung, was zugleich zu einer Verschiebung von parlamentarischen zu exekutivischen Gestaltungsbefugnissen beiträgt.[167] Die von Art. 23 Abs. 2 und 3 GG zwischen Bundestag und Bundesregierung angeordneten Rechts- und Pflichtenbeziehungen haben daher Vorbildfunktion über den Anwendungsbereich des Unionsrechts hinaus. Sie tragen den veränderten tatsächlichen wie rechtlichen Möglichkeiten des Bundestages Rechnung, die Verantwortung der Bundesregierung einzufordern und auf diese steuernd einzuwirken. Art. 23 Abs. 2 und 3 GG fungieren insoweit als Maßstabsnormen für die gewandelte Verantwortungsbeziehung von Bundestag und Bundesregierung. Was bedeutet das konkret?

Die von Art. 23 Abs. 2 und 3 GG statuierten Rechte und Pflichten unmittelbar außerhalb der Beteiligung an der Unionsrechtsetzung anzuwenden, übersteigt den Wortlaut der Normen. Jedenfalls aber erscheint ein extensives Verständnis des Anwendungsbereichs[168] und der Rechtsfolgen[169] von Art. 23 Abs. 2 und 3 GG geboten. Darüber hinaus wirken sich die ihnen zugrunde liegenden verallgemeinerungsfähigen Wertungen auslegungsleitend auf die Rechtspositionen von Bundestag und Bundesregierung aus.

Ausgehend von der grundgesetzlich vorausgesetzten Möglichkeit des Bundestages, auf die Amtstätigkeit der Bundesregierung steuernd Einfluss zu nehmen[170], trifft die Bundesregierung für irreversible Entscheidungen die Pflicht zu einer

---

[166] BVerfGE 35, 193 (199); 45, 1 (39).

[167] *Unger*, Das Verfassungsprinzip der Demokratie, 2008, 44–47.

[168] Dies betrifft insbesondere das Tatbestandsmerkmal „Angelegenheiten der Europäischen Union" i. S. d. Art. 23 Abs. 2 S. 1 GG. In diesem Sinne auch BVerfGE 131, 152 (199–202), wonach „Angelegenheiten der Europäischen Union" weit zu verstehen seien und letztlich auch die intergouvernemental vollzogene Errichtung des ESM erfassten (215–220).

[169] Für eine weitgehende Auslegung der Informationspflichten der Bundesregierung auch BVerfGE 131, 152 (202–215).

[170] Siehe Teil 2 Kap. 3 V. 1.

rechtzeitigen und umfassenden Information des Bundestages[171].[172] Eine solche folgt aus dem Gebot organfreundlichen Verhaltens. Erst durch diese Information wird der Bundestag in die Lage versetzt, eine Sachmaterie als politisch brisant zu identifizieren und auf den Gang der Entscheidung einzuwirken[173].[174] Um die Sachfrage inhaltlich zu determinieren, kann, wie gezeigt[175], ein verbindlicher Parlamentsbeschluss zwar nicht anerkannt werden. Neben der Möglichkeit zur Fassung eines rechtlich unverbindlichen Parlamentsbeschlusses[176] stehen dem Bundestag, insbesondere dessen Mehrheit, aber die politisch nicht weniger wirkungsvollen informellen Einflussrechte anheim. Der Opposition verbleiben wiederum die für den politischen Prozess nicht minder bedeutungsvollen Kontrollrechte. Dass der Bundestag allerdings nicht auf die alleinige Möglichkeit nachträglich-repressiver Kontrolle zu beschränken ist[177], zeigt die in Art. 23 Abs. 2 und 3 GG zum Ausdruck kommende Wertung des verfassungsändernden Gesetzgebers: Er überträgt die herkömmlich aktiv-begleitende Rolle des Bundestages bzw. der Regierungsfraktionen auch auf die gewandelten Bedingungen der Rechtserzeugung.[178] Damit der Bundestag diese Rolle ausfüllen kann, erhalten insbesondere die die Bundesregierung treffenden Informationspflichten für irreversible Entscheidungen eine bisher nicht da gewesene Brisanz.

---

[171] Das umfasst auch die Zur-Verfügung-Stellung erläuternder Berichte, die es dem Bundestag erlauben, die Bedeutung und den Kontext von Informationen der Bundesregierung zu durchdringen. Auf die Herausforderungen durch fehlende Erläuterungen im Kontext der Mitwirkung an der europäischen Rechtsetzung hinweisend *Brand,* Europapolitische Kommunikation zwischen Bundestag und Bundesregierung, 2015, 141.

[172] Zu den Anforderungen an die Informationspflichten im Rahmen des Art. 23 Abs. 2 GG siehe BVerfGE 131, 152 (207–215).

[173] Siehe auch Teil 3 Kap. 5 I. 2. a) aa).

[174] Das verlangt auch eine an den Erfassungskapazitäten des Bundestages ausgerichtete Information. Insbesondere ist eine Überinformation zu vermeiden; so auch *Brand,* Europapolitische Kommunikation zwischen Bundestag und Bundesregierung, 2015, 257 ff.; siehe aber zu der teilweise praktizierten Informationspolitik der Bundesregierung im Kontext der Mitwirkung an der Rechtsetzung der Union entsprechend dem „Gießkannenprinzip" *Brand,* Europapolitische Kommunikation zwischen Bundestag und Bundesregierung, 2015, 214 sowie *Sturm/Pehle*, Das neue deutsche Regierungssystem, 3. Aufl. (2012), 80.

[175] Siehe bereits Teil 3 Kap. 5 I. 2. b).

[176] Angesichts der verfassungsrechtlichen Sanktionsmöglichkeiten ist es für die Bundesregierung politisch ausgeschlossen, sich über einen rechtlich unverbindlichen Parlamentsbeschluss hinwegzusetzen, vgl. auch *König*, Die Übertragung von Hoheitsrechten im Rahmen des europäischen Integrationsprozesses, 2000, 396.

[177] Die aktiv-mitgestaltende Rolle des Bundestages insbesondere für die Haushaltsgesetzgebung hervorhebend BVerfGE 131, 152 (205 f.); 129, 124 (178).

[178] Im Lichte der Integrationsverantwortung des Bundestages sogar eine Verfassungspflicht zur aktiven Mitwirkung an der Rechtsetzung der Union annehmend *Brand,* Europapolitische Kommunikation zwischen Bundestag und Bundesregierung, 2015, 239–241.

3. Legislative Steuerung der Regierungs- und Ministerialorganisation

Steuert der Gesetzgeber die Regierungs- und Ministerialorganisation, wirft dies ebenso die Frage nach der verfassungsrechtlichen Zulässigkeit auf. Den Ausgangspunkt zu ihrer Beantwortung bildet das bereits aufgezeigte allgemeine Kompetenzverteilungsschema[179], das im Lichte der grundgesetzlichen Regierungstheorie zu interpretieren ist.

Entsprechend den allgemeinen Kompetenzverteilungsregeln dürften sowohl die Bundesregierung als auch der Bundestag die Organisationskompetenz an sich ziehen[180], sofern keinem der beiden Akteure eine unentziehbare Kompetenz zukommt.[181] Eine solche unentziehbare Kompetenz findet sich zugunsten des Gesetzgebers üblicherweise in den zahlreichen grundgesetzlich statuierten Gesetzesvorbehalten. Auf die Regierungsorganisation erstrecken sie sich jedoch nicht; das Grundgesetz kennt weder einen allgemeinen organisationsrechtlichen Gesetzesvorbehalt[182] noch einen für alle grundlegenden gesellschaftlichen Fragen anwendbaren Vorbehalt des Gesetzes.[183] Da die Wesentlichkeitslehre richtigerweise auf den grundrechtlichen Bereich begrenzt ist[184], vermittelt auch sie keine legislative Entscheidungspflicht,[185] selbst sofern und soweit der Ressortzu-

---

[179] Siehe Teil 3 Kap. 5 I. 2. b).

[180] Von der in der Weimarer Republik vorhandenen präsidialen Organisationsgewalt hat sich das Grundgesetz nach einhelliger Auffassung hingegen verabschiedet, siehe dazu *Oldiges/Brinktrine*, in: Sachs, GG, 8. Aufl. (2018), Art. 64, Rn. 23; *M. Schröder*, in: v. Mangoldt/Klein/Starck, GG, Bd. 2, 7. Aufl. (2018), Art. 64, Rn. 9.

[181] Mitwirkungspflichten bei der Ernennung der Minister sind – anders als in einigen Landesverfassungen – im Grundgesetz nicht vorgesehen, siehe z. B. Art. 45 BayVerf. Siehe auch *Wolff/Bachof/Stober/Kluth*, Verwaltungsrecht II, 7. Aufl. (2010), § 81, Rn. 36–52.

[182] *Böckenförde*, Die Organisationsgewalt im Bereich der Regierung, 1964, 85 f.; *Maurer*, in: FS Vogel, 2000, 331 (342 f.); *Hermes*, in: Dreier, GG, Bd. 2, 3. Aufl. (2015), Art. 64, Rn. 20; *Oldiges/Brinktrine,* in: Sachs, GG, 8. Aufl. (2018), Art. 64, Rn. 24a; *M. Schröder*, in: v. Mangoldt/Klein/Starck, GG, Bd. 2, 7. Aufl. (2018), Art. 64, Rn. 18; anders *Wolff/Bachof/Stober/Kluth*, Verwaltungsrecht II, 7. Aufl. (2010), § 81, Rn. 23 f., die die Regierungsebene von einem solchen Gesetzesvorbehalt jedoch ausnehmen (Rn. 25). Berücksichtigt man die mögliche Grundrechtsrelevanz bestimmter Organisations- und Verfahrensgestaltungen, ist indes nicht auszuschließen, dass hieraus ein Gesetzesvorbehalt folgt. Hierbei handelte es sich dann aber um einen grundrechtlichen, nicht organisatorischen Gesetzesvorbehalt.

[183] Siehe Teil 3 Kap. 5 I. 2. a).

[184] Siehe Teil 3 Kap. 5 I. 2. a) bb); siehe in diesem Kontext auch *Maurer*, in: FS Vogel, 2000, 331 (342 f.).

[185] Siehe aber VerfGH NRW, NJW 1999, 1243 (1245); demgegenüber wie hier: *Böckenförde*, NJW 1999, 1235 f.; ebenso gegen einen Gesetzesvorbehalt auf diesem Gebiet *Hermes*, in: Dreier, GG, Bd. 2, 3. Aufl. (2015), Art. 64, Rn. 19; im Ergebnis auch *Lassahn*, Rechtsprechung und Parlamentsgesetz, 2017, 172 f., der den Vorbehalt des Gesetzes nicht als eröffnet ansieht, weil die Zusammenlegung von Ministerien „so sehr den inneren organisatorischen Aufbau der Regierung" beträfe (173); zur Wesentlichkeitslehre auf diesem Gebiet siehe auch *Oldiges/*

schnitt eine besonders politisch umstrittene Maßnahme darstellt.[186] Auch die Formel der „Staatsleitung zur gesamten Hand" kann als bloße Beschreibung keine Kompetenzen begründen.[187]

Auf Seiten der Regierung folgt sowohl aus einem etwaigen exekutiven Kernbereich als auch einer Regierungsfunktion keine normativ unmittelbar relevante gubernative Exklusivkompetenz.[188] Ebenso ist die Gewaltenteilung – als der Kompetenz- und Funktionsverteilung zugrunde liegendes Organisationsprinzip – nicht dazu imstande, unmittelbar rechtserhebliche Kompetenzausübungsregeln zu formulieren.[189]

Hilfreicher ist demgegenüber der Blick auf die konkreten Vorgaben des Grundgesetzes. Art. 64 Abs. 1 GG vertraut dem Bundeskanzler das personelle Kabinettsbildungsrecht an. Nach Maßgabe des allgemeinen Kompetenzschemas ist es ihm damit als unentziehbare Kompetenz zugewiesen. Nichts gesagt ist damit allerdings über das organisatorische Entscheidungsrecht betreffend die Ressortzuschnitte.[190] Wie auch für die oben aufgezeigten Kompetenzen der Bundesregierung gilt indes, dass das personelle Kabinettsbildungsrecht dergestalt auszulegen ist, dass es entsprechend seinem Sinngehalt wirkungsvoll[191] ausgeübt werden können soll[192].[193]

Brinktrine, in: Sachs, GG, 8. Aufl. (2018), Art. 64, Rn. 24b; *Schmidt-Aßmann*, in: FS H.P. Ipsen, 1977, 333 (347); *Roth*, Bundeskanzlerermessen im Verfassungsstaat, 2009, 120f.; *M. Schröder*, in: v. Mangoldt/Klein/Starck, GG, Bd. 2, 7. Aufl. (2018), Art. 64, Rn. 18.

[186] So auch BVerfGE 49, 89 (125 f.); BVerfGE 98, 218 (251 f.); *Baer*, Der Staat 40 (2001), 525 (550); anders: VerfGH NRW, NJW 1999, 1243 (1245).

[187] Siehe Teil 2 Kap. 4 II. 4., insbes. Kap. 4 Fn. 416; wie hier *Schenke*, in: BK, GG, 191. Aktualisierung (2018), Art. 64, Rn. 91.

[188] Gegen einen Kernbereich mit kompetenzbegründender Funktion auch *Maurer*, VVdStRL 43 (1985), 135 (153 f.); *Möllers*, Gewaltengliederung, 2005, 409 f.

[189] So *Brinktrine*, Jura 2000, 123 (128); in die Richtung auch *Linck*, Zulässigkeit und Grenzen der Einflussnahme des Bundestages auf die Regierungsentscheidungen, 1970, 42 f., 83 f.

[190] *Baer*, Der Staat 40 (2001), 525 (534).

[191] Zu dem Rechtsgrundsatz der Effektivität siehe Teil 1 Kap. 1 IV. 1. c) bb).

[192] Der Umstand, dass Art. 64 Abs. 1 GG dem Bundeskanzler unmittelbar nur ein personelles Kabinettsbildungsrecht verleiht, steht seiner erweiternden Auslegung also noch nicht entgegen, anders *Puhl*, Die Minderheitsregierung, 1986, 156.

[193] Auch sollte die von *Friesenhahn* zutreffend bemängelte Vermutung gegen eine Parlamentszuständigkeit (vgl. *Friesenhahn*, VVStRL 16 [1958], 9 [38]) nicht, wie von *Friesenhahn* aber zulasten der Bundesregierung geschehen, in eine Vermutung gegen eine exklusive Regierungszuständigkeit umschlagen. Sind Bundesregierung und Bundestag als eigenständige Verfassungsorgane installiert, sind kompetenzvermittelnde Normen zugunsten beider Seiten entsprechend ihrer Funktionsweise effektiv auszulegen. Legt man dies zugrunde, kann es nicht darum gehen, dass eine Kompetenz „absolut eindeutig durch spezielle Verfassungsvorschrift" (38) zugewiesen sein muss, weder für die Regierung noch das Parlament.

Zuständigkeit und Person, Ressortzuschnitt und Ressortleiter lassen sich theoretisch wie praktisch jedoch durchaus voneinander trennen.[194] Die wirkungsvolle Ausübung des von Art. 64 Abs. 1 GG verbürgten Kabinettsbildungsrechts scheint damit gewährleistet zu sein. Um die effektive Ausübung rechtlicher Befugnisse zu bewerten, braucht es für verfassungsrechtliche Überlegungen jedoch einen normativen Maßstab. Ein solcher findet sich in der grundgesetzlichen Theorie über die Regierung, die sich an dieser Stelle auslegungsleitend auf das in Art. 64 Abs. 1 GG verbürgte Kabinettsbildungsrecht auswirkt. Hiernach positioniert das Grundgesetz die Bundesregierung als eigenständiges politisches Kraftzentrum gegenüber den anderen Verfassungsorganen.[195] Innerhalb des Regierungskollegiums wiederum bildet der Bundeskanzler über die komplette Amtszeit[196] der Bundesregierung hinweg ihren Mittelpunkt.[197] Ganz folgerichtig vertraut ihm das Grundgesetz auch die grundsätzliche politische Ausrichtung der Bundesregierung an (Art. 65 S. 1 GG).[198] Dem Bundeskanzler muss es darum möglich sein, durch die Bundesregierung eigene politische Akzente zu setzen. Das beginnt bereits mit der personellen Auswahl der Regierungsmitglieder,[199] gelingt aber nicht ohne den jeweiligen Ressortzuschnitt. Erst die Gestaltung des Ressortzuschnitts erlaubt es dem Bundeskanzler, die ihm obliegende personelle (Art. 64 Abs. 1 GG) und inhaltliche (Art. 65 S. 1 GG) Ausrichtung der Bundesregierung mit der organisatorischen Ausgestaltung aufeinander abzustimmen und so das präferierte politische Programm in der Regierungsorganisation institutionell zu verfestigen. Dadurch ist es der Bundesregierung möglich, sich entsprechend der grundgesetzlichen Regierungstheorie sogar gegenüber dem Bundestag – jedenfalls im Vorfeld der Umsetzung politischer Vorhaben – als partiell selbstständiger politischer Akteur zu profilieren und so ihrer grundgesetzlich zugedachten Funktion als eigenständiges Kraftzentrum der Verfassung gerecht zu werden.

Aus diesem Grund ist Art. 64 Abs. 1 GG zugunsten des Bundeskanzlers nicht nur das Kabinettsbildungsrecht, sondern auch die Befugnis zu entnehmen, die

---

[194] *Möllers,* Gewaltengliederung, 2005, 413.

[195] Zur Bundesregierung als politisches Verfassungsorgan siehe Teil 2 Kap. 3 I., zur Selbstständigkeit auch und insbesondere gegenüber dem Bundestag siehe Teil 2 Kap. 3 IV. 3.; Teil 2 Kap. 3 V. 2.

[196] Vgl. Art. 67 GG, Art. 68 GG, Art. 69 Abs. 2 GG.

[197] *v. Bogdandy*, Gubernative Rechtsetzung, 2000, 130.

[198] Dass Art. 65 S. 1 GG unmittelbar keine Bindungswirkung gegenüber dem Bundestag entfaltet, ist zutreffend, aber steht ihm nicht entgegen, eine Aussage für die Rolle des Bundeskanzlers zu entnehmen, die sich auslegungsleitend ebenso auf Art. 64 Abs. 1 GG auswirken kann, anders *Puhl*, Die Minderheitsregierung, 1986, 156.

[199] Art. 64 Abs. 1 GG sichert also die Richtlinienkompetenz ab, siehe *Oldiges/Brinktrine,* in: Sachs, GG, 8. Aufl. (2018), Art. 64, Rn. 24; *Roth*, Bundeskanzlerermessen im Verfassungsstaat, 2009, 140 f.

Anzahl und sachliche Abgrenzung der Ministerien zu bestimmen. Dem Gesetzgeber ist der Zugriff hierauf verwehrt.[200] Andernfalls könnte das in Art. 64 Abs. 1 GG verbürgte Recht nicht funktionsgerecht ausgeübt werden.[201] Soweit der Gesetzgeber Zuständigkeiten zugunsten eines bestimmten Ressorts begründet, ist dies hingegen unbedenklich. Hieraus erwächst keine Pflicht gegenüber dem Bundeskanzler, das entsprechende Ministerium im genannten Ressortzuschnitt zu errichten.[202] Das Zuständigkeitsanpassungsgesetz[203] trägt dem Anpassungsbedarf hinreichend Rechnung.[204] Gebunden ist der Bundeskanzler grundsätzlich nur insoweit, als dass die ausdrücklich im Grundgesetz genannten Ministerien existieren müssen.[205]

Gegen eine exklusive Kompetenz des Bundeskanzlers kann auch nicht das in Art. 86 S. 2 GG normierte ausdrückliche Zugriffsrecht des Gesetzgebers angeführt werden[206]. Vielmehr wirkt sich an dieser Stelle die funktionale Unterscheidung zwischen Gubernative und Administrative in organisatorischer Hinsicht

---

200 *Busse*, Der Staat 45 (2006), 245 (250); *Maurer*, Staatsrecht I, 6. Aufl. (2010), § 14, Rn. 33; *Maurer*, in: FS Vogel, 2000, 331 (345); demgegenüber für „vereinzelte, punktuelle gesetzgeberische Ingerenzen“ *Oldiges/Brinktrine*, in: Sachs, GG, 8. Aufl. (2018), Art. 64, Rn. 29; für „allenfalls punktuelle Organisationsregelungen“ *Roth*, Bundeskanzlerermessen im Verfassungsstaat, 2009, 123 f.; *Schmidt-Aßmann*, in: FS H. P. Ipsen, 1977, 333 (351); vermittelnd *M. Schröder*, in: v. Mangoldt/Klein/Starck, GG, Bd. 2, 7. Aufl. (2018), Art. 64, Rn. 22 f.; dagegen *Baer*, Der Staat 40 (2001), 525 (550); *Friesenhahn*, VVStRL 16 (1958), 9 (45 f., Fn. 103); *Hermes*, in: Dreier, GG, Bd. 2, 3. Aufl. (2015), Art. 64, Rn. 21 ff. (23); *Möllers*, Gewaltengliederung, 2005, 413; *Puhl*, Die Minderheitsregierung, 1986, 156 f.; siehe auch zu den legislativen Zugriffsrechten *Böckenförde*, Die Organisationsgewalt im Bereich der Regierung, 1964, 291–295.

201 *Oldiges/Brinktrine,* in: Sachs, GG, 8. Aufl. (2018), Art. 64, Rn. 24, die allerdings „vereinzelte, punktuelle gesetzgeberische Ingerenzen“ zulassen (vgl. Rn. 29).

202 In diese Richtung auch *Oldiges/Brinktrine*, in: Sachs, GG, 8. Aufl. (2018), Art. 64, Rn. 29; *M. Schröder*, in: v. Mangoldt/Klein/Starck, GG, Bd. 2, 7. Aufl. (2018), Art. 64, Rn. 23.

203 Insbesondere § 1 Abs. 1, 2 ZustAnpG.

204 *Oldiges/Brinktrine,* in: Sachs, GG, 8. Aufl. (2018), Art. 64, Rn. 25a; *Schenke*, in: BK, 191. Aktualisierung (2018), GG, Art. 64, Rn. 87.

205 Dazu *Böckenförde*, Die Organisationsgewalt im Bereich der Regierung, 1964, 200 f.; *Maurer*, Staatsrecht I, 6. Aufl. (2010), § 14, Rn. 33. Darüber hinaus begrenzt das Kabinettsprinzip die Organisationskompetenz des Kanzlers: Das Kollegium muss eine Größe aufweisen, die noch eine kollegiale Arbeitsweise ermöglicht, dazu *Böckenförde*, Die Organisationsgewalt im Bereich der Regierung, 1964, 196 f.; *Schenke*, in: BK, GG, 191. Aktualisierung (2018), Art. 64, Rn. 90, 93. Dabei lässt sich dem Grundgesetz aber eine eindeutige Mindestgrenze nicht entnehmen, siehe dazu *Schenke*, in: BK, GG, 191. Aktualisierung (2018), Art. 64, Rn. 94; anders *Böckenförde*, Die Organisationsgewalt im Bereich der Regierung, 1964, 196.

206 Wie hier *Baer*, Der Staat 40 (2001), 525 (539); *Busse*, Der Staat 45 (2006), 245 (251); *Maurer*, Staatsrecht I, 6. Aufl. (2010), § 14, Rn. 33; dagegen *Böckenförde*, Die Organisationsgewalt im Bereich der Regierung, 1964, 133 ff., 286 f., der gleichwohl beachtliche Grenzen für das legislative Zugriffsrecht formuliert (291–295); *Böckenförde*, NJW 1999, 1235 (1236);

aus,[207] wie sie dem Grundgesetz leitbildartig zugrunde liegt.[208] Das Grundgesetz räumt mit Art. 86 S. 2 GG dem Gesetzgeber eine Steuerungsmöglichkeit gegenüber den Institutionen ein, die idealtypischerweise und schwerpunktmäßig Verwaltungsfunktionen wahrnehmen.[209] Dementsprechend sind die Bundesministerien keine Behörden im Sinne von Art. 86 S. 2 GG, weswegen Art. 86. S. 2 GG dem Gesetzgeber auch kein Zugriffsrecht auf die Ministerialorganisation eröffnet.[210] Ebenso ändert das dem Bundestag kraft seines Budgetrechts zustehende Recht, einem Ressort Mittel zu verweigern[211], am hier gefundenen Ergebnis nichts: Die Einwirkungsrechte des Bundestages auf die Bundesregierung sind nicht Ausdruck eines allgemeinen Parlamentsvorrangs[212] und sind demnach von abschließender Natur. Aus diesem Grund ist das Budgetrecht ein – der allgemeinen Grenze organfreundlichen Verhaltens unterliegendes – allenfalls mittelbar-reflexartiges Steuerungsinstrument auf die Ressortzuschneidung, nicht aber die Grundlage für weitergehende Einwirkungsrechte.[213]

Eine solche dem Bundeskanzler zustehende Exklusivkompetenz entspricht mittlerweile auch der Verfassungspraxis und kommt so in § 9 GO BReg zum

---

Linck, Zulässigkeit und Grenzen der Einflussnahme des Bundestages auf die Regierungsentscheidungen, 1970, 82.

[207] Im Ergebnis erkennt auch *Böckenförde* eine vergleichbare Unterscheidung an. Dabei stellt er aber unmittelbar nur auf die materielle Regierungs- und Verwaltungstätigkeit ab und lässt nur geringe legislative Einwirkungsmöglichkeiten auf die Regierung und weitaus größere auf die Verwaltung zu, siehe hierzu *Böckenförde*, Die Organisationsgewalt im Bereich der Regierung, 1964, 290 f., 294.

[208] Der Umstand, dass einzelne Stimmen im Parlamentarischen Rat auch Ministerien vom Anwendungsbereich des Art. 86 S. 2 GG als erfasst ansahen, ändert an der Einordnung in Anbetracht von Wortlaut und Systematik nichts. Insbesondere haben die folgenden Artikel, maßgeblich Art. 87 GG, grundsätzlich nur die Verwaltungsbehörden, nicht aber die Ministerien vor Augen; die ausnahmsweise Übertragung von Verwaltungsfunktion auf Bundesministerien führt zu keinem anderen Ergebnis, siehe dazu Teil 3 Kap. 5 III. 5.; vgl. wie hier *Ibler*, in: Maunz/Dürig, GG, 88. EL (2019), Art. 86, Rn. 157–159; anders als hier *Böckenförde*, Die Organisationsgewalt im Bereich der Regierung, 1964, 134–136.

[209] *Ibler*, in: Maunz/Dürig, GG, 88. EL (2019), Art. 86, Rn. 159.

[210] *Burgi*, in: v. Mangoldt/Klein/Starck, GG, Bd. 3, 7. Aufl. (2018), Art. 86, Rn. 45; *Busse*, Der Staat 45 (2006), 245 (251); *Ibler*, in: Maunz/Dürig, GG, 88. EL (2019), Art. 86, Rn. 157–159; *Puhl*, Die Minderheitsregierung, 1986, 154 f.; *Schenke*, in: BK, GG, 191. Aktualisierung (2018), Art. 64, Rn. 83; dagegen *Böckenförde*, Die Organisationsgewalt im Bereich der Regierung, 1964, 133 ff.

[211] Dazu *Böckenförde*, Die Organisationsgewalt im Bereich der Regierung, 1964, 111.

[212] Siehe ausführlich Teil 2 Kap. 3 IV. 4.

[213] So aber *Hermes*, in: Dreier, GG, Bd. 2, 3. Aufl. (2015), Art. 64, Rn. 23; *Puhl*, Die Minderheitsregierung, 1986, 156 f.; wie hier *M. Schröder*, in: v. Mangoldt/Klein/Starck, GG, Bd. 2, 7. Aufl. (2018), Art. 64, Rn. 21; gegen eine Beschneidung der Organisationsbefugnis des Bundeskanzlers mit den Mitteln des Haushaltsrechts *Roth*, Bundeskanzlerermessen im Verfassungsstaat, 2009, 124.

Ausdruck.[214] Nur sie wird im Übrigen der demokratisch bedingten Handlungslogik der hier involvierten politischen Entscheidungsträger gerecht. So verlangen Regierungswechsel, insbesondere mit zunehmend komplexer werdenden Koalitionsverhandlungen, nach einer hinreichenden Flexibilität.[215] Der (designierte) Bundeskanzler muss am Maßstab politischer Opportunität gegebenenfalls bestehende Ministerien zusammenlegen, aufspalten oder auflösen, neue Ministerien errichten[216] und gegebenenfalls einem Minister mehrere Ministerien in Personalunion zuweisen können.[217] Mittels eines geänderten Ressortzuschnitts kann er gleichzeitig eigene politische Akzente setzen, dadurch das politische Programm und die Organisation aufeinander abstimmen und so der Stellung der Bundesregierung als eigenständiges politisches Kraftzentrum entsprechen. Gesetzgeberische Festlegungen der ministeriellen Geschäftsbereiche trügen demgegenüber dazu bei, die Regierungsorganisation zu fixieren. Den Koalitionsverhandlungen, wie sie für eine erfolgreiche Regierungsbildung mittlerweile erforderlich sind, stünden sie folglich nicht zur Disposition.[218] Das ist mit der politisch-demokratischen Handlungslogik der an der Regierungsbildung beteiligten Akteure unvereinbar. Auch aus diesem Grund ist diese Lösung abzulehnen.

Für das an dieser Stelle ermittelte Ergebnis bedurfte es erneut weder eines Kernbereichs noch einer Regierungsfunktion in Gestalt eines Rechtsbegriffs.[219] Vielmehr ist die Auslegung ausdrücklicher Zuständigkeiten im Lichte der grundgesetzlichen Theorie über die Regierung notwendig, aber auch ausreichend.[220]

II. Regierung und Opposition

Der verfassungsrechtlich installierte Dualismus von Regierung und Opposition legitimiert das Zusammenwirken von Bundesregierung und Regierungsfraktio-

214 *Busse*, Der Staat 45 (2006), 245 (248 f.).

215 *Böckenförde*, Die Organisationsgewalt im Bereich der Regierung, 1964, 193 f.; *Maurer*, in: FS Vogel, 2000, 331 (345).

216 *Böckenförde*, Die Organisationsgewalt im Bereich der Regierung, 1964, 194 f.

217 Unzulässig sind daher auch etwaige gesetzliche Festlegungen zu Inkompatibilitäten bestimmter Ministerämter, anders *Böckenförde*, Die Organisationsgewalt im Bereich der Regierung, 1964, 293.

218 Dies jedoch für eine gesetzgeberische Regelungsbefugnis anführend *M. Schröder*, in: v. Mangoldt/Klein/Starck, GG, Bd. 2, 7. Aufl. (2018), Art. 64, Rn. 19 m. w. N.

219 Einen „Kernbereich der Organisationsgewalt der Regierung" in der Fallgestaltung heranziehend VerfGH NRW, NJW 1999, 1243 (1245).

220 Anstelle eines Kernbereichs mit einer Organisationsautonomie arbeitend *Möllers*, Gewaltengliederung, 2005, 409 f.

nen zum einen (1.) und erlaubt einen punktuellen Sonderstatus der parlamentarischen Opposition zum anderen (2.).

1. Regierung: Regierungsorgan und Regierungsfraktionen

Das Verständnis der Regierung als ein Handlungsverbund von Bundesregierung und Regierungsfraktionen rechtfertigt und erklärt das Zusammenwirken beider Akteure. Das erstreckt sich auf die Foren gemeinsamer Willensbildung oder die arbeitsteilige Kooperation bei der Ausübung verfassungsrechtlicher Befugnisse. Einer Anschauung, die hierin eine ausnahmebedürftige Durchbrechung erblickt, entzieht dies jede Grundlage. Das Erarbeiten des Gesetzesvorschlags im Ministerium und das anschließende Einbringen des Gesetzesentwurfs durch die Regierungsfraktionen, erscheinen hiernach weder als Verfassungsverstoß noch als korrekturbedürftige Entwicklung.[221] Vielmehr stellt es die konsequente Verwirklichung der normativ angelegten und erwarteten Kollaboration und Kooperation von Bundesregierung und Regierungsfraktionen entsprechend der Funktionsmechanik eines parlamentarischen Regierungssystems dar, wie sie für die Realisierung der parteipolitischen Richtunggebung erforderlich ist.

Aus dem gleichen Grund ist eine personelle Überschneidung von den Mitgliedern der Bundesregierung und der Koalitionsfraktionen unproblematisch.[222] So ist auch das Amt des parlamentarischen Staatssekretärs nicht als ein „Krisensymptom“[223] des Parteienstaates, sondern als gelungene personelle Verzahnung von Bundesregierung und Parlamentsfraktionen zu verstehen. Dass die Bundesregierung eine personelle Verknüpfung mit dem Parlament anstrebt, realisiert letztlich einmal mehr die parlamentarische Abhängigkeit der Bundesregierung[224] und bekundet zudem die Macht des Parlaments. Eine „Durchbrechung der horizontalen Gewaltenteilung zwischen Parlament und Regierung“[225] ist sie hingegen nicht.

---

[221] In diese Richtung aber *Kloepfer*, Verfassungsrecht I, 2011, § 18, Rn. 305.

[222] Dagegen *Kloepfer*, Verfassungsrecht I, 2011, § 18, Rn. 306 f.; *v. Münch,* NJW 1998, 34 („Minister und Abgeordneter in einer Person: die andauernde Verhöhnung der Gewaltenteilung“). Wie hier *Meinel*, Selbstorganisation des parlamentarischen Regierungssystems, 2019, 347: „Das parlamentarische Regierungssystem *verlangt geradezu eine gewisse organisatorische Offenheit an der Schnittstelle von Regierung und Parlament.*“

[223] So *P. M. Huber*, JZ 1994, 689 (692); kritisch auch *v. Arnim*, Staat ohne Diener, 207–209; *P. M. Huber*, in: Isensee/Kirchhof (Hrsg.), HStR, Bd. III, 3. Aufl. (2005), § 47, Rn. 35; *Kloepfer*, Verfassungsrecht I, 2011, § 18, Rn. 219, 307; *Meyer*, in: FS Badura, 1995, 17 (69 f.).

[224] Treffend *Meinel*, Selbstorganisation des parlamentarischen Regierungssystems, 2019, 248: „Denn die institutionelle Verbindung von Parlament und Regierung ist nicht allein durch die formelle Abhängigkeit der Regierung von einer parlamentarischen Wahl gewährleistet, sondern muß durch eine Reihe von Instrumenten auf Dauer sichergestellt sein.“

[225] So *Kloepfer*, Verfassungsrecht I, 2011, § 18, Rn. 219.

Grenzen ergeben sich im Lichte der rechtlich zulässigen Möglichkeit zur eigenständigen Willensbildung beider Organe nur, soweit eine solche wegen nahezu personeller Identität ausgeschlossen wäre. Ziffernmäßige Vorgaben dürften sich hier jedoch nur schwer benennen lassen.

Das Verständnis von Bundesregierung und Regierungsfraktion als einer Wirkungseinheit bei gleichzeitiger Möglichkeit zur eigenständigen, gleichberechtigten und konfrontativen Richtunggebung findet schließlich seine Entsprechung darin, dass Redezeiten von Bundesregierung und Regierungsfraktionen im Deutschen Bundestag gegenseitig anzurechnen, aber nicht vollständig miteinander zu verrechnen sind.[226]

2. Opposition

Die verfassungsrechtliche Idealvorstellung einer handlungsfähigen und effektiven Opposition[227] ruft keine spezifischen Rechtspositionen hervor. Ebenso wenig begründet sie – losgelöst von normativen Vorgaben – Handlungspflichten zugunsten der Opposition. So entspricht es ihrem normativen Status auf der Ebene des verfassungstheoretischen Systems des Grundgesetzes. Aus diesem Grund ist es nicht verfassungsrechtlich geboten, die Quoren parlamentarischer Minderheitsrechte so abzusenken, damit sie von der Opposition wahrgenommen werden können.[228]

Formuliert das Grundgesetz gleichwohl gegenüber den rechtsetzenden und rechtsanwendenden Akteuren eine Erwartung zur Ermöglichung einer effektiven Oppositionsausübung, hält dies zur Schaffung spezifischer einfach-gesetzlicher oder geschäftsordnungsmäßiger Oppositionsrechte an und wirkt sich auf etwaig geschaffene Regelungen auslegungs- und abwägungsleitend aus.[229] Dabei ist zwar die Rechtstellung der einzelnen Abgeordneten im Grunde von gleicher Natur (Art. 38 Abs. 1 S. 2 GG), kann aber punktuelle Abweichungen erfahren, um dem erwarteten Dualismus von Regierung und Opposition in funktionsspezifischen Kontexten zu entsprechen.[230] Soweit spezifische Oppositionsrechte bei-

---

226 BVerfGE 10, 4 (19); siehe dazu auch *Mundil*, Die Opposition, 2014, 200 f.; dagegen *Kuhn*, Der Verfassungsgrundsatz effektiver parlamentarischer Opposition, 2019, 241 f.

227 Zusammenfassend siehe Teil 2 Kap. 3 III. 4.

228 BVerfG, NVwZ 2016, 922 (926–928); *Lassahn*, Anmerkung zu BVerfG, Urt. v. 3.5.2016. – 2 BvE 4/14, NVwZ 2016, 929 f.

229 *Cancik*, NVwZ 2014, 18 (20), der im Hinblick auf die „Ausübung von Opposition" jedoch von einer „Vorgabe" und einem „Gebot" spricht (20).

230 An dieser Stelle kann sich die Charakterisierung der Opposition als eine normativ angestrebte Oppositionsfunktion auswirken und zur Rechtfertigung von Ungleichbehandlungen der Abgeordneten und Fraktionen (Art. 38 Abs. 1 S. 2 GG) beitragen. In diese Richtung für die Möglichkeit der Einräumung spezifischer Oppositionsrechte *Lassahn*, Anmerkung zu BVerfG,

spielsweise der Kontrollfunktion der Oppositionsfraktionen Rechnung tragen, so etwa gesonderte Frage- und Informationsrechte zugunsten der Oppositionsfraktionen einräumen, stellt sich der Eingriff in die von Art. 38 Abs. 1 S. 1 GG geschützte Gleichheit des Mandats als gerechtfertigt dar.[231] Das gilt beispielsweise auch für den bereits existierenden einfach-gesetzlich gewährten finanziellen Oppositionszuschlag.[232] Er trägt den praktisch vermehrten Zugriffsmöglichkeiten der Regierungsfraktionen auf die Ressourcen und Informationen des Regierungsorgans Rechnung.[233] Soweit darüber hinaus die besondere Verantwortung der jeweiligen Fraktionen für spezifische Oppositionsfunktionen, beispielsweise für die Wahrnehmung der parlamentarischen Kontrollfunktionen, honoriert werden soll[234], wird der Eingriff in das gleiche Mandat (Art. 38 Abs. 1 S. 1 GG) durch den Dualismus von Regierung und Opposition legitimiert. Entsprechend seinem normativen Status begründet er aber selbst keine Rechtspflicht gegenüber dem Gesetzgeber zur Schaffung eines Oppositionszuschlags.[235] Ein einfach-gesetzlicher Oppositionszuschlag ist also zulässig, aber, insbesondere soweit er über den Ausgleich der infrastrukturellen Vorteile der Regierungsfraktionen zugunsten der Oppositionsfraktionen hinausgeht, nicht verpflichtend.[236]

Schafft das Parlament keine spezifischen Oppositionsrechte, gewinnt das verfassungstheoretische Ideal einer wirksamen Opposition auslegungsleitend vor allem über die Rechtspositionen der einzelnen Abgeordnetenrechte an Bedeutung.[237] Praktiziert wird dies bereits für die Geltendmachung der Rechte des

Urt. v. 3.5.2016. – 2 BvE 4/14, NVwZ 2016, 929 (930). Demgegenüber erachtet das Bundesverfassungsgericht eine Einführung spezifischer Oppositionsrechte im Lichte der Abgeordnetenrechte gem. Art. 38 Abs. 1 S. 2 GG als unzulässig (vgl. BVerfG, NVwZ 2016, 922 [3. Leitsatz sowie 925 f.]); so auch *Klenner*, DÖV 2018, 563 (565 ff.) sowie *Magiera*, in: Sachs, GG, 8. Aufl. (2018), Art. 38, Rn. 70; kritisch zur Position des Bundesverfassungsgerichts siehe auch *Lassahn*, Anmerkung zu BVerfG, Urt. v. 3.5.2016. – 2 BvE 4/14, NVwZ 2016, 929 (930).

231 Dagegen wohl BVerfG, NVwZ 2016, 922 (925 f.).

232 Für den Bund siehe § 50 Abs. 2 S. 1 AbgG.

233 Zur Rechtfertigung des Oppositionszuschlages siehe auch BVerfG, NVwZ 2016, 922 (926); *Mundil*, Die Opposition, 2014, 163 f.; für die Verfassungswidrigkeit des Oppositionszuschlages *Klenner*, DÖV 2018, 563 (565 ff.); für eine Zulässigkeit und – abweichend zu hier vertretener Position – sogar für eine Gebotenheit eines einfach-gesetzlichen Oppositionszuschlages *Kuhn*, Der Verfassungsgrundsatz effektiver parlamentarischer Opposition, 2019, 224–230.

234 So *Kuhn*, Der Verfassungsgrundsatz effektiver parlamentarischer Opposition, 2019, 230.

235 Darin unterscheidet sich das Verständnis der Opposition als Bestandteil der verfassungsrechtlichen Hintergrundvorstellung mit dem Status eines dosiert auslegungsleitenden Theoriebegriffs von einem Optimierungsgebot, das unter anderem Handlungspflichten hervorruft, bei *Kuhn*, Der Verfassungsgrundsatz effektiver parlamentarischer Opposition, 2019, 220 ff.

236 Anders *Kuhn*, Der Verfassungsgrundsatz effektiver parlamentarischer Opposition, 2019, 228–230.

237 In diese Richtung auch BVerfG, NVwZ 2016, 922 (924); zu einem Gebot effektiver

Deutschen Bundestages durch einen Teil des Bundestages, nämlich die Oppositionsfraktionen, im Rahmen des Organstreits.[238] Ein weiterer Anwendungsfall ergibt sich beispielsweise für die Gestaltung der Reihenfolge der Redner im Deutschen Bundestag. Hierfür sieht § 28 Abs. 1 der Geschäftsordnung des Deutschen Bundestages schon jetzt unter anderem das Kriterium der „Rede und Gegenrede" vor. Im Lichte der verfassungsrechtlichen Erwartung für das Gegenüber von Regierung und Opposition avanciert dieses Kriterium gegenüber den übrigen, insbesondere dem der „Stärke der Fraktionen", zu einem dominierenden Auswahlkriterium.[239]

Am Beispiel des Dualismus von Regierung und Opposition offenbaren sich erneut die Wirkungsweise und die Vorzüge von Überlegungen auf der Ebene des verfassungstheoretischen Systems: Der Dualismus von Regierung und Opposition zeigt die ideale und typische Inanspruchnahme verfassungsrechtlicher Befugnisse auf. Dabei leitet er zwar ihre Auslegung und Abwägung, setzt darüber hinaus jedoch das Tätigwerden der dafür zuständigen rechtlichen und politischen Stellen voraus. So müssen entsprechende Rechtspositionen unter Berücksichtigung dieser verfassungsrechtlichen Erwartungshaltung von den jeweiligen Akteuren geschaffen und überhaupt dergestalt wahrgenommen werden. Rechtlich erzwingbar ist beides nicht. Das schließt es wiederum nicht aus, Ideale zu formulieren, die einen so verstandenen Gebrauch der Rechtspositionen durch dosierte rechtliche Auswirkungen ermöglichen und für ihn werben. Ganz im Gegenteil: Das Aufzeigen und Ermöglichen einer idealen und verantwortlichen Wahrnehmung von ins Belieben gestellten Rechtspositionen entspricht regelrecht den Funktionsbedingungen des liberalen Verfassungsstaates. Sähe man hiervon ab oder forderte man den idealen und verantwortlichen Gebrauch von Rechtspositionen sogar ein, dürfte dies langfristig hingegen zur Auflösung desselben führen.

III. Regierung und Verwaltung

Die grundgesetzliche Theorie über die Regierung wirkt sich ebenso auf konkrete dogmatische Überlegungen im Spannungsfeld von Regierung und Verwaltung aus.

---

parlamentarischer Opposition mit der Wirkung einer Auslegungsmaxime und entsprechenden Anwendungsbeispielen siehe *Kuhn*, Der Verfassungsgrundsatz effektiver parlamentarischer Opposition, 2019, 154 ff.

[238] BVerfGE 90, 286 (344); BVerfGE 45, 1 (29); BVerfGE 121, 135 (151); BVerfGE 131, 152 (190).

[239] So auch *Kuhn*, Der Verfassungsgrundsatz effektiver parlamentarischer Opposition, 2019, 237 f.

1. Ausführung der Gesetze im Sinne der Art. 83ff. GG

Die Ausführung der Bundesgesetze wird der zentralen Kompetenzverteilungsnorm des Art. 83 GG entsprechend grundsätzlich den Ländern überantwortet. Nach herrschendem Verständnis setzt Art. 83 GG dabei eine Ausführung in „verwaltungsmäßiger Weise“[240] voraus. In negativer Hinsicht ist darunter im Lichte der grundgesetzlichen Regierungsfunktion jedenfalls nicht die politisch-allgemeinbezogene Rechtserzeugung zu verstehen. Zur positiven Auslegung dieses Tatbestandsmerkmals kann demgegenüber die grundgesetzliche Idee der Verwaltungsfunktion beitragen. Dementsprechend wird ein Gesetz jedenfalls dann in „verwaltungsmäßiger Weise“ ausgeführt, wenn schwerpunktmäßig konkret-individuelle Rechtspositionen betroffen sind. Ist das der Fall, begründet Art. 83 GG eine grundsätzliche Ausführungskompetenz zugunsten der Länder. Ist der Tatbestand des Art. 83 GG aus anderen Gründen nicht eröffnet, ist die Bundesebene allenfalls durch eine spezielle Verfassungsnorm befugt. Fehlt es hieran, sind die Länder gem. Art. 30 GG zur Ausübung hoheitlicher Aufgaben und Befugnisse berechtigt. Dabei kommt die Regierungs- oder Staatsleitungsfunktion als unmittelbar kompetenzvermittelnde Rechtsposition jedoch nicht in Betracht; sie verbleibt als auslegungsleitende verfassungstheoretische Figur im Hintergrund der kompetenzvermittelnden Rechtsbegriffe.

2. Politische Beamte

Die Regierungsfunktion ist unter anderem dadurch gekennzeichnet, die Umsetzung des politischen Programms in die staatliche Rechtserzeugung zu verantworten.[241] Dies erfordert in der Hand der Bundesregierung Instrumente, die eine Steuerung der nachgeordneten Verwaltung entsprechend der parteipolitischen Gemeinwohlkonzeption sicherstellen. Die Zugehörigkeit des jeweiligen Ministeriumsleiters zur Bundesregierung trägt bereits wesentlich dazu bei. Aus diesem Grund dürfte es unzulässig sein, ein Ministerium zu errichten, dessen Leiter nicht auch Mitglied der Bundesregierung ist.[242]

Über den Minister hinaus legt die gebotene Verwaltungssteuerung den Zugriff auf den Leitungsbereich der Ministerien und Bundesoberbehörden nahe.[243] Eine personelle Ausprägung dessen ist der sogenannte politische Beamte[244], der bei

---

[240] BVerfGE 11, 6 (15); *Hermes*, in: Dreier, GG, Bd. 3, 3. Aufl. (2018), Art. 83, Rn. 31; *Trute*, in: v. Mangoldt/Klein/Starck, GG, Bd. 3, 7. Aufl. (2018), Art. 83 GG, Rn. 55.

[241] Siehe Teil 2 Kap. 4 II. 1. d) aa).

[242] *Hermes*, in: Dreier, GG, Bd. 2, 3. Aufl. (2015), Art. 62, Rn. 20.

[243] Dagegen wohl *Kloepfer*, Verfassungsrecht I, 2011, 307.

[244] Vgl. § 30 Abs. 1 1 BeamtStG; § 54 BBG; zur Entstehung des politischen Beamten *M.*

seiner Amtsausübung in Übereinstimmung mit den grundsätzlichen politischen Ansichten und Zielen der Regierung steht (vgl. § 30 Abs. 1 S. 1 BeamtStG). Ganz folgerichtig ist sein Status von den flexiblen Eigengesetzlichkeiten des grundgesetzlich anerkannten und erwünschten politisch-demokratischen Bereichs, zu dem auch die Regierungsfunktion zählt, abhängig[245]. Die Möglichkeit, den politischen Beamten jederzeit ohne besonderen Grund in den einstweiligen Ruhestand zu versetzen (vgl. § 30 Abs. 1 S. 1 BeamtStG, § 54 Abs. 1 BBG), bringt dies besonders zum Ausdruck.[246]

Durch ein solches Institut wird dem Beamten keine Illoyalität gegenüber seinem (wechselnden) Dienstherrn unterstellt.[247] Vielmehr wird berücksichtigt, dass Beamte, die auf der politischen Leitungsebene mit der Transformation der politischen Richtunggebung in Administrativentscheidungen betraut sind[248], stets auch Gestaltungsspielräume[249] mit weitreichenden Folgewirkungen nach politischen Maßstäben eigenständig ausfüllen.[250] Obendrein besitzen sie durch ihren Einfluss auf die nachgeordnete Verwaltung eine herausgehobene Bedeutung, um die politische Richtunggebung zu realisieren.[251] Das verlangt im Vergleich zu anderen Beamtenpositionen zum einen ein qualifiziertes persönliches Vertrauensverhältnis zum Inhaber des politischen Amtes und zum anderen eine

---

Weber, Politik als Beruf, 1992, 25 f.; siehe zum Institut des politischen Beamten auch *Lindner*, ZBR 2011, 150; *Kugele*, ZBR 2007, 109 ff., speziell zur Entwicklung der Institution des politischen Beamten siehe 110 f.; *Rudzio*, Das politische System der Bundesrepublik Deutschland, 10. Aufl. (2019), 251 f.; *M. Schröder*, in: Isensee/Kirchhof (Hrsg.), HStR, Bd. V, 3. Aufl. (2007), § 106, Rn. 37–39.

245 *Lindner*, ZBR 2011, 150 (158), der diesen Status jedoch ablehnt (151 ff.); kritisch auch *Isensee*, in: Baum/Benda/ders. u. a. (Hrsg.), Politische Parteien und öffentlicher Dienst, 52 (70 f.) sowie *Janssen*, ZBR 2003, 113 (130 f.); differenzierend *M. Schröder*, in: Isensee/Kirchhof (Hrsg.), HStR, Bd. V, 3. Aufl. (2007), § 106, Rn. 39.

246 Dies selbst als hergebrachten Grundsatz charakterisierend BVerfGE 7, 155 (166 f.).

247 So aber *Lindner*, ZBR 2011, 150 (151) im Anschluss an *Juncker*, ZBR 1974, 205 (209).

248 *Battis*, in: Battis, BBG, 4. Aufl. (2009), § 54, Rn. 2; *Kugele*, ZBR 2007, 109 (111).

249 Insofern muss *Lindner* widersprochen werden: Der hier vertretenen Auffassung liegt gerade nicht das Bild eines „willfährigen Handlangers und Vollstreckers“ (vgl. *Lindner*, ZBR 2011, 150 [151]) zugrunde. Ganz im Gegenteil: Die mit dem Institut des politischen Beamten verbundene Entlassungsmöglichkeit bräuchte es nicht, wenn Beamte lediglich vollstrecken und über keinerlei Gestaltungsspielräume verfügen würden.

250 *Grigoleit*, ZBR 1998, 128 (130), der die selbstständige Umsetzung der Entscheidungen der politischen Leitungsträger betont; *Oldiges/Brinktrine*, DÖV 2002, 943 (945).

251 Insofern steht die Institution des politischen Beamten in einem inneren Zusammenhang zur Regierungsfunktion und funktionsadäquaten Bewältigung der Aufgaben der Bundesregierung, vgl. auch *Hebeler*, in: Battis, BBG, 5. Aufl. (2017), § 54, Rn. 5; siehe auch *Bracher*, DVBl. 2001, 19 (21), wonach an der „Staatsleitung auch Beamte“ mitwirken, sowie *M. Schröder*, in: Isensee/Kirchhof (Hrsg.), HStR, Bd. V, 3. Aufl. (2007), § 106, Rn. 38, der die „Nähe des politischen Beamten zur Staatsleitung“ hervorhebt.

nach seinen Maßstäben zu beurteilende inhaltlich-sachliche Befähigung seitens des Amtsinhabers.[252] Wird nun, beispielsweise nach einem Regierungswechsel, eine neue politische Richtunggebung anvisiert, ist der bisherige leitende Beamte im Hinblick auf dieses politische Vorhaben also nicht illoyal, sondern – nach nicht objektiv zu überprüfender politischer Einschätzung – unter Umständen schlicht ungeeignet.[253]

Die Existenz und der besondere Status des politischen Beamten rechtfertigen sich also durch seinen Einfluss auf die Verwirklichung der politischen Richtunggebung innerhalb der staatlichen Rechtserzeugung[254], die besondere Eignungs- und Vertrauenserfordernisse nach sich zieht. Dabei bildet die Figur des politischen Beamten nicht die Regel, sondern die Ausnahme.[255] Dementsprechend ist sein Anwendungsbereich auf eben solche Positionen zu beschränken, die eine Garantenstellung für die Realisierung der politischen Richtunggebung besitzen.[256] Dem steht es einerseits entgegen, auch Führungspositionen der mittleren Verwaltungshierarchie mit politischen Beamten zu besetzen oder für sie Ausnahmen vom Lebenszeitprinzip vorzusehen.[257] Andererseits ist es hiermit durchaus vereinbar, den möglichen Einsatzbereich des politischen Beamten auch auf die leitenden Stellen nachgeordneter Behörden zu erstrecken[258]; für die Umsetzung der politischen Richtunggebung in die staatliche Rechtserzeugung sind diese Positionen typischerweise besonders bedeutungsvoll.[259] Die vom Bundesverfas-

---

[252] *Battis*, in: Battis, BBG, 4. Aufl. (2009), § 54, Rn. 2; *Grigoleit*, ZBR 1998, 128 (130); *Kugele*, ZBR 2007, 109 (111); *Loschelder*, in: Isensee/Kirchhof (Hrsg.), HStR, Bd. V, 3. Aufl. (2007), § 107, Rn. 30; *Oldiges/Brinktrine*, DÖV 2002, 943 f.; für die Möglichkeit, die Frage der politischen Unterstützung für die Bewertung der Eignung bei der Stellenbesetzung heranzuziehen, *Bracher*, DVBl. 2001, 19 (21), dagegen *Lindner*, ZBR 2011, 150 (155).

[253] In diese Richtung auch *Battis*, in: Battis, BBG, 4. Aufl. (2009), § 54, Rn. 2: „Die Ablehnung der Institution des politischen Beamten […] überschätzt die politische Umstellungs- und Einsatzfähigkeit des öffentlichen Dienstes".

[254] In diesem Sinne auch *M. Schröder*, in: Isensee/Kirchhof (Hrsg.), HStR, Bd. V, 3. Aufl. (2007), § 106, Rn. 39.

[255] Ein solches Regel-Ausnahme-Verhältnis statuierend BVerfG, NVwZ 2003, 1506; BVerfGE 121, 205 (223 f.); dazu *Lindner*, ZBR 2011, 150 (157 f.).

[256] *Kugele*, ZBR 2007, 109 (112 f.) spricht hier von Transformationsämtern, siehe die dortigen Beispiele.

[257] So im Ergebnis auch BVerfGE 121, 205 (230–232) im Falle einer landesgesetzlichen Übertragung von Ämtern mit leitender Funktion im Beamtenverhältnis auf Zeit.

[258] Zu denken ist hier an Spitzenpositionen innerhalb der Sicherheitsbehörden wie des Bundesnachrichtendienstes oder des Bundesamts für Verfassungsschutz, vgl. § 54 Abs. 1 Nr. 3 BBG.

[259] Beispielsweise gegen die Einbeziehung der Landtagsdirektoren in den Kreis politischer Beamter *Oldiges/Brinktrine*, DÖV 2002, 943; anders *Grigoleit*, ZBR 1998, 128 (130); kritisch im Hinblick auf die Einbeziehung von Ämtern im Sicherheits- und Justizbereich *M. Schröder*, in: Isensee/Kirchhof (Hrsg.), HStR, Bd. V, 3. Aufl. (2007), § 106, Rn. 39.

sungsgericht eher beiläufig angeführten Anforderungen, wonach es sich bei politischen Beamten „nur um den engsten Kreis unmittelbarer Berater der Träger politischer Ämter handeln“[260] dürfe, erweisen sich daher als zu restriktiv, wären sie doch auf die direkte Umgebung des Ministers beschränkt.[261] Jene für die politische Richtunggebung ebenso bedeutsamen – außerhalb des Ministeriums angesiedelten – Leitungsämter wären hiernach nicht erfasst.

Eine exakte Grenze für den zulässigen Einsatzbereich des politischen Beamten lässt sich nicht ziehen. Um dem verfassungsrechtlich gewünschten – von der politischen Leitungsebene eigenständigen – Rechtserzeugungsschritt Rechnung zu tragen, endet sie jedoch spätestens dort, wo der eindeutige ideale Anwendungsbereich der Verwaltungsfunktion, also die konkret-individuelle Rechtserzeugung, beginnt. Jedenfalls hier ist der Tatbestand der „Ausübung hoheitsrechtlicher Befugnisse“ im Sinne des Art. 33 Abs. 4 GG eröffnet, der die Wahrnehmung hoheitlicher Befugnisse in die Hand solcher Amtsträger legt, die „in einem öffentlich-rechtlichen Dienst- und Treueverhältnis stehen“ (vgl. Art. 33 Abs. 4 GG). Sie leisten die notwendige „rechtsstaatliche Flankierung“[262] des Regierungsprogramms und bremsen seine „reine“ Umsetzung aus. Der Leitungsbereich der Ministerien kann und soll dies hingegen nicht leisten.

Diese „ ‚intraexekutivistische‘ Gewaltenteilung“[263] setzt also beides voraus[264]: die auch die Besonderheiten des Einzelfalls in den Blick nehmende neutral agierende Amtsausübung einerseits und die im Dienste des Regierungsprogramms stehende politische Leitung andererseits. In personeller Hinsicht kommt sie zum einen im Beamten und zum anderen im politischen Leitungsträger mitsamt dem politischen Beamten zum Ausdruck. Dies entspricht am ehesten der janusköpfigen Struktur der Exekutive, in der sich Politik und Bürokratie, Regierung und Verwaltung gleichberechtigt gegenüberstehen und fließend ineinander übergehen. Insofern reiht sich die teilweise Ablehnung des politischen Beamten in der Staatsrechtswissenschaft in die nicht zu selten erfolgte Ausblendung von Politik, Regierung und Demokratie innerhalb der Exekutive und ihre einseitige Vereinnahmung durch Bürokratie, Verwaltung und Rechtsstaatlichkeit ein.[265]

---

260 BVerfGE 121, 205 (232).

261 Ausführlich zur Rechtsprechung des Bundesverfassungsgerichts und den Schlussfolgerungen *Lindner*, ZBR 2011, 150 (157 ff.).

262 *Lindner*, ZBR 2011, 150 (156).

263 *Lindner*, ZBR 2011, 150 (156).

264 Die Gewaltenteilung zwischen politischer Leitung und Bürokratie ist durch den politischen Beamten also nicht gestört (vgl. aber *Janssen*, ZBR 2003, 113 [131]; *Lindner*, ZBR 2011, 150 [156]), sondern wird durch ihn überhaupt erst hergestellt: Andernfalls stünde der Minister, sieht man von seinem persönlichen Stab ab, dem gesamten Ministerium gegenüber. Von einem ausgewogenen Gegenüber der Kräfte könnte hier nicht mehr gesprochen werden.

265 Siehe auch *Meinel*, Der Staat 60 (2021), 43 (46–48), der in der Rechtsprechung des

Die Überlegungen drängen entsprechend dem normativen Status der Regierungsfunktion nicht auf Verpflichtung, sondern auf Ermöglichung. Das Institut des politischen Beamten ist demnach nicht verfassungsrechtlich notwendig[266], aber innerhalb aufgezeigter Grenzen jedenfalls erwartet und seine nähere Ausgestaltung dem Gesetzgeber überantwortet.[267] Dabei kann er von einzelnen beamtenrechtlichen Grundsätzen absehen,[268] wenn man nicht ohnehin annimmt, dass das Institut des politischen Beamten sogar selbst als hergebrachter Grundsatz des Beamtenrechts fungiert[269] und für diesen Beamtenkreis einzelne beamtenrechtliche Grundsätze von sich aus suspendiert.[270] Das betrifft insbesondere[271] das Lebenszeit-[272] und Leistungsprinzip.[273] Angesichts der aufgezeigten verfassungsrechtlichen Wertung für die Existenz eines politischen Beamten ist schließlich kein Raum, einen solchen als „Systemfehler“[274] oder „Widerspruch in sich“[275] zu begreifen.

3. Ministerialfreie Räume

Die Verwaltungsleitung, als Bestandteil der grundgesetzlichen Regierungsfunktion, setzt nicht nur ein personelles, sondern auch ein sachliches Steuerungsrecht gegenüber der jeweiligen Verwaltungsbehörde voraus. Dies gewährleisten Weisungsrechte.[276] Soweit dic Vcrwaltung von ministeriellen Weisungsrechten frei-

Bundesverfassungsgerichts in der Zeit der großen Koalition eine Renaissance verwaltungsrechtlicher Kategorien im Verfassungsrecht beobachtet. Ebenso eine rechtsstaatliche Dominanz in der verfassungs- und verwaltungsrechtlichen Betrachtung der Exekutive wahrnehmend *Trute*, in: Hoffmann-Riem/Schmidt-Aßmann/Voßkuhle (Hrsg.), Grundlagen des Verwaltungsrechts, Bd. I, 2. Aufl. (2012), § 6, Rn. 3.

[266] *Hebeler*, in: Battis, BBG, 5. Aufl. (2017), § 54, Rn. 5; *Lindner*, ZBR 2011, 150 (157); demgegenüber an der Verfassungsmäßigkeit des Instituts des politischen Beamten zweifelnd *Janssen*, ZBR 2003, 113 (131).

[267] BVerfGE 7, 155 (166); BVerfG, NVwZ 2003, 1506.

[268] *Lindner*, ZBR 2011, 150 (157); zum Widerspruch gegenüber den beamtenrechtlichen Grundsätzen *Lindner*, ZBR 2011, 150 (154–156).

[269] So BVerfGE 7, 155 (166 f.); dagegen *Battis*, in: Battis, BBG, 4. Aufl. (2009), § 54, Rn. 3.

[270] Anders BVerfG, NVwZ 2003, 1506, wonach der politische Beamte das Lebenszeitprinzip durchbreche, ebenso BVerfGE 121, 205 (223).

[271] Eine Ausnahme vom Alimentationsprinzip dürfte sich hingegen wohl nicht rechtfertigen lassen.

[272] Dazu ausführlich *Lindner*, ZBR 2011, 150 (155 f.).

[273] Dazu ausführlich *Lindner*, ZBR 2011, 150 (154 f.).

[274] So *Lindner*, ZBR 2011, 150: „Der politische Beamte als Systemfehler“.

[275] *Juncker*, ZBR 1974, 205.

[276] *Kloepfer*, Verfassungsrecht I, 2011, § 18, Rn. 199.

gestellt ist, spricht man von ministerialfreien Räumen[277].[278] Sie werden typischerweise als Problem der demokratischen Legitimation diskutiert.[279] Zugleich sind sie eine – hiermit verwandte – Herausforderung für die grundgesetzliche Regierungsfunktion: Sind sachliche Steuerungsrechte der Bundesregierung gegenüber der Verwaltung ausgeschlossen, kann sie die Richtunggebung im Sinne des politischen Programms für den weiteren Verwaltungsvollzug nicht steuern und koordinieren.

Unzulässig sind ministerialfreie Räume deswegen noch nicht, handelt es sich bei der Regierungsfunktion doch eben nur um ein anzustrebendes Ideal, das nicht eins zu eins in konkrete rechtliche Vorgaben übersetzt werden sollte[280]. Gleichwohl wirkt es sich auslegungsleitend auf die auch in Art. 86 S. 1, S. 2 GG statuierte Verwaltungsleitung der Bundesregierung aus. Errichtet der Gesetzgeber ministerialfreie Räume, bedarf er demnach sachlicher Gründe.[281] Solche finden sich insbesondere dort, wo durch die Weisungsfreiheit die funktionsadäquate Bewältigung verfassungsrechtlicher Aufgaben garantiert wird. Die der Bundesbank bzw. dem Europäischen System der Zentralbanken übertragene Geldpolitik ist ein Beispiel hierfür (vgl. Art. 88 S. 1, S. 2 GG).[282]

Wer demgegenüber ministerialfreie Räume grundsätzlich oder für Entscheidungen von politischer Tragweite[283] ablehnt[284], überstrapaziert nicht nur die normative Erheblichkeit der Regierungsfunktion, sondern erhebt das Modell hierarchischer Ministerialverwaltung zur einzig möglichen Organisationsform der Verwaltung.[285] Das überzeugt bereits im Hinblick auf im Grundgesetz selbst an-

---

277 Ein Beispiel ist hierfür der Bundespersonalausschuss, der der einheitlichen Handhabung beamtenrechtlicher Ausnahmevorschriften dient (vgl. § 119 Abs. 1 S. 1 BBG) und dabei ausdrücklich unabhängig agiert (vgl. § 119 Abs. 2 BBG).

278 Generell zu den ministerialfreien Räumen siehe auch *Kloepfer*, Verfassungsrecht I, 2011, § 7, Rn. 225; *Ibler*, in: Maunz/Dürig, GG, 87. EL (März 2019), Art. 86, Rn. 57; *Puhl*, Die Minderheitsregierung, 1986, 161–166.

279 Siehe nur *Kloepfer*, Verfassungsrecht I, 2011, § 18, Rn. 200.

280 So aber *Loschelder*, in: Isensee/Kirchhof (Hrsg.), HStR, Bd. V, 3. Aufl. (2007), § 107, Rn. 52, der ebenso von einem „Idealbild" der Weisungshierarchie in der Exekutive spricht, das aber letztlich zugleich als konkrete dogmatische Vorgabe handhabt, vgl. Rn. 58–60.

281 Strenger *Loschelder*, in: Isensee/Kirchhof (Hrsg.), HStR, Bd. V, 3. Aufl. (2007), § 107, Rn. 22, der nur „enge Ausnahmen" vom Durchbruch der Weisungshierarchie zulässt, vgl. auch Rn. 59.

282 *Ibler*, in: Maunz/Dürig, GG, 87. EL (März 2019), Art. 86, Rn. 59; zu weiteren Beispielen siehe *Kloepfer*, Verfassungsrecht I, 2011, § 18, Rn. 201.

283 So BVerfGE 9, 268 (282); *Puhl*, Die Minderheitsregierung, 1986, 163 f.

284 *Ibler*, in: Maunz/Dürig, GG, 87. EL (März 2019), Art. 86, Rn. 58, aber Ausnahmen zulassend, vgl. Rn. 59.

285 Kritisch auch *Schliesky*, Souveränität und Legitimität von Herrschaftsgewalt, 2004, 279 f., 283, 285 f.

gelegte alternative Verwaltungsstrukturen nicht (vgl. Art. 28 Abs. 2 GG). Des Weiteren büßt das Modell der hierarchischen Ministerialverwaltung angesichts bereits etablierter pluraler und differenzierter Verwaltungsstrukturen zunehmend an Überzeugungskraft ein.[286] Zudem wird die dem dynamischen Charakter des Demokratiegebots geschuldete gesetzgeberische Gestaltungsfreiheit der Verwaltungsorganisation[287] negiert. So ist mit Art. 86 S. 1, S. 2 GG ein legislatives Zugriffsrecht auf die der Bundesregierung zustehende Verwaltungsleitung auch ausdrücklich vorgesehen. Da hierdurch etwaige ministerialfreie Räume ferner jederzeit aufgehoben werden können, ist weiterhin eine umfassende politische Steuerungsmöglichkeit – zwar nicht seitens der Bundesregierung, aber des Bundestages – gewährleistet.[288] Auch dadurch überzeugt der gegen die Einrichtung ministerialfreier Räume vorgetragene Einwand[289] einer mangelhaften demokratischen Legitimation nur bedingt.[290] Ein solcher lässt zudem die in Anbetracht unabhängiger Behörden diskutierten alternativen Legitimationsformen außer Betracht.[291] Soweit des Weiteren die parlamentarische Verantwortlichkeit der Regierung gegen ministerialfreie Räume in Stellung gebracht wird[292], ist zu entgegnen, dass sich die parlamentarische Verantwortlichkeit der Regierung akzessorisch zu den der Bundesregierung übertragenen Aufgaben verhält. Existiert keine Aufgabe der Bundesregierung, ist die parlamentarische Verantwortlichkeit auch nicht bedroht. Schließlich sind die Hoffnungen, die mit einer in der Bundesregierung zentralisierten Verwaltungsverantwortung verbunden sind, im Bundesstaat

---

[286] *Trute*, in: Hoffmann-Riem/Schmidt-Aßmann/Voßkuhle (Hrsg.), Grundlagen des Verwaltungsrechts, Bd. I, 2. Aufl. (2012), § 6, Rn. 15, 60ff. Beispiele für gegenüber der Ministerialverwaltung alternative Verwaltungsstrukturen finden sich unter anderem bei *Schliesky*, Souveränität und Legitimität von Herrschaftsgewalt, 2004, 286–288.

[287] *Trute*, in: Hoffmann-Riem/Schmidt-Aßmann/Voßkuhle (Hrsg.), Grundlagen des Verwaltungsrechts, Bd. I, 2. Aufl. (2012), § 6, Rn. 16.

[288] Insofern überzeugt es nicht, wenn *Ibler* anführt, dass durch ministerialfreie Räume die Steuerungsmöglichkeit des Bundes entfiele, vgl. *Ibler*, in: Maunz/Dürig, GG, 87. EL (März 2019), Art. 86, Rn. 58 oder, wie das Bundesverfassungsgericht vorträgt, „auf diese Weise unkontrollierte und niemand verantwortliche Stellen Einfluß auf die Staatsverwaltung gewinnen würden" (BVerfGE 9, 268 [282]).

[289] *Ibler*, in: Maunz/Dürig, GG, 87. EL (März 2019), Art. 86, Rn. 58.

[290] Ähnlich wie hier – für das vergleichbare Problem der Delegation legislativer Kompetenzen auf die Exekutive – auf den jederzeitigen Vorrang legislativer Entscheidungen verweisend *Lassahn*, Rechtsprechung und Parlamentsgesetz, 2017, 121.

[291] Zu neuen Formen zur Herstellung ausreichender demokratischer Legitimation von hoheitlichem Handeln *Hermes*, in: FS Zuleeg, 2. Aufl. (2007), 410 (421); *Schliesky*, Souveränität und Legitimität von Herrschaftsgewalt, 2004, 656ff., der insbesondere auch Output-Gesichtspunkte in die Legitimation einfließen lässt (659ff.).

[292] BVerfGE 9, 268 (282) argumentiert hier mit der von der Regierung „geforderte[n] Verantwortung".

des Grundgesetzes ohnehin nur begrenzt erfüllbar. So ist es dem Gesetzgeber oftmals unmöglich, das Regierungsorgan für die Verwaltungsleitung verantwortlich zu machen[293], befinden sich Verwaltungs- und Gesetzgebungskompetenz mehrheitlich doch auf unterschiedlichen Verbandsebenen.[294]

Es bleibt also festzuhalten: Eine in der Bundesregierung zentralisierte Verwaltungsleitung ist zwar der grundgesetzlichen Regierungsfunktion entsprechend verfassungsrechtlich intendiert, aber nicht geboten. Der Gesetzgeber kann demnach sogenannte ministerialfreie Räume schaffen. Art. 86 S. 2 GG ermächtigt ihn dazu. Hierauf wirkt jedoch die grundgesetzliche Regierungsfunktion interpretations- und abwägungsleitend ein. Infolgedessen bedarf der Gesetzgeber sachlicher Gründe, um ministerialfreie Räume zu etablieren. Diese Lösung belässt dem Gesetzgeber hinreichenden Raum, auch unkonventionelle Verwaltungstypen einzurichten, aber gleichermaßen der grundgesetzlichen Regierungsfunktion Rechnung zu tragen. Das ist vorzugswürdiger als ein generelles oder für alle Angelegenheiten von einer „politischen Tragweite“[295] geltendes Verbot zur Schaffung ministerialfreier Räume. Schließlich verdeutlicht dies erneut die Wirkungsweise der hier ermittelten Regierungsfunktion: Sie transportiert ein verfassungsrechtliches Ideal. Dabei strebt sie nach seiner Ermöglichung, verlangt aber nicht nach seiner bedingungslosen Befolgung.

4. *Verwaltungsvorbehalt bzw. „Eigenbereich der Verwaltung“*

Im Mittelpunkt der Betrachtung stand bisher die Regierungsfunktion, die teilweise als Grundlage von Kompetenzen des Regierungsorgans, eines etwaigen Kernbereichs der Regierung oder Regierungsvorbehalts angeführt wird. Aufgrund des komplementären Charakters von Regierung und Verwaltung stellen sich vergleichbare Überlegungen für die Verwaltungsfunktion. Sie konnte als die konkret-individuelle Rechtserzeugung bestimmt werden.[296] Damit ist ihr idealer Funktionsbereich typischerweise eröffnet, sobald staatliche Ziele realisiert und hierbei konkret-individuelle Rechtspositionen tangiert werden. Wie auch im Falle der Regierung haben diese Überlegungen nicht nur einen deskriptiven Charak-

---

[293] *Loschelder*, in: Isensee/Kirchhof (Hrsg.), HStR, Bd. V, 3. Aufl. (2007), § 107, Rn. 20, 40 im Anschluss an *Badura*, in: Isensee/Kirchhof (Hrsg.), HStR, Bd. II, 3. Aufl. (2004), § 25, Rn. 12 und *M. Schröder*, in: Isensee/Kirchhof (Hrsg.), HStR, Bd. III, 3. Aufl. (2005) § 65, Rn. 51 ff.

[294] *Meinel*, Vertrauensfrage, 2019, 24 f.; *Schliesky*, Souveränität und Legitimität von Herrschaftsgewalt, 2004, 285 f. im Anschluss an *Bryde*, in: FS Thieme, 1993, 9 (22).

[295] So aber BVerfGE 9, 268 (282); *Puhl*, Die Minderheitsregierung, 1986, 163 f.

[296] Siehe Teil 2 Kap. 4 II. 1. d) aa).

ter,[297] besitzen wiederum aber auch nicht die Qualität eines Rechtsbegriffs; ihnen kommt der Status eines Theoriebegriffs zu. Was bedeutet das für einen etwaigen Verwaltungsvorbehalt[298] („Eigenbereich der Verwaltung"), wie er in der Staatsrechtswissenschaft als rechtliche Kategorie[299] untersucht wurde?[300]

Da die Verwaltungsfunktion nicht den Status eines Rechtsbegriffs aufweist, kann auch ein hierauf aufbauender Verwaltungsvorbehalt grundsätzlich nicht als eine rechtlich zugriffsfeste Kompetenzgrenze anderer Gewalten[301] oder als eine Kompetenzgrundlage der Verwaltung verstanden werden.[302] Damit muss die rechtliche Betrachtung jedoch nicht enden.[303] Die Abstufung verschiedener normativer Begriffskategorien erlaubt es, auch dort rechtswissenschaftliche Überlegungen anzustellen und Wertungen für die juristische Auslegung fruchtbar zu machen, wo eindeutige juristische Ge- und Verbote nicht zur Verfügung stehen. In den Worten des hier gewählten methodischen Konzepts heißt dies: Die Abwesenheit von Rechtsbegriffen schließt das Vorhandensein von Theoriebegriffen nicht aus. Diese dürfen wiederum, um ihren Selbststand nicht zu gefährden, nicht eins zu eins mit Rechtsfolgen belastet werden.[304] Vielmehr können sie verfas-

---

[297] Demgegenüber *Forsthoff*, Lehrbuch des Verwaltungsrechts, Bd. 1, 10. Aufl. (1973), 1, im Anschluss daran auch *Maurer/Waldhoff*, Allgemeines Verwaltungsrecht, 19. Aufl. (2017), § 1, Rn. 8.

[298] Dazu *Degenhart*, NJW 1984, 2184; *Maurer*, VVdStRL 43 (1985), 135; *Stettner*, DÖV 1984, 611.

[299] Im Gegensatz zu einem faktisch-tatsächlichen Verwaltungsvorbehalt, siehe dazu *Maurer*, VVdStRL 43 (1985), 135 (140); *Stettner*, DÖV 1984, 611 (614).

[300] Dazu *Ossenbühl*, in: Isensee/Kirchhof (Hrsg.), HStR, Bd. V, 3. Aufl. (2007), § 101, Rn. 68–76.

[301] Zum Inhalt eines Verwaltungsvorbehaltes siehe *Stettner*, DÖV 1984, 611 (613 f.).

[302] Anders aber *Stettner*, DÖV 1984, 611 (621) sowie für einen Verwaltungsvorbehalt als Rechtsbegriff in Gestalt einer Kompetenzgrundlage *Wolff/Bachof/Stober/Kluth*, Verwaltungsrecht I, 13. Aufl. (2017), § 24, Rn. 16; gegen einen rechtlich bindenden Verwaltungsvorbehalt siehe auch *Degenhart*, NJW 1984, 2184 (2187, 2189 f.); *Hoffmann-Riem*, in: ders./Schmidt-Aßmann/Voßkuhle (Hrsg.), Grundlagen des Verwaltungsrechts, Bd. I, 2. Aufl. (2012), § 10, Rn. 46; so wohl auch im Ergebnis *Ossenbühl*, in: Isensee/Kirchhof (Hrsg.), HStR, Bd. V, 3. Aufl. (2007), § 101, Rn. 76.

[303] So ist *Ossenbühls* grundsätzlich negatives Ergebnis betreffend einen Verwaltungsvorbehalt im Hinblick auf unmittelbare rechtliche Pflichten grundsätzlich zutreffend (vgl. *Ossenbühl*, in: Isensee/Kirchhof [Hrsg.], HStR, Bd. V, 3. Aufl. [2007], § 101, Rn. 76), muss hierbei aber nicht stehenbleiben. Ein – wenn auch nicht unmittelbar rechtlich einforderbares – verfassungsrechtliches Ideal für eine Verwaltungsfunktion kann trotzdem gesucht und gefunden werden.

[304] So aber wohl *Stettner*, DÖV 1984, 611 (621), der seinen Begriff materieller Verwaltungsfunktion wohl in ein rechtliches Gebot übersetzt: „Sie muß ihr im Kern verbleiben und darf nicht etwa von der Legislative […] usurpiert […] werden", ähnlich mit sehr konkreten aus einem Verwaltungsvorbehalt abgeleiteten Rechtsfolgen auch *Maurer*, VVdStRL 43 (1985), 135 (159) sowie *Wolff/Bachof/Stober/Kluth*, Verwaltungsrecht I, 13. Aufl. (2017), § 20, Rn. 25 f., § 24, Rn. 16.

sungsrechtliche Ideale formulieren, die sich unter Umständen auslegungsleitend auf die Konkretisierung von Rechtsbegriffen auswirken können, ohne dass ihre Verletzung bereits zur Verfassungswidrigkeit führt.[305] Wenn *Maurer* im vorliegenden Kontext danach fragt, „ob man sich nicht von der strikten Alternative: verfassungsmäßig – verfassungswidrig vorsichtig lösen und als Zwischenstufe das verfassungsrechtlich Geforderte annehmen sollte, das zwar verfassungsrechtlich favorisiert wird, dessen Nichtbeachtung aber noch nicht das Verdikt der Verfassungswidrigkeit und Nichtigkeit auslöst“[306], sind exakt der Inhalt und die Wirkungen eines Theoriebegriffs angesprochen.

In diesem Sinne formulieren die grundgesetzliche Regierungs- und Verwaltungsfunktion ein verfassungsrechtliches Ideal für einen innerhalb der Exekutive stattfindenden mehrstufigen Rechtserzeugungsprozess, der sich durch die Pole der politisch-allgemeinbezogenen und konkret-individuellen Rechtserzeugung auszeichnet. Dabei können beide Verfahrensschritte niemals vollständig voneinander getrennt werden, besteht die Funktion der Exekutive doch gerade darin, beide Schritte aufeinander abzustimmen.[307] Jedenfalls an den beiden Enden des Rechtserzeugungsvorgangs lässt sich jedoch eine Erwartung dahingehend formulieren, wonach die jeweilige Etappe der Rechtserzeugung einem eigenen Entscheidungsumfeld vorzubehalten ist, dessen personelle und institutionelle Strukturen auf die unterschiedlichen Anforderungen an den jeweiligen Schritt der Rechtserzeugung abgestimmt ist.

Für einen Verwaltungsvorbehalt bedeutet dies, dass, je näher der Staat gegenüber dem Einzelnen eigeninitiativ „nach außen tritt“ und hierdurch konkret-individuelle Rechte berührt, umso mehr ein eigenständiger Entscheidungsschritt in Gestalt der Verwaltungsfunktion verbleiben sollte. Er ist vorzugsweise der Verwaltungsorganisation und den Entscheidungsträgern im Sinne des Art. 33 Abs. 4 GG anzuvertrauen und durch ein formalisiertes Verwaltungsverfahren zu strukturieren.[308]

---

305 Für die vorliegende Untersuchung auch *Maurer*, VVdStRL 43 (1985), 135 (161); im Ergebnis ebenso *Degenhart*, NJW 1984, 2184 (2187 f.), der „Entscheidungspräferenzen zugunsten der Exekutive“ (2187) sowie „Direktiven für eine funktionsgerechte Zuordnung von Entscheidungsbereichen im Verhältnis [...] von Gesetzgebung und Verwaltung“ (2188) ableitet, vgl. auch 2189 f.; letztlich auch das Bundesverfassungsgericht, wonach die „Verwaltung *idealtypisch* mit der Aufgabe des Gesetzesvollzugs im Einzelfall betraut“ (Herv. durch Verf.) sei, ohne dass eine „einzelfallbezogene Einflussnahme des Parlaments auf das Handeln der Verwaltung“ ausgeschlossen sei, vgl. zuletzt BVerfGE 139, 321 (362); siehe bereits BVerfGE 95, 1 (17).

306 *Maurer*, VVdStRL 43 (1985), 135 (161).

307 *Möllers*, Gewaltengliederung, 2005, 112 f., 117.

308 Das ist dann entsprechend einem Theoriebegriff mehr als ein Reflex konkreter Normen und ein bloßer „faktischer Verwaltungsvorbehalt“, siehe aber *Hoffmann-Riem*, in: ders./

Entsprechend der aufgezeigten Je-desto-Formel gelten für hoheitliches Handeln damit unterschiedliche ideale Anforderungen. Sie sind maßgeblich durch den Grad der Beeinflussung konkret-individueller Rechtspositionen bedingt. Bleibt das hoheitliche Handeln konkret-individuellen Rechtspositionen fern, greift das Verfassungsideal für einen so ausgestalteten Rechtserzeugungsabschnitt dementsprechend grundsätzlich nicht. Werden sie reflexartig tangiert, nehmen die Anforderungen in die Richtung eines solchen Rechtserzeugungsabschnitts zu, um im Falle einer zielgerichteten und unmittelbar konkret-individuellen Rechtserzeugung zu einer deutlichen Erwartung zu avancieren und sich – erfolgt die Maßnahme durch Gesetz – schließlich zu einem Verfassungsgebot (vgl. Art. 19 Abs. 1 S. 1 GG) zu verdichten.[309] Jenseits solcher verfassungsrechtlichen Vorgaben bleibt es bei einer verfassungsrechtlichen Erwartung, die grundsätzlich nicht rechtlich erzwingbar ist.[310] Allerdings kann sie über konkrete rechtliche Vorgaben auf die verfassungsrechtliche Beurteilung hoheitlichen Handelns punktuell ausstrahlen. Als rechtliche Vorgabe, auf die sich die vorangegangene Überlegung auslegungs- und abwägungsleitend auswirken kann, fungieren beispielsweise die Rechtsschutzgarantie des Art. 19 Abs. 4 GG, der in Art. 3 Abs. 1 GG verbürgte allgemeine Gleichheitssatz oder die von Art. 14 Abs. 3 S. 2 GG als zulässig angesehene Legalenteignung.

Relevant wird dies insbesondere für die Bewertung der Verfassungskonformität solcher Gesetze, die den eigenständigen Rechtserzeugungsschritt der Verwaltungsfunktion überspringen und dadurch typischerweise die Möglichkeit effektiven Rechtsschutzes gem. Art. 19 Abs. 4 GG verkürzen. Das ist beispielsweise bei Maßnahmegesetzen, die abschließend über die planungsrechtliche Zulässigkeit eines Vorhabens entscheiden, der Fall. Dies betraf unter anderem mehrere im Zuge der Wiedervereinigung erlassene, sogenannte Planungs- bzw. Maßnahmegesetze, die einzelne Abschnitte von Verkehrsinfrastrukturprojekten zugelassen haben.[311] Auch das zum 1. April 2020 in Kraft getretene Maßnahmengesetzvorbereitungsgesetz ist ein Beispiel für ein solches Planungs- bzw. Maßnahmegesetz.

Schmidt-Aßmann/Voßkuhle (Hrsg.), Grundlagen des Verwaltungsrechts, Bd. I, 2. Aufl. (2012), § 10, Rn. 46 im Anschluss an *Maurer*, VVdStRL 43 (1985), 135 (140 f.).

[309] Vgl. auch *Maurer*, VVdStRL 43 (1985), 135 (158 f.).

[310] Siehe aber *Stettner*, DÖV 1984, 611 (621) oder *Wolff/Bachof/Stober/Kluth*, Verwaltungsrecht I, 13. Aufl. (2017), § 24, Rn. 16; wie hier *Degenhart*, NJW 1984, 2184 (2188 f.), der „Entscheidungspräferenzen zugunsten der Exekutive für […] Einzelentscheidungen" erblickt (2188), gleichzeitig aber schlussfolgert, dass der Gesetzgeber „Einzelmaßnahmen an sich ziehen" könne (2188) bzw. aus diesen „Entscheidungspräferenzen" keine „Kompetenzschranken" und „Verfassungswidrigkeit" führe, vgl. auch 2190; *Maurer*, VVdStRL 43 (1985), 135 (161).

[311] Der für die Verfassungskonformität von Planungs- bzw. Maßnahmegesetzen wegweisenden Bundesverfassungsgerichtsentscheidung Südumfahrung-Stendal (BVerfGE 95, 1) lag mit dem Gesetz über die Südumfahrung-Stendal aus dem Jahr 1993 ein solches zugrunde.

Unzulässig sind sie aufgrund einer entgegengesetzten verfassungsrechtlichen Erwartung noch nicht. Je zielgerichteter diese Gesetze konkrete Individualrechtspositionen tangieren, desto gewichtigere sachliche Gründe muss der Gesetzgeber für die Wahl der gesetzgeberischen Entscheidungsform – und eine etwaige Rechtfertigung einer Beschränkung der Rechtsschutzgarantie – jedoch anführen.[312]

Sofern und soweit Einzelfälle jenseits von Art. 19 Abs. 1 S. 1 GG einer gesetzgeberischen Regelung zugeführt werden, sind die vorangegangenen Überlegungen gleichermaßen im Rahmen einer Abwägung innerhalb der Rechtfertigung einer Ungleichbehandlung (Art. 3 Abs. 1 GG) zu berücksichtigen.[313]

Entzieht schließlich ein Gesetz konkret-individuelle Eigentumspositionen, ist dies mit Art. 14 Abs. 3 S. 2 GG zwar bereits verfassungsrechtlich legitimiert. Dennoch wirken sich die vorangegangenen Überlegungen auslegungs- und abwägungsleitend dergestalt aus, dass die Form der Administrativenteignung gegenüber der der Legalenteignung vorrangig heranzuziehen ist.[314] Auf Letztere darf dann nur bei besonderen Sachgründen zurückgegriffen werden.[315]

Das dürfte zu vergleichbaren Ergebnissen der Rechtsprechung und herrschenden Lehre führen, kommt aber ohne den Rückgriff auf einen Kernbereich aus,[316] suggeriert ein solcher doch einen rechtlich verpflichtenden unentziehbaren materiell-sachlichen Zugriffsbereich, der jenseits ausdrücklicher verfassungsrechtlicher Grenzen und Vorgaben so eben nicht existiert.[317]

5. *Ausübung der Verwaltungsfunktion durch die Bundesregierung*

Wurde zuvor untersucht, ob der Gesetzgeber der Verwaltung funktionale Verwaltungstätigkeit zu seinen Gunsten entziehen darf, ist im Folgenden zu überlegen, ob und inwiefern dies zugunsten der Bundesregierung erfolgen darf.

Eine solche Möglichkeit hielte Art. 87 Abs. 3 S. 1 Var. 1 GG bereit, sofern Bundesministerien in funktionaler Hinsicht auch als „selbstständige Bundesoberbehörden" im Sinne des Art. 87 Abs. 3 S. 1 GG verstanden werden könnten. Die Beantwortung dieser Frage schließt an die Diskussion an, ob Art. 87 GG neben seiner bundesstaatlichen auch eine organisationsspezifische Funktion zukom-

---

312 *Maurer*, VVdStRL 43 (1985), 135 (158 f.); für das Erfordernis sachlicher Gründe in diesem Fall auch BVerfGE 139, 321 (363–365); BVerfGE 95, 1 (17).

313 *Degenhart*, Staatsrecht I, 35. Aufl. (2019), Rn. 151.

314 So auch *Leisner*, in: Isensee/Kirchhof (Hrsg.), HStR, Bd. VIII, 3. Aufl. (2010), § 173, Rn. 217 f.; *Maurer*, VVdStRL 43 (1985), 135 (159).

315 BVerfGE 24, 367 (402 f.); BVerfGE 45, 297 (332 f.); BVerfGE 95, 1 (22).

316 Mit dem Kernbereich arbeitend BVerfGE 139, 321 (363); BVerfGE 95, 1 (15); BVerfGE 9, 268 (280).

317 Zur Kritik an der Kernbereichsdogmatik siehe auch *Degenhart*, NJW 1984, 2184 (2187).

me.[318] Die Nennung von „Bundesoberbehörden" (vgl. Art. 87 Abs. 3 S. 1 Var. 1 GG) schlösse in diesem Fall andere Organisationsformen wie ein Bundesministerium aus; sie stünde einer Übertragung funktionaler Verwaltungstätigkeit auf Bundesministerien folglich entgegen.

Für eine solche organisationsspezifische Dimension spricht zunächst die dem Grundgesetz in den Art. 83 ff. GG bekannte Unterscheidung zwischen verschiedenen ausdrücklich genannten Behördentypen[319], insbesondere zwischen oberster Bundesbehörde bzw. Ministerium und übrigen Bundesbehörden.[320] Auch der Wortlaut des 8. Abschnitts (u. a. „Bundesverwaltung") legt zunächst eine organisatorische Aussage der Art. 83 ff. GG nahe.

Betrachtet man jedoch das unmittelbare systematische Umfeld von Art. 87 Abs. 3 S. 1 Var. 1 GG, wird deutlich: Art. 87 GG nimmt vor allem unterschiedliche Behördendimensionen und ihr Verdrängungspotenzial der Länderverwaltung in den Blick.[321] Nur so erklären sich auch die abgestuften Tatbestandsvoraussetzungen und Mitwirkungserfordernisse des Bundesrates in Art. 87 Abs. 3 GG. Während das Grundgesetz Behörden mit eigenem Verwaltungsunterbau als Bedrohung für die allgemeine Verwaltungsstruktur der Länder ansieht, die sich in erhöhten Einrichtungsvoraussetzungen niederschlägt (vgl. Art. 87 Abs. 3 S. 2 GG), erblickt es eine vergleichbare Bedrohungslage für selbstständige[322] Behörden ohne eigenen Unterbau nicht. Das äußert sich dementsprechend auch in niedrigeren Einrichtungsvoraussetzungen.[323] Regelungsziel von Art. 87 GG ist es also weniger, auf Bundesebene bestimmte Behördentypen zu statuieren,[324] als das Anwachsen komplexer Behördenstrukturen zulasten der Länderverwaltung

[318] Dazu unter anderem *Ibler*, in: Maunz/Dürig, GG, 87. EL (2019), Art. 87, Rn. 265.

[319] In diese Richtung im Hinblick auf Art. 87 Abs. 3 S. 1 GG siehe *Ibler*, in: Maunz/Dürig, GG, 87. EL (2019), Art. 87, Rn. 265.

[320] Auf die Unterscheidung ebenso hinweisend BVerfGE 14, 197 (210 f.); siehe auch *Kloepfer*, Verfassungsrecht I, 2011, § 22, Rn. 101.

[321] BVerfGE 14, 197 (211); *Hermes*, in: Masing/Marcou (Hrsg.), Unabhängige Regulierungsbehörden, 2010, 53 (59 f.).

[322] In diesem Sinn muss „selbstständig" in Abgrenzung zu einem weiteren Verwaltungsunterbau und nicht in einer Selbstständigkeit gegenüber den übergeordneten obersten Bundesbehörden verstanden werden, so *Hermes*, in: Masing/Marcou (Hrsg.), Unabhängige Regulierungsbehörden, 2010, 53 (60) sowie *Hermes*, in: Dreier, GG, Bd. 3, 3. Aufl. (2018), Art. 87, Rn. 79; anders u. a. *Dittmann*, Die Bundesverwaltung, 1983, 253 sowie *Kloepfer*, Verfassungsrecht I, 2011, § 22, Rn. 108.

[323] BVerfGE 14, 197 (211); *Dittmann*, Die Bundesverwaltung, 1983, 252 f.; *Hermes*, in: Masing/Marcou (Hrsg.), Unabhängige Regulierungsbehörden, 2010, 53 (59 f.); vgl. auch *Kloepfer*, Verfassungsrecht I, 2011, § 22, Rn. 114, 118, 124.

[324] Für einen weiten Spielraum bei der organisatorischen Ausgestaltung der Verwaltungseinrichtungen nach den Art. 86 ff. GG auch BVerfGE 63, 1 (34); siehe dazu auch *Ibler*, in: Maunz/Dürig, GG, 87. EL (2019), Art. 87, Rn. 265; hingegen für eine Bindung an dort genannte Verwaltungsformen *Sachs*, in: ders., GG, 8. Aufl. (2018), Art. 87, Rn. 63, 69.

einzuhegen.[325] Art. 87 GG besitzt demnach maßgeblich eine föderale Funktion; etwaige organisationsspezifische Gehalte stehen vor allem in ihrem Dienst. Hiernach ist es auch nicht ausgeschlossen, Bundesministerien funktional als Bundesoberbehörde im Sinne des Art. 87 Abs. 3 S. 1 Var. 1 GG zu begreifen. Immerhin besitzt ein Bundesministerium – vergleichbar einer Bundesoberhörde im Sinne des Art. 87 Abs. 3 S. 1 Var. 1 GG – nur ein geringes Verdrängungspotenzial für die Landesverwaltung.

Dieses Verständnis ermöglicht es, Bundesministerien mittels eines Bundesgesetzes (Art. 87 Abs. 3 S. 1 Var. 1 GG) Verwaltungsfunktionen zuzuweisen.[326] Dass dies indes dem grundgesetzlichen Leitbild widerspricht, zeigt nicht nur die gleichwohl im 8. Abschnitt anzutreffende Unterscheidung von obersten Bundesbehörden bzw. Ministerien und Bundesoberbehörden[327], sondern ebenso die dieser Bearbeitung zugrunde liegende funktionale und institutionelle Unterscheidung von Regierung und Verwaltung: Das Grundgesetz intendiert einen mehrstufigen, von unterschiedlichen Akteuren geprägten Rechtserzeugungsprozess, der die individuell-konkrete Rechtserzeugung einem – so weit wie möglich – unpolitischen Hoheitsträger anvertraut.[328] Da die Bundesregierung kraft ihrer institutionellen Rahmenbedingungen als ein „politisches" Verfassungsorgan verstanden werden muss[329], ist sie idealiter nicht mit der Verwaltungs-, sondern Regierungsfunktion zu betrauen. Demnach muss sie die Verwaltungsfunktion zwar personell[330] und sachlich[331] determinieren dürfen, sollte sie aber nicht abschlie-

325 Dieses Telos für die Auslegung von Art. 87 Abs. 3 S. 1 GG heranziehend BVerfGE 14, 197 (211); für eine primär föderal-kompetenzorientierte und weniger organisatorische Dimension von Art. 87 Abs. 3 GG: *Burgi*, in: v. Mangoldt/Klein/Starck, GG, Bd. 3, 7. Aufl. (2018), Art. 87, Rn. 90, 103; *Hermes*, in: Dreier, GG, Bd. 3, 3. Aufl. (2018), Art. 87, Rn. 67; *Hermes*, in: Masing/Marcou (Hrsg.), Unabhängige Regulierungsbehörden, 2010, 53 (59f.); siehe auch *Kloepfer*, Verfassungsrecht I, 2011, § 22, Rn. 110.

326 Dazu und dies im Ergebnis auch bejahend *Oldiges*, Die Bundesregierung als Kollegium, 1983, 377ff., 382; siehe auch *Burgi*, in: v. Mangoldt/Klein/Starck, GG, Bd. 3, 7. Aufl. (2018), Art. 87, Rn. 97; dagegen *Oebbecke*, in: Isensee/Kirchhof (Hrsg.), HStR, Bd. VI, 3. Aufl. (2008), § 136, Rn. 93; *Sachs*, in: ders., GG, 8. Aufl. (2018), Art. 87, Rn. 69.

327 Auf die Unterscheidung ebenso hinweisend BVerfGE 14, 197 (210f.); *Kloepfer*, Verfassungsrecht I, 2011, § 22, Rn. 101, vgl. auch Rn. 108, 125.

328 In diese Richtung auch *Gärditz*, in: Krüper/Pilniok (Hrsg.), Die Organisationsverfassung der Regierung, 2021, 25 (49): „Die Ausdifferenzierung einer Regierungsebene als Ort demokratisch-politischer Legitimationserzeugung und -vermittlung schafft insoweit erst die notwendige Distanz, auf nachgelagerten Entscheidungsebenen individuelle Legitimationsformate in Konfrontation mit den Entscheidungsbetroffenen in einer stärker entpolitisierten Form zur Entfaltung zu bringen. Auch aus diesem Grund sind unmittelbare Verwaltungsfunktionen von Regierungsmitgliedern legitimationstheoretisch jedenfalls problematisierungsbedürftig."

329 Siehe Teil 2 Kap. 3 I.

330 Siehe Teil 3 Kap. 5 III. 2.

331 Siehe Teil 3 Kap. 5 III. 3.

ßend selbst ausüben. In dieser Verbindung, gegenseitigen Abhängigkeit und gleichzeitigen Unterschiedlichkeit von Gubernative und Administrative findet die Exekutive in Gestalt der herkömmlichen Ministerialverwaltung im gewaltengegliederten Rechtserzeugungsprozess ihre Bestimmung.[332]

Dieses Ideal verbietet es indes nicht, der Bundesregierung selbst materielle Verwaltungstätigkeit in Form konkret-individueller Rechtserzeugung zu übertragen.[333] Art. 87 Abs. 3 S. 1 Var. 1 GG lässt diesen Weg – wie gezeigt – zu. Zudem betraut das Grundgesetz die Bundesregierung an mehreren Stellen selbst mit einer Verwaltungsfunktion (vgl. Art. 26 Abs. 2 S. 1 GG). Schließlich ist auch an dieser Stelle auf den normativen Status dieser Überlegungen zu verweisen. Als Bestandteil der verfassungsrechtlichen Hintergrundvorstellung formulieren sie ein Ideal, aber keine Pflicht. Damit wirken sie sich gleichwohl auslegungs- und abwägungsleitend auf die Übertragung von Verwaltungsfunktionen auf die Bundesregierung im Wege des Art. 87 Abs. 3 S. 1 Var. 1 GG aus. Dies resultiert in ein hierfür zu wahrendes Erfordernis ausreichend sachlicher Gründe. Sie müssen der Beeinträchtigung individuell-konkreter Rechtspositionen, die sich infolge ihrer Politisierung ereignet[334], standhalten. Ansonsten bleibt es bei einer an die verfassungsrechtlichen Akteure adressierten, im Grunde aber nicht justiziablen Erwartung, von der Betrauung der Bundesregierung mit Verwaltungsfunktionen abzusehen.[335]

---

[332] Vgl. *Möllers*, AöR 132 (2007), 493 (514–516).

[333] Dadurch erhält der Gesetzgeber jedoch kein Steuerungsrecht auf die Einrichtung des Ministeriums gem. Art. 86 S. 2 GG, denn auch durch die punktuelle Übertragung von Verwaltungsfunktion auf das Ministerium wird dieses nicht zur Behörde im Sinne des Art. 86 S. 2 GG, siehe dazu auch Teil 3 Kap. 5 I. 3. Dass sich Art. 87 Abs. 3 GG im Gegensatz zu Art. 86 S. 2 GG punktuell auf Ministerien erstreckt, liegt an der unterschiedlichen Funktion beider Normen: Während Art. 87 Abs. 3 GG primär die vertikale Gewaltenteilung betrifft, kommt Art. 86 S. 2 GG vor allem eine Funktion für die horizontale Gewaltenteilung zu, so im Ergebnis auch *Burgi*, in: v. Mangoldt/Klein/Starck, GG, Bd. 3, 7. Aufl. (2018), Art. 86, Rn. 45 sowie Art. 87, Rn. 97.

[334] Vgl. *Möllers*, Gewaltengliederung, 2005, 113.

[335] Beispielsweise für den Fall der staatlichen Pandemiebekämpfung dürfte es daher angesichts des hierfür bestehenden Bedürfnisses einer bundeseinheitlichen Steuerung zulässig sein, dem Bundesgesundheitsminister seit der Coronavirus-Pandemie unter anderem mit § 5 Abs. 2 Nr. 1 und 2 Bundesinfektionsschutzgesetz verschiedene Eingriffsbefugnisse zu übertragen. Das Erfordernis nach einer demokratischen Rückbindung für teilweise grundrechtsintensive Eingriffsbefugnisse, aber die gleichzeitige Gefahr ihrer politisch instrumentalisierten Wahrnehmung hätte zugleich die Ausstattung des Robert-Koch-Instituts mit den entsprechenden Verwaltungsfunktionen nahelegen können. Als vom politischen Prozess partiell entkoppelte, aber hiervon nicht vollständig gelöste Bundesoberbehörde vereint sie demokratische Steuerbarkeit durch die dazu legitimierten Entscheidungsträger mit rechtsstaatlicher Distanz, Objektivität und Expertise.

Kapitel 6

Äußerungsrecht der Bundesregierung

Die hier präsentierte Theorie der Regierung wirkt sich auch auf das Äußerungsrecht der Bundesregierung und ihrer Mitglieder aus. Grund (I.) und Grenzen (II.) von Äußerungen der Bundesregierung und ihrer Mitglieder, soweit sie sich in funktional amtlicher Rolle äußern[1], können unter Berücksichtigung der vorangegangenen Erkenntnisse angemessen beantwortet werden.

I. Eine Kompetenzgrundlage zur Regierungsäußerung

1. Rechtsprechung des BVerfG

In mehreren Entscheidungen wurde das Bundesverfassungsgericht mit der Zulässigkeit und den Grenzen von Äußerungen der Bundesregierung und ihrer Mitglieder konfrontiert. Dabei stellte sich auch die Frage nach ihrer Kompetenzgrundlage.

a) Wahlwerbung durch die Bundesregierung (BVerfGE 44, 125)

Bereits im Jahr 1977 musste das Bundesverfassungsgericht zur Öffentlichkeitsarbeit der Bundesregierung Stellung beziehen. Der Entscheidung lagen mehrere aus Haushaltsmitteln finanzierte Anzeigenserien, Faltblätter und weitere Publikationen zugrunde, die während der Zeit des Bundestagswahlkampfes 1976 veröffentlicht wurden. Den kompetenziellen Bezugspunkt der Öffentlichkeitsarbeit bildete dabei ausdrücklich der vom Grundgesetz der Bundesregierung zugewiesene Aufgaben- und Zuständigkeitsbereich der Bundesregierung.[2]

---

[1] Zur Bestimmung der Sprecherrolle siehe *Barczak*, NVwZ 2015, 1014 (1015 f.).

[2] BVerfGE 44, 125 (149): „Öffentlichkeitsarbeit ist nur zulässig, soweit sie sich im Rahmen des vom Grundgesetz der Bundesregierung zugewiesenen Aufgabenbereichs und Zuständigkeitsbereichs hält."

b) Glykolwein- und Osho-Entscheidung (BVerfGE 105, 252; 105, 279)

In seiner Glykolwein- und Osho-Entscheidung stützte das Bundesverfassungsgericht die Äußerungskompetenz hingegen auf eine „Regierungskompetenz zur Staatsleitung“[3]. Als Teil der Regierungsfunktion verschaffe sie der Bundesregierung eine Kompetenz und stelle zugleich eine „andere Regelung im Sinne des Art. 30 GG“[4] dar.

Das Bundesverfassungsgericht begründet diese Kompetenz einerseits mit geänderten technischen Bedingungen und Möglichkeiten der Kommunikation[5] und andererseits mit einer damit korrespondierenden Erwartungshaltung der Bürger. Beides wirke sich auch auf die „Art der Aufgabenerfüllung“[6] aus: Regierungskommunikation erfordere neben der Selbstdarstellung und Werbung über bisherige und künftige Politik[7] auch die Information der Bevölkerung über „wichtige Vorgänge auch außerhalb oder weit im Vorfeld ihrer eigenen gestaltenden politischen Tätigkeit.“[8] Diese Aufgabe umfasse ebenso die rechtzeitige öffentliche Information, die es den Bürgern selbstständig ermögliche, Konflikten „in Staat und Gesellschaft“ und „kurzfristig auftretende[n] Herausforderunge[n] entgegenzutreten, auf Krisen schnell und sachgerecht zu reagieren sowie den Bürgern zu Orientierungen zu verhelfen.“[9] Auch wenn das Bundesverfassungsgericht dabei formal am Erfordernis der Wahrung der Kompetenzordnung und einer Aufgabe für die Bundesregierung festhält[10], löst es sich praktisch davon, wenn es annimmt, dass die Bundesregierung „überall dort zur Informationsarbeit berechtigt [ist], wo ihr eine gesamtstaatliche Verantwortung der Staatsleitung zukommt, die mit Hilfe von Informationen erfüllt werden kann.“[11] Sieht man von der Voraussetzung gesamtstaatlicher Bedeutung ab[12], wird mit der „Regierungskompetenz zur Staatsleitung“[13] letztlich eine von Zuständigkeiten der Bundesregierung losgelöste allgemeine Äußerungskompetenz statuiert. Das wird insbesondere dadurch ersichtlich, dass die auf der Grundlage der Staatsleitung ergangenen

[3] BVerfGE 105, 252 (270).

[4] BVerfGE 105, 252 (271).

[5] BVerfGE 105, 252 (268 f.); 105, 279 (301 f.).

[6] BVerfGE 105, 279 (301 f.).

[7] BVerfGE 105, 252 (268 f.); 105, 279 (301 f.).

[8] BVerfGE 105, 252 (269); 105, 279 (302).

[9] BVerfGE 105, 252 (269); 105, 279 (302).

[10] BVerfGE 105, 252 (270).

[11] BVerfGE 105, 252 (270).

[12] Dazu BVerfGE 105, 252 (271), wobei das Erfordernis dadurch relativiert wird, dass die Anforderung eines „Auslandsbezugs“ oder einer „länderübergreifenden Bedeutung“ nur „insbesondere“ zu einem Tätigwerden aufgrund der „Staatsleitung“ berechtige und demnach auch nicht länderübergreifende Angelegenheiten hiervon erfasst sein können.

[13] BVerfGE 105, 252 (270).

Empfehlungen und Warnungen selbst den Bereich der Gefahrenabwehr erfassen und neben die Gefahrenabwehrkompetenz der Länder treten.[14] Die Fähigkeit der Bundesregierung zur Kommunikation zum einen und die damit verbundene Erwartungshaltung der Bürger zum anderen fungieren damit letztlich als Hebel, um eine von verfassungsmäßigen Aufgaben losgelöste Informationskompetenz, beispielsweise auf dem Gebiet der Gefahrenabwehr und Krisenbewältigung, zu begründen.

c) Fortsetzung in der Schwesig- und Wanka-Entscheidung

Diese Rechtsprechung setzte das Bundesverfassungsgericht in weiteren Entscheidungen zur Äußerungsbefugnis einzelner Regierungsmitglieder fort. Für die Bundesfamilienministerin Schwesig zog das Bundesverfassungsgericht ebenso die Staatsleitungskompetenz, die „als integralen Bestandteil die Befugnis der Bundesregierung zur Informations- und Öffentlichkeitsarbeit"[15] beinhalte, heran. Wie auch in der Osho- und Gylkolwein-Entscheidung sei davon nicht nur die „klassische Öffentlichkeitsarbeit", also die „Darlegung und Erläuterung der Politik der Regierung" umfasst, sondern auch die „objektiv gehaltene Information über den Bürger unmittelbar betreffende Fragen und wichtige Vorgänge auch außerhalb oder weit im Vorfeld der eigenen gestaltenden politischen Tätigkeit"[16]. Zu dem gleichen Ergebnis gelangt das Bundesverfassungsgericht in seiner Wanka-Entscheidung, als es erneut hervorhob, dass die Kompetenz zur Staatsleitung auch die Möglichkeit zum Aussprechen von „Empfehlungen und Warnungen" enthalte.[17]

d) Zusammenfassung und Bewertung

Die Äußerungskompetenz der Bundesregierung wurzelt seit der Osho- und Glykolwein-Entscheidung nach mittlerweile gefestigter Rechtsprechung in einer Regierungskompetenz zur „Staatsleitung". Diese soll sowohl zur herkömmlichen Öffentlichkeitsarbeit als auch zur Informationstätigkeit auf dem Gebiet der Gefahrenabwehr ermächtigen. Zwischen beiden Äußerungsformen unterscheidet das Bundesverfassungsgericht offensichtlich nicht. Insbesondere die Osho- und Glykolwein-Entscheidung haben teilweise starken Widerspruch erfahren.[18] Die

---

[14] BVerfGE 105, 252 (271 f.).

[15] BVerfGE 138, 102 (114, Rn. 40).

[16] BVerfGE 138, 102 (114, Rn. 40).

[17] BVerfGE 148, 11 (28, Rn. 51).

[18] Zur Kritik und zu weiteren Nachweisen siehe *Kühn*, Bürgerbeeinflussung durch Berichterstattung staatlicher Stellen, 2018, 251 ff.; siehe auch *Bethge*, Jura 2003, 327; *Cremer*, JuS 2003, 747; *Hellmann*, NVwZ 2005, 163 (165 ff.); *P. M. Huber*, JZ 2003, 290 (292 ff.); *Murs-*

Kritik richtet sich dabei maßgeblich gegen die Einordnung der Osho- und Glykolwein-Warnung als Regierungs- und nicht materielle Verwaltungstätigkeit.[19] Die Figur der Staatsleitung bzw. der Regierungsfunktion in ihrer Eigenschaft als Kompetenzgrundlage wird hingegen in der Regel nicht in Zweifel gezogen.[20]

Wie bereits gezeigt, ist der Begriff der „Staatsleitung" kein Rechtsbegriff.[21] Als unmittelbare Rechtsgrundlage scheidet er mithin aus. Vergleichbares gilt aufgrund der hier ermittelten Erkenntnisse für eine Kompetenzgrundlage aus einer etwaigen „Regierungsfunktion".[22] Kritikwürdig ist zudem, dass aus einer unterstellten Erwartungshaltung der Bevölkerung ein Kompetenztitel deduziert wird.[23] Aus tatsächlich-empirischen Erwartungen folgen keine Zuständigkeitsnormen, allenfalls leiten sie ihre Auslegung. Ganz in diesem Sinne kann eine solche Kompetenzgrundlage auch nicht durch etwaige tatsächliche Legitimationsverluste der Regierung gerechtfertigt werden,[24] die durch das Fehlen von Regierungsäußerungen in Notsituationen hervorgerufen würden. Sofern demgegenüber auf normative Legitimationsverluste abgestellt werden soll, überzeugt die Begründung von vornherein nicht: Legitimationsverluste in normativer Hinsicht setzen legitimationsbedürftiges Handeln und damit eine Kompetenzgrundlage voraus, vermitteln sie aber nicht. Ähnliches gilt für die vom Bundesverfassungs-

---

wiek, NVwZ 2003, 1; demgegenüber *M. Schröder*, in: Isensee/Kirchhof (Hrsg.), HStR, Bd. III, 3. Aufl. (2005), § 64, Rn. 29 f.

19 Zum Beispiel *Hellmann*, NVwZ 2005, 163 (166); *P. M. Huber*, JZ 2003, 290 (295 f.); *Kühn*, Bürgerbeeinflussung durch Berichterstattung staatlicher Stellen, 2018, 252 f.; *Murswiek*, NVwZ 2003, 1 (7); für die vorangegangene Bundesverwaltungsgerichtsentscheidung *Lege*, DVBl. 1999, 569 (578); im Hinblick auf Warnungen differenzierend *Detterbeck*, Allgemeines Verwaltungsrecht, 17. Aufl. (2019), § 1, Rn. 4, Rn. 4, 300.

20 Siehe beispielsweise *Abbé*, Verbraucherschutz durch Transparenz?, 2017, 151 ff., 159 ff.; *Bumke*, Die Verwaltung 37 (2004), 3 (11–14); *Detterbeck*, Allgemeines Verwaltungsrecht, 17. Aufl. (2019), § 1, Rn. 4, Rn. 4, 300; *Degenhart*, Staatsrecht I, 35. Aufl. (2019), Rn. 790; *Eder*, Rote Karte, 2017, 154 f.; *Gröpl/Zembruski*, Jura 2016, 268 (275); letztlich auch *Kühn*, Bürgerbeeinflussung durch Berichterstattung staatlicher Stellen, 2018, 253; *M. Schröder*, in: Isensee/Kirchhof (Hrsg.), HStR, Bd. III, 3. Aufl. (2005), § 64, Rn. 29 f.; anders *Bethge*, Jura 2003, 327 (329 ff.), der insbesondere auch die Figur der Staatsleitung als deskriptiven Begriff bezeichnet (330); *Schoch*, NVwZ 2011, 193 (194, 196).

21 Siehe Teil 2 Kap. 4 II. 4.; im Kontext hoheitlicher Äußerungen auch noch einmal *Bethge*, Jura 2003, 327 (330); demgegenüber für ein Äußerungsrecht aus einer Regierungsfunktion *Bumke*, Die Verwaltung 37 (2004), 3 (13 f.); *M. Schröder*, in: v. Mangoldt/Klein/Starck, GG, Bd. 2, 7. Aufl. (2018), Art. 62, Rn. 36: „Unmittelbar aus der Regierungsfunktion abzuleiten ist auch die Aufgabe und Kompetenz der Bundesregierung zur Öffentlichkeitsarbeit"; *M. Schröder*, in: Isensee/Kirchhof (Hrsg.), HStR, Bd. III, 3. Aufl. (2005), § 64, Rn. 29 f.

22 Siehe Teil 2 Kap. 4 II. 2.

23 So aber BVerfGE 105, 252 (269); kritisch *Cremer*, JuS 2003, 747 (749).

24 BVerfGE 105, 252 (269 f.); 105, 279 (302 f.).

gericht angenommene „gesamtstaatliche Verantwortung"[25]. Auch sie ist die Folge von Kompetenzzuweisungen, nicht aber ihre Grundlage.[26] Schließlich schwingt bei einer solchen Kompetenzgrundlage das Bild einer der Verfassung vorausliegenden Bundesregierung mit, die im Ernstfall den Kern der Staatlichkeit sichert. Ein solches Bild hat im Grundgesetz seine Berechtigung verloren.

Sieht man von der nicht überzeugenden Begründung des Bundesverfassungsgerichts ab, wäre es gleichwohl denkbar, dass die Kommunikationsinhalte, die das Bundesverfassungsgericht als von einer „Kompetenz zur Staatsleitung" umfasst ansieht, anderweitig begründet werden könnten. In diesem Kontext bündelte der Begriff der Staatsleitung verschiedene Kompetenztitel zur Regierungsäußerung. Sein normativer Status wäre der eines Speicherbegriffs. Verweist man auf ihn, sinkt die Argumentations- und Begründungslast, um eine Kompetenzgrundlage für die Regierungsäußerung zu identifizieren.[27] Unmittelbar rechtserheblich sind dabei letztlich aber nur die in ihm abgespeicherten Rechtsbegriffe und ihre Auslegungsergebnisse. Dementsprechend wären andere Kompetenztitel zu finden, die eine so umfassende vom Bundesverfassungsgericht verstandene Äußerungsbefugnis stützen und gegebenenfalls in einem Begriff der Staatsleitung abgespeichert werden könnten. Wieweit das Äußerungsrecht der Bundesregierung richtigerweise reicht, wird im Folgenden erörtert.

2. Kompetenzgrundlagen zur Regierungsäußerung

Äußert sich die Bundesregierung, benötigt sie dafür eine Kompetenzgrundlage. So verlangt es Art. 30 GG, der für jede staatliche Tätigkeit eine Aufgaben- bzw. Befugniszuweisung erfordert.[28]

a) Keine von konkreten Aufgaben losgelöste Äußerungskompetenz

Soll eine Kompetenzgrundlage für ein Äußerungsrecht ermittelt werden, wäre es zunächst denkbar, ein von einer Sachkompetenz losgelöstes Äußerungsrecht zu begründen. Die Kompetenzgrundlage ermächtigte dann zur Äußerung um ihrer selbst. Nimmt man jedoch den erheblichen Beeinflussungsgrad hoheitlicher Äußerungen in den Blick, verschaffte eine von konkreten Aufgabenzuweisungen losgelöste Äußerungskompetenz dem jeweiligen Kompetenzinhaber praktisch eine unbegrenzte Steuerungsbefugnis. Eine solche wäre insbesondere mit der

---

[25] BVerfGE 105, 252 (270).

[26] *Bethge*, Jura 2003, 327 (329).

[27] Siehe ausführlich zum Speicherbegriff Teil 1 Kap. 2 II. 3.

[28] *Erbguth/Schubert*, in: Sachs, GG, 8. Aufl. (2018), Art. 30, Rn. 32.

ausdifferenzierten bundesstaatlichen Kompetenzarchitektur des Grundgesetzes unvereinbar.

Allerdings sind Amtsträger spätestens durch die Bedingungen der modernen Mediendemokratie dazu angehalten, sich auf die Möglichkeiten und Anforderungen einer nahezu omnipräsenten Kommunikation einzulassen. Für Inhaber politischer Leitungsämter tritt die Handlungslogik des politischen Bereichs hinzu.[29] Infolgedessen ist eine dem politischen Bereich unterworfene Bundesregierung darauf angewiesen, ihre Amtstätigkeit darzustellen, hierbei Position zu beziehen und dadurch Zustimmung bei Wählern und anderen politischen Akteuren zu generieren.[30] Das gilt in qualifizierter Weise für eine Regierung, die, eingebettet in die Mechanik eines parlamentarischen Regierungssystems[31], sich des kontinuierlichen parlamentarischen Vertrauens versichern und die Zustimmung der sie tragenden Regierungsfraktionen mobilisieren muss. Das setzt öffentlichkeitswirksame Kommunikation voraus.[32] Die Handlungsfähigkeit der Regierung geht daher mit ihrer Befugnis zur öffentlichen Kommunikation einher.[33] Eine solche Kommunikation liegt jedoch nicht nur im Interesse einzelner Organe wie der Bundesregierung, sondern im Interesse des gesamten demokratischen Prozesses. Sie verschafft dem Bürger eine Identifikations- oder Konfrontationsmöglichkeit und trägt so zu dessen Integration in den pluralistisch-demokratischen Prozess bei.[34]

Diese Überlegungen dürfen allerdings nicht unmittelbar in die Begründung einer Kompetenzgrundlage münden. Eine hiernach ermittelte Befugnis genügte den Anforderungen an die Rechtssicherheit einer bundesstaatlichen Kompetenzordnung nicht. Die Bedingungen demokratischer Herrschaft in Zeiten moderner

---

[29] Zu den Bedingungen des politischen Wettbewerbs in der Mediendemokratie *Gusy*, KritV 2018, 210 (227).

[30] *Gusy*, KritV 2018, 210 (222 f.), treffend: „Die Währung der Politik ist hier zentral, aber nicht allein die Stimme: Schon vor dem Wahlgang geht es um Akzeptanz, günstigenfalls um Unterstützung und (Mit-)Verantwortungsübernahme für die Regierungsziele auch in Abgrenzung etwa zu den Oppositionsanliegen.“ (223).

[31] Zur Abhängigkeit der Regierungsmitglieder vom Vertrauen des Parlaments als Prinzip des parlamentarischen Regierungssystems *Meinel*, Selbstorganisation des parlamentarischen Regierungssystems, 2019, 32 f.

[32] *Gärditz*, in: Krüper/Pilniok (Hrsg.), Die Organisationsverfassung der Regierung, 2021, 25 (48); *Gusy*, KritV 2018, 210 (222, 225–227); den Zusammenhang zwischen der Rolle der Bundesregierung als parlamentarischer Regierung und ihrem Äußerungsrecht hebt auch hervor *Meinel*, Der Staat 60 (2021), 43 (79 f.).

[33] *Gärditz*, in: Krüper/Pilniok (Hrsg.), Die Organisationsverfassung der Regierung, 2021, 25 (48).

[34] Bereits *Rudolf Smend* weist darauf hin, dass die von hoheitlichen Organen geführten „öffentliche[n] Debatten“ den Bürger in die staatliche Gemeinschaft integrieren, vgl. *Smend*, Verfassung und Verfassungsrecht, 1928, 91 f.; darauf hinweisend *Gusy*, NJW 2000, 977 (978).

Massenkommunikation wirken sich gleichwohl auslegungsleitend auf kompetenzvermittelnde Rechtsbegriffe aus. Für die Begründung einer Äußerungskompetenz bleibt der Blick dadurch stets auf die Zuständigkeiten der Bundesregierung gerichtet.[35] Ähnlich operiert beispielsweise auch das Bundesverfassungsgericht in seiner Gauck-Entscheidung[36], in der es dem Bundespräsidenten eine Repräsentationsaufgabe attestiert, aus der es sodann Äußerungsrechte gewinnt: Aufgrund der ihm zustehenden Repräsentations- und Integrationsaufgabe obliege es dem Bundespräsidenten, „im Interesse der Wahrung und Förderung des Gemeinwesens das Wort zu ergreifen und die Öffentlichkeit durch seine Beiträge auf von ihm identifizierte Missstände und Fehlentwicklungen [...] aufmerksam zu machen sowie um Engagement bei deren Beseitigung zu werben."[37] Auch wenn an dieser Stelle eine weit verstandene Aufgabe in Gestalt der Repräsentationsbefugnis zur Grundlage von Äußerungsrechten erhoben wird, bleibt die Argumentation an einer konkreten von der Verfassungsordnung anerkannten Zuständigkeit orientiert. Im Interesse der Wahrung der ausdifferenzierten grundgesetzlichen Kompetenzordnung ist es indes erforderlich, diese Aufgabe entsprechend der Funktion des jeweiligen Hoheitsträgers zu interpretieren und sie nicht als Vehikel zur Begründung einer unbegrenzten Äußerungskompetenz zu gebrauchen.

In diesem Sinne muss die Begründung von Äußerungsrechten zugunsten der Bundesregierung an konkreten Zuständigkeiten ansetzen, die sodann im Lichte der Regierungsfunktion auszulegen sind. Hiervon ausgehend, können Äußerungskompetenzen – wie auch für übrige Regierungskompetenzen[38] – entsprechend den allgemeinen Grundsätzen der Kompetenzlehre aus einer Annexkompetenz bzw. Kompetenz kraft Sachzusammenhangs zu einer der Bundesregierung eingeräumten Zuständigkeit gewonnen werden.[39] Hiernach besteht ein Äußerungsrecht insbesondere, wenn eine wahrgenommene bzw. wahrzunehmende Aufgabe angekündigt, erklärt und beworben wird (b).[40] Soweit die Bundesregierung ansonsten nicht einfach-gesetzlich ausdrücklich zur Äußerung berechtigt wird, kann eine Äußerung auch erforderlich sein, um mit ihrer Hilfe selbst eine Aufgabe auszuführen, die der Bundesregierung sonst durch das Grundgesetz oder ein einfaches Gesetz übertragen wurde (c).

---

35 Vgl. auch noch BVerfGE 44, 125 (149).

36 BVerfGE136, 323.

37 BVerfGE 136, 323 (335).

38 Siehe dazu Teil 3 Kap. 5 I. 1.

39 Dazu bereits *Gusy*, NVwZ 2015, 700 (701 ff.); *Gusy*, NJW 2000, 977 (980 f.); *Kühn*, Bürgerbeeinflussung durch Berichterstattung staatlicher Stellen, 2018, 246, 253.

40 Diese Unterscheidung für hoheitliche Äußerungen dürfte der herrschenden Lehre entsprechen; dazu auch, aber kritisch *Kühn*, Bürgerbeeinflussung durch Berichterstattung staatlicher Stellen, 2018, 245 ff.

b) Äußerung zur Selbst- und Aufgabendarstellung

aa) Ankündigung und Aufklärung

Wie auch für andere Aufgaben hilft die Figur der Annexkompetenz für die Begründung von Äußerungskompetenzen weiter[41]: Entsprechend dem Grundsatz der Annexkompetenz ermächtigt jede Kompetenz dazu, zugleich diejenige Hoheitstätigkeit wahrzunehmen, die zur funktionsadäquaten Aufgabenerfüllung erforderlich ist. Dies schließt insbesondere Tätigkeiten ein, die der Vorbereitung und Durchführung der jeweiligen Sachkompetenz dienen.[42] Ein Bestandteil davon ist die ankündigende und aufklärende Kommunikation über die wahrgenommenen oder noch wahrzunehmenden Hoheitsaufgaben.[43] Denn soll Hoheitstätigkeit gelingen, kann es notwendig sein, auf staatlich geschaffene Angebote hinzuweisen und ihre Inanspruchnahme zu erläutern.[44]

Dabei beinhaltet das Recht zur Aufklärung über eine wahrgenommene bzw. wahrzunehmende Aufgabe gleichzeitig das Recht zur Aufklärung über den wahrnehmenden Hoheitsträger im Sinne einer Selbstdarstellung, da Informationen über die Bildung, Zusammensetzung und Arbeitsweise des die staatliche Aufgabe erfüllenden Hoheitsträgers die notwendige Transparenz über das Zustandekommen staatlicher Entscheidungen gewährleisten und so zur Akzeptanz eben dieser Entscheidungen beitragen.

bb) Bewertung und Bewerbung

Diese Überlegungen werden im Lichte der grundgesetzlichen Theorie über die Regierung konkretisiert. Aus ihr können zwar nicht unmittelbare Rechtsfolgen, jedoch Direktiven für die Auslegung von Rechtsbegriffen gewonnen werden. Auf die vorliegende Überlegung gewendet heißt dies, dass sich die verfassungsrechtliche Hintergrundvorstellung über die Bundesregierung auslegungsleitend auf die Kompetenzgrundlage, hier die Annexkompetenz der jeweiligen Aufgabenzuweisung, auswirkt. Einen Rückgriff auf eine „Amtswürde“[45] braucht es demgegenüber nicht.

---

[41] *Gusy*, in: Hoffmann-Riem/Schmidt-Aßmann/Voßkuhle (Hrsg.), Grundlagen des Verwaltungsrechts, Bd. II, 2. Aufl. (2012), § 23, Rn. 98; *Gusy*, NJW 2000, 977 (980).

[42] *Mast*, Staatsinformationsqualität, 2020, 196; *Trute*, in: v. Mangoldt/Klein/Starck, GG, Bd. 3, 7. Aufl. (2018), Art. 83, Rn. 82.

[43] *Gusy*, NVwZ 2015, 700 (701 f.); *Gusy*, NJW 2000, 977 (980); *Trute*, in: v. Mangoldt/Klein/Starck, GG, Bd. 3, 7. Aufl. (2018), Art. 83, Rn. 82.

[44] *Gusy*, NVwZ 2015, 700 (701 f.); dies aus dem Informationsrecht der Presse ableitend *Scholz*, NJW 1973, 481 (483); dazu auch *Roth*, Verwaltungshandeln mit Drittbetroffenheit und Gesetzesvorbehalt, 1991, 240 ff., insbes. 241.

[45] Für den kommunalen Wahlbeamten *Bender*, NWVBl. 2016, 143 (147 f.), der letztlich aber auch mit der politisierten Funktion argumentiert (148).

Berücksichtigt man nun den Charakter der Bundesregierung als politisches Organ, muss ihr eine politische und dabei dezidiert parteipolitische Selbst- und Aufgabendarstellung möglich sein.[46] Aufgrund ihres Standortes im politischen Bereich[47] ist die eigene Amtstätigkeit zudem Gegenstand der politischen Debatte und sieht sich legitimer, aber in der Regel starker Kritik ausgesetzt. Erfordert die funktionsadäquate Aufgabenbewältigung jedoch die Zustimmung durch die Bürger, ist die wertende und werbende Äußerung über die wahrzunehmende Aufgabe umso notwendiger.[48] Ohnehin ist der Darstellung der eigenen Aufgabenwahrnehmung ein nicht-neutrales Element immanent.[49]

cc) Reaktion auf Kritik

Sieht sich die Regierungspolitik typischerweise heftiger Kritik ausgesetzt, macht es die erfolgreiche Bewältigung der Regierungsaufgaben nicht nur erforderlich, werbend für die eigene Wahrnehmung der Regierungsaufgabe einzutreten, sondern auch auf die geäußerte Kritik einzugehen.[50] Dabei wird es innerhalb eines politischen Wettbewerbsverhältnisses allerdings nur selten genügen, „fehlerhafte Tatsachenbehauptungen richtigstellen und unsachliche Angriffe zurückweisen“[51] zu dürfen; der politische Diskurs und die Äußerung über die Inanspruchnahme von Regierungsbefugnissen erschöpfen sich in der Regel nicht in sachlich gehaltenen Tatsachenbehauptungen.[52] Demnach kann es zur funktionsadäquaten Darstellung der Aufgabenwahrnehmung auch geboten sein, auf Kritik einzugehen, die nicht auf unwahren Tatsachen fußt oder die Qualität der Diffamierung noch nicht erreicht hat.[53]

dd) Eingehen auf konkurrierende Vorstellungen, Eingehen auf konkurrierende Akteure

Zur Regierungstätigkeit sind in der Regel politische Alternativen präsent. Der im politischen Bereich vorherrschende Dualismus von Regierung und Opposition

---

46 *Mast*, Staatsinformationsqualität, 2020, 363; speziell für den kommunalen Wahlbeamten *Bender*, NWVBl. 2016, 143 (147 f.);

47 *Gusy*, NVwZ 2015, 700 (702); *Gusy*, KritV 2018, 210 (222 f.).

48 *Gusy*, NVwZ 2015, 700 (702); *Gusy*, KritV 2018, 210 (223).

49 *Gusy*, NVwZ 2015, 700 (702).

50 *Gusy*, KritV 2018, 210 (225).

51 BVerfGE 148, 11 (29, Rn. 56); kritisch zur BVerfG-Rspr. *Meinel*, Der Staat 60 (2021), 43 (83).

52 *Gusy*, KritV 2018, 210 (226).

53 Ein Reaktionsrecht jedoch grundsätzlich auf Angriffe „auf der Grundlage unzutreffender Tatsachenbehauptungen oder in unsachlicher und diffamierender Weise“ begrenzend BVerfGE 148, 11 (29, Rn. 56).

gewährleistet dies. Daher ist jede werbende Stellungnahme zugunsten der eigenen Aufgabenwahrnehmung zwangsläufig mit einer Abwertung konkurrierender Vorschläge und ihrer Akteure verbunden.[54] Hält man die Werbung für die eigene Position jedoch für zulässig, kommt man an der Abwertung konkurrierender Positionen, sofern sie in einem Sachzusammenhang zur eigenen Aufgabenwahrnehmung stehen, nicht vorbei. Da es im politischen Bereich regelmäßig nicht gelingen wird, zwischen Aktion und Reaktion zu unterscheiden, kann dieses Äußerungsrecht auch nicht darauf beschränkt werden, lediglich auf unsachliche Kritik passiv sachlich reagieren zu dürfen.[55] Dementsprechend muss der Amtsträger auch aktiv auf Gegenvorstellungen kritisch eingehen können.[56] Mit Blick auf die Eigengesetzlichkeiten des politischen Prozesses wird man sogar weitergehend formulieren müssen: Da der politische Konkurrent das personifizierte Gegenkonzept zur von der Regierung eingeschlagenen Gemeinwohlkonzeption darstellt, schließt die Bezugnahme auf konkurrierende Vorstellungen die Bezugnahme auf konkurrierende politische Akteure ein.[57] Für die Funktionsfähigkeit des politischen Prozesses ist dies sogar essenziell. Für den Bürger werden auf diese Weise Verantwortlichkeiten für politische Vorhaben aufgezeigt sowie Positionen und Differenzen unter den politischen Akteuren für aktuelle gesellschaftliche Herausforderungen sichtbar. Erst dies verschafft ihm die notwendige Informationsgrundlage, um seine demokratischen Beteiligungsrechte auszuüben.[58]

ee) Voraussetzung: Konnex zu einer Regierungsaufgabe

(1) Innerer Zusammenhang zu einer Regierungsaufgabe

Soweit eine Äußerung auf eine Annexkompetenz zu einer Sachkompetenz gestützt werden soll, braucht es dennoch einen inneren funktionalen Zusammenhang zu eben dieser Sachkompetenz.[59] Ist dieser innere Zusammenhang unterbrochen, wird mithilfe der Äußerung eine eigene Aufgabe ausgeführt. In diesem Fall greifen die allgemeinen Kompetenzverteilungsregeln (Art. 30 GG).

---

[54] *Gusy*, NVwZ 2015, 700 (702).

[55] So aber BVerfGE 154, 320 (338, Rn. 52); 148, 11 (29, Rn. 56; 30, Rn. 58).

[56] BVerfGE 40, 287 (293 f.); *Gusy*, NVwZ 2015, 700 (702); *Gusy*, KritV 2018, 210 (227 f.); im Ergebnis auch *Schürmann*, Öffentlichkeitsarbeit der Bundesregierung, 1992, 306.

[57] So auch *Gusy*, KritV 2018, 210 (221): „Wer in einer solchen Debatte Stellung zu einer Sachfrage nimmt, bezieht implizit zugleich Stellung zur Auseinandersetzung zwischen Parteien. Und der Öffentlichkeit steht es frei, sachpolitische Debatten auch als parteipolitische zu verstehen."

[58] BVerfGE 44, 125 (147 f.); *Scholz*, NJW 1973, 481 (483); dazu auch *Roth*, Verwaltungshandeln mit Drittbetroffenheit und Gesetzesvorbehalt, 1991, 240 ff., insbes. 241.

[59] Siehe auch *Trute*, in: v. Mangoldt/Klein/Starck, GG, Bd. 3, 7. Aufl. (2018), Art. 83, Rn. 82.

Daran vermag auch die grundgesetzliche Theorie über die Regierung nichts zu ändern. Gleichwohl klärt sie über die Regierungsfunktion im grundgesetzlichen Institutionengefüge auf und kann so dazu beitragen, das Vorliegen eines inneren Bezugs einer Äußerung zu einer Regierungsaufgabe zu überprüfen. Hierfür ist in Erinnerung zu rufen, dass sich die Regierung durch ihre Verantwortung für den Transfer des politischen Programms in die staatliche Rechtserzeugung und die Verwaltung durch die konkret-individuelle Rechtserzeugung auszeichnet.[60] Dies zugrunde legend wirken sich zugleich die politisch-demokratischen Eigengesetzlichkeiten auf die Auslegung von der Regierungsfunktion zuzurechnenden Regierungsaufgaben einschließlich ihrer Äußerungsrechte aus.

Infolgedessen dürfen keine zu hohen Anforderungen an das Bestehen eines inneren Funktionszusammenhangs zwischen einer Äußerung und Aufgabe der Regierung gestellt werden. Erforderlich, aber ausreichend bleibt ein Bezug zu einer der Bundesregierung zustehenden Aufgabe, ungeachtet dessen, ob und wann die Aufgabe selbst wahrgenommen wurde. Denn der die Funktion der Bundesregierung prägende politische Bereich erfordert es, dass diese die Bevölkerung über ihre Positionen und Planungen zu in ihrem Verantwortungsbereich liegenden Zuständigkeiten aufklärt. Das betrifft nicht nur die zeitlich unmittelbar bevorstehende oder vergangene Wahrnehmung von Regierungsaufgaben, sondern auch die Fälle einer zeitlich weit zurückliegenden Aufgabenwahrnehmung. Ferner kann es notwendig sein, Unterstützung für noch nicht verwirklichte und erst noch zu planende Tätigkeiten zu generieren, abzufragen oder einzuholen. Dementsprechend muss eine Äußerung weit im Vorfeld einer Aufgaben- und Befugniswahrnehmung ansetzen dürfen. Insoweit ist auch der Rechtsprechung des Bundesverfassungsgerichts ausdrücklich beizupflichten.[61]

Blickt man dabei auf das Gesetzesinitiativrecht der Bundesregierung (Art. 76 Abs. 1 GG) in Verbindung mit den dem Bund zustehenden Kompetenzbereichen in letztlich allen Politikgebieten (Art. 70 ff. GG), dürften der Bundesregierung und ihren Mitgliedern in thematischer Hinsicht praktisch ein Äußerungsrecht zu allen innen- und außenpolitischen Fragen zustehen.[62] Da die parteipolitische Konkurrenz wie gesagt bereits als das personalisierte und institutionalisierte Gegenkonzept zu der politischen Richtunggebung der Regierung fungiert, schließt das die Kritik an der parteipolitischen Konkurrenz ohne einen ausdrücklichen Bezug zu einer konkreten Sachfrage ein. Im Lichte der grundgesetzlichen Theo-

---

60 Im Kontext der Äußerungsbefugnis siehe auch *Gusy*, NJW 2000, 977 (981); *P. M. Huber*, JZ 2003, 290 (295 f.).

61 Siehe u. a. BVerfGE 105, 252 (269).

62 Ähnlich *Roellecke*, in: Depenheuer/Grabenwarter (Hrsg.), Verfassungstheorie, 2010, § 2, Rn. 24: „Politik muss sich daher für allzuständig erklären und dazu neigen, in Bereichen ‚Ordnung‘ zu schaffen, die sie eigentlich nichts angehen.“

rie der Regierung bleibt der notwendige innere Bezug zu einer Regierungsaufgabe hierbei gleichwohl gewahrt, solange sich die Äußerung auf das politische Programm der jeweiligen Partei bezieht und dadurch mittelbar die verfassungsrechtliche Zuständigkeit der Bundesregierung für die Gestaltung der Innen- und Außenpolitik berührt ist. Die Grenze ist erst überschritten, sobald durch die Äußerung schwerpunktmäßig konkret-individuelle Rechtspositionen tangiert werden. Dies ist auf der Grundlage der zuvor ermittelten Begriffe von Regierung und Verwaltung der letztgenannten Funktion zuzuordnen.

Hiernach wäre es zwar zulässig, dass sich die Bundesregierung im Hinblick auf ihr Gesetzgebungsinitiativrecht (Art. 76 Abs. 1 GG) als klassisch-funktionale Regierungstätigkeit beispielsweise zu aktuellen – aus ihrer Perspektive kritikwürdigen – Entwicklungen in der Lebensmittelproduktion äußert (vgl. Art. 74 Abs. 1 Nr. 20 GG) oder die aus ihrer Sicht kritikwürdigen Vorstellungen der parteipolitischen Opposition auf diesem Politikfeld beanstandet, um beispielsweise ihre Gesetzesinitiativen auf diesem Gebiet zu rechtfertigen, nicht jedoch vor konkreten Lebensmittelerzeugern warnt.[63] Funktionale Regierungstätigkeit erfasst keine konkret-individuellen Warnungen.[64]

Aus diesem Grund war beispielsweise die Warnung vor glykolhaltigem Wein nicht mehr von einer Annexkompetenz einer Regierungszuständigkeit gedeckt. Anders zu beurteilen wäre hingegen der Fall Wanka[65]: In einer auf der Internetpräsenz des Bundesministeriums für Bildung und Forschung veröffentlichten Pressemitteilung zeigte die Bundesministerin Johanna Wanka der Alternative für Deutschland (AfD) die „Rote Karte". Der hierdurch artikulierte Widerspruch der Bundesministerin gegenüber der AfD war auch ohne Bezug zu einer einzelnen Sachfrage zulässig, da die Kritik an einem politischen Konkurrenten die Auseinandersetzung über die politische Ausrichtung des Gemeinwesens und damit mittelbar die Ausfüllung der grundgesetzlichen Zuständigkeiten der Regierung betraf.[66] Ähnlich wäre der Fall Schwesig[67] – ungeachtet etwaiger wahlkampfbedingter Äußerungsgrenzen – einzuordnen, in dem die damalige Bundesfamilienministerin inmitten des thüringischen Landtagswahlkampfes verkündete, dass es das Ziel Nummer eins sein müsse, dass die NPD nicht in den Landtag einziehen dürfe, sofern die dieser Entscheidung zugrunde liegende

[63] Vgl. auch *Gusy*, NJW 2000, 977 (981); *P. M. Huber*, JZ 2003, 290 (295 f.); *Kühn*, Bürgerbeeinflussung durch Berichterstattung staatlicher Stellen, 2018, 252.

[64] Vgl. auch *Gusy*, NJW 2000, 977 (981); *Kühn*, Bürgerbeeinflussung durch Berichterstattung staatlicher Stellen, 2018, 252 f.; siehe aber *Detterbeck*, Allgemeines Verwaltungsrecht, 17. Aufl. (2019), § 1, Rn. 4, Rn. 300.

[65] BVerfGE 148, 11.

[66] Anders *Gusy*, KritV 2018, 210 (233).

[67] BVerfGE 138, 102.

Äußerung überhaupt in amtlicher Rolle abgegeben worden wäre.[68] Erhielte die Äußerung hingegen den Charakter einer amtlichen Warnung, etwa aufgrund behaupteter von der politischen Partei ausgehender Gefahren für die Öffentliche Sicherheit und Ordnung oder für die Freiheitlich-demokratische Grundordnung, könnte die Äußerung wiederum nicht mehr dem politischen Meinungskampf zugerechnet werden; von einer Annexkompetenz zu einer Regierungsaufgabe wäre sie nicht gedeckt.

(2) Abgrenzungsschwierigkeiten

Abgrenzungsschwierigkeiten ergeben sich insbesondere dann, wenn im Rahmen der Aufgabendarstellung auf konkret-individuelle Rechtspositionen Bezug genommen wird. Ist der Äußerungsinhalt nicht sinnvoll teilbar, bedarf es für die Regierungsäußerung einer einheitlichen Rechtsgrundlage.

Diese ist entsprechend dem objektiv erkennbaren schwerpunktmäßigen Zweck der Äußerung zu bestimmen. Informiert der Amtsträger aus einem objektiven Empfängerhorizont schwerpunktmäßig über die Wahrnehmung einer hoheitlichen Aufgabe oder wird durch die Äußerung selbst eine hoheitliche Aufgabe ausgeführt? Diese objektive Betrachtung wird insbesondere dem Wesen hoheitlicher Äußerungen gerecht. Wie bei kaum einer anderen Handlungsform ist die objektive Empfängerperspektive für den Wirkungs- und Beeinflussungsgrad einer Äußerung so entscheidend.

Wurde eine Äußerung ihrem objektiv-wahrnehmbaren Schwerpunkt gemäß zum Beispiel als Darstellung einer Regierungsaufgabe eingeordnet, wird diese Einordnung nicht dadurch obsolet, dass punktuell auf konkret-individuelle Rechtspositionen eingegangen wird. Zu denken wäre hier beispielsweise an eine beiläufige Stellungnahme zu konkreten gesellschaftlichen Akteuren durch ein Mitglied der Bundesregierung innerhalb einer Regierungserklärung. Entsprechend ihrem objektiv erkennbaren Schwerpunkt wäre sie im Hinblick auf die Äußerungsgrundlage gleichwohl als Äußerung im Rahmen der Selbst- und Aufgabendarstellung einzuordnen. Auf das oben gewählte Beispiel übertragen bedeutet dies: Rechtfertigt die Bundesregierung die von ihr initiierte Änderung im Lebensmittelrecht, ist dies ein klassischer Fall einer auf Art. 76 Abs. 1 i. V. m. Art. 74 Abs. 1 Nr. 20 GG gestützten Annexkompetenz zur Ankündigung, Erklärung und Bewerbung ihrer Aufgabenwahrnehmung. Nimmt sie dabei – „bei Gelegenheit" – auf desaströse Zustände konkreter Lebensmittelproduzenten Bezug, bleibt die Äußerung insgesamt als Darstellung ihrer Aufgabenwahrnehmung einzuordnen; ihre Kompetenzgrundlage wurzelt in einer Annexkompetenz zu

[68] Für die Einordnung als nicht-amtliche Äußerung: BVerfGE 138, 102 (122–125); kritisch zu dieser Einordnung *Mandelartz*, DÖV 2015, 326 (328 f.).

Art. 76 Abs. 1 i. V. m. Art. 74 Abs. 1 Nr. 20 GG. Erhält das Herausgreifen eines konkret-individuellen Produzenten jedoch den objektiv wahrnehmbaren Charakter einer Warnung, wird der innere Zusammenhang zur Kompetenzgrundlage durchtrennt. Für sie benötigt die Bundesregierung eine eigene Aufgabenzuweisung.

c) Äußerung zur Aufgabenerfüllung

Äußerungen, die auf einer Annexzuständigkeit zu einer Aufgabe fußen, sind solche gegenüberzustellen, mit denen selbst eine Kompetenz ausgeführt wird. Die Äußerungen unterstützen also nicht nur die Wahrnehmung einer anderen Aufgabe, sondern dienen unmittelbar der Ausführung einer Aufgabe. Sie fußen direkt auf der Kompetenzgrundlage der jeweils auszuführenden Sachkompetenz, wobei die Bundesregierung nicht ausdrücklich zur Äußerung ermächtigt werden muss. Vielmehr folgt eine Äußerungskompetenz auch aus einer einfach-gesetzlich oder verfassungsrechtlich eingeräumten Sachkompetenz, soweit die Handlungsform der Äußerung dazu geeignet ist, um diese Aufgaben und Befugnisse wahrzunehmen. In diese Richtung weist zunächst auch das Bundesverfassungsgericht in seiner Osho-Entscheidung, wenn es ausführt, dass eine „Zuweisung einer Aufgabe" „grundsätzlich zur Informationstätigkeit im Rahmen der Wahrnehmung dieser Aufgabe"[69] berechtige. So kann beispielsweise die Repräsentation des Gesamtstaates in der Hauptstadt (Art. 22 Abs. 1 S. 2 GG) durch Äußerungen erfolgen. Das gilt auch für die Pflege der Beziehungen zu auswärtigen Staaten (Art. 32 Abs. 1 GG). Demgegenüber lässt sich aus den Grundrechten keine Zuständigkeit, auch nicht zur Äußerung, ableiten. Die den Grundrechten teilweise entnommene Schutzpflicht verlangt zwar unter Umständen ein staatliches Tätigwerden, verweist dafür jedoch auf die staatliche Kompetenzordnung.[70]

Hiernach lassen sich beispielsweise allgemein gehaltene Aufklärungen und Verhaltensempfehlungen des Bundesgesundheitsministers im Zuge der Corona-Pandemie mittlerweile auf den neu geschaffenen § 5 Abs. 6 Bundesinfektionsschutzgesetz, zuvor auf die zahlreichen Zuständigkeiten des Bundesgesundheitsministeriums im Infektionsschutzgesetz bzw. des diesem weisungsunterworfenen Robert-Koch-Instituts[71] stützen. Die Warnung vor der Teilnahme an konkreten Veranstaltungen oder dem Konsum konkreter Produkte erfasst

---

[69] BVerfGE 105, 279 (303).

[70] *Bethge*, Jura 2003, 327 (329); *Gusy*, NJW 2000, 977 (980).

[71] Zu den Aufgaben des RKI siehe z. B. § 4 IfSG; zur Fachaufsicht des Bundesgesundheitsministeriums über das RKI siehe § 5 BGA-NachfG.

das hingegen nicht; sie bleiben den zuständigen Landespolizeibehörden vorbehalten.[72]

3. Zusammenfassung

Da ein von Aufgaben und Befugnissen losgelöstes Äußerungsrecht der Bundesregierung nicht anzuerkennen ist, ergibt sich ein solches nur im Zusammenspiel mit konkreten verfassungsrechtlichen Aufgaben und Befugnissen. Dementsprechend existiert ein Äußerungsrecht einerseits zur Ankündigung, Aufklärung sowie Bewertung und Bewerbung einer Aufgabenwahrnehmung und andererseits zur Durchführung einer Aufgabe selbst. Im ersten Fall folgt das Äußerungsrecht aus einer Annexkompetenz zur jeweils angekündigten, erklärten oder beworbenen Aufgabe, im zweiten Fall unmittelbar aus der jeweiligen Sachkompetenz.

Diese allgemeinen kompetenziellen Erwägungen werden durch die grundgesetzliche Theorie über die Regierung wie folgt modifiziert: Die demokratisch-politischen Eigengesetzlichkeiten, denen die Bundesregierung ausgesetzt ist, und ihre spezifische Verantwortung für den Transfer des politischen Programms in hoheitliche Rechtsakte machen es zum einen erforderlich, dass sich die Bundesregierung weit im Vorfeld und weit im Nachgang einer Aufgabenwahrnehmung über eine in ihrem Zuständigkeitsbereich befindliche Angelegenheit äußern können soll. Zum anderen muss sich die Bundesregierung dabei nicht neutral, sondern darf sich dezidiert parteipolitisch äußern. Das beinhaltet das Recht, konkurrierende Parteien und ihre Vorstellungen wertend aufzugreifen.

Erforderlich bleibt jedoch stets ein Bezug zu einer Zuständigkeit der Bundesregierung. Aufgrund der weitgehenden Kompetenzen der Bundesregierung, insbesondere ihres Gesetzesinitiativrechts (vgl. Art. 76 Abs. 1 GG i. V. m. Art. 70 ff. GG), ihres Weisungsrechts gegenüber der nachgeordneten Verwaltung oder der ihr für den Bund zustehenden Kompetenz zur Außenpolitik und gesamtstaatlichen Repräsentation, wird eine Äußerung in thematischer Hinsicht zu grundsätzlich allen innen- und außenpolitischen Fragen zulässig sein.

Um zu überprüfen, ob die Äußerung einen inneren Zusammenhang zur jeweiligen Regierungsaufgabe wahrt, helfen die zuvor ermittelten Begriffe einer Regierungs- und Verwaltungsfunktion weiter: Je stärker sich eine Äußerung auf konkret-individuelle Rechtspositionen bezieht, umso mehr entfernt sie sich von einer Kompetenzgrundlage, die Ausdruck der Regierungsfunktion ist. Warnt die Bundesregierung also vor konkreten Gefahren gesellschaftlicher Akteure, fehlt es typischerweise am inneren Zusammenhang zu einer Aufgabe, sofern diese Bestandteil materieller Regierungstätigkeit ist. Beansprucht die Bundesregie-

[72] Ausnahmen können sich aus § 5 Abs. 2 Nr. 1 und 2 IfSG ergeben.

rung eine Kompetenz zur Warnung vor konkret-individuellen Gefahren, bleibt über Art. 87 Abs. 3 S. 1 GG die Möglichkeit, ihr eine solche Kompetenz einzuräumen[73]; ansonsten sind die Länder entsprechend der polizeilichen Generalklausel zuständig.[74]

Im Lichte des zuvor Gesagten kann zusammenfassend festgestellt werden: Die Bundesregierung bzw. ihre Mitglieder besitzen ein Äußerungsrecht zu grundsätzlich allen außen- und innenpolitischen Angelegenheiten, was die kritische Auseinandersetzung mit der parteipolitischen Konkurrenz einschließt, sofern und soweit nicht schwerpunktmäßig konkret-individuelle Rechtspositionen Gegenstand der Äußerung sind. Daneben bleibt es dem Regierungsmitglied freilich unbenommen, sich in der Rolle des Parteipolitikers zu äußern, falls es diese Rolle für einen objektiven Beobachter sinnvoll von seiner Amtstätigkeit abgrenzt.

Dies veranschaulicht erneut die Funktionsweise des unterschiedlichen normativen Status und Inhalts der hier gebrauchten Regierungs- und Verwaltungsfunktion: Nach hier vertretener Auffassung fungieren die ausdrücklichen Zuständigkeiten der Bundesregierung als kompetenzvermittelnde Rechtsbegriffe. Sie bilden, gegebenenfalls ergänzt um eine Annexkompetenz, die Grundlage für Regierungsäußerungen. In Anbetracht zahlreicher Zuständigkeiten ist der Bundesregierung damit noch immer eine – in thematischer Hinsicht – nahezu unbegrenzte Äußerungsmöglichkeit eingeräumt. Dabei tragen die grundgesetzliche Theorie über die Regierung zur Auslegung der Äußerungsrechtsgrundlagen bei. Auf diesem Wege gelingt es, den politisch-demokratischen Eigengesetzlichkeiten, der spezifischen politischen Koordinations-, Steuerungs- und Abstimmungsfunktion der Regierung sowie der Erwartungshaltung der Bevölkerung Rechnung zu tragen, ohne diese Aspekte in unmittelbare Rechtsfolgen, insbesondere in Gestalt einer eigenen Kompetenzgrundlage, zu übersetzen.[75] Gleichzeitig zeigt das hier erarbeitete Verständnis von funktionaler Regierung und Verwaltung, dass eine hoheitliche Äußerung, die sich auf eine der Regierungsfunktion zuzurechnende Aufgabe stützt, spätestens ihren Bezug zur Kompetenzgrundlage verloren hat, wenn konkret-individuelle Rechtspositionen den Schwerpunkt der Äußerung ausmachen. Daneben könnte ein Begriff einer der Bundesregierung

---

[73] Zu den Grenzen siehe aber Teil 3 Kap. 5 III. 5.; siehe auch *P. M. Huber*, JZ 2003, 290 (296).

[74] *Roth*, Verwaltungshandeln mit Drittbetroffenheit und Gesetzesvorbehalt, 1991, 259 ff.

[75] Anders demgegenüber *Bumke*, Die Verwaltung 37 (2004), 3 (13 f.), der zutreffend die Notwendigkeit einer Regierungsfunktion darlegt, diese aber als unmittelbare Kompetenz begreift. Der mit ihr verbundene Kompetenzbereich muss dann – der Natur der Regierungsfunktion entsprechend – denkbar entgrenzend sein: „Um eine effektive Wahrnehmung der Führungsaufgabe zu gewährleisten, wird man der Regierung nämlich eine Einschätzungsprärogative hinsichtlich der Frage einräumen, wann es eines Führungsakts bedarf." (14)

zugewiesenen Funktion zur Informations- und Öffentlichkeitsarbeit allenfalls die aufgezeigten Äußerungsmöglichkeiten für die Rechtsanwender zusammenfassen und insoweit als Speicherbegriff fungieren. Er formulierte die widerlegliche Vermutung für ein weitgehendes Äußerungsrecht der Bundesregierung und ihrer Mitglieder. Insbesondere im Falle einer Äußerung mit Bezug auf konkret-individuelle Rechtspositionen wäre die Kompetenz in der Regel widerlegt.

Die vom Bundesverfassungsgericht angenommene Aufgabe zur Staatsleitung veranschaulicht hingegen das negative Gegenbeispiel: Wird die „politische Führung, die verantwortliche Leitung des Ganzen der inneren und äußeren Politik“[76] unmittelbar zu einer Kompetenzgrundlage erhoben, wird letztlich ein Äußerungsrecht begründet, das die Bundesregierung auch zu Äußerungen auf dem ihr nicht zustehenden Gebiet der Gefahrenabwehr ermächtigt, und auf diesem Wege letztlich die bundesstaatliche Kompetenzarchitektur ausgehebelt.[77] Demgegenüber bleibt es auf Basis hier vertretener methodischer Prämissen erforderlich, eine Regierungsfunktion für die Begründung eines Äußerungsrechts nicht neben oder anstelle, sondern allein im Zusammenspiel mit den (weiten) Zuständigkeiten der Bundesregierung zur Geltung zu bringen. Durch diese Vorgehensweise bleibt das Äußerungsrecht der Bundesregierung von vornherein auf die – weiten – Zuständigkeiten der Bundesregierung bezogen, was klassische Gefahrenabwehrhandlungen hiervon zwangsläufig ausklammert.

II. „Neutralität“ als Grenze?

Das Äußerungsrecht der Bundesregierung unterliegt rechtlichen Grenzen. Solche ergeben sich unter anderem bereits aus der Kompetenzgrundlage, im Übrigen aus den Grundrechten und weiteren Vorgaben der Verfassung. Aufgrund der in dieser Arbeit eingenommenen regierungsspezifischen Perspektive soll allein diejenige Äußerungsgrenze untersucht werden, die typischerweise in einem besonderen Spannungsverhältnis zur Funktion der Bundesregierung steht: ein Gebot parteipolitischer Neutralität.[78]

---

[76] BVerfGE 105, 279 (301).

[77] *P.M. Huber*, JZ 2003, 290 (296); *Kühn*, Bürgerbeeinflussung durch Berichterstattung staatlicher Stellen, 2018, 252; die „Konturenlosigkeit“ der Definition der „Staatsleitung“ anmahnend *Cremer*, JuS 2003, 747 (750).

[78] Ausführlich zu weiteren rechtlichen Anforderungen an die staatliche Informations- und Öffentlichkeitsarbeit siehe *Mast*, Staatsinformationsqualität, 2020, 192 ff., u. a. zu einem Sachlichkeitsgebot (198 ff.), Richtigkeitsgebot (236 ff.), Vollständigkeitsgebot (274 ff.), Klarheitsgebot (295 ff.), Gebot der Kommunikatorklarheit (324 ff.), Zielgerechtigkeitsgebot (350 ff.) und Neutralitätsgebot (355 ff.).

Dabei ist mit „Neutralität" freilich keine Neutralität gemeint, wonach der Staat bzw. dessen Rechtsordnung grundsätzlich allen offensteht und weltanschaulich indifferent zu sein hat. Es ist das, was *Carl Schmitt* als „Neutralität im Sinne instrumentaler Staatsauffassungen" beschreibt.[79] Dies ist eine Selbstverständlichkeit und soll hier nicht weiter erörtert werden. Eine solche Offenheit des Staates bzw. seiner Organe könnte jedoch durch den Amtsträger nach Maßgabe verschiedener parteipolitischer Richtungen ausgefüllt werden.[80] Ob dies zulässig ist, ist eine Frage nach der Existenz eines Neutralitätsgebots in Gestalt eines Identifikationsverbots,[81] wonach sich Amtsträger nicht mit bestimmten gesellschaftlichen Positionen, im Kontext eines parteipolitischen Neutralitätsgebotes eben mit parteipolitischen Positionen, identifizieren dürften.[82] Sie sind daher zwar den politischen Positionen gegenüber nicht notwendig teilnahmslos, aber bezogen auf einen Entscheidungsprozess und Partikularinteressen[83] ergebnisoffen und unvoreingenommen.[84] Ist im Folgenden von Neutralität die Rede, ist grundsätzlich eine solche Neutralität gemeint.

Eine dementsprechende Pflicht zur parteipolitischen Neutralität wird typischerweise für Amtsträger und insbesondere für die Mitglieder der Bundesregierung formuliert. Dabei wird die Neutralitätspflicht mehrheitlich als eigenständige Vorgabe verstanden, die absolut, also losgelöst vom jeweiligen Kontext, für jede Amtstätigkeit gelten soll. Inwiefern ein solches absolutes Neutralitätsgebot für alle Amtsträger (1.) oder zumindest für die Mitglieder der Bundesregierung gilt (2.), muss untersucht werden. Ein solches absolutes Neutralitätsgebot ist ins-

---

[79] *C. Schmitt*, Der Begriff des Politischen, 9. Aufl. (2015), Corollarium 1, 90, wonach die Organe des Staates „jedem Benutzer, der sich seiner normgemäß bedient, zur Verfügung" stehen, zu weiteren Bedeutungen von Neutralität siehe *C. Schmitt*, Der Begriff des Politischen, 9. Aufl. (2015), Corollarium 1, 89–93. Zu unterschiedlichen Neutralitätsbegriffen siehe auch *Holzke*, NVwZ 2002, 903 (906); zu verschiedenen Neutralitätsverständnissen speziell im weltanschaulich-religiösen Bereich siehe *Huster*, Ethische Neutralität des Staates, 2. Aufl. (2017), 37 f.; *Schlaich*, Neutralität als verfassungsrechtliches Prinzip, 1972, 220 f.; *Sicko*, Das Kopftuch-Urteil des BVerfG, 2008, 62 ff.

[80] So auch *C. Schmitt*, Der Begriff des Politischen, 9. Aufl. (2015), Corollarium 1, 90, der das freilich polemisch und abwertend als „restlos entpolitisiert" beschreibt.

[81] *Eder*, Rote Karte, 2017, 33, 37, im Anschluss an *Schlaich*, Neutralität als verfassungsrechtliches Prinzip, 1972, 238.

[82] *Eder*, Rote Karte, 2017, 33, 37.

[83] So *Eder*, Rote Karte, 2017, 33.

[84] *Eder*, Rote Karte, 2017, 33; in gewisser Nähe dazu steht auch das von *C. Schmitt* geprägte Verständnis einer positiven Neutralität im Sinne einer Objektivität und Sachlichkeit oder einer Neutralität als „Ausdruck einer die gegensätzlichen Gruppierungen umfassenden, daher alle diese Gegensätzlichkeiten in sich relativierenden Einheit und Ganzheit", vgl. *C. Schmitt*, Der Begriff des Politischen, 9. Aufl. (2015), Corollarium 1, 93.

besondere von bloß situativen Grenzen mit reflexartigen Neutralitätswirkungen (3.) sowie Äußerungsgrenzen außerhalb der Amtstätigkeit (4.) abzugrenzen.

1. Absolutes Neutralitätsgebot für jede Amtstätigkeit?

a) Kein positiviertes absolutes Neutralitätsgebot

Ein allgemeines Neutralitätsgebot im Sinne eines Identifikations- und Bewertungsverbots kennt das Grundgesetz nach herrschender Auffassung insbesondere für religiöse Bekundungen.[85] Das Gebot weltanschaulicher Neutralität findet seine Grundlage in Art. 140 GG i.V.m. Art. 137 Abs. 1 WRV.[86] Eine solche vergleichsweise eindeutige normative Vorgabe fehlt für ein politisches Neutralitätsgebot. Den Gedanken der weltanschaulich-religiösen Neutralität auf die politische Neutralität zu übertragen[87], verbietet sich aufgrund des unterschiedlichen Charakters politischer und religiöser Positionen, wie es auch die durchgängige Unterscheidung von politischen und religiösen Merkmalen im Grundgesetz nahelegt (vgl. zum Beispiel Art. 3 Abs. 3 S. 1 GG).

Weiteren Vorgaben, insbesondere den Grundrechten, dem Demokratieprinzip, der Gemeinwohlbindung, der Chancengleichheit der Parteien oder den Wahlrechtsgrundsätzen, lässt sich ebenso kein allgemeines Neutralitätsgebot entnehmen.[88] Sie enthalten für sich genommen allein kontextuelle und temporäre Äußerungsgrenzen:[89] Aus Art. 21 Abs. 1 GG abzuleitende Neutralitätspflichten dürften nur für Parteien[90], nicht für sonstige politische Gruppierungen anwendbar sein. Der Grundsatz freier Wahlen (Art. 38 Abs. 1 S. 1 GG)[91] könnte aufgrund der zeitlichen Begrenzung der Wahl nur ein zeitlich begrenztes Neutralitätsgebot an-

---

85 So *Böckenförde*, VVDStRL 28 (1970), 33, 83 f.

86 Daneben zieht das Bundesverfassungsgericht Art. 4 Abs. 1, Art. 3 Abs. 3 S. 1 GG, Art. 33 Abs. 3 sowie die Art. 136 Abs. 1 und Abs. 4 WRV i.V.m. Art. 140 GG heran, vgl. BVerfGE 138, 296 (338).

87 In diese Richtung *Eder*, Rote Karte, 2017, 34 f.; auch BVerfGE 108, 282 (300), wenn es dem Staat untersagt, „keine gezielte Beeinflussung im Dienste einer bestimmten politischen, ideologischen oder weltanschaulichen Richtung zu betreiben.“

88 So auch *Gusy*, NVwZ 2015, 700 (703 f.), der Neutralitätspflichten nur im Kontext von Wettbewerbsverzerrungen anerkennt; anders *Eder*, Rote Karte, 2017, 130, 132 ff., 136–138; ein allgemeines Neutralitätsgebot vor allem auf das Demokratiegebot stützend *Kuch*, AöR 142 (2017), 491 (505 ff.).

89 Siehe dazu Teil 3 Kap. 6 II. 3.

90 In diesem Sinne das Neutralitätsgebot als „parteipolitische“ Neutralität begreifend *Eder*, Rote Karte, 2017, 42 ff.

91 Dazu *Eder*, Rote Karte, 2017, 39 ff.; *Kühn*, Bürgerbeeinflussung durch Berichterstattung staatlicher Stellen, 2018, 255 f.

ordnen.[92] Auch das Demokratiegebot formuliert allein situativ bedingte Mäßigungsgebote für Amtsträger.[93] Gleiches gilt für die Grundrechte.[94] Schließlich ist die Gemeinwohlbindung hoheitlicher Gewalt, wie gezeigt, regelrecht auf (partei-)politische Richtunggebung angelegt.

b) Kein absolutes Neutralitätsgebot im Wege einer Zusammenschau vereinzelter verfassungsrechtlicher Bestimmungen

Sollen diese vielfältigen Bestimmungen des positiven Rechts berücksichtigt werden, ist aus ihnen auch nicht im Wege eines Zusammenspiels ein allgemeines Neutralitätsgebot zu gewinnen. Die von ihnen ausgehenden unterschiedlich weit reichenden Neutralitätseffekte würden hierdurch zugunsten eines so im positiven Verfassungsrecht eben nicht existierenden allgemeinen Neutralitätsgebots nivelliert und dadurch letztlich das ausdifferenzierte Regelungsgeflecht der positiven Rechtsordnung missachtet werden.[95] Eine solche durch eine Zusammenschau einzelner Bestimmungen erfolgende, quasi induktive Gewinnung weiterer Rechtsvorgaben wäre allenfalls dann zulässig, wenn die ihnen zugrunde liegenden Einzelvorgaben über ein gemeinsames Schutzgut und eine gemeinsame Schutzrichtung verfügen.[96] So verweisen beispielsweise die zahlreichen im Grundgesetz verstreuten Gesetzesvorbehalte auf den Vorbehalt des Gesetzes, der, auch wenn er ausdrücklich nicht im Grundgesetz normiert wurde, gleichwohl im Sinne eines grundgesetzlichen Rechtsbegriffs existiert.[97] Immerhin schützen die ausdrücklich normierten Gesetzesvorbehalte gleichermaßen die parlamentarische Mitwirkung[98] vor vergleichbaren Bedrohungslagen.[99] An einer vergleichbaren gemeinsamen normativen Grundlage, insbesondere einem ein-

---

[92] So aber *Eder*, Rote Karte, 2017, 39ff., 42, der aus Art. 38 Abs. 1 S. 1 GG eine „prinzipielle Pflicht zu parteipolitischer Neutralität aller Staatsorgane" ableitet, siehe auch 60, u.a. im Anschluss an BVerfGE 44,125 (139).

[93] Siehe Teil 3 Kap. 6 II. 3. b).

[94] Siehe Teil 3 Kap. 6 II. 3. a).

[95] Im Kontext parteipolitischer Neutralität ebenso auf spezifische Grenzen anstelle eines allgemeinen Neutralitätsgebots abstellend *Payandeh*, Der Staat 55 (2016), 519 (537ff.).

[96] In diesem Sinne auch *Reimer*, Verfassungsprinzipien, 2001, 419, der hierbei von einem gemeinsamen Weisungsgehalt der der Induktion zugrunde liegenden Ausgangsnormen spricht, der sich unter anderem durch einen gemeinsamen Wert und einer gemeinsamen Schutzrichtung auszeichne, zum Vorgang der Induktion im Verfassungsrecht 412–428.

[97] *Lassahn*, Rechtsprechung und Parlamentsgesetz, 2017, 147.

[98] Zur parlamentsschützenden Funktion des allgemeinen Vorbehalts des Gesetzes siehe *Lassahn*, Rechtsprechung und Parlamentsgesetz, 2017, 153ff., insbes. 155–160.

[99] Diese Bedrohung erblickt *Lassahn*, Rechtsprechung und Parlamentsgesetz, 2017, 163–166 vor allem in der Marginalisierung des Parlaments infolge des politischen Gleichlaufs von Regierung und Parlamentsmehrheit.

heitlichen konkret identifizierbaren Schutzgut, fehlt es dem typischerweise zur Begründung eines allgemeinen Neutralitätsgebots herangezogenen Demokratiegebot (Art. 20 Abs. 2 GG), der Parteienfreiheit (Art. 21 Abs. 1 S. 2 GG) und der Freiheit der Wahl (Art. 38 Abs. 1 S. 1 GG) jedoch. Aus diesem Grund überzeugt insbesondere die vom Bundesverfassungsgericht vorgenommene Herleitung eines allgemeinen Neutralitätsgebots nicht.[100]

Den Detailregelungen des Grundgesetzes zum einen und den mitunter von ihnen ausgehenden vergleichbaren Rechtsfolgen zum anderen lässt sich vielmehr auf unterschiedlichen Ebenen der Rechtsgewinnung angemessen Rechnung tragen: Rufen verschiedene Vorgaben für einen typischen Sachverhalt typischerweise eine Rechtsfolge hervor, kann dieser Zusammenhang für die Rechtsanwendung mittels eines Speicherbegriffs zusammengefasst werden. Mit ihm korrespondiert dann eine Vermutung, aber eben kein Zwang für bestimmte Rechtsfolgen. Übertragen auf die hier untersuchte Fragestellung bedeutet dies, sofern und soweit die Parteienfreiheit (Art. 21 Abs. 1 GG), das Demokratieprinzip (Art. 20 Abs. 2 GG) und das Gebot einer freien Wahl (Art. 38 Abs. 1 S. 1 GG) temporäre und kontextuelle Neutralitätspflichten anordnen oder auch nur reflexartige Neutralitätswirkungen hervorrufen, könnten sie es rechtfertigen, von einem Neutralitätsgebot in Gestalt eines Speicherbegriffs zu sprechen. Da die normative Wirkung eines Speicherbegriffs gleichwohl in einem akzessorischen Verhältnis zu den jeweils zugrunde liegenden Rechtsbegriffen steht, ließe sich die Neutralitätspflicht temporär oder kontextuell widerlegen. Auf die Weise bleiben die detaillierten Regelungen des Grundgesetzes einerseits gewahrt und können die von ihnen ausgehenden vergleichbaren Rechtsfolgen andererseits begrifflich verdichtet der Rechtsanwendung zur Verfügung gestellt werden.

Sind die verschiedenen Vorgaben des positiven Verfassungsrechts schließlich Ausdruck einer gemeinsamen staats- und verfassungstheoretischen Idee, kann dem angemessener auf der Ebene des verfassungstheoretischen Systems entsprochen werden. Eine hier lokalisierte Überlegung brächte keine zwingenden Rechtsfolgen mit sich, leitete aber die Auslegung der positiven Bestimmungen des Verfassungsrechts.[101] Im Kontext der vorliegenden Überlegung gilt dies beispielsweise für einen weiteren Argumentationsstrang, der häufig für die Begründung eines absoluten staatlichen Neutralitätsgebots angeführt und im Folgenden untersucht wird.

---

[100] Zum Beispiel BVerfGE 138, 102 (109–111); zur Rechtsprechung des Bundesverfassungsgerichts in Sachen parteipolitischer Neutralität siehe *Payandeh*, Der Staat 55 (2016), 519 (525–529).

[101] So auch im Kontext der weltanschaulich-religiösen Neutralität *Heinig*, JZ 2009, 1136 (1140).

c) Kein absolutes Neutralitätsgebot aufgrund der staatlichen „Schiedsrichterfunktion"

Ein allgemeines Neutralitätspostulat im Sinne eines Identifikationsverbotes für den politischen Bereich wird teilweise aus einer dem Staat zugedachten Schiedsrichterfunktion gegenüber der Gesellschaft abgeleitet.[102] Nur wenn sich der Staat im gesellschaftlichen Bereich distanziert verhalte, könne er seine Friedensfunktion erfüllen[103], auf die Akzeptanz der Bürger für sein Gewaltmonopol bauen und die Gehorsamspflicht einfordern.[104] Die Neutralität werde so zu einem Stabilitätsgaranten, sogar zum konstitutiven Merkmal moderner Staatlichkeit.[105] Eine solche Vorstellung klingt schnell nach einer Überhöhung des Staates und Herabsetzung der Gesellschaft,[106] ließe sich aber ebenso pluralistisch deuten.[107] Gerade durch die Abstinenz staatlicher Identifikation und Bewertung könne sich bürgerliche Freiheit entfalten. Die vom Staat zu unterscheidende Gesellschaft wäre dann nicht nur etwas Unvollkommenes, das durch den Staat aufgehoben wird, sondern bildet seine Daseinsberechtigung, wie es mit Art. 1 Abs. 1 S. 1 GG bereits eindrucksvoll für den Staat des Grundgesetzes zum Ausdruck gelangt.[108]

Diese theoretische Idee darf indes nicht mit einer unmittelbaren Rechtspflicht gleichgesetzt werden.[109] Eine staatstheoretische Überlegung ruft nicht automatisch eine allgemeine Rechtspflicht hervor, kann entsprechend ihrer Verortung auf der Ebene des verfassungstheoretischen Systems aber auslegungsleitend auf konkrete Rechtspflichten ausstrahlen. Entsprechende Rechtspflichten könnte das Grundgesetz allerdings im Zusammenhang mit der Wahrnehmung hoheitlicher Aufgaben und Befugnisse formulieren. Mit dem angeführten Gedanken, nämlich der notwendigen Akzeptanz des Bürgers für das staatliche Gewaltmonopol, ließen sie sich wie folgt zusammenführen: Die effektive Aufgabenerfüllung verlangt ihre Durchsetzung gegenüber dem und Befolgung durch den davon betrof-

---

[102] *Isensee*, in: ders./Kirchhof (Hrsg.), HStR, Bd. IV, 3. Aufl. (2006), § 71, Rn. 134.

[103] Für den Bereich der Religion und Weltanschauung *Schmitt Glaeser*, Der freiheitliche Staat des Grundgesetzes, 3. Aufl. (2016), 164 f.; siehe auch *Eder*, Rote Karte, 2017, 38.

[104] *Böckenförde*, VVDStRL 28 (1970), 33 (83 f.); siehe auch *Eder*, Rote Karte, 2017, 38.

[105] *Böckenförde*, VVDStRL 28 (1970), 33 (83 f.); *Eder*, Rote Karte, 2017, 38.

[106] Insbesondere wenn es heißt, dass das „für den modernen Staat konstitutive Prinzip der Nichtidentifikation […] auf eine übergreifende Neutralität und Allgemeinheit des Staates" ziele, wodurch „der einzelne ‚sich in seiner Eigenart als geistige und sittliche Persönlichkeit in seinem Staate unberührbar und geborgen weiß'", siehe dazu *Böckenförde*, VVDStRL 28 (1970), 33 (84); *Eder*, Rote Karte, 2017, 38.

[107] In diese Richtung auch *Eder*, Rote Karte, 2017, 35–38; *Häberle*, JZ 1977, 361 (364 f.).

[108] *Häberle*, JZ 1977, 361 (364 f.); *Kloepfer*, Verfassungsrecht II, 2010, § 55, Rn. 2; *Chr. Starck*, in: v. Mangoldt/Klein/Starck, GG, Bd. 1, 7. Aufl. (2018), Art. 1, Rn. 12.

[109] So auch im Kontext der weltanschaulich-religiösen Neutralität *Heinig*, JZ 2009, 1136 (1140); anders aber wohl *Eder*, Rote Karte, 2017, 38 f.

fenen Bürger. Dies setzt zwangsläufig das Vertrauen der Bürger in die unvoreingenommene Amtstätigkeit voraus[110] und wird bereits durch den Anschein der Voreingenommenheit erschüttert.[111] Neutralitätspflichten runden diese berechtigten Erwartungen zur unvoreingenommenen Amtsführung ab. In diesem Sinne wird ein solches Neutralitätsgebot entsprechend einer Unvoreingenommenheit und Nichtidentifikation als hergebrachter Grundsatz des Berufsbeamtentums im Sinne von Art. 33 Abs. 5 GG verstanden.[112] Einfach-rechtliche Ausprägungen finden sich für Beamte in den § 33 Abs. 1 S. 2 BeamtStG, § 60 Abs. 1 S. 2 BBG und den entsprechenden Länderregelungen. Dass die durch die Neutralität bezweckte unvoreingenommene Amtstätigkeit bereits durch die Rechtsbindung und Ermessenskontrolle gewährleistet werde und es eines Neutralitätsgrundsatzes insoweit nicht bedürfe[113], ändert nichts daran, dass der Gedanke unvoreingenommener Amtstätigkeit dem Grundgesetz selbst entnommen werden kann.[114] Steht ein so verstandenes Neutralitätsgebot jedoch in einem Zusammenhang zur jeweils zu bewältigenden konkreten hoheitlichen Aufgabe, zeigt sich: Ein Neutralitätsgebot existiert nicht absolut und abstrakt für jede Amtstätigkeit, sondern nur mit Blick auf die jeweils konkrete Aufgabe und den dafür zuständigen Amtsträger im Sinne funktionsspezifischer Neutralitätsgrenzen.[115]

---

[110] *Eder*, Rote Karte, 2017, 38; *Herrmann*, Die Verwaltung 51 (2018), 265 (274).

[111] *Herrmann*, Die Verwaltung 51 (2018), 265 (277); siehe auch BVerwGE 114, 37 (44).

[112] BVerfG, Beschluss vom 6.7.1988 – 2 BvR 111/88 = NJW 1989, 93; *Barczak*, NVwZ 2015, 1014 (1015).

[113] *Payandeh*, Der Staat 55 (2016), 519 (530).

[114] Ohnehin hilft die Gesetzes- und Ermessensbindung dort nicht weiter, wo es an Gesetzen mangelt.

[115] In diese Richtung auch BVerfGE 136, 323 (334 f.), wenn es die Äußerungsgrenzen des Bundespräsidenten unter anderem aufgrund eines fehlenden Wettbewerbsverhältnisses „mit den politischen Parteien […] um die Gewinnung politischen Einflusses“ (334) sowie „seiner Repräsentations- und Integrationsaufgabe“ (335) gesonderten Maßstäben unterwirft; ebenso für funktionsspezifische Neutralitätsgrenzen *Ferreau*, NVwZ 2017, 1259 (1260); *Gärditz*, NWVBl. 2015, 165 (167 f.); *Gärditz*, JöR 64 (2016), 1 (12 f.); *Gusy*, NVwZ 2015, 700 (702); *Gusy*, KritV 2018, 210 (234 f.); gegen ein allgemeines Neutralitätsgebot und für funktionsspezifische Neutralitätsanforderungen auch *Mast*, Staatsinformationsqualität, 2020, 356–360, 368 ff., zu Abstufungen eines Sachlichkeitsgebots entsprechend dem Äußerungssubjekt 209–212; *Schlaich*, Neutralität als verfassungsrechtliches Prinzip, 1972, 58, 80 f.; *Payandeh*, Der Staat 55 (2016), 519 (529–534, 537); siehe auch *Eder*, Rote Karte, 2017, 63 ff., der eine Neutralitätspflicht ebenso im Lichte der verfassungsrechtlichen Stellung der jeweiligen Verfassungsorgane ermittelt, gleichwohl ein allgemeines Gebot parteipolitischer Neutralität kennt (32 ff., 62.); siehe bereits *Honer*, RuP 2020, 419 (420 f.).

2. Funktionsspezifisches Neutralitätsgebot für die Bundesregierung?

Nur funktions- und organspezifische Neutralitätsgrenzen werden der Vielgestaltigkeit hoheitlicher Aufgaben und Institutionen gerecht.[116] Der Staat ist kein monolither Block. Die einzelnen Staatsfunktionen und Hoheitsorgane tragen in verschiedener Weise zur Gemeinwohlfindung bei, was unterschiedliche Grade an Neutralität und Parteilichkeit zulässt bzw. verlangt.[117] Steht gestaltende und richtunggebende Hoheitstätigkeit in Rede, wie sie die Gemeinwohlbindung verlangt und von der Bundesregierung institutionell im Regierungsverbund bewerkstelligt werden kann, ist ihr in der pluralistischen Staats- und Gesellschaftsordnung des Grundgesetzes ein nicht-neutrales, damit also politisches, und dies ist in der modernen Massendemokratie jedenfalls potenziell ein parteipolitisches, Element immanent.[118] Diesen Zusammenhang von Gemeinwohlkonkretisierung und Parteipolitik nimmt jedenfalls das Grundgesetz mit Art. 21 Abs. 1 S. 1 GG wohlwollend zur Kenntnis. Durch die Anbindung der Regierung an die ihrerseits parteipolitisch überformte Parlamentsmehrheit sichert es diesen auch institutionell ab.[119] Eine Neutralität im Sinne eines – wie vom Bundesverfassungsgericht vertretenen[120] – Identifikationsverbots mit politischen Parteien wäre hiermit unvereinbar.[121] Dementsprechend existiert auch keine berechtigte Erwartungshaltung des Bürgers auf Neutralität, die im Falle ihres Zuwiderhandelns die Legitimation und Friedensfunktion des Staates bedrohen könnte.[122] Anders stellt sich das für die Verwaltung oder die Rechtsprechung dar[123], die aufgrund ihrer intensiveren

[116] *Ferreau*, NVwZ 2017, 1259 (1260); *Gärditz*, JöR 64 (2016), 1 (12); *Gärditz*, NWVBl. 2015, 165 (167 f.); *Mast*, Staatsinformationsqualität, 2020, 368 ff., zu Abstufungen eines Sachlichkeitsgebots entsprechend dem Äußerungssubjekt 209–212; *Payandeh*, in: Der Staat 55 (2016), 519 (537).

[117] Vgl. *Gärditz*, NWVBl. 2015, 165 (167 f.); *Gärditz*, JöR 64 (2016), 1 (12 f.); siehe bereits Teil 2 Kap. 3 II. 4.

[118] Vgl. hierzu *Gärditz*, JöR 64 (2016), 1 (10, 12 f., 15, 20 f.); *Gusy*, KritV 2018, 210 (221, 232); *Meinel*, Der Staat 60 (2021), 43 (79 f.); *Payandeh*, Der Staat 55 (2016), 519 (533 f.); *M. Schröder*, in: Isensee/Kirchhof (Hrsg.), HStR, Bd. III, 3. Aufl. (2005), § 64, Rn. 32; *Schlaich*, Neutralität als verfassungsrechtliches Prinzip, 1972, 75 f.

[119] Darum bewegt sich, wie *Gusy*, KritV 2018, 210 (insbes. 217–223) richtigerweise herausstellt, ein Neutralitätsgebot bereits im offenkundigen Widerspruch zum Charakter der Bundesregierung als parlamentarischer Regierung. Pointiert mit Blick auf das vom BVerfG postulierte Neutralitätsgebot auch *Meinel*, Der Staat 60 (2021), 43 (79): „Die Mehrheit spricht nicht mehr: Entpolitisierung der exekutiven Rede".

[120] Zuletzt BVerfGE 154, 320 (337 f., Rn. 51).

[121] *Payandeh*, Der Staat 55 (2016), 519 (532–534).

[122] Dagegen wohl *Eder*, Rote Karte, 2017, 38.

[123] Treffend daher auch *Mast*, Staatsinformationsqualität, 2020, 50: „Das ansonsten geforderte apolitische, rechtsgebundene und gemäßigte Äußerungsverhalten entspricht dem Idealtyp des Lebenszeitbeamten."

Zwangsgewalten gegenüber dem Bürger mit berechtigteren Erwartungshaltungen zur Neutralität und Objektivität konfrontiert werden kann.[124] Funktionsbedingte Rollenunterschiede zwischen den Vertretern von Gubernative und Administrative betont letztlich auch das Bundesverfassungsgericht, wenn es das Berufsbeamtentum als notwendigen Widerpart zu „den das Staatsleben gestaltenden politischen Kräften“[125] begreift.[126] Sie spiegeln sich auch einfach-gesetzlich wider: Während sich die für Beamte geltenden Neutralitätspflichten auch einfach-rechtlich manifestieren (vgl. § 33 Abs. 1 S. 2 BeamtStG, § 60 Abs. 1 S. 2 BBG), fehlen vergleichbare Regelungen in den Abgeordneten- oder Bundesministergesetzen.[127] Nimmt man die auch an dieser Stelle zum Ausdruck kommende Unterscheidung von Gubernative und Administrative jedoch Ernst, können dem Verwaltungshandeln durchaus angemessene Maßstäbe wie Objektivität, Sachlichkeit und Neutralität nicht auf die durch Politizität und Parteilichkeit geprägte Rolle der Regierung übertragen werden.[128]

3. *Situative Äußerungsgrenzen mit reflexartigen Neutralitätswirkungen*

Das Fehlen einer eigenständigen allgemeinen oder funktionsspezifischen Neutralitätspflicht gegenüber der Bundesregierung steht nicht der Existenz von Vorgaben entgegen, die kontextuelle und temporäre Äußerungsgrenzen mit reflexartigen Neutralitätswirkungen hervorrufen.[129] Diese könnten es gleichwohl rechtfertigen, von einem Neutralitätsgebot zu sprechen. Vergleichbar, wie es beim weltanschaulich-religiösen Neutralitätsgebot erörtert wird[130], könnte es sich

[124] Vgl. auch *Mast*, Staatsinformationsqualität, 2020, 210, 369 f., der gegenüber dem bürokratisch-administrativen Bereich im politischen Bereich abgestufte Sachlichkeits- und Neutralitätsanforderungen formuliert. Für die Unterscheidung von Regierung und Verwaltung im Kontext der Neutralitätspflichten plädiert auch *Payandeh*, Der Staat 55 (2016), 519 (530–534).

[125] BVerfG, Beschluss vom 6.7.1988 – 2 BvR 111/88 = NJW 1989, 93.

[126] Zur Unterscheidung von Beamten und Inhabern politischer Leitungsämter im vorliegenden Kontext *Payandeh*, Der Staat 55 (2016), 519 (538 f.).

[127] Dazu auch *Meinel*, Der Staat 60 (2021), 43 (84); *Payandeh*, Der Staat 55 (2016), 519 (538 f.).

[128] Dies steht indes im Widerspruch zu einer Rechtsprechung, die, wie jüngst *Meinel*, Der Staat 60 (2021), 43 (46–48) treffend feststellt, durch eine Renaissance verwaltungsrechtlicher Kategorien auf dem Gebiet des Verfassungsrechts geprägt ist.

[129] So auch *Payandeh*, in: Der Staat 55 (2016), 519 (537), der von spezifischen rechtlichen Grenzen mit „neutralisierende[n] Wirkungen“ spricht; ähnlich auch *Gusy*, KritV 2018, 210 (233 f.); siehe auch *Huster*, Die ethische Neutralität des Staates, 2. Aufl. (2017), 120, der – im Kontext der weltanschaulichen Neutralität – von sachbereichsspezifischen Neutralitätsformen ausgeht.

[130] Zur Frage, ob das weltanschaulich-religiöse Neutralitätsgebot ein eigenständiges Rechtsgebot oder eine unselbstständige Zusammenfassung darstellt, siehe *Huster*, Die ethische Neutralität des Staates, 2. Aufl. (2017), 40 ff.

hierbei um eine „ex post-Zusammenfassung“[131] oder „Reflexfigur“[132] konkreter verfassungsrechtlicher Gewährleistungen handeln.[133] Ein solches nähme den Status eines Speicherbegriffs ein, der für den Tatbestand der Regierungskommunikation die widerlegliche Vermutung für eine Neutralitätspflicht formuliert. Inwiefern gegenüber der Bundesregierung Vorgaben mit neutralisierender Wirkung bestehen, die unter Umständen im Ergebnis zu einem Neutralitätsgebot zusammengefasst werden könnten, soll im Folgenden untersucht werden.

a) Meinungsfreiheit (Art. 5 Abs. 1 S. 1 GG) und Diskriminierungsverbot (Art. 3 Abs. 3 GG)

Die grundrechtlich verbürgte Meinungsfreiheit (Art. 5 Abs. 1 S. 1 GG) schützt die Möglichkeit zur Meinungskundgabe – ungeachtet des Meinungsinhaltes.[134] Hiernach ist es dem Staat verwehrt, autoritativ über die Werthaltigkeit von Meinungen zu entscheiden.[135] Greifen Amtsträger jedoch lediglich von der Meinungsfreiheit gestützte Positionen auf, bewerten und kritisieren diese, ist eine verbindliche Entscheidung über die Wertigkeit einer Meinung nicht getroffen. Darin dürfte – nach Maßgabe des modernen Eingriffsbegriffs – auch noch nicht eine faktische Erschwerung des Grundrechtsgebrauchs zu erblicken sein.[136] Insbesondere sollte das mit amtlichen Äußerungen von Regierungsmitgliedern verbundene Autoritätspotenzial nicht überschätzt werden, dürften sie doch ohnehin parteipolitisch wahrgenommen werden.[137] Die grundgesetzlich geschützte Meinungsfreiheit steht parteiergreifender Regierungskommunikation also nicht entgegen.[138]

---

131 *Böckenförde*, NJW 2001, 723, (725, Fn. 17); vgl. hierzu auch *Huster*, Die ethische Neutralität des Staates, 2. Aufl. (2017), 40 f.

132 *Möllers*, VVDStRL 68 (2009), 47 (58) bezeichnet das weltanschaulich-religiöse Neutralitätsprinzip als „Reflexfigur der gleichen Freiheit, die die Grundrechte garantieren“.

133 Für eine Induktion anhand konkreter verfassungsrechtlicher Vorgaben siehe *Merten*, in: FS Stern, 1997, 987 (1008); siehe auch *Schlaich*, Neutralität als verfassungsrechtliches Prinzip, 1972, 12 f.; für eine Rückbesinnung auf die positiven Vorgaben des Grundgesetzes im Kontext der weltanschaulich-religiösen Neutralität wirbt *Holzke*, NVwZ 2002, 903 (911 f.).

134 *Gärditz*, NWVBl. 2015, 165 (169); *Hillgruber*, JZ 2016, 495 (496).

135 *Gärditz*, NWVBl. 2015, 165 (169).

136 So auch *Payandeh*, Der Staat 55 (2016), 519 (544); für den weltanschaulichen Bereich siehe *Holzke*, NVwZ 2002, 903 (909), der darauf hinweist, dass ein staatliches Bekenntnis zu einer bestimmten Religion noch nicht die Religionsfreiheit beeinträchtige.

137 *Payandeh*, in: Der Staat 55 (2016), 519 (541 f.); *Putzer*, DÖV 2015, 417 (423); anders *Ferreau*, NVwZ 2017, 1259 (1262); *Hillgruber*, JZ 2016, 495 (499); zum Argument der Autorität siehe auch *Krüper*, JZ 2015, 415.

138 *Gärditz*, NWVBl. 2015, 165 (169); *Gusy*, NJW 2000, 977 (978); *Payandeh*, Der Staat 55 (2016), 519 (544 f.).

Grenzen ergeben sich in der Regel erst, sobald Hoheitsträger vom Gebrauch der Grundrechte abschrecken.[139] Das verbietet es zum einen, Meinungsäußerungen zum Anknüpfungspunkt für Sanktionen oder Belastungen zu erheben, was bereits das unbedingte Diskriminierungsverbot des Art. 3 Abs. 3 GG untersagt.[140] Zum anderen sind auch solche Äußerungen, durch die der Bürger in nachvollziehbarer Weise von seinem Freiheitsgebrauch ablässt, unzulässig.[141] Dagegen streitet bereits der Charakter der Grundrechte als Bestandteil einer objektiven Werteordnung[142], der einen „chilling effect"[143] zu verhindern versucht.[144] Hiernach hat der Staat die Bürger dazu einzuladen, die politischen Beteiligungsrechte wahrzunehmen.[145] Äußerungen, die den Grundrechtsgebrauch hingegen verächtlich machen und diffamieren, wären damit unvereinbar[146] und obendrein demokratisch dysfunktional.[147]

Unzulässig sind auch – entsprechend der allgemeinen Eingriffsdogmatik – solche Äußerungen oder Handlungen, die die Verringerung der Wirkungsmöglichkeiten des Grundrechtsgebrauchs nicht nur unerheblich bewirken[148] oder als solche bezwecken[149].[150] Das folgt bereits aus der Abwehrdimension der Grundrech-

[139] Zur Meinungsfreiheit: BVerfGE 93, 266 (292); *Hillgruber*, JZ 2016, 495 (498); für die Versammlungsfreiheit siehe auch ThürVerfG, ThürVBl. 2016, 281 (283 f.); *Ferreau*, NVwZ 2017, 1259 (1262); *Payandeh*, Der Staat 55 (2016), 519 (545 f.).

[140] Dabei kann den Diskriminierungsverboten nur entnommen werden, dass die dort genannten Kriterien nicht zur Begründung unmittelbarer rechtlicher Benachteiligungen herangezogen werden, nicht aber, dass sich staatliche Maßnahmen auf die dortigen Kriterien nicht nachteilig auswirken dürfen; siehe dazu *Huster*, Die ethische Neutralität des Staates, 2. Aufl. (2017), 88 f., 99 ff., der zwischen Begründungs- und Wirkungsneutralität unterscheidet; mit einem Beispiel siehe auch *Eder*, Rote Karte, 2017, 137.

[141] Mit Beispielen zum Versammlungsrecht *Ferreau*, NVwZ 2017, 1259 (1262); *Gärditz*, NWVBl. 2015, 165 (171); strenger *Barczak*, NVwZ 2015, 1014 (1019).

[142] Den Gedanken der objektiv-demokratischen Grundrechtsfunktion für die Neutralitätsdebatte betonend *Kuch*, AöR 142 (2017), 491 (519 f.); speziell zur individuellen wie demokratischen Funktion der Meinungsfreiheit siehe *Hillgruber*, JZ 2016, 495.

[143] Dazu *Hillgruber*, JZ 2016, 495 (498).

[144] *Hillgruber*, JZ 2016, 495 (498).

[145] *Kuch*, AöR 142 (2017), 491 (520), spricht davon, zum gesellschaftlichen Meinungs- und Willensbildungsprozess „einzuladen".

[146] *Gärditz*, NWVBl. 2015, 165 (170 f.).

[147] *Hillgruber*, JZ 2016, 495; *Kuch*, AöR 142 (2017), 491 (521); siehe auch BVerwGE 159, 327 (336).

[148] *Hufen*, Staatsrecht II, 8. Aufl. (2020), § 8, Rn. 11.

[149] Wird die Verringerung der Wirkungsmöglichkeiten des Grundrechtsgebrauchs als solche intendiert, liegt – ungeachtet der Erheblichkeit – ein Grundrechtseingriff vor, vgl. *Voßkuhle/Kaiser*, JuS 2009, 323 („intentionaler Eingriff"). Dass eine Äußerung nicht unmittelbar auf die Ausgrenzung von grundrechtlich getragenen Verhaltensweisen zielen darf, verlangt auch das BVerfGE 136, 323 (335) für Äußerungen des Bundespräsidenten: „Äußerungen des Bundespräsidenten sind dabei verfassungsrechtlich nicht zu beanstanden, solange sie erkennbar einem

te. Daraus jedoch abzuleiten, dass jede inhaltliche Bewertung bereits unzulässig wäre[151], greift zu kurz.[152] Der Staat hat die Möglichkeit politischer Teilhabe zu gewährleisten[153], nicht aber ihre unwidersprochene Ausübung hinzunehmen.[154] Die bloße Kritik an grundrechtlich getragenem Freiheitsgebrauch, der damit verbundene Aufruf zum Widerspruch oder zur Teilnahme an einer Gegendemonstration sowie das Auftreten als parteipolitisch handelnder Regierungsvertreter ist daher, soweit hierbei ein im Zuständigkeitsbereich der Regierung liegendes sachliches Anliegen verfolgt wird[155], grundsätzlich zulässig.[156] Kommt es dabei bloß zu unerheblich-faktischen Grundrechtsbelastungen, erfolgen diese eben nicht zielgerichtet, sondern allenfalls reflexartig zur Verfolgung eines sachlichen Anliegens.[157] Um etwaige schwerwiegende faktische Grundrechtsbelastungen zu vermeiden, bietet sich anstelle eines Neutralitätsgebots vielmehr ein Mäßigungs- und Zurückhaltungsgebot an.[158] Seine Verletzung wird angesichts der Umstände des jeweiligen Einzelfalls zu bestimmen sein.

Gemeinwohlziel verpflichtet und nicht auf die Ausgrenzung oder Begünstigung einer Partei um ihrer selbst willen angelegt sind." Im Ergebnis siehe auch ThürVerfG, ThürVBl. 2015, 295 (298 f.).

150 Zum Beispiel durch Ausschalten der Straßenbeleuchtung BVerwG, 10 C 6.16 – Dügida; siehe auch mit Blick auf die Versammlungsfreiheit *Ferreau*, NVwZ 2017, 1259 (1262); *Gärditz*, NWVBl. 2015, 165 (170 f.); *Payandeh*, Der Staat 55 (2016), 519 (545 f.).

151 In diese Richtung *Hillgruber*, JZ 2016, 495 (498); letztlich auch *Kuch*, AöR 142 (2017), 491 (521).

152 Wie hier *Gärditz*, NWVBl. 2015, 165 (170 f.); *Payandeh*, in: Der Staat 55 (2016), 519 (544 f.); für die weltanschaulich-religiöse Freiheit so auch *Huster*, Die ethische Neutralität des Staates, 2. Aufl. (2017), 89.

153 *Kuch*, AöR 142 (2017), 491 (521).

154 *Payandeh*, Der Staat 55 (2016), 519 (544); anders wohl *Kuch*, AöR 142 (2017), 491 (521).

155 So auch für den Bundespräsidenten BVerfGE 136, 323 (335).

156 So grundsätzlich ebenso *Gärditz*, NWVBl. 2015, 165 (170 f.); *Payandeh*, Der Staat 55 (2016), 519 (544–546); anders hingegen *Hillgruber*, JZ 2016, 495 (498) oder *Kuch*, AöR 142 (2017), 491 (521), der bereits in der Abwertung der politischen Konkurrenz oder in der Betätigung in amtlicher Funktion als Parteipolitiker eine Grenzüberschreitung erblickt.

157 In diese Richtung auch BVerfGE 136, 323 (335 f.)

158 Ebenso für ein Zurückhaltungsgebot gegenüber Grundrechtsträgern *Barczak*, NVwZ 2015, 1014 (1019); *Ferreau*, NVwZ 2017, 1259 (1261–1263); siehe auch *Kuch*, AöR 142 (2017), 491 (524 f.).

b) Demokratieprinzip (Art. 20 Abs. 1, Abs. 2 GG), Chancengleichheit der Parteien (Art. 21 Abs. 1 GG)

Weitere situative Äußerungsgrenzen ergeben sich aus dem Demokratiegebot (Art. 20 Abs. 1, Abs. 2 GG) und der Chancengleichheit der Parteien (Art. 21 Abs. 1 GG).

Demokratie verlangt die Rückführbarkeit von staatlicher Herrschaft zum Volk. Herrschaft muss also, wie es Art. 20 Abs. 2 S. 1 GG ausdrücklich anordnet, vom Volk „ausgehen“. Nur dann ist sie legitim. Im repräsentativen System des Grundgesetzes wird diese Rückführbarkeit allem voran durch Wahlen gewährleistet. Der hierdurch für Amtsträger erworbene Legitimationstitel bedarf indes der periodischen Erneuerung.[159] Bestehende Legitimation wird dabei allerdings nicht lediglich neu „aufgefüllt“. Vielmehr verlieren die bisherigen Amtsträger unter dem Grundgesetz ihr Amt und müssen sich um eine erneute Amtseinsetzung bemühen (Art. 39 Abs. 1, Abs. 2 GG, Art. 69 Abs. 2 GG);[160] Herrschaft wird neu legitimiert und Ämter werden unter den Bürgern neu vergeben.[161] Nur diese gedankliche Konstruktion wird der Idee *gleicher* demokratischer Freiheit gerecht[162]: Die Amtsträger werden demnach aus der Bürgerschaft akquiriert und nicht bloß von der Bürgerschaft bestätigt.[163] Wollten Regierungsmitglieder nun „als solche“ wiedergewählt werden, emanzipierten sie sich vom eben geschilderten demokratisch gebotenen periodischen Prinzip.[164] Infolgedessen verbieten sich all solche Äußerungen, wonach die Regierung „im Amt bleiben“ wolle.[165]

Soweit darüber hinaus aus dem grundgesetzlichen Demokratiegebot umfassende Neutralitätspflichten insbesondere damit begründet werden, dass sich die Willensbildung in der Demokratie einzig vom Volk zum Staat hin zu vollziehen habe und nicht andersherum,[166] überzeugt diese Argumentation hingegen nur zum Teil. So ist der geschilderte einseitige Ableitungszusammenhang grundsätz-

---

159 *Gärditz*, NWVBl. 2015, 165 (167).

160 *Kuch*, AöR 142 (2017), 491 (508 f.) spricht vom „Rückfall der Staatsgewalt von der scheidenden Regierung ans Volk“. Auch wenn die Mitglieder der Bundesregierung bis zum Zusammentritt des neugewählten Bundestages ordentlich (Art. 39 Abs. 1, Abs. 2 GG, Art. 69 Abs. 2 GG) und ab diesem Zeitpunkt geschäftsführend im Amt bleiben (Art. 69 Abs. 3 GG).

161 *Kuch*, AöR 142 (2017), 491 (508).

162 *Gärditz*, NWVBl. 2015, 165 (167).

163 *Kuch*, AöR 142 (2017), 491 (509 f.).

164 *Kuch*, AöR 142 (2017), 491 (509 f.).

165 BVerfGE 44, 125 (141); *Eder*, Rote Karte, 2017, 161 f.; *Kuch*, AöR 142 (2017), 491 (511); *Mast*, Staatsinformationsqualität, 2020, 366; dagegen *Payandeh*, Der Staat 55 (2016), 519 (541).

166 So beispielsweise *Ferreau*, NVwZ 2017, 1259 (1260); ausführlich zu diesem Argument *Gusy*, NJW 2000, 977 (978).

lich nur für den Wahlvorgang selbst demokratisch geboten.[167] In diesem Zeitraum muss die Willensbildung des Volkes – soll der Wahlvorgang demokratische Legitimität hervorrufen – von staatlicher Seite möglichst unbeeinflusst erfolgen.

Die von Art. 38 Abs. 1 S. 1 GG geforderte Freiheit der Wahl weist in dieselbe Richtung. In einem funktionalen Zusammenhang zum Wahlvorgang steht dabei der diesem vorangehende Wahlkampf.[168] Sind die Wettbewerbspositionen in dieser Periode nur leicht verzerrt, ist dies für den demokratisch gebotenen fairen Wettbewerb der politischen Kräfte besonders verhängnisreich.[169] Das Zurückstellen von Äußerungen der Bundesregierung zur Bewerbung und Darstellung ihrer eigenen Positionen und Tätigkeit ist demokratisch deshalb besonders geboten und innerhalb eines solchen überschaubaren Zeitraums für die Bundesregierung obendrein auch zumutbar. Gleichwohl muss es der Bundesregierung auch in diesem Zeitraum noch möglich sein, im Kontext ihrer Aufgaben- und Befugniswahrnehmung Stellung zu beziehen.[170] Immerhin sind die Mitglieder der Bundesregierung für eine komplette Legislaturperiode gewählt[171], ihre Information insbesondere zu akuten Anlässen unter Umständen besonders notwendig.[172] Starre Grenzen dürften sich deshalb kaum ziehen lassen.[173] Orientierung kann jedoch die folgende Formel bieten: Je stärker sich die Äußerung in einem Wahlkampfkontext bewegt, desto zurückhaltender muss sie ausfallen, unabhängig ob sachlich-informierend oder wertend-parteibezogen.[174] Diese Je-desto-Formel ver-

[167] In diese Richtung auch BVerfGE 44, 125 (139 f.); einen Einfluss auf die Meinungsbildung außerhalb des Wahlkampfes grundsätzlich für zulässig haltend *Gärditz*, NWVBl. 2015, 165 (167 f.); in diese Richtung auch *Putzer*, DÖV 2015, 417 (422).

[168] Zur Äußerungsgrenze der Wahlkampfzeit siehe auch *Kühn*, Bürgerbeeinflussung durch Berichterstattung staatlicher Stellen, 2018, 260 ff. Ein eindeutiger Zeitpunkt für den Beginn der Wahlkampfzeit wird sich wohl nicht bestimmen lassen. Die Festlegung des Wahltages durch den Bundespräsidenten (§ 16 BWahlG) wäre zwar ein eindeutiger Zeitpunkt, erfolgte zuletzt jedoch bereits 8 Monate vor der Bundestagswahl (vgl. https://www.bundeswahlleiter.de/service/glossar/w/wahltermin.html#id-0, zuletzt abgerufen am: 21.7.2021). Zu diesem Zeitpunkt hat der Wahlkampf in der Regel noch nicht die gesellschaftliche Aufmerksamkeit erhalten, weshalb ein etwaiges Wettbewerbsverhältnis nur bedingt verzerrt werden kann, vgl. dazu auch BVerfGE 44, 125 (153); *Kühn*, Bürgerbeeinflussung durch Berichterstattung staatlicher Stellen, 2018, 261. Aus diesem Grund wird wohl eine Betrachtung im jeweiligen Einzelfall geboten sein, so auch BVerfGE 44, 125 (153); *Kühn*, Bürgerbeeinflussung durch Berichterstattung staatlicher Stellen, 2018, 261.

[169] *Eder*, Rote Karte, 2017, 61.

[170] Zu den Ausnahmen *Kühn*, Bürgerbeeinflussung durch Berichterstattung staatlicher Stellen, 2018, 263 ff.

[171] BVerfGE 44, 125 (189) – Sondervotum Rottmann.

[172] BVerfGE 44, 125 (153); *Kühn*, Bürgerbeeinflussung durch Berichterstattung staatlicher Stellen, 2018, 263 f.

[173] *Gusy*, NVwZ 2015, 700 (703); siehe hierzu bereits *Honer*, RuP 2020, 419 (421).

[174] Für unter anderem zeitlich abgestufte Äußerungsgrenzen auch RhPfVerfGH, NVwZ-RR

dichtet sich in der heißen Wahlkampfphase zu einem Gebot äußerster Zurückhaltung[175] und spitzt sich im eigentlichen Wahlvorgang dahingehend zu, dass jede kommunikative staatliche Einwirkung auf die Willensbildung der Bevölkerung zu unterbleiben hat.[176]

Die innerhalb einer Wahlkampfsituation geltenden Grundsätze lassen sich jedoch nicht über diesen Zeitraum hinaus verallgemeinern. So fungieren die Hoheitsträger in der Konzeption des Grundgesetzes außerhalb einer Wahlkampfsituation selbst als Teilnehmer und Gestalter eines Prozesses, in dem die Willensbildung amtlicher und gesellschaftlicher Akteure einer kontinuierlichen Wechselwirkung ausgesetzt ist und ausgesetzt sein darf.[177] Hierfür stellt das Grundgesetz mit politischen Parteien auch einen institutionellen Rahmen bereit.[178] Ihr in Art. 21 Abs. 1 S. 1 GG verankerter Funktionsauftrag deutet bereits darauf hin, dass ein Wille des Volkes niemals abschließend existiert.[179] Die von Art. 21 Abs. 1 S. 1 GG geforderte Mitwirkung der Parteien – bereits bei der Willensbildung des Volkes – liefe ansonsten leer.[180] Demnach haben Hoheitsträger außerhalb des Wahlkampfes einen Volkswillen nicht nur zu vollstrecken, sondern dürfen auf diesen gestaltend einwirken. Parteiergreifende Äußerungen sind dann im Grunde zulässig.[181] Soweit sich dabei Abwertungen der Parteien ergeben, sind diese, wenn sie reflexartig mit Blick auf sachpolitische Auseinandersetzungen

---

2014, 665 (666); ebenso für eine solche durch den Wahltermin bedingte Je-desto-Formel: *Gusy*, NVwZ 2015, 700 (703 f.); *Kühn*, Bürgerbeeinflussung durch Berichterstattung staatlicher Stellen, 2018, 261; für ein demokratisch begründetes Zurückhaltungsgebot siehe auch *Ferreau*, JZ 2018, 360 (361); die zeitliche Nähe zur Wahl als neutralitätsrelevantes Kriterium begreifend *Mast*, Staatsinformationsqualität, 2020, 374 f.; siehe hierzu bereits *Honer*, RuP 2020, 419 (421); dagegen BVerfGE 44, 125 (193–195) – Sondervotum Rottmann.

[175] BVerfGE 44, 125 (152); *Barczak*, NVwZ2015, 1014 (1019); *Eder*, Rote Karte, 2017, 161; *Gusy*, NVwZ 2015, 700 (703); *Kuch*, AöR 142 (2017), 419 (511 f.).

[176] RhPfVerfGH, NVwZ-RR 2014, 665 = NVwZ 2014, 1089 (1092).

[177] BVerfGE 44, 125 (139 f.); *Eder*, Rote Karte, 2017, 47 f.; *Gärditz*, NWVBl. 2015, 165 (169); *Gusy*, NJW 2000, 9777 (978); *Gusy*, KritV 2018, 210 (224); *Volkmann*, Politische Parteien und öffentliche Leistungen, 1993, 88 ff., insbes. 89–91.

[178] Dazu *Eder*, Rote Karte, 2017, 47 f.; siehe auch zur Funktion der Parteien innerhalb der politischen Willensbildung *Volkmann*, Politische Parteien und öffentliche Leistungen, 1993, 93–99.

[179] *Eder*, Rote Karte, 2017, 47 f.; *Grimm*, in: Benda/Maihofer/Vogel (Hrsg.), Handbuch des Verfassungsrechts, 2. Aufl. (1994), § 14, Rn. 16; *Petersen*, JöR 58 (2010), 137 (168).

[180] *Klein*, in: Maunz/Dürig, GG, 88. EL (2019), Art. 21, Rn. 159.

[181] Anders BVerfGE 154, 320, Rn. 48; wie hier auch *Gärditz*, NWVBl. 2015, 165 (167–171), der außerhalb eines Wahlkampfes für Inhaber politischer Leitungsämter kein allgemeines Neutralitätsgebot kennt; ähnlich auch *Gusy*, NVwZ 2015, 700 (703 f.), der Neutralitätspflichten an ein Wettbewerbsverhältnis knüpft; ebenso *Payandeh*, Der Staat 55 (2016), 519 (543); anders Barczak, NVwZ 2015, 1014 (1015); *Putzer*, DÖV 2015, 417 (422).

erfolgen, statthaft.[182] Zu weitgehend und zu undifferenziert ist es daher, wenn das Bundesverfassungsgericht annimmt, dass die Äußerungsgrenzen bereits dadurch überschritten würden, dass die „Staatsorgane als solche parteiergreifend zugunsten oder zulasten einer politischen Partei oder von Wahlbewerbern auf die politische Willensbildung des Volkes einwirken."[183] Das legt bereits ein Vergleich zu politischen Akteuren und Vereinigungen unterhalb des Parteienstatus im Sinne des Art. 21 GG nahe, deren negative Bewertung durch Hoheitsträger grundsätzlich noch keinen faktischen Eingriff hervorruft, solange ihr Freiheitsgebrauch nicht zielgerichtet ausgegrenzt oder erheblich erschwert wird.[184]

Da die politische Willensbildung ebenso während der laufenden Legislaturperiode erfolgt[185], muss der demokratische Wettbewerb zwischen den konkurrierenden politischen Kräften, insbesondere zwischen Mehrheit und Minderheit gleichwohl auch außerhalb von Wahlkampfsituationen offengehalten werden.[186] Die Mehrheit darf die Tür, durch die sie gegangen ist, nicht hinter sich zuschlagen.[187] Der chancengleiche Wettbewerb der politischen Akteure ist insoweit bereits ein Postulat des Demokratiegebotes.[188] Für Parteien wird dieser Gedanke durch die in Art. 21 Abs. 1 GG i. V. m. Art. 3 Abs. 1 GG verortete Chancengleichheit der Parteien gestützt.[189]

Äußerungsgrenzen, die aus dem Gedanken chancengleichen Wettbewerbs der (partei-)politischen Akteure erwachsen, existieren allerdings nur insoweit, wie ein Wettbewerbsverhältnis auch tatsächlich vorliegt und ein solches bedroht wird.[190] Dass sich die Bundesregierung innerhalb eines solchen Wettbewerbsver-

---

182 In diese Richtung auch SaarlVerfG, Urt. 8.7.2014, Az.: Lv 5/14, 11–14.

183 BVerfGE 136, 323, Rn. 28; 44, 125 (146); BVerwG, 10 C 6.16, Rn. 24 – Dügida; wie das BVerfG: *Ferreau*, NVwZ 2017, 1259 (1260).

184 Siehe Teil 3 Kap. 6 II. 3. a).

185 *Payandeh*, Der Staat 55 (2016), 519 (540).

186 BVerfGE 44, 125 (145); *Kuch*, AöR 142 (2017), 419 (515, 522 f.); im Hinblick auf Parteien: *Eder*, Rote Karte, 2017, 59 f., 160 f.; daher ist es wohl zu weitgehend, wenn *Gusy* außerhalb eines Wahlkampfes im Grunde kein Wettbewerbsverhältnis anerkennt, das durch Regierungskommunikation bedroht werden könnte, vgl. *Gusy*, NVwZ 2015, 700 (703 f.); wie hier für ein Wettbewerbsverhältnis auch außerhalb des Wahlkampfes *Payandeh*, Der Staat 55 (2016), 519 (540); siehe hierzu bereits *Honer*, RuP 2020, 419 (421).

187 BVerfGE 144, 20 (196 f.); im Anschluss an *Dreier*, JZ 1994, 741 (751).

188 Das Demokratieprinzip für ein Neutralitätsgebot im Kontext hoheitlicher Äußerungen fruchtbar machend BVerfGE 44, 125 (145); *Kuch*, AöR 142 (2017), 491 (502 ff., 505 ff.); demgegenüber auf die Gleichheitsrechte abstellend *Gusy*, NVwZ 2015, 700 (703).

189 Zur Chancengleichheit der Parteien siehe auch *Eder*, Rote Karte, 2017, 54 ff.

190 So auch *Ferreau*, NVwZ 2017, 1259 (1260); *Gusy*, NVwZ 2015, 700 (703); sowie BVerfGE 136, 323 (334 f.), wenn es die Äußerungsgrenzen des Bundespräsidenten unter anderem aufgrund eines fehlenden Wettbewerbsverhältnisses „mit den politischen Parteien [...] um die Gewinnung politischen Einflusses" (334) gesonderten Maßstäben unterwirft.

hältnisses bewegt, wurde bereits der grundgesetzlichen Theorie der Regierung entnommen; die Bundesregierung und die sie tragenden Parteien stehen im Widerstreit zu den Oppositionsparteien.[191] Dieses Wettbewerbsverhältnis wird verzerrt, sofern ein Akteur über ungleiche Wettbewerbsbedingungen verfügt. Soweit dabei die amtliche Identifikation mit oder Bewertung von parteipolitischer Betätigung bereits als Verzerrung der Bedingungen freien und gleichen Wettbewerbs angesehen wird, ist sie jedoch grundgesetzlich gebilligt. Immerhin verlangt der verfassungsrechtliche Funktionsauftrag der Bundesregierung die parteipolitische Stellungnahme und nimmt insoweit etwaige Wettbewerbsverzerrungen in Kauf.[192] Die Wettbewerbsverfälschung intensiviert sich jedoch dadurch, je stärker die Bundesregierung bei wertenden und parteibezogenen Äußerungen auf die den gesellschaftlichen Akteuren und nicht an der Regierung beteiligten Parteien verschlossenen staatlichen Ressourcen zurückgreift.[193] Eine solche Wettbewerbsverzerrung wird in der Regel auch nicht durch den verfassungsrechtlichen Funktionsauftrag der Bundesregierung gerechtfertigt werden können. Immerhin ist es für die funktionsadäquate Regierungskommunikation grundsätzlich nicht geboten, in erheblichem Umfang auf personelle, finanzielle oder sachliche staatliche Ressourcen zurückzugreifen.

Vollständig vermeiden lässt sich auch diese Verzerrung in Anbetracht der verfassungsrechtlich gebotenen Möglichkeit zur Artikulation durch die Bundesregierung nicht. Gleichwohl kann auch hier die folgende Je-desto-Formel helfen, um Wettbewerbsverzerrungen einzudämmen: Je stärker die Bundesregierung für die Äußerung auf staatliche Ressourcen zurückgreift, desto geringer muss der wertende oder parteibezogene Aspekt ausfallen und umso mehr muss ein Bezug zu einer Aufgabe der Bundesregierung hergestellt werden.[194] Für parteiergreifende Stellungnahmen ist eine Grenze zu ziehen, wenn Ressourcen eingesetzt werden, die ein „Gleichziehen“ durch die Gegenseite personell, sachlich und finanziell unzumutbar erscheinen lassen oder auch nicht durch einen finanziellen Oppositionszuschlag ausgeglichen werden können. Das dürfte für Verlautbarungen auf Pressekonferenzen oder Stellungnahmen, die auf der regierungsamtlichen Internetpräsenz verbreitet werden, wohl noch nicht der Fall sein. Hierfür beste-

---

[191] Siehe ausführlich Teil 2 Kap. 3 III.; dagegen *Eder*, Rote Karte, 2017, 134.

[192] Für die parteipolitische Stellungnahme kann die Bundesregierung auch nicht auf den Parteiapparat verwiesen werden. Zum einen handelt es sich hierbei um eine der Bundesregierung verfassungsrechtlich zugewiesene Aufgabe. Zum anderen muss es ihr auch gegenüber den sie tragenden Parteien und Fraktionen möglich bleiben, sich entsprechend ihrer verfassungsrechtlich zugewiesenen Rolle als eigenständige politische Kraft im politischen Wettbewerb zu etablieren, so auch *Gusy*, KritV 2018, 210 (229).

[193] *Eder*, Rote Karte, 2017, 134 f.; *Mast*, Staatsinformationsqualität, 2020, 373; *Payandeh*, Der Staat 55 (2016), 519 (542); siehe hierzu bereits *Honer*, RuP 2020, 419 (421).

[194] Siehe hierzu bereits *Honer*, RuP 2020, 419 (421).

hen in der Regel flexible, kurzfristige und günstige Reaktionsmöglichkeiten. Aus diesem Grund waren die Veröffentlichung einer Pressemitteilung auf der Ministeriumshomepage wie im Fall Wanka bzw. eines Interviews wie im Fall Seehofer nicht zu beanstanden.[195] Für weitergehende Kommunikationsmittel wäre dies hingegen anders zu beurteilen. Diesbezüglich bieten die vom Bundesverfassungsgericht in der Entscheidung zur Öffentlichkeitsarbeit der Bundesregierung[196] aufgestellten Kriterien noch immer hilfreiche Anhaltspunkte. Demnach greift die Bundesregierung nicht erst, aber jedenfalls wenn kostenpflichtige Werbeanzeigen geschaltet werden, für ihre Kommunikation in unzulässiger Weise auf staatliche Ressourcen zurück.[197] Die darüber hinaus verbleibenden Wettbewerbsverzerrungen zeigen einmal mehr die verfassungsrechtliche Gebotenheit, zumindest jedoch Zulässigkeit eines diese Verzerrungen ausgleichenden Oppositionszuschlages.[198]

4. Grenzen, soweit funktional keine Amtstätigkeit vorliegt

Wurde ermittelt, dass das Mitglied der Bundesregierung funktional nicht als Amtsträger auftritt, greifen die oben genannten Grenzen nicht. Die Äußerungsgrenzen beurteilen sich dann nach den gewohnten Maßstäben für privat-gesellschaftliche Akteure. Ohne gesetzliche Grundlage können die amtlichen Äußerungsgrenzen für Mitglieder der Bundesregierung auch nicht auf ihre private bzw. parteipolitische Rolle übertragen werden[199]. Vergleichbar wie im Beamtenrecht wäre es zwar denkbar, die mit dem Amt verbundenen Pflichten auf die private Rolle der Amtsträger ausstrahlen zu lassen und ihnen im privaten Bereich gesetzliche Mäßigungsgebote aufzuerlegen.[200] Eine solche Regelung erwiese sich jedoch in Anbetracht der spezifischen Rolle der Mitglieder der Bundesregie-

---

[195] Die parteiergreifende Pressemitteilung („Rote Karte für die AfD") auf der Internetpräsenz des Bundesministeriums für Bildung und Forschung im Fall Wanka (BVerfGE 148, 1), siehe dazu bereits Teil 3 Kap. 6 I. 2. b) ee) (1), dürfte zulässig gewesen sein, da die hier verwendeten finanziellen, sachlichen und personellen Ressourcen im Anschluss an *Gärditz*, VerfBlog, 2018/2/27 einen in Zeiten moderner Kommunikationsmittel unerheblichen Wettbewerbsvorteil mit sich bringen. Gleiches gilt für den Fall Seehofer (BVerfGE 154, 320), der sich ebenso außerhalb eines Wahlkampfkontextes unter Rückgriff von nur unerheblichen sachlichen Ressourcen bewegte. Siehe hierzu bereits *Honer*, RuP 2020, 419 ff.; kritisch zur Rspr. des BVerfG auch *Meinel*, Der Staat 60 (2021), 43 (79 ff.).

[196] BVerfGE 44, 125.

[197] Siehe BVerfGE 44, 125; großzügiger hingegen BVerfGE 44, 125 (191 f.) – Sondervotum Rottmann.

[198] Siehe oben Teil 3 Kap. 5 II. 2.; siehe hierzu bereits *Honer*, RuP 2020, 419 (422).

[199] So aber *Eder*, Rote Karte, 2017, 148 f.

[200] So *Eder*, Rote Karte, 2017, 148 f.

rung als verfassungswidrig: Anders als für Beamte existiert gegenüber den Mitgliedern der Bundesregierung keine berechtigte Erwartungshaltung zur Neutralität und unparteiischen Amtstätigkeit. Das zeigt einerseits die spezifische Funktion der Bundesregierung, die eben keine neutrale, sondern zwangsläufig eine parteipolitisch überformte ist. Das beruht andererseits darauf, dass die Bundesregierung in der Regel nicht mit der individuell-konkreten Rechtserzeugung betraut ist, die durchaus eine berechtigte Erwartung zur unparteiischen Amtsführung mit sich bringen würde. Überdies stellte ein Neutralitäts- oder Mäßigungsgebot für Regierungsmitglieder in rein parteipolitischen Kontexten einen unzumutbaren Nachteil für die regierungstragenden Parteien im parteipolitischen Wettbewerb dar und dürfte selbst gegen die Chancengleichheit der Parteien aus Art. 21 Abs. 1 i. V. m. Art. 3 Abs. 1 GG verstoßen.[201] In privater Funktion bleibt es somit grundsätzlich bei den Grenzen des allgemeinen Äußerungsrechts.[202]

5. Zwischenergebnis – zugleich: Grenzen für parteiergreifende Regierungskommunikation

Ein allgemeines Gebot (partei-)politischer Neutralität, das für jede staatliche Hoheitstätigkeit im Sinne einer rechtlichen Verpflichtung Geltung beansprucht, existiert im Grundgesetz nicht.[203] Die Idee einer (partei-)politischen Unvoreingenommenheit und Unparteilichkeit liegt dem Grundgesetz jedoch für bestimmte Funktionen, Organe und Amtsträger des Staates zugrunde. Entsprechend ihrem normativen Status als verfassungstheoretische Überlegung wirkt sie sich auslegungsleitend auf die mit der Aufgaben- und Befugniswahrnehmung verbundenen Rechtspflichten der hiervon erfassten Amtsträger aus. Insoweit kann sie auch funktionsspezifische Neutralitätsgebote hervorrufen. Das gilt insbesondere für Amtsträger, sofern und soweit diese mit der konkret-individuellen Rechtserzeugung betraut sind. Aufgrund der Regierungsfunktion zur (partei-)politischen Richtunggebung bestehen entsprechende Neutralitätserwartungen für die Bundesregierung grundsätzlich[204] nicht; ein uneingeschränktes parteipolitisches Neutralitätsgebot kann der Bundesregierung folglich nicht auferlegt werden.[205] Unter Berücksichtigung der politischen Eigengesetzlichkeiten, denen die Bun-

201 *Payandeh*, Der Staat 55 (2016), 519 (534 f.) mit Verweis auf BVerfGE 138, 102 (117).

202 Dagegen *Eder*, Rote Karte, 2017, 148 f.

203 So auch *Bender*, NWVBl. 2016, 143 (146); *Gusy*, NVwZ 2015, 700 (703 f.).

204 Ausnahmen können sich demnach ergeben, soweit die Bundesregierung materielle Verwaltungsfunktion wahrnimmt.

205 In diese Richtung aber *Eder*, Rote Karte, 2017, 32 ff., 136–138, auch wenn er die Neutralitätspflichten später in Anbetracht der Stellung und Funktion der Verfassungsorgane ermittelt (63 ff.); siehe hierzu bereits *Honer*, RuP 2020, 419 (420 f.).

desregierung ausgesetzt ist, kann Regierungsäußerungen auch nicht notwendig ein sachlicher Äußerungsmodus abverlangt werden.[206] Gleichwohl sind dem Grundgesetz die folgenden situativen Äußerungsgrenzen im Kontext parteiergreifender Äußerungen mit teilweise neutralisierendem Effekt zu entnehmen:

- Je stärker sich die Äußerung in einem Wahlkampfkontext bewegt, desto zurückhaltender muss sie ausfallen, unabhängig ob sachlich-informierend oder wertend-parteibezogen.
- Je mehr Ressourcen für die Äußerung in Anspruch genommen werden, desto geringer muss der parteiergreifende Bezug der Äußerung ausfallen und umso mehr muss ein Bezug zu einer Aufgabe der Bundesregierung hergestellt werden.
- Die Bundesregierung darf nicht dafür werben, „im Amt bleiben zu wollen".
- Es darf der Gebrauch grundrechtlicher Freiheiten weder verächtlich gemacht noch diskreditiert oder in sonstiger Weise von ihm abgeschreckt werden.

Diese Überlegungen könnten begrifflich in einer Pflicht zur (partei-)politischen Zurückhaltung und Mäßigung verdichtet werden. Ein solcher Begriff nähme den Status eines Speicherbegriffs ein. Indem er für den Tatbestand der Regierungskommunikation eine widerlegliche Vermutung für die Rechtsfolge der (partei-) politischen Zurückhaltung und Mäßigung formuliert, wird er dem bloß typisierenden und kontextuellen sowie temporären Charakter der aufgezeigten Äußerungsgrenzen gerecht.[207] Eine Pflicht zur (partei-)politischen Zurückhaltung und Mäßigung wäre dementsprechend insbesondere außerhalb von Wahlkampfzeiten und im Falle der Inanspruchnahme geringer hoheitlicher Ressourcen widerlegt. Konkrete Grenzen ergeben sich im Einzelfall entsprechend den aufgezeigten Vorgaben und Je-desto-Formeln. Von einem „Neutralitätsgebot" sollte hingegen Abstand genommen werden; es wird weder dem Funktionsauftrag der Bundesregierung noch den differenzierten Äußerungsgrenzen gerecht.

Damit wird auch im Umgang mit den Grenzen der Regierungskommunikation der Vorteil des hier zugrunde gelegten methodischen Konzepts deutlich: Rechtsfolgen sind nur den Rechtsnormen zu entnehmen. Dadurch lassen sich feingliedrigere Vorgaben ermitteln als durch Großformeln („Neutralität"), die eins zu eins

---

[206] So auch *Gusy*, KritV 2018, 210 (226 f.); ebenso für den Bundespräsidenten BVerfGE 136, 323 (335); für ein Mitglied der saarländischen Landesregierung SaarlVerfG, Urt. 8.7.2014, Az.: Lv 5/14, 14 f.; anders aber das Bundesverwaltungsgericht, wonach ein Amtswalter im politischen Diskurs „seine Äußerungen an dem Gebot eines rationalen und sachlichen Diskurses auszurichten [hat]"; BVerwG, 10 C 6.16, Rn. 29 – Dügida sowie *Eder*, Rote Karte, 2017, 157 f. Zu einem Sachlichkeitsgebot auf dem Gebiet hoheitlicher Äußerungen siehe auch *Mast*, Staatsinformationsqualität, 2020, 198 ff.

[207] Den indiziellen Charakter der Äußerungsgrenzen betonend *Gusy*, NVwZ 2015, 700 (703 f.).

aus allgemeinen staatstheoretischen Überlegungen in Rechtsbegriffe übersetzt oder aus einer Zusammenschau verschiedener Vorgaben (Art. 20 Abs. 1, 2 GG, Art. 21 Abs. 1 GG, Art. 38 Abs. 1 S. 1 GG) gewonnen werden. Dabei bleibt auch Raum für staatstheoretische Überlegungen. Indem sie ihre Rechtswirkungen jedoch nur dosiert entfalten, verdrängen sie die detaillierten Vorgaben des positiven Verfassungsrechts nicht. Mit Speicherbegriffen können schließlich typische Rechtsfolgen – insbesondere für die Rechtspraxis – formuliert werden, die aufgrund ihrer Widerleglichkeit zugleich eine Würdigung der tatsächlichen und rechtlichen Besonderheiten des jeweiligen Einzelfalls erlauben.

Schluss

I. Zusammenfassung in Schlussthesen

Erster Teil: Methodische Vorüberlegungen: Rechtsgewinnung im Verfassungsrecht – Anforderungen, Schichten und Begriffe

1. Der Vorgang der Rechtsgewinnung schließt die Interpretation der Norm und ihre Anwendung auf den konkreten Fall ein. Dieser Vorgang hat aus verfassungsrechtswissenschaftlicher Perspektive das Gebot der intersubjektiven Überprüfbarkeit und das Gebot eines höchstmöglichen Niveaus an einer geeigneten, erforderlichen und zulässigen Begründung zu wahren. Mit Blick auf den Untersuchungsgegenstand, das Recht, muss eine Rechtsgewinnung des Weiteren die Verstehensbedingungen, die Entstehungsbedingungen und die Anwendungsfunktion des Rechts berücksichtigen. Hieraus ergeben sich mehrere und partiell entgegenstehende Anforderungen an die Rechtsgewinnung.

2. Diesen Anforderungen wird optimalerweise dadurch entsprochen, indem verschiedene Schichten innerhalb der Rechtsgewinnung bestimmt werden, deren Beiträge für die Rechtsgewinnung auf die unterschiedlichen Anforderungen an die Rechtsgewinnung abgestimmt sind.

3. In diesem Sinne können eine rechtstheoretische, eine rechtsnormative und eine rechtspraktische Schicht in der Rechtsgewinnung identifiziert werden. Ihre Beiträge für die Rechtsgewinnung sind in dieser Reihenfolge als Theorie-, Rechts- und Speicherbegriff zu bezeichnen.

a. Eine rechtstheoretische Schicht gewährleistet die theoretisch-systematische Durchdringung eines Rechtsgebiets. Sie speist sich unter anderem aus rechtsexternen Erkenntnissen. Für die Rechtsgewinnung erbringt sie eine Vorverständnis-, Erklärungs- und Theoriespeicherfunktion, des Weiteren eine Analyse- und Systematisierungsfunktion und schließlich eine Transformations-, Orientierungs- und Begründungsfunktion. Auf dieser Ebene angesiedelte Überlegungen werden als Theoriebegriff bezeichnet. Normative Relevanz gewinnen sie als auslegungs- und abwägungsleitende Impulse allein über die Rechtsnormen und in ihnen enthaltenen Rechtsbegriffe. Für ihre Anwendung gilt demnach der Grundsatz der Akzessorietät zu Rechtsnormen und Rechtsbegriffen. Daneben greift das Gebot der Subsidiarität gegenüber entgegenstehenden Wertungen der jeweiligen Rechtsnorm. Leitbilder, Verfassungserwartungen und Verfassungsvoraussetzungen sind Beispiele für dem Theoriebegriff zuzuordnende dogmatische Kategorienbildungen.

b. Für das Verfassungsrecht kann anstelle einer rechtstheoretischen Schicht auch von einem verfassungstheoretischen System oder der Verfassungstheorie des Grundgesetzes gesprochen werden. Mit Blick auf die Analyse- und Systematisierungsfunktion gibt das verfassungstheoretische System bzw. die Verfassungstheorie des Grundgesetzes Auskunft über die Funktion der Elemente des Grundgesetzes und die Beziehung dieser Elemente untereinander.

c. Eine rechtsnormative Schicht steht im Mittelpunkt der Rechtsgewinnung. Sie trägt den normativen Eigengesetzlichkeiten Rechnung und ist insbesondere der Ermittlung des Willens der rechtsetzenden Akteure verpflichtet. Für die Rechtsgewinnung besitzt sie eine Disziplinierungs- und Legitimierungsfunktion. Ihre Beiträge zur Rechtsgewinnung ergeben sich aus den in Rechtsnormen eingebetteten Rechtsbegriffen. Sie verknüpfen Tatbestand und Rechtsfolge und formulieren gegenüber den Rechtsadressaten zwingende Rechtsgebote.

d. Eine rechtspraktische Schicht dient der anwendungsorientierten Aufbereitung des Rechts. Im Rahmen dieser Anwendungsfunktion kommt ihr maßgeblich eine Prognose- und Orientierungsfunktion sowie Systematisierungsfunktion zu. Die Beiträge der rechtspraktischen Schicht zur Rechtsgewinnung können als Speicherbegriff bezeichnet werden. Ein Speicherbegriff stellt vertypte Auslegungs- und Abwägungsergebnisse für Rechtsprobleme bereit. Indem er eine widerlegliche Vermutung für eine Rechtsfolge angibt, belässt er insbesondere der Rechtsanwendung den Raum, um die tatsächlichen Besonderheiten des jeweiligen Einzelfalls zu berücksichtigen, und trägt gleichzeitig der normativen Vielfalt und Widersprüchlichkeit des positiven Rechts Rechnung.

e. Daneben können Ordnungsbegriffe, Beschreibungsbegriffe und Heuristikbegriffe anerkannt werden.

Zweiter Teil: Die grundgesetzliche Theorie der Regierung

4. Die adäquate rechtswissenschaftliche Untersuchung des Organs der Bundesregierung bedarf eines Rückgriffs auf das verfassungstheoretische System. Entsprechend der Funktion eines solchen klärt es über das Verhältnis der Bundesregierung zu anderen Verfassungsorganen und den der Bundesregierung zuvörderst zugewiesenen Beitrag zur Rechtserzeugung auf. Ein solcher auf das Regierungsorgan des Grundgesetzes bezogener Ausschnitt des verfassungstheoretischen Systems führt demnach die sogenannte institutionelle und materielle

Regierung zusammen und kann als (grundgesetzliche) Theorie der Regierung bezeichnet werden.

5. Hierfür sind insbesondere die folgenden institutionellen Merkmale von Bedeutung:

a. Die Bundesregierung ist mit zahlreichen Gestaltungsfreiheiten ausgestattet, die ihr ein Handeln nach Maßgabe politischer Eigenlogik ermöglichen. Die institutionellen Rahmenbedingungen der Bundesregierung befähigen sie dazu, hiervon entsprechend politischer Opportunität Gebrauch zu machen. Infolgedessen kann die Bundesregierung als ein politisches Organ und ihre Mitglieder als politische Amtsträger charakterisiert werden. Die Möglichkeit und die Befähigung für Politik treffen zusätzlich mit der gemeinwohlbedingten Pflicht zur Politik aufeinander. Insofern ist die Bundesregierung gemeinwohlbedingt regelrecht zur Politik berufen.

b. Politische Regierung ist im Lichte von Art. 21 GG als parteipolitische Regierung zu verstehen.

c. Die Bundesregierung wird mit den sie tragenden Bundestagsfraktionen zu einer Wirkungseinheit verklammert.

d. Dem Verbund aus Regierungsorgan und Regierungsfraktionen wird die Opposition gegenübergestellt. Dieser Dualismus von Regierung und Opposition überlagert den klassischen Organdualismus, ersetzt ihn aber nicht.

e. Den Grundsätzen eines parlamentarischen Regierungssystems folgend ist die Bundesregierung vom Vertrauen des Parlaments abhängig. Im grundgesetzlichen Modell eines parlamentarischen Regierungssystems werden das Regierungsorgan und die Regierungsfraktionen innerhalb des Regierungsverbundes allerdings partiell voneinander entkoppelt. Dementsprechend ist die Bundesregierung aufgrund eines vermuteten parlamentarischen Vertrauens zur selbstständigen Hoheitstätigkeit berufen. Den Regierungsfraktionen steht es frei, ihr Vertrauen punktuell oder vollständig zu entziehen und die parlamentarische Abhängigkeit der Bundesregierung zu aktualisieren. Solange die Regierungsfraktionen dies unterlassen, agiert die Bundesregierung als mit dem Vertrauen der Regierungsfraktionen ausgestattetes selbstständiges Verfassungsorgan. Infolgedessen avanciert die Bundesregierung zu einem, wenn nicht sogar zu dem politischen Kraftzentrum der Verfassungsordnung des Grundgesetzes.

6. Im Lichte der vorangegangenen institutionellen Überlegungen ist die Regierungsfunktion durch drei Aspekte gekennzeichnet:

a. Die Regierungsfunktion trägt die Verantwortung für den Transfer des (partei-)politischen Programms in die staatliche Rechtserzeugung.

b. Das erfolgt mithilfe der Steuerung, Koordination und Abstimmung der legislativen und der administrativen Rechtserzeugung im Sinne des (partei-)politischen Programms.

c. Dafür wirkt sie steuernd auf die Legislative und nachgeordnete Verwaltung ein, ohne ihre Funktionen abschließend auszuführen. So besteht die Regierungsfunktion gegenüber der Verwaltung in der richtungsweisenden Einwirkung auf die konkret-individuelle Rechtserzeugung, ohne selbst die konkret-individuelle Rechtserzeugung zu absolvieren. Sie verharrt also grundsätzlich im „Inneren" des Staates.

7. Die Einbindung weiterer Akteure in die Rechtserzeugung wie den Bundesrat sowie die Verflechtung der Rechtserzeugung von Bund, Ländern und Union verlangen zwar eine weitergehende Abstimmung des jeweiligen der Regierung zugrunde liegenden (partei-)politischen Programms, stärken aber das Erfordernis nach einer in einem Organ zentralisierten Koordination und Abstimmung der Rechtserzeugung. Die Steuerung, Koordination und Abstimmung verschiedener Etappen der Rechtserzeugung besteht dadurch maßgeblich in der Steuerung, Koordination und Abstimmung verschiedener Ebenen und Akteure der Rechtserzeugung. Eine solche ist partiell zwar auch Verfassungsorganen wie dem Bundesrat möglich. Gleichwohl ist zu ihr in der grundgesetzlichen Konzeption zuvörderst die Bundesregierung berufen.

8. Der Regierungsfunktion schließt sich innerhalb der Exekutive die Verwaltungsfunktion an. Mit ihr werden konkrete und individuelle Rechtspflichten eigeninitiativ erzeugt; hierdurch tritt der Staat nach „außen".

9. Regierung bzw. Gubernative und Verwaltung bzw. Administrative bilden zusammen die vollziehende Gewalt bzw. die Exekutive. Sie verzahnt Regierung und Verwaltung und stimmt ihre Rechtserzeugung aufeinander ab. Diese Transformations- und Abstimmungsleistung der Exekutive rechtfertigt es, sie als eigenständige Funktion zu begreifen.

10. Die Teilfunktionen der Regierung und Verwaltung repräsentieren dabei einen eher politisch-demokratischen und einen eher bürokratisch-rechtsstaatlichen Bereich. Ihre Unterscheidung schließt an Gewaltenteilungsmodelle an, die die Staatsfunktionen in vergleichbarer Weise gliedern.

11. Die grundgesetzliche Regierungs- und Verwaltungsfunktion besitzen den normativen Status eines Theoriebegriffs, nicht aber den eines Rechtsbegriffs. Für einen solchen sind die normativen Anhaltspunkte zu vage und eine trennscharfe Unterscheidbarkeit zwischen beiden Teilfunktionen in der Praxis ausgeschlossen; für die Begründung zwingender Rechtsfolgen wäre dies unangemessen.

12. Daneben weisen die Regierungs- und Verwaltungsfunktion den normativen Status eines Speicherbegriffs auf. Hiernach umfasst die Regierungsfunktion die Inanspruchnahme solcher verfassungsrechtlichen Befugnisse, die durch die Bundesregierung oder ihre einzelnen Mitglieder zur Koordination, Steuerung und Abstimmung der politisch-allgemeinbezogenen und konkret-individuellen Rechtserzeugung gegenüber anderen Hoheitsträgern ausgeübt werden. Die Ver-

waltungsfunktion umfasst jedenfalls alle solche Hoheitstätigkeiten, die durch die eigeninitiativ veranlasste konkret-individuelle Rechtserzeugung geprägt sind.

13. Die in der Wissenschaft artikulierten Positionen zu einer Regierungsfunktion, die mit *Rudolf Smend* entweder die juristische qualitative Eigenartigkeit oder mit *Hans Kelsen* und *Adolf Merkl* die juristisch allenfalls quantitative Eigenartigkeit der Regierung betonen, können – in normativer Hinsicht – mit einem Verständnis der Regierungsfunktion auf der Ebene des verfassungstheoretischen Systems zusammengeführt werden. Auf die Weise wird der besondere Charakter der Regierungsfunktion unterstrichen, ohne in unmittelbare Rechtsfolgen übersetzt zu werden.

14. Damit unterscheidet sich diese Auffassung über die Regierungsfunktion insbesondere von der des Bundesverfassungsgerichts, das die Regierungsfunktion in Gestalt einer Staatsleitungskompetenz im Kontext der Öffentlichkeits- und Informationsarbeit der Bundesregierung zur Kompetenzgrundlage erhebt und somit als Rechtsbegriff gebraucht.

Dritter Teil: Die Anwendung der grundgesetzlichen Theorie der Regierung

Bundesregierung und Bundestag

15. Mangels eines Rechtsbegriffs einer Regierungsfunktion scheidet sie als Kompetenzgrundlage der Bundesregierung oder als Kompetenzausübungsschranke anderer Organe aus. Hierfür kommen vielmehr die grundgesetzlich übertragenen Zuständigkeiten, gegebenenfalls im Lichte ihrer funktionsadäquaten Wahrnehmung, in Betracht. Eine Regierungsfunktion trägt allenfalls zur Auslegung grundgesetzlicher Aufgaben und Befugnisse bei. Auch auf die Weise gelingt es, die herkömmlichen der Bundesregierung zugewiesenen Aufgaben zu ermitteln und der Bundesregierung zuzuweisen.

16. Die so ermittelten Aufgaben und Befugnisse bilden zugleich die Grenze für das legislative Zugriffsrecht des Gesetzgebers. Darüber hinaus darf der Gesetzgeber im Rahmen der Verbandskompetenz jede Sachfrage durch Gesetz an sich ziehen, muss es aber nicht. Insbesondere kommt ihm keine Zugriffspflicht für alle grundlegenden gesellschaftlichen Entscheidungen zu. Gegenteiliges ergibt sich auch nicht aus der Wesentlichkeitslehre, die richtigerweise auf den grundrechtlichen Bereich zu beschränken ist.

17. Die Aufgaben und Befugnisse der Bundesregierung bilden ebenso die Grenze für parlamentarische Informationsbegehren. Sie erweisen sich als unzulässig, sobald ihre Erfüllung die funktionsadäquate Wahrnehmung der Zustän-

digkeiten der Bundesregierung beeinträchtigt. Das ist typischerweise bei Informationen über laufende Entscheidungsprozesse der Fall.

18. Die der Bundesregierung zukommende Koordinations-, Steuerungs- und Abstimmungsfunktion der Rechtserzeugung erschwert dem Bundestag eine Wahrnehmung seiner Legislativfunktion sowie seiner Kontrollfunktion. Die Verflechtung von nationaler und unionaler Rechtserzeugung vertieft diesen Umstand. Er erfordert eine Modifikation der Verantwortungsbeziehung zwischen Bundestag und Bundesregierung. Art. 23 Abs. 2 und 3 GG fungiert hierbei als Leitbild. Demnach hat die Bundesregierung den Bundestag über irreversible in ihrem Verantwortungsbereich liegende Entscheidungen aufzuklären und ihm die Möglichkeit zur Stellungnahme einzuräumen. Daneben sind die nachträglich-repressiven Kontrollrechte des Bundestages zu stärken. Hierfür sind parlamentarische Frage- und Rederechte entsprechend dem Dualismus von Regierung und Opposition sowie dem Grundsatz einer effektiven Regierungskontrolle auszugestalten.

19. Die von Art. 23 Abs. 2 und 3 GG zwischen Bundestag und Bundesregierung angeordnete Rechts- und Pflichtenbeziehungen tragen den veränderten tatsächlichen wie rechtlichen Möglichkeiten des Bundestages Rechnung, die Verantwortung der Bundesregierung einzufordern und auf diese steuernd einzuwirken. Ihnen kommt darum eine Leitbildfunktion zu. Demnach sind der Anwendungsbereich und die Rechtsfolgen von Art. 23 Abs. 2 und 3 GG weit auszulegen. Darüber hinaus sind die Rechtspositionen von Bundestag und Bundesregierung im Lichte des Leitbildes von Art. 23 Abs. 2 und 3 GG zu interpretieren. Ausgehend von der Befugnis des Bundestages, auf die Amtstätigkeit der Bundesregierung steuernd Einfluss zu nehmen, trifft die Bundesregierung für irreversible Entscheidungen die Pflicht zu einer rechtzeitigen und umfassenden Information des Bundestages.

20. Art. 64 Abs. 1 GG beinhaltet zugunsten des Bundeskanzlers neben dem ausdrücklich statuierten Kabinettsbildungsrecht auch die Befugnis, über den Ressortzuschnitt zu entscheiden. Ein Zugriffsrecht besitzt der Gesetzgeber hierfür nicht.

Regierung und Opposition

21. Der Dualismus von Regierung und Opposition erklärt und rechtfertigt die sachliche wie personelle Kooperation von Bundesregierung und Regierungsfraktionen. Das schließt Räume einer gemeinsamen Willensbildung von Bundesregierung und Regierungsfraktionen ein. Das Amt eines parlamentarischen Staatssekretärs trägt der grundgesetzlich intendierten Verzahnung von Regierungsorgan und Regierungsfraktionen Rechnung.

22. Zugleich erlaubt es der Dualismus von Regierung und Opposition, von dem grundsätzlich gleichen Abgeordnetenstatus (Art. 38 Abs. 1 S. 2 GG) punktuell abzusehen und spezifische Oppositionsrechte einzuräumen. Ansonsten fungiert das Gebot einer effektiven Opposition als Verfassungserwartung gegenüber den politischen Akteuren, ihre Befugnisse dementsprechend wahrzunehmen, und gegenüber den rechtsanwendenden Stellen, die Rechtspositionen der Abgeordnetenrechte dementsprechend anzuwenden.

Regierung und Verwaltung

23. Das Verständnis der Regierung als Verwaltungsleitung erlaubt den Einsatz politischer Beamter, soweit ihre Amtstätigkeit für die politische Richtunggebung relevant ist.

24. Um die politische Richtunggebung innerhalb der Verwaltung in sachlicher Hinsicht zu sichern, ist die Einräumung ministerialfreier Räume zwar nicht unzulässig, aber grundgesetzlich nicht intendiert; sie erfordert aus diesem Grund sachliche Gründe, die der Beeinträchtigung der Möglichkeit zur politischen Richtunggebung standhalten.

25. Vergleichbar zur Regierungsfunktion existiert grundsätzlich kein rechtlich zugriffsfester Verwaltungsvorbehalt. Gleichwohl ist die eigeninitiativ veranlasste konkret-individuelle Rechtserzeugung idealerweise der Verwaltungsorganisation mit Entscheidungsträgern im Sinne des Art. 33 Abs. 4 GG anzuvertrauen und durch ein formalisiertes Verwaltungsverfahren zu strukturieren. Wird ein so gestalteter Rechtserzeugungsabschnitt übersprungen, wirkt sich dieses Ideal auslegungsleitend auf verschiedene Rechtspositionen aus (zum Beispiel Art. 19 Abs. 4 GG, Art. 3 Abs. 1 GG, Art. 14 Abs. 3 S. 2 GG). Je stärker konkret-individuelle Rechtspositionen tangiert werden, umso höhere Rechtfertigungsanforderungen sind zu wahren. Erforderlich sind sachliche Gründe, die die Beeinträchtigung individueller Rechtspositionen infolge der Politisierung zurücktreten lassen.

26. Entsprechend dem politischen Profil der Bundesregierung ist sie idealerweise nicht mit der Verwaltungsfunktion zu betrauen. Auch hierfür bietet indes Art. 87 Abs. 3 S. 1 GG aufgrund seiner primär föderativen Funktion eine Möglichkeit. Wird der Bundesregierung hiernach Verwaltungsfunktion übertragen, bedarf der Gesetzgeber sachlicher Gründe, die der Politisierung konkret-individueller Rechtspositionen standhalten.

Äußerungsrecht der Bundesregierung

27. Die Rechtsprechung erblickt in einer Staatsleitungskompetenz eine Kompetenzgrundlage für die Informations- und Öffentlichkeitsarbeit der Bundesregie-

rung. Sie umfasst sowohl klassische Öffentlichkeitsarbeit zur Selbstdarstellung als auch Informationsmaßnahmen auf dem Gebiet der Gefahrenabwehr.

28. Mangels Rechtsbegriffs einer Staatsleitungs- bzw. Regierungsfunktion scheidet diese als Kompetenzgrundlage für ein Äußerungsrecht nach hier vertretener Auffassung aus.

29. Als Rechtsgrundlage fungieren erneut die einzelnen Sachkompetenzen der Bundesregierung.

a. Die Sachkompetenzen vermitteln, in Verbindung mit einer Annexkompetenz, das Recht, eine wahrzunehmende bzw. wahrgenommene Aufgabe anzukündigen und darüber aufzuklären. Im Lichte der grundgesetzlichen Theorie über die Regierung, wonach sich die Bundesregierung in einem von politischen Eigengesetzlichkeiten geprägten Wettbewerbsverhältnis bewegt, umfasst dies gleichzeitig das Recht, die jeweils wahrzunehmende bzw. wahrgenommene Aufgabe zu bewerten und zu bewerben sowie auf hierzu vorgetragene Kritik sowie parteipolitische Konkurrenten und ihre Vorstellungen einzugehen. Des Weiteren muss es der Bundesregierung möglich sein, sich weit im Vorfeld und Nachgang einer wahrzunehmenden bzw. wahrgenommenen Aufgabe zu äußern. Insbesondere im Hinblick auf Art. 76 Abs. 1 GG i. V. m. Art. 70 ff. GG steht der Bundesregierung dadurch in sachlicher Hinsicht ein Äußerungsrecht zu allen das Gemeinwesen relevanten Fragen, einschließlich der Kritik an parteipolitischen Mitbewerbern, zu. Der erforderliche Bezug zu einer der Regierungsfunktion zuzurechnenden Regierungsaufgabe ist allerdings typischerweise durchbrochen, wenn die Äußerung der Bundesregierung schwerpunktmäßig konkret-individuelle Rechtspositionen betrifft.

b. Daneben darf die Bundesregierung mittels einer Äußerung selbst eine Sachkompetenz ausführen.

30. Ein allgemeines Gebot parteipolitischer Neutralität, das jede parteiergreifende Stellungnahme untersagt, existiert nicht.

31. Das Grundgesetz kennt funktionsspezifische Neutralitätsgebote. Sie können parteiergreifende Stellungnahmen abhängig von der jeweils mit dem Amt verbundenen Funktion verbieten. Aufgrund der der Bundesregierung idealtypisch zugewiesenen Funktion zur parteipolitischen Richtunggebung obliegt ihr keine solche funktionsspezifische Neutralitätspflicht, soweit sie nicht Aufgaben wahrnimmt, die der Verwaltungsfunktion zuzurechnen sind. Mit Blick auf die politischen Eigengesetzlichkeiten, denen die Bundesregierung ausgesetzt ist, unterliegt sie grundsätzlich auch keinem Sachlichkeitsgebot.

32. Allerdings rufen situative Äußerungsgrenzen kontextuelle Neutralitäts- oder besser Zurückhaltungspflichten hervor. Sie resultieren maßgeblich zum einen aus grundrechtlichen Vorgaben (Art. 5 Abs. 1 S. 1 GG, Art. 3 Abs. 3 GG) und

zum anderen aus dem Demokratieprinzip (Art. 20 Abs. 1, Abs. 2 GG) sowie der Chancengleichheit der Parteien (Art. 21 Abs. 1 GG):

a. Je stärker sich die Äußerung in einem Wahlkampfkontext bewegt, umso zurückhaltender muss sie ausfallen, unabhängig ob sachlich-informierend oder wertend-parteibezogen.

b. Je mehr Ressourcen für die Äußerung in Anspruch genommen werden, desto geringer muss der parteiergreifende Bezug der Äußerung ausfallen und umso mehr muss ein Bezug zu einer Aufgabe der Bundesregierung hergestellt werden.

c. Die Bundesregierung darf nicht dafür werben, „im Amt bleiben zu wollen“.

d. Der Gebrauch grundrechtlicher Freiheiten darf weder verächtlich gemacht noch diskreditiert oder in sonstiger Weise von ihm abgeschreckt werden.

33. Diese Anforderungen könnten in einem Gebot zur (partei-)politischen Zurückhaltung und Mäßigung verdichtet werden. Es nähme den Status eines Speicherbegriffs ein und wäre darum im Einzelfall widerlegbar.

34. Eine Übertragung dieser Anforderungen für das amtliche Handeln der Mitglieder der Bundesregierung auf ihre privat-gesellschaftliche Rolle verlangt nach einer formell-gesetzlichen Regelung. Eine solche erwiese sich allerdings als verfassungswidrig.

II. Schlussbemerkung

Die aufgezeigten Aspekte über das Organ und die Funktion der Regierung bringen die grundgesetzliche Theorie der Regierung hervor. Mit ihrer Hilfe konnten unter anderem die in der Einleitung aufgeworfenen Fragestellungen beantwortet werden. Zugleich ist mit ihr das Bemühen verbunden gewesen, Exekutive nicht einseitig als Verwaltung zu verstehen, sondern um die Regierung zu ergänzen und damit zugleich um demokratisch-politische Eigengesetzlichkeiten zu bereichern. Dabei offenbarten sich die Nähe der Regierung zu Politik, Partei und Parlament als grundgesetzlich notwendige und gewollte Elemente des gewaltengegliederten Rechtserzeugungsprozesses.

Dieser Rechtserzeugungsprozess erfordert weitere Akteure und Etappen der Rechtserzeugung. Erst durch das Zusammenspiel ihrer gleichwertigen, notwendigen und jeweils für sich genommen ungenügenden Beiträge erzeugen sie das Gemeinwohl. Ein Primat eines Akteurs oder einer Etappe würde den komplexen Anforderungen an die Gemeinwohlkonkretisierung hingegen nicht gerecht. Um die Regierung jedoch als eigenständige und gleichberechtigte Funktion innerhalb des Rechtserzeugungsprozesses zu begreifen, musste zunächst ihr spezifischer Beitrag innerhalb dieses Prozesses und der institutionelle Standort des hiermit betrauten Organs herausgearbeitet werden. Die vorliegende Theorie einer Regierung kann hierzu einen Beitrag leisten.

Ein vergleichbarer Ansatz liegt dem hier vertretenen methodischen Konzept zugrunde: Die verschiedenen Schichten der Rechtsgewinnung und die Interessen der hieran beteiligten Akteure dürfen und können nicht gegeneinander in Stellung gebracht werden. Ihr gleichermaßen notwendiger, aber jeweils für sich genommen nicht hinreichender Beitrag kommt in den verschiedenen Begriffskategorien zum Ausdruck. Die zuvor ermittelte Theorie einer Regierung sowie ihre normative Wirkungsweise fungieren insoweit auch als Anwendungsbeispiel verschiedener juristischer Begriffstypen.

Entsprechend dem Standort einer Theorie der Regierung als Bestandteil des verfassungstheoretischen Systems kam dabei dem Theoriebegriff eine besondere Bedeutung zu. Im Hintergrund der Rechtsbegriffe trägt er zu ihrer Konturierung und Konkretisierung bei, ohne unmittelbar-rechtliche Folgen hervorzurufen. Ein vergleichbarer normativer Status liegt zwar vielen verfassungsrechtlichen Annahmen über die Regierung bereits stillschweigend zugrunde. Um ihre normative Wirkung jedoch adäquat handhaben zu können, war es wichtig, ihren normativen Status herausgearbeitet und von übrigen rechtswissenschaftlichen Begriffen abgegrenzt zu haben.

Mit der Kategorie des Theoriebegriffs steht nun ein ausdrücklicher juristischer Begriffstyp bereit, der ebenso an anderer Stelle dazu einladen könnte, empirische und außerrechtliche theoretische Erkenntnisse für die Rechtsgewinnung heranzuziehen, ohne normative Eigengesetzlichkeiten zu bedrohen. Viele verfassungsrechtliche Auseinandersetzungen dürfte dies entschärfen. Für die Regierung wurde es in dieser Ausarbeitung demonstriert: Das Grundgesetz nimmt Erscheinungen wie eine Regierungsfunktion, die Opposition oder die parteipolitische Überlagerung der Bundesregierung auch normativ wohlwollend zur Kenntnis, ohne sie mit unmittelbaren Rechtsfolgen zu verknüpfen. Nur dadurch verliert das Grundgesetz nicht aufgrund eines normativen Autismus seinen Regelungsgegenstand, wird aber auch nicht durch außerrechtliche Erkenntnisse überrollt. Erst auf diese Weise entfaltet es vielmehr seine normative Kraft.

Literaturverzeichnis

Abbé, Sophia Elena, Verbraucherschutz durch Transparenz? Eine verfassungs- und verwaltungsrechtliche Studie zur Veröffentlichung amtlicher Ergebnisse der beim Lebensmittel-Einzelhandel durchgeführten Lebensmittelkontrollen, Berlin 2017.

Abraham, Markus, Der Sachverhalt als Relief, die Norm als Schablone, in: RphZ 2019, S. 369–384.

Albers, Marion, Höchstrichterliche Rechtsfindung und Auslegung gerichtlicher Entscheidungen, in: VVDStRL 71 (2012), S. 257–291.

Albert, Hans, Traktat über kritische Vernunft, 3. Aufl., Tübingen 1975.

Albrecht, Rüdiger Konradin, Zumutbarkeit als Verfassungsmaßstab. Der eigenständige Gehalt des Zumutbarkeitsgedankens in Abgrenzung zum Grundsatz der Verhältnismäßigkeit, Berlin 1995.

Alexy, Robert, Theorie der juristischen Argumentation. Die Theorie des rationalen Diskurses als Theorie der juristischen Begründung, 8. Aufl., Frankfurt am Main 2015.

Ders., Theorie der Grundrechte, 8. Aufl., Frankfurt am Main 2018.

Arendt, Hannah, Wahrheit und Lüge in der Politik, München 1972.

Arnim, Hans Herbert v., Staat ohne Diener: Was schert die Politiker das Wohl des Volkes?, München 1993.

Badura, Peter, Die parlamentarische Verantwortlichkeit der Minister, in: ZParl 11 (1980), S. 573–582.

Ders., Die Dogmatik des Staatsrechts im Wandel vom Bismarckreich über die Weimarer Republik zur Bundesrepublik, in: Der Staat – Beiheft 11 (1996), S. 133–157.

Ders., Das politische Amt des Ministers, in: Murswiek, Dietrich/Storost, Ulrich/Wolff, Heinrich A. (Hrsg.), Staat – Souveränität – Verfassung. Festschrift für Helmut Quaritsch zum 70. Geburtstag, Berlin 2000, S. 295–305.

Ders., Die parlamentarische Demokratie, in: Isensee, Josef/Kirchhof, Paul (Hrsg.), Handbuch des Staatsrechts, Band II: Verfassungsstaat, 3. Aufl., Heidelberg 2004, § 25, S. 497–540.

Ders., Verfassungsänderung, Verfassungswandel, Verfassungsgewohnheitsrecht, in: Isensee, Josef/Kirchhof, Paul (Hrsg.), Handbuch des Staatsrechts, Band XII: Normativität und Schutz der Verfassung, 3. Aufl., Heidelberg 2014, § 270, S. 591–612.

Baer, Susanne, Vermutungen zu Kernbereichen der Regierung und Befugnissen des Parlaments, in: Der Staat 40 (2001), S. 525–552.

Dies., Schlüsselbegriffe, Typen und Leitbilder als Erkenntnismittel und ihr Verhältnis zur Rechtsdogmatik, in: Schmidt-Aßmann, Eberhard/Hoffmann-Riem, Wolfgang (Hrsg.), Methoden der Verwaltungsrechtswissenschaft, Baden-Baden 2004, S. 223–251.

Barczak, Tristan, Die parteipolitische Äußerungsbefugnis von Amtsträgern. Eine Gratwanderung zwischen Neutralitätsgebot und politischem Wettbewerb, in: NVwZ 2015, S. 1014–1020.

Battis, Ulrich (Hrsg.), Bundesbeamtengesetz. Kommentar, 4. Aufl., München 2009.

Ders. (Hrsg.), Bundesbeamtengesetz. Kommentar, 5. Aufl., München 2017.

Bender, Philipp, Würde ohne Meinung? Das Amt des kommunalen Wahlbeamten im politischen Meinungskampf vor dem Hintergrund einer funktionalen Neutralitätspflicht, in: NWVBl. 2016, S. 143–149.

Bethge, Herbert, Zur verfassungsrechtlichen Legitimation informalen Staatshandelns, in: Jura 2003, S. 327–333.

Böckenförde, Ernst Wolfgang, Die Organisationsgewalt im Bereich der Regierung. Eine Untersuchung zum Staatsrecht der Bundesrepublik Deutschland, Berlin 1964.

Ders., Das Grundrecht der Gewissensfreiheit, in: VVDStRL 28 (1970), S. 33–88.

Ders., Grundrechtstheorie und Grundrechtsinterpretation, in: NJW 1974, S. 1529–1538.

Ders., Die Methoden der Verfassungsinterpretation – Bestandsaufnahme und Kritik, in: NJW 1976, S. 2089–2099.

Ders., Organisationsgewalt und Gesetzesvorbehalt, in: NJW 1999, S. 1235 f.

Ders., „Kopftuchstreit" auf dem richtigen Weg?, in: NJW 2001, S. 723–728.

Ders., Die Bedeutung der Unterscheidung von Staat und Gesellschaft im demokratischen Sozialstaat der Gegenwart, in: ders., Recht, Staat, Freiheit. Studien zur Rechtsphilosophie, Staatstheorie und Verfassungsgeschichte, Erw. Ausg., Frankfurt am Main 2006, S. 209–243.

Ders., Der Staat als Organismus. Zur staatstheoretisch-verfassungspolitischen Diskussion im frühen Konstitutionalismus, in: ders., Recht, Staat, Freiheit. Studien zur Rechtsphilosophie, Staatstheorie und Verfassungsgeschichte, Erw. Ausg., Frankfurt am Main 2006, S. 263–272.

Ders., Der deutsche Typ der konstitutionellen Monarchie im 19. Jahrhundert, in: ders., Recht, Staat, Freiheit. Studien zur Rechtsphilosophie, Staatstheorie und Verfassungsgeschichte, Erw. Ausg., Frankfurt am Main 2006, S. 273–305.

Bogdandy, Armin v., Gubernative Rechtsetzung, Tübingen 2000.

Bracher, Christian-Dietrich, Vertrauen in politische Anschauungen und persönliche Loyalität bei beamtenrechtlichen Auswahlentscheidungen, in: DVBl. 2001, S. 19–27.

Braitinger, Philipp, Die Vertrauensfrage nach Art. 68 GG. Verfassungsrechtliche Grundlagen, Verfahren und Probleme, Hamburg 2013.

Brand, Franziska, Europapolitische Kommunikation zwischen Bundestag und Bundesregierung. Die Umsetzung der parlamentarischen Mitwirkungs- und exekutiven Kooperationspflicht nach Art. 23 Abs. 2 und Abs. 3 GG, Berlin 2015.

Brandt, Edmund/Henning, Klaus Jürgen, Die Aufsicht von Ministerien über Bundesoberbehörden, in: Verwaltungsrundschau 1982, S. 181–187.

Braun, Johann, Rechtsanwendung als Rechtserkenntnis, in: RphZ 2020, S. 40–58.

Braun, Johanna, Leitbilder im Recht, Tübingen 2015.

Bredt, Stephan, Constitutional Economics und gewaltenteiliges Demokratieverständnis, in: Der Staat 46 (2007), S. 589–604.

Brenner, Michael, Das Prinzip Parlamentarismus, in: Isensee, Josef/Kirchhof, Paul (Hrsg.), Handbuch des Staatsrechts, Band III: Demokratie – Bundesorgane, 3. Aufl., Heidelberg 2005, § 44, S. 477–519.

Brinktrine, Ralf, Organisationsgewalt der Regierung und der Vorbehalt des Gesetzes – zur Reichweite der „Wesentlichkeitstheorie" am Beispiel der Zusammenlegung von Justiz- und Innenministerium in Nordrhein-Westfalen, in: Jura 2000, S. 123–132.

Brohm, Winfried, Die Dogmatik des Verwaltungsrechts vor den Gegenwartsaufgaben der Verwaltung, in: VVDStRL 30 (1972), S. 245–312.

Bryde, Brun-Otto, Personalvertretung in der parlamentarischen Demokratie, in: Becker, Bernd/Bull, Hans Peter/Seewald, Otfried (Hrsg.), Festschrift für Werner Thieme zum 70. Geburtstag, Köln/Berlin/Bonn (u. a.) 1993, S. 9–24.

Ders., Die bundesrepublikanische Volksdemokratie als Irrweg der Demokratietheorie, in: Staatswissenschaften und Staatspraxis 5 (1994), S. 305–330.

Bucher, Eugen, Das subjektive Recht als Normsetzungsbefugnis, Tübingen 1965.

Bumke, Christian, Der Kernbereich exekutiver Eigenverantwortung im Spannungsfeld der staatlichen Gewalten, in: DÖV 1989, S. 45–54.

Ders., Publikumsinformation. Erscheinungsformen, Funktionen und verfassungsrechtlicher Rahmen einer Handlungsform des Gewährleistungsstaates, in: Die Verwaltung 37 (2004), S. 3–33.

Ders., Rechtsdogmatik. Überlegungen zur Entwicklung und zu den Formen einer Denk- und Arbeitsweise der deutschen Rechtswissenschaft, in: JZ 2014, S. 641–650.

Bung, Jochen, „Die Begriffsbestimmtheit gibt nur eine allgemeine Grenze, innerhalb deren noch ein Hin- und Hergehen stattfindet", in: RphZ 2019, S. 357–368.

Busse, Volker, Organisation der Bundesregierung und Organisationsentscheidungen der Bundeskanzler in ihrer historischen Entwicklung und im Spannungsfeld zwischen Exekutive und Legislative, in: Der Staat 45 (2006), S. 245–268.

Butzer, Hermann, Der Bereich des schlichten Parlamentsbeschlusses. Ein Beitrag insbesondere zur Frage der Substitution des förmlichen Gesetzes durch schlichten Parlamentsbeschluss, in: AöR 119 (1994), S. 62–106.

Calliess, Christian, Auswärtige Gewalt, in: Iseensee, Josef/Kirchhof, Paul (Hrsg.), Handbuch des Staatsrechts, Band IV: Auswärtige Gewalt, 3. Aufl., Heidelberg 2006, § 83, S. 589–632.

Cancik, Pascale, Der „Kernbereich exekutiver Eigenverantwortung" – zur Relativität eines suggestiven Topos, in: ZParl 2014, S. 885–907.

Ders., Wirkungsmöglichkeiten parlamentarischer Opposition im Falle einer qualifizierten Großen Koalition, in: NVwZ 2014, S. 18–24.

Cremer, Hans-Joachim, Der Osho-Beschluss des BVerfG – BVerfGE 105, 279, in: JuS 2003, S. 747–751.

Czybulka, Detlef, Die Legitimation der öffentlichen Verwaltung unter Berücksichtigung ihrer Organisation sowie der Entstehungsgeschichte zum Grundgesetz, Heidelberg 1989.

Degenhart, Christoph, Der Verwaltungsvorbehalt, in: NJW 1984, S. 2184–2190.

Ders., Staatsrecht I. Staatsorganisationsrecht, 35. Aufl., Heidelberg 2019.

Detterbeck, Steffen, Innere Ordnung der Bundesregierung, in: Isensee, Josef/Kirchhof, Paul (Hrsg.), Handbuch des Staatsrechts, Band III: Demokratie – Bundesorgane, 3. Aufl., Heidelberg 2005, § 66, S. 1159–1200.

Ders., Allgemeines Verwaltungsrecht mit Verwaltungsprozessrecht, 17. Aufl., München 2019.

Depenheuer, Otto, Das öffentliche Amt, in: Isensee, Josef/Kirchhof, Paul (Hrsg.), Handbuch des Staatsrechts, Band III: Demokratie – Bundesorgane, 3. Aufl., Heidelberg 2005, § 36, S. 87–130.

Derlien, Hans-Ulrich/Böhme, Doris/Heindl, Markus, Bürokratietheorie. Einführung in eine Theorie der Verwaltung, Wiesbaden 2011.

Deutscher Bundestag/Bundesarchiv (Hrsg.), Der Parlamentarische Rat 1948–1949. Akten und Protokolle, Bd. 14/1. Hauptausschuss, Boppard 2009.

Di Fabio, Udo, Der juristische Begriff des Politischen, Trier 2001.

Ders., Gewaltenteilung, in: Isensee, Josef/Kirchhof, Paul (Hrsg.), Handbuch des Staatsrechts, Band II: Verfassungsstaat, 3. Aufl., Heidelberg 2004, § 27, S. 613–658.

Dittmann, Armin, Die Bundesverwaltung, Tübingen 1983.

Döhler, Marian, Die begrenzte Rationalität von Delegation und Steuerung in der Bundesverwaltung, in: Ganghof, Steffen/Manow, Philip (Hrsg.), Mechanismen der Politik. Strategische

Interaktionen im deutschen Regierungssystem, Frankfurt am Main/New York 2005, S. 215–243.

Dolzer, Rudolf, Das parlamentarische Regierungssystem und der Bundesrat – Entwicklungsstand und Reformbedarf, in: VVDStRL 58 (1999), S. 7–38.

Dreier, Horst, Grenzen demokratischer Freiheit im Verfassungsstaat, in: JZ 1994, S. 741–752.

Ders. (Hrsg.), Grundgesetz-Kommentar, Band I: Art. 1–19, 3. Aufl., Tübingen 2013.

Ders. (Hrsg.), Grundgesetz-Kommentar, Band II: Art. 20–82, 3. Aufl., Tübingen 2015.

Ders. (Hrsg.), Grundgesetz-Kommentar, Band III: Art. 83–146, 3. Aufl., Tübingen 2018.

Ders., Rechtswissenschaft als Wissenschaft – Zehn Thesen, in: ders. (Hrsg.) Rechtswissenschaft als Beruf, Tübingen 2018, S. 1–65.

Dreier, Ralf, Was ist und wozu Allgemeine Rechtstheorie?, Tübingen 1975.

Durner, Wolfgang, Verfassungsbindung deutscher Europapolitik, in: Isensee, Josef/Kirchhof, Paul (Hrsg.), Handbuch des Staatsrechts, Band X: Deutschland in der Staatengemeinschaft, 3. Aufl., Heidelberg 2012, § 216, S. 433–459.

Eder, Christian, „Rote Karte" gegen „Spinner"?. Bedeutung und Reichweite staatlicher Neutralitätspflichten in der politischen Auseinandersetzung, Berlin 2017.

Ehmke, Horst, Prinzipien der Verfassungsinterpretation, in: VVDStRL 20 (1963), S. 53–102.

Eifert, Martin, Zum Verhältnis von Dogmatik und pluralisierter Rechtswissenschaft, in: Kirchhof, Gregor/Magen, Stefan/Schneider, Karsten (Hrsg.), Was weiß Dogmatik? Was leistet und wie steuert die Dogmatik des Öffentlichen Rechts?, Tübingen 2012, S. 79–96.

Ellscheid, Günter, Strukturen naturrechtlichen Denkens, in: Hassemer, Winfried/Neumann, Ulfrid/Saliger, Frank (Hrsg.), Einführung in die Rechtsphilosophie und Rechtstheorie der Gegenwart, 9. Aufl. (2016), S. 143–200.

Ellwein, Thomas, Regieren und Verwalten. Eine kritische Einführung, Opladen 1976.

Elmers, Christine, Die Praxis der Bundesauftragsverwaltung. Eine Untersuchung am Beispiel des Vollzugs des Bundesausbildungsförderungsgesetzes, Berlin 2015.

Enders, Christoph, Die Menschenwürde in der Verfassungsordnung. Zur Dogmatik des Art. 1 GG, Tübingen 1997.

Engisch, Karl, Logische Studien zur Gesetzesanwendung, 3. Aufl., Heidelberg 1963.

Ders., Formale Logik, Begriff und Konstruktion in ihrer Bedeutung und Tragweite für die Rechtswissenschaft, in: Kohlmann, Günter (Hrsg.), Festschrift für Urlich Klug zum 70. Geburtstag, Band I: Rechtsphilosophie, Rechtstheorie, Köln 1983, S. 33–54.

Ders., Einführung in das juristische Denken, 12. Aufl., Stuttgart 2018.

Esser, Josef, Dogmatik zwischen Theorie und Praxis, in: Baur, Fritz/Esser, Josef/Kübler, Friedrich (Hrsg. u. a.), Funktionswandel der Privatrechtsinstitution. Festschrift für Ludwig Raiser zum 70. Geburtstag, Tübingen 1974, S. 517–539.

Ders., Vorverständnis und Methodenwahl in der Rechtsfindung. Rationalitätsgrundlagen richterlicher Entscheidungspraxis, in: Grundmann, Stefan/Micklitz, Hans-W./Renner, Moritz (Hrsg.), Privatrechtstheorie, Band I, Tübingen 2015, S. 66–97.

Fehling, Michael/Kastner, Berthold/Störmer, Rainer (Hrsg.), Nomos Kommentar-Verwaltungsrecht, 4. Aufl., Baden-Baden 2016.

Ferreau, Frederik, Grenzen staatlicher Beteiligung am politischen Diskurs, in: NVwZ 2017, S. 1259–1263.

Ders., Anmerkung zu BVerwG, 10 C 6.16 (Dügida), in: JZ 2018, S. 360–363.

Fikentscher, Wolfgang, Methoden des Rechts in vergleichender Darstellung, Band IV: Dogmatischer Teil, Tübingen 1977.

Forsthoff, Ernst, Lehrbuch des Verwaltungsrechts, Band 1: Allgemeiner Teil, 10. Aufl., München 1973.

Franzius, Claudio, Modalitäten und Wirkungsfaktoren der Steuerung durch Recht, in: Hoffmann-Riem, Wolfgang/Schmidt-Aßmann, Eberhard/Voßkuhle, Andreas (Hrsg.), Grundlagen des Verwaltungsrechts, Band I: Methoden, Maßstäbe, Aufgaben, Organisation, 2. Aufl., München 2012, § 4, S. 179–260.

Friesenhahn, Ernst, Parlament und Regierung im modernen Staat, in: VVDStRL 16 (1958), S. 9–73.

Fritsche, Thomas, Der Kulturbegriff im Religionsverfassungsrecht, Berlin 2015.

Frotscher, Werner, Regierung als Rechtsbegriff, Berlin 1975.

Gadamer, Hans-Georg, Wahrheit und Methode. Grundzüge einer philosophischen Hermeneutik, 5. Aufl., Tübingen 1986.

Gärditz, Klaus Ferdinand, Grundrechte im Rahmen der Kompetenzordnung, in: Isensee, Josef/Kirchhof, Paul (Hrsg.), Handbuch des Staatsrechts, Band IX: Allgemeine Grundrechtslehren, 3. Aufl., Heidelberg 2011, § 189, S. 225–264.

Ders., Unbedingte Neutralität? Zur Zulässigkeit amtlicher Aufrufe zu Gegendemonstrationen durch kommunale Wahlbeamte, in: NWVBl. 2015, S. 165–171.

Ders., Das Amtsprinzip und seine Sicherung bei Verfassungsorganen, in: JöR 64 (2016), S. 1–42.

Ders., Steriles Politikverständnis: Zum Wanka-Urteil des Bundesverfassungsgerichts, Verf-Blog, 2018/2/27, https://verfassungsblog.de/steriles-politikverstaendnis-zum-wanka-urteil-des-bundesverfassungsgerichts/, zuletzt abgerufen am: 13.9.2021).

Ders., Der Begriff der Regierung, in: Krüper, Julian/Pilniok, Arne (Hrsg.), Die Organisationsverfassung der Regierung, Tübingen 2021, S. 25–54.

Geis, Max-Emanuel, Untersuchungsausschuss, in: Isensee, Josef/Kirchhof, Paul (Hrsg.), Handbuch des Staatsrechts, Band III: Demokratie – Bundesorgane, 3. Aufl., Heidelberg 2005, § 55, S. 881–908.

Giesel, Katharina D., Leitbilder in den Sozialwissenschaften, Wiesbaden 2007.

Götz, Hansjörg, Der Vorbehaltsbereich der Bundesregierung, Stuttgart 1993.

Grigoleit, Klaus Joachim, Zur Stellung des Landtagsdirektors in Nordrhein-Westfalen, in: ZBR 1998, S. 128–132.

Ders., Bundesverfassungsgericht und deutsche Frage. Eine dogmatische und historische Untersuchung zum judikativen Anteil an der Staatsleitung, Tübingen 2004.

Grimm, Dieter, Politische Parteien, in: Benda, Ernst/Maihofer, Werner/Vogel, Hans-Jochen (Hrsg.), Handbuch des Verfassungsrechts, 2. Aufl., Berlin/New York 1994, § 14, S. 599–656.

Ders., Die Zukunft der Verfassung, 4. Aufl., Frankfurt am Main 2020.

Gröpl, Christoph, Staatsrecht I. Staatsgrundlagen, Staatsorganisation, Verfassungsprozess, 11. Aufl., München 2019.

Ders./Zembruski, Stephanie, Äußerungsbefugnisse oberster Staatsorgane und Amtsträger, in: Jura 2016, S. 268–279.

Groß, Thomas, Die asymmetrische Funktionenordnung der demokratischen Verfassung. Zur Dekonstruktion des Gewaltenteilungsgrundsatzes, in: Der Staat 55 (2016), S. 489–517.

Grzeszick, Bernd, Steuert die Dogmatik? Inwiefern steuert die Dogmatik des Öffentlichen Rechts? Gibt es eine rechtliche Steuerungswissenschaft jenseits der Rechtsdogmatik?, in: Kirchhof, Gregor/Magen, Stefan/Schneider, Karsten (Hrsg.), Was weiß Dogmatik? Was leistet und wie steuert die Dogmatik des Öffentlichen Rechts?, Tübingen 2012, S. 97–109.

Gusy, Christoph, Staatsrechtlicher Positivismus, in: JZ 1989, S. 505–517.

Ders., Das parlamentarische Regierungssystem und der Bundesrat. Entwicklungsstand und Reformbedarf, in: DVBl. 1998, S. 917–928.

Ders., Verwaltung durch Information, in: NJW 2000, S. 977–986.

Ders., Brauen wir eine juristische Staatslehre?, in: JöR 55 (2007), S. 41–71.

Ders., Informationsbeziehungen zwischen Staat und Bürger, in: Hoffmann-Riem, Wolfgang/Schmidt-Aßmann, Eberhard/Voßkuhle, Andreas (Hrsg.), Grundlagen des Verwaltungsrechts, Band II: Informationsordnung, Verwaltungsverfahren, Handlungsformen, 2. Aufl., München 2012, § 23, S. 235–320.

Ders., Neutralität staatlicher Öffentlichkeitsarbeit – Voraussetzungen und Grenzen, in: NVwZ 2015, S. 700–704.

Ders., Parlamentarische oder „neutrale" Regierung? Eine Anfrage, in: KritV 2018, S. 210–235.

Haberland, Stephan, Die verfassungsrechtliche Bedeutung der Opposition nach dem Grundgesetz, Berlin 1995.

Häberle, Peter, Öffentliches Interesse als juristisches Problem. Eine Analyse von Gesetzgebung und Rechtsprechung, Bad Homburg 1970.

Ders., Öffentlichkeitsarbeit der Regierung zwischen Parteien- und Bürgerdemokratie. Zum Urteil des BVerfG vom 2. März 1977, in: JZ 1977, S. 361–371.

Ders., Das Menschenbild im Verfassungsstaat, 4. Aufl., Berlin 2008.

Habermas, Jürgen, Vorstudien und Ergänzungen zur Theorie des kommunikativen Handelns, Frankfurt am Main 1984.

Hain, Karl-Eberhard, Ockham's Razor – ein Instrument zur Rationalisierung der Grundrechtsdogmatik?, in: JZ 2002, S. 1036–1045.

Haltern, Ulrich/Mayer, Franz/Möllers Christoph, Wesentlichkeitstheorie und Gerichtsbarkeit. Zur institutionellen Kritik des Gesetzesvorbehaltes, in: Die Verwaltung 1997, S. 51–74.

Hassemer, Winfried, Rechtssystem und Kodifikation: Die Bindung des Richters an das Gesetz, in: ders./Neumann, Ulfrid/Saliger, Frank (Hrsg.), Einführung in die Rechtsphilosophie und Rechtstheorie der Gegenwart, 9. Aufl. (2016), S. 227–242.

Hatje, Armin, Demokratie als Wettbewerbsordnung, in: VVDStRL 69 (2010), S. 135–172.

Heck, Philipp, Begriffsbildung und Interessenjurisprudenz, Tübingen 1932.

Heckel, Johannes, Einrichtung und rechtliche Bedeutung des Reichshaushaltsgesetzes, in: Anschütz, Gerhard/Thoma, Richard (Hrsg.), Handbuch des Deutschen Staatsrechts, 2. Band, Tübingen 1932, § 88, S. 374–392.

Hecker, Jan, Parlamentarische Untersuchungskompetenz im Kernbereich exekutiver Eigenverantwortung, in: Peine, Franz-Joseph/Wolff, Heinrich Amadeus (Hrsg.), Nachdenken über Eigentum. Festschrift für Alexander v. Brünneck zur Vollendung seines siebzigsten Lebensjahres, Baden-Baden 2011, S. 434–442.

Heckmann, Dirk, Geltungskraft und Geltungsverlust von Rechtsnormen. Elemente einer Theorie der autoritativen Normgeltungsbeendigung, Tübingen 1997.

Heinig, Hans Michael, Verschärfung der oder Abschied von der Neutralität, in: JZ 2009, S. 1136–1140.

Heintzen, Markus, Staatshaushalt, in: Isensee, Josef/Kirchhof, Paul (Hrsg.), Handbuch des Staatsrechts, Band V: Rechtsquellen, Organisation, Finanzen, 3. Aufl., Heidelberg 2007, § 120, S. 1175–1225.

Hellmann, Vanessa, Eine Warnung vor dem Bundesverfassungsgericht – Die Glykol-Entscheidung des BVerfG vom 26.6.2002, in: NVwZ 2005, S. 163–166.

Hemke, Katja, Methodik der Analogiebildung im öffentlichen Recht, Berlin 2006.

Henke, Wilhelm, Die Parteien und der Ämterstaat, in: NVwZ 1985, S. 616–621.

Herberger, Maximilian/Simon, Dieter, Wissenschaftstheorie für Juristen. Logik, Semiotik, Erfahrungswissenschaften, Frankfurt am Main 1980.

Herbst, Tobias, Gesetzgebungskompetenzen im Bundesstaat. Eine Rekonstruktion der Rechtsprechung des Bundesverfassungsgerichts, Tübingen 2014.

Hermes, Georg, Gemeinschaftsrecht, „neutrale“ Entscheidungsträger und Demokratieprinzip, in: Gaitanides, Charlotte/Kadelbach, Stefan/Iglesias, Gil Carlos Rodriguez (Hrsg.), Europa und seine Verfassung. Festschrift für Manfred Zuleeg zum siebzigsten Geburtstag, 2. Aufl., Baden-Baden 2007, S. 410–428.

Ders., Abhängige und unabhängige Verwaltungsbehörden – ein Überblick über die Bundesverwaltung, in: Masing, Johannes/Marcou, Gérard (Hrsg.), Unabhängige Regulierungsbehörden. Organisationsrechtliche Herausforderungen in Frankreich und Deutschland, Tübingen 2010, S. 53–86.

Herrmann, Klaus, Äußerung von Beamten im Konflikt mit Dienstpflichten, in: Die Verwaltung 51 (2018), S. 265–300.

Herzog, Roman, Stellung des Bundesrates im demokratischen Bundesstaat, in: Isensee, Josef/Kirchhof, Paul (Hrsg.), Handbuch des Staatsrechts, Band III: Demokratie – Bundesorgane, 3. Aufl., Heidelberg 2005, § 57, S. 943–964.

Ders., Aufgaben des Bundesrates, in: Isensee, Josef/Kirchhof, Paul (Hrsg.), Handbuch des Staatsrechts, Band III: Demokratie – Bundesorgane, 3. Aufl., Heidelberg 2005, § 58, S. 965–979.

Hesse, Joachim Jens/Ellwein, Thomas, Das Regierungssystem der Bundesrepublik Deutschland, 10. Aufl., Baden-Baden 2012.

Hesse, Konrad, Der unitarische Bundesstaat, Karlsruhe 1962.

Ders., Grundzüge des Verfassungsrechts der Bundesrepublik Deutschland, Neudruck der 20. Aufl., Heidelberg 1999.

Hilgendorf, Eric, Das Problem der Wertfreiheit in der Jurisprudenz, in: ders./Kuhlen, Lothar, Die Wertfreiheit in der Jurisprudenz, Heidelberg 2000, S. 1–32.

Hillgruber, Christian, Verfassungsinterpretation, in: Depenheuer, Otto/Grabenwarter, Christoph (Hrsg.), Verfassungstheorie, Tübingen 2010, § 15, S. 505–534.

Ders., Grundrechtsschranken, in: Isensee, Josef/Kirchhof, Paul (Hrsg.), Handbuch des Staatsrechts, Band IX: Allgemeine Grundrechtslehren, 3. Aufl., Heidelberg 2011, § 201, S. 1033–1075.

Ders., Die Meinungsfreiheit als Grundrecht der Demokratie. Der Schutz des demokratischen Resonanzbodens in der Rechtsprechung des BVerfG, in: JZ 2016, S. 495–501.

Hirsch, Günter, Auf dem Weg zum Richterstaat? Vom Verhältnis des Richters zum Gesetzgeber in unserer Zeit, in: JZ 2007, S. 853–858.

Ders., Im Namen des Volkes: Gesetz – Recht – Gerechtigkeit, in: ZRP 2012, S. 205–209.

Hoffmann-Riem, Wolfgang, Methoden einer anwendungsorientierten Verwaltungsrechtswissenschaft, in: Schmidt-Aßmann, Eberhard/ders. (Hrsg.), Methoden der Verwaltungsrechtswissenschaft, Baden-Baden 2004, S. 9–72.

Ders., Eigenständigkeit der Verwaltung, in: ders./Schmidt-Aßmann, Eberhard/Voßkuhle, Andreas (Hrsg.), Grundlagen des Verwaltungsrechts, Band I: Methoden, Maßstäbde, Aufgaben, Organisation, 2. Aufl., München 2012, § 10, S. 677–778.

Ders., Rechtsformen, Handlungsformen, Bewirkungsformen, in: ders./Schmidt-Aßmann, Eberhard/Voßkuhle, Andreas (Hrsg.), Grundlagen des Verwaltungsrechts, Band II: Informationsordnung, Verwaltungsverfahren, Handlungsformen, 2. Aufl., München 2012, § 33, S. 943–1025.

Höfling, Wolfram, Ökonomische Theorie der Staatsverschuldung in rechtswissenschaftlicher Perspektive, in: Engel, Christoph/Morlok, Martin (Hrsg.), Öffentliches Recht als ein Gegenstand ökonomischer Forschung. Die Begegnung der deutschen Staatsrechtslehre mit der Konstitutionellen Politischen Ökonomie, Tübingen 1998, S. 85–110.

Holzke, Frank, Der Begriff Sport im deutschen und im europäischen Recht, Köln 2001.

Ders., Die „Neutralität" des Staates in Fragen der Religion und Weltanschauung, in: NVwZ 2002, S. 903–913.

Hömig, Dieter, Grundlagen und Ausgestaltung der Wesentlichkeitslehre, in: Schmidt-Aßmann, Eberhard/Sellner, Dieter/Hirsch, Günter (Hrsg. u. a.), Festgabe 50 Jahre Bundesverwaltungsgericht, Köln/Berlin/Bonn/München 2003, S. 273–288.

Honer, Mathias, Zurück zu den Wurzeln der Wesentlichkeitslehre?, VerfBlog, 2019/1/07, https://verfassungsblog.de/zurueck-zu-den-wurzeln-der-wesentlichkeitslehre/, zuletzt abgerufen am: 13.9.2021).

Ders., Organstreitverfahren der AfD gegen die Flüchtlingspolitik der Bundesregierung, in: NVwZ 2019, S. 619–622.

Ders., Mehr Smend für die Staatsorganisation – zur jüngsten Bundesverfassungsgerichts-Entscheidung in Sachen Äußerungsbefugnisse von Regierungsmitgliedern, in: RuP 2020, S. 419–422 (Parallelveröffentlichung: JuWissBlog Nr. 79/2020 v. 10.6.2020, https://www.juwiss.de/79-2020/, zuletzt abgerufen am: 13.9.2021)

Ders./Rudloff, Tobias, Die Leistungsfähigkeit der Legitimationskettentheorie. Zugleich zur demokratischen Legitimation der Rechtsprechung, in: DÖV 2020, S. 461–468.

Höpfner, Stefanie, Parlamentarische Kontrolle in Deutschland und in der Europäischen Union. Das Recht der parlamentarischen Untersuchungsausschüsse des Deutschen Bundestages und des Europäischen Parlaments, Hamburg 2004.

Hoppe, Werner, Planung, in: Isensee, Josef/Kirchhof, Paul (Hrsg.), Handbuch des Staatsrechts, Band IV: Aufgaben des Staates, 3. Aufl., Heidelberg 2006, § 77, S. 313–366.

Horn, Norbert, Einführung in die Rechtswissenschaft und Rechtsphilosophie, 6. Aufl., Heidelberg 2016.

Huber, Ernst Rudolf, Deutsche Verfassungsgeschichte, Band II, 3. Aufl., Stuttgart/Berlin/Köln/Mainz 1988.

Ders., Deutsche Verfassungsgeschichte, Band III, 3. Aufl., Stuttgart/Berlin/Köln/Mainz 1988.

Huber, Peter Michael, Der Parteienstaat als Kern des politischen Systems – Wie tragfähig ist das Grundgesetz?, in: JZ 1994, S. 689–696.

Ders., Das Menschenbild im Grundgesetz, in: Jura 1998, S. 505–511.

Ders., Die Informationstätigkeit der öffentlichen Hand – ein grundrechtliches Sonderregime aus Karlsruhe?, in: JZ 2003, S. 290–297.

Ders., Regierung und Opposition, in: Isensee, Josef/Kirchhof, Paul (Hrsg.), Handbuch des Staatsrechts, Band III: Demokratie – Bundesorgane, 3. Aufl., Heidelberg 2005, § 47, S. 605–637.

Hufeld, Ulrich, Anmerkung zu BVerfG, Beschluss v. 17.7.1996 – 2 BvF 2/93, in: JZ 1997, S. 302–305.

Ders., Urkundlichkeit und Publizität der Verfassung, in: Isensee, Josef/Kirchhof, Paul (Hrsg.), Handbuch des Staatsrechts, Band XII: Normativität und Schutz der Verfassung, 3. Aufl., Heidelberg 2014, § 259, S. 189–209.

Hufen, Friedhelm, Staatsrecht II. Grundrechte, 8. Aufl., München 2020.

Huster, Stefan, Die ethische Neutralität des Staates. Eine liberale Interpretation der Verfassung, 2. Aufl., Tübingen 2017.

Ingold, Albert, Das Recht der Opposition. Verfassungsbegriff, Verfassungsdogmatik, Verfassungstheorie, Tübingen 2015.

Ipsen, Jörn, Staatsrecht I. Staatsorganisationsrecht, 31. Aufl., München 2019.

Isensee, Josef, Der Parteienzugriff auf den öffentlichen Dienst – Alarmzustand oder Normalzeichen?, in: Baum, Gerhard/Benda, Ernst/ders. (Hrsg. u. a.), Politische Parteien und öffentlicher Dienst, Bonn 1982, S. 52–78.

Ders., Konkretisierung des Gemeinwohls in der freiheitlichen Demokratie, in: Armin, Hans Herbert von/Sommermann, Karl-Peter (Hrsg.), Gemeinwohlgefährdung und Gemeinwohlsicherung, Berlin 2004, S. 95–117.

Ders., Gemeinwohl im Verfassungsstaat, in: ders./Kirchhof, Paul (Hrsg.), Handbuch des Staatsrechts, Band IV: Aufgaben des Staates, 3. Aufl., Heidelberg 2006, § 71, S. 3–79.

Ders., Die bundesstaatliche Kompetenz, in: ders./Kirchhof, Paul (Hrsg.), Handbuch des Staatsrechts, Band VI: Bundesstaat, 3. Aufl., Heidelberg 2008, § 133, S. 455–513.

Ders., Grundrechtsvoraussetzungen und Verfassungserwartungen an die Grundrechtsausübung, in: ders./Kirchhof, Paul (Hrsg.), Handbuch des Staatsrechts, Band IX: Allgemeine Grundrechtslehren, 3. Aufl., Heidelberg 2011, § 190, S. 265–411.

Ders., Verfassungsrecht als „politisches Recht“, in: ders./Kirchhof, Paul (Hrsg.), Handbuch des Staatsrechts, Band XII: Normativität und Schutz der Verfassung, 3. Aufl., Heidelberg 2014, § 268, S. 483–555.

Jakab, András, Prinzipien, in: Rechtstheorie 37 (2006), S. 49–65.

Janssen, Albert, Die zunehmende Privatisierung des deutschen Beamtenrechts als Infragestellung seiner verfassungsrechtlichen Grundlagen, in: ZBR 2003, S. 113–132.

Janz, Norbert, Inhalt, Grenzen und haftungsrechtliche Dimensionen des Weisungsrechts nach Art. 85 III GG, in: Jura 2004, S. 227–234.

Jarass, Hans Dieter, Politik und Bürokratie als Elemente der Gewaltenteilung, München 1975.

Ders./Pieroth, Bodo, Grundgesetz-Kommentar, 15. Aufl., München 2018.

Jellinek, Georg, Allgemeine Staatslehre, 3. Aufl., Berlin/Heidelberg 1921.

Jestaedt, Matthias, Grundrechtsentfaltung im Gesetz. Studien zur Interdependenz von Grundrechtsdogmatik und Rechtsgewinnungstheorie, Tübingen 1999.

Ders., Das mag in der Theorie richtig sein …, Tübingen 2006.

Ders., Perspektiven der Rechtswissenschaftstheorie, in: Ders./Lepsius, Oliver (Hrsg.), Rechtswissenschaftstheorie, Tübingen 2008, S. 185–205.

Ders., Verfassungstheorie als Disziplin, in: Depenheuer, Otto/Grabenwarter, Christoph (Hrsg.), Verfassungstheorie, Tübingen 2010, § 1, S. 3–56.

Ders., Wissenschaftliches Recht – Rechtsdogmatik als gemeinsames Kommunikationsformat von Rechtswissenschaft und Rechtspraxis, in: Kirchhof, Gregor/Magen, Stefan/Schneider, Karsten (Hrsg.), Was weiß Dogmatik? Was leistet und wie steuert die Dogmatik des Öffentlichen Rechts?, Tübingen 2012, S. 117–137.

Jouanjan, Olivier, Demokratietheorie als Verfassungslehre, in: Der Staat 58 (2019), S. 223–241.

Juncker, Wolfgang, Der politische Beamte – ein Widerspruch in sich, in: ZBR 1974, S. 205–209.

Jürgensen, Sven, Verfassungsnormativität im Recht der Politik, in: DÖV 2019, S. 639–647.

Kahl, Wolfgang/Waldhoff, Christian/Walter, Christian (Hrsg.), Bonner Kommentar zum Grundgesetz, 191. Aktualisierung, Heidelberg 2018.

Kassimatis, Georg, Der Bereich der Regierung, Berlin 1967.

Katz, Alfred, Politische Verwaltungsführung in den Bundesländern. Dargestellt am Beispiel der Landesregierung Baden-Württemberg, Berlin 1975.

Kaufmann, Arthur, Gedanken zur Überwindung des rechtsphilosophischen Relativismus, in: ARSP 46 (1960), S. 553–569.

Ders., Über den Zirkelschluß in der Rechtsfindung, in: Lackner, Karl/Leferenz, Heinz/Schmidt, Eberhard (Hrsg. u. a.), Festschrift für Wilhelm Gallas zum 70. Geburtstag, 1973, S. 7–20.

Ders., Über die Wissenschaftlichkeit der Rechtswissenschaft. Ansätze zu einer Konvergenztheorie der Wahrheit, in: ARSP 72 (1986), S. 425–442.

Kaufmann, Arthur/von der Pfordten, Dietmar, Problemgeschichte der Rechtsphilosophie, in: Hassemer, Winfried/Neumann, Ulfried/Saliger, Frank (Hrsg.), Einführung in die Rechtsphilosophie und Rechtstheorie der Gegenwart, 9. Aufl. (2016), S. 23–142.

Kelsen, Hans, Allgemeine Staatslehre, Wien 1925.

Ders., Vom Wesen und Wert der Demokratie, 2. Aufl., Tübingen 1929, (Nachdruck 2018 – Reclam-Ausgabe).

Ders., Wer soll der Hüter der Verfassung sein?, Berlin 1931.

Ders., Reine Rechtslehre, Studienausgabe der 2. Aufl., Tübingen/Wien1960 (Nachdruck 2017).

Kersten, Jens, Parlamentarisches Regierungssystem, in: Herdegen, Matthias/Masing, Johannes/Poscher, Ralf/Gärditz, Klaus Ferdinand (Hrsg.), Handbuch des Verfassungsrechts, München 2021, § 11, S. 721–776.

Kingdon, John Wells, Agendas, Alternatives, and Public Choices, 2. Aufl., Harlow/Pearson 2014.

Kirchhof, Paul, Mittel staatlichen Handelns, in: Isensee, Josef/Kirchhof, Paul (Hrsg.), Handbuch des Staatsrechts, Band V: Rechtsquellen, Organisation, Finanzen, 3. Aufl., Heidelberg 2007, § 99, S. 3–133.

Ders., Der deutsche Staat in der europäischen Integration, in: Isensee, Josef/Kirchhof, Paul (Hrsg.), Handbuch des Staatsrechts, Band X: Deutschland in der Staatengemeinschaft, 3. Aufl., Heidelberg 2012, § 214, S. 299–382.

Ders., Verfassung, Theorie und Dogmatik, in: Isensee, Josef/ders. (Hrsg.), Handbuch des Staatsrechts, Band XII: Normativität und Schutz der Verfassung, 3. Aufl., Heidelberg 2014, § 273, S. 693–759.

Klein, Hans Hugo, Stellung und Aufgaben des Bundestages, in: Isensee, Josef/Kirchhof, Paul (Hrsg.), Handbuch des Staatsrechts, Band III: Demokratie – Bundesorgane, 3. Aufl., Heidelberg 2005, § 50, S. 711–740.

Ders., Status des Abgeordneten, in: Isensee, Josef/Kirchhof, Paul (Hrsg.), Handbuch des Staatsrechts, Band III: Demokratie – Bundesorgane, 3. Aufl., Heidelberg 2005, § 51, S. 741–767.

Klement, Jan Henrik, Verantwortung. Funktion und Legitimation eines Begriffs im Öffentlichen Recht, Tübingen 2006.

Klenner, Stephan, Verfassungswidriger Oppositionszuschlag auf Bundesebene, in: DÖV 2018, S. 563–570.

Kloepfer, Michael, Der Vorbehalt des Gesetzes im Wandel, in: JZ 1984, S. 685–695.

Ders., Verfassungsrecht. Band II, München 2010.

Ders., Verfassungsrecht. Band I, München 2011.

Knack, Joachim/Hennecke, Hans-Günter, Verwaltungsverfahrensgesetz (VwVfG) Kommentar, 11. Aufl., Köln 2020.

Koch, Hans-Joachim/Rüßmann, Helmut, Juristische Begründungslehre. Eine Einführung in Grundprobleme der Rechtswissenschaft, München 1982.

Kokott, Juliane, Kontrolle der auswärtigen Gewalt, in: DVBl. 1996, S. 937–950.

König, Doris, Die Übertragung von Hoheitsrechten im Rahmen des europäischen Integrationsprozesses. Anwendungsbereich und Schranken des Art. 23 des Grundgesetzes, Berlin 2000.

Kopp, Ulrich (Hrsg.), Verwaltungsverfahrensgesetz Kommentar, 20. Aufl., München 2019.

Köstlin, Thomas, Die Kulturhoheit des Bundes. Eine Untersuchung zum Kompetenz- und Organisationsrecht des Grundgesetzes unter Berücksichtigung der Staatspraxis in der Bundesrepublik Deutschland, Berlin 1989.

Köttgen, Arnold, Das deutsche Berufsbeamtentum und die parlamentarische Demokratie, Berlin/Leipzig 1928.

Kriele, Martin, Gesetzestreue und Gerechtigkeit in der richterlichen Rechtsfindung, in: DRiZ 1984, S. 226–233.

Krüger, Herbert, Verfassungsvoraussetzungen und Verfassungserwartung, in: Ehmke, Horst/Kaiser, Joseph H./Kewenig, Wilhelm A. (Hrsg. u. a.), Festschrift für Ulrich Scheuner zum 70. Geburtstag, 1973, S. 285–306.

Krüper, Julian, Anmerkung zu BVerfG v. 16.12.2014 – 2 BvE 2/14 (Schwesig), in: JZ 2015, S. 414–417.

Kuch, David, Politische Neutralität in der Parteiendemokratie, in: AöR 142 (2017), S. 491–527.

Kühn, Marcel, Bürgerbeeinflussung durch Berichterstattung staatlicher Stellen. Zugleich ein Beitrag zur Dogmatik des staatlichen Informationshandelns, Berlin 2018.

Kugele, Dieter, Die politischen Beamten in der Bundesrepublik Deutschland, in: ZBR 2007, S. 109–115.

Kuhlen, Lothar, Wertfreiheit in der Jurisprudenz?, in: Hilgendorf, Eric/ders., Die Wertfreiheit in der Jurisprudenz, Heidelberg 2000, S. 33–49.

Kuhn, David, Der Verfassungsgrundsatz effektiver parlamentarischer Opposition, Tübingen 2019.

Kunig, Philip, Parteien, in: Isensee, Josef/Kirchhof, Paul (Hrsg.), Handbuch des Staatsrechts, Band III: Demokratie – Bundesorgane, 3. Aufl., Heidelberg 2005, § 40, S. 297–356.

Larenz, Karl/Canaris, Claus-Wilhelm, Methodenlehre der Rechtswissenschaft, 3. Aufl., Berlin/Heidelberg 1995.

Lassahn, Philipp, Anmerkung zu BVerfG, Urt. v. 3.5.2016. – 2 BvE 4/14, in: NVwZ 2016, S. 929–930.

Ders., Rechtsprechung und Parlamentsgesetz. Überlegungen zu Anliegen und Reichweite eines allgemeinen Vorbehalts des Gesetzes, Tübingen 2017.

Lege, Joachim, Nochmals: Staatliche Warnungen, in: DVBl. 1999, S. 569–578.

Ders., Die Realität des Rechts ist der Fall. 56 ketzerische Thesen im Geist des Pragmatismus, in: RphZ 2019, S. 416–42.

Lehner, Franz Widmaier, Ulrich, Vergleichende Regierungslehre, 4. Aufl., Wiesbaden 2005.

Leibholz, Gerhard, Das Wesen der Repräsentation und der Gestaltwandel der Demokratie im 20. Jahrhundert, 2. Aufl., Berlin 1960.

Leisner, Walter, Regierung als Macht kombinierten Ermessens, in: JZ 1968, S. 727–731.

Ders., Gewaltenteilung innerhalb der Gewalten, in: Spanner, Hans/Lerche, Peter/Zacher, Hans (Hrsg. u. a.), Festgabe für Theodor Maunz zum 70. Geburtstag am 1. September 1971, München 1971, S. 267–283.

Ders., Eigentum, in: Isensee, Josef/Kirchhof, Paul (Hrsg.), Handbuch des Staatsrechts, Band VIII: Grundrechte: Wirtschaft, Verfahren, Gleichheit, 3. Aufl., Heidelberg 2010, § 173, S. 301–392.

Lenski, Sophie-Charlotte, Öffentliches Kulturrecht, Tübingen 2013.

Lerche, Peter, „Funktionsfähigkeit“ – Richtschnur verfassungsrechtlicher Auslegung, in: BayVBl. 1991, S. 517–522.

Ders., Stil und Methode der verfassungsrechtlichen Entscheidungspraxis, in: Badura, Peter/Dreier, Horst (Hrsg.), Festschrift 50 Jahre Bundesverfassungsgericht, Erster Band: Verfassungsgerichtsbarkeit, Verfassungsprozess, Tübingen 2001, S. 333–361.

Lepsius, Oliver, Relationen auf mittlerer Ebene. Zu Stellung und Auftrag der Rechtsphilosophie im öffentlichen Recht, in: Kühl, Kristian (Hrsg.), Zur Kompetenz der Rechtsphilosophie in Rechtsfragen (ARSP-Beiheft 126), Stuttgart 2011, S. 21–30.

Ders., Rechtswissenschaft in der Demokratie, in: Der Staat 52 (2013), S. 157–186.

Ders., Relationen: Plädoyer für eine bessere Rechtswissenschaft, Tübingen 2016.

Ders., Die maßstabsetzende Gewalt, in: Jestaedt, Matthias/Lepsius, Oliver/Möllers, Christoph/Schönberger, Christoph (Hrsg.), 3. Aufl. (2019), S. 159–279.

Ders., Kontextualisierung als Aufgabe der Rechtswissenschaft, in: JZ 2019, S. 793–802.

Levitsky, Steven Ziblatt, Daniel, Wie Demokratien sterben? Und was wir dagegen tun können, Bonn 2018.

Lhotta, Roland, Der Bereich der Regierung – Reloaded: Zur partiellen Nicht-Verfassbarkeit eines Kernbereichs des Politischen, in: Krüper, Julian/Pilniok, Arne (Hrsg.), Die Organisationsverfassung der Regierung, Tübingen 2021, S. 1–23.

Linck, Joachim, Zulässigkeit und Grenzen der Einflussnahme des Bundestages auf die Regierungsentscheidungen – zum Verhältnis von Bundestag und Bundesregierung, Köln 1970.

Ders., Zum Vorrang des Parlaments gegenüber den anderen Gewalten. Bemerkung zur Kalkar-Entscheidung des BVerfG, in: DÖV 1979, S. 165–167.

Lindner, Josef Franz, Theorie der Grundrechtsdogmatik, 2005.

Ders., Der politische Beamte als Systemfehler, in: ZBR 2011, S. 150–161.

Ders., Rechtswissenschaft als Metaphysik. Das Münchhausenproblem einer Selbstermächtigungswissenschaft, 2017.

Ders., Prolegomena zu einer Theorie des Medizinrechts, in: JZ 2019, S. 639–648.

Loschelder, Wolfgang, Weisungshierarchie und persönliche Verantwortung in der Exekutive, in: Isensee, Josef/Kirchhof, Paul (Hrsg.), Handbuch des Staatsrechts, Band V: Rechtsquellen, Organisation, Finanzen, 3. Aufl., Heidelberg 2007, § 107, S. 409–455.

Lübbe-Wolff, Gertrude, Rechtsfolgen und Realfolgen. Welche Rolle können Folgenabwägungen in der juristischen Regel- und Begriffsbildung spielen?, Freiburg/München 1981.

Lucke, Albrecht v., Bündeln oder spalten: Sammlungsbewegung statt Rot-Rot-Grün?, in: Blätter für deutsche und internationale Politik Nr. 9/2018, S. 5–8 (abrufbar unter: https://www.blaetter.de/ausgabe/2018/september/buendeln-oder-spalten-sammlungsbewegung-statt-rot-rot-gruen, zuletzt abgerufen am: 21.7.2021).

Luhmann, Niklas, Theorie der Verwaltungswissenschaft. Bestandsaufnahme und Entwurf, Köln/Berlin 1966.

Ders., Die Politik der Gesellschaft, Frankfurt am Main 2000.

Magiera, Siegfried, Parlament und Staatsleitung, Berlin 1979.

Malorny, Stefan, Exekutive Vetorechte im deutschen Verfassungssystem, Göttingen 2011.

Mandelartz, Herbert, Informations- und Öffentlichkeitsarbeit der Bundesregierung – Zur Entscheidung des Bundesverfassungsgerichts in der Sache „Schwesig", in: DÖV 2015, S. 326–329.

Mangoldt, Hermann v. Klein, Friedrich/Starck, Christian (Hrsg.), Grundgesetz-Kommentar, Band 1: Art. 1–19, 7. Aufl., München 2018.

Dies. (Hrsg.), Grundgesetz-Kommentar, Band 2: Art. 20–82, 7. Aufl., München 2018.

Dies. (Hrsg.), Grundgesetz-Kommentar, Band 3: Art. 83–146, 7. Aufl., München 2018.

Masing, Johannes, Parlamentarische Untersuchungen privater Sachverhalte: Art. 44 GG als staatsgerichtetes Kontrollrecht, Tübingen 1998.

Mast, Tobias, Staatsinformationsqualität. De- und Rekonstruktion des verfassungsgerichtlichen Leitbilds öffentlicher staatlicher Informationstätigkeit und der entsprechenden Gebote, Berlin 2020.

Maunz, Theodor/Dürig, Günter (Begr.), Grundgesetz-Kommentar, Bd. III: Art. 17–28, 88. EL, München 2019.

Dies. (Begr.), Grundgesetz-Kommentar, Bd. IV: Art. 29–67, 88. EL, München 2019.

Dies. (Begr.), Grundgesetz-Kommentar, Bd. V: Art. 68–87, 88. EL, München 2019.

Dies. (Begr.), Grundgesetz-Kommentar, Bd. VII: Art. 107–146, 88. EL, München 2019.

Maurer, Hartmut, Der Verwaltungsvorbehalt, in: VVDStRL 43 (1985), S. 137–166.

Ders., Zur Organisationsgewalt im Bereich der Regierung, in: Kirchhof, Paul/Lehner, Moris/Raupach, Arndt (Hrsg. u. a.), Staaten und Steuern. Festschrift für Klaus Vogel zum 70. Geburtstag, Heidelberg 2000, S. 331–352.

Ders., Staatsrecht I. Grundlagen, Verfassungsorgane, Staatsfunktionen, 6. Aufl., München 2010.

Ders./Waldhoff, Christian, Allgemeines Verwaltungsrecht, 19. Aufl., München 2017.

Mayen, Thomas, Verwaltung durch unabhängige Einrichtungen, in: DÖV 2004, S. 45–55.

Mayer, Otto, Deutsches Verwaltungsrecht, 1. Band, 3. Aufl., München und Leipzig 1924.

Mehde, Veith, Die Ministerverantwortlichkeit nach dem Grundgesetz. Dogmatischer Kernbestand und aktuelle Herausforderungen, in: DVBl. 2001, S. 13–19.

Meinel, Florian, Vertrauensfrage. Zur Krise des heutigen Parlamentarismus, München 2019.

Ders., Selbstorganisation des parlamentarischen Regierungssystems, Tübingen 2019.

Ders., Das Bundesverfassungsgericht in der Ära der Großen Koalition: Zur Rechtsprechung seit dem Lissabon-Urteil, in: Der Staat 60 (2021), S. 43–98.

Meisner, Heinrich Otto, Verfassung, Verwaltung, Regierung in neuerer Zeit, Berlin 1962.

Merkl, Adolf, Allgemeines Verwaltungsrecht, Wien und Berlin 1927.

Ders., Prolegomena einer Theorie des rechtlichen Stufenbaus, in: Verdross, Alfred (Hrsg.), Gesellschaft, Staat und Recht. Untersuchungen zur Reinen Rechtslehre. Festschrift Hans Kelsen zum 50. Geburtstag, Wien 1931, S. 252–294.

Merten, Detlef, Der „Kruzifix-Beschluss" des Bundesverfassungsgerichts aus grundrechtsdogmatischer Sicht, in: Burmeister, Joachim (Hrsg.), Verfassungsstaatlichkeit. Festschrift für Klaus Stern zum 65. Geburtstag, München 1997, S. 987–1009.

Ders., Verhältnismäßigkeitsgrundsatz, in: ders./Papier, Hans-Jürgen (Hrsg.), Handbuch der Grundrechte, Band III: Grundrechte in Deutschland: Allgemeine Lehren II, Heidelberg 2009, § 68, S. 517–567.

Meyer, Hans, Das fehlfinanzierte Parlament, in: Huber, Peter M./Mößle, Wilhelm/Stock, Martin (Hrsg.), Zur Lage der parlamentarischen Demokratie. Symposium zum 60. Geburtstag von Peter Badura, Tübingen 1995, S. 17–70.

Meyer, Hans-Jürgen, Hermeneutik und Rechtswissenschaft: Hans-Georg Gadamer und Josef Esser, in: RphZ 6 (2020), S. 59–71.

Möllers, Christoph, Braucht das öffentliche Recht einen neuen Methoden- und Richtungsstreit?, in: VerwArch 90 (1999), S. 187–207.

Ders., Der Staat als Argument, München 2000.

Ders., Gewaltengliederung. Legitimation und Dogmatik im nationalen und internationalen Rechtsvergleich, Tübingen 2005.

Ders., Dogmatik der grundgesetzlichen Gewaltengliederung, in: AöR 132 (2007), S. 493–538.

Ders., Religiöse Freiheit in Gefahr?, in: VVDStRL 68 (2009), S. 47–93.

Ders., Methoden, in: Hoffmann-Riem, Wolfgang/Schmidt-Aßmann, Eberhard/Voßkuhle, Andreas (Hrsg.), Grundlagen des Verwaltungsrechts, Band I: Methoden, Maßstäbe, Aufgaben, Organisation, 2. Aufl., München 2012, § 3, S. 123–178.

Ders., Demokratie – Zumutungen und Versprechen, 3. Aufl., Berlin 2012.

Ders., Der vermisste Leviathan, 3. Aufl., Frankfurt am Main 2016.

Morlok, Martin, Notwendigkeit und Schwierigkeit eines Rechtes der Politik, in: DVBl. 2017, S. 995–1002.

Mößle, Wilhelm, Regierungsfunktionen des Parlaments, München 1985.

Muckel, Stefan/Ogorek, Markus, Öffentliches Baurecht, 3. Aufl., München 2018.

Müller, Friedrich/Christensen, Ralph, Juristische Methodik, Band I: Grundlegung für die Arbeitsmethoden der Rechtspraxis, 11. Aufl., Berlin 2013.

Münch, Fritz, Die Bundesregierung, Frankfurt am Main 1954.

Münch, Ingo v., Minister und Abgeordneter in einer Person: die andauernde Verhöhnung der Gewaltenteilung, in: NJW 1998, S. 34–35.

Mundil, Daniel, Die Opposition. Eine Funktion des Verfassungsrechts, Berlin 2014.

Murswiek, Dietrich, Das Bundesverfassungsgericht und die Dogmatik mittelbarer Grundrechtseingriffe. Zu der Glykol- und der Osho-Entscheidung vom 26.6.2002, in: NVwZ 2003, S. 1–8.

Neumann, Ulfrid, Juristische Logik, in: Hassemer, Winfried/ders./Saliger, Frank (Hrsg.), Einführung in die Rechtsphilosophie und Rechtstheorie der Gegenwart, 9. Aufl. (2016), S. 272–290.

Ders., Theorie der juristischen Argumentation, in: Hassemer, Winfried/ders./Saliger, Frank (Hrsg.), Einführung in die Rechtsphilosophie und Rechtstheorie der Gegenwart, 9. Aufl. (2016), S. 303–315.

Ders., Wissenschaftstheorie der Rechtswissenschaft, in: Hassemer, Winfried/ders./Saliger, Frank (Hrsg.), Einführung in die Rechtsphilosophie und Rechtstheorie der Gegenwart, 9. Aufl. (2016), S. 351–364.

Notz, Anna v., Liquid Democracy. Internet-basierte Stimmendelegation in der innerparteilichen Willensbildung, Tübingen 2020.

Oebbecke, Janbernd, Verwaltungszuständigkeit, in: Isensee, Josef/Kirchhof, Paul (Hrsg.), Handbuch des Staatsrechts, Band VI: Bundesstaat, 3. Aufl., Heidelberg 2008, § 136, S. 743–809.

Oeter, Stefan, Föderalismus und Demokratie, in: von Bogdandy, Armin/Bast, Jürgen (Hrsg.), Europäisches Verfassungsrecht. Theoretische und dogmatische Grundzüge, 2. Aufl., Heidelberg/London/New York 2009, S. 73–120.

Oldiges, Martin, Die Bundesregierung als Kollegium. Eine Studie zur Regierungsorganisation nach dem Grundgesetz, Hamburg 1983.

Ders./Brinktrine, Ralf, Der Landtagsdirektor als „politischer Beamter", in: DÖV 2002, S. 943–950.

Ossenbühl, Fritz, Zumutbarkeit als Verfassungsmaßstab, in: Rüthers, Bernd/Stern, Klaus (Hrsg.), Freiheit und Verantwortung im Verfassungsstaat. Festgabe zum 10jährigen Jubiläum der Gesellschaft für Rechtspolitik, München 1984, S. 315–327.

Ders., Vorrang und Vorbehalt des Gesetzes, in: Isensee, Josef/Kirchhof, Paul (Hrsg.), Handbuch des Staatsrechts, Band V: Rechtsquellen, Organisation, Finanzen, 3. Aufl., Heidelberg 2007, § 101, S. 183–221.

Ders./Cornils, Matthias, Staatshaftungsrecht, 6. Aufl., München 2013.

Pabel, Katharina, Grundfragen der Kompetenzordnung im Bereich der Kunst, Berlin 2003.

Papier, Hans-Jürgen/Durner, Wolfgang, Streitbare Demokratie, in: AöR 128 (2003), S. 340–371.

Payandeh, Mehrdad, Die Neutralitätspflicht staatlicher Amtsträger im öffentlichen Meinungskampf. Dogmatische Systembildung auf verfassungsrechtlich zweifelhafter Grundlage, in: Der Staat 55 (2016), S. 519–550.

Petersen, Niels, Demokratie und Grundgesetz. Veränderungen des Demokratieprinzips in Art. 20 Abs. 2 GG angesichts der Herausforderungen moderner Staatlichkeit, in: JöR 58 (2010), S. 137–171.

Pilniok, Arne, Bausteine einer Theorie des Organisationsverfassungsrechts. Organisationswissenschaftliche Impulse für das Recht der Politik, in: Krüper, Julian/ders. (Hrsg.), Organisationsverfassungsrecht. Wissenschaft – Theorie – Praxis, Tübingen 2019, S. 1–27.

Pilz, Volker, Der Auswärtige Ausschuss des Deutschen Bundestages und die Mitwirkung des Parlaments an der auswärtigen und internationalen Politik, Berlin 2008.

Popper, Karl R., Logik der Forschung, 9. Aufl., Tübingen 1989.

Poscher, Ralf, Grundrechte als Abwehrrechte. Reflexive Regelung rechtlich geordneter Freiheit, Tübingen 2003.

Puhl, Thomas, Die Minderheitsregierung nach dem Grundgesetz, Berlin 1986.

Putzer, Max, Verfassungsrechtliche Grenzen der Äußerungsbefugnisse staatlicher Organe und Amtsträger, in: DÖV 2015, S. 417–426.

Radbruch, Gustav, Rechtsphilosophie, 8. Aufl., Stuttgart 1973.

Reimer, Franz, Verfassungsprinzipien. Ein Normtyp im Grundgesetz, Berlin 2001.

Ders., Das Parlamentsgesetz als Steuerungsmittel und Kontrollmaßstab, in: Hoffmann-Riem, Wolfgang/Schmidt-Aßmann, Eberhard/Voßkuhle, Andreas (Hrsg.), Grundlagen des Verwaltungsrechts, Band I: Methoden, Maßstäbde, Aufgaben, Organisation, 2. Aufl., München 2012, § 9, S. 585–676.

Ders., Juristische Methodenlehre, Baden-Baden 2016.

Reimer, Philipp, Zur Theorie der Handlungsformen des Staates, Baden-Baden 2008.

Ders., Regierung als oberste Ordnungsbehörde – Zur Systematik des Regierungshandelns am Beispiel der Gefahrenabwehrfunktionen von Bundes- und Landesgubernativen, in: Krüper, Julian/Pilniok, Arne (Hrsg.), Die Organisationsverfassung der Regierung, Tübingen 2021, S. 109–124.

Rixen, Stephan, Geschlechtertheorie als Problem der Verfassungsauslegung. Anmerkungen zum Beschluss des BVerfG v. 10.10.2017–1 BvR 2019/16zur geschlechtlichen Diversität, in: JZ 2018, S. 317–327.

Roellecke, Gerd, Beobachtung der Verfassungstheorie, in: Depenheuer, Otto/Grabenwarter, Christoph (Hrsg.), Verfassungstheorie, Tübingen 2010, § 2, S. 57–68.

Röhl, Klaus Friedrich/Röhl, Hans Christian, Allgemeine Rechtslehre, 3. Aufl., München 2008.

Roth, Andreas, Verwaltungshandeln mit Drittebetroffenheit und Gesetzesvorbehalt, Berlin 1991.

Roth, Christian Tobias, Bundeskanzlerermessen im Verfassungsstaat, Berlin 2009.

Rudzio, Wolfgang, Das politische System der Bundesrepublik Deutschland, 10. Aufl., Wiesbaden 2019.

Rusteberg, Benjamin, Die Gewährleistung einer funktionsgerechten und organadäquaten Aufgabenwahrnehmung als Schranke des parlamentarischen Untersuchungsrechts, in: DÖV 2017, S. 319–325.

Rüthers, Bernd/Fischer, Christian/Birk, Axel, Rechtstheorie mit juristischer Methodenlehre, 11. Aufl., München 2020.

Sachs, Michael, Das parlamentarische Regierungssystem und der Bundesrat – Entwicklungsstand und Reformbedarf, in: VVDStRL 58 (1999), S. 39–80.

Ders. (Hrsg.), Grundgesetz-Kommentar, 8. Aufl., München 2018.

Scheuner, Ulrich, Der Bereich der Regierung, in: Rechts- und Staatswissenschaftliche Fakultät der Universität Göttingen (Hrsg.), Rechtsprobleme in Staat und Kirche. Festschrift für Rudolf Smend zum 70. Geburtstag, Göttingen 1952, S. 253–301.

Schlaich, Klaus, Neutralität als verfassungsrechtliches Prinzip vornehmlich im Kulturverfassungs- und Staatskirchenrecht, Tübingen 1972.

Schlieffen, Katharina Gräfin v., Wie Juristen begründen? Entwurf eines rhetorischen Argumentationsmodells für die Rechtswissenschaft, in: JZ 2011, S. 109–116.

Schliesky, Utz, Souveränität und Legitimität von Herrschaftsgewalt. Die Weiterentwicklung von Begriffen der Staatslehre und des Staatsrechts im europäischen Mehrebenensystem, Tübingen 2004.

Schlink, Bernhard, Bemerkungen zum Stand der Methodendiskussion in der Verfassungsrechtswissenschaft, in: Der Staat 19 (1980), S. 73–107.

Schmidt-Aßmann, Eberhard, Verwaltungsorganisation zwischen parlamentarischer Steuerung und exekutivischer Organisationsgewalt, in: Stödter, Rolf/Thieme, Werner (Hrsg.), Hamburg, Deutschland, Europa, Beiträge zum deutschen und europäischen Verfassungs-, Verwaltungs- und Wirtschaftsrecht. Festschrift für Hans Peter Ipsen zum siebzigsten Geburtstag, Tübingen 1977, S. 333–352.

Ders., Die Lehre von den Rechtsformen des Verwaltungshandelns. Ihre Bedeutung im System des Verwaltungsrechts und für das verwaltungsrechtliche Denken der Gegenwart, in: DVBl. 1989, S. 533–541.

Schmidt-Bleibtreu, Bruno/Hofmann, Hans/Hennecke, Hans-Günter (Hrsg.), Kommentar zum Grundgesetz, 14. Aufl., Köln 2018.

Schmidt-Jortzig, Edzard, Regierungskontrolle durch die Parlamentsmehrheit, in: Ipsen, Jörn/ders. (Hrsg.), Recht – Staat – Gemeinwohl. Festschrift für Dietrich Rauschning, Köln (u. a.) 2001, S. 143–156.

Schmitt, Carl, Verfassungslehre, 10. Aufl., Berlin 2010.

Ders., Der Begriff des Politischen, 9. Aufl., Berlin 2015.

Schmitt Glaeser, Walter, Der freiheitliche Staat des Grundgesetzes. Grundzüge, 3. Aufl., Tübingen 2016.

Schnabel, Christoph/Freund, Bernhard, Der Kernbereich exekutiver Eigenverantwortung als Schranke der Informationsfreiheit, in: DÖV 2012, S. 192–197.

Schneider, Georg Christoph, Die Finanzierung der Parlamentsfraktionen als staatliche Aufgabe. Eine verfassungsrechtliche Untersuchung unter besonderer Berücksichtigung der aktuellen Fraktionsgesetzgebung, Berlin 1997.

Schneider, Hans-Peter, Die parlamentarische Opposition im Verfassungsrecht der Bundesrepublik Deutschland, Band 1: Grundlagen, Frankfurt am Main 1974.

Ders., Das parlamentarische System, in: Benda, Ernst/Maihofer, Werner/Vogel, Hans-Jochen (Hrsg.), Handbuch des Verfassungsrechts der Bundesrepublik Deutschland, 2. Aufl., Berlin/New York 1994, § 13, S. 537–598.

Schoch, Friedrich, Die Schwierigkeiten des BVerfG mit der Bewältigung staatlichen Informationshandelns, in: NVwZ 2011, S. 193–198.

Scholz, Rupert, Informationspolitik des Bundeskartellamts und Informationsrecht der Öffentlichkeit, in: NJW 1973, S. 481–487.

Ders., Parlamentarischer Untersuchungsausschuß und Steuergeheimnis, in: AöR 105 (1980), S. 564–622.

Ders., Staatsleitung im parlamentarischen Regierungssystem, in: Badura, Peter/Dreier, Horst (Hrsg.), Festschrift 50 Jahre Bundesverfassungsgericht, Bd. 2: Klärung und Fortbildung des Verfassungsrechts, Tübingen 2001, S. 663–691.

Schröder, Meinhard, Die Institutionalisierung des Nationalen Ethikrates: Ein bedenklicher Regierungsakt?, in: NJW 2001, S. 2144–2146.

Ders., Aufgaben der Bundesregierung, in: Isensee, Josef/Kirchhof, Paul (Hrsg.), Handbuch des Staatsrechts, Band III: Demokratie – Bundesorgane, 3. Aufl., Heidelberg 2005, § 64, S. 1115–1131.

Ders., Bildung, Bestand und parlamentarische Verantwortung der Bundesregierung, in: Isensee, Josef/Kirchhof, Paul (Hrsg.), Handbuch des Staatsrechts, Band III: Demokratie – Bundesorgane, 3. Aufl., Heidelberg 2005, § 65, S. 1133–1157.

Ders., Die Bereiche der Regierung und der Verwaltung, in: Isensee, Josef/Kirchhof, Paul (Hrsg.), Handbuch des Staatsrechts, Band V: Rechtsquellen, Organisation, Finanzen, 3. Aufl., Heidelberg 2007, § 106, S. 387–408.

Schroth, Ulrich, Juristische Hermeneutik und Norminterpretation dargestellt an Problemen strafrechtlicher Normanwendung, in: Hassemer, Winfried/Neumann, Ulfrid/Saliger, Frank (Hrsg.), Einführung in die Rechtsphilosophie und Rechtstheorie der Gegenwart, 9. Aufl. (2016), S. 243–271.

Schulze-Fielitz, Helmuth, Rationalität als rechtsstaatliches Prinzip für den Organisationsgesetzgeber – Über Leistungsfähigkeit und Leistungsgrenzen „weicher" Leitbegriffe in der Rechtsdogmatik, in: Kirchhof, Paul/Lehner, Moris/Raupach, Arndt (Hrsg. u. a.), Staaten und Steuern. Festschrift für Klaus Vogel zum 70. Geburtstag, Heidelberg 2000, S. 311–330.

Schürmann, Frank, Öffentlichkeitsarbeit der Bundesregierung. Strukturen, Medien, Auftrag und Grenzen eines informalen Instruments der Staatsleitung, Berlin 1992.

Sester, Martin, Der Parlamentsbeschluss, Hamburg 2007.

Sicko, Corinna, Das Kopftuch-Urteil des Bundesverfassungsgerichts und seine Umsetzung durch die Landesgesetzgeber. Zur Vereinbarkeit des an Lehrkräfte gerichteten Verbots religiöser Bekundungen im Dienst mit den Vorgaben des Grundgesetzes, Frankfurt am Main/Berlin/Bern (u. a.) 2008.

Smend, Rudolf, Die politische Gewalt im Verfassungsstaat und das Problem der Staatsform, in: Festgabe der Berliner Juristischen Fakultät für Wilhelm Kahl zum Doktorjubiliäum am 19. April 1923, Tübingen 1923, S. 1–25.

Ders., Verfassung und Verfassungsrecht, München und Leipzig 1928.

Sodan, Helge/Ziekow, Jan, Grundkurs Öffentliches Recht. Staats- und Verwaltungsrecht, 8. Aufl., München 2018.

Stein, Lorenz v., Handbuch der Verwaltungslehre, Erster Teil: Der Begriff der Verwaltung und das System der positiven Staatswissenschaften, 3. Aufl., Stuttgart 1887.

Stern, Klaus, Das Staatsrecht der Bundesrepublik Deutschland, Band 2: Staatsorgane, Staatsfunktionen, Finanz- und Haushaltsverfassung, Notstandsverfassung, München 1980.

Stettner, Rupert, Der Verwaltungsvorbehalt, in: DÖV 1984, S. 611–622.

Strauch, Hans-Joachim, Grundgedanken einer Methodenlehre des gerichtlichen Erkenntnisverfahrens oder von der Notwendigkeit eines Paradigmenwechsels, in: RphZ 2019, S. 430–453.

Stumpf Gerrit Hellmuth, Der Ruf nach der „Rückkehr zum Recht" bei der Bewältigung der Flüchtlingskrise, in: DÖV 2016, S. 357–368.

Ders., Parteipolitische Äußerungen des Thüringer Ministerpräsidenten – Anmerkungen zum Sondervotum Petermann zum Urteil des Thüringer Verfassungsgerichtshofs vom 8. Juni 2016 – VerfGH 25/15, in: ThürVBl. 2016, S. 270–273.

Thoma, Richard, Die Funktionen der Staatsgewalt, in: Anschütz, Gerhard/ders. (Hrsg.), Handbuch des Deutschen Staatsrechts, 2. Band, Tübingen 1932, § 71, S. 108–159.

Towfigh, Emanuel V., Das Parteien-Paradox. Ein Beitrag zur Bestimmung des Verhältnisses von Demokratie und Parteien, Tübingen 2015.

Trute, Hans-Heinrich, Methodik der Herstellung und Darstellung verwaltungsrechtlicher Entscheidungen, in: Schmidt-Aßmann, Eberhard/Hoffmann-Riem, Wolfgang (Hrsg.), Methoden der Verwaltungsrechtswissenschaft, Baden-Baden 2004, S. 293–325.

Ders., Die demokratische Legitimation der Verwaltung: Hoffmann-Riem, Wolfgang/Schmidt-Aßmann, Eberhard/Voßkuhle, Andreas (Hrsg.), Grundlagen des Verwaltungsrechts, Band I: Methoden, Maßstäbe, Aufgaben, Organisation, 2. Aufl., München 2012, § 6, S. 341–435.

Unger, Sebastian, Das Verfassungsprinzip der Demokratie. Normstruktur und Norminhalt des grundgesetzlichen Demokratieprinzips, Tübingen 2008.

Van Ooyen, Robert Christian, Bundesverfassungsgericht und politische Theorie. Ein Forschungsansatz zur Politologie der Verfassungsgerichtsbarkeit, Wiesbaden 2015.

Ders., Hans Kelsen und die offene Gesellschaft, 2. Aufl., Wiesbaden 2017.

Vitzthum, Wolfgang Graf, Parlament und Planung. Zur verfassungsgerechten Zuordnung der Funktionen von Bundesregierung und Bundestag bei der politischen Planung, Baden-Baden 1978.

Volkmann, Uwe, Politische Parteien und öffentliche Leistungen, Berlin 1993.

Ders., Verfassungsrecht zwischen normativem Anspruch und politischer Wirklichkeit, in: VVDStRL 67 (2008), S. 57–93.

Ders., Leitbildorientierte Verfassungsanwendung, in: AöR 134 (2009), S. 157–196.

Ders., Rechtsgewinnung aus Bildern. Beobachtungen über den Einfluss dirigierender Hintergrundvorstellungen auf die Auslegung des heutigen Verfassungsrechts, in: Krüper, Julian/Merten, Heike/Morlok, Martin (Hrsg.), An den Grenzen der Rechtsdogmatik, Tübingen 2015, S. 77–90.

Ders., Rechts-Produktion oder: Wie die Theorie der Verfassung ihren Inhalt bestimmt, in: Der Staat 54 (2015), S. 35–62.

Ders., Krise der konstitutionellen Demokratie? Reflexionen anlässlich der Lektüre einschlägiger Literatur, in: Der Staat 58 (2019), S. 643–658.

Voßkuhle, Andreas, Methode und Pragmatik im Öffentlichen Recht. Vorüberlegungen zu einem differenziert-integrativen Methodenverständnis am Beispiel des Umweltrechts, in: Bauer, Hartmut/Czybulka, Detlef/Kahl, Wolfgang (Hrsg. u. a.), Umwelt, Wirtschaft und Recht. Wissenschaftliches Symposium aus. Anlass des 65. Geburtstages von Reiner Schmidt, Tübingen 2002, S. 171–195.

Ders./Kaiser, Anna-Bettina, Grundwissen – Öffentliches Recht: Der Grundrechtseingriff, in: JuS 2009, S. 313–315.

Ders., Was leistet Rechtsdogmatik? Zusammenführung und Ausblick in 12 Thesen, in: Kirchhof, Gregor/Magen, Stefan/Schneider, Karsten (Hrsg.), Was weiß Dogmatik? Was leistet und wie steuert die Dogmatik des Öffentlichen Rechts?, Tübingen 2012, S. 111–114.

Ders., Demokratie und Populismus, in: Der Staat 57 (2018), S. 119–134.

Wahl, Rainer, Die Entwicklung des deutschen Verfassungsstaates bis 1866, in: Isensee, Josef/Kirchhof, Paul (Hrsg.), Handbuch des Staatsrechts. Band I: Historische Grundlagen, 3. Aufl., Heidelberg 2003, § 2, S. 45–91.

Waldhoff, Christian, Kritik und Lob der Dogmatik: Rechtsdogmatik im Spannungsfeld von Gesetzesbindung und Funktionsorientierung, in: Kirchhof, Gregor/Magen, Stefan/Schneider, Karsten (Hrsg.), Was weiß Dogmatik? Was leistet und wie steuert die Dogmatik des Öffentlichen Rechts?, Tübingen 2012, S. 17–37.

Wank, Rolf, Die juristische Begriffsbildung, München 1985.

Weber, Max, Wirtschaft und Gesellschaft, 2. Halbband, 5. Aufl., Tübingen 1976.

Ders., Politik als Beruf, Stuttgart 1992 (Reclam-Ausgabe).

Willoweit, Dietmar, Deutsche Verfassungsgeschichte, 7. Aufl., München 2013.

Wischmeyer, Thomas, Der „Wille des Gesetzgebers". Zur Rolle der Gesetzesmaterialien in der Rechtsanwendung, in: JZ 2015, S. 957–1008.

Wolff, Hans Julius/Bachof, Otto/Stober, Rolf/Kluth, Winfried, Verwaltungsrecht II. Ein Studienbuch, 7. Aufl., München 2010.

Dies, Verwaltungsrecht I. Ein Studienbuch, 13. Aufl., München 2017.

Wolff, Heinrich Amadeus, Ungeschriebenes Verfassungsrecht unter dem Grundgesetz, Tübingen 2000.

Würdinger, Markus, Das Ziel der Gesetzesauslegung – ein juristischer Klassiker und Kernstreit der Methodenlehre, in: JuS 2016, S. 1–6.

Zachariä, Karl Salomo, Vierzig Bücher vom Staate, Stuttgart/Tübingen 1820.

Zimmer, Gerhard, Funktion, Kompetenz, Legitimation. Gewaltenteilung in der Ordnung des Grundgesetzes, Berlin 1979.

Zippelius, Reinhold/Würtenberger, Thomas, Deutsches Staatsrecht, 33. Aufl., München 2018.

Sachwortverzeichnis

Kursivierte Seitenangaben verweisen auf Fußnoten.

Beiträge zum Organisationsverfassungsrecht

herausgegeben von
Julian Krüper und Arne Pilniok

Die Schriftenreihe *Beiträge zum Organisationsverfassungsrecht* (OrgVR) gilt dem Recht der Politik in einem weit verstandenen Sinne. Das umfasst etwa das Wahl-, Parteien- und Parlamentsrecht, aber auch das Recht der Gewaltenorganisation und der föderalen Kompetenzordnung im Mehrebenensystem. Damit soll der wissenschaftliche Diskurs gebündelt und ein Beitrag zu einer theoretischen und dogmatischen Weiterentwicklung des Organisationsverfassungsrechts geleistet werden, in dem nicht zuletzt die umfassende Einbindung der „Berliner Republik" in die Europäische Union berücksichtigt wird. Die rechtliche Ausformung der spezifischen Organisationslogiken und -bedürfnisse der Politik stehen dabei im Vordergrund. Besonders willkommen sind daher interdisziplinär informierte rechtswissenschaftliche Beiträge sowie Arbeiten zum europäischen, ausländischen und vergleichenden Organisationsverfassungsrecht. Die Reihe steht herausragenden Qualifikationsschriften und anderen Monografien aus den Rechts- und Politikwissenschaften ebenso offen wie thematisch geschlossenen Sammelbänden.

ISSN: 2626-4412
Zitiervorschlag: OrgVR

Alle lieferbaren Bände finden Sie unter *www.mohrsiebeck.com/orgvr*

Mohr Siebeck
www.mohrsiebeck.com